# Inhalt

# Einleitung

Als Richard am 8. September 1157 in Oxford geboren wurde, hatte sein Vater, Heinrich II., zwar seinen Erstgeborenen, Wilhelm, schon begraben, dafür aber in dem zweijährigen Heinrich bereits den nächsten Thronerben und daneben eine Tochter Mathilde. Die Dynastie schien also nach fünfjähriger Ehe gesichert. Hinter dem Fünfundzwanzigjährigen lagen Jahre eines beispiellosen Aufstiegs, und die Namen der Kinder trugen dem Rechnung: Sie standen in der Tradition des anglo-normannischen Zweigs der Verwandtschaft, beschworen den Eroberer Wilhelm, den Großvater Heinrich I. von England, dessen Tochter Mathilde, „die Kaiserin" und Mutter Heinrichs. Auch Richard stand mit seinem Namen noch in der Tradition der normannischen Herzöge. Heinrichs Vater Gottfried, der „Schöne", erscheint dagegen als Graf von Anjou und Maine, dem auch die Touraine gehörte, eher in einer den normannischen Interessen dienenden Funktion: Er hatte für seinen Schwiegervater Heinrich I. den nach diesem benannten Sohn gezeugt und ihm die Normandie erobert. 1151 war Heinrich nach der Lehenshuldigung vom französischen König als Herzog der Normandie anerkannt worden, und kurz darauf, noch im selben Jahr, war Graf Gottfried gestorben, ihm Anjou, Maine und die Touraine hinterlassend und ohne ihn je mit väterlicher Autorität bedrückt zu haben, was im Haus Anjou schon Tradition hatte: Gottfrieds eigener Vater, Graf Fulco V., hatte ihm selbst 1128 bei seiner Heirat mit der Witwe Kaiser Heinrichs V., der Kaiserin Mathilde eben, seine Grafschaften übergeben, um ins Heilige Land zu ziehen; er war dort König von Jerusalem und Begründer jener Anjou-Dynastie geworden, die zur Zeit von Richards Kreuzzug in männlicher Linie ausgestorben und deren letztes weibliches Mitglied, die Königin Isabella, zu Richards Mißfallen eben unter französischer Beihilfe mit Konrad von Montferrat verheiratet worden war. So konnte Heinrich durch Fulco auch auf väterlicher Seite einen königlichen Großvater vorweisen, wenn auch die Machtstellung eines Königs von Jerusalem nicht mit der eines Königs von England zu vergleichen war. Historiker nannten dann den europäischen Zweig des Hauses Anjou nach Gottfrieds persönlichem Beinamen und seiner behaupteten Vorliebe für den heimatlichen Ginsterzweig „Plantagenet".[1] Nachdem er 1151 also Herzog der Normandie und Graf von Anjou nebst den zugehörigen Ländern geworden war, fiel ihm 1152 durch seine Heirat mit Eleonore, der mehr als ein Jahrzehnt älteren geschiedenen Gattin seines Lehensherrn

Ludwig, auch deren Herzogtum Aquitanien und damit der gesamte Südwesten Frankreichs in die Hand; er besaß so eine schon geschlossene Länderkette vom Ärmelkanal bis zu den Pyrenäen, ehe er 1154 durch den Tod Stephans von Blois, des englischen Zwischenkönigs und Usurpators, und nach vorangegangener gütlicher Einigung über die Nachfolge das Erbe seines Großvaters als König von England antreten konnte.

Den Triumphen seines Vasallen konnte Ludwig VII. von Frankreich nur mit Ressentiments begegnen: Er selbst hatte mit der geliebten, wenn auch wahrscheinlich untreuen Ehefrau Eleonore Aquitanien geopfert, weil sie ihm keinen Thronerben geboren hatte, und erst die dritte Ehe sollte ihm 1165 Philipp schenken. Als Gattin Heinrichs aber gebar Eleonore diesem einen Sohn nach dem anderen, denn auf Richard folgten noch Gottfried (1158) und Johann (1166 oder 1167), während ihm, Ludwig, nur zwei Töchter von ihr blieben. Einer von ihnen, Eleonores ältester Tochter Marie, der Gräfin von Champagne, widmete Richard später sein berühmtes Lied aus der Gefangenschaft. Ihren Sohn, seinen Neffen Heinrich, setzte er schließlich am Rande des dritten Kreuzzugs nach dessen Heirat mit der durch die Ermordung Konrads von Montferrat wieder freigewordenen Isabella als Regenten im Heiligen Land ein. Politische Geschichte ist so, wie man sieht, damals von Familiengeschichte nicht zu trennen, Familienbeziehungen bilden als positive oder negative Faktoren konstituierende Elemente der geschichtlichen Entwicklung.

Und Heinrich expandierte weiter: Er sollte seinem Reich später noch die Bretagne und Irland einverleiben, Schottland lehensabhängig machen und in den Grenzgebieten zu Frankreich, dem Berry und der Auvergne, seinen Einfluß stärken. 1159 ging er daran, im Namen seiner Gattin deren Erbanspruch auf die Grafschaft Toulouse zu verwirklichen. Eleonores Großvater Wilhelm IX., der Troubadour-Herzog von Aquitanien, hatte Philippa, die einzige Tochter des Grafen Wilhelm IV. von Toulouse, geheiratet. Da der Erbanspruch einer Tochter gegenüber den Brüdern des Verstorbenen in Südfrankreich schwach war, ging die Grafenwürde auf ihren Onkel Raimund IV. über, den prominenten Teilnehmer des ersten Kreuzzugs und Vater des ersten Grafen von Tripolis, Bertrand. Mit Graf Raimund V., dem Neffen Bertrands, Enkel Raimunds IV., und Schwiegersohn Ludwigs VII., sollten sich in der zweiten Hälfte des 12. Jahrhunderts Heinrich selbst und dann Richard politisch und militärisch messen. Ein großangelegter Feldzug Heinrichs nach Toulouse wurde zwar 1159 auf Intervention Ludwigs VII. hin abgebrochen – Becket, noch Kanzler, zeichnete sich dabei militärisch aus –, und nur der Quercy, das Land um Cahors, wurde eingenommen, doch war damit eine Weichenstellung für Richards Leben vorgenommen worden. Im Zuge der politischen Vorbereitung dieses Feldzugs wurde der zweijährige Richard mit einer Tochter des Grafen Raimund Berengar von Barcelona-Aragon verlobt, um in dem mit dem Grafen von Toulouse verfeindeten Spanier einen Alliierten zu haben, der Toulouse von Süden angreifen konnte. Obwohl diese Verlobung durch die mit Alice von Frankreich abgelöst wurde, sollte Richard noch 31 Jahre später, bereits König von England, immer noch in Verfolgung der Interessen eines Herzogs von Aquitanien eine spanische Eheverbindung eingehen. Erst 1196 beendete er den latenten und zeitweise offenen Kriegszustand mit Toulouse, indem er seine Schwester Johanna, die Witwe Wilhelms II. von Sizilien, Raimund VI., dem Sohn seines alten Feindes, zur Ehe gab, wobei er auf den Anspruch auf Toulouse verzichtete. Längst war ja das Schwergewicht seiner Handlungen vom Süden auf den Norden übergegangen, es galt nicht mehr wie in Heinrichs Tagen neue Länder zu erobern, sondern die Normandie vor Philipps Zugriff zu schützen und Rückeroberungen durchzuführen.

Zu Lebzeiten seines Vaters aber lagen Richards Aktivitäten im Süden, nachdem er 1169 in Montmirail Ludwig VII. für Aquitanien gehuldigt hatte und mit dessen Tochter Alice verlobt worden war. Zur selben Zeit huldigte Heinrich II. selbst dem französischen König für seine Besitzungen, und sein Sohn, der junge Heinrich, huldigte Ludwig für die Normandie, Anjou und Maine; auch für die Bretagne, welch letztere der dritte Sohn, Gottfried, in Zukunft vom ältesten Bruder als seinem direkten Lehensherrn halten sollte, womit wenigstens in diesem einen Fall eine klare und beibehaltene Weichenstellung erfolgt war. Rechtlich ungeklärt blieb die Beziehung der Söhne zum Vater. Es gab bei der Huldigung keinen Treuevorbehalt zu dessen Gunsten. Als Heinrich II. sich im August 1170 dem Tod nahe glaubte, bestätigte er testamentarisch diese Verfügungen; da im Mai desselben Jahres Heinrich abweichend von englischer, aber in Nachahmung der französischen Sitte, den jungen Heinrich zum Mitkönig hatte krönen lassen – daß er ihm keinerlei Mitregentschaft gewährte, trieb diesen dann zur Rebellion –, schien Heinrich die zukünftige Stellung Aquitaniens und die des vorgesehenen Herzogs Richard als eine von der künftigen Entwicklung des Anjoureichs unabhängige geplant zu haben: Richard war weder dem Vater noch dem Sohn Heinrich lehensrechtlich unterstellt worden. Im Juni 1172 wurde er schließlich in feierlichen Inthronisationszeremonien in Poitiers und Limoges in Gegenwart seiner Mutter zum Herzog von Aquitanien proklamiert.[2] Er hatte nun einen eigenen Anspruch auf das Herzogtum, für das er lehensrechtlich nur dem französischen König, nicht aber seinem eigenen Vater, dem Gatten der Herzogin, verpflichtet war. Erst 1174 band Heinrich II. als Folge ihres mißlungenen Aufstands die Söhne durch Vasallität, und zwar ligisch, an sich. Aber das neue Rechtskonstrukt bedeutete keine Änderung der tatsächlichen Verhältnisse, und der französische Oberlehensherr reagierte auf diese Statusänderung seiner Vasallen zu seinen Ungunsten nicht, mehrfache Ligesse war schließlich in Frankreich längst üblich. Für die französische Krone war nur wichtig, daß jeder Machtträger in einem Kronlehen, ganz gleich, wie viele es waren, dieses „in capite" vom französischen König hielt.

Heinrich kürzte Richard 1174 die Einkünfte aus Aquitanien auf die Hälfte und entzog ihm die direkte Kontrolle über fast alle seine Burgen, wie er auch die Söhne Heinrich und Gottfried stärker seiner Kontrolle unterwarf. Es scheint aber, daß er Richards Anteil an dem Aufstand keine allzu große Bedeutung beimaß: Richard hatte als Sechzehnjähriger unter dem Einfluß der Mutter gehandelt, ohne dem Vater direkt mit der Waffe entgegenzutreten, und sich schließlich kampflos ergeben. In den siebziger und achtziger Jahren besaß er jedenfalls als Machthaber in Aquitanien so sehr das Vertrauen seines Vaters, daß dieser ihm hier militärisch völlig freie Hand ließ. In den Quellen der Zeit scheint Richard zwar vor allem als Graf von Poitou auf – Poitou war das Kernland der Herzöge von Aquitanien[3] –, doch ist darin nicht eine Machtminderung gegenüber einem Herzog von Aquitanien, also etwa seinem Vater, zu sehen, da die Titel als Synonyme zu gelten haben. Als König von England sollte Richard seinen Neffen Otto, ehe dieser zum deutschen König gewählt wurde, als Herzog von Aquitanien etablieren, ohne daß er selbst, Richard, deswegen aufhörte als solcher die volle Macht im Land auszuüben.[4] Nach der Auseinandersetzung mit Becket, dem Erzbischof von Canterbury, und dessen Ermordung 1170 sowie der gefährlichen Herausforderung seiner Macht 1173/74 durch die Rebellion seiner Söhne und seiner Gattin, die mit Frankreich und englischen Aufständischen sowie Schottland verbunden waren, erreichte Heinrich in den siebziger Jahren den Gipfel seiner Macht. Er war weiterhin expansiv, trat in Schiedsrichterfunktion gegenüber den spanischen Königreichen auf und hatte 1173 schon Raimund V. von Toulouse zur Lehenshuldigung gezwungen, ein Faktum, von dem noch die Rede sein wird. Durch seine Töchter Mathilde und Eleonore war er 1168 und 1170 zum Schwager des Sachsen- und Bayernherzogs Heinrich des Löwen und Alfons VIII. von Kastilien geworden, und 1177 verschwägerte er sich über die jüngste Tochter Johanna mit Wilhelm II. von Sizilien. Durch die kastilische Heirat schien er die Zukunft Aquitaniens auf folgende Weise zu beeinflussen: als Mitgift Eleonores dürfte die Gascogne bestimmt worden sein, und zwar mit der Auflage, daß die Übergabe an Kastilien erst nach dem Tod der derzeitigen Herzogin von Aquitanien, ihrer Mutter Eleonore also, erfolgen solle.[5] Da die alte Eleonore aber erst 1204 starb, konnte erst Johann von Konsequenzen betroffen sein. Es ist aber für Richards Verhaltensweise, seinen späteren Kampf mit Toulouse zu bedenken, daß – da niemand Eleonores langes Leben voraussehen konnte – möglicherweise er, als Herzog von Aquitanien, mit der drastischen Verkleinerung seines Herzogtums rechnen mußte. Als dies verfügt wurde, war Richard aber erst dreizehnjährig und noch nicht als Herzog eingesetzt. Im übrigen ist angesichts seiner späteren navarresischen Heirat – Navarra war damals mit Aragon gegen Kastilien verbündet – zu bedenken, daß er durch diese Allianz nicht nur Druck auf Toulouse ausüben, sondern unter Umständen auch die Gascogne vor einem Zugriff Kastiliens besser sichern konnte.

Wenn Heinrich II. 1173 Raimunds Lehenshuldigung für Toulouse entgegennahm, bedeutete dies, daß er selbst auf die Aufrechterhaltung seines Anspruchs im Namen Eleonores auf Toulouse verzichtet hatte. Mochte die Unterstellung für Raimund auch demütigend sein, seine Grafschaft war ihm damit wenigstens garantiert, umso mehr, als gleichzeitig auch Richard diese Huldigung empfing. Daß anscheinend auch der junge Heinrich von seinem Vater zur Entgegennahme dieser Huldigung veranlaßt wurde[6], scheint ein indirektes Zeichen dafür zu sein, daß Heinrich für die Zeit nach seinem Tod für das Herzogtum Aquitanien, bisher französisches Kronlehen, eine

Statusänderung ins Auge gefaßt hatte: es sollte auch in Zukunft dem angevinischen Gesamtherrscher, der selbst Vasall des französischen Königs war, unterstellt sein. Die gegenwärtige Herzogin Eleonore und ihr Sohn Richard, gleichfalls Herzog und ihr Rechtsnachfolger, mußten mit diesen Eingriffen keineswegs einverstanden sein. Obwohl die Quellen dazu schweigen, läßt sich eine Verbindung zu Eleonores Rebellion gegenüber Heinrich kurz darauf, zu der sie ihre drei halbwüchsigen Söhne ermunterte, nicht ausschließen, ebenso wie Unzufriedenheit mit dem Verzicht Heinrichs auf ihren Toulouser Anspruch mit im Spiel gewesen sein könnte.

In positiver Weise griff Heinrich in die Geschicke Aquitaniens ein, indem er eine Erweiterung des Herzogtums nach Osten betrieb. Allein im Jahr 1177 erwarb er durch Kaufvertrag die Grafschaft La Marche, die bisher nur nominell zum Herzogtum Aquitanien gehört hatte, zwang er Ludwig VII., die strittige Auvergne als gleichfalls zu Aquitanien gehörig zu betrachten, und festigte seine Stellung im Berry, indem er die Erbin von Châteauroux und Déols an einen zuverlässigen anglo-normannischen Baron verheiratete und, nicht zufällig, im selben Jahr für Richard, wenn auch vergeblich, von Ludwig VII. als Mitgift für Alice Bourges forderte.

Ehe Richard in den späten achtziger Jahren – 1186 und 1188 – mit zwei Feldzügen gegen Toulouse vielleicht den alten Anspruch der Herzöge von Aquitanien gegenüber der Grafschaft wiederaufnehmen wollte, jedenfalls hier Eroberungen machte, war es seine vordringlichste Aufgabe in der vorangegangenen Zeit gewesen, die herzogliche Zentralgewalt in Aquitanien zu stärken. Das geschah in permanenten kriegerischen Auseinandersetzungen mit dem an Selbständigkeit gewöhnten Adel: 1176 führten ihn Feldzüge in den Limousin und Angoumois, 1177 in die Gascogne, 1178/79 in die Saintonge, 1182 wieder ins Zentralgebiet des Angoumois, in den Limousin und Périgord. Es ging dabei vor allem um die Zerstörung der Hauptburgen der Rebellen, eine Tätigkeit, in der Richard Meisterschaft erlangen sollte, die wirtschaftliche Schwächung des Gegners, die Auseinandersetzung mit Söldnertruppen. Richard berichtete von seinen Siegen an den Vater, und über den Chronisten Howden besitzen wir eine detaillierte Einsicht in diese Aktivitäten. Heinrich billigte und förderte diese Tätigkeit seines Sohnes, entsprach dessen Regierungsprogramm doch ganz seinem eigenen.

Aus dem Kreis des in seinen überkommenen Rechten beschnittenen und revoltierenden Adels traten später lediglich die Lusignans heraus: 1188 von Richard besiegt, mußte Gottfried von Lusignan wie andere das Kreuzzugsgelübde auf sich nehmen, und wir finden ihn während des Kreuzzugs an Richards Seite als tüchtigen und treuen Vasallen, was er umso leichter sein konnte, da ja Richard der Protektor seines Bruders Guido für die Krone des Königreichs Jerusalem geworden war und diesen dann in den Besitz Zyperns brachte. Erst Johann sollte sich am Beginn seiner Regierung die Lusignans wieder zu Feinden machen und zu Wegbereitern seines Debakels in Frankreich. Richard aber wurden die alten Streitereien in Aquitanien am Ende zum Verhängnis. In einer Rebellion des Vicomte Aymar von Limoges, der sich mit König Philipp verbündet hatte, sollte er nach einem Armbrustschuß in die Schulter am 6. April 1199 vor der Burg Châlus bei Limoges sein Leben lassen. Aber kehren wir zu den Ereignissen der siebziger und achtziger Jahre zurück. Nahezu das wichtigste politische Mittel – das sich aber nur kriegerisch durchsetzen ließ –, den Adel der Herzogsgewalt zu unterwerfen, war die Änderung des Erbrechts im Land. Was im übrigen Anjoureich von Heinrich praktiziert wurde und gelang, sollte auch in Aquitanien durchgesetzt werden, nämlich das Recht des Herzogs, im Fall des Aussterbens eines Hauses in direkter männlicher Linie die Vormundschaft über die Erbtochter zu übernehmen, um sie an einen dem Herzog ergebenen Mann zu verheiraten. Obwohl damit der Blutszusammenhang gewahrt wurde, bedeutete es Neuvergabe des Lehens durch Einsetzung eines fremden Adelsgeschlechts. Das Erbrecht der Nebenlinien, das heißt der männlichen Verwandten des Verstorbenen, meist seiner Brüder, wurde nicht anerkannt. Als dieses Prinzip im Jahr 1181 auf die mächtige Grafschaft Angoulême angewandt wurde – eben jene, die am Ende von Richards Regierungszeit wieder nur mit Töchtern in die Zukunft sehen konnte –, kam es zum Aufstand. Die übergangenen erwachsenen Brüder des verstorbenen Grafen Vulgrin, nämlich Wilhelm und Aymar, verbündeten sich mit ihrem Halbbruder, dem Vicomte Aymar von Limoges, und dem Grafen Elias von Périgord, und es gelang ihnen letztlich, den Herzog zu ihrer Anerkennung zu bewegen. Aber vorher wurde der Limousin zum Schauplatz gewaltiger Ereignisse. Sie wurden in aufreizenden Liedern von dem Troubadour Bertran de Born kommentiert. In dem nun stattfindenden Feldzug tauchte auf Befehl Heinrichs II. auch Richards Bruder, der junge König Heinrich, auf, mit dem sich der dritte Bruder, Gottfried, solidarisierte. Sie knüpften, statt Richard zu helfen, geheime Verbindungen mit dem aufständischen Adel an. Dem jungen Heinrich, der machtlos im Schatten des Vaters stand, als weich und vergnügungssüchtig galt und sich statt im Krieg auf Turnieren exponierte, wurde von den Rebellen die Übernahme des Herzogtums angetragen. Von ihm war tatsächlich keine Stärkung der Herzogsgewalt zu befürchten. Zu Ende des Jahres 1182 deckte dieser nun gegenüber dem Vater die Verschwörung auf, ohne aber auf ihr Ziel zu verzichten, womit wir in den ersten Hauptteil der Untersuchung eintreten.

# IM KAMPF UMS RECHT: DIE THRONFOLGERZEIT

## Der Kampf des Vaters gegen den Sohn

Bis zum großen Weihnachtshof in Caen 1182, an dem sämtliche Familienmitglieder teilnahmen, auch der exilierte Heinrich der Löwe mit seiner Familie, hatte Heinrich nur Schwierigkeiten mit seinem Ältesten gehabt, sieht man vom pubertären Abenteuer der jüngeren Söhne 1173/74 ab. Richard war ihm im folgenden ein loyaler und nützlicher Sohn gewesen. Da setzte er eine Maßnahme, wohl zu Beginn des Jahres 1183, die ihn auch mit seinem zweiten Sohn entzweien mußte. Er befahl Richard und Gottfried die Lehenshuldigung an den jungen Heinrich. Gottfried gehorchte: Für die Bretagne stellte das keine Neuerung dar, Richard weigerte sich – zunächst – lautstark, für Aquitanien dasselbe zu tun: Ganz ungewöhnlich sei es, daß zu Lebzeiten des Vaters ein Bruder dem anderen unterstellt werde[7], und wenn der Ältere das Erbe des Vaters antreten solle, so sei er, Richard, als Zweitgeborener der Erbe der Mutter. So entsprach es ja auch der bisher gültigen Familienübereinkunft, die vom französischen König sanktioniert war. Und nichts als Flüche und Drohungen hinterlassend, begab er sich nach Aquitanien, um seine Burgen und Städte zu befestigen.

Nun war die Beziehung zwischen den zwei Brüdern von jeher gespannt gewesen, und nun, im abgelaufenen Jahr 1182, war die Beziehung auf ihrem Tiefpunkt angelangt. Der junge Heinrich hatte Richards Sturz und die eigene Machtübernahme in Aquitanien geplant gehabt und sich eben dazu bekannt. Ein psychologisch ungünstigerer Moment für die Begründung dieses neuen Vasallitätsverhältnisses ist kaum denkbar, aber die Psychologie kümmerte niemanden, am wenigsten Heinrich II., und so fragt man sich, welchen Nutzen denn die Maßnahme zu diesem Zeitpunkt hätte haben können. Nun verpflichtete das *hominium* den Herrn ebenso wie den Vasallen, und so könnte sie durchaus auch zu Richards Schutz initiiert worden sein, wenn Heinrich II. nämlich zu der Annahme gekommen wäre, Richard könne sich gegen die Machinationen des Thronfolgers in Aquitanien nicht halten, und es sei besser für diesen, wenn der junge Heinrich durch Annahme der Huldigung die vorgegebene Machtverteilung anerkenne. Richard erklärte sich schließlich zur Huldigung an seinen Bruder bereit, wenn dies bedeuten sollte, daß Aquitanien immer ihm und seiner Linie erhalten bleiben würde.[8] Bezeichnenderweise lehnte sein Bruder dies ab: Er wollte keine Sicherheitsgarantie geben, und bloß formale Oberlehensherrschaft genügte ihm auch nicht mehr, er strebte nun eine reale Machtbasis an, und so blieb er mit dem rebellierenden aquitanischen Adel auch weiterhin im Bund. In seiner ersten überschießenden Wut über Richards Halsstarrigkeit hatte Heinrich II. den jungen König und den stets mit ihm konspirierenden Gottfried zwar ermächtigt, Richards Stolz zu brechen, aber die immer mehr in Erscheinung tretenden Koalitionspartner der Brüder nötigten ihn rasch an die Seite Richards, um ein Ausufern der Kämpfe zu unterbinden. Es zeigte sich, daß zur Unterstützung der Halbbrüder von Angoulême und Limoges und der beiden rebellierenden Plantagenetbrüder auch der oberste Lehensherr, der seit 1180 regierende Philipp II. von Frankreich, Söldner schickte, womit er, für uns erfaßbar, die feindlichen Beziehungen zu Richard eröffnete. Zu Richards Sturz waren auch Burgund und Toulouse angetreten, die Nachbarn also mit Ausnahme Aragons. Limoges wurde zum Zentrum des Widerstands, und der junge Heinrich wählte eine Hinhaltetaktik und bediente sich seines perfiden Bruders Gottfried, um seinen Vater, den er gleichzeitig bekämpfte, von seinem guten Willen zu überzeugen. Er verlor schließlich jegliches Prestige in dem Land, dessen Herrschaft er hatte übernehmen wollen, weil er, um weiterhin Söldnerheere unterhalten zu können, zu Plünderungen seine Zuflucht nahm. Auf einem dieser Raubzüge starb er völlig überraschend an einem Fieber am 11. Juni 1183.

So hatte das Schicksal auf eine für Heinrich, den Vater, schmerzliche, für Heinrich, den König, aber scheinbar wünschenswerte Weise die Weichen für die Zukunft neu gestellt: Der junge Heinrich, den er erst zum Mitkönig hatte krönen lassen, um ihm dann keinerlei reale Macht einzuräumen – was angesichts des labilen Charakters des jungen Königs und dessen französischem Schwiegervater und Schwager, die Einfluß auf ihn nahmen, vielleicht entschuldbar scheint –, war nicht mehr. Die Notwendigkeit, durch eine rechtliche Neuordnung die rivalisierenden ältesten Brüder zur Aufrechterhaltung der Reichseinheit über des Vaters Tod hinaus – ein Motiv, das naheliegend scheint[9] – zu zwingen, bestand nicht mehr. Der neue Thronfolger Richard stand unter keinem fremden Einfluß, denn die Mutter, die ihn einmal zum Kampf gegen den Vater veranlaßt hatte, war seitdem in dessen Gewahrsam, er hatte mit Aquitanien ein ausreichendes Betätigungsfeld und regierte dieses Land im Einvernehmen mit dem Vater. Vom Standpunkt der Reichseinheit war kein wünschenswerterer Zustand denkbar, als daß der Erbe des mütterlichen Zugewinns, also Aquitaniens, auch Erbe des Patrimoniums werden sollte. Wer aber kann behaupten, daß es Heinrich je um die Sicherung der Reichseinheit über seinen Tod hinaus gegangen sei?[10]

Der neue Thronerbe hatte sich bisher als Sohn der Mutter gefühlt, als Nachkomme der Herzöge von Aquitanien. Nun galt es, zugleich mit der Bewahrung dieses Erbes in einen neuen, großen Aufgabenbereich hineinzuwachsen.

Der junge Herzog war groß und stattlich, mit Haaren „inter rufum et flavum"[11], also wohl von hellerem Rotblond, eine Erscheinung, die den Wert des großen Auftritts kannte. Das ausführlichste Jugendporträt Richards verdanken wir Giraldus[12], der ihn pointiert von seinem älteren Bruder unterschied. An männlicher Schönheit und Statur[13] seien sie zwar einander ähnlich gewesen – beide überdurchschnittlich groß, aber sonst völlig gegensätzlich. Der liebenswürdige junge Heinrich war das Idol einer Generation von Unzufriedenen, Hoffnungsträger aller jüngeren Söhne und fahrenden Ritter und des von Richard geschundenen aquitanischen Adels. Von dem Charme, den auch Richard besaß und gezielt einsetzen konnte, hat Giraldus nichts bemerkt. Er war für ihn der Mann der Ordnung und des Rechts, kein Hort der Herumtreiber, und er verströmte seine Energien nicht auf Turnierplätzen, sondern im wirklichen Kampf; seine rebellischen Adeligen, die er „schleift und wetzt" wie der Messerschleifer seine Messer – so Bertran de Born[14] –, hielten ihn im Dauertraining, und die Strapazen der Feldzüge stählten ihn.

Trotz des rhetorischen Charakters der Kontrastbilder bei Giraldus dürfen wir die Grundstruktur, die vom gesamten Quellenmaterial bestätigt wird, als realistisch akzeptieren und zur Grundlage eines Bildes machen, das im Lauf der Darstellung immer mehr Verfeinerungen und Modifikationen erfahren wird. Was er tat, tat er gründlich, so Giraldus, und mit Ausdauer, nichts und niemand konnten ihn von einem Ziel abbringen, Hindernisse spornten ihn an. Die Beständigkeit, die er ihm zuschreibt, ist zwar eine Standardtugend von Fürsten, aber an Richards gleichfalls fürstlichen Brüdern konstatierte er sie nicht. Sie macht nach der Tatkraft und einem außerordentlichen Mut jenes Konglomerat von Eigenschaften aus, das diesem Autor besonders am jungen Richard auffiel. Für die geballte Energie gibt es in den Quellen verstreut genügend, auch unkriegerische Beweise. Dauernd bricht etwas unter ihm zusammen: eine Brücke, über die er reitet, ein Pilgerstab, auf den er sich stützt, ein Sattel. Das Schwert zerbricht ihm in der Hand.[15] Wenn diese Energie losgelassen wird, fliehen die Feinde. „Ferocissimus" ist vielleicht das häufigste Beiwort, das die Chronisten durch sein ganzes Leben hindurch mit seinem Namen verbinden.[16] In seiner Jugend schon ist er für den gleichzeitig schreibenden Giraldus „leo noster". Der „Löwe" ist er auch für Bertran de Born.[17] Von dem wilden Impetus im Kampf haben wir genügend Berichte, schon der Herzog ist sein eigener bester Soldat, während wir von dem kühlen, vorsichtigen Strategen, der niemals in eine Falle lief, erst aus späterer Zeit hören. Giraldus bemerkt an ihm einen oft überschießenden Rechtssinn, und das „Itinerarium" meint noch vom älteren Richard: Unrecht konnte er nicht ertragen. Er ertrug es auch nicht, aber „Recht" vollzog sich natürlich meist in der Form der Vergeltung. Das Über-die-Stränge-Schlagen werde sich mit den Jahren mäßigen, vermutet Giraldus zu der Zeit, da er noch Hoffnungen in ihn setzt, in den achtziger Jahren, und dann werde alles sehr gut sein. Gervasius charakterisiert ihn zu Anfang seiner Regierungszeit als sehr liebenswürdig, Coggeshall bestätigt, er sei nach seiner Krönung „satis affabile" gewesen, um festzustellen, er sei immer wilder geworden, und nach Newburgh soll er nach dem Kreuzzug sanfter geworden sein.[18] Den Eindruck hat man nicht, wenn man die Kämpfe mit Philipp in den späten neunziger Jahren verfolgt, der persönliche Haß steigerte sich auf beiden Seiten. Sicher war er zeitlebens wild genug und mit dieser Eigenschaft zur Geißel Gottes prädestiniert.

Genauso prädestiniert war er aber auch zum Ideal des Ritters, als das er in die Legende einging. Es überrascht und spricht für ihn persönlich, aber auch für den Kulturkreis, dem er entstammt, daß wir, obwohl Giraldus ihm in seinem rhetorischen Abschnitt auch Grausamkeit zuschreibt, nirgends spezielle Angaben darüber finden. Dieser Befund ist sofort zu relativieren. Selbstverständlich war der Krieg auch damals grausam genug, und wie immer traf er am härtesten die kleinen Leute. Wenn Söldner in „Feindesland“ einfielen, und das war meist die Nachbarprovinz, so bedeutete es Brennen, Rauben, Morden und Vergewaltigen an völlig schutzloser, meist bäuerlicher Bevölkerung. Ritterlichkeit galt bestenfalls für Ritter. Die gute Finanzlage erlaubte es den Plantagenets, in großem Maßstab Söldner einzusetzen, was sie von dem schwerfälligen und unsicheren Lehensaufgebot unabhängig machte. In seiner Jugend trat Richard nun in eine lebenslang anhaltende Vertrauensbeziehung zu einem der berühmtesten Söldnerführer und kriegerischen Großunternehmer der Zeit, einem gewissen Mercadier[19], dem die Schmutz- und Schreckensarbeit des Krieges überlassen blieb. Den adeligen Führern, also auch dem Herzog von Aquitanien, oblag die allgemeine Organisation des Krieges, die Befestigungs- und Belagerungstaktik, natürlich auch der persönliche Kampf an der Spitze von meist nicht allzu großen Ritterkontingenten, die überall dort zum Einsatz kamen, wo es auf militärischen Durchbruch und raschen Vorstoß ankam. Durch Gefangennahme sollten möglichst viele Gegner erst außer Gefecht gesetzt und dann zur Aufbesserung der eigenen Kriegskasse herangezogen werden. Selbstverständlich fielen auch da genügend Tote an, aber das Töten war nicht Zweck des Treffens, denn Tote zahlten kein Lösegeld. Die Aura von Gewalttätigkeit, die das Handwerk mit sich bringt, muß uns immer gegenwärtig bleiben, aber in der Auseinandersetzung mit dem aquitanischen Adel, mit Rebellen also, wird ein unterscheidendes Merkmal zu anderen Zeitgenossen sichtbar. Die Italienzüge Barbarossas sind von Orgien an Grausamkeit gekennzeichnet, und das Verfahren Heinrichs VI. mit den sizilischen Aufständischen ist in seiner einfallsreichen Symbolträchtigkeit einfach bestialisch, ebenbürtig dem byzantinisch-kaiserlichen Umgang mit den Besiegten. Von einem Mann des Krieges, wie Richard einer war, könnte man umso mehr Details dieser Art erwarten. Sie fehlen aber nahezu gänzlich. Seine bevorzugte Strafe, aber die fällt, uns erkennbar, erst in seine Königszeit, ist die fiskalische[20], die dem zeitlebens gewaltigen Geldbedarf zustatten kommt.

Schlecht sei er gewesen, sagen die Gesta, schlecht zu allen, besonders zu den eigenen Leuten, zu sich am schlechtesten.[21] Das paßt nicht zu Giraldus' Feststellung, er sei gut zu den „Guten“ gewesen, im Unterschied zum jungen Heinrich nämlich, der unterschiedslos alle protegiert habe, die sich an ihn hängten. Es paßt auch nicht zu dem erweisbaren Verhalten gegenüber persönlichen Freunden und Verbündeten, auch nicht zum Bild des fürsorglichen Soldatenvaters, als der er während des Kreuzzuges erscheint. Wenn wir aus denselben Gesta und zur selben Zeit, der des Bruderkriegs, aus Aquitanien von Beschwerden über die ausschweifende Lebensart des Herzogs erfahren, so widerspricht das für unser Gefühl dem Bild des Giraldus vom Herzog, der auf Recht und Ordnung hielt. Aber Bonmots und die Zuschreibung von Wesensmerkmalen durch die Chronisten haben ohnehin nur einen sehr relativen Wert als Erkenntnisquelle, und wir müssen schon versuchen, uns den Charakter aus den Taten selbst aufzubauen. In dieser angeblich exzessiven Zeit wird ihm jedenfalls ein Sohn geboren, der einzige, und von einer unbekannten Mutter: Philipp von Cognac.[22] Er ging als die Figur des auf seine Abstammung stolzen „Bastards" in Shakespeares „King John" ein. Richards Feldzüge in Aquitanien bescherten ihm außerdem die Malaria; da das Quartanfieber an Sumpfgebiete gebunden ist, können wir an die Gascogne denken, wo er sich etwa 1177 längere Zeit aufhielt. Giraldus berichtet, daß ihn das Fieber in beständigem Zittern hielt, während er selbst den ganzen Erdkreis vor sich zittern machte. In seiner Jugend, aber auch später, sehen wir diesen Kriegshelden fast immer in der Defensive. Man weiß nicht, was er täte, wären seine Kräfte nicht dauernd im Kampf ums Überleben angespannt, aber die Welt, scheint es, wollte das auch nie erfahren, in vorbeugender Furcht hinderte sie ihn, wo immer sie konnte.

Zum Ausgangsbild gehört noch der Anteil an der verfeinerten Hofkultur von Poitiers. Zur Zeit seiner Mutter war dieser Hof sicherlich eine der kultiviertesten weltlichen Stätten Europas mit der von Eleonore maßgeblich mitgetragenen Minnekultur und der entsprechenden Literatur: der Troubadourlyrik. Dieser Tradition blieb Richard treu. Er besaß nicht nur die geforderte „larguesa", die offene Hand, die dem Ruhm dienlich war, es sind uns von ihm auch zwei Sirventesen[23], Lieder politischen Inhalts, aus späterer Zeit überliefert, zu einer davon sogar die Melodie. Überhaupt wird ihm eine besondere Beziehung zur Musik nachgesagt, nicht zuletzt zur eben aufgekommenen polyphonen Kirchenmusik.[24] Latein beherrschte er besser als so mancher Erzbischof.[25] Wir können damit aber auch bei dem jungen Herzog eine persönliche Kultiviertheit voraussetzen und haben uns jedenfalls alles andere als einen ungeschliffenen Draufgänger zu vergegenwärtigen. Mit diesem starken, zugleich aber auf höfischem Boden mit den letzten Verfeinerungen des Geschmacks und der Raffinesse vertraut gewordenen Sohn nahm Heinrich nun den Kampf auf.

Im September 1183 erging, und das glich einem Paukenschlag, an Richard der Befehl, er solle Aquitanien seinem jüngsten Bruder, dem halbwüchsigen Johann, übergeben, der ihm, Richard, dafür als seinem Lehensherrn zu huldigen habe. Rein lehensrechtlich betrachtet wäre die künftige Rolle des Landes Aquitanien damit dieselbe gewesen wie angesichts der verlangten Huldigung Richards an den jungen Heinrich: eingebunden in das Gesamtreich. Unter einem theoretischen Gesichtspunkt scheinen die beiden Befehle auch völlig stimmig zu sein. Für die Zeit nach seinem Tod hätte Heinrich seinen jeweils ältesten Sohn als Oberhaupt eines unvermindert fortbestehenden Anjoureichs einsetzen wollen, hat man argumentiert, und die jüngeren Brüder hätten als Preis für Unterordnung unter den Ältesten entweder Garantie ihres Besitzes oder Befriedigung möglicher Ambitionen erhalten. Johann nämlich war durch den Wegfall des ältesten Sohnes von einem vierten zu einem dritten Sohn avanciert, was ihn zu einem nicht mehr vernachlässigbaren Faktor zu machen schien. So rational sah es etwa ein wohlmeinender Chronist, und moderne Autoren folgten ihm hierin.[26] Freilich, was eine sich an der Versorgung aller Söhne orientierende Familienpolitik betrifft, so zeigt sich gleich, daß dem Karrieresprung Johanns keinerlei Besserstellung des nunmehr zweiten Sohnes, Gottfrieds, entsprach, dessen Mißvergnügen denn auch geweckt wurde. Er war Herzog der Bretagne und sollte es nach dem Willen des Vaters auch bleiben. Da aber das Rotationsspiel einmal in Gang gesetzt war, fand er, seine Domäne könne um Anjou erweitert werden, und machte sich mit Hilfe des französischen Königs an die Realisierung dieses Plans. Von ihm war übrigens keine Unterordnung unter den neuen Thronfolger Richard verlangt worden, der aber auch nicht wie der junge Heinrich zum Mitkönig gekrönt werden sollte, und so wäre die Situation also durchaus nicht rechtskonform zu der Anfang 1183 von Heinrich II. angestrebten gewesen. Immerhin: Hätte Richard sich seines Vaters Willen gebeugt, die reale Macht in Aquitanien an einen zu etablierenden Herzog Johann abgetreten, um als dessen „Lehensherr", selbst entmachtet, bis zu des Vaters Tod die Schattenrolle seines verstorbenen älteren Bruders zu übernehmen, so hätte diese Fügsamkeit jedenfalls dem gegenwärtigen internen Frieden dienlich sein können.

Wir haben nun ein Dokument aus späterer Zeit, das durchaus auf den von Heinrich angestrebten Zustand angewandt werden kann und die sämtlichen Plantagenetbrüdern unterschiedlicher Generationen zugedachte Rolle gut ins Licht stellt. Im März 1191 schloß Richard einen Vertrag mit Philipp in Messina[27], der ihn von seiner ewigen Verlobten Alice befreite und im Hinblick auf seine bevorstehende Verehelichung auch eine Nachfolgeordnung ins Auge faßte. Dabei wurde festgesetzt, daß bei zwei oder mehr Söhnen der älteste von Philipp „in capite" den gesamten Festlandbesitz halten solle und der andere – ein eventueller dritter Sohn wurde nicht berücksichtigt – gleichfalls „in capite" vom französischen König eine der drei folgenden Dominien, nämlich die Normandie oder Anjou und Maine oder Aquitanien und Poitou. Ob Richard der Regelung nur zustimmte, weil sie keinen Aktualitätswert besaß, muß dahingestellt bleiben.

Sie entsprach jedenfalls französischem Interesse, aber nicht dem angevinischen, denn sie brachte keinerlei theoretische Klärung der Lehensbeziehungen in der eigenen Familie, sie bedeutete Doppelligesse für die Inhaber der angevinischen Provinzen, für die Söhne Richards oder, und darum geht es hier, eben auch Heinrichs II., die sich so ihren Oberlehensherrn de facto frei wählen konnten. Auch hierin ist die Rechtssituation vom Beginn des Jahres 1183 nicht völlig deckungsgleich mit der vom Ende desselben Jahres. Im Fall des jungen Heinrich und Richards waren beide bereits ligisch an die französische Krone gebunden, wiewohl Richard dem verstorbenen Ludwig VII., noch nicht aber Philipp für Aquitanien gehuldigt hatte. Johann aber war noch in keiner Weise an Frankreich gebunden. Soll man glauben, daß Heinrich mit ihm geplant hatte, unter Ausschaltung der Doppelligesse ein rationales Lehensverhältnis im eigenen Haus zu begründen? Nichts spricht dafür. Die Beziehung des angevinischen Herrschers zum französischen König und der angevinischen Familienangehörigen untereinander – das waren Machtfragen, durch keine Rechtskonstruktion zu lösen, und im Hinblick auf Philipp wäre die einzige Auswirkung gewesen, daß er seine Forderungen um die Huldigung Johanns für Aquitanien erweitert hätte.

In dem Ratespiel um Heinrichs Motivationen in bezug auf seine beiden Aquitanien betreffenden Befehle an Richard im Jahr 1183 kann man also nur von einem abstrakt-logischen Blickwinkel aus eine Einheitlichkeit des politischen Willens erkennen: ein Gesichtspunkt, der Heinrich völlig fernstand. Im konkreten hätten die beiden Befehle, wären sie von Richard befolgt worden, zu völlig entgegengesetzten Situationen in Aquitanien geführt. Als Realpolitiker mußte ihm das völlig klar sein. Alles hing vom Stärkeverhältnis der jeweiligen Kontrahenten ab. Einem schwachen angevinischen Gesamtherrscher, und ein solcher versprach der junge Heinrich zu werden, würde Aquitanien unter einem starken Herzog, und der würde Richard weiter sein, leicht entgleiten; ein starker angevinischer Gesamtherrscher, mochte er nun Heinrich II. oder Richard heißen, konnte mit seinen überlegenen Machtmitteln immer Aquitanien kontrollieren, sofern dieses in seinem Unabhängigkeitsstreben an Frankreich keine allzu große Stütze fand. Nun mag sich Heinrich mit seinen 53 Jahren durchaus noch nicht am Ende seiner Laufbahn gefühlt haben, und so ist es gut vorstellbar, daß er kalkuliert haben könnte, daß sich – auf die Gegenwart bezogen – eigentlich überhaupt nichts ändern müsse. Der junge König als Richards Lehensherr konnte ohne Mittel in Aquitanien nicht viel erreichen, und Heinrich dachte nicht daran, seinen Sohn besser zu dotieren. Wenn der junge Heinrich statt im übrigen Anjoureich in Aquitanien agitierte und Rechte gegenüber seinem Bruder statt gegenüber seinem Vater verfocht, konnte das diesem nur recht sein. Anders wäre die Lage, wenn unter einem Herzog Johann die reale Macht und die Mittel des Landes in andere, und zwar schwache Hände geraten würden. Die von Heinrich bisher mitvertretene Politik Richards, alle seine Feldzüge und Siege würden im Nu vertan sein. Zwar konnte man Johann 1183 noch kein Fehlverhalten anlasten, weil er erst zwei Jahre später im Irlandfeldzug seine Unreife bewies, aber daß der alte Unabhängigkeitswille des aquitanischen Adels unter Johann Auftrieb erhalten mußte, war absehbar. War Aquitanien Heinrich gleichgültig geworden, wollte er seine bisherige Politik der starken Hand aufgeben, wollte er das Land in Anarchie sinken lassen? Gewiß nicht. Noch gab es ja Richard als den Lehensherrn Johanns, und Richard konnte sehr wohl damit beschäftigt werden, Johanns Fehler wiedergutzumachen. Johann als destabilisierender Faktor in Aquitanien, Richard aber als stabilisierender – würde das nicht einen Ausgleich ergeben und wiederum zwei seiner verbleibenden Söhne in ihren Aktivitäten im entfernten Aquitanien binden? Richard, nun ohne eigene Machtmittel und Einkünfte, würde zudem als Thronfolger seinem Vater überall dort an die Hand gehen, wo militärisches Eingreifen not tat. Den Fehler, seinen Nachfolger zu Lebzeiten noch krönen zu lassen, um ihm Sicherheit und Ansprüche zu geben, war Heinrich bei Richard zu vermeiden fest entschlossen. Und war nicht das Erbrecht, wie es sich gewohnheitsmäßig herausgebildet hatte, auf seiner Seite? Vom Vater wurde erwartet, daß er sein Patrimonium, in Heinrichs Fall sein Elternerbe, also England, die Normandie, Anjou, Maine und Touraine, ungeschmälert dem Ältesten hinterlasse, nun also Richard, während er über die Erwerbung, also das ihm durch die Ehe zugefallene Aquitanien, frei verfügen konnte[28]; dieses wollte er nun Johann zukommen lassen. Nur daß in diesem Fall eben bereits eine Rechtssituation geschaffen war, die durch bloßen Willkürakt nicht leicht zu ändern war. Und was die Beachtung von Erbgewohnheiten anbelangt, so kann man sich im Konflikt Heinrichs II. und Richards schwer auf sie berufen, weil Heinrich in seinen letzten Lebensjahren ja immer mehr zur Erweckung des Verdachts beitrug, das Patrimonium selbst Johann zukommen lassen zu wollen.

Für Richard wäre die unmittelbare Konsequenz seines Gehorsams nun nicht mehr eine bloße Statusminderung wie bei der verlangten Huldigung an den älteren Bruder gewesen, sondern ein Verzicht auf Rechte, die er von der Mutter, vom französischen König, vom Land selbst durch die Inthronisationsakte seit elf Jahren innehatte. Er bezog aber seine Würde und Identität aus seiner Existenz und Tätigkeit als Herzog von Aquitanien und einem fast zehnjährigen Kampf um die Stabilisierung der herzoglichen Zentralgewalt, und er antwortete seinem Vater, daß er nie im Leben an irgend jemanden sein Herzogtum abtreten werde. Bloß der Thronfolger und darüber hinaus nur der Erfüllungsgehilfe des Vaters würde er nicht sein.

Hatte Heinrich II. leichten Gehorsam erwartet? Er selbst war seinerzeit über die berechtigten Ansprüche und Erwartungen seiner eigenen Brüder Gottfried und Wilhelm hinweg den Weg rücksichtsloser Machtkonzentration gegangen: 1151 hatte sein sterbender Vater Gottfried verfügt, er möge seinem älteren Bruder, sollte er selbst König von England werden, Anjou und Maine als Herrschaftsbereich abtreten. Heinrich tat dies umso weniger, als er seit der Erwerbung von Aquitanien 1152 durch diese Abtretung einen Keil in seine Länderkette getrieben hätte, und wäre es Gottfried 1156 nicht geglückt, Graf von Nantes zu werden, so hätte er leicht so enden können wie sein jüngerer Bruder Wilhelm, nämlich trotz Heinrichs Versuch ihn auszustatten, unversorgt. Die Versuche, Heinrich II. in seinem Umgang mit den Söhnen als von politisch-dynastischen Prinzipien geleitet zu sehen, stoßen auf eine Fülle von Schwierigkeiten.

Nun wäre es verwunderlich, wenn gerade er, der so sehr an seinen Länder zusammenführenden Großvater Heinrich I. anknüpfte, niemals an die ungeteilte Erhaltung dieser Territorialmasse über seinen Tod hinaus gedacht haben sollte. Gern würde man glauben, was man zu sehen meint: Wie der Weg Heinrichs in jahrelanger staatsmännischer Reifung von den Huldigungsakten von Montmirail 1169 mit Doppelligesse und zukünftiger Unabhängigkeit Aquitaniens vom Anjoureich zu der Machtkonzentration und konzipierten Reichseinheit von 1183 ging. Aber die künftige Unabhängigkeit Aquitaniens, seine Stellung als französisches Kronlehen mit einem nur dem französischen König unterstellten Herzog, scheint lange zuvor in Zweifel gezogen worden sein. Bereits ein Jahr nach Richards Erhebung zum Herzog und nur drei Jahre nach Heinrichs Testament, also 1173, veranlaßte Heinrich II., wie schon erwähnt, den Grafen von Toulouse, nicht nur sich selbst und Richard als Herzögen von Aquitanien, sondern wohl auch dem jungen Heinrich zu huldigen. Dies implizierte, daß letzterer einmal als Gesamtherrscher auch die Lehenshoheit über Aquitanien ausüben werde. Es wirft ein Schlaglicht auf die Verunsicherungstaktik, das Unstete und die Inkonsequenz – Eigenschaften, mit denen Heinrich II. immer wieder den Konflikt in seine Familie hineintrug –, daß er dann seinen vollständigen Sieg, nicht zuletzt über Eleonore und Richard, nicht dazu benützte, diese Lösung, war es ihm ernst damit, den Besiegten zu oktroyieren. Niemals wieder war die Situation für eine solche Maßnahme so günstig: Dem noch unerprobten siebzehnjährigen Richard hätte er den älteren Bruder gewiß leicht als Herrn aufzwingen können, explizit fordernd, was der Toulouser Doppelhuldigung an die Brüder ja entsprach. Er tat es nicht, aus welchen Gründen immer. Einer war vielleicht, daß dies einer Aufwertung des ungehorsamen Ältesten gleichgekommen wäre, an der ihm damals nicht gelegen sein konnte, so blieb es bei der halben Maßnahme. Bewiesen scheint dadurch aber, daß zukunftsweisende staatstheoretische Erwägungen keine Priorität für ihn hatten.

In bezug auf die Michaelisforderung von 1183 und für das folgende wurde immer wieder auch „Liebe zu Johann“ ins Spiel gebracht[29], und so sei hier Johanns Jugend und inwiefern sich in ihr die väterliche Liebe manifestiert haben könnte, kurz beleuchtet.

Im Jahr 1166 oder 1167 als vierter und letzter Sohn Heinrichs geboren, war er zunächst als Gatte der Erbin von Maurienne, einer wegen ihrer Alpenübergänge politisch interessanten Region, vorgesehen. Graf Humbert von Maurienne löste nun im Frühjahr des Jahres 1173 eine Kettenreaktion am Anjouhof aus, indem er die Frage von Johanns Dotierung aufwarf. Für Johann „Ohneland“ – der Name stammt aus seiner Kindheit, denn 1169 bei der Länderzuteilung von Montmirail an die Brüder war er unberücksichtigt geblieben – begann Heinrich nun ein Erbe zusammenzustellen. Er löste zu diesem Zweck aus dem künftigen Herrschaftsbereich seines Ältesten die Burgen Chinon, Loudun und Mirebeau heraus, genau jenes Erbe, das Heinrichs Vater seinerzeit seinem zweiten Sohn Gottfried als Minimalerbe ausgesetzt hatte. Für den jungen Heinrich war das das Fanal zu seinem Aufstand, er floh an den Hof seines Schwiegervaters Ludwig. Da Humberts Tochter nun bald starb und der für einen solchen Fall vorgesehene Eintritt einer jüngeren Schwester in die Rolle der Verlobten doch nicht realisiert wurde, zerschlug sich dieser Heiratsplan, der überdies durch die spätere Geburt eines männlichen Erben für Humbert seinen von den Anjous beabsichtigten Zweck nicht erfüllt hätte. 1176 wurde Johann mit Isabella, der Erbin des Grafen von Gloucester, verlobt. Erst 13 Jahre später verfügte Richard bei seiner Thronbesteigung die sofortige Hochzeit; bis zu diesem Zeitpunkt war Johann von seinem Vater aufgespart worden, weil er immer wieder auch als möglicher Gatte von Richards Braut, Alice, ins Spiel gebracht wurde. Da seine Einsetzung in Aquitanien 1183/84 an Richards Widerstand gescheitert war, wurde er 1185, nachdem er schon 1177 zum König von Irland bestimmt worden war, vom Vater nach Irland entsandt. Ihm beigegeben wurde der Waliser Chronist Giraldus.[30] So wissen wir im einzelnen, wie das Fiasko sich vollzog: Johann unterschlug das ihm anvertraute Geld, provozierte die Bevölkerung, die der Anjouherrschaft eigentlich wohlgesinnt war, und wurde besiegt. 1187 sollte er dennoch zum König von Irland gekrönt werden, da er schon „Herr von Irland“ war, und das wies zusammen mit der zu erwerbenden Grafschaft Gloucester auf eine ihm zugedachte Schwerpunktsetzung in England hin. Aber die Krönung zum König von Irland unterblieb, und Richard fand sich abermals vom Vater durch Johann unter Druck gesetzt. Glaubt man gewissen Quellen[31], so war inzwischen aus dem Konkurrenten Richards um Aquitanien – obwohl auch dieser Punkt immer wieder einmal aufgegriffen wurde – ein solcher um den Thron von England geworden. Sein Vater aber setzte keine sichtbaren Zeichen, daß es ihm ernst gemeint sei, und so desertierte Johann 1189 vom Sterbelager seines Vaters zum Lager des Bruders und des französischen Königs, der Sieger also.

Er hatte die väterliche Liebe nur durch Worte erfahren und muß gefühlt haben, daß er für den Vater vor allem eine Trumpfkarte gegenüber Richard war. Seine bisherige Laufbahn war eine Kette von Frustrationen gewesen, in der er sich von einer leeren Hoffnung zur nächsten geführt sah. Es mag nun sein, daß Heinrich, als er Johanns Verrat erfuhr, Worte gebrauchte, die die Moral vom Undank resümierten. Giraldus legt dem sterbenden Heinrich diese Worte in den Mund: „Johann, mein Herz, für den ich das alles auf mich genommen habe ...“, und andere Autoren behaupten gleichfalls Heinrichs besondere Liebe zu Johann. Aber was können, wenn es um Gefühle geht, Quellen schon für eine Authentizität behaupten? Väterliche Gefühle müssen Heinrich gar nicht abgesprochen werden. Er trauerte wohl ehrlich um seine beiden toten Söhne Heinrich und Gottfried, und es ist nicht ausgemacht, daß er Richard immer nur haßte. Was Johann nun vor diesen den Vorzug geben mußte, war die Abwesenheit jeglicher eigenen Machtstellung und eines eigenen Willens. Johann hatte, schon wegen seiner Jugend, noch keine Gelegenheit gehabt, den Vater zu verraten. Der tat das Seine, wie ersichtlich, damit er sie auch in Zukunft nicht bekommen würde.

Diesem für Heinrich idealen Sohn konnte nur ein anderer die Rolle des Lieblingssohnes streitig machen, der noch günstigere Bedingungen aufwies: sein möglicherweise um 1151 geborener illegitimer Sohn Gottfried, der spätere Erzbischof von York. Für ihn hatte Heinrich eine geistliche Laufbahn ausersehen, da dies aber Gottfrieds Wünschen widersprach, so nötigte er ihn nicht dazu und nahm ihn schließlich als Kanzler in seinen Haushalt auf. Als einziger seiner Söhne stand er Heinrich im Todeskampf zur Seite. Es ist nun bezeichnend für Heinrichs väterliche Liebe, daß er diesen Sohn, über den Giraldus[32] ihn sagen läßt, er sei sein einziger echter Sohn und die anderen seien die Bastarde, als bald 40jährigen ohne entsprechende Versorgung, ganz auf die Gnade des Nachfolgers angewiesen, zurückließ.

Während des Jahres 1184 setzte Heinrich II. Richard abwechselnd mit Schmeicheleien und Härte zu, Johann Aquitanien oder einen Teil desselben abzutreten. Da Richard kompromißlos blieb, ermächtigte Heinrich Johann, sich mit Gewalt zu nehmen, was ihm vom Vater zugedacht war, und weil dieser ganz unfähig dazu war, nahm sich sein Bruder Gottfried seiner Interessen an und entfesselte einen Söldnerkrieg in Poitou, den Richard mit Einfällen in der Bretagne beantwortete. Im Dezember 1184 fand Heinrich, der selbst nicht zu den Waffen gegriffen hatte, des Gemetzels sei nun genug, und berief alle drei Söhne zur formellen Versöhnung nach England, wo sie zu Weihnachten in Windsor auch mit ihrer Mutter zusammentrafen. Aber schon zu Anfang des Jahres 1185 kam es zu neuen Kämpfen zwischen Richard und Gottfried.

Immerhin hatte Richard sein Herzogtum behalten. Was aber hatte Heinrich dazu veranlaßt, Johann in den Besitz von Aquitanien bringen zu wollen?

Im Mai 1185 erließ Heinrich einen neuen Befehl an Richard, diesmal sollte er sein Herzogtum seiner Mutter übergeben, und diesmal gehorchte Richard sofort. War daran gedacht, einen Keil zwischen Mutter und Sohn zu treiben? Die Maßnahme sieht eher nach einer formalen Bestrafung Richards aus, mit der Heinrich II. sein Gesicht und seinen Autoritätsstandpunkt wahren wollte, während Richard gleichzeitig eine Garantie für die Zukunft erhielt. Ob praktische Konsequenzen mit dieser „Abtretung" verbunden waren, wird uns nicht mitgeteilt, es ist aber anzunehmen, daß dem nicht so war. Auch bisher hatte es drei Herzöge von Aquitanien gegeben, Heinrich II., Eleonore und Richard, und die Verwaltung des Landes ertrug diese Dreiheit sehr gut. Wieder ist ersichtlich, wie unbekümmert um Titel und formale Prinzipien die Zeit Heinrichs II. noch war und wie es nur darauf ankam, daß über die wahre Machtverteilung kein Zweifel sein konnte. Es war keiner: Eleonore war in Aquitanien die Quelle des Rechts, Heinrich II. kontrollierte hier die Macht, und Richard übte sie aus, vor wie nach den Spannungen der letzten zwei Jahre. Ohnehin war im allgemeinen Sprachgebrauch seiner Provinzen, also auch in Aquitanien, Heinrich ganz abgesehen von seinen jeweiligen Titeln der „König"[33], jener König, mit dem zu rechnen war; er, nicht der ferne französische König, stellte die oberste Macht dar. Man könnte nun argumentieren – ließe man die Vorgeschichte außer acht –, Heinrich hätte durch diese Regelung eine zu erwartende oder schon gestellte Forderung Philipps abwehren wollen, eben Richards Huldigung für Aquitanien an den französischen König. War Richard nur als Stellvertreter der Macht im Land, so brauchte es keine Huldigung, die Richard aufgewertet und Heinrich II. abgewertet hätte; dieser hatte Philipp übrigens Ende 1183 für seinen gesamten festländischen Besitz gehuldigt, so war der Form Genüge getan. Nun schließen einander zwar die Motive eines politischen Tricks gegenüber Philipp und einer Machtdemonstration gegenüber Richard nicht aus, aber die Maßnahme kann eben nicht isoliert gesehen werden.

Zusammen mit der im Januar 1183 verlangten Huldigung Richards für Aquitanien an den jungen Heinrich und der im September 1183 erhobenen Forderung nach Übergabe des Herzogtums an Johann stellt sie eine Reihe von Handlungen Heinrichs dar, die – wiewohl in ihren Motiven nicht einsichtig und in ihrer politischen Auswirkung widersprüchlich – darin übereinstimmen, daß sie auf eine Machtminderung oder sogar Entmachtung Richards hinauslaufen. Ihr Effekt ist jedenfalls, daß Richard deutlich unter Druck gesetzt wurde. Von einer bloßen Drohung kann, anders als später im Fall Englands, nicht gesprochen werden, da Heinrich immerhin zweimal Kriegshandlungen auslöste, denen er nur nicht den letzten Nachdruck verlieh. Auch wenn 1185 nun mit der „Übergabe" des Herzogtums an die Mutter die unmittelbare Gefahr einer Absetzung gebannt schien, bleibt Johann im Zusammenhang mit Aquitanien auch im weiteren ein immer wieder einmal angeschlagenes Gesprächsthema für Heinrich.

Es ist nun, da alle rationalen Erklärungsversuche in bezug auf Richard und Aquitanien gescheitert sind, an der Zeit, einen Blick auf Heinrichs Charakter zu werfen, der uns durch etliche seiner Höflinge so farbig und glaubwürdig beschrieben worden ist[34], daß er allein aus diesen Beschreibungen vor unserem inneren Auge ein Maß an physischer und psychischer Lebendigkeit gewinnt, wie kein anderes seiner Familienmitglieder. Sollte es stimmen, was Giraldus, der ihn haßte, aber auch persönlich kannte, von ihm behauptet: „Das nämlich war König Heinrichs ‚natura perversa', daß er mit aller Macht Zwietracht unter den Söhnen weckte und begünstigte und Frieden und Ruhe für sich einzig aus deren Uneinigkeit erhoffte."[35]

Von mittlerer Größe, stiernackig, korpulent, cholerisch, mit roten Haaren und grauen Augen, einem breiten, löwenmäßigen Gesicht, erschien er als die Verkörperung von königlicher Kraft und unerschöpflicher Energie. Königliche Prunkentfaltung bedeutete ihm nichts, seine Kleidung unterschied sich in nichts von der seiner Diener, er brauchte keine Fassade königlicher Macht, er war die Macht, und die Zurschaustellung des Reichtums und des Luxus überließ er Leuten wie dem Kanzler Becket. Er war dabei keineswegs kulturlos, sondern geistig interessiert, mäßig im Essen und Trinken, kein Schlemmer und Genießer, sondern ruhe- und rastlos, ohnedies ein Reiseleben führend und die Mußestunden noch im Sattel, von der Jagd besessen. Seine Hofhaltung, von Walter Map nur halb scherzhaft mit dem Inferno verglichen[36], war chaotisch, und es war Heinrich selbst, der dieses Chaos um sich schuf und unterhielt. Einer seiner Kleriker und Verehrer, Peter von Blois, konnte nicht umhin, zu vermuten, es bereite ihm Vergnügen, seine Reise- und Tagespläne konsequent in letzter Minute abzuändern, so daß er jedermanns Dispositionen über den Haufen warf; war angekündigt, der Hof werde anderntags erst zu vorgerückter Stunde aufbrechen, so wurden alle im Morgengrauen aufgejagt, im fürchterlichen Durcheinander die Wagen beladen und die Pferde gesattelt, weil der König es sich anders überlegt hatte, und war ein früher Aufbruch vorgesehen, so konnte man sicher sein, daß der König bis Mittag schlief und alle stundenlang herumlungerten und auf die Abreise warteten.[37] Die Kurialen, die der königlichen Gnade nahe waren und im Zentrum der Macht lebten, bezahlten dies, glaubt man ihren Klagen, mit unwürdigen Lebensbedingungen: Es gab bei dieser Unvorhersehbarkeit des königlichen Itinerars nur selten durchgebackenes Brot, eßbare Nahrungsmittel, trinkbaren Wein und oft genug zum Schlafen kein Dach über dem Kopf. Wer Heinrich in offizieller Mission oder persönlichen Belangen brauchte, war gleicherweise beklagenswert: Er wußte nicht, wo er den König suchen sollte, der in rasantem Tempo die Lande durcheilte, unvermittelt da und dort auftauchend, nützlich zu Kontrollzwecken, aber eine Qual für seine Umgebung, die dazu verurteilt war, bis zur völligen Erschöpfung dieses Leben einer permanenten Wilden Jagd mitzumachen.

Mit dieser Ungeordnetheit seines Alltags kontrastierte sein Regierungsprogramm, das Bemühen, Ruhe und Ordnung in England und seinen festländischen Besitzungen zu schaffen, Gerichtsbarkeit, Administration und Finanzen durch Gesetze in geregelte Bahnen zu lenken. Die Schaffung der Geschworenengerichte in England[38] und der Ausbau der Verwaltung lenkten die Aufmerksamkeit der Geschichtsschreibung früh auf ihn und sicherten ihm den hohen Rang, der ihm als Herrscher zugesprochen wird.

Wiewohl er gegenüber dem Adel eine Politik der Stärke betrieb, so war er doch gegenüber den Besiegten höchst maßvoll, wir hören von keinerlei Exzessen der Grausamkeit, er liebte den Krieg nicht und klagte um die Toten, wie Giraldus bezeugt, war leutselig und geduldig zu den einfachen Leuten. Das ist freilich alles relativ zu sehen. Die barbarischen Forstgesetze, die Jagd in königlichen Wäldern mit schrecklichen Verstümmelungen ahndeten, blieben in Kraft oder wurden noch verschärft. Er war vorurteilslos mit allem Positiven, das dem Begriff anhaftet, dem Freisein von der Vormundschaft geistiger Väter und Fanatismus. Nichts lag ihm ferner als Kreuzzugsideologie. Während im Machtbereich des französischen Königs schon die Scheiterhaufen brannten, unterband er Ketzerverbrennungen in seinen Ländern mit Nachdruck.[39] Wenn sein Charakter ausgesprochen „modern" anmutet, so hängt das auch mit seiner machiavellistischen Handhabung der Macht zusammen. Daß er ohne Urteilsspruch nach eigenem Gutdünken „per voluntatem" Sanktionen setzen konnte und in der häufig angewandten Güterkonfiskation ein unerhört wirkungsvolles Druckmittel zur Durchsetzung seines Willens hatte, darin, wurde dargetan, lag die Stärke der angevinischen Monarchie im Vergleich zu den anderen Feudalstaaten der Zeit.[40] Dabei ist Heinrich II. keineswegs eine jener fürstlichen Verbrechernaturen, wie die Renaissance sie hervorbrachte. Man darf glauben, daß der Mord an Becket von ihm nicht geplant war, sondern einen Unfall darstellte, geboren aus einem königlichen Wutanfall, gepaart mit Übereifer einiger Vasallen. Verführung ist das schlimmste Delikt, das greifbar wird[41], es versteht sich aus der auch sonst geübten unreflektierten Verfügung über alle. Seine Länder konzidierten ihm als königliches Prärogativ die Machtausübung „per voluntatem" – die auch Richard und Johann übten, letzterer bis zum Exzeß, bis er mit der Magna Charta seinen politischen Preis dafür zu zahlen hatte –, in der Familie aber überspannte bereits Heinrich den Bogen durch Willkürakte, bis die vereinigte königliche und väterliche Macht nicht mehr ausreichten, die Folgen von ihm abzuwenden: ein *pater familias* der schlimmsten Sorte.

Seine „Skrupellosigkeit", die Kehrseite der Vorurteilslosigkeit, ist eine solche des Einfallsreichtums und permanent geübter übler Tricks. Er war Proteus schlechthin, ließ sich von nichts und niemandem festlegen, hatte immer alles anders gemeint, war insofern Realist, als er bei sich und anderen nur an den Nutzen glaubte, aber dennoch verletzt, wenn ihm Treulosigkeit widerfuhr. Würden verlieh er reichlich, aber als Pragmatiker glaute er nicht an Würden, ihre Eigendynamik und identitätsgebende Kraft, und so schuf er in Becket einen Erzbischof, in seinem ältesten Sohn einen König, in Richard einen Herzog und fühlte sich betrogen, als diese ihm in ihrer neuen Funktion mit Selbstbewußtsein entgegentraten. Eben darin, daß er auch bei anderen nie an Prinzipien glauben konnte, lag die Grenze seines Realitätssinns und seiner Menschenkenntnis. Dadurch, daß er auch gegenüber den Söhnen nur Taktiker sein und niemals Sicherheit geben konnte, erlangte er selbst auch keine Sicherheit. Er, der Vater-Tyrann schlechthin, in der Fülle der Macht keine Sicherheit aus ihr ziehend, sondern in ständiger Angst vor der Horde der Söhne, von denen er Machtverlust fürchtete, dem er zuvorkommen wollte: Das schuf eine Atmosphäre des Mißtrauens, die die Energien der Gesamtfamilie nach außen hin blockieren mußte. Das undifferenzierte Mißtrauen gegenüber jedermann, genauso realitätsfern wie blindes Vertrauen, war der irreale Faktor im Realisten Heinrich, ein pathologischer Zug. Daß pathologische Züge an einem *pater familias* leicht zur Familientragödie führen können, ist bekannt, hier wurde mit der Familie zugleich ein aufstrebendes Reich betroffen. Nur zu leicht wurde neben dem Aufbauenden, das Heinrich für sein Reich leistete, übersehen, daß er auch einen Beitrag zu seiner Destruktion geleistet hat.

Heinrichs „perversa natura" liefert wohl nicht die ganze Erklärung für sein Verhalten gegenüber Richard. Sie als Faktor zu sehen, berechtigt sein Verhalten gegenüber den anderen Söhnen, die Wahrheit ist aber wahrscheinlich viel komplexer.

Im Sommer 1187, als das angevinische und französische Heer einander vor Châteauroux im Berry in Schlachtordnung gegenüberstanden – wenn auch keine Seite diese Schlacht wollte –, zeigte Philipp laut Giraldus Richard einen Brief Heinrichs an ihn, in dem Heinrich vorschlug, Johann solle Philipps Schwester Alice, also Richards Verlobte, heiraten und Aquitanien und Anjou bekommen. Selbst wenn diese Mitteilung, die sich nur bei Giraldus findet, falsch sein sollte, so war Richard doch durch irgend etwas alarmiert: Er überfiel die Schatzburg des Vaters in Chinon, brachte Geld an sich und setzte einmal mehr seine Burgen in Aquitanien in Verteidigungsbereitschaft. Immerhin war ja eben Johanns Krönung zum König von Irland aufgeschoben worden, dieser also frei zur anderweitigen Verwendung. Noch in der letzten fruchtlosen Konferenz von La Ferté Bernard Ende Mai oder Anfang Juni 1189 zwischen Heinrich II., Philipp und Richard versuchte Heinrich von Philipp den Frieden zu erlangen, indem er vorschlug, Johann möge Alice heiraten, worauf er Philipp völlig zufriedenstellen wolle.[42] Damit spielt Johann aber nun eine Rolle in Heinrichs Überlegungen bezüglich der Erbfolge in England. Es fragt sich nur, welche. Fest steht, daß Heinrich sich nach den Pressionen wegen Aquitanien oder neben ihnen weigerte, Richard als seinen Erben in England öffentlich anzuerkennen. Es ist wesentlich für das Verständnis der Situation, daß Richard keinerlei Machtabtretung von seinem Vater forderte, was ihn vom jungen Heinrich unterschied, der allerdings auch keinen selbständigen Herrschaftsbereich gehabt hatte, obwohl er sogar gekrönt war. Richard hingegen wollte lediglich Sicherheit für die Zukunft, und daß der älteste Sohn und künftige Erbe irgendwann zu Lebzeiten des Vaters „salva fidelitate patris sui" die Treueide der Barone entgegennahm, hätte der Zeitgepflogenheit entsprochen.

Es ist nun zu fragen, wie ernsthaft Johanns Konkurrenz um England oder den festländischen Besitz zu nehmen war und ob Richard nicht in einer Überreaktion seinen zwar listenreichen, aber letztlich zu Zwangsmitteln doch nicht entschlossenen Vater ganz überflüssigerweise zum Entscheidungskampf genötigt hat. In Frankreich hatte Johann überhaupt keine Position. Im Berry nahm er zwar 1187 an Richards Seite am Krieg gegen Philipp teil, aber aus allen Konferenzen 1188/89 wurde er von Heinrich II. herausgehalten, während Richard recht aktiv an ihnen teilnahm; lediglich im Sommer 1188 wurde er von Heinrich als Gesandter zu Philipp geschickt, ohne daß ein konspiratives Ergebnis zustande kam. Auch das kann nur bedeuten, daß Johann zu diesem Zeitpunkt keinen Machtfaktor darstellte und nicht einmal der einfallsreiche Philipp etwas mit ihm anzufangen wußte. Noch eine Möglichkeit gibt es, um die Bemerkungen in den Quellen bezüglich Johanns Funktion als Erbe Heinrichs II. auf ihren Realitätsfundus auszuloten: die Sirventesen Bertrans de Born. Bertran, mit den Plantagenetprinzen persönlich bekannt und teils befreundet, erst Gegner, dann Parteigänger Richards, illustriert die Fehden der achtziger Jahre recht gut. Der junge Heinrich, Richard und Gottfried haben ihre Rollen. Johann wird in allen Liedern lediglich zweimal und nur nebenher, nämlich als „ohne Land", erwähnt.[43] In Aquitanien ist er persönlich nicht präsent und besitzt keinen Anhang. Desgleichen findet sich mit keiner Spur ein Hinweis darauf, daß aus aquitanischer Sicht und nach dem Wissensstand Bertrans Richards Stellung als Erbe von England fraglich gewesen wäre. Zur Zeit seiner Kreuznahme wird von Richard als dem Herrn gesprochen, „der Graf und Herzog ist und König sein wird".[44] Es ist auch zu bedenken, daß eine königliche Designation oder Enterbung allein noch nicht über die Vergabe der Krone entscheiden konnte, da die Machtträger des Landes ja zur Anerkennung des Königs bereit sein mußten. Wie sollte Johann unter dem englischen Adel, der unter einem schwachen König um seinen festländischen Besitz bangen mußte, sich als Alternative zu dem glanzvollen und mächtigen Richard präsentieren?

Dennoch sind Richards Sorgen berechtigt. Seit dem Spätherbst 1187 war eine neue Komponente ins Spiel gekommen: Richard hatte das Kreuz genommen, und im Gegensatz zu Heinrich II. und Philipp, die im Januar des nächsten Jahres seinem Beispiel folgten, war es ihm mit dem Kreuzzug absolut ernst. Von nun an aber bekommen nicht nur die weiteren Pressionen Heinrichs gegen ihn wieder einen rationalen Anstrich: Er verlangte vom Vater Sicherheit wegen der Nachfolge, um gehen zu können, der aber verweigerte sie ihm aus berechtigter väterlicher und politischer Sorge, eben um ihn im Land zu halten, was sich vernünftig anhört, aber doch nur eine neue Begründung für alte Benachteiligungsversuche darstellt; von nun an mußte Richard wirklich fürchten, daß ihm, bei Abwesenheit nämlich, sein Erbe genommen werde. Gegenüber dem anwesenden Richard hatte Johann keine Chance, zu dem abwesenden war im Fall des Todes von Heinrich II. Johann eine ausgezeichnete Alternative – für Frankreich. Nicht von der Familie, nicht vom Vater oder von Johann als Person ging ab 1187 die reale Gefahr für Richard aus, sondern vom französischen König. Seinetwegen forderte er am Ende auf der Konferenz von La Ferté Bernard, Johann solle ihn auf den Kreuzzug begleiten, was Heinrich natürlich ablehnte und ablehnen mußte. Man konnte einen am Kreuzzug teilnehmenden Sohn schon fast zu den Toten zählen, die Sorge um das Reich erlaubte es einfach nicht, beide Söhne ziehen zu lassen. Daß Frankreich die Abwesenheit der militärischen Stütze des Anjoureichs nützen werde, war klar. Kenner der Situation mußten damit rechnen, daß weder Heinrich noch Philipp den Kreuzzug wirklich antreten würden. Tatsächlich befreite der Tod Heinrich von seinem Gelübde, und Philipp wußte seine Teilnahme an ihm abzukürzen. Nach der gesamten bisherigen Politik Ludwigs VII. und Philipps war eine französische Intervention im Haus Anjou mit Sicherheit zu erwarten, wann immer sich eine Gelegenheit dazu bieten würde. Es war auch ganz natürlich, daß Philipp Johann als englischen König und Chef des Hauses lieber sehen würde als Richard. Warum hätte er da nicht Johanns Partei ergreifen sollen, sobald dieser eine Partei darstellte, das heißt sobald Richard abwesend war?

Es kam aber etwas hinzu, das für Richard die Einmischung Frankreichs in die Frage der englischen Thronfolge geradezu zu einer Pflicht machen mußte: ein Vertrag, den Heinrich II. am 6. Dezember 1183 mit Philipp geschlossen hatte. Er betraf die Übertragung der seinerzeitigen Mitgift Margaretes, die nach dem jungen Heinrich verwitwet war, auf deren Schwester Alice. Die Mitgift war der normannische Vexin, der sich in Heinrichs Hand befand, aber ohne diese Regelung zurückzugeben gewesen wäre. Alice war Richards Braut. Es war ein Vertrag, der – allen Nutzen für den Moment zugestanden – denn doch eine folgenschwere Fehlentscheidung gewesen ist. Durch ihn kam Richard unter den vollen Druck Frankreichs. Er wird uns noch ausgiebig beschäftigen, für den Moment sind nur zwei Faktoren von Belang: ein Passus und sein Datum.

Der interessante Passus betrifft Alice und ihren Verlobten. Wir erfahren, daß der König von England den Vexin, die abermals ausgesetzte Mitgift „cui[45] vellet de filiis suis cum sorore regis Franciae“ vergeben werde. Somit war etwas vorgefallen, das es sehr fraglich erscheinen ließ, ob Richard wie in den letzten 15 Jahren auch weiterhin als der Verlobte von Alice zu gelten habe. Die Formulierung, die sich auf einen beliebigen Sohn bezieht, hat übrigens eine recht verschlüsselte Entsprechung in einem Vertrag von 1186, wie wir noch sehen werden. Die Quellen geben zu diesem Faktum keinerlei Aufschluß. Als Alternative zu Richard kam aber wohl nur Johann in Frage. Gottfried war mit der Erbtochter der Bretagne verheiratet, und eine Annullierung seiner Ehe hätte unter diesen Umständen doch zu große Verwicklungen nach sich gezogen.

Beachten wir jetzt das Vertragsdatum: Es ist der 6. Dezember 1183. Am 29. September 1183, zu Michaelis, war, wie früher schon festgestellt, an Richard der überraschende Befehl ergangen, Aquitanien an Johann zu übergeben. Richard hatte sich geweigert, zweifellos zur maßlosen Erbitterung des Vaters. Da kam der Vertrag vom Dezember 1183. Aus ihm wird Richard ohne Schwierigkeiten abgelesen haben, wie der Vater ihm die Peitsche zeigte: Wenn er, Richard, unbedingt Herzog von Aquitanien bleiben wolle, so werde das sein eigener Schaden sein, denn dann könne es leicht geschehen, daß ein anderer König von England werde; wenigstens sei damit zu rechnen, daß Frankreich den „anderen" Sohn in seinem Anspruch auf den englischen Thron unterstützen werde, den Gatten von Alice.

## Der Alice-Vexin-Komplex

Der Vertrag vom 6. Dezember 1183 zwischen Philipp und Heinrich II. stellt etwas wie die Schürzung eines Knotens dar. Da er vorsah, daß Alice den normannischen Vexin als Mitgift in die Ehe bringen solle, waren von dem Moment an Alice und der normannische Vexin zu einer Einheit verschmolzen. Ein „Komplex" war entstanden, nicht nur psychologischer Art für die daran Beteiligten, sondern eine Verknüpfung zweier höchst verwickelter und folgenschwerer Handlungsstränge.

Lösen wir, ehe wir den Vertrag selbst und seine Auswirkungen näher betrachten, diese Einheit auf, betrachten wir in Rückschau die beiden bisher getrennt verlaufenen Stränge.

### *Der normannische Vexin*

Das Land um die Hauptfestung Gisors, im Unterschied zum angrenzenden französischen Vexin normannischer Vexin genannt, ist ein Grenzstrich zwischen den Flüssen Epte und Andelle nördlich der Seine. Es gehörte traditionell zum Herzogtum Normandie. Im Zusammenhang mit den Thronstreitigkeiten um England und die Herzogswürde in der Normandie zwischen den Häusern Anjou und Blois erkauften sich Graf Gottfried von Anjou und sein Sohn Heinrich die Unterstützung Ludwigs VII., indem sie auf den Vexin verzichteten. Die Abtretung erfolgte rechtskräftig anläßlich der Huldigung Heinrichs für die Normandie im Jahr 1151. Nach dem Tod seines Sohnes schloß Stephan von Blois einen Erbvertrag mit Heinrich, durch den dieser als englischer Thronfolger anerkannt wurde. Bereits zu diesem Zeitpunkt war mangels einer Alternative für Ludwig VII. der Gegenwert für die Abtretung des Vexin dahingefallen, und 1154 folgte Heinrich Stephan überhaupt schon als König nach. Er fand nun, daß er einen unverhältnismäßig hohen Preis für nichts bezahlt hatte. Nun war der normannische Vexin eine schwer befestigte Grenzzone, und ihr Verbleib bei Frankreich bedeutete theoretisch eine Umkehrung des bisherigen Verhältnisses zwischen den Nachbarn im Norden. War bisher die Normandie massiv geschützt gewesen, das Vorland von Paris mehr oder weniger offen dagelegen, so war es nun so, daß letzteres stark beschützt, die Normandie, und vor allem die Hauptstadt Rouen, aber eventuellen Einfällen des französischen Königs offenstanden. Diese Situation erschien Heinrich nicht akzeptabel, er versuchte, wieder in den Besitz des Vexin zu kommen. Da Frankreich militärisch nicht in der Lage war, das Land gegen einen eroberungswilligen Heinrich zu verteidigen, erklärte sich Ludwig 1158 bereit, den Vexin seiner Tochter Margarete als Mitgift in die Ehe mit Heinrichs Sohn, dem jungen Heinrich, zu geben. 1160 wurden in einem Friedensvertrag zwischen Ludwig und Heinrich II. die Details der Eheschließung und Gebietsabtretung geregelt. Da die Kinder zu diesem Zeitpunkt erst fünf- bzw. zweijährig waren, sollte der Vertrag mit der Ehefähigkeit der Verlobten, die für das Jahr 1164 festgesetzt wurde, in Kraft treten. Da Heinrich aber nicht vier Jahre auf die Übernahme des Vexin warten wollte, benützte er eine Klausel, die für den Fall der vorzeitigen Eheschließung die sofortige Abtretung des Vexin vorsah, und ließ noch im selben Jahr die beiden trauen. Der normannische Vexin kam an ihn zurück. Daß Frankreich seitdem einen möglichen Rückforderungsanspruch auf den Vexin besaß, störte Heinrich nicht. Die Abtretung von 1151 hatte, obwohl sie praktisch rückgängig gemacht worden war, eine rechtliche Bekräftigung erfahren, aber Heinrich hatte sofort und ohne Schwertstreich das strittige Gebiet bekommen. Eine solche Vorgangsweise wird für gewöhnlich als kluger politischer Schachzug gewertet, obwohl schon die Bindung des Vexin an eine Kinderehe bei der hohen Kindersterblichkeit riskant war. Nun starb der junge Heinrich zwar im Mannesalter, aber kinderlos, und 1183 forderte Philipp die Rückgabe der Mitgift seiner Halbschwester. Zu diesem Zeitpunkt war der junge Philipp seinem mächtigen Vasallen Heinrich als seinem Beschützer sehr verpflichtet. Dieser hatte sich in den schwierigen Anfangsjahren Philipps als Friedensstifter in dessen Familie betätigt und war im Krieg mit Flandern eindeutig auf seiten seines Lehensherrn gestanden. Seine drei erwachsenen Söhne hatten gleichfalls einmütig, als könne es nicht anders sein, gemäß ihrer Lehenspflicht für den französischen König gekämpft. Wie schon gegenüber Ludwig spielte Heinrich auch jetzt gegenüber Philipp seine militärische Überlegenheit in keiner Weise aus. Er wollte unter keinen Umständen auf den normannischen Vexin verzichten, er wollte aber auch unter keinen Umständen einen Krieg um ihn führen. In einem tragischen Irrtum befangen, meinte er, das ließe sich in Kombination erreichen. Die erstaunliche Loyalität Heinrichs im großen gegenüber dem jungen Philipp – umso erstaunlicher, weil sie von einer ausgeprägten Doppelzüngigkeit und Geringschätzung kontrapunktiert wurde – hat diesem erst das Fundament geschaffen, von dem aus er zum großen Schlag gegen Heinrichs Haus ausholen konnte. Heinrichs Verhalten wird nicht verständlicher, wenn man Loyalität durch Kriegsscheu ersetzt. Dabei ist nicht zweifelhaft, wie eine militärische Auseinandersetzung um den Vexin ausgegangen wäre, wenn die vereinte Streitmacht der Anjous gegen statt für Philipp Partei ergriffen hätte. Es ist auch bis auf weiteres nicht begreiflich, wieso Heinrich nicht die Möglichkeiten seiner Geldpolitik voll ausgeschöpft hat, um Philipp in seiner Zwangslage eine finanzielle Kompensation für den Vexin aufzunötigen. Statt dessen erkannte er am 6. Dezember 1183 durch Vertragsschluß zum dritten Mal an, daß der Vexin, den er in der Realität besaß, rechtlich zu Frankreich gehöre. Es ist nicht verwunderlich, daß diese Nachgiebigkeit Heinrichs ein immer stärkeres Insistieren Philipps, diesen Rechtszustand auch zu verwirklichen, auf den Plan rief.

### *Alice*

Alice war die zweite Tochter Ludwigs VII. und seiner zweiten Frau Konstanze von Kastilien, die bei ihrer Geburt am 4. Oktober 1160 gestorben war. Wir kennen deshalb ihr genaues Alter. Sie war durch den Frieden von Montmirail 1169 mit dem damals zwölfjährigen Richard, der bei dieser Gelegenheit zum Herzog von Aquitanien designiert worden war, verlobt worden.[46] Nichts sprach gegen eine baldige Heirat. Eine Mitgift war merkwürdigerweise weder verlangt noch in Aussicht gestellt worden. 1183 waren die beiden, inzwischen 26 bzw. 23 Jahre alt, noch immer nicht verheiratet. Wie die Formulierung im Vertrag vom 6. Dezember 1183, nach der irgendein Sohn Heinrichs sie heiraten könne, zeigt, war es höchst ungewiß, ob sie es je sein würden.

1176/77 hatte der französische Hof ernsthafte Anstrengungen unternommen, diese Ehe zustande zu bringen oder die Rücksendung von Alice zu erwirken. Ludwig VII. hatte den Papst eingeschaltet, um Heinrich II. unter Druck setzen zu lassen, Interdiktsdrohungen wurden bekannt. Wir besitzen zwei Briefe Alexanders III. an seine Legaten, einen vom 21. Mai 1176, den anderen vom 30. April 1177[47], und wissen, welchen Weg die Diplomatie Heinrichs II. in der Zwischenzeit nahm. Er beantwortete Ludwigs Forderung damit, daß er sich einverstanden erklärte, die Ehe schließen zu lassen, wenn Ludwig VII. zu seinen Mitgiftversprechungen stehe. Von solchen ist aber nichts bekannt. Für Alice forderte er, einleuchtend für den Herzog von Aquitanien als Bräutigam, Bourges und andere Burgen im Berry, wo er selbst zur gleichen Zeit eine Expansionspolitik betrieb. Diese Forderung ist verknüpft mit einer solchen nach Abtretung des französischen (!) Vexin für den jungen Heinrich. Dieses letzte Ansinnen ist dermaßen überhöht, daß man nur an eine Scheinforderung denken kann, die auf sichere Ablehnung berechnet war. Durch verschiedene Winkelzüge erreichte Heinrich nun, daß das für den Fall der weiteren Einbehaltung von Alice angedrohte Interdikt bis zu einer persönlichen Unterredung mit Ludwig verschoben wurde. Das Ergebnis der Unterredung war der Vertrag von Ivry vom September 1177. Er enthielt über Ehe und Mitgift kein Wort, dafür reichlich Bestimmungen über einen von beiden Königen anzutretenden Kreuzzug. Heinrich hatte mit diesem Grund, daß er auf Kreuzzug gehen werde, Ludwig von jeglicher Protektion der Kirche in seinem Anliegen losgerissen. Es war vorauszusehen, daß die Kurie bei der Aussicht, den mächtigen Heinrich II. demnächst auf Kreuzzug zu sehen, diesen mit der Alice-Affäre nun nicht mehr belästigen werde, umso weniger, als durch den inzwischen stattgefundenen Ausgleich mit Barbarossa die französische Unterstützung für Alexander III. nicht mehr gar so wichtig war. Ludwig VII. unternahm für die letzten drei Jahre seines Lebens keinen Versuch mehr zur Durchsetzung der Ehe. Alice blieb in Heinrichs Gewahrsam, Heinrich selbst stellte keine Mitgiftforderungen mehr, der junge Philipp hatte für die ersten drei Jahre seiner Regierung anderes zu tun, so daß also sechs Jahre vergingen, ohne daß das Alice-Problem abermals virulent geworden wäre. Nach dem Tod des jungen Heinrich und bei einer momentanen Ruhepause aber schlug er das Thema eben wieder einmal an. Heinrich II. verlangte jetzt weder Bourges als Mitgift noch sonst etwas, sondern gab sich mit dem zufrieden, was ihm seiner Ansicht nach ohnehin gebührte, dem normannischen Vexin. Es bestand für den künftigen Gatten von Alice, wer es auch sein würde, kein Grund, über diese bloß nominelle Mitgift besonders erfreut zu sein.

Der Vertrag vom 6. Dezember 1183, in den Gesta Howdens paraphrasiert, fand einen interessanten Niederschlag in der Chronik Rigords. Es heißt da: „So nämlich war es in den Verträgen, daß welcher Sohn auch immer des Königs von England sie (Alice) zur Gattin habe, nach dem Tod desselben Königs auch das Königreich haben sollte."[48] Der französische Chronist fügt noch hinzu, daß die Anwartschaft auf beides Richard als dem nunmehr Ältesten gebühre. Das liest sich zunächst wie eine bloße französische Wunschvorstellung, denn es ist nicht verständlich, wieso der Thronanspruch auf England an die Hand der Schwester des französischen Königs, die mit diesem Anspruch nichts zu tun hatte, geknüpft sein sollte. An ihrer Hand hing ja nur, seit Heinrich II. das bestätigt hatte, der Anspruch auf den normannischen Vexin, ein kleines Stück Land. War aber der Vexin denkbar und von Wert in der Hand eines anderen als des Herzogs der Normandie? Die Normandie und England stellten bereits eine Einheit dar, und ihre Auseinanderreißung in der nächsten Generation wäre ein Verstoß gegen das gültige Erbrecht gewesen. So war die Annahme naheliegend, daß, wer den normannischen Vexin habe, auch König von England sein werde. Frankreich tat alles, diese Formel noch zu verschönen: Nur wer Alice habe, könne demnach König von England sein. Es ist eine rechtstheoretische Ansicht, der jederzeit die machtstaatliche entgegenzuhalten war: Wer König von England sein werde, werde auch Herzog der Normandie sein, und gar, wenn er Richard heiße, auch den normannischen Vexin haben. Alice konnte sehen, wo sie blieb. Die erste Ansicht ist die französische, die zweite zweifellos die Richards.

Der Text des Vertrages kann sehr wohl auch die nach dem Tod des jungen Heinrich entstandene Situation für Alice widerspiegeln und zwei gegensätzliche Auffassungen über ihre künftige Rolle. Der englische Standpunkt konnte sein, Alice sei als Gattin des Herzogs von Aquitanien vorgesehen gewesen. Ihr erwüchse aber keine Statusminderung daraus, wenn dieser Herzog vielleicht nicht Richard heiße. Der französische Standpunkt mußte dementgegen sein, Alice, als Richards Braut, habe ein Anrecht auf Avancement zusammen mit ihrem Verlobten. Sie müsse jetzt als Braut des Thronfolgers angesehen werden. Es widerspreche aber den französischen Interessen nicht, wenn dessen Person ausgetauscht werde, Richard müsse er nicht heißen. So, über die französische Version und rein logische Erwägungen, kann Johann als Thronfolger ins Gespräch gekommen sein, während Heinrich II. ihn für die aquitanische Lösung ausersehen hatte. Wie das rechtstechnische Problem – der normannische Vexin als Mitgift an einen Herzog von Aquitanien – zu lösen gewesen wäre, werden wir noch hören.

Im stillen Kräftemessen bezüglich dieser beiden Standpunkte verliefen die restlichen sechs Jahre bis zum Tod Heinrichs. Die Interessenlage beider Reiche war eindeutig: Die des Anjoureichs verlangte gebieterisch die Gesamtnachfolge des starken Richard. Die Interessenlage Frankreichs erforderte wenigstens eine Reichsteilung, Zersplitterung, am besten die Unterstützung des schwachen Johann für den englischen Thron. Nun taten aber beide Könige, was ihren momentanen politischen Interessen ganz offensichtlich zu widersprechen schien: Heinrich war Philipp hierin durch den Vertrag von 1183 vorangegangen, Philipp folgte ihm durch sein Bündnis mit Richard am Ende. Handelten sie aus einer Zwangslage heraus? Das „seitenverkehrte" Verhalten der beiden Könige und Richards Sieg in der Auseinandersetzung von 1189 – er trat mit Philipps Unterstützung die Gesamtnachfolge im Reich an – legen jetzt schon nahe, dessen Rolle in dem Konflikt nicht allzu naiv-undiplomatisch anzusetzen. Es war ja das eine Konfrontation, die sich nur im Endstadium auf dem militärischen Feld abspielte, die aber vorher politisch zu klären war.

Zurück zum Vertrag und seinen Folgen. Eine unmittelbare Folge war, daß Heinrich sich anscheinend eindeutig auf jenen Sohn festlegte, der Alice heiraten und den Vexin bekommen sollte: Es sollte Johann sein. Denn während im Jahr 1184 noch der von Heinrich II. angezettelte Kleinkrieg der Brüder um Aquitanien lief und er Richard weiterhin bedrängte, Johann Aquitanien abzutreten, traf er für Richard eine neue Eheabsprache, diesmal mit einer Barbarossatochter. Er griff damit einen alten Plan eines Ehebündnisses zwischen seiner und der kaiserlichen Dynastie wieder auf. Schon 1165 war eine Verbindung zwischen dem ältesten Staufersohn Friedrich und Heinrichs Tochter Eleonore, der späteren Gattin Alfons' VII. von Kastilien, vorgesehen gewesen, die jedoch nicht zustande gekommen war. Der schwächliche Friedrich war im Alter von fünf Jahren gestorben, nachdem bereits zu seinen Lebzeiten sein jüngerer Bruder, der spätere Heinrich VI., zum deutschen König gekrönt und damit das Eheprojekt unattraktiv geworden war.[49] Daß Heinrich mit dem neuen Eheabkommen Frankreich provozieren mußte, indem er ihm statt der einfachen Eheschließung die komplizierte mit Johann oktroyieren wollte, war diesem klar. Er befestigte seine Burgen an der Epte, vor allem Gisors[50], was bedeutet, daß er einen französischen Angriff auf den Vexin für möglich hielt. Die Ehe mit der deutschen Prinzessin, die ein Bündnis mit dem Kaiser einschloß, wurde im Spätsommer 1184 anläßlich einer Canterburywallfahrt und politischen Mission des Erzbischofs von Köln und Philipps von Flandern mit Heinrich abgesprochen. Gegen Ende September 1184 gab es eine Begegnung englischer Gesandter mit Barbarossa in Verona, bei der die Abmachungen deutscherseits ratifiziert wurden.[51] Im Zeichen des deutsch-angevinischen Einverständnisses wurde Heinrich dem Löwen für das kommende Jahr die Rückkehr ins Reich gestattet.

Aber noch vor Ablauf desselben Jahres starb die Kaisertochter, und alles kehrte ins alte Geleise zurück.

Was für die Politik eine Episode blieb, ist von eminenter Bedeutung für die Einschätzung Heinrichs II. und seiner Fähigkeit zur rationalen Konfliktlösung – oder wäre es, wenn die folgende Interpretation die einzig denkbare wäre: Mit dem Kaiser verschwägert und dem Reich als Rückendeckung, mit den ausgezeichneten Beziehungen zu Köln und Flandern hätte es sich Heinrich erlauben können, Philipp seine Interpretation des Vertrages vom 6. Dezember 1183 aufzuzwingen. Mochte er persönlich auf Richard noch so erbost sein, so hätte er doch den politischen Nutzen und die dynastischen Notwendigkeiten nicht aus den Augen verloren. Die neue Verlobung, doch wohl kein feindseliger Akt mehr gegen Richard, ist zunächst als entschieden bessere Partie einzustufen, und es ist klar, daß der Schwiegersohn Barbarossas kein Enterbter sein würde. Er würde König von England werden und wohl auch Herzog der Normandie und de facto im Besitz des Vexin bleiben. Alice käme dann nur noch für Johann in Frage – und Johann war zur selben Zeit aufgefordert worden, sich in den Besitz Aquitaniens zu bringen, obwohl das ohne väterliche Unterstützung ein aussichtsloses Unternehmen war. Das Problem Alice-Vexin wäre damit noch lange nicht gelöst gewesen – vorrangig mußte Johann so ausgestattet werden, daß er als Gatte von Alice für Frankreich akzeptabel war –, aber es wäre doch ein dezidierter Schritt zur Entflechtung der Probleme getan worden. Das wichtigste Resultat wäre die Rückstufung der Alice-Ehe auf ein Problem gewesen, das mit der englischen Thronfolge nicht mehr hätte gekoppelt werden können.

Während man früher einfach voraussetzte, jene Verlobte sei die am 8. Okober 1184 im Alter von fünf Jahren verstorbene Agnes gewesen, die in den Marbacher Annalen und der Chronik von St. Peter in Erfurt mit dem bald darauf erfolgten Tod der Kaiserin Beatrix in Verbindung genannt wird, ist eine neue These aufgetaucht, die – aus der Geburtenreihe der Kaiserin erschlossen – eine weitere Tochter Barbarossas in die Literatur einführt.[52] Sie soll zur Zeit der Eheabsprache im für Richard passenden Alter von 16 oder 17 Jahren gewesen sein. Hatte die ältere Forschung die Tatsache, daß Agnes uns in den genannten Quellen als Verlobte des ungarischen Königssohns präsentiert wird, einfach ignoriert, so krankt die neue Vermutung daran, daß diese Tochter zufällig fast gleichzeitig mit jener Agnes gestorben und trotz ihres beträchtlichen Altersunterschieds zu ihrer Schwester bis dato unverlobt gewesen wäre, was allerdings auch auf Unwissenheit der Quellen zurückgeführt werden kann. Die beschlossene Ehevereinbarung kann allerdings nicht eindeutig als Verlobung angesprochen werden, womit nichts gegen die Annahme spricht, die ungarische Verlobung wäre eben erst aufzulösen gewesen. Bei der kurzen Dauer dieser Eheabsprache mit England ist es umso weniger verwunderlich, daß deutsche Quellen nichts darüber wissen. Vor allem aber ist das Argument, diese erschlossene anonyme Kaisertochter wäre doch wegen ihres Alters für Richard eine viel passendere Verlobte gewesen als eine Fünfjährige, hinfällig.

Man würde dadurch nämlich als gesichert voraussetzen, Heinrich II. sei es darum gegangen, Richard durch eine passende Ehefrau für baldige Nachkommenschaft sorgen zu lassen und ihn durch einen mächtigen Schwiegervater gegenüber französischer Anmaßung in seinem Thronfolgerecht abzusichern. Es ist aber genau umgekehrt: Wir müßten schon das ehetaugliche Alter der Braut zweifelsfrei wissen, um von diesem Faktum auf ein normales väterlich-dynastisches Verhalten Heinrichs schließen zu können. Und so braucht es sich bei dem staufischen Eheprojekt keineswegs um eine Festlegung und Neuorientierung von Heinrichs Politik zu handeln – um eine Richard freundlich gesinnte, durch kluge Außenpolitik abgestützte Maßnahme –, sondern es kann ganz gut auch das Gegenteil vorliegen. Dies dann nämlich, wenn die Braut doch die fünfjährige Agnes oder ein anderes, jedenfalls beträchtlich jüngeres Mädchen als die neu vermutete Kaisertochter gewesen sein sollte. Dann wäre zu den alten Schikanen Heinrichs gegen Richard nur eine weitere dazugekommen. Statt an Alice wäre der nun 27jährige Richard bis auf weiteres an ein kleines Mädchen gebunden worden, wobei es aber, weil Eheschließung und gar -vollzug noch in weiter Ferne lagen, für Heinrich nicht unmöglich gewesen wäre, die Eheabsprache auch wieder rückgängig zu machen – wodurch eben alles wie bisher in der Schwebe geblieben wäre. Man kann sich nun der Theorie von Richards Homosexualität erinnern und meinen, Heinrich hätte im Bewußtsein dieser Tatsache kein schlechtes Auskunftsmittel gefunden, um den Skandal zu vertuschen, aber das ist so spekulativ wie die beiden anderen Interpretationsversuche. Als Richard nämlich ein paar Jahre später auf eigene Faust Eheverhandlungen aufnahm, suchte er sich eine im Alter passende Braut aus, die seiner aquitanischen Politik nützlich war. Als Ironie des Schicksals kann vermerkt werden, daß die Heirat nicht früher stattfand, als bis jene Agnes zwölf Jahre alt gewesen wäre, und ein geregeltes Eheleben, wenn es das gab, erst in Gang kam, als sie sechzehn gewesen wäre.

Wie dem auch sei: Vom Schicksal verhinderte Lösung des gordischen Knotens oder altes Druckmittel im neuen Gewand, das Alice-Vexin-Syndrom war zu Ende des Jahres 1184 genauso virulent wie an seinem Anfang. Heinrich beendete den Bruderkrieg um Aquitanien und ließ Richard sein Herzogtum der Mutter übergeben, wie wir gehört haben. In seiner Beziehung zu Philipp war kein Wandel eingetreten. Eine weitere Chance zu einer militärischen Lösung vergab er, indem er im neu ausbrechenden Konflikt Frankreich – Flandern den um Bündnispartner werbenden Grafen nicht unterstützte, sondern sich abermals auf seiten Philipps um Friedensvermittlung bemühte. Selbstverständlich erwarb er sich Philipps Dankbarkeit nicht. Dieser setzte die Politik seines Vaters, in der Familie der Plantagenets das Spaltungsferment abzugeben, fort. Das einzige Ergebnis des deutschen Zwischenspiels war vielleicht, daß Philipp eine Lektion gelernt hatte. Im Mai 1187 war er es, der mit Barbarossa ein Bündnis schloß, und wenn dieses auch vom Kaiser nicht gegen England gerichtet war, so hatte es doch von Philipp diese Zielrichtung, die er 1191 mit Heinrich VI. dann endlich verwirklichen konnte.

Der nächste Schritt im Alice-Vexin-Konflikt wurde im Frühjahr 1186 getan. Damals beschwor Heinrich II. nach Gesta und Chronica von Howden[53], nachdem Philipp abermals dringlich geworden war, daß Richard – jetzt wieder Richard und niemand sonst – Alice heiraten werde. Ein Vertrag vom 11. März 1186[54], der uns im Original erhalten ist und der eine Neuauflage des verlorengegangenen Vertrags vom 6. Dezember 1183 sein muß, ist keineswegs so eindeutig.

Zu seinem Inhalt: Bevor Margarete, die Witwe des jungen Heinrich, außer Landes ging, um Bela III. von Ungarn zu heiraten, verzichtete sie gegenüber Heinrich II. auf ihre Rechte auf den Vexin als Gegenleistung für eine ihr vom englischen König oder seinen Söhnen jährlich auszuzahlende Pension. Die Zahlungsmodalitäten machen einen Großteil des Vertragstextes aus, und über sie herrscht Klarheit, dann aber wird der Text kryptisch. Ihr Bruder, König Philipp, übernimmt die Bürgschaft „pro illo filiorum regis Angl' vel pro illis, quem vel quos ipse rex Angl' ad ipsum regem Franc' cum litteris suis et certo nuncio propter hoc destinabit". Demnach soll Heinrich einen oder mehrere seiner Söhne mit einer Beglaubigung zu Philipp schicken. Gleich darauf aber ist nur mehr von einem Sohn die Rede, nämlich von Richard, allerdings in einem Konditionalsatz: „et si Richardus filius regis Angl' ad regem Franc' venerit sicut predictum est, facto ei iuramento quod ei facere tenetur iuxta tenorem carte compositionis inter regem Franc' et regem Angl' facte, rex Franc' pro eo sine omni difficultate et mora fideiubere tenetur." Die Klausel bezieht sich somit auf einen anderen Vertrag, den wir nicht kennen, zwischen den beiden Königen, der eine Eidesleistung Richards zum Inhalt hat. An dieser Eidesleistung hängt die künftige Gültigkeit des vorliegenden Vertrags.

Die Problematik dieses Eides soll in späterem Zusammenhang behandelt werden, für jetzt genügt uns die Feststellung, daß der unklare Vertragstext durch die Umschreibung bei Howden soweit erhellt wird, daß man einen Zusammenhang zwischen der Heirat von Alice mit einem Sohn Heinrichs und dem Verbleib des Vexin in der Hand der Plantagenets herstellen kann. Der Vexin war Mitgift gewesen, die Pension sollte Margaretes Anspruch ablösen, betraf aber nicht das Besitzrecht ihres Bruders, der ihn neuerlich als Mitgift aussetzte. Ohne Heirat konnte es freilich keine Mitgift geben. Unschwer sind politische Wahrscheinlichkeit und Spekulation zu trennen: Es war anzunehmen, daß der von den Abmachungen Betroffene der Haupterbe, also Richard, sein werde. Daß er es sein werde, der durch die Heirat mit Alice den Vertrag erfüllen werde, das war Heinrich durch Eid zu garantieren bereit. Sicher war es trotzdem nicht. Und so blieb als Ausweg noch die Möglichkeit, den „anderen" Sohn zu involvieren, wobei es nötig wird, daß zwei Söhne zu Philipp kommen. Wenn man sich nun vorstellt, daß Heinrich Johann als Herzog von Aquitanien mit Alice verheiraten wollte und die Mitgift Vexin die rechtliche Absonderung dieser Region von der übrigen Normandie nach sich ziehen mußte, begreift man, daß für Heinrichs Nachfolger als Herzog der Normandie die Notwendigkeit bestand, die gesprengte Einheit wiederherzustellen. Durch eine Reihe von Huldigungsakten konnte sichergestellt werden, daß Johann für den Vexin zugleich Philipp und Richard verpflichtet wurde. Würde Richard sich als der stärkere Herr Johanns erweisen, konnte er als Herzog der Normandie die ungeschmälerte Kontrolle über den Vexin ausüben. Wenn wir uns der Beziehung Richards zu Philipp zuwenden, werden wir feststellen, welche Eide für die Variante „Johann als Gatte von Alice" unter den Beteiligten nötig gewesen wären. Unter allen Hinderungsgründen für die Verheiratung von Alice war Rechtsunmöglichkeit mit Gewißheit keiner.

Im Sommer 1186 starb Gottfried, der drittälteste legitime Sohn Heinrichs, nach einem Turnierunfall in Frankreich, zutiefst betrauert von Philipp. Sein Tod warf neue Probleme wegen der Bretagne und der Vormundschaft seiner Kinder auf, erleichterte Richard aber die Situation. Die Intrigen Gottfrieds fielen nun weg, und als Konkurrent für den Thron blieb ausschließlich Johann übrig. Außer ihm gab es neben dem nachgeborenen Sohn Gottfrieds, Artur, in der ganzen Familie überhaupt keinen männlichen Nachkommen mehr. So betrachtet, stand die Aussicht für Philipp nicht schlecht, daß das Haus Anjou aussterben könne, weil Heinrich nicht imstande war, einen seiner Söhne mit Alice zu verheiraten, und außer ihr keine andere Gattin mehr in Betracht zu kommen schien. Im Jahr 1187 war Philipp so weit erstarkt, daß er, weil trotz Heinrichs Eid vom Vorjahr Richard und Alice immer noch nicht verheiratet waren, den Krieg erkären konnte. Er griff an der aquitanischen Front an, nicht an der normannischen. Ehe wir uns dieser neuen Phase zuwenden, muß aber noch versucht werden, Licht ins Dunkel der endlosen Verlobungsgeschichte zu bringen.

Es sei dieses Vexin-Kapitel nicht beendet ohne einen Ausblick auf die Lage am Ende von Richards Regierungszeit 1199. Während seiner deutschen Gefangenschaft war Gisors durch Verrat in Philipps Hände gefallen, und Richards vordringlichste Aufgabe nach seiner Rückkehr war es, den Vexin wiederzuerobern. Kurz vor seinem Tod hatte er dieses Ziel fast erreicht, und nur noch Gisors war in Philipps Händen. Durch ihre isolierte Lage schien es nur eine Frage der Zeit, wann auch die Hauptfestung des Vexin fallen werde. Da erinnerte sich Philipp der Taktik Heinrichs II. und brachte ein Ehebündnis zwischen dem französischen Thronfolger Ludwig und einer der kastilischen Nichten Richards in Vorschlag. Interessant ist im vorliegenden Zusammenhang die Mitgiftfrage. Schon 1195 war bei einer von Philipp angestrebten Eheverbindung die bisher gültige Rechtsargumentation völlig umgekehrt worden. Ging es damals noch um den ganzen Vexin, so jetzt nur noch um Gisors, dessen prekäre Lage Philipps Flexibilität erklärt: Stillschweigend wurde anerkannt, daß es Richard gehöre, allerdings einzig zu dem Zweck, daß er es dem Paar als Mitgift abtreten könne. Der ganze Zynismus und Vorwandcharakter der Rechtsbegründungen wird enthüllt, wenn man den Friedensvertrag von Le Goulet vom Jahr 1200 zwischen Johann und Philipp[55] auf die Mitgiftfrage hin untersucht. Trotz Johanns Anfangserfolgen muß in Philipps Einschätzung das Stärkeverhältnis zum angevinischen Verhandlungspartner dramatisch gekippt sein: Von Gisors ist gar nicht mehr die Rede, vom Vexin nur mehr in bezug auf Abtretungen des englischen Königs, der seiner Nichte jetzt Besitzungen im Berry als Mitgift auszusetzen hat. Bei den neuen Perspektiven, die sich mit Johanns Regierungsantritt Philipp wohl eröffneten, hatte er an einer kleinkalibrigen Unterscheidung zwischen De-facto- und De-jure-Besitz des Vexin das Interesse verloren.

Längst hat sich die Frage gestellt, woran oder an wem es denn lag, daß die Ehe Richard – Alice, die das Vexin-Problem ja gelöst hätte, nicht zustande kam. Der Quellenbefund dazu ist äußerst widersprüchlich:

Heinrich erlaubte die Ehe nicht.
Richard wollte die Braut nicht.
Er bat den Vater immer wieder um Alice.[56]

Es empfiehlt sich deshalb, in dieser Frage nicht von den Quellenmeinungen auszugehen, sondern von einem unbezweifelbaren Faktum, und von diesem Fixpunkt aus Schlußfolgerungen zu ziehen.

Erwiesen ist, daß Richard Alice nicht heiraten wollte, denn er heiratete 1191 Berengaria von Navarra. Hätte der Vater die Ehe mit Alice blockiert, hätte Richard Alice sofort nach dessen Niederlage und Tod im Juni 1189 heiraten können. Ein plötzlicher Gesinnungswandel ist umso unglaubwürdiger, als wir mit großer Wahrscheinlichkeit in einer Strophe Bertrans de Born aus dem Jahr 1188 einen Beweis vorliegen haben, daß Richard schon damals wegen Berengaria Geheimverhandlungen mit Navarra führte.[57] Die Primärquelle von Heinrichs Kapitulationsvertrag vom 4. Juli 1189, die die Interessenlage der Sieger, also Philipps und Richards, widerspiegelt, verpflichtet Heinrich zur Herausgabe von Alice an einen Vertrauensmann, den sein Sohn aus einem Gremium hoher Würdenträger zu bestimmen hat. Da kein Wort davon gesagt wird, daß Richard Alice heiraten werde, könnte man darauf schließen, daß Richard sich zu dieser Zeit nicht einmal die Mühe gemacht habe, einen Ehewillen vorzutäuschen.

Welche Quellen sind es dann, die behaupten, daß Richard seinen Vater gebeten habe, ihm Alice, die dieser in Gewahrsam hielt, zur Ehe herauszugeben? Es sind die französischen und profranzösischen Quellen, für die Alice mit der englischen Thronfolge verknüpft ist und die von der Fiktion ausgehen, ihre Hand stelle eine Auszeichnung dar: Rigord, der Philippidos, Eracles-„Ernoul“, und von den englischen Quellen behauptet es der gleichfalls auf französische Gewährsmänner gestützte Gervasius. Die wichtigen Quellen Gesta und Chronica von Howden, vielleicht auch Diceto, spiegeln einen differenzierten Sachverhalt wider, indem sie zu den großen Konferenzen von 1188/89 berichten, daß Philipp an Heinrich die Forderung gestellt habe, Alice an Richard herauszugeben. Da Richard anwesend und schließlich mit Philipp verbündet war, kann man leicht dazu verführt werden, wenn man nicht den ganzen Zusammenhang berücksichtigt, das als eine bloße Formsache anzusehen, die Richards Einverständnis voraussetzt. Es ist aber auch möglich, hierin ein Anzeichen für eine bewußte Zurückhaltung Richards zu sehen, ein Indiz dafür, daß er selbst diese Forderung eben nicht öffentlich stellen wollte. Im übrigen sind alle diesbezüglichen Quellenaussagen über Richards Willen ohnehin nur insofern von Belang, als sie uns einen Einblick in den Wissensstand der Chronisten geben, denn an Richards Ablehnung von Alice ist eben nicht zu zweifeln.

Es ergeben sich nun in bezug auf Heinrich zwei Möglichkeiten:

Er war mit seinem Sohn einer Meinung, er wollte diese Ehe auch nicht (obwohl er sie seinerzeit arrangiert hatte, aber das war schon 1169 gewesen).

Er wollte das Gegenteil von Richard, er wollte diese Ehe Richards mit Alice, dann waren er und sein Sohn in dieser Frage Gegner.

Wieder ist hier der Quellenbefund ohne Bedeutung. Daß Heinrich Alice nicht an Richard hätte herausgeben wollen, sagen expressis verbis von den Hauptquellen nur Rigord und Guillaume le Breton in seiner Chronik.

Welche Folgerungen ergeben sich nun aus diesen beiden Annahmen, von denen ja nur eine richtig sein kann? Geht man von der Vorstellung aus, Heinrich und Richard seien sich in der Ablehnung dieser Ehe einig gewesen, so versteht man nicht, wieso die Verlobung nicht gelöst wurde. Soll man annehmen, Heinrich hätte zwar im Prinzip die Verbindung gebilligt, weil sie den Vexin garantierte, die Realisierung aber deshalb verhindert, weil er den Vexin nicht als Mitgift an Richard herausgeben wollte? Aber er hatte ja auch dem jungen Heinrich den Vexin nicht überlassen, der für diesen Mitgift gewesen war. Nirgends hören wird, Richard wäre es um die sofortige Herausgabe des Vexin an ihn gegangen, weshalb dieses Motiv, das Guillaume le Breton einmal nahelegt, nicht überzeugt.[58] Die mögliche Gespaltenheit von Heinrichs Willen mit dem Resultat, daß es nicht zur Heirat kommen konnte, würde nichts an der Tatsache ändern, daß hierin keine Schikane gegen Richard vorlag, weil der eben Alice gar nicht wollte. Mochte Heinrich mit sich selbst noch so sehr im Konflikt stehen, auf seine Beziehung zu Richard hätte das zunächst keinen Einfluß gehabt. Allerdings müßte man in ihm selbst dann einen regelrechten Psychopathen sehen, denn mit der Nichtbereinigung des Konflikts wurde schließlich ab einem gewissen Moment nicht mehr Zeit gewonnen, sondern Zeit verloren. Richard hätte sich dann gegen den Vater gestellt, weil dieser aus ihrem übereinstimmenden Willen keine Konsequenzen zu ziehen imstande gewesen wäre.

Nimmt man aber keine solche schwere Gestörtheit Heinrichs an und gibt es keinen logischen Grund, warum Heinrich die Ehe verboten haben sollte, so muß man annehmen, daß er sie wollte. Dann bekämen all die Pressionen, die er auf Richard ausübte – die Versuche, ihm Aquitanien zu nehmen, die Drohung mit Frankreich durch die Verträge von 1183 und 1186, die Verweigerung der Anerkennung als Thronerbe –, einen Sinn. Einen Sinn als Mittel, den Gehorsam des Sohnes zu erzwingen. Wenn

Richard Alice nicht heiraten wollte, mußte aus Heinrichs Sicht – warum, gleich später – Johann sie heiraten. Johann war dann auszustatten, und das mindeste, was ihm und Alice anzubieten war, war Aquitanien. Aquitanien also wäre für Richard der Preis für die Auflösung der Verlobung gewesen, so mag es Heinrich gesehen haben; Frankreich tendierte dazu, den Preis höher anzusetzen: Verzicht auf die englische Krone zugunsten Johanns.

Es ist nun nicht so, daß man nur deshalb, weil kein Grund dafür erkennbar wird, warum Heinrich diese Ehe abgelehnt haben sollte, auf das Gegenteil schließen kann, sondern es gibt einen sehr starken positiven Grund, warum er die Ehe von Alice mit irgendeinem seiner Söhne, am besten freilich mit Richard, weil das ohne politische Neugestaltung und fragendes Aufhorchen geschehen konnte, wohl geradezu dringend gewollt hat. Richard hat nach dem Tod des Vaters und als Philipp in Messina 1191 abermals die Rede auf seine Verlobung mit Alice brachte, öffentlich einen Grund genannt, wieso er Alice nicht heiraten könne: Sie sei von seinem Vater verführt worden und hätte ihm einen Sohn geboren. Er bot Zeugen dafür an, auf deren Anhörung Philipp verzichtete. Er schloß statt dessen mit Richard einen Vertrag, der die Verlobung beendete. Einen Bericht von diesen Ereignissen gibt uns Howden in den Gesta und der Chronica. Im Unterschied zu anderen Quellen ist nicht die Rede von Gerüchten, sondern von einer offiziellen Erklärung Richards, und die Mitteilung gewinnt dadurch noch an Gewicht, daß Howden damals in Messina als anwesend zu denken ist.[59] Von den zeitgenössischen englischen Quellen spricht Giraldus explizit von dem Verhältnis und daß es der Grund dafür gewesen sei, warum Richard unter keinen Umständen Alice habe heiraten wollen, während Devizes diesen einen starken Verdacht in dieser Richtung hegen läßt. Die französischen und die dem Standpunkt Frankreichs verpflichteten Quellen berichten entweder nichts darüber oder bringen zwar Anspielungen, wie Andreas von Marchiennes[60], entwerten sie aber gleichzeitig als unbeweisbar und der Berichterstattung unwürdig. Die Ausnahme unter den französischen Quellen stellt der Philippidos dar, der zweimal die skandalöse Beziehung erwähnt, ohne sie als leeres Gerücht abzutun.[61] Man begreift sehr wohl, warum Frankreich kein Interesse daran haben konnte, diesen Sachverhalt von sich aus publik zu machen: Als Propagandawaffe gegen Richard war er gänzlich ungeeignet. Richard war mit ihm nicht ins Unrecht zu setzen, sondern im Gegenteil in seiner Weigerung, Alice zu heiraten, gerechtfertigt; wegen des Vexin hatte man eine Regelung getroffen, wie wir noch sehen werden; der Übeltäter Heinrich war tot, die Sache selbst für Frankreich nicht ehrenvoll.

Die vorgebrachte Beschuldigung ist absolut glaubwürdig. Hätte Richard eine Verleumdung begehen wollen, um dieser Ehe zu entgehen, so wäre es nicht nötig gewesen, den eigenen Vater mit dem Verlöbnisbruch zu belasten, denn jeder beliebige Ritter hätte denselben Zweck erfüllen können. An einer solchen Erfindung konnte Richard im Jahr 1191, wo die emotionale Auseinandersetzung mit dem Vater vorbei war, kein Interesse haben. Was nun die von ihm angebotenen Zeugen betrifft, so scheint dem Angebot des Wahrheitsbeweises im Februar 1190 vorgearbeitet worden zu sein. Damals hatte Richard eine Konferenz in die Normandie einberufen, zu der neben dem Erzbischof von Canterbury und sämtlichen englischen Bischöfen seine Mutter, Johann, sein Halbbruder Gottfried und überraschenderweise auch Alice geladen waren. Ihre Funktion bei diesem Familientreffen kann gewesen sein, ein Geständnis abzulegen. Man könnte auch ganz gut das besonders nachgiebige Verhalten Heinrichs gegenüber Philipp als Beschwichtigungsgebaren auffassen und die Tatsache, daß die Verlobung nicht aufgehoben wurde, als Ausfluß seines schlechten Gewissens. Daß er nicht wagte, die Tochter bzw. Schwester seines Lehensherrn, nachdem sie seine Geliebte geworden war, heimzuschicken, und nicht eingestehen wollte, sein Sohn sei nicht bereit, das väterliche Vergehen zu sanieren, schuf eine Situation, die dem französischen Hof, der natürlich Bescheid wußte, einige Trumpfkarten in die Hand gab: Heinrich hatte sich gleich auf mehrfache Weise ins Unrecht gesetzt, wobei der Skandal nicht so sehr das Geschehen selbst war, sondern daß es durch Richards Unkooperativität irreparabel wurde. Bei öffentlichem Bekanntwerden der Angelegenheit gab das dem französischen König nicht nur einen ausgezeichneten Kriegsgrund moralischer Art, sondern bedeutete das Ende für Heinrichs jahrzehntelange Vexin-Mitgiftpolitik. Der Vexin konnte dann für keinen seiner Söhne mehr Mitgift sein – war also zurückzugeben, oder es mußte zur gefürchteten kriegerischen Auseinandersetzung kommen –, denn die „copula carnalis", gleichgültig, ob innerhalb oder außerhalb der Ehe, schuf nach kanonischem Recht eine Schwägerschaft, die ein absolutes Ehehindernis darstellte.[62] Folgerichtig durfte in der Öffentlichkeit nicht bekannt werden, daß es Richard war, der die Eheschließung mit Alice nicht wollte, denn das hätte die Frage nach dem Grund aufgeworfen. So mußte Heinrich II. offiziell als Verhinderer fungieren, obwohl ihn das nach allen Seiten hin in immer größere Schwierigkeiten brachte. Vor allem mußten aus dem eigenen Reich Vorhalte der Unbilligkeit laut werden. Wieso denn wollte er Richard alles vorenthalten: die Braut und sein Erbe, jedenfalls die Erberklärung? Ein anderer Aspekt ist, daß Heinrich erpreßbar geworden war. Er konnte Richard weder die Braut zuschicken mit dem Befehl, sie zu heiraten, noch die schärfste Gangart wählen, also ihm etwa Aquitanien mit Gewalt nehmen, denn er war auf Richards Stillschweigen angewiesen. Bis zu dessen Kreuznahme im Herbst 1187 – dann allerdings nicht mehr – gingen die Interessen Heinrichs und seines Sohnes, was eine Aufdeckung des Skandals betraf, auseinander. Bis dahin hätte Richard persönlich durch die Bekanntmachung der Wahrheit nur gewinnen können: Er wäre die Braut und die Konkurrenz Johanns zugleich losgeworden, auch die Einmischung Frankreichs. Den Krieg mit Philipp hätte er wohl nicht gescheut. Er konnte also vom Vater verlangen, daß dieser die Rolle als Ehehindernis, das er ja dem Recht nach war, auch offiziell übernahm. Und Heinrich hatte keine Wahl. Wenn er den Eklat vermieden sehen wollte, so mußte er öffentlich Richard die Ehe so lange „verbieten", bis dieser entweder selbst Alice heiraten würde oder bereit war, Aquitanien an den Ersatzgatten Johann abzutreten. Es spricht für beide, Vater und Sohn, vor allem aber für Heinrich, daß Alice den Konflikt überlebte, auch daß sie mit niemand anderem als mit dem König selbst ins Gerede gebracht wurde. Dieses zweifellos moralische Verhalten des unmoralischen Heinrich war aber auch der Grund, warum er das Problem nicht lösen konnte. Möglicherweise lag in der Eheanbahnung Richards mit der Barbarossatochter der Versuch einer politischen Lösung. Wir haben aber gesehen, daß das Faktum doppeldeutig ist. Als rein theoretisch erwogenen Ausweg kann man wohl einstufen, was Giraldus und Gervasius berichten: daß Heinrich sich von Eleonore hätte „scheiden" lassen wollen, um selbst Alice heiraten zu können, und zu diesem Zweck einen Legaten vom Papst angefordert hätte, wobei die Ankunft eines solchen für Oktober 1175 tatsächlich bezeugt ist.[63] Die politische Rebellion seiner Ehefrau und seiner Söhne 1173/74 hätte ihm einen solchen Wunsch sicher eingeben können, aber er hätte dann, wie Ludwig bei seiner Trennung von Eleonore im Jahr 1152, auf Aquitanien verzichten müssen. Er hätte zwar mit der Billigung des französischen Königs rechnen, aber seine vier Söhne aus der ersten Ehe nicht einfach enterben können, oder es wäre mit chaotischen Zuständen zu rechnen gewesen.

Bei dieser Gelegenheit ist an die Eheinitiative Ludwigs VII. von 1176 bei Alexander III. zu erinnern, die sich unter anderem in den beiden schon erwähnten Papstbriefen niederschlug. Es gibt eine bemerkenswerte Abweichung gegenüber den achtziger Jahren. Das Verhältnis zwischen Vater und Sohn ist ungetrübt. Im September 1176, bevor er zum Vertragsabschluß mit Ludwig nach Ivry reiste, hatte Heinrich eine Konferenz mit den Söhnen, und dabei hätte es zu großen Auseinandersetzungen mit allen Betroffenen kommen müssen, wenn an den Scheidungsgerüchten etwas Wahres gewesen wäre. Die für uns wichtigere Schlußfolgerung aus diesem Einverständnis mit Richard ist aber, daß es damals ganz offensichtlich Heinrichs Anliegen war, die Ehe zwischen Richard und Alice nicht zustande kommen zu lassen. Es wird aber einen Zeitpunkt gegeben haben, zu dem Heinrichs Wille ins Gegenteil umschlug, ohne daß dies den Chronisten bekannt wurde. Er hatte zunächst, obwohl die Verlobten schon im ehefähigen Alter waren, die Heirat nicht durchführen lassen, da Richard sich im Aufstand gegen ihn befand. Als er bald darauf – als Anhaltspunkt wird uns der Tod seiner bisherigen Mätresse Rosamunde Clifford um 1176 genannt[64] – die Liaison mit Alice begann, wollte er sie, könnte man argumentieren, nicht gleich wieder verlieren. Es ist aber schwer vorstellbar, daß er sich zwölf Jahre später immer noch so sehr an sie gebunden gefühlt haben sollte, daß er nicht auf sie verzichten wollte. Dagegen spricht vor allem, daß Heinrich sich ja bemühte, Alice mit Johann zu verheiraten.

Zur Erinnerung: Er konnte zur Zeit, als Ludwig wegen der Verzögerung der Heirat beim Papst vorstellig wurde, die Ehe zwischen Alice und Richard nicht wollen, denn er stellte unsinnig überhöhte Mitgiftforderungen für ihn und im nachhinein für den jungen Heinrich. Dem steht die Tatsache gegenüber, daß er später überhaupt keine reale Mitgift mehr für Alice verlangte, sondern sich mit dem Recht auf den normannischen Vexin begnügen wollte. Nun hatte Ludwig aber gar nicht auf einer Ehe um jeden Preis bestanden, sondern nur verlangt, daß Alice andernfalls zurückgeschickt werde. Der Vexin hing vertragsmäßig noch nicht an ihr, und so gab es keinen politischen Grund, die mitgiftlose Alice nicht zu ihrem Vater heimkehren zu lassen. Wenn man nun nicht annimmt, daß Heinrich eine Liebesbeziehung zu Alice allen anderen Interessen übergeordnet hat, so war eben damals der geeignetste Zeitpunkt, um Richard, der sich wegen der Rebellion noch in der Schuld des Vaters fühlen konnte, die Ehe mit Alice zu befehlen. Das geschah ganz offensichtlich nicht. Da ihm, Richard, nun gleichgültig sein konnte, was mit der ihm aus rein politischen Gründen zugefallenen Verlobten geschehen war, solange er sie nicht heiraten mußte, gab es zwischen ihm und dem Vater keine Differenzen. Wie soll man sich nun erklären, daß Heinrich nicht sofort, als sein Vergehen ruchbar wurde, die Konsequenz der unverzüglichen Verheiratung der Verlobten gezogen hat oder es wenigstens versuchte? Eine unromantische Erklärung wäre, daß Alice damals schwanger war. Heimschicken konnte er sie in keinem Fall, ohne einen unerhörten Affront zu begehen, aber in diesem Zustand konnte er sie auch keinem Sohn zumuten. Später dann glaubte er von Richard verlangen zu können, daß er Alice heirate, aber da hatte er es schon mit einem voll erwachsenen und selbstbewußten Sohn zu tun. Die eben aufgezeigte Möglichkeit würde Heinrich sein Politikertum belassen, aber wir haben uns am Ende des Kapitels zu fragen, wie Richards kompromißlose Verweigerungshaltung zu beurteilen ist. Das formale Recht war unbezweifelbar auf seiner Seite, aber war es klug, den Vater, den er in eine immer ausweglosere Situation geraten sah, dermaßen zu provozieren und ihm und sich den Endkampf anzutun?

Persönliche Ressentiments werden hinzugekommen sein. Richard galt als der Lieblingssohn seiner Mutter, und es gibt genug Anzeichen dafür, daß er sich ihr verbunden fühlte; er hätte in Alice ihre Nebenbuhlerin heiraten müssen. Ersehen wir aus Eleonores Geschichte, daß der Verdacht außerehelicher Beziehungen damals nicht automatisch öffentliche Ächtung einer Fürstin nach sich zog, so können wir den Gefühlswert, den das im einzelnen für die Betroffenen hatte, natürlich nicht beurteilen.

Richards mögliche persönliche Motive, warum er unter keinen Umständen Alice heiraten wollte, sind uns also verborgen. Man kann hingegen feststellen, daß sein Widerstand gegen diese Ehe in einer Linie mit seiner übrigen Ehe- und Bündnispolitik liegt. Der Sinn einer Verschwägerung lag in der Intensivierung eines politischen Bündnisses, wozu gemeinsame Interessen, jedenfalls nicht gegensätzliche, gehörten, oder er diente einem Friedensschluß. Zwischen dem Anjoureich und Frankreich gab es von Anfang an einen natürlichen Interessengegensatz, wenn auch für die beiden miteinander alternden Könige Heinrich und Ludwig in der Verschwägerung noch ein politischer Sinn liegen mochte, der dem Koexistenzwillen entsprach; in der nächsten Generation war dieses Modell überholt. Philipp ließ in seinem Umgang mit den Kronvasallen von Anfang an erkennen, daß er nicht am Frieden, sondern an der Stärkung seiner Königsmacht interessiert war. Wenn die Plantagenets sich dieser Politik nicht fügen wollten, mußten sie sich auf Krieg einstellen. Unter diesen Umständen wäre eine weitere Ehe zwischen den beiden Häusern, ein „Bündnis" also, widersinnig gewesen. Die Ehe zwischen dem jungen Heinrich und Ludwigs Tochter

Margarete hatte die Interventionspolitik Frankreichs nur gefördert. Richards Widerwillen gegen eine Heirat mit Alice muß sich also nicht nur auf die Braut bezogen haben, sondern kann ganz gut auch ein politischer Widerwille gegen den vorgesehenen Schwager Philipp gewesen sein. Es ist zu bedenken, daß in der damaligen Gesellschaft ein Sohn im Mutterbruder einen besonders nahen Verwandten besaß, dem eine Schutzfunktion gegenüber dem jungen Mann zufiel. Ein Paradebeispiel dafür stellt Richard selbst in seiner Beziehung zu seinem Neffen Otto dar. Wenn er nun an einen künftigen Sohn gedacht haben wird, so kann er nicht gewünscht haben, daß Philipp gegenüber einem solchen dieselben Rechte und Pflichten, unter die auch Vormundschaft fallen konnte, zukommen würden. So gesehen mußte die Ehe mit Alice aus Richards Sicht nicht nur als politisch funktionslos und nicht gewinnbringend, weil mitgiftlos, sondern auch als schädlich erscheinen, weil sie den französischen Einfluß in der Familie abermals zu verstärken drohte.

Man darf Philipp durchaus hintergründige Motive unterstellen, wenn er sich während Richards Regierungszeit in drei Fällen um eine Eheverbindung zwischen Kapetingern und Plantagenets bemühte. Die Vorzeichen sind allerdings jetzt konträr zu Heinrichs und Ludwigs Zeit. Heinrich hatte Ehen für seine Söhne arrangiert, Ludwig die Töchter gegeben. Da die französische Thronfolge wegen des Fehlens eines männlichen Erben bis 1165 ungeklärt war und 1169 bei Verlobung Richards mit Alice auf einem einzigen Sohn, nämlich Philipp, ruhte, hätte den Plantagenets durch Eheverbindungen ein Erbanspruch zufallen können. Auf einen solchen spekulierte offenbar jetzt Philipp. Er bemühte sich in Messina 1191, kurz bevor Richard Alice endgültig ausschlagen sollte, auffällig um die gleichfalls anwesende Johanna, Richards Schwester, die verwitwete Königin von Sizilien. Das Volk vermutete, der gleichfalls schon verwitwete Philipp wolle sie heiraten. Wenn dem so war, so erstickte Richard alle Hoffnungen dazu im Keim, indem er den freundlichen Umgang beendete; nach dem Chronisten Newburgh hätte Philipp Mitte der neunziger Jahre abermals eine Heirat mit Johanna angestrebt, die aber 1196 mit Raimund VI. von Toulouse zum Zweck des Ausgleichs verheiratet wurde. Für den „Frieden" von Louviers, den Richard und Philipp 1196 schlossen, um ihn sofort zu brechen, bemühte sich Philipp, für seinen Sohn Ludwig Richards Nichte Eleonore von der Bretagne zu bekommen, was Richard aber gleichfalls ablehnte. Zur Bekräftigung eines fünfjährigen Waffenstillstands, der unter kirchlicher Vermittlung 1199 geschlossen werden sollte, aber gleichfalls wenig Aussicht auf Waffenruhe bot, wollte er, wie wir schon gehört haben, Ludwig mit einer weiteren Nichte Richards, nämlich einer Tochter Alfons' VIII. von Kastilien vermählt haben. Die unter Johann zustande gekommene Ehe zwischen Ludwig und Blanka, die Frankreich später Ludwig den Heiligen schenken sollte, enthüllte schließlich auch den Zweck von Philipps Hartnäckigkeit. Aus dem Recht seiner Gattin konnte Ludwig einen Anspruch auf den englischen Thron konstruieren und zur Zeit von Johanns Auseinandersetzungen mit den Baronen zur Invasion in England schreiten. Bedenkt man, daß Johann im Jahr 1200, als diese Heirat stattfand, noch in erster kinderloser Ehe lebte und nur der junge Artur, Gottfrieds Sohn, die nächste Generation repräsentierte, so bekommt Philipps Ehediplomatie gesteigerte Bedeutung. Zu Richards Zeit war aber die Thronfolgemöglichkeit nur um Johann erweitert, Philipps Spekulationen waren also für Richard durchaus nachvollziehbar. Dieser trug dem unversöhnlichen Gegensatz, in dem er sich zu Philipp befand, dadurch Rechnung, daß er alle seine Eheangebote ausschlug. Die erste Ehe, die er selbst noch vor seiner Thronbesteigung arrangierte, stand im Zeichen politischen Mißtrauens gegenüber Frankreich und hatte eine klare strategische Zwecksetzung. Er verheiratete seine Nichte Richenza, die Tochter Heinrichs des Löwen, die in Frankreich den Namen Mathilde annahm, mit dem Sohn des Grafen von Perche, einem französischen Vasallen, dessen Land im Südosten an die Normandie grenzte. Dem neuen Verwandten war die Blockierung des erwarteten französischen Vorstoßes aus dieser Richtung zugedacht.

Es wäre nun naiv, anzunehmen, daß die Heirat Richards mit Alice eine Auseinandersetzung verhindert hätte, die letztlich erst mit dem Hundertjährigen Krieg ihr Ende fand. Heinrichs Alice-Vexin-Junktim, das dem Frieden hätte dienen sollen, erscheint unter dieser Perspektive als illusionistisch. Aus der Einschätzung der realen Lage, in der politischen Dimension also, erfährt Richards Ablehnung der Ehe mit Alice erst ihre volle Rechtfertigung.

## Der Kampf des Sohnes gegen den Vater

Wir haben bisher die Beziehung zwischen Vater und Sohn unter dem Aspekt des väterlichen Verhaltens betrachtet. Dabei ist das Mißverhältnis zwischen der Ungnade des Vater-Königs und der maßvollen Zielsetzung des Sohnes deutlich geworden: Dieser wollte behalten, was sein war, und sein Erbrecht gewahrt sehen. Außer den Positionen der väterlichen Aggression und dem Widerstand gegen sie vermitteln die Quellen nichts als einander widersprechende Erklärungsversuche, wobei das Ungewöhnliche ist, daß eben nicht der Sohn und Thronfolger die Rolle des Angreifers innehat, sondern der Vater bestrebt ist, den Sohn in seiner Stellung zu reduzieren. Wir würden nun ohne eine Theorie, die das Verhalten Heinrichs zu erklären sucht, die beiden Gegenspieler gleichsam im leeren Raum und in einer Auseinandersetzung agieren sehen, deren Sinn wir nicht begreifen könnten; gleichwohl wären uns die Spielregeln selbst natürlich erkennbar. Um diese, sofern sie die Reaktionsweise des Sohnes enthalten, geht es uns jetzt. Im Grundkonflikt mit dem Vater stehen neben politischen vor allem menschliche Qualitäten auf dem Prüfstand, während in der Sekundärauseinandersetzung mit Philipp, der letzten Komponente in dieser verworrenen Geschichte, ein volles politisches Profil sichtbar werden wird.

Den Zeitgenossen galt der Verrat an der Doppelautorität von Vater und König als kaum entschuldbares Verbrechen. Daß Heinrich in dieser Auseinandersetzung starb, war geeignet, Richard das Odium des Vatermörders einzutragen. Wenn uns Howden und Giraldus berichten, daß die Leiche Heinrichs aus der Nase zu bluten begonnen hätte, als Richard sich ihr näherte, so verstanden die Zeitgenossen ohne Zusatz, was gemeint war. Wir kennen diese „Bahrprobe" aus dem Nibelungenlied[65], und wir verstehen die Anspielung auch: Als Hagen sich dem toten Siegfried nähert, beginnen dessen Wunden zu bluten, womit der Tote seinen Mörder öffentlich überführt. Es war nicht die erste Vater-Sohn-Tragödie, die Heinrich erlebte, sein ältester Sohn war ja 1183 im Aufstand gegen ihn gestorben. In der Tiefendimension „tötete" Heinrich seinen schwächeren Sohn, um am Ende von seinem stärkeren „getötet" zu werden.

Ein zusätzlich tragisches Element in diesem Vater-Sohn-Konflikt ist, daß Richard als einziger von Heinrichs Söhnen jene Qualifikationen aufwies, die ihn eigentlich zur Stütze seines Vaters prädestinierten. Wenn dieser ihm 1186 für seinen ersten Feldzug gegen Toulouse enorme Geldmittel zur Verfügung stellte, so heißt das nicht nur, daß er nach wie vor die Politik des Sohnes als Herzog von Aquitanien unterstützte, sondern keinerlei Befürchtung hegte, das Geld könne gegen ihn zum Einsatz gebracht werden. Das ist beim sonstigen Mißtrauen Heinrichs besonders bemerkenswert und muß in der Person des Empfängers begründet sein. Tatsächlich hatte sich Richard in allen vorangegangenen Auseinandersetzungen um Aquitanien auch nicht dem Schatten eines Verdachtes ausgesetzt, er würde Rückendeckung beim französischen König suchen. Er war in der Substanz unnachgiebig geblieben, hatte aber insofern Kompromißbereitschaft gezeigt, als er zweimal zu einer formalen Unterordnung bereit gewesen war: einmal unter den jungen Heinrich, dann unter die Mutter. Es gibt einen Sachverhalt, der höchstwahrscheinlich eine sehr weitgehende Loyalität Richards gegenüber dem Vater darstellt, obwohl dies allgemein unberücksichtigt bleibt.

Das Faktum wird uns nur von französischen Quellen gemeldet, ist aber trotzdem glaubhaft: daß Philipp 1186 von Richard gefordert habe, ihm das *hominium* für Poitou zu leisten. Rigord und der Philippidos behaupten nun, Heinrich habe es Richard verboten. Guillaume le Breton teilt uns in seiner Chronik zum Jahr 1187 mit, Richard sei bei seiner Weigerung gegenüber Philipp in Übereinstimmung mit dem Vater gewesen. Eine weitere Quelle, eine „Razo"[66], das ist eine Inhaltsangabe zu einem Lied Bertrans de Born in provenzalischer Sprache, gibt an, es sei zwischen Philipp und Richard damals, nämlich 1186/87, zum Krieg gekommen, weil Richard die Huldigung nicht hätte leisten wollen. Diese „Razo", viele Jahre später verfaßt und recht unzuverlässig, gibt wenigstens die Erinnerung an einen Streitpunkt zwischen Richard und Philipp wieder oder – auch das nicht ganz unwichtig – der unbekannte Verfasser steuerte dies aus seinem eigenen Vorstellungsvermögen bei: Was konnte zwischen den beiden stehen als diese verabsäumte Huldigung? Man mußte doch annehmen, daß der französische König sie von einem so wichtigen Lehensträger wie Richard gefordert hatte, der aber leistete sie erst im November 1188. Man muß diese Forderung wirklich annehmen, wir sind aber nicht berechtigt, bei Richard irgendeine Empfindlichkeit gegen die Zeremonie anzunehmen, wie es bei Heinrich der Fall war. Auf die Huldigung von Bonsmoulins 1188 folgte im Juli 1189, nachdem er Herzog der Normandie geworden war, eine weitere und – weil ja das Band der Treue durch Philipps Kriegserklärung von 1193 zwischen ihnen zerrissen war – Ende 1195 nochmals eine, worauf der Kampf unvermindert weiterging. Wenn Richard aber als König die Rechtsbasis in seinem Kampf gegen Philipp offenbar für wichtiger hielt als das Statusproblem, muß man annehmen, daß der Herzog von Aquitanien ihr aus eigenem noch viel weniger Widerstand entgegengesetzt habe. Also deutet alles auf Heinrich als den Verhinderer dieser Huldigung hin. Außer der Ablehnung der Doppelligesse hatte der auch einen besonderen Grund für sein Verbot: Er wollte Richard, selbst als er ihn als Herzog von Aquitanien praktisch akzeptiert hatte, keine Besitzgarantie durch den französischen König verschaffen, denn er verzichtete auch im weiteren nicht auf seine Gedankenspiele mit Johann und der aquitanischen Lösung. In der persönlichen Begegnung vor Châteauroux im Juni 1187 muß diese Frage zwischen Richard und Philipp erörtert worden sein, jedenfalls hat Philipp versucht, bei Richard erneut einen Verdacht wegen seines Vaters Absichten mit Aquitanien zu erwecken. Daß Richard auf den deutlich protektionistischen Hinweis nicht mit der Huldigung für Aquitanien reagierte, beweist, daß er den Bruch mit dem Vater immer noch zu vermeiden hoffte, wozu die Überlegung des eigenen langfristigen Nutzens nicht im Widerspruch stünde. Er wollte Gesamtnachfolger seines Vaters werden, und damit mußten ihre Interessen, was eine Heraushaltung des französischen Königs aus dem Familienkonflikt anbelangt, zusammengehen. Erst ganz am Ende sollte Richard zwischen dem Vater und dem König unterscheiden, bis dahin aber besaß Heinrich in einer erkennbar nicht intriganten Grundhaltung Richards ihm gegenüber und dessen politischer Intelligenz zwei Garanten für den Loyalitätswillen des Sohnes.

Er trat dem Vater offener und härter entgegen als seine Brüder, und nur zweimal hören wir, daß er zu jenen diplomatischen Mitteln seine Zuflucht nahm, die keine Lügen waren, aber auch nicht die Wahrheit, ein Zug, der einem auch später immer wieder auffällt: ein Bestreben, nicht als wortbrüchig zu erscheinen und deshalb zwischen Wortlaut und Wortsinn zu seinem Vorteil zu unterscheiden. Als Heinrich im September 1183 von ihm forderte, Johanns Huldigung für Aquitanien entgegenzunehmen, lehnte er das Ansinnen nicht sofort ab, sondern erbat sich einige Tage Bedenkzeit. Aber noch am selben Abend verließ er heimlich den Hof des Vaters, floh nach Aquitanien, befestigte seine Burgen und antwortete dem Vater aus der sicheren Entfernung – er hatte es sich also überlegt –, daß er niemals auf sein Herzogtum verzichten werde. Der Vorfall, der sich im Spätsommer oder Frühherbst 1187 zutrug, scheint uns weniger harmlos, hängt aber wieder mit Aquitanien zusammen. Nachdem er einige Zeit in Paris bei Philipp verbracht hatte und von Boten des Vaters zur Rückkehr bestürmt worden war, versprach er schließlich, zum Vater zu kommen. Er kam auch – aber vorher überfiel er dessen Schatzburg in Chinon, brachte Geld an sich und setzte abermals seine Burgen in Aquitanien in Verteidigungsbereitschaft, wodurch wir einen weiteren Hinweis auf das immer noch nicht erledigte Aquitanien-Thema erhalten. Danach traf Richard bei seinem Vater ein, huldigte ihm in Angers und leistete ihm den Treueid. Das legt nahe, Richards bloßen Besuch bei Philipp als Verletzung der Treue aufzufassen. Als Eigenmächtigkeit verstieß er jedenfalls schon gegen die „fidelitas", die eine unbegrenzte Ergebenheitspflicht zum Inhalt hatte. Bald nach der Huldigung von Angers verletzte Richard diese Pflicht noch viel gravierender, aber ohne daß er deshalb öffentlich getadelt werden konnte: Gleich nach Bekanntwerden der Katastrophe, die im Heiligen Land seit dem Sommer 1187 mit der Niederlage des christlichen Heeres bei Hattin und dem anschließenden Siegeszug Saladins in Gang war, nahm Richard „patre inconsulte" und für alle überraschend im November das Kreuz. Daß er es als erster Fürst jenseits der Alpen tat, wie die Chronisten berichten[67], zeigt, wie sehr ihm diese Aufgabe entgegenkam. Den Vater um Erlaubnis zu fragen, hätte bedeutet, einem ausgesprochenen Verbot zuwiderhandeln zu müssen, Treue zum Vater in dem geforderten weiten Umfang, auf jedes Eigeninteresse und jede Eigeninitiative zu verzichten. Mit seinem Erkundungsbesuch in Paris und der Kreuznahme hatte er im abgelaufenen Jahr dem festgefahrenen Problemkomplex um Alice und den Vexin, Aquitanien und die Nachfolge in England einen Anstoß versetzt und auf den Weg einer Lösung getrieben. Er war nun 30 Jahre alt und hatte keine Zeit mehr, Entwicklungen ruhig abzuwarten.

Prüft man im weiteren die einzelnen Schritte, die Richard ab diesem Zeitpunkt im Konflikt mit dem Vater setzte, so ergibt sich, wie unhaltbar die Standardbehauptung ist, er sei in seinem Verhalten gegenüber Philipp und dem Vater „schwankend" gewesen.[68] Man kann vielmehr ein geradliniges und im Effekt kontinuierlich sich steigerndes, dennoch bis zuletzt die Möglichkeit der Versöhnung offenhaltendes Aufgebot von Warnsignalen registrieren. In der erwähnten ersten geheimen Kontaktnahme mit Philipp vor Châteauroux im Juni 1187 war ein dem Vater hochwillkommener Waffenstillstand ausgehandelt, während des anschließenden Parisaufenthalts von Richard keine Treue aufgesagt und übertragen worden. Dennoch hatte sich im Atmosphärischen etwas gewandelt, indem Heinrich die Möglichkeit einer Konspiration vor Augen geführt worden war. Für das Jahr 1188 liegen bis zur Phase der Verhandlungen im Herbst keine Anzeichen für ein Einverständnis zwischen Philipp und Richard gegen Heinrich vor. In dem von Philipp wiederaufgenommenen Krieg im Berry, also in Richards Interessen- und Einflußsphäre, steht dieser auf seiten des Vaters, wie begreiflich, und wir finden ihn sogar im Norden kämpfend, in einer Gegenoffensive, die sich auf Mantes an der Seine konzentrierte.

Die Konferenz von Châtillon-sur-Indre am 7. Oktober 1188, an der neben Heinrich und Philipp auch Richard teilnahm, erbrachte keinen Waffenstillstand. Ein von Philipp angeregter Austausch der im Lauf des Jahres 1188 gemachten Eroberungen (Richards Eroberungen in Toulouse gegen Philipps Gewinne im Berry) kam nicht zustande. Nach der Konferenz trat Richard nun mit einem Vorschlag hervor, der bei Heinrich große Erbitterung auslöste. Angeblich um dem Frieden nicht im Weg zu stehen und den Kreuzzug zu ermöglichen, erbot er sich, sich in Philipps *curia* wegen seines Feldzugs in Toulouse zu verantworten. Allerdings: Wer sich im Gerichtshof eines anderen der

Verantwortung stellte, bekannte sich damit als dessen Vasall. Auch wenn Richard Philipp noch kein *hominium* geleistet hatte – dieses Anerbieten lief auf dasselbe hinaus. Der Lehensherr war dann gehalten, dem Vasallen im Rechtsstreit beizustehen. Heinrich verstand das Zeichen, zürnte heftig, reagierte aber sonst nicht.

Wenige Wochen später vollzog Richard seinen Übertritt zu Philipp, und zwar während der Konferenz von Bonsmoulins am 18. November 1188. Zweifellos hatte jetzt er die Initiative ergriffen. Gervasius berichtet, Richard habe sich wegen der Gerüchte um Johanns Nachfolge in England vor der Konferenz mit Philipp versöhnt und Absprache über den Verlauf gehalten; er sagt auch, daß niemand etwas Derartiges erwartet hatte.[69] Philipp forderte in Richards Namen für diesen Alice als Gattin und die bedingten Treueide der Vasallen seines Vaters, was die Anerkennung als Nachfolger bedeutete. Im Verlauf der dreitägigen immer heftiger werdenden Auseinandersetzungen stellte Richard dann dem Vater selbst die Frage, ob er ihn als Thronerben anerkennen wolle. Heinrich war sicherlich ganz unfähig, eine so ultimative Frage mit einem eindeutigen Ja zu beantworten, so hielt er sich an die üblichen Ausflüchte, worauf Richard Philipp für den gesamten französischen Besitz huldigte. Selbst wenn es „salva fidelitate patris" geschah, worüber sich die Chronisten nicht einig sind, war die Treue zum Vater in dem Moment verletzt, in dem Richard einen Treueid an Philipp leistete, den Heinrich – für Aquitanien – immer verboten hatte. Wenn er nun die gesamten französischen Lehen in die Huldigung einbezog, bedeutet das, daß er sich selbst zu Heinrichs Nachfolger erklärte und von Philipp als solcher anerkannt wurde. Als Gegenleistung machte Philipp Richard Zusagen wegen der strittigen Baronien im Berry. Heinrich durfte der Szene beiwohnen, in der über seinen Kopf hinweg Entscheidungen für die Zukunft fielen. Aus der nötigen Öffentlichkeit der Huldigung folgt nun zweierlei. Erstens, daß es, wenn wir bisher von keiner gehört haben, auch keine gegeben haben wird, zweitens: daß Richard seinen Kampf gegen den Vater nicht aus dem Hinterhalt heraus führte. Er eröffnete die Endphase ihrer Auseinandersetzung nicht in Form eines Frontwechsels im Kampf und durch physischen Angriff, sondern mit Rechtsmitteln und auf einer Konferenz. Es gehörte zum Plan – und das Überwechseln zu Philipp war, wie es auch quellenmäßig belegt ist, keine spontane Angelegenheit –, daß dieses sich auf der letzten Konferenz des Jahres vollziehen sollte, wo der Abschluß eines zweimonatigen Waffenstillstands unvermeidlich war. Erst zu St. Hilarius, am 13. Januar, pflegte ein über die Weihnachtsfeiertage geschlossener Waffenstillstand zu enden, aber auch danach war ein sofortiger Kriegsausbruch wegen der ungünstigen Jahreszeit nicht sehr wahrscheinlich. Mit dem sofortigen Einsetzen von Kampfhandlungen war also zu diesem Datum nicht zu rechnen. Heinrich wurde somit Gelegenheit gegeben, sich auf die neue Situation einzustellen, militärisch, aber freilich auch politisch. Der Waffenstillstand wurde überdies auf sein Ersuchen hin zweimal verlängert und dauerte insgesamt bis nach Ostern 1189. Man kann daraus ersehen, daß Richard, in dessen Interesse ja Philipp den Krieg führte, nicht dessen Sturz betreiben, sondern immer noch lediglich seine Anerkennung als dessen

Nachfolger durchsetzen wollte. Er hatte jedenfalls in Bonsmoulins noch Möglichkeiten zur Versöhnung offengelassen.

Freilich setzte jetzt bei Heinrich physisch ein Niedergang ein, der ihn in seiner starren psychischen Haltung nur noch bestärkte. Er sandte den Erzbischof von Canterbury und andere hochrangige Gesandte zu Richard, der aber alle Vermittlungsversuche verächtlich zurückwies, weil sie die üblichen leeren Versprechungen enthielten, so daß er befürchten mußte, sich in derselben Lage wie im Herbst 1187 wiederzufinden, wo der Vater ihn unter Zusagen zurückgerufen hatte, um dann, wie Howden berichtet, gegenüber dem sich unterwerfenden Sohn, eingedenk der Enttäuschungen, die sein ältester Sohn ihm seinerzeit bereitet hatte, den harten Machtstandpunkt einzunehmen. Kam dies wieder so, so hatte Richard aber Philipp als künftigen Bundesgenossen wahrscheinlich verloren. Das Risiko war zu groß, und die Zeit drängte. Im Frühjahr 1189 bereitete sich Barbarossa zum Aufbruch auf den Kreuzzug vor, im Mai trat er ihn an, und er selbst, Richard, sah sich noch weit von seinem Ziel entfernt.

In Wahrheit war Heinrichs Zeit schon kurz bemessen und der ganze Kampf überflüssig, aber das wußte die Gegenseite nicht. Heinrich war so sehr in den Ruf eines Meistertäuschers geraten, daß ihm niemand, der nicht in seiner unmittelbaren Nähe weilte, also auch Richard nicht, seine Krankheit glaubte. Über die Art dieser Erkrankung gibt uns Giraldus, der zur selben Zeit mit den königlichen Verhandlungsdelegationen zwischen den Parteien umherreiste, den meisten Aufschluß. Er spricht von einer Geschwulst „circa pudenda“, die sich in eine Fistel verwandelt habe. Wenn man dabei an eine Darmfistel denkt, so kann man in ihr das Symptom eines zugrundeliegenden schweren Leidens vermuten. Als unmittelbare Todesursache gibt die Histoire de Guillaume le Maréchal, die Lebensgeschichte eines Zeugen von Heinrichs Sterben, einen Blutsturz aus Mund und Nase an. Der könnte in dem berichteten Phänomen des Blutflusses aus der Leiche seinen Niederschlag gefunden haben. Wir können erkennen, daß Heinrich nicht infolge der Aufregungen des Krieges starb, sondern schon vor seinem Beginn von einem fortgeschrittenen Kräfteverfall gezeichnet war. Wüßten wir mehr von seiner Krankheit, könnten wir sie vielleicht in Beziehung setzen zu der völligen Unflexibilität, die Heinrich in den letzten Jahren geprägt hatte. Konferenzen erwiesen sich in letzter Stunde so sinnlos wie früher. Um Pfingsten traf man sich in La Ferté Bernard: Philipp forderte für Richard die Herausgabe von Alice und die Konzession, daß Heinrichs Vasallen Richard als dem künftigen Erben die Treueide zu leisten hätten. Dieser verlangte jetzt Johanns Teilnahme am Kreuzzug und versicherte, daß er selbst ohne ihn das Land nicht verlassen werde. Das wollte Heinrich durchaus nicht bewilligen. Er wandte sich an Philipp und erklärte, wenn dieser zustimmen wolle, könnten Alice und Johann heiraten, wobei er eine großzügige Ausstattung des Paares andeutete. Das mußte Richard reizen und konnte nichts bewirken, denn Philipp war es unmöglich gemacht, in diesem späten Stadium seinen Verbündeten öffentlich zu desavouieren. Zu diesem Zeitpunkt war Heinrichs militärische Lage noch keineswegs hoffnungslos. Als aber der Krieg schließlich voll in Gang kam,

Philipp und Richard in Maine und die Touraine einfielen und sie reichlich Zuzug von überlaufenden Vasallen Heinrichs fanden, war der Kampf bald entschieden. Tours wurde schließlich eingenommen, aber eben in die Stammlande seines Hauses zog es Heinrich gegen alle militärische Vernunft. Zu Gegenmaßnahmen war er nicht mehr fähig. Statt in der sicheren Normandie Zuflucht zu suchen, zog er scheinbar ziellos im Kriegsgebiet umher. Seine Geburts- und Lieblingsstadt Le Mans, wo sein Vater begraben lag, ging in Flammen auf, da Heinrich befohlen hatte, die Vorstadt zur Abhaltung der Verfolger anzuzünden, der Wind aber umschlug und das Feuer in die Stadt hineintrieb. Es kam zu dramatischen Szenen. Richard, der dem Vater ungewappnet nachsprengte, wurde von einem von dessen Getreuen, Wilhelm Marschall, der ihm das Pferd durchbohrte, zu Fall gebracht. So blieb Heinrich die Gefangennahme durch den Sohn erspart. Er wollte keinen Kampf und keine Auseinandersetzung mehr und ging zum Sterben nach Chinon. Von dort kam er am 4. Juli zu einer letzten Konferenz, die keine Verhandlungen, sondern nur noch das Diktat der Sieger und seine eigene bedingungslose Kapitulation brachte. Der uns überlieferte Text beginnt mit der Feststellung, daß Heinrich sich völlig der Gnade des französischen Königs ergeben habe: „rex Angliae ex toto posuit se in consilio et voluntate regis Franciae."[70] Auch seine Lehenshuldigung an ihn mußte er erneuern. Alice war herauszugeben, Richard sollte die Huldigungen der Vasallen des Vaters „citra mare et ultra" erhalten, eine Kriegsentschädigung war zu zahlen. Im ganzen gesehen, stellten die Friedensbedingungen nur unter dem subjektiven Blickwinkel Heinrichs eine Katastrophe dar. Zwei Tage nach dem letzten Zusammentreffen mit Richard und Philipp war er tot. Er starb am 6. Juli, und wir hören von keinem erbaulichen Ende. Sein Haushalt hatte sich schon vorher aufzulösen begonnen, nun verbrachte er die ihm verbleibenden Stunden damit, seine Söhne zu verfluchen und seine eigene Schande zu beklagen. Den letzten Schlag empfing er, als er von der Desertion Johanns erfuhr. Er wurde im nahegelegenen Fontevraud begraben, wo auch einer seiner Söhne und seine Frau bestattet werden sollten. Bei Johanns Tod war das Loiregebiet bereits verloren, der Sohn, der zu Füßen seines Vaters begraben sein wollte, um seine späte Reue zu bekunden, war Richard.[71]

## Richard und Philipp: die Freundschaft der Feinde

Wenden wir uns am Ende des Kapitels von Richards Thronfolgerzeit der Beziehung zwischen ihm und Philipp zu. In der Literatur finden wir meist den Standpunkt vertreten, Richard hätte sich von dem schlauen Kapetinger in den Zwist mit dem Vater hineinhetzen lassen. Das spiegelt die Auffassung englischer Chronisten wider, die Richard wohlgesinnt waren und nach einem Entlastungsgrund für seinen Abfall vom Vater suchten.[72] Die französische Version findet bei Behandlung von Heinrichs Endzeit kaum Beachtung, taucht aber dafür im Räsonnement über die Gründe des englisch-französischen Zerwürfnisses während des Kreuzzugs unvermittelt auf: Da hätte sich Richard zuvor mit der Verpflichtung, Alice zu heiraten, die Unterstützung des französischen Königs erschlichen, um dann von der Heirat abzustehen. Philipp und seine Chronisten leiteten aus diesem Treubruch die Berechtigung zum Krieg gegen ihn ab. So erscheint Richard in der Literatur zuerst als ein mehr oder weniger naives Opfer von Philipps Tücke, im nachhinein aber als ein raffinierter Betrüger.

Die englische Version ist kurz abzutun. Wir haben einerseits gesehen, daß und warum die Austragung des Vater-Sohn-Konflikts im Jahr 1189 überfällig war; es liegt andererseits anhand der Fakten und Verträge zutage, daß Richard nicht der Betrogene sein konnte, da er – und nicht Philipp – der alleinige Nutznießer der Allianz war; er wäre es auch gewesen, wäre Heinrich II. am Leben geblieben. Philipp übernahm Richards Forderungen und legte eine im Unterschied zu seinem Umgang mit Heinrich II. so auffällige Nachgiebigkeit an den Tag, daß wir uns hier nur mit der französischen Version, also der von Richards „Betrug", zu befassen haben. Alles läuft im folgenden auf die Frage hinaus, wieso Philipp Richard im Kampf mit dem Vater unterstützt hat. Von der Beantwortung dieser Frage hängt nicht nur unsere Einschätzung Philipps ab, sondern, und das betrifft uns ja hier, die Richards.

Wie haben wir uns nun Philipp vorzustellen? Das nicht sehr ausgeführte Porträt, das uns die Chronisten zeichnen[73], hat schon Philipp „Augustus", also den Mehrer des Reichs, vor Augen: Einen großen, gut gebauten, aber schon kahlen Mann mit rötlicher Gesichtsfarbe, rötlichem Schnurrbart, einen starken Esser und Trinker, sinnlich und aufbrausend, mit schwelendem Ehe- und Mätressenkonflikt. Von dem jungen Philipp ist uns an persönlichen Zügen weniger bekannt, für König Heinrich war er nicht viel mehr als ein grünes Bürschchen, und er nahm es Gott sehr übel, daß er ausgerechnet von einem solchen besiegt werden mußte. Zu diesem Zeitpunkt, also 1189, war Philipp 24jährig, aber bereits seit zehn Jahren König. Für seinen Vater, den frommen Ludwig, dem der Titel eines „christianissimus rex" viel eher zukam als ihm, war er, wie für Rigord später, der „Deodatus", ein Geschenk Gottes, der einzige Sohn. Giraldus, der damals in Paris war, erinnerte sich später des Freudentaumels, den seine Geburt am 21. August 1165 ausgelöst hatte. Der junge Philipp, berichtet uns derselbe Chronist, habe die Demütigungen, die König Heinrich seinem Vater zufügte, wachen Geistes mitverfolgt, und Giraldus verdanken wir eine, wenn vielleicht auch nicht wahre, so doch im Kern zutreffende Anekdote: Da sei der junge König einmal von seinem Gefolge allein sitzend und an einer Haselrute kauend aufgefunden worden, in großer innerer Bewegung, und auf die Frage, was er wohl denke, hätte er geantwortet, er erwäge, ob es ihm vergönnt sein werde, das Reich Karls des Großen wiederzuerrichten. Allerdings hatte im Jahr seiner Geburt, also 1165, bereits ein anderer, nämlich Barbarossa, schon Karl den Großen als Heiligen für sein Reich proklamiert: Er hatte ihn von einem seiner Gegenpäpste heiligsprechen lassen. Dem jungen Philipp, der am Anfang nicht viel mehr als die Île-de-France kontrollierte, wäre eine Konkurrenz mit dem Kaiser schlecht bekommen. Aber er besaß ein wahres Königsprogramm, dazu

Tatkraft, Konsequenz und Geduld. Noch zu Lebzeiten seines Vaters 1179 gekrönt, hatte er diesem, der nach einem Schlaganfall dahinsiechte, als 14jähriger die Macht aus den gelähmten Händen genommen und war 1180 mit Isabella von Hennegau eine politisch vorteilhafte Ehe eingegangen. Von dem Leitstern seiner ersten Jugend, dem Grafen von Flandern, trennte ihn seine Königspolitik schon bald ebenso wie von seiner Mutter, Adele von der Champagne. Er hatte außerordentliches Glück, indem er – wir haben es gesehen – einen selbstlosen Protektor und exzellenten politischen Lehrmeister in Heinrich II. besaß: Auf ihn gestützt, hatte er Flandern und Burgund, den Osten des Königsreichs, seiner Autorität unterworfen, als er nicht viel älter als 20 Jahre war. Dem Ritterideal der Zeit entsprach er in keiner Weise, er war ängstlich um sein Leben besorgt, und das hieß in der Sprache der ritterlichen Standeskultur ganz einfach: Er war feig. Aber er war ohnehin kein Förderer der Trouvères, der nördlichen Spielart der Troubadours, und einer von ihnen, Conon de Béthune, beklagte sich einmal, er sei am Hof Philipps wegen seines Idioms, der Sprache des Artois, getadelt worden. Das kann man als kulturellen Führungsanspruch, den Philipp für die Île-de-France forderte, deuten. Es unterscheidet ihn jedenfalls von seinem Gegenspieler Richard: der redete und dichtete, wie es die Lage erforderte – einmal nordfranzösisch, einmal in der provenzalischen Koiné. Man kann in seinem Kreis nur mit Gelächter reagiert haben, wenn man erfuhr, daß König Philipp sich auf der Anreise zum Kreuzzug 1190 in Genua vor einem Gewitter gefürchtet habe. Was uns sonst noch von seiner Todesfurcht überliefert ist, müssen wir nicht zum Anlaß nehmen, bei ihm „Neurasthenie“ oder Melancholie zu diagnostizieren, es läßt sich nämlich politisch-propagandistisch ausgezeichnet erklären.[74] Immerhin: Auf dem Schlachtfeld fühlte er sich nicht zu Hause. Er war so wenig ein Stratege wie ein Ritter, am Militärischen interessierte ihn vor allem die Minierkunst, eine für die Belagerung von Burgen natürlich nützliche Disziplin. Technisches Interesse wird ihm ausdrücklich zugesprochen. Sein späteres Glück als Eroberer aber ist untrennbar mit Johanns Verzichtspolitik verbunden. Weder ein genialer Politiker noch ein Feldherr, sondern ein glücklich Überlebender steht da vor uns, der in reifen Mannesjahren aus reicher politischer Erfahrung mit einem hilflosen Gegner leichtes Spiel haben sollte. Seinen großen Gegner, Richard, hatte der Tod vorher gnädig für ihn erlegt, so daß er als Philipp „Augustus“ in die Geschichte eingehen konnte. Streichen wir den Nimbus des Siegers von Bouvines, sehen wir ihn in den späten achtziger Jahren des 12. Jahrhunderts vor uns, so sehen wir einen jungen Mann, der sich einem hochgesteckten Ziel vorsichtig und auf Umwegen näherte. Seine Politik der achtziger, aber auch neunziger Jahre wird uns viel von seinem Charakter enthüllen, so daß wir auf die Mitteilungen der Chronisten nicht allzu angewiesen sind. Zu 1187, der Zeit, bei der die folgende Untersuchung einsetzt, nennt Gervasius ihn jung an Jahren – er war 22 –, aber „animo senilis, prudens in agendis et strenuus“, klug und tüchtig also.[75] Der „jugendliche Greis“ war nüchtern, lakonisch in seiner Ausdrucksweise und praktisch veranlagt. Paris war zwar kein Musenhof, aber es besaß dank königlicher Initiative schon ein paar gepflasterte Straßen, so daß man bei Regen nicht auf allen Wegen im Morast versank. Vor seinem Aufbruch zum Kreuzzug sollte Philipp dann noch den Bau einer turmbewehrten Stadtmauer anordnen, die ein paar Jahre später durch einen mauerumgürteten Donjon an der Seine verstärkt wurde.[76] Mit dieser Keimzelle des Louvre war der Fluß gegen Westen hin abzuriegeln. Im Westen war ja eben mit seiner Hilfe Richard, sein Freund und Bruder – dies die Anrede, die er ihm in Briefen zuteil werden ließ – zur Herrschaft gelangt. Ihn werden wir nun bald als hofierten Gast des französischen Königs seinen Einzug in den Palast auf der Île-de-la-Cité halten sehen. Zur selben Zeit ungefähr wurde Philipp Vater des Thronfolgers Ludwig.[77]

Wir fragen uns nach Philipps Beweggründen für sein Verhalten gegenüber Richard. Keineswegs ist ihm zu unterstellen, daß er reflexionslos eine in der französischen Politik schon eingespielte Maxime verfolgt hätte, wonach ein oppositioneller Sohn gegen die rechtmäßige väterliche Autorität zu protegieren war: bei der Existenz Johanns und bei Teilungsplänen ein unsinniges Verhalten. Beginnen wir unsere Untersuchung mit dem Atmosphärischen. Es könnte ja sein, daß Richard und Philipp am Anfang tatsächlich in einer Art Freundschaft, sei es mit oder ohne homosexuelle Affäre[78], verbunden gewesen wären, daß Vertrauen entgegengebracht und getäuscht wurde; kurzum, daß emotionale Gründe Philipp zu seiner Parteinahme für Richard bewogen hätten. In dcn Gesta Howdens liest sich ein Heinrich II. politisch aufs höchste beunruhigender Sachverhalt so: „Richard, der Herzog von Aquitanien und Sohn König Heinrichs, weilte bei König Philipp, der ihn lange Zeit dermaßen ehrte, daß sie zeitweise an einem Tisch und aus einer Schüssel aßen und nachts ihr Lager nicht voneinander trennten. Und der König von Frankreich liebte ihn wie seine Seele."[79] Wir dürfen natürlich für den Königspalast und einen königlichen Gast andere Verhältnisse annehmen als sie sonst wegen der üblichen Raumnot auf Burgen herrschte, doch ist eben deshalb wahrscheinlich, daß sich bei einem damaligen Leser bei der Stelle nicht dieselben Assoziationen wie bei uns einstellten. Es ist Philipp auch kaum zuzutrauen, daß er vor seinem eigenen Hof eine Rolle übernahm, die sich mit seiner Auffassung von Königswürde nicht vertragen konnte. Was bleibt, ist der Beweis außerordentlicher königlicher Gunstzuwendung. Die Annahme, diese Zuwendung könnte von naiver Sympathie zu dem zehn Jahre älteren, immerhin strahlenden Plantagenetprinzen getragen gewesen sein, verflüchtigt sich bei näherem Zusehen aber gleich. Vor- und nachher gab es keine Sympathie. Eine nicht weniger außerordentliche Liebe hatte Philipp nämlich zu Richards jüngerem Bruder Gottfried an den Tag gelegt.[80] Es war erst ein Jahr her, im August 1186, daß Philipp diesem Freund angeblich vor Kummer ins Grab hatte nachspringen wollen. Der politische Verlust jedenfalls, den Philipp damals erlitt, ist nachvollziehbar. Mit dem kriegstüchtigen und in allen politischen Ränken versierten Herzog der Bretagne im Bund hätte er die Loireprovinzen und die Normandie in die Zange nehmen, vielleicht Anjou aus dem Gesamtreich herauslösen und den Herzog von Aquitanien in Schach halten können.[81] Es war eine Freundschaft gewesen, die sich direkt gegen Richards Interessen als Gesamtnachfolger seines Vaters gerichtet hatte. Aber schon 1183 hatte Philipp an der Seite des jungen Heinrich Partei gegen Richard ergriffen und seinen Sturz herbeiführen wollen, und schließlich war er ihm erst wenige Wochen vor dem heftigen Freundschaftsausbruch im Berry als Feind ins Land eingefallen. Er mochte finden, daß es außerordentlicher Anstrengungen bedurfte, den Herzog, den er persönlich schon kannte – Richard war wie seine Brüder bei Philipps Krönung anwesend und hatte für ihn am Beginn der achtziger Jahre gefochten[82] –, seine bisher gegen ihn betriebene Politik vergessen zu lassen.

Es scheint ziemlich sicher, daß die Initiative zu dieser „Freundschaft“ von Philipp ausging.[83] Die Fühlungnahme vor Châteauroux, die Gervasius, offenbar auf einen Augenzeugen gestützt, schildert, ging zweifellos von ihm aus. Sehen wir uns den genauen Verlauf dieser ersten überlieferten Kontaktnahme an: Als das englische und französische Heer einander im Juni 1187 vor Châteauroux gegenüberstanden – vorausgegangen war, wie wir wissen, im Vorjahr Heinrichs uneingelöste Verpflichtung gegenüber Philipp, daß Richard nun Alice heiraten werde, worauf der französische König den Verlobten selbst in seinem Machtbereich angriff –, war das Debakel im Heiligen Land in vollem Gang, wenn auch in seinem ganzen Ausmaß hierorts noch unbekannt, was den Klerus auf beiden Seiten aber nicht hinderte, sich um Vermittlung zu bemühen. Heinrich war kriegsunwillig, in den Heeren gab es keine Kriegsbegeisterung, und Philipp hatte sich zu weit vorgewagt, so daß die Frage war, wie er ohne Prestigeverlust noch vermeiden konnte, was er so gleichfalls keineswegs wollte. Da erschien der Graf von Flandern als Abgesandter Philipps bei Richard, im weiteren ein guter Freund von ihm, und fragte ihn, ob es denn klug sei, daß er sich zu diesem Krieg mit Philipp anschicke, von dem er doch noch einiges zu erhalten hoffe. Darauf habe Richard überschwenglich geantwortet, barfuß würde er nach Jerusalem gehen, wenn er die Gnade seines Herrn haben könne. Das sei nicht nötig, so der Graf von Flandern, der König von Frankreich sei gleich in der Nähe, und so wie er sei, gewappnet und auf seinem prächtigen Pferd, möge er nur kommen, und leicht werde er seine Gnade gewinnen. Und durch die Schlachtreihen hindurch sei Richard sofort, ohne seinen Vater zu fragen, zu Philipp geritten und habe mit ihm ein langes Gespräch unter vier Augen geführt. Darauf sei er ganz zufrieden ins eigene Lager zurückgekehrt. Von diesem Zwiegespräch gibt Gervasius nicht vor, etwas zu wissen, und das macht die Genauigkeit an Details und Worten, die öffentlich fielen, in der Substanz nicht unglaubwürdig. Heinrich, berichtet er weiter, habe sofort Verrat gewittert, nicht Frieden, habe seinerseits eine Abordnung französischer Adeliger, unter ihnen wieder den Grafen von Flandern, zu sich gebeten und ihnen eröffnet, daß er – alter Trick – wegen seiner Sünden auf Kreuzzug gehen wolle, weshalb er Philipp um einen zweijährigen Waffenstillstand bitte und, sollte er ihm diesen versagen, er ihn vor Gott für seine Seele verantwortlich mache. Zum Erstaunen aller sei er daraufhin in Tränen ausgebrochen. Die französische Delegation richtete ihren Auftrag bei Philipp aus, dieser habe über Kreuzzug und Tränen aber nur gelacht und gefragt: „Glaubt ihr denn das?“ Es sei ihm jedoch sehr nahegelegt worden, es zu glauben, und er war bereit, den zweijährigen

Waffenstillstand zu bewilligen. Als dieselben Abgesandten nun abermals bei Heinrich erschienen, hatte dieser seine Meinung völlig geändert, und die Gesandten kehrten betreten zu Philipp zurück, der sich daraufhin zur Schlacht rüstete. Als dies Heinrich aber erfuhr, habe er schleunigst zu Richard geschickt und gefragt, was jetzt zu tun sei und welchen Rat der ihm gebe. Uns erscheint das Ganze als ein Test, um rasch herauszufinden, was vorgefallen war. Richard nun: Welchen Rat könne er schon geben, wenn er, der Vater, den gestern erbetenen und erhaltenen Waffenstillstand heute zurückweise, nun sei es sehr peinlich, denselben noch einmal erbitten zu müssen – worauf er seinen Vater in Sorge verfallen sah –, doch nehme er es auf sich, das zu erreichen. Der Vater stimmte zu, und so sei Richard zu dem schon gerüsteten Philipp gegangen, um in aller Form den Waffenstillstand zu erbitten, den er auch erhielt.

Die erste Kontaktnahme zwischen Richard und Philipp ergibt sich so aus Philipps Interessenlage: Er wollte nach der Drohgebärde und angesichts der unmittelbaren militärischen Konfrontation die Schlacht mit den vereinigten angevinischen Streitkräften nicht wagen. Daß er in dieser Situation den Sohn aus der Allianz mit dem Vater lösen wollte, ist weder neu noch überraschend. Dieser verstand das sofort, erkundete rasch und mit seinen üblichen Methoden die Lage, erkannte aber, daß der Sohn eindeutig die väterlichen Interessen wahrnahm, keineswegs schwankend war oder ihn erpreßte. Richard hatte für den Vater Frieden von Philipp erbeten, nicht etwa mit diesem gemeinsame Sache gemacht und ihm Bedingungen gestellt. Beiden Parteien war seine Vermittlung äußerst nützlich und erwünscht, ein allgemeines Aufatmen ging durch die beiden Heere. So war nun Richard in Beziehung zu Philipp getreten: aus dringendem angevinisch-französischem Friedensbedürfnis, nicht aus eigenem Antrieb, woraus aber nicht folgt, daß er die Lage nicht zu nutzen verstanden hätte. Es folgt der vielleicht mehrwöchige Aufenthalt Richards in Paris, von dem nichts bekannt ist außer eben seiner auffallend freundschaftlichen Form.

Im Spätherbst 1187 erfolgte dann Richards überraschende Kreuznahme, die am 21. Januar 1188 von der Heinrichs und Philipps gefolgt wurde. Bei einer großen Konferenz, die am traditionellen normannisch-französischen Grenztreffort der Könige zwischen Gisors und Trie stattfand und wo auch Richard zugegen war, sollte eigentlich wieder einmal das Thema Alice-Vexin abgehandelt werden, aber die Anwesenheit des Erzbischofs von Tyrus, jener Stadt, die unter der usurpierten Herrschaft Konrads von Montferrat als einzige des Königreichs Jerusalem Saladin standgehalten hatte, wußte dem Treffen diese Wendung zu geben. Im März 1188 nahm dann Barbarossa mit seinem Sohn Friedrich das Kreuz: Damit schien diese europäische Großunternehmung nun wirklich unmittelbar bevorzustehen. Heinrich und Philipp sahen sich von der öffentlichen Meinung in einen Sog gerissen, aus dem sie sich ohne Prestigeverlust schwer befreien konnten. Obwohl man mit den Vorbereitungen zum Kreuzzug tatsächlich begann[84], traten die alten Probleme vor der großen neuen Aufgabe keineswegs in den Hintergrund. In Aquitanien brach sofort ein Aufstand aus, in den sämtliche alte Rebellenfeinde Richards verwickelt waren, und es wurde gemunkelt, Heinrich selbst stehe hinter der Erhebung, um Richard am Kreuzzug zu hindern.[85] Der Aufstand war aber bald niedergeschlagen, und Richard benützte einige Gewalttaten des Grafen von Toulouse gegen poitevinische Kaufleute zu einer großen Strafaktion gegen dessen Land. Auch ritterliche Pilger aus dem Gefolge König Heinrichs, die von Santiago de Compostela heimkehrten, wurden damals von Graf Raimund festgenommen. Wir haben über die Vorgeschichte des neuen Krieges nur Howdens Darstellung, und nach ihr erscheint Richard im Frühjahr 1188 zur Fortsetzung seines Krieges von 1186 völlig berechtigt, da er eine Vergeltungsmaßnahme sei. Giraldus läßt Richard „iure materno" vor der Hauptstadt Toulouse erscheinen, und das wäre eine andere Begründung, nämlich die Wiederaufnahme eines alten Rechtstitels zur Angliederung der Grafschaft an Aquitanien. Heinrich hatte gegen die Aktivitäten seines Sohnes jedenfalls nichts einzuwenden. Schon vor zwei Jahren hatte er ihm für den Krieg gegen Raimund reichlich Geldmittel zur Verfügung gestellt, und auch jetzt war man der Meinung, er sehe Richard lieber in Toulouse als im Heiligen Land kämpfen. Das folgende liest sich wie eine Neuauflage der Ereignisse von 1186/87 mit Variationen: 1186 hatte sich Graf Raimund bereits an König Philipp um Hilfe gewandt, und das tat er jetzt wieder. Hatte sich Philipp damals aber zu einer Intervention noch nicht imstande gesehen, so benützte er jetzt Richards sehr siegreich verlaufende Kampagne – der Quercy, schon im Feldzug Beckets 1159 gewonnen und inzwischen verlorengegangen, war bereits wiedererobert –, um zu versuchen, diesem Vormarsch Einhalt zu gebieten. Damit verengt sich unser Blickwinkel wieder auf Richard und Philipp. Kurz vor der Hauptstadt Toulouse erreichten Richard nach Giraldus' Bericht Philipps Gesandte, die ihm die Aufforderung brachten, sein Recht in der königlichen *curia* zu suchen statt im Krieg: ein Ansinnen, dem Richard, wie wir schon hörten, ja bereitwillig nachkommen wollte, nur nach dem Krieg, im Herbst, nicht jetzt. Philipp wandte sich an die Seneschalle der Normandie und Anjous, um ihnen mitzuteilen, daß, wenn es ihnen nicht gelinge, Richard zurückzurufen, sie den zwischen den Königen vereinbarten Waffenstillstand als hinfällig betrachten könnten, und er appellierte an Heinrich selbst, seinen Sohn zu stoppen. Er wollte vor allem wissen, ob dieser mit väterlicher Einwilligung handle. Heinrich antwortete, Richard sei ohne sein Zutun aktiv geworden, hierin selbständig, und er könne ihn nicht zur Verantwortung ziehen. Da fiel Philipp, wie im Vorjahr, im Berry ein. Jetzt kehrte Richard, seinen Feldzug in Toulouse schleunigst abbrechend, tatsächlich zurück, denn er war wieder im eigenen Land angegriffen worden, aber die Hauptfeste Châteauroux war Philipp schon übergeben worden, wie überhaupt sein rasches Vordringen hier den Nordosten Aquitaniens als Schwachstelle auswies. Heinrich kam von England heran, Philipp zog sich nach Norden zurück, Richard konnte in den Berry etliches an Terrain wiedergewinnen, wenn auch nicht Châteauroux, dann verlagerte sich der Krieg an die normannisch-französische Grenze. Mitten im Sommer fiel als symbolträchtiges Zeichen für Philipps Unwillen zu weiteren Verhandlungen die prächtige alte Ulme zwischen Gisors und Trie, die so viele Zusammenkünfte zwischen französischen Königen und normannischen Herzögen gesehen hatte, unter den Axthieben der Franzosen. Da sich aber Philipp von seinem eigenen schon das Kreuz tragenden Adel, der erklärte, nun nicht mehr gegen Christen kämpfen zu wollen, im Stich gelassen sah, nicht zuletzt vom Grafen von Flandern, sah er sich genötigt, im Herbst 1188 doch wieder zu Konferenzen mit dem Feind zusammenzutreffen. Der Feind war Heinrich, aber auch sein „Freund" vom Vorjahr, nämlich Richard. Für eine Reihe gut unterrichteter Quellen[86] stehen einander gar nicht Heinrich und Philipp, sondern überhaupt nur Richard und Philipp als Feinde gegenüber. Spätestens bei der Konferenz von Châtillon-sur-Indre am 7. Oktober 1188, wahrscheinlich aber schon früher, war am Konfliktpunkt Toulouse das Doppelspiel des einen oder beider Freund-Feinde evident geworden.

Howden berichtet in der Chronica und in den Gesta, wie Richard auf Philipps Beschwerden wegen des Toulousefeldzugs dem Vater gegenüber behauptet habe, er tue alles „per consilium" bzw. „per licentiam regis Franciae". Der Erzbischof von Dublin wird als Bote zwischen Vater und Sohn genannt, und die Pipe Roll zum laufenden Jahr bestätigt dessen Mission. Außerdem, rechtfertigte sich Richard weiter, habe es Graf Raimund ja abgelehnt, in den letzten Waffenstillstand miteinbezogen zu werden. Nach der Chronica wird Richards Enthüllung oder Ausrede auf die Zeit des Kriegsbeginns in Toulouse datiert, nach den Gesta etwas später auf die Phase nach der Einnahme von Châteauroux durch Philipp im Juni. Die Diskrepanz zwischen Richard und Philipp weist aber auf jeden Fall auf das Frühjahr hin.

Gleichfalls auf den Frühling 1188 weist durch seinen die schöne Jahreszeit feiernden Eingang Bertrans de Born Sirventes: „Al doutz nuou termini blanc."[87] Da heißt es, ein Krieg ohne Feuer und Schwert – gemeint ist der momentane angevinisch-französische Schwebezustand – sei für einen König, den ein Graf schmähe und der Lüge zeihe („cui coms laidis ni desmenta"), keine gute Sache; mit dem Grafen ist Richard gemeint.

Die Razo dazu[88] berichtet, daß Richard in einer Konferenz „en la marcha de Torena e de Beiriu" – die Lokalisierung an der Grenze zwischen Touraine und Berry weist auf Châtillon-sur-Indre, auf Oktober 1188 – Philipp einen Lügner und einen gemeinen Verräter genannt habe: „en Richartz lo desmentit e-lclamet vil recrezen".

Spätestens damals müssen wir uns also jede Freundschaft als beendet denken.

Übrigens läßt auch die poetische Quelle der Franzosen, der „Philippidos", Richard zur Zeit der sommerlichen Kämpfe schon in dem Licht erscheinen, in dem er im Verkehr mit Philipp auf dem Kreuzzug dann erst so richtig brillieren sollte: „Ecce comes Pictavus" – und in flüssigen Hexametern geht es weiter, Richard, am Schild mit dem Löwenwappen[89] erkennbar, sei vor den Kampflinien gestanden, „quasi ferrea turris", wie ein Turm aus Eisen, „Francorum nomen blasphemans ore protervo", unverschämte Reden führend also.[90] Viel Ergebenheit war von dem nun bald französischer Lehensmann werdenden Richard somit nicht zu erwarten.

Hier erscheinen noch ein paar Worte zu Bertran de Born als historischer Quelle angebracht. Bertrans Standpunkt ist kein politischer, sondern ein effektvoll-affekthafter, er reflektiert den ritterlichen Ehrenkodex. Wenn er den Krieg als Selbstzweck verherrlicht, so ist an seinem martialischen Gehaben auch viel Pose und eingestandener Eigennutz: Der Graf von Poitou werde ihm gegenüber in Kriegszeiten immer besonders freigebig, warum sollte also er, ein kleiner, in tristen ökonomischen Verhältnissen lebender Ritter, gegen den Krieg sein? Er sucht Philipp zum Krieg gegen Richard zu hetzen, hält ihm vor, daß er viel zu lax und feig agiere[91], ohne aber seine Freundschaft mit Richard zu verbergen oder gar zu riskieren. Er konnte sicher sein, von seinem Gönner nicht mißverstanden zu werden, wenn er ihn in bezug auf seine Kampfeslust mit einem von den „Algais" verglich[92], einer berühmt-berüchtigten Räubersippe. Der tollköpfige Bertran machte Poesie, nicht Politik. In Wahrheit verhielt es sich anders, da war Philipp der Angreifer, Richard zwar in Toulouse aggressiv, aber vor Châteauroux 1187 ja um Vermittlung eines Waffenstillstands mit Philipp bemüht. Das kann schließlich auch Bertran nicht verborgen geblieben sein. Auch von Richards Übertritt zu Philipp und Kampf gegen den Vater muß er gewußt haben, obwohl er sich hütete, zu dieser Angelegenheit auch nur ein dichterisches Wort beizusteuern. Diese Ausführungen relativieren zwar Bertrans Wert als Gewährsmann für politische Ereignisse, als Dokumente einer allgemeinen Stimmungslage und Einschätzung der Gegner, selbst als Agitationsmaterial, sind seine Lieder aber trotzdem interessant und steuern da und dort ein Detail vom kontinentalen Schauplatz bei, das den in England schreibenden Chronisten unbekannt geblieben ist: Das von Giraldus gezeichnete Jugendbildnis Richards wird in seinen Hauptzügen, einer allgemeinen Tüchtigkeit und großem Mut bestätigt; auch von einer später an Richard gerühmten Eigenschaft, der „Beredsamkeit", erhalten wir Beispiele: Bertrans Richard ist nicht auf den Mund gefallen. Auch des „Versrecknamens", den er ihm der Gepflogenheit der Troubadourlyrik gemäß gibt, soll hier gedacht werden: Richard war ihm der Herr „Ja-und-Nein", Oc-e-No. Wir erfahren, daß sie sich wechselweise so nannten, Richard ihn also als ebenbürtig im Ja-und-Nein-Sagen anerkannte. Der Name kann ganz unterschiedlich ausgelegt werden, im Sinn von Doppelzüngigkeit oder ihrem genauen Gegenteil. Der Zusammenhang macht aber klar, wie Bertran ihn versteht. Da ist in „No puosc mudar un chantar non esparja"[93] vom Oc-e-No die Rede, der so viel von der „trastomba" verstehe, der Gaukelkunst, und daß Bertran fürchte – metaphorisch –, er könnte eine „plomba" von ihm erhalten, das ist eine Bleifüllung im Würfel beim Würfelspiel, was nur ein Fälscher macht. Wir sind hier wieder im Bereich der literarischen Topoi. In keinem Heldenlied gereicht es dem Helden zur Schande, wenn er an der rechten Stelle mit List und Verschlagenheit agiert; es tut der sonst gerühmten Treue, die er auch besitzen muß, keinen Abbruch, wenn er bei Gelegenheit einen anderen tüchtig übers Ohr zu hauen versteht. Bei Richard scheinen beide Bedeutungen des Oc-e-No ihre Berechtigung zu haben.[94] Freunden, Vasallen, auch Angehörigen der eigenen „familia", das heißt der königlichen Hausgenossenschaft, selbst Dienern, pflegte er Wort zu halten, ließ keinen, der ihm je treu gedient hatte, fallen und rühmte sich seiner Loyalität, mit Recht, wie es den Anschein hat. Er erfuhr auch mit einer einzigen

Ausnahme niemals unerwarteten Verrat in großem Ausmaß[95], und das weist nicht nur auf Menschenkenntnis, sondern auch auf einen gewissen Wertmaßstab in ihm selbst hin. Nur ist die ritterliche Ethik nicht die des kategorischen Imperativs, sie unterscheidet zwischen Freund und Feind. Die hohe Politik war natürlich auch für Richard nicht der Ort zur Bewährung wahrer Menschlichkeit, es wäre aber auch realitätsfern, anzunehmen, das Lehensband allein hätte irgendwo wirkliche Treue unter politisch machtvollen und von konträren Interessen gesteuerten politischen Exponenten stiften können. Wir haben also mit der „trastomba" Richards gegenüber Philipp sehr wohl zu rechnen, sie ist ihm nur nicht so leicht nachzuweisen wie dem Gegenspieler die seine. Das mag zum Teil an der Überlieferung liegen, zum Teil aber auch am Verhalten Richards.

Als Resümee dieses Abschnitts läßt sich sagen, daß Glaube in die Vertrauenswürdigkeit des Herzogs von Aquitanien unmöglich ein Motiv für Philipps Entscheidung von Bonsmoulins für ihn und gegen Heinrich, damit auch gegen Johann, gewesen sein kann. Richard hatte ihn im abgelaufenen Jahr einen Lügner geheißen. Wir müssen der Situation nach an vorangegangene, nämlich 1187 in Paris getroffene Vereinbarungen wegen Toulouse denken. Wenn Richards Beschuldigung zu Recht bestand, so hatte Philipp absprachewidrig interveniert, damit gegen eine „Freundespflicht" verstoßen; waren Richards Bezichtigungen aber falsch, so hatte er sich selbst vor Philipp als Falschspieler entlarvt. In keinem Fall kann in Bonsmoulins mehr eine Vertrauensbasis zwischen ihnen bestanden haben. Wir halten fest, daß Philipp im November 1188 politische, nicht sentimentale Gründe gehabt haben muß, durch seine Entscheidung für Richard dem rechtmäßigen und ihm durch seine Stärke potentiell ja gefährlichen Gesamterben den Weg zum Thron zu ebnen.

Es wäre nun möglich – dies die zweite Hypothese –, daß ein zwar nicht naiver, sondern politisch kalkulierender, sich aber verspekulierender Philipp Richards Partei ergriffen hat, wobei er in Unkenntnis des wahren Sachverhalts angenommen hätte, Richard – im allgemeinen aus seiner Sicht unzuverlässig – würde ihm im speziellen Fall der Alice-Heirat doch Wort halten. Eigeninteresse: Seine Zwangslage und Zwangsmittel des französischen Königs ihm gegenüber hätten ihm in dessen Augen einen Anschein von politischer Berechenbarkeit verschaffen können, der dann durch die Auflösung der Verlobung in Messina im März 1191 auf eine für Philipps Selbstachtung schmerzliche und überraschende Weise zerstört worden sei. Wo immer diese Konfiguration in der Darstellung von Richards und Philipps frühen Beziehungen zugrunde liegt, läuft Richards „Betrug" auf die Selbsttäuschung eines kaltblütig und rational agierenden Philipp hinaus. Unversöhnliche Feindschaft „seit Messina" gehört zu den meist angenommenen Konsequenzen. Man macht sich aber nicht klar, welche Voraussetzungen man gleichfalls akzeptieren muß, wenn man von der Annahme ausgeht, der notorische Falschspieler Philipp sei diesmal von einem anderen Falschspieler mit den eigenen Waffen geschlagen worden.

Man muß dann annehmen, daß für den Zeitpunkt der kriegerischen Allianz zwischen Philipp und Richard Philipps vorrangige Zielsetzung im Zustandekommen dieser Ehe gelegen habe. Dieses überaus moderate Ziel, das die Anerkennung des normannischen Vexin als französische Mitgift durch das Haus Anjou bedeutet hätte, hätte ihm aber auf längere Zeit den tatsächlichen Zugriff auf das umstrittene Land, damit den Schlüssel zur Normandie überhaupt, entzogen: Wir hätten es mit einem nach Befriedigung einer Minimalforderung auf Friedensicherung abzielenden politischen Kurs gegenüber den Plantagenets zu tun, einer Hinnahme des Status quo. Philipps bisherige Interventionspolitik in der Bretagne (1186) und in Toulouse (1188), seine kriegerischen Einfälle in den Berry (1187 und 1188) stehen einer solchen Annahme aber entgegen. Um Philipp als Düpierten betrachten zu können, wäre es weiters notwendig, von der Voraussetzung auszugehen, daß er die offizielle Lesart zur Dauerverlobung geglaubt, das heißt, Richard als ehewillig angenommen hat. Nun gibt es bei Howden zum Januar 1188 eine Passage, aus der man einen starken Verdacht Philipps in bezug auf Richards Ehewillen herauszuhören meint: Heinrich müsse ihm den Vexin zurückgeben, „si non fecerit Ricardum ... accipere sibi in conjugem Alesiam“. Oder sollte der Chronist mehr wissen, als er explizit zu sagen wagte und als Philipp selbst? Jedenfalls muß man einen sehr hohen Grad an Uninformiertheit und Indolenz bei Philipp annehmen, wenn er Richard nicht durchschaut haben sollte. War er aber erst einmal mißtrauisch gemacht, so mußte ihm – immer vorausgesetzt, das Zustandekommen der Ehe und die entsprechende Vexinregelung waren sein Zweck – alles daran liegen, Richard sich eindeutig und öffentlich zu Alice bekennen zu lassen.

Damit aber kommen wir zur dritten Voraussetzung, wenn man Philipp wirklich in irgendeiner Weise als Betrogenen annehmen will: Er hätte es aus unglaublicher politischer Schwäche verabsäumt, die ehestmögliche Heirat Richards mit Alice zur unbezweifelbaren Bedingung für seine Unterstützung zu machen. Howden bringt in Gesta und Chronica die Wiedergabe des Vertragstextes, und die sich auf Alice beziehende Bestimmung besagt, daß Alice von Heinrich nicht an Richard selbst herauszugeben sei, sondern zunächst an einen von diesem auszuwählenden Vertrauensmann, und an ihn erst nach seiner Rückkehr aus dem Heiligen Land.[96] Somit von Heirat, auch von späterer, kein Wort. Eine solche Regelung, die nur Richard durchgesetzt haben kann, muß für Philipp ein ganz eindeutiges Verhalten seines Verbündeten gewesen sein. Bei Diceto findet sich in einem eingeschalteten Passus dazu eine noch viel verdächtigere Formulierung. Alice soll zunächst aus Heinrichs Obhut entweder in die des Erzbischofs von Canterbury bzw. Rouen oder des Grafen Wilhelm von Mandeville, Richards künftigen Obersten Richter Englands, übergehen, auf jeden Fall einem der Hauptwürdenträger der Anjous anvertraut werden. Tatsächlich sollte sie die Zeit des Kreuzzugs im Turm von Rouen mit Warten auf ihre endgültige Bestimmung zubringen. Diese ist völlig ungewiß. Es heißt da, sie werde „post redditum a peregrinatione juxta consilium regis Francorum tradetur nuptui colloquanda“. Nach der Rückkehr vom Kreuzzug werde ihr Bruder, der König von Frankreich, sie nach seinem Gutdünken verheiraten. Wie konnte er das aber, wenn sein Verbündeter mit ihr verlobt war und im Krieg gegen Heinrich ihre Herausgabe an Richard zwecks Eheschließung eines der Hauptanliegen Philipps war? Es muß Philipp im Juni 1189 völlig klar gewesen sein, daß die so lange geforderte Ehe nie zustande kommen werde, weil aber nach diesem Vertragstext keine Spannungen zwischen Richard und Philipp greifbar werden, sondern die wiedergeschlossene „Freundschaft" offiziell weiterbestand, kann Richards Verhalten, wie es sich nach dem Sieg über den Vater in den seinen Interessen dienenden Vertragsbestimmungen niederschlug, keine Überraschung für Philipp bedeutet haben. Noch viel weniger konnte er sich 1191 bei Lösung der Verlobung als Betrogener fühlen.

Dessenungeachtet hat Richard natürlich ein Doppelspiel getrieben. Da er im März 1191 in Messina von Philipp von der Verbindlichkeit, Alice zu heiraten, vertraglich befreit wurde, mußte er einmal eine entsprechende Willenserklärung abgegeben haben. Wir müssen uns an den genauen Wortlaut des Vertragstextes halten. Es heißt hier, Richard könne heiraten, wen er wolle, „non obstante illa conventione inter nos et ipsum facta de sorore nostra Aelois quam debebat ducere in uxorem". Howden spiegelt den Sachverhalt wider und fügt noch hinzu, daß auch entsprechende Eidesleistungen hinfällig seien. Philipp befreite Richard bei der Gelegenheit „a fide et sacramentis, et omni conventione quam cum illo fecerat super matrimonio contrahendo inter illum et Alesiam sororem suam". Der gemeinsame Nenner der beiden wichtigen Belegstellen ist ein früheres Übereinkommen zwischen Philipp und Richard persönlich, das die Ehe des letzteren mit Alice zum Inhalt hatte, womit wir auf einen Zeitpunkt nach Philipps Regierungsantritt, also nach 1180, verwiesen werden. Wir haben anläßlich des Vertrags vom 11. März 1186 zwischen Heinrich II. und seiner verwitweten Schwiegertochter Margarete über deren finanzielle Entschädigung und die Neuregelung des Besitzrechts am Vexin von einer „carta compositionis" zwischen Heinrich und Philipp gehört, die eine geforderte Eidesleistung Richards zum Inhalt hat. Im Jahr 1186 bestand also eine schriftliche Abmachung über die in Rede stehende Ehe, aber der Vertragspartner des französischen Königs ist Heinrich, nicht Richard. Wann Richard und Philipp also ihre „Conventio" getroffen haben, bleibt somit gänzlich unbestimmt.

Sehen wir uns an, ob über den so oft genannten Eid Richards, Alice heiraten zu wollen, nähere Angaben möglich sind. Daß ein solcher Eid geleistet wurde, behaupten die französischen Quellen Rigord und Guillaume le Breton, weiters Eracles und „Ernoul", die sich auf französische Gewährsmänner stützenden Outremerquellen; englischerseits Devizes und, wie wir oben gesehen haben, Howden. Vergessen sei auch nicht Bertran de Born.[97] Die großen englischen Quellen: Howden selbst, Diceto, Gervasius und Giraldus, die von den Konferenzen der Jahre 1188/89 zum Teil sehr genau berichten, wissen von einer öffentlichen Verpflichtung Richards bei einer dieser Gelegenheiten aber nichts. Der Eid, der Meineid also, müßte demnach in einer eher privaten Atmosphäre geleistet worden sein. Fragen wir uns, wann die genannten Quellen den Zeitpunkt der Eidesleistung angeben, so ergibt sich ein interessanter Sachverhalt. Die ungenauen französischen Quellen erwähnen den Eid bei Gelegenheit der Auseinandersetzung zwischen den beiden Königen in Messina ohne Datumsangabe. Eracles und „Ernoul" verlegen ihn eindeutig in die Zeit nach Richards Krönung, Devizes behilft sich mit einem „dudum", was auch nur besagt, vor der Ankunft von Richards neuer Braut Berengaria in Messina. Howden macht keine Zeitangabe. Einzig aus der schon öfter erwähnten und noch näher zu betrachtenden Strophe Bertrans über Richards navarresisches Eheprojekt können wir schließen, daß dieser im Jahr 1188 seinen Eid schon geleistet und gebrochen haben muß. Außer ihr haben wir keinen einzigen Beleg dafür, daß Richard in der Zeit seiner Bedrängnis und vor dem Überwechseln zu Philipp diesem geschworen habe, seine Schwester zu heiraten. Daß nicht einmal französischerseits ein Zusammenhang zwischen Philipps Entscheidung im November 1188, Richards Erbrecht im Bund mit diesem gegen Heinrich II. durchzusetzen und einem vorangegangenen Eid Richards, Alice heiraten zu wollen, hergestellt wird, besitzt eine gewisse Aussagekraft. Es ist für unsere Fragestellung nach Philipps Motivation in Bonsmoulins von Belang.

Wird uns dieser oft genannte spezielle Eid auch nicht faßbar, so können wir doch eine Fülle anderer Eide ausmachen, die in dasselbe Umfeld gehören.

Richard leistete in Bonsmoulins seine Huldigung für den gesamten festländischen Besitz. Mit Alice hatte das expressis verbis nichts zu tun. Da Philipp aber bei der Gelegenheit in Richards Namen von Heinrich II. die Herausgabe von Alice an Richard gefordert und dieser nicht dagegen protestiert hatte, konnte bei den Zeugen der Szene eine Verknüpfung zwischen beiden Verbindlichkeiten hergestellt werden. Die mit dem *hominium* verbundene „fides" schloß sie wohl ein; sie schloß sicher aus, daß gegen ein und dieselbe Person eine neue Verpflichtung nur eingegangen werde, um einer alten zu entkommen. Die „Histoire de Guillaume le Maréchal", die zur fraglichen Zeit Wahres mit Falschem vermengt, berichtet, bereits vor Bonsmoulins hätte Richard Philipp in aller Heimlichkeit für die Territorien gehuldigt, bei der Zusammenkunft der Könige sei dann nichts Wesentliches mehr vorgefallen, außer daß Heinrich eine Gebietsübergabe an Richard abgelehnt hätte. Die in poetischer Form verfaßte Lebensgeschichte Wilhelm Marschalls läßt aber Alice gänzlich aus dem Spiel, wir hören also wieder nur – diesmal vor Bonsmoulins und als heimliche Maßnahme – von einer Lehenshuldigung.

Wie weit nun in der Realität die Lehenstreue von der zweckjuristischen Fiktion oder einem literarischen Ideal abweichen mußte, wie sehr das ganze Lehenssystem ausgehöhlt und von einer persönlich aufzufassenden Verpflichtung im allgemeinen keine Rede sein konnte, wird grell beleuchtet, wenn wir uns die ganze Kette von Eiden vergegenwärtigen, die im Zusammenhang mit dem Vertrag zwischen Heinrich II. und Margarete vom 11. März 1186 nötig gewesen wäre, wenn statt Richards Eidesleistung die Johann-Alice-Aquitanien-Variante zur Verwirklichung gelangt wäre. Da hätte Johann zunächst Philipp für den Vexin huldigen müssen. Philipp hätte bei der Gelegenheit auch von Richard als künftigem Herzog der Normandie und damit Johanns Lehensherrn für den Vexin das *hominium* für die Normandie verlangen können. Bei

Richards Willfährigkeit konnten sich für den französischen König rechtliche Möglichkeiten der traditionellen Trennungsdiplomatie bei den Plantagenets ergeben. Ausständig war dann noch Johanns Huldigung an Philipp für Aquitanien, mit dem er ja ausgestattet werden mußte, um überhaupt als königlicher Schwager akzeptabel zu sein, und selbstverständlich ohne Treuevorbehalt für Richard, seinen Lehensherrn für Aquitanien. „In capite“ hätte aber endlich auch Richard dem französischen König für Aquitanien das lang geforderte *hominium* zu leisten gehabt, da er ja – im Unterschied zur Normandie – in Aquitanien längst Herzog war; ebenso Herzog wie sein Vater, der natürlich gleichfalls seine und Johanns Treue „contra omnes homines“ beanspruchen mußte. Wäre Johann nicht schon von Grund aus zur Treue völlig unbegabt gewesen, er hätte in dieser Situation die Felonie lernen müssen, um nicht zwischen den Parteien zerrieben zu werden. Solche Lösungen mochten politischen Notwendigkeiten Rechnung tragen, aber sie waren vom Rechtsstandpunkt her absurd. Die Vielzahl der gleichzeitigen Oberlehensherrn, die Mehrfachligesse also, mußte jeden politischen Treuebegriff vernichten. Nur ganz naive Geister unter den Zeugen von Bonsmoulins konnten also angesichts der Huldigung Richards an Philipp ihn jetzt als in einem ganz persönlichen und allumfassenden Loyalitätsverhältnis zu diesem stehend betrachten, und nur solche, die politisch davon profitieren konnten, durften über die tiefe Kluft von Theorie und Praxis in der Vasallitätsbindung mit dem Anspruch nach einem ganzheitlich aufzufassenden Treuebegriff hinweggehen. Wie immer richtete sich die Propaganda an die Naiven; die Hauptakteure gehörten aber nicht zu diesen.

Weitere Eide: Nach dem Kapitulationsvertrag vom Juni 1189 wurde von den „homines terrae“ Heinrichs ein Eid verlangt, daß Alice Richard nach seiner Rückkehr aus dem Heiligen Land zu übergeben sei und sie bis dahin in der Obhut eines von Richard auszuwählenden Magnaten aus einem Fünferkollegium zu verbleiben habe. Könige leisteten persönlich keinen Eid, sondern ließen für sich schwören, und auch in diesem Fall wurden die Vasallen gegen den König in Pflicht genommen. Wir dürfen bei der Vertragssituation nicht vergessen, daß Heinrich natürlich als über den Kreuzzug hinaus am Leben bleibend vorgestellt wurde. Vielleicht war dabei von einer vierzigtägigen Frist nach Richards Rückkehr vom Kreuzzug für die Übergabe von Alice die Rede, was bei Eracles und „Ernoul“ dem Zeitraum entspricht, innerhalb dessen Richard sich eidlich zur Hochzeit mit Alice verpflichtet haben soll.[98]

Nicht uninteressant ist es letztlich, Rigord und Guillaume le Breton unter dem Aspekt eines neuen Eides, der von Richard in Messina geleistet worden wäre, zu befragen. Es heißt hier, Philipp sei erbost gewesen, daß Richard nicht mit ihm zusammen – Mitte März 1191 –, sondern überraschenderweise erst im August (!) Messina Richtung Akkon verlassen wolle. Philipp stellte sich auf den Standpunkt, nur wenn Richard mit ihm zusammen reise, dürfe er Berengaria heiraten. Wenn er aber nicht sofort abreisen wolle, müsse er Alice heiraten. Der Hintersinn daran ist nun, daß die Ankunft von Richards neuer Braut unmittelbar bevorstand, so daß dieser sie also zunächst hätte brüskieren müssen und vorläufig eben nicht hätte heiraten können, wenn er Philipps Aufforderung gemäß gehandelt hätte. Halten wir uns an den ausführlicheren und ursprünglicheren Rigord[99], dessen Sachverhaltsdarstellung allerdings völlig unklar ist. Wenn es heißt, Richard habe beides beschworen, kann das bedeuten: früher hätte er geschworen, Alice zu heiraten, später dann, mit Philipp gemeinsam nach Akkon aufzubrechen. Die Situation läßt aber auch an ein Junktim denken: Befreiung von der Heiratsverpflichtung gegen das Versprechen eines gemeinsamen Aufbruchstermins ins Heilige Land. Sofort fällt auf, daß Richard nicht selbst schwor, und also wird er zum Zeitpunkt des Eides schon König gewesen sein. Der französische König forderte nun von den Stellvertretern der Eidesleistung, dem notorischen aquitanischen Rebellen Gottfried von Rancon und dem Vizegrafen von Châteaudun, sich in seinen Gewahrsam zu begeben, da Richard den auf sein Geheiß von ihnen beschworenen Artikeln zuwidergehandelt hätte. Interessant ist nun, daß im November 1190 derselbe Gottfried in der Zeugenliste von Richards Vertrag von Tankred von Sizilien aufscheint, also gleichzeitig mit den Königen in Messina anwesend war, und der Vizegraf von Châteaudun für Richard, solange dieser bloß Herzog von Aquitanien war, nicht zu einem stellvertretenden Eid hätte herangezogen werden können, weil er nämlich noch nicht sein Vasall war. Die Richard Eidbruch vorwerfende französische Hauptquelle macht nähere Angaben also nur zu einem Eid im Zusammenhang mit Reisemodalitäten und bezieht sich möglicherweise auf ein Detail des Messinavertrages.

So viel zu der ganzen Eidesproblematik. Es ergibt sich aus dem vorliegenden Material, daß bei einer wahren Flut von Eiden Richard in seiner poitevinischen Zeit kein Eid bezüglich Alice nachgewiesen werden kann und damit auch keine vorsätzliche Täuschung Philipps. Zu erwägen ist natürlich, ob nicht wesentliches Quellenmaterial verlorengegangen ist und ob nicht Richard dabei seine Hand im Spiel gehabt haben könnte.[100] Von einigen bedeutenden und Richard nicht genehmen Urkunden, etwa denen, die anläßlich seiner Belehnung mit England von Heinrich VI. ausgestellt wurden und auf die sich Howden bezieht, hat sich gleichfalls nichts erhalten. Die ausgiebige Beschäftigung mit dem übrigen, dem direkten Zugriff Richards entzogenen Quellenmaterial läßt im konkreten Fall aber vermuten, daß der Besitz von verlorengegangenen Verträgen die Situation nicht wesentlich anders erscheinen ließe, als sie sich uns ohne diese präsentiert.

Eines Kuriosums in zwei Quellen ist noch zu gedenken, das recht gut die Verwicklungen für Richard und die Möglichkeiten für Frankreich beleuchtet, die sich aus der Alice-Affäre noch hätten ergeben können: der Auffassung, Richard sei bereits mit Alice verheiratet gewesen.

Bertran, der in dem schon herangezogenen Lied „s' ieu fos aissi"[101] von 1188 Philipp mit allen Mitteln zum Krieg treiben wollte, meint, bevor er von Richards Meineid und der Tochter des Königs von Navarra spricht, wenn Philipp schon nicht wegen des ihm vorenthaltenen Landes zornig werde, so möge er sich doch seiner Schwester erinnern, die von ihrem stolzen „Gatten" („maritz orgolhos") sitzengelassen und nicht begehrt werde. Nun war Bertran bekanntlich ein Dichter, der es liebte, die

Dinge auf die Spitze zu treiben, aber es verblüfft uns doch, von einem anderen Dichter, dem historischen Epiker Guillaume le Breton im Philippidos, dieselbe Enthüllung ausführlicher mitgeteilt zu bekommen. Da eröffnet Richard dem französischen König in Messina:

„Ipsa (Alice) quidem nupsit mihi per sponsalia tantum,
Nil ultra; nec eam novi carnaliter unquam."[102]

Und während er mit Alice nur durch einen Formalakt verheiratet sei, die Ehe aber nicht vollzogen habe, sei er mit Berengaria schon durch das heilige Band körperlicher Vereinigung und also unauflöslich verbunden. Man denkt da unwillkürlich an die launig gemeinte Bemerkung von Devizes, der zu Berengaria, die sich mit Richard zusammen eine Zeitlang in Messina aufhielt, meint, sie sei auf der Anreise nach Zypern und zur Hochzeit „vielleicht" noch Jungfrau gewesen.[103]

Dazu ist zu sagen, daß es in der zweiten Hälfte des 12. Jahrhunderts kirchenrechtlich noch keine strenge Scheidung zwischen Verlobung und Eheschließung gab. Übereinstimmung herrschte nur darüber, daß Geschlechtsverkehr die Rechtsvermutung eines gültigen Eheabschlusses, weil einer vorangegangenen Konsenserklärung, nach sich zog. Wer also keinesfalls in den Verdacht, verheiratet zu sein, kommen wollte, der durfte nicht nur nicht sexuellen Verkehr mit der Verlobten haben, sondern legte am besten, wenn die Braut nicht mehr unberührt war, einen großen Sicherheitsabstand zwischen sich und die Verlobte. Daß Alice in strengem Gewahrsam Heinrichs war und auch nach dessen Niederlage nicht Richard selbst übergeben wurde, bewahrte diesen vor einer solchen möglichen Unterstellung. Es sollte dann auch Philipp sein, dem aus einer einzigen Nacht, allerdings der Hochzeitsnacht, eine nicht mehr auflösbare zweite Ehe beschert wurde. Mit Papst Alexander III., einem Schüler Gratians, hatte sich in der Praxis dann dessen liberalere Auffassung von den Elementen, die eine unauflösliche Ehe ausmachten, durchgesetzt. Ein „matrimonium initiatum", das heißt eine bloß vertraglich geschlossene Ehe, konnte aufgelöst werden, ein „matrimonium consummatum", eine vollzogene Ehe, aber nicht mehr. Wenn wir trotzdem von so vielen „Scheidungen" im Mittelalter hören, so liegt das an den rigorosen Bestimmungen über die Ehehindernisse aus Verwandtschaft und Schwägerschaft; deren eine, innerhalb des unerlaubten Grades im nachhinein aus den genealogischen Tafeln konstatiert, lieferte den erwünschten Grund für die Annullierung einer Ehe. Nach der mit Gratian konkurrierenden, wenn auch letztlich unterliegenden Lehrmeinung, der des Petrus Lombardus (gestorben 1160) und der jüngeren Pariser Schule, wurde streng zwischen den „sponsalia per verba de futuro" – der Verlobung – und den „sponsalia per verba de praesenti" – der Eheschließung – unterschieden. Bei den letztgenannten Sponsalien spielten Vollzug oder Nichtvollzug der Ehe keine Rolle, eine Willenserklärung, die auf unmittelbaren Abschluß der Ehe zielte, konnte nur noch durch päpstliche Dispens gelöst werden. Seine Gewährung oder Verweigerung hing von der Interessenlage des Papstes ab, der damit ein politisches Druckmittel in der Hand hatte. Man sieht, wie derselbe Sachverhalt also einmal als „sponsalia de futuro", das heißt

Verlobung in unserem Sinn, ein anderes Mal als „matrimonium initiatum", schon rechtsgültige Ehe, bezeichnet werden konnte, was eben den begrifflichen Unterschied verwischt.[104] Fest steht, daß keine einzige Quelle Richard des Ehevollzugs mit Alice verdächtigt hat.

Die unterschiedliche Ausdrucksweise in den Quellen kann auf Unkenntnis des seinerzeitigen Rechtsaktes oder auf Verwechslung, auch auf Parteinahme für die eine oder andere Lehrmeinung, natürlich aber auch auf der Absicht beruhen, aus der Verlobung eine unauflösliche Ehe zu konstruieren. Es wäre einleuchtend, wenn der politische Gegner eine Interpretation vorgezogen hätte, aus der der anderen Partei ein schwereres Verschulden nachgesagt werden konnte. So fällt auf, daß Rigord und Guillaume le Breton in seiner Chronik sowie der profranzösische Gervasius für Alice den „uxor"-Status in Anspruch nehmen, also von „Gattin" reden, wo wir „sponsa" (Verlobte) erwarten würden.[105] Die Ausdrücke bei anderen Chronisten sind für eine Differenzierung unergiebig, eindeutig ist hingegen die Formulierung Howdens in der schon zitierten Umschreibung des Messinavertrags: Da sei eben eine conventio „super matrimonio contrahendo" zwischen Richard und Philipp vertraglich aus der Welt geschafft worden. Ein Ehevertrag wäre also erst abzufassen gewesen, das heißt der Autor sieht Richard damit eindeutig als Verlobten an.

Wenn wir ermitteln wollen, welche Rechtsverbindlichkeit tatsächlich 1169 in Montmirail geschaffen worden war, müssen wir uns auf vorliegende Vertragstexte beschränken. Der Messinavertrag selbst gibt uns darüber keinen Aufschluß, und im Kapitulationsvertrag von 1189 ist, wie schon festgestellt, jeder Ausdruck, der sich auf Ehe beziehen könnte, peinlich vermieden. In einem der Briefe Alexanders III. an seine Legaten von 1176/77, wo er auf Wunsch Ludwigs VII. für Alice Rückgabe oder Verheiratung von Heinrich II. forderte, findet sich endlich unter dem Datum des 30. April 1177 ein als offiziell zu betrachtender Terminus: matrimonium complendum. Heinrich solle also dafür Sorge tragen, daß die Ehe „ganz gemacht" werde, die – dürfen wir ergänzen – seinerzeit „begonnen" worden sei. Nach dieser Auffassung, die an Alexander III. nicht überrascht, wären also Richard und Alice verheiratet gewesen, aber eben nur in einem auflösbaren „matrimonium initiatum". In einem weiteren Papstbrief, dem Brief Innozenz' III. vom Jahr 1198[106], ist davon die Rede, daß Philipp Richard vorgeworfen habe, er habe seinerzeit Alice „verlassen" (sororem ipsius dimiseris), wobei man an Gattin, aber auch Verlobte denken kann. Im übrigen konnten Richard und Alice im Jahr 1169 – er zwölfjährig, sie neunjährig – schon durchaus aus eigenem eine Eheverpflichtung eingehen. Das möglicherweise absichtlich geübte Verwirrspiel um „Ehe" und „Verlobung" muß Richards Taktieren im Jahr 1188 zu einer regelrechten Gratwanderung gemacht haben.

Sein Dilemma bestand darin, daß er Alice zwar nicht heiraten wollte, aber sie dennoch in seine Verfügungsgewalt bekommen mußte, um zu verhindern, daß sie in seiner Abwesenheit mit Johann verheiratet werden konnte, der dann – bei Heinrichs Tod – automatisch die Unterstützung Frankreichs für den englischen Thron bekommen würde. Alice durfte also weder in der Hand des Vaters bleiben noch in die Philipps übergehen, aber schon gar nicht ihm selbst übergeben werden, weil er sich dann womöglich in einer unauflöslichen Ehe mit ihr wiederfinden konnte. Für dieses Problem fand er die Lösung, indem er eine vierte Person einschaltete, den Vertrauensmann, der zugleich Heinrichs Vasall war, nämlich den Erzbischof von Rouen, in dessen Gewahrsam Alice die Zeit des Kreuzzugs verbringen sollte. Der zweite Fixpunkt in Richards Wünschen war, daß er den Vexin natürlich wie sein Vater nicht preisgeben wollte. Vorrangig wollte er seinen Kreuzzug antreten, weshalb ein Krieg mit Philipp vorläufig vermieden werden mußte. In dieser Zielsetzung stimmte er mit seinem Vater völlig überein. Wie wäre der Krieg aber zu vermeiden gewesen, wenn er offen erklärt hätte, Alice nicht heiraten zu wollen, und auch nicht bereit war, Aquitanien an Johann abzutreten, damit der Alice zur Frau nehmen und den Anjous den Vexin auf friedliche Weise erhalten konnte? Außerdem durfte Richard offiziell von einem Verhältnis Heinrichs mit Alice nichts verlauten lassen. Jede öffentliche Beschuldigung Heinrichs in dieser Hinsicht hätte zwar ein kanonisches Ehehindernis, den schönsten Grund, einer ungewollten Ehe zu entgehen, abgegeben, und zwar auch für Johann, aber Philipp einen ebenso schönen Kriegsgrund beschert. Durch die Verknüpfung der Vexinfrage mit der Thronfolge in England, die Heinrich vorgenommen hatte, war Richard zu einem Balanceakt gezwungen, nicht zwischen seinem Vater und Philipp – denn den Vater täuschte er nicht, wie wir gesehen haben –, wohl aber zu einer solchen zwischen Philipp als Verbündetem und Philipp als Feind. Er mußte den Feind zu seinem Helfer gegen den Vater machen, die gemeinsamen Anjouinteressen mit Hilfe dessen, gegen den sie gerichtet waren, durchzusetzen trachten. Die absurde Allianz, in der Richard sich sah, war das Ergebnis der absurden Unterstützungspolitik, die Heinrich zuvor Philipp zum Nachteil des eigenen Hauses angedeihen hatte lassen.

Richard entwickelte in dieser Situation eine Strategie gegenüber Philipp, die in ihrer schon wieder eindeutigen Zweideutigkeit bemerkenswert konsequent ist. Da Richard nicht den Eindruck der Eheunwilligkeit erwecken durfte, bestand sein Umgang mit dem Problem im Hinausschieben. Das war zwar auch Heinrichs Taktik gewesen und mutet nicht neu an, ist aber doch von Heinrichs Verhalten gänzlich verschieden. Wenn dieser den Krieg damit auf Dauer zu vermeiden gedacht hatte, was nicht gelingen konnte, so wollte Richard ihn auf einen Zeitraum fixieren, der ihm genehm sein würde: nach der Rückkehr vom Kreuzzug. Im Unterschied zu Heinrich, der seine Verweigerungstaktik überhaupt nicht begründen konnte, hatte Richard für sein Aufschiebemanöver die allerbeste Rechtfertigung. Einem der führenden Feldherrn des Kreuzzugs konnte es nur zur Ehre gereichen, wenn er angesichts seiner religiösen Aufgabe nicht nur eine persönliche Angelegenheit hintansetzte, sondern – gleichsam um sich zu kasteien – derzeit von Ehe nichts wissen wollte. Da Alice schon zwanzig Jahre auf die Hochzeit wartete, war nicht einzusehen, warum sie jetzt nicht noch etwas länger warten sollte. Es war im allgemeinen Kreuzzugsfieber plötzlich zur ganz natürlichen Bestimmung der Frauen geworden, auf die Rückkehr ihrer Männer zu warten. Im Unterschied zum Vater wußte Richard auch einer eindeutigen und öffentlichen Festlegung vor großer Zeugenschaft, wie wir gesehen haben, zu entgehen.

Man darf natürlich nicht übersehen, daß Richard nur deshalb so agieren konnte, weil Philipp ein wissender und kooperativer Mitakteur war. Das mindert aber Richards diplomatische Qualitäten nicht. Er hätte genügend Fehler machen können und sie auch gemacht, wäre er der unpolitische Hitzkopf gewesen, als der er in der Geschichtsschreibung seit dem 19. Jahrhundert figuriert. Wir haben für diese Einschätzung Richards jene Attribute verantwortlich zu machen, die etwa in den Beschreibungen eines Giraldus dominieren. Es heißt zwar nirgends, daß seine kriegerischen Fähigkeiten seinen politischen Abbruch getan hätten, aber diese Auffassung schien den älteren Biographen als selbstverständlich keiner Erwägung bedürftig. Und ganz im Sinn einer literarischen Akzentuierung wurde aus Wesensverschiedenheiten eine durchgängige charakterliche Polarität konstruiert: Philipp bekam den Part des nüchternen und überlegenden Politikers zugewiesen, Richard hatte die Rolle des impulsiven und inkonsequenten Soldaten zu übernehmen.[107] Wäre er nach dieser Vorstellung gewesen, er hätte in einer der zahlreichen Konferenzen der Endzeit Heinrichs leicht die Geduld verlieren und die Enthüllung von der unerlaubten Beziehung seines Vaters zu Philipps Schwester, die er sich sorgsam für Messina aufsparte, schon damals machen können, was die oben aufgezeigten Konsequenzen gehabt hätte. Es ist aber zu vermuten, daß er intelligent genug war, um zu wissen, daß Philipp ihn ebenso durchschaute wie er ihn. Wenn er dessen bald zu erörternde Motivation für das Zusammenspiel mit ihm kannte, wußte er, daß er keine Konzessionen zu machen brauchte und sich nicht öffentlich ins Unrecht setzen lassen mußte, um Philipp an seiner Seite zu halten. Wenn er sich nicht davor fürchtete, mit Hilfe seines Vaters durch Johann enterbt zu werden – wenn er die Gefahr nur von Philipp kommen sah –, erübrigten sich Zugeständnisse und essentielle Territorialabtretungen. Der mit Heinrich geschlossene Kapitulationsvertrag weist Philipp und Richard tatsächlich als gleichberechtigte Partner aus. Gemeinsam nehmen sie erobertes Land – Le Mans und Tours – zum Pfand für Heinrichs Vertragstreue; nach Heinrichs Tod am 6. Juli 1189 gibt Philipp ihm gemeinsam gemachte Eroberungen auch sofort heraus. Die dem Kampf mit Heinrich vorangegangenen angevinisch-französischen Kämpfe und Richards Toulousefeldzug erforderten jetzt eine vertragliche Regelung. Wir wissen, daß hier Richard sein Hauptanliegen durchsetzen konnte. Wie uns Diceto zur Konferenz von Bonsmoulins vom November 1188 mitteilt, hatte Richard damals einen Austausch der jeweiligen Eroberungen und damit eine Rückkehr zum Status quo mit dem rechnerischen Einwand verhindert, Cahors und der Quercy seien an Wert überhaupt nicht mit den Eroberungen Philips im Berry zu vergleichen. Diese überließ er jetzt dem französischen König – es handelte sich um die Baronien Issoudin und Graçay –, während er selbst die Hauptfeste Châteauroux zurückerhielt und im Besitz seiner Eroberungen aus dem Toulousefeldzug von 1188 blieb. Auf die

Auvergne verzichtete er, womit ein alter Streitpunkt für die Zeit des Kreuzzugs aus dem Weg geräumt war. Da Heinrich zu Reparationszahlungen von 20.000 Mark verpflichtet worden war, nahm Richard als sein Rechtsnachfolger diese Schuld auf sich und fügte noch 4000 Mark hinzu. Damit war Philipps Kriegsaufwand in seinem, Richards, Interesse – wie es der allgemeinen Auffassung entsprach – abgegolten. Aufzeichnungen in der Pipe Roll zur fraglichen Zeit legen den Schluß nahe, daß Richard diese Summe tatsächlich an Philipp ausbezahlt hat.[108]

Wie anders sich die Beziehung zwischen Philipp und einem um seine Nachfolge besorgten Plantagenetprinzen 1189 hätte gestalten können, macht ein Vergleich mit dem Vertrag deutlich, den Johann mit Philipp 1194 schloß:[109] Da wurde als Preis für die Unterstützung des französischen Königs, die gleichfalls ganz in dessen Interesse lag, weil er sie sonst nicht gewährt hätte, nicht nur der Vexin abgetreten, sondern gleich die ganze östliche Normandie und aus den übrigen Festlanddomänen jeweils die Substanz geopfert. Zutage tritt der Unterschied zwischen realistischer Einschätzung der Interessenlage des aus Opportunitätsgründen Partner gewordenen Feindes – damit der Wahrung der eigenen Interessen – und einem ebenso unklugen wie würdelosen Sichpreisgeben.

Richards Strategie stellte Philipp seine eigene entgegen; auch ihm lag daran, den Zeitraum der fälligen militärischen Auseinandersetzung selbst bestimmen zu können, nur dachte er dabei an einen anderen, nämlich an den von Richards Abwesenheit aus Frankreich. Dessen überraschende Kreuznahme im November 1187 stellt die einschneidende Zäsur in Philipps Verhalten gegenüber den Plantagenets dar. Hatte er bisher obstinat auf seinen Rechten bestanden – gegenüber Heinrich –, so erkannte er nun, daß es eine Möglichkeit gab, statt eines zähen und schrittweisen Vorgehens schlagartig die Gesamtsituation zu seinen Gunsten zu verändern: Seine Parteinahme für und seine Verzichtspolitik gegenüber Richard haben demnach nichts mit Naivität, Bescheidenheit, politischer Blindheit oder Schwäche zu tun. Seine Berechnung ist von imposanter Einfachheit und erfolgversprechend. Aus den englischen Quellen (Devizes, Newburgh, Coggeshall) wird deutlich, daß eigentlich niemand mit Richards Rückkehr vom Kreuzzug rechnete, was eine realistische Annahme war. Richard hatte es aber unmißverständlich klargemacht, daß er ohne Nachfolgegarantie durch den Vater nicht außer Landes gehen werde, zuletzt hatte er gefordert, auch Johann müsse am Kreuzzug teilnehmen. Wenn es aber nur darauf ankam, Richard die Nachfolge zu garantieren, um ihn außer Landes zu bringen, so ist einzusehen, daß es in Philipps Interesse gelegen sein mußte, ihm die allergrößte Sicherheit zu geben und ihn überhaupt mit größter Nachsicht zu behandeln. Er konnte aber vor Bonsmoulins unmöglich die sich ergebende konkrete Situation voraussehen: daß Heinrich noch vor Richards Aufbruch zum Kreuzzug sterben und er selbst dadurch gezwungen sein werde, an ihm teilzunehmen. Solange der englische König Heinrich hieß, war nicht anzunehmen, daß dieser sich wirklich ins Heilige Land begeben werde. Sein Rücktritt vom Kreuzzug hätte es auch Philipp erlaubt, seine Kreuznahme rückgängig zu machen, wodurch eben, bei Abwesenheit Richards, seine historische Stunde in Frankreich gekommen sein mußte. Nach Heinrichs Tod ergab sich für ihn das Risiko, daß er selbst als erster die Liste der Todesfälle im Heiligen Land vermehren könne, denn an einer eigenen kurzfristigen Kreuzzugsteilnahme führte jetzt kein Weg vorbei. Nicht nur hatte er auf die öffentliche Meinung und das Wohlwollen der Kirche Rücksicht zu nehmen, er mußte vor allem trachten, Richards Mißtrauen einzuschläfern. Ein solches hätte bei einem nicht zu motivierenden einseitigen Rücktritt Philipps vom Kreuzzug und nach allen vorangegangenen Kämpfen Richards für die Sicherheit seiner Position dazu führen müssen, daß auch dieser selbst zurücktrat. Damit aber wäre Philipps gesamter Spekulation der Boden entzogen worden.

Obwohl Philipp nun vor und während des Kreuzzugs nur auf den Moment seiner völligen Bewegungsfreiheit in Frankreich hinarbeitete, scheint es angezeigt, für seine Entscheidung bei Bonsmoulins nicht schon die ganze spätere Intrige als in ihren Einzelheiten geplant anzunehmen. Es mag sein, daß er zunächst die Lösung seiner Probleme einfach von Richards physischem Tod erhofft hat und erst später, aber noch vor seiner Ankunft vor Akkon, für den Fall, daß er hierin enttäuscht werden sollte, eine Ersatzlösung in der politischen Liquidierung des Gegners auszuarbeiten begann. An dieser Stelle haben wir uns nur mit Philipps Motivation für sein Zusammengehen mit Richard 1188/89 gegen Heinrich zu befassen. Da Heinrich es war, der sich seinem großen Entwurf entgegenstellte, indem er durch totale Verunsicherungspolitik gegenüber Richard dessen Kreuzzugsvorhaben blockierte, mußte Heinrich politisch niedergerungen werden. Richard aber mußte nicht unklug sein, wenn er Philipps Absichten durchschaute und trotzdem auf den Kreuzzug nicht verzichten wollte. Im Unterschied zu Philipp rechnete er wohl mit seinem Überleben, und weil er überlebte, auch politisch, erzielte Philipps gigantischer Aufwand zur Durchsetzung seines Plans letztlich nur ein bescheidenes, vor allem ungesichertes Resultat und verhalf einem Dritten, dem zum Werkzeug ausersehenen Heinrich VI., zum großen Coup.

Immer war es Philipps Befürchtung, Richard könne doch noch vom Kreuzzug abstehen. Deshalb setzte er ihm gegenüber seine Politik des Entgegenkommens auch nach dem Regierungswechsel fort. Bei einer Zusammenkunft zwischen Chaumont und Trie in unmittelbarer Nachbarschaft von Gisors brachte Philipp am 22. Juli 1189 das Ersuchen vor, daß Richard ihm den Vexin zurückgeben möge. Das war eine bloße Formsache, ist aber eine weitere Bestätigung dafür, daß er natürlich die Alice betreffende Klausel im Kapitulationsvertrag mit Heinrich sehr wohl verstanden hatte: Es würde keine Heirat zwischen Richard und Alice geben. Richard erledigte das Ansinnen mit der Bemerkung, daß er Alice doch heiraten würde, und muß klargemacht haben, daß er mit dem ganzen Themenkreis bis auf weiteres nicht mehr behelligt sein wollte. Philipp zeigte Verständnis, es entsprach ganz seinem Interesse, jetzt keine Spannungen aufkommen zu lassen, und Richard sagte ihm in irgendeinem Zusammenhang mit Gisors zusätzlich zu den Kriegsentschädigungskosten die schon erwähnten 4000 Mark zu. Nichts trübte den Schein des guten Einvernehmens. In der öffentlichen Meinung hatte Philipp bereits auf den Vexin verzichtet, zumindest sah Bertran de Born das so.[110] Das nächste Mal hören wir im März 1191 vom Alice-Vexin-Problem. Die Umstände, die damals in Messina zum Zustandekommen eines Vertrages führten, werden anderswo behandelt werden, und etlicher seiner Bestimmungen wurde schon gedacht. Im vorliegenden Zusammenhang sind für uns nur die Territorialabmachungen von Bedeutung. Die Überlieferung der Materie zeigt in einigen Punkten Übereinstimmung, im wichtigsten Verhandlungsfall aber eine Abweichung. Uns liegen an Hauptquellen vor: eine Kopie des Originals aus dem 14. Jahrhundert[111] sowie Zusammenfassungen der wesentlichsten Vertragsbestimmungen in den Gesta und der Chronica von Howden, bei Diceto und Devizes. Übereinstimmung herrscht darüber, daß Richard eine Zahlungsverpflichtung über 10.000 Mark einging. Howden berichtet nun, Richard hätte bei dieser Gelegenheit den Vexin abgetreten; die Urkunde, aber auch Diceto und Devizes berichten vom Gegenteil: Philipp habe auf den Vexin verzichtet. Aus einer Reihe von Gründen ist diesmal Howdens Darstellung extrem unwahrscheinlich. Zum Januar 1192 erfahren wir von ihm, daß Philipp sofort nach seiner Rückkehr nach Frankreich dem Seneschall und anderen Adeligen der Normandie eine Urkunde vorgelegt hat, durch die ihm Richard den Vexin überlassen hätte, weshalb er auf seiner sofortigen Herausgabe bestand. Es handelt sich da augenscheinlich um eine Dokumentenfälschung, einen Versuch, auf einfachstem Weg in den Besitz des Vexin zu gelangen, was aber mißlang. Die gefälschte Urkunde muß nun die Basis für Howdens Sachverhaltsdarstellung abgegeben haben. Daß es sich aber um eine Fälschung gehandelt haben muß, dafür erscheinen folgende Argumente als ausschlaggebend. Abtretung als Resultat eines jahrelangen Kampfes hätte Richard billiger haben können. Wozu zahlte er 10.000 Mark, wenn nicht als finanzielle Entschädigung für den Vexin? Er hatte zudem als Grund für die Auflösung der Verlobung das bekannte kanonische Ehehindernis der „affinitas", der Schwägerschaft durch unerlaubten Geschlechtsverkehr, angegeben und sich erboten, durch Zeugen den Wahrheitsbeweis anzutreten. Aus diesem Grund wäre eine Abstandszahlung wegen der Verlobung widersinnig gewesen, da es sich jetzt nicht mehr um ein Nichtwollen, sondern um ein Nichtkönnen handelte. Es gab also überhaupt keine Veranlassung für eine Zahlung, und es widerspricht seiner gesamten Linie des Sich-nicht-binden-Wollens, ein derart gefährliches Dokument aus der Hand zu geben, wenn er nicht wirklich entschlossen war, auf den Vexin zu verzichten. Das war er aber nachweislich nicht, denn nach seiner Rückkehr aus Deutschland nahm er den Kampf um die Wiedergewinnung des Vexin auf. Howden informiert uns zur selben Zeit von einem außerordentlich wichtigen Zugeständnis Philipps in der Frage der Oberlehensherrschaft über die Bretagne. Da habe Richard durchgesetzt, daß Philipp anerkannte, die Bretagne gehöre wie herkömmlich zur Normandie und der Herzog der Bretagne, der damals designierter englischer Thronfolger war, unterstehe nur dem Herzog der Normandie, also ihm, Richard selbst, und könne nicht in eigenständige Beziehung zum französischen König treten.[112] Das bedeutet eine Absage an Philipps Interventionspolitik in der Bretagne, wo 1186 durch den Tod von Richards Bruder Gottfried ein Streit um die Vormundschaft für dessen Kinder Artur und Eleonore zwischen Philipp und Heinrich ausgebrochen war. Die Herrschaft über die Bretagne war nun für die Sicherheit der angevinischen Besitzungen ebenso notwendig wie der Verbleib des Vexin bei der Normandie.

Der Messinavertrag bringt außerdem jene Klausel über Teilung und Doppelligesse für Richards leibliche Erben, wie sie der französischen Praxis entsprach.[113] Da Söhne Richards nicht in Sicht waren, konnte er hier Zugeständnisse machen, die ihm im Fall der Bretagne zum sofortigen Nachteil ausgeschlagen wären. Sehr wesentlich wird die Interessenlage Philipps durch die Bestimmung beleuchtet, daß im Fall von Richards Tod ohne einen direkten männlichen Erben – ein Ereignis, das den Umständen entsprechend schon bald eintreten konnte – der Vexin an ihn kommen solle. Dieser Zusatz erklärt befriedigend, wieso – bei seiner Beurteilung der Situation und seinen Hoffnungen – Philipp mit dem Verzicht auf den Vexin kein reelles Opfer zu bringen vermeint haben wird. Wir haben also abermals nicht politische Schwäche bei ihm, sondern „Weitsicht" zu konstatieren.

Im übrigen wurden Richards Verzichte im Berry und in der Auvergne und seine Gewinne in Toulouse bestätigt.

Es handelt sich bei dem Dokument also um ein ausgewogenes, den jeweiligen aktuellen Interessen so angepaßtes Vertragswerk, daß die vorgetragenen Artikel volle Glaubwürdigkeit erhalten. Es bleibt als schlagendes Argument für den Verzicht Philipps auf den Vexin der Brief, den Papst Innozenz III. im Jahr 1198 an Richard richtete[114], in dem er – in Schlichtungsabsicht und nach Anhörung englischer und französischer Delegationen – die Argumente beider Seiten zusammenfaßte. Der Vertrag wäre mit Sicherheit zitiert worden, wenn Philipp aus ihm einen Rechtsanspruch hätte ableiten können. Aber wie auch sonst in der zeitgenössischen französischen Argumentation wird als Grund für Philipps Angriffskrieg Richard keineswegs Vertragsbruch wegen des Vexin vorgeworfen, sondern es geht immer nur um das „Verlassen" von Alice. Das ist rechtlich ein hinfälliges Argument, weil ja die vertragliche Einigung über die Auflösung der Verlobung oder des „matrimonium initiatum" zu den unbezweifelbarsten Ereignissen in Messina gehört. Aber Philipp war eben nicht in dem Maß der elegante, spitzfindige „Jurist", als den ihn sein Biograph Cartellieri sah, gleichsam mit der Waffe des Paragraphen zuschlagend und seinen Gegner erschlagend, der, sofern es sich um Richard handelte, nur mit dem Schwert dreinzuhauen verstanden hätte.[115] Im Gegenteil: Philipps Vertragsbrüche sind aus der weiten Entfernung von 800 Jahren noch mit Leichtigkeit auszunehmen, und er schreckte vor keiner Art von Primitivpropaganda zurück. Alice blieb sein liebstes Argument, ein eingängiges, aber auch leicht zu widerlegendes. So konnte in Rom die Gegenseite unwidersprochen vorbringen, daß Philipp ja auf den Vexin gegen Abtretung von 10.000 Mark verzichtet habe. Schließlich konnten die französischen Delegierten nicht eingestehen, ihr König habe nur deshalb auf den Vexin verzichtet, weil er mit Richards baldiger Ausschaltung gerechnet und in dieser Richtung schon tätig geworden war, der Vertrag also einen

Irrtum zur Voraussetzung gehabt habe und somit nichtig sei. Wir wissen zwar nicht, ob Richard gezahlt hat oder nicht, aber wir sehen französischerseits nirgends den geringsten Vorwurf in dieser Richtung gegen ihn erhoben.

Wir müssen noch mit wenigen Worten der weiteren Schicksale von Alice gedenken, ehe sie aus unserer Geschichte verschwindet. Im Jahr 1193 versuchte Philipp, sie aus dem Turm von Rouen zu befreien, die Belagerung der Stadt mißlang aber. Zuvor schon hatte er sie dem verheirateten Johann – wie vorauszusehen gewesen war – als Gattin angeboten. Am 20. August 1195 wurde sie kurz nach ihrer Freilassung durch Richard von Philipp mit Graf Wilhelm III. von Ponthieu, einem treuen Parteigänger des französischen Königs, verheiratet. Ihre Mitgift, die Grafschaft Eu und die Stadt Arques in der Normandie, Eroberungen Philipps während Richards Abwesenheit, gingen bald an diesen verloren und blieben es für die Dauer seines Lebens. Der Besitz ihres Gatten zwischen der Normandie und dem seit 1197 mit Richard verbündeten Flandern war schon bald nach ihrer Heirat Kriegsgebiet. Sie kam dadurch räumlich ihrem früheren Verlobten auf Dauer so nahe wie nie zuvor. Sie hinterließ eine Tochter Marie.

Kehren wir vom Endpunkt von Philipps Politik der Nachgiebigkeit, von 1191 also, zurück in die Zeit des Zustandes, den Quellen und Historiker als Phase eines relativen Einvernehmens betrachten – eine Auffassung, gegen die nichts einzuwenden ist, wenn man seine Voraussetzungen mitbedenkt. Philipp wollte nicht das geringste Risiko eingehen, daß Richard seinetwegen auf den Kreuzzug verzichte. Das Mißtrauen war auf beiden Seiten rege. Schließlich konnte jeder dem anderen in die Karten schauen, das illustriert Bertran de Born wieder recht gut.[116] Richard traf Vorkehrungen für den Fall, daß Philipp in seiner Abwesenheit den Krieg beginnen sollte, was uns im nächsten Kapitel beschäftigen wird, Philipp war besessen von der Befürchtung, daß Richard gar nicht abreisen oder seinen Kreuzzug vorzeitig abbrechen könnte: ein interessanter Fall von Projektion oder auch bewußter, jedenfalls selbstentlarvender Unterstellung. Immer wieder werden wir ihn Beschuldigungen gegen Richard vorbringen hören, die für ihn selbst bezeichnend sind. In einem Brief Philipps an Richard vom Oktober 1189 und in Verträgen, die die beiden in Kreuzzugsangelegenheiten schlossen, wird immer wieder der Gleichzeitigkeit des Aufbruchs besonderer Wert beigemessen.[117] Philipp war beunruhigt, wenn er auf seiner Anreise zum Kreuzzug Richard einige Stationen hinter sich wußte, obwohl er den Vorsprung diplomatisch ausgezeichnet zu nutzen wußte. Die Rigordstelle, in der es um ihren unterschiedlichen Abreisetermin aus Messina nach Akkon geht, gehört hierher. Man versteht Philipps Nervosität in dieser Hinsicht nicht, wenn man nicht die weitestgesteckte Zielsetzung bei ihm annimmt. Schließlich war es Richard, der aus naheliegenden Gründen einen Angriff Philipps auf den Vexin oder andere Gebiete befürchten mußte. Aber welche Aggression hatte Philipp von einem in Frankreich zurückbleibenden Richard zu fürchten? Philipp konnte nicht wirklich glauben, Richard werde – während er selbst im Heiligen Land kämpfte und sich womöglich mit Ruhm bedeckte – es vorziehen, die Île-de-France zu erobern. Er fürchtete aber wohl gar nicht den Aggressor Richard, sondern den möglichen Kreuzzugsverweigerer. Wenn Richard aus Mißtrauen gegen ihn, Philipp, zu Hause blieb, war seine eigene Politik – vorausschauend und rückblickend – zum kläglichsten Scheitern gebracht. Aus der „Weitsicht" konnte im Handumdrehen die unverzeihlichste Kurzsichtigkeit werden. Er hatte dann wirklich in Bonsmoulins den falschen Mann unterstützt. Das Gesetz des Handelns lag aber zunächst bei Richard, und das verurteilte Philipp zu einer reaktiven Verhaltensweise. Er konnte nur hoffen, daß Richard seinen Kreuzzug durchführen werde, er konnte ihn aber nicht dazu zwingen, und das erklärt Philipps Beunruhigung.

Als künftig alleinige Hoffnungsträger der Christenheit – Barbarossa war eben gestorben – traten Richard und Philipp am 1. Juli 1190 von Vézelay in Burgund aus gemeinsam ihre große Fahrt an. In dem für so viele Teilnehmer todbringenden Unternehmen ging es dem einen der beiden gar nicht um Eroberungen im Heiligen Land, sondern nur um solche im eigenen Land. Nicht gegen Saladin, sondern gegen Richard trat Philipp seinen Kreuzzug an. Dieser aber wollte gegen Saladin kämpfen und hatte nicht die Zeit, seine Aufmerksamkeit ausschließlich auf Philipp zu konzentrieren. Er wußte aber wohl, was gespielt wurde, und aus der Reaktion darauf konstruierte Philipp den Vorwurf, er habe ihn durch sein arrogantes Benehmen zum Abbruch des Kreuzzugs genötigt. Daß dem so gewesen sei, ist auch heute noch überall nachzulesen.

# KÖNIG VON ENGLAND

Wir haben vorerst zurückzublenden zu Richards erstem Regierungsjahr als König von England, das einerseits im Zeichen der Kreuzzugsvorbereitung stand, andererseits der Absicherung der Macht für die Zeit seiner Abwesenheit gewidmet war. Als er am 20. Juli 1189 in Rouen durch Gürtung mit dem Herzogsschwert zum Herzog der Normandie erhoben wurde, befand sich Johann längst in seinem Gefolge. Für dessen Thronfolge war auch nicht eine Stimme laut geworden, und im ganzen Anjoureich wurde Richard sofort mit Selbstverständlichkeit als Nachfolger seines Vaters anerkannt. Ohne besondere Eile – er hätte vor seiner Krönung beinahe noch einen Feldzug gegen die Waliser eingeschoben – näherte sich Richard nun London.

Inzwischen hatte seine Mutter für ihn schon Treueide entgegengenommen und war zur Vollstreckerin einer Generalamnestie geworden, durch die sämtliche Willkürakte des alten Königs aufgehoben wurden. Eine der ersten Maßnahmen Richards war es gewesen, der nun im siebenten Lebensjahrzehnt stehenden Eleonore mit der vollen Freiheit auch ihr Wirkungsfeld in der Öffentlichkeit zurückzugeben, das sie seit ihrer gescheiterten Rebellion gegen Heinrich im Jahr 1173 entbehrt hatte. Bei seiner Ankunft in England am 13. August wurde der neue Herrscher freudig begrüßt, seinen Regierungsantritt empfand man allgemein als Verbesserung.[118] Wenn wir hören, daß viele nun zu ihrem Recht kamen, das ihnen Heinrich II. vorenthalten hatte, ist diese Stimmung verständlich. Um den objektiven Kern der Euphorie war natürlich auch viel Illusionismus gelagert – ein allgemeiner und ein offenbar speziell von Richard unterhaltener: Er gab sich liebenswürdig und vielen Wünschen überraschend zugänglich.

Die Krönung fand am 3. September 1189 in der Westminsterabtei statt. Einer unserer Chronisten, Diceto, ministrierte bei der Zeremonie, ein anderer, Howden, beschrieb minutiös den Krönungszug, die Abholung Richards aus den Privatgemächern durch den geistlichen und weltlichen Adel und dessen Funktionen als Träger der königlichen Insignien sowie die essentiellen Riten: die königlichen Gelübde, den sakralen Akt der Salbung auf Kopf, Brust und Armen und – bezeichnend für das herrscherliche Selbstverständnis – wie Richard selbst die Krone vom Altar nahm, um sie dem Erzbischof von Canterbury zu überreichen, der sie ihm aufs Haupt setzte.

Er war nun als Richard I. König von England. Man hat ihm nachgerechnet, wie viel Zeit er in seinem Königreich verbracht hat: Im Herbst 1189 waren es vier, im Frühjahr 1194 zwei Monate. Zur Zeit war es sein dritter nachweisbarer Englandaufenthalt im Erwachsenenalter; vorangegangen waren nur ein Kurzbesuch zu Ostern 1176 und ein mehrwöchiger Besuch um Weihnachten 1184; Heinrich hatte allerdings auch alles getan, um seinen Thronfolger aus der englischen Politik herauszuhalten. Eine national ausgerichtete Geschichtsschreibung sah allein in der geringen Verweildauer dieses Königs auf der Insel den Beweis für seine Vernachlässigung des Königreichs[119], und da liegt es nahe, die Ungerechtigkeit der Geschichte festzustellen, die gerade aus ihm einen englischen Nationalhelden gemacht hat. Heute ist man bei der Beurteilung der Geschichte des Anjoureichs von einer englandzentrierten Betrachtungsweise abgegangen, und da man die Bedeutung der, zudem bedrohten, französischen Besitzungen für das Ganze anerkennt, hat sich daraus eine gerechtere Einschätzung von Richards Prioritätensetzung ergeben.[120] Wir werden zudem sehen, daß seine Befassung mit den Angelegenheiten Englands nicht auf die Dauer seiner Anwesenheit im Land beschränkt war. Wenn er später die dortige Regierungsroutine einem allgemein so außerordentlich geschätzten Mann wie Hubert Walter überlassen konnte, so gibt das nicht nur Zeugnis für die Qualität der Wahl, sondern ist auch ein Hinweis auf die Wertschätzung seines Inselkönigreichs: Er hatte den besten Mann dort eingesetzt; daß er letztlich, allen Umtrieben seiner Gegner zum Trotz, unangefochten als König nach England zurückkehrte, rechtfertigt zur Genüge die 1189/90 und in der Folgezeit von ihm gesetzten Maßnahmen zur Stabilisierung Englands. Wie der Meinungsbildner Stubbs im einzelnen zu seiner negativen Beurteilung von Richards Regierungstätigkeit kam, ist leicht einzusehen. Er folgte einfach höchst unkritisch den Schlußfolgerungen gewisser Quellen, die das Bestechende an sich haben, Historiographie zu bieten statt Chronik. Und obwohl es ersichtlich ist, wieviel Faktisches Newburgh oder Devizes – von Giraldus ganz zu schweigen – zu diesem Abschnitt nicht wissen oder wiedergeben, verließ er sich auf deren summarische Urteile. Im übrigen durchschauten auch unsere restlichen Quellen die Komplexität von Situationen während Richards Abwesenheit oft nicht, und somit können deren Verfasser auch nicht als kompetente Beurteiler von Vorsorge- oder Gegenmaßnahmen herangezogen werden. Selbst Howden, im entscheidenden Jahr 1191 allerdings nicht in England, erhebt gegen Richards Stellvertreter Longchamp den Vorwurf, „sogar" Johann geringgeschätzt zu haben.[121] Andererseits stellt er uns viele Details zur Verfügung, und das rechtfertigt zusammen mit den Dokumenten, die Diceto und Gervasius in ihre Schriften einstreuen, die Annahme, daß eine auf dieser Grundlage gewonnene Synthese dem Sachverhalt gerechter werden kann als jene, die die Zeitgenossen erstellten. Trotz unterschiedlicher Standpunkte stimmen unsere Hauptquellen dabei in vielem überein; ein Punkt, über den sich gerade unsere kommentierenden Quellen einig sind, ist der, daß der König sehr viel hintergründiger agierte, als es zunächst den Anschein hatte. Was finanzielle Machinationen anbelangt, so fällt es ihnen im allgemeinen nicht schwer, sie als solche zu entlarven, während sie politische Maßnahmen oft naiv für das nehmen als was sie sich ausgeben.

Ausgestattet mit der ganzen Machtfülle eines englischen Königs dieser Zeit, dazu versehen mit großer persönlicher Autorität und den Vorschußlorbeeren eines Kreuzfahrers, konnte Richard an seine Doppelaufgabe herangehen. Seine beiden Zielsetzungen verschränkten sich mühelos: Er konnte seinen Kreuzzug nur erfolgreich durchführen, wenn ihm die Machtbasis und die Einkünfte seiner Länder erhalten blieben, und er konnte keine bessere Investition in seine künftige Machtpolitik zu Hause tätigen, als wenn er als erfolgreicher Kreuzfahrer zurückkehrte. Das Risiko, nicht zurückzukehren, war hoch, aber Richard traute sich den Sieg in Outremer sicher zu. Natürlich ist es unzulässig, ideelle Forderungen einer späteren Zeit an einen Kreuzfahrerkönig heranzutragen und ihm vorzuhalten, was er statt des Engagements in der Ferne Sinnvolles in der Heimat hätte tun können. Die entscheidende Fragestellung muß vielmehr sein, ob dieser König und sein Land sich zu einem gegebenen Zeitpunkt einen Kreuzzug politisch leisten konnten, und hier ist festzustellen, daß das Anjoureich unter Richard dazu in der Lage war. Was dieser nämlich konkret durch den Kreuzzug hintanstellte und was auf der Strecke blieb, war lediglich die Expansion nach Toulouse. Durch eine solche aber wären die Überlebenschancen des Reichs nach seinem Tod auch nicht verbessert worden; durch „Reformen in England" – der einzige Wertmaßstab, den frühere englische Verfassungshistoriker anlegten – freilich genausowenig. Und daß er die Verteidigung des normannischen Vexin nicht von vornherein als Inbegriff seines Königsprogramms akzeptieren wollte, ist auch begreiflich.

Im speziellen bestand Richards Regierungstätigkeit 1189/90 in der systematisch betriebenen Geldbeschaffung für den Kreuzzug und in einer ebenso systematisch betriebenen Beseitigung aller bestehenden Konfliktherde sowie der Etablierung einer politischen Ordnung, die vorhersehbaren Schwierigkeiten gewachsen sein würde. Was die Finanzierung des Kreuzzugs anbelangt, so wurde bald klar, daß Richard mit dem Saladinzehent, einer allgemeinen Steuer, die sein Vater 1188 ausgeschrieben hatte, nicht das Auslangen finden würde. Er erwirkte vom Papst das Privileg, die Abstandszahlungen jener entgegennehmen zu können, die im ersten Eifer ihre Teilnahme am Kreuzzug gelobt hatten, dann aber von ihm zurücktreten wollten. Ihm lag ohnehin daran, meint Devizes, nur kampffähige Männer mit sich zu führen und von den anderen das Geld.[122] Es waren Mittel in außergewöhnlichem Umfang aufzutreiben – wahrscheinlich hatte bislang noch niemand in diesem Ausmaß den finanziellen Aspekt eines Kreuzzugs ins Auge gefaßt gehabt –, und unsere Quellen halten fest, daß das vom König angewandte Finanzierungssystem in kurzer Zeit riesige Summen einbrachte. Anders als später bei der Lösegeldsammlung bestand dabei kein Zwang zur Beitragsleistung. Wohl gab es korporativ zu erbringende Leistungen an Pferden, Packeseln oder auch Schiffen, wobei im Fall der Städte der wirtschaftliche Gewinn durch den massenhaft angeschafften Kriegsbedarf überwogen haben muß, aber die großen Geldbeträge flossen auf freiwilliger Basis. Die Methode, die so rasch so viel auf so soziale

Weise eintrug, war keineswegs neu: Sie bestand im Verkauf von Würden, Ämtern, Landbesitz und einfach allem, worüber ein König nur gebot, einschließlich seiner Gnade.[123] Neu war hingegen die Massierung dieser Geschäfte und deren Bindung an einen heiligen Zweck, wodurch nicht zuletzt die Kaufkraft des Klerus für das von ihm propagierte Anliegen herangezogen wurde. Wenn eines dabei nicht stattfand, so war es „Ämterverkauf" im eigentlichen Wortsinn, also ein rein fiskalisches Verfahren unter Absenz politischer Gesichtspunkte, denn nichts lag Richard ferner, als Macht in die Hände der zufällig Höchstbietenden zu legen. Männer wie Longchamp, Walter von Rouen oder Hubert Walter erhielten ihre Spitzenfunktion nicht wegen ihres finanziellen Angebots – im Fall Longchamps wird sogar vermerkt, daß er das königliche Siegel für 3000 Pfund anvertraut bekam, obwohl ein anderer ihn um 1000 Pfund überboten hatte[124] –, sondern die Vorgangsweise war die, daß der König die Männer seines Vertrauens auswählte und sie dann zur Zahlung veranlaßte. Die Betreffenden konnten und wollten das Geforderte für die ihnen verliehene Macht bezahlen.

Wo die umgekehrte Reihenfolge vorliegt, wo das Angebot der königlichen Willensbildung vorauseilte und der Ehrgeiz auf eine Schlüsselposition zielte, wird eine andere Maxime sehr wahrscheinlich. Als Paradebeispiel kann hier der mit der Königsfamilie verwandte Bischof Hugo du Puiset von Durham dienen, ein Grandseigneur der Kirche mit großartigem Lebensstil, einer der Bauherren der monumentalen Kathedrale. Er trat vom Kreuzzug zurück und kaufte die Grafschaft Northumberland, womit er in seiner Region zur geistlichen noch die weltliche Macht erwarb, eine Konstellation, die Richard an der schottischen Grenze willkommen sein konnte, denn der bald vier Jahrzehnte im Amt weilende Bischof war eine berechenbare politische Größe. Im Hinblick auf ihn soll der König gescherzt haben, was er doch für ein Künstler sei, da er im Handumdrehen aus einem alten Bischof einen jungen Grafen machen könne.[125] Hugo du Puiset erwarb zusätzlich noch Güter von der Krone, strebte aber auch nach der höchsten politischen Macht: Er wollte Oberster Richter werden und wurde es. Aber der Bischof übte sein Justitiariat kaum aus.[126] Als Oberster Richter wurde schließlich Longchamp der starke Mann und jagte seinen Kollegen aus dem Amt. Da dieser sich überraschend schnell fügte, mag er begriffen haben, daß der König selbst nicht mehr zu der Vereinbarung mit ihm stand. Longchamp konfiszierte dann auch noch seinen eben erstandenen Besitz, und obwohl Richard teilweise intervenierte, erscheint Hugo du Puiset letztlich als Übervorteilter, dessen Machthunger und Besitzgier zu einer großangelegten Schröpfung ausgenutzt worden waren. Erstaunlicherweise ist sein Einvernehmen mit Richard im weiteren aber ungetrübt. Aus den Pipe-Roll-Aufzeichnungen ist nun ersichtlich, daß der Bischof von Durham zu Michaelis 1190, das ist ein Jahr nach seinen Käufen, dem Schatzamt noch 2000 Mark schuldete[127], und das ist ein Hinweis darauf, daß für die vielen Konfiskationen von jüngst Erworbenem, die Longchamp allenthalben durchführte, oft simpler Zahlungsverzug die Ursache gewesen sein kann, und in diesem Fall muß er streng nach königlicher Anweisung vorgegangen sein, denn selbstverständlich war Richard mit bloßen Zahlungsversprechungen, die irgendwann eingelöst werden würden, nicht gedient. Er brauchte Bargeld, und zwar sofort und so viel wie möglich. Die Erwartungen vieler Käufer mögen dadurch enttäuscht worden sein. Der König – nach Newburgh bleich, korpulent, mit vielen angedichteten Krankheiten, angeblich schon verbraucht von seinen Feldzügen –, der noch dazu alles zum Kauf anbot, erweckte bei vielen den Eindruck, als rechne er selbst nicht mehr mit seiner Rückkehr.[128] Die Gelegenheit schien einmalig, Macht und Besitz anzuhäufen, und die Erwägung nicht fernliegend, daß der volle Kaufpreis vielleicht gar nicht mehr erbracht werden müßte. Aber der König, fand Newburgh, war schlauer und machte sich die Spekulation der Spekulanten zunutze.[129]

Auf die eine oder andere Weise merkten schließlich alle, daß die Krone nicht zum Ausverkauf von Macht und Besitz angetreten war. Bonmots Richards wie dieses, daß er sogar London verkaufen würde, wenn er einen Käufer fände[130], dürfen uns nicht in die Irre führen. Das eine Verfahren, wodurch Ämter und Güter wieder an den König zurückfielen, führte Longchamp durch, wie wir gesehen haben, indem er einen Gutteil von ihnen wieder einzog. Wir durchschauen im einzelnen nicht die Grundlage für dessen Verhalten. Neben finanzieller Säumnis kommen noch etliche Gründe in Betracht: seine vielbeschriebene Willkür und seine Angst, die Kontrolle über das Land zu verlieren, Felonie oder Felonieverdacht in bezug auf den Enteigneten, aber eben auch geheime Anweisungen Richards. Devizes sagt, der König habe damals allen Beschwerdeführern, die ihn aufsuchten, das Gefühl gegeben, zufriedengestellt worden zu sein, und sie mit Briefen, wie immer erwünscht, zu Longchamp zurückgeschickt.[131] Daß in einem Streitfall beide Seiten mit einem königlichen Brief zu ihren Gunsten auftrumpften, war keine Seltenheit.[132] Das konnte Indifferenz bedeuten – Manifestation von Gnade, wo kein Grund vorlag, sie dem Bittsteller zu verweigern –, Verweis auf den normalen Rechtsweg und Delegation der Entscheidung an den Obersten Richter. In wichtigen Angelegenheiten aber sorgten Sonderbotschafter mit spezieller Vollmacht dafür, daß der königliche Wille nicht zweifelhaft war. Wir haben aus späterer Zeit den eindeutigen Beweis für die Praxis der konträren Briefe und der sofortigen Annullierung bloßer Gefälligkeitsschreiben durch einen nachgesandten unmißverständlichen Befehl.[133] Es ist deshalb nicht so, daß die Doppelversionen königlicher Willensäußerungen eine Konfusion in der englischen Administration ausgelöst hätten.[134] Die jeweilige Regierungsspitze verstand den König recht gut, und als Longchamp ihn nicht mehr verstand – nicht verstand, daß er wirklich abgelöst werden sollte –, spielte das in der gegebenen Situation keine Rolle mehr. Unbezweifelbar ist, daß diesem seine Funktion mit solchen Usancen erschwert wurde, Richard bis zu einem gewissen Grad sein Scheitern mitbedingte, weil er als Sündenbock aller Getäuschten übrigblieb und sich als Geldeintreiber verhaßt machen mußte, während der nun ferne König sich vor seiner Abfahrt nach allen Richtungen hin huldvoll gezeigt hatte. Es entsprach wohl dessen leitendem Gesichtspunkt, daß auf ihn selbst so wenig Unzufriedenheit wie möglich zurückfallen solle. Schließlich gab es gegen einen verbrauchten Oberjustitiar Abhilfe, und tatsächlich fiel der Sturz Longchamps dann auch nicht mit einem Machtverlust des Königs zusammen. Es überrascht uns, bei jemandem, dem so oft ein „multum iratus“ zugeschrieben wird, soviel Indirektes auszumachen. Aber das sanfte Gesicht Richards ist sicher genauso authentisch wie das zornige. Wir bekommen aus dem ersten Regierungsjahr im Bericht des Gervasius über den Canterburykonflikt einen Richard vorgeführt, der offensichtlich auf Einschüchterung setzte und seinen Unwillen über die Mönche von Christ Church nicht verbarg. Wir hören auch, wie sein zum Erzbischof von York beförderter Halbbruder Gottfried immer wieder seinen Zorn provozierte, und erwarten nichts weniger, als daß diese Zusammenstöße sich in einer „Hofatmosphäre“ abspielten, die an Doppelbödigkeit nichts zu wünschen übrig läßt.

Das hinterhältige Katz-und-Maus-Spiel, das Richard nach Giraldus damals mit einem ahnungslosen Gottfried aufführte, erfährt zwar inhaltlich durch Fakten, die wir anderen Quellen verdanken, eine Korrektur, aber der Autor, ehemaliger Höfling Heinrichs II. und in der betreffenden Zeit in Richards Dienst, kann doch als intimer Kenner des höfischen Tons betrachtet werden. Wir lesen da in seiner Vita Galfridi, wie Gottfried durch Mittelsmänner des Königs erfährt, daß er nach einem Zerwürfnis die Gnade seines Bruders durch eine Geldzuwendung für den Kreuzzug erkaufen solle, und wie nach Gottfrieds fixer Zusage Richard ihn liebenswürdig empfängt, wobei von Geld nicht die Rede ist, ihm aber anderntags, nachdem er seinen Abschied vom Hof genommen hat, den Vizekanzler nachschickt, der ihm sagt, er möge die vereinbarte Summe, 2000 Mark, nur ja rasch bezahlen; wie Gottfried heimkehrt, sie nicht beschaffen kann, bei seinem Wiedererscheinen aufs gnädigste empfangen wird, weil Richard glaubt, er habe das Geld mitgebracht, dieser sich aber am nächsten Tag, als sich herausstellt, daß dem nicht so ist, sofort wieder in eisige Unzugänglichkeit hüllt und seine Indignation offen zu erkennen gibt.

Wir haben festgestellt, daß als Ursache für Longchamps Absetzungs- und Konfiskationskurs Richards finanzielle Pression und geheime Anweisungen wenigstens mit in Frage kommen, welche Annahme durch die Tatsache gestützt wird, daß Longchamp auch nach seiner Ablöse als Oberster Richter das Wohlwollen seines Herrn nicht verlor und Kanzler blieb. Einen anderen Weg, sich wieder in den Besitz des Vergebenen zu bringen – und zwar mit einem Schlag –, ging Richard 1194 selbst. Nach der Rückkehr aus Deutschland soll er nach Newburgh seinen Käufern von 1189/90 eröffnet haben, die Kaufsumme sei nur ein Darlehen gewesen, wofür ihnen der Nießbrauch zugekommen sei; Zinsen zu nehmen verbiete die Kirche, aber wo sich die erlegten Beträge nicht schon amortisiert hätten, sei er bereit, den Rest zu erstatten. Da das auf Rechnungslegung hinauslief, wurde von dem Angebot offenbar nicht Gebrauch gemacht. Es ist das die Version eines einzigen Autors für Rückholung und Neuvergabe des vor dem Kreuzzug Verkauften, aber wenn wir nicht vom kollektiven Aufschrei der auf diese Weise Enteigneten hören, muß es eine Darstellung gegeben haben, wodurch der Betrug von Staats wegen zum gerade noch vertretbaren Finanztrick uminterpretiert wurde. Richard war zeitlebens nie um Mittel verlegen, wenn es um

Geldbeschaffung großen Stils ging. So wurde im Jahr 1198, weil das bisherige Siegel in der Vergangenheit einmal kurzzeitig in Verlust geraten war, ein neues in Verwendung gebracht, was eine Neubestätigung und -vergebührung aller bisher ausgestellten Urkunden erforderlich machte.[135] Betroffen waren alle Privilegienbesitzer, und sie akzeptierten auch dieses fiskalische Manöver. Wir hören 1194 von der Einführung von Turnieren in England[136], bisher wegen der damit verbundenen Gefahr von Revolten untersagt, und der Taxierung der Teilnehmer. Davon abgesehen, hören wir natürlich von Kriegssteuern[137] und zum Jahr 1196 in London von der sozialrevolutionären Agitation eines Wilhelm Fitz Osbert „Langbart", der sich zum Wortführer der Armen machte, auf die von den reichen Bürgern Forderungen des Fiskus überwälzt wurden.[138] Daß Richards Geldbedarf nicht mehr Widerstand entgegengesetzt wurde, hing mit der Stärke seiner Position, aber auch damit zusammen, daß ihm selbst Kritiker zugute halten mußten, er brauche die Mittel nicht für seinen persönlichen Luxus, sondern stets für einen allgemein akzeptierten Zweck.[139] Ohne finanzielle Fundierung konnte es kein politisch aktives Königtum geben; die Weite des Handlungsspielraums wurde nur durch jene ermöglicht.

Unter den Maßnahmen Richards, die die Reichsstabilität gewährleisten sollten, nahmen Personalentscheidungen, die die Kontinuität eines überpersönlich aufgefaßten Königtums betonten, breiten Raum ein. Howden schreibt, daß der König die treuen Diener seines Vaters im Amt ließ, und wir wissen von einer Reihe von Fällen, wo er Versprechungen Heinrichs II. in die Tat umsetzte. Das prominenteste Beispiel dafür liefert Wilhelm Marschall, der in der Zeit des Endkampfes zwischen Vater und Sohn dem künftigen Thronerben das Pferd unter dem Leib getötet hatte. Nun wurde er für seine Treue zum alten König vom neuen belohnt, indem dieser ihn mit der Erbin von Pembroke und Striguil verheiratete, wie Heinrich II. es ihm zugesagt hatte. Auf diese Weise wurde aus einem für seine ritterlichen Qualitäten hochberühmten, aber landlosen und nicht mehr jungen Mann schlagartig ein in England, Wales und Irland reichbegüteter Graf, dessen Loyalität zu seinem jeweiligen Herrn noch Johann zugute kam und der seine Tage als Regent für den jungen Heinrich III. beschließen sollte.[140] Diese Vorgangsweise, durchaus nicht selbstverständlich, liegt auf einer Linie mit der Bestrafung dreier Überläufer aus dem angevinischen Zentralgebiet, die Heinrich II. unlängst verlassen hatten, um sich dem Thronfolger anzuschließen.[141] Sie büßten ihren Verrat mit Güterkonfiskation. Das neue Regime spülte damit nicht, wie so oft, die persönlichen Favoriten des neuen Herrschers automatisch hoch. Was aus dem ritterlichen Gefolge des Herzogs von Aquitanien über das Patronatssystem zu Besitz und Würden kam – etwa Andreas von Chauveny, der mit der Erbin von Châteauroux und Déols eine wichtige Position im Grenzland Berry überantwortet bekam –, verdankte seine Stellung keiner Felonie gegenüber dem alten König, sondern ähnlichen Eigenschaften, wie sie der Marschall besaß – und Richard selbst. Daß dessen Personalpolitik nicht bloß aus Sohnespietät erfolgte, zeigt sich unter anderem durch die Hintanstellung eines Konkurrenten des Andreas von Chauveny, Baldwins von Béthune, weil in diesem Fall die von Heinrich II. zugesagte Anwartschaft auf die genannte Erbin mit einem Versprechen Richards kollidierte.[142] Baldwin wurde eine künftige Kompensation in Aussicht gestellt, und er bekam später die Gräfin und die Grafschaft Aumâle. Wenn der von Heinrich II. willkürlich enteignete Graf von Leicester wieder in seinen Besitz eingewiesen wurde, bewies das gleichfalls, daß nicht alle Entscheidungen des alten Königs sakrosankt waren. Außer den Überläufern fielen auch jene in Ungnade, die sich widerrechtlich bereichert hatten: Das muß vom Großteil der Sheriffs angenommen werden, aber auch vom Obersten Justitiar Heinrichs, Ranulf Glanville, und dem Seneschall von Anjou, die sich durch Bußgelder die königliche Gnade erkaufen mußten. Neben dem finanziellen Aspekt trat der Anspruch der neuen Regierung, die Dinge im Sinne des Rechts zu ordnen, sofort sehr deutlich hervor.[143] Freilich fiel in der gegebenen Situation der Rechtsstandpunkt mit dem Nutzen des Königs, der moralische Wert des Vasallen mit seiner Brauchbarkeit zusammen. Eine nicht unbeträchtliche Anzahl seiner Untertanen hat Richard getäuscht – alle jene, die einen wertlosen Gnadenbrief von ihm erhielten –, und das heißt auch, daß er sich deren Treue unmittelbar an den Nutzen gebunden dachte und ihr also mißtraute; in die hohen Positionen aber rief er Männer, die Prinzipientreue bewiesen hatten. Das erforderte nicht nur eine persönliche Großzügigkeit, das Sich-hinwegsetzen-Können über persönliche Zusammenstöße, sondern war auch klug: Schließlich würde ein abwesender und erst an die Macht gekommener König zunächst kaum etwas anderes sein als ein Prinzip. Er muß einen scharfen Blick für diese Menschengruppe gehabt haben – das Itinerarium spricht ihm Menschenkenntnis, und zwar ein instinktives Im-Bild-Sein über sein jeweiliges Gegenüber auch ausdrücklich zu[144], obwohl wir an der Besetzung der Spitzenämter sehen, daß er sein Vertrauen nicht auf Intuition, sondern auf Erfahrung gründete. Die Wichtigkeit dieser Orientierungsfähigkeit leuchtet unmittelbar ein, wenn man sich die Folgen vergegenwärtigt, die ein Irrtum auszulösen vermochte: Heinrich II. kann Thomas Becket trotz langjähriger Vertrautheit nie gekannt haben. Er sah Fähigkeit und Hingabe an seine Person, damit aber sah er nur den halben Menschen, den Kanzler nämlich, und der Erzbischof Thomas Becket ließ ihn dann aus allen Wolken stürzen. Derlei blieb Richard erspart. Im übrigen war die von Becket verfochtene Freiheit der Kirche längst kein Thema mehr.

Mit eben der Selbstverständlichkeit, mit der er weltliche Würden vergab, konnte Richard auch über kirchliche Besetzungen entscheiden: Formal erfolgte die Berufung eines Bischofs oder Abtes in sein Amt durch Wahl des Kapitels, und die Einhaltung dieser Vorgangsweise wurde peinlich genau beachtet, aber die Person des zu Erwählenden wurde vom König vorgeschrieben. Heinrich II. hatte Bistümer jahrelang vakant gelassen und deren Einkünfte kassiert[145], eine Möglichkeit der Geldbeschaffung, die Richard nicht nützte, der vielmehr für schleunige Besetzung der Funktionen sorgte und dafür hohes Lob von den klerikalen Chronisten bezog.[146] Aber es ist wieder nur der Primat des Politischen vor dem Fiskalischen festzustellen: Wesentlich war ihm wohl, daß in den lokalen kirchlichen Machtzentren seine Vertrauensleute saßen und das

Risiko möglichst klein gehalten wurde, daß in seiner Abwesenheit der Brauch der königlichen Nominierung außer Übung kam. In der Reichsversammlung von Pipewell, wo wesentliche Personalentscheidungen realisiert wurden, erhielten am 16. September die Bistümer Winchester, London, Salisbury und Ely neue Oberhirten. Nur Ely kam dabei an einen homo novus und Günstling Richards, nämlich an seinen Kanzler Longchamp, während die anderen drei Diözesen an Männer gingen, die in irgendeiner Weise dem alten Regime verpflichtet waren, so London an den uns durch seinen berühmten „Dialogus de Scaccario“ bekannten Richard Fitz Neal und Salisbury an Hubert Walter, der gleichfalls aus dem administrativen Milieu, und zwar aus der Verwandtschaft des immerhin hochbegabten Glanville, stammte. Die letzte war die folgenreichste Ernennung: der erste Schritt zu einer Karriere, die in Richards späteren Jahren zur Machtkumulation führen und mit den Funktionen eines Erzbischofs von Canterbury und Kanzlers noch in mäßigender und stabilisierender Weise in Johanns Regierungszeit hineinreichen sollte.[147] Bemerkenswert ist dabei, daß dieser Mann, wie der Marschall, sich dem neuen König zunächst keineswegs durch eine Ergebenheitsgeste empfohlen hatte: Vorangegangen war seine Opposition gegen die Bestellung Gottfrieds zum Erzbischof von York – zum einen, weil er selbst einmal für dieses Amt vorgesehen war, zum anderen, weil übereifrige Domkanoniker den Wahlmodus verletzt hatten. Sekundiert wurde ihm dabei vom Yorker Suffraganbischof Hugo du Puiset von Durham, der um sein Exemtionsprivileg fürchtete und sich bei seinen Verbindungen gute Chancen bei einer Appellation an Rom ausrechnen konnte.

Die Persönlichkeit Gottfrieds bot die Garantie zur raschen Eskalation der Affäre. Die kirchliche Laufbahn mußte ihm von Richard erst einmal aufgezwungen werden, und Giraldus behauptet[148], er hätte ihr deshalb so widerstrebt, weil er auf die Krone selbst spekuliert habe. Bei Betrachtung seiner Laufbahn muß man sagen, daß er selbst bei legitimer Geburt später keine glückliche Alternative zu Johann abgegeben hätte: er war loyal und mutig, aber bar jeder politischen Begabung, ein Querkopf sondergleichen, der die Gabe besaß, stets alle Seiten gleichzeitig gegen sich aufzubringen, weshalb er in allen Kämpfen unterlag, was ihn aber nicht hinderte, nach jeder Niederlage sofort aufs neue gegen sämtliche Feinde in die Arena zu steigen, völlig unflexibel und unfähig, sein Recht und seine Machtmittel in ihrer Relation zueinander abzuschätzen. Da seine Gegner gleichfalls keine Schikane ausließen, bot das Yorker Kapitel unter ihm denn auch bald den Anblick eines in Permanenz brodelnden Hexenkessels.[149] Als ein Familienmitglied mußte dieser Halbbruder allerdings standesgemäß versorgt werden, und so bestimmte Richard ihn – wieder in Ausführung einer väterlichen Willensdeklaration – zum Erzbischof von York. Daß er sich in den siebziger Jahren im Kampf gegen die Schotten ausgezeichnet hatte, empfahl ihn zusätzlich für diese Region. Natürlich besaß Richard im Augenblick die Macht, jede Opposition zu unterdrücken und Appellationen an Rom zu verbieten. Er tat letzteres auch, aber auf der Versammlung von Pipewell suchte er die Befriedung durch Ausgleich: Er beförderte Hubert Walter und verschaffte dem Anhang Hugo du Puisets

Pfründen im Kapitel von York. Daß der isolierte Gottfried sich gegen die Auflagen sofort querlegte, ließ ihn kalt. Es folgt zwischen den Brüdern das schon geschilderte Wechselspiel von Zürnen und Zahlen. Dem Königreich erwuchs übrigens aus den künftigen Yorkshire-Turbulenzen kein Schaden. Im Kampf gegen Johanns Anhänger befanden sich schließlich während Richards Gefangenschaft Hugo du Puiset und Gottfried im selben Lager.

Ein weiterer kirchlicher Konflikt, der sich schon jahrelang hinzog und den Heinrich II. nicht hatte lösen können, war endlich in den Griff zu bekommen. Erzbischof Baldwin von Canterbury hatte im nahegelegenen Hackington eine Kollegiatskirche gegründet, was dem Mönchskapitel von Christ Church eine Beschneidung seiner Einkünfte durch die weltlichen Kleriker in Aussicht stellte. Der Kampf wurde von beiden Seiten mit terrorisierenden Maßnahmen geführt[150], und die Mönche trachteten, alle Welt in ihr Interesse zu ziehen. Am naheliegendsten war natürlich die Intervention des Papstes, aber Richard wollte, wie sein Vater, keinen solchen Präzedenzfall dulden, und so wurde ein bereits auf der Anreise befindlicher päpstlicher Legat, wie es heißt von Königin Eleonore, in Dover gestoppt und so lange an der Weiterfahrt gehindert, bis ein Kompromiß zustande gekommen war.[151] Nach Vorverhandlungen im Herbst begab sich Richard mit großem Gepränge am 27. November nach Canterbury, wo eine von ihm eingesetzte Schiedskommission den Streit schlichten sollte. Parteiisch und ränkevoll fand der Canterburychronist Gervasius den König[152], denn dieser stand erwartungsgemäß auf seiten des Erzbischofs; für den vom Königtum vereinnahmten Episkopat war der König der Schutzherr, während die Mönche beim römischen Universalismus Zuflucht suchten. Richard gab aber sein Wort, daß die Hauptanliegen des Kapitels – Liquidierung der neuen Kollegiatskirche und Absetzung eines mißliebigen Priors – erfüllt werden würden. Vor der Verkündigung des Kompromisses hielt er es für angezeigt, den Mönchen zu sagen, sie mögen nicht erschrecken, man müsse auf die Gefühle des Erzbischofs Rücksicht nehmen. Es folgte der Schiedsspruch, der dem Erzbischof im Prinzip recht gab: Er dürfe überall eine Kirche bauen und als Prior ernennen, wen er wolle. Die konsternierten Mönche mußten den vermeintlichen Wortbruch hinnehmen, Einwendungen wurden nicht erlaubt. Aus Angst vor dem König – von dieser Motivation hören wir öfters – gehorchten sie dem Befehl, die Verzeihung des Erzbischofs zu erbitten. Nachdem dessen Gefühlen nun Rechnung getragen war, erfuhren sie, daß der Erzbischof auf seine Kirche verzichten und den unerwünschten Prior entfernen werde. Das Problem war damit noch lange nicht gelöst[153], weil die Kollegiatskirche bloß einen anderen Standort erhalten sollte, aber dem Interesse der Krone war Genüge getan: Für die Dauer des Kreuzzugs, zu dem Erzbischof Baldwin nun aufbrach, war der Konflikt entschärft.

Es blieb die Sicherung der Grenzen. Bei Heinrichs Tod hatten sich die Waliser erhoben. Richard ließ sich überzeugen, daß zur Meisterung der Lage Johann und Longchamp ausreichen würden, und tatsächlich unterwarfen sich die walisischen Fürsten und leisteten Richard den Treueid. Das Problem Schottland war diffiziler.

König Wilhelm hatte, 1174 im Krieg gegen Heinrich II. gefangengenommen, ein Jahr später sein Land vom englischen König zu Lehen nehmen, die ligische Treue seiner Barone sowie Grenzburgen an ihn abtreten müssen. Daß er danach streben würde, den früheren Zustand bei Gelegenheit wiederherzustellen, war anzunehmen, ein mit französischen Interessen koordiniertes Vorgehen nicht auszuschließen. Für 10.000 Mark machte Richard die Lehensbindung rückgängig, und die unter dem 5. Dezember 1189 in Canterbury ausgestellte Urkunde[154] betont den Unrechtscharakter der erzwungenen Huldigung, womit sich die Maßnahme als eine weitere rechtliche Sanierung darstellt und wie in einem Präzedenzfall klärt – nicht uninteressant im Hinblick auf Richards künftige Lehenshuldigung für England an Heinrich VI. –, wie eine auf Nötigung basierende Huldigung zu behandeln sei. Für seinen Besitz in England hingegen leistete Wilhelm wie seine Vorfahren das *hominium.* Das in bezug auf Schottland angestellte politische Kalkül sollte während Richards Abwesenheit dann voll aufgehen. Aber auch vom schottischen König ließ er sich politische Interessen nicht abkaufen: Im Jahr 1194 bot Wilhelm ihm nach Howden 15.000 Mark für die Grafschaft Northumberland mit wichtigen Grenzburgen, was Richard aber als nicht opportun auf diplomatische Weise ablehnte.[155]

Knapp vor Mitte Dezember 1189 setzte Richard in die Normandie über. Er hatte das höchste Amt im Staat nach dem Kollegialitätsprinzip besetzt: das Oberste Richteramt teilten sich der unter Heinrich II. bewährte Wilhelm von Mandeville, Graf von Essex und Aumale, sowie Bischof Hugo du Puiset von Durham, ein weltlicher und ein kirchlicher Machtträger also. Daß Richard eine Funktion doppelt besetzte, geschah auch bei anderen Gelegenheiten. Besonders betont wurde das kollektive Führungsprinzip auch bei der Machtübernahme Walters von Rouen 1191, aber eine ideale Lösung sah der König in der Aufsplitterung der Macht offenbar nicht. Wir sind zwar in Unkenntnis darüber, ob Richard überhaupt an ein ausgewogenes Machtverhältnis unter den beiden Männern dachte oder dem Bischof von Durham von Anfang an nur eine leere Ehrenstellung zugedacht war; aber selbst wenn man annimmt, daß für eine Kompetenzakkumulation bei Mandeville bloß die Zeit nicht ausgereicht hätte, bleibt der formale Unterschied gegenüber späteren Bestellungen bestehen. Es scheint, daß Richard sich in Pipewell zu dieser personell wieder der Kontinuität verpflichteten Maßnahme entschloß, weil er die geeignete Persönlichkeit, der er eine unumschränkte vizekönigliche Stellung einräumen wollte, noch nicht gefunden hatte. Es ist bei der späteren Entscheidung für Longchamp zu bedenken, daß dieser nicht seine erste Wahl darstellte, sondern die zweite.

Die kollegiale Lösung wurde genau mit dem Datum von Richards Abfahrt aus England durch den Tod Mandevilles hinfällig, und der übriggebliebene Kollege stellte nun eine gewisse Verlegenheit für Richard dar. Er entschloß sich am Ende dazu, auf ein neues Prinzip zu setzen: Er stattete eine einzige ihm vertraute, zuverlässige und einsatzbereite Person mit aller nur denkbaren Machtfülle aus, aber der Erwählte war nicht Hugo du Puiset, sondern eben sein bisheriger Kanzler in Poitou, Wilhelm

Longchamp. Der unlängst zum Bischof von Ely Gewählte, inzwischen zum englischen Kanzler geworden, wurde am 12. März 1190 zum Obersten Justitiar ernannt. Ob die Monate zwischen Mandevilles Tod und Longchamps Ernennung als Denkpause zu interpretieren sind, bleibe dahingestellt; als Richard ihm im Frühjahr 1190 auch die päpstliche Legatenwürde für England verschaffte, stand er jedenfalls voll hinter seinem ersten Mann, und dieser repräsentierte nun gleicherweise den König wie den Papst. Durch rücksichtslosen Gebrauch der Macht – ihm wurde vorgeworfen, daß er jede Hand als seine rechte benütze und sich, was er unter dem einen Titel nicht erreiche, unter dem anderen hole[156] – erregte er bald Anstoß, aber wenn Richard alle Macht bei ihm konzentrierte, entsprach es wohl seiner Absicht, wenn der Kanzler – er wird immer nur als solcher bezeichnet, nicht als Oberster Richter – keinen zögerlichen Gebrauch von ihr machte. Zwar hatte er bei der Beförderung Longchamps Hugo du Puiset nicht abberufen, sondern dessen Macht auf die Region nördlich des Humber beschränkt, aber das sieht nach einer Alibilösung aus. Der Histoire de Guillaume le Maréchal verdanken wir die Mitteilung, Richard habe Longchamp seinerzeit nach seinem Abfall vom Vater als seinen Stellvertreter am französischen Hof belassen[157], wo er zweifellos sicherstellen sollte, daß sein Herr nicht von Entscheidungen König Philipps überrascht werde. Man kann annehmen, daß der Kanzler des Herzogs von Aquitanien in dessen französische Politik voll eingeweiht war und zudem Gelegenheit erhalten hatte, den französischen König persönlich kennenzulernen. Möglicherweise liegt hierin der Grund für seinen steilen Aufstieg. Richard brauchte nicht nur einen fähigen Administrator und Finanzminister für England, sondern auch einen versierten Diplomaten, der imstande sein würde, eine von außen gesteuerte schwierige Entwicklung zu durchschauen und im Griff zu behalten. Ein begabter Diplomat war Longchamp zweifellos, er zeigte sich auch von Anfang an im Bild über Johanns Absichten, aber er erwies sich als ungeeignet, ein Königreich zu regieren, in dem der König ihm beträchtliche Auflagen finanzieller und administrativer Art hinterlassen hatte, während gleichzeitig eine systematische Hetzkampagne gegen ihn geführt wurde. Er nahm seine Zuflucht zu einer Politik der eisernen Faust, versuchte gar nicht erst, sich beliebt zu machen, sondern verfolgte zäh und verbissen die Interessen seines Herrn, wobei er die eigenen und die seines Familienclans nicht vergaß. Vieles, was die Propaganda ihm vorwarf, ist nicht nachprüfbar und entbehrt für unser Gefühl der Substanz, weil es nicht aus dem Rahmen des damals Üblichen fällt: sein Luxusbedürfnis, der personelle Aufwand, mit dem er reiste – schon aus Sicherheitsgründen brauchte er schließlich ein großes Gefolge –, die Arroganz und Geringschätzung englischer Sitten. Er wurde als „Ausländer" verteufelt, als typischer „Franzose", obwohl wir ihm nur die Herkunft aus der Normandie nachweisen können, und Parvenü. Dazu soll er klein, verwachsen, häßlich und Knabenliebhaber gewesen sein.[158] Etliche Quellen teilen den Fanatismus der Ablehnung, der im Volk grassiert haben muß, aber andere stehen dem Kanzler neutral oder wohlwollend gegenüber. Devizes respektiert seine Klugheit, mit Diceto verbinden ihn Freundschaft und ein hohes Bildungsniveau, Gervasius schätzt in ihm den Freund der

Mönche. Die Bischöfe solidarisierten sich im Frühjahr 1191 mit ihm, als er wegen des Todes von Papst Klemens III. bei Cölestin III. die Verlängerung seiner Legation betrieb, und dieser Papst hielt ihm wohlmeinend noch die Treue, als er in England längst kaltgestellt war.[159] Sein wirklicher Hauptmangel scheint darin bestanden zu haben, daß er allein auf den Schutzschild Richards baute, und über dem Gefühl, im Recht zu sein und seine Pflicht zu tun, jegliches Taktieren verschmähte. Am Ende war er zweifellos nicht mehr imstande, zwischen dem Nutzen des Königs und Königreichs und Selbstbehauptungswünschen zu unterscheiden. Er hatte sich in Rundumschlägen verbraucht, war aber nicht bereit, sich innerlich mit dem Machtverlust abzufinden. Nach Diensten, die er Richard in der Gefangenschaft leisten konnte, erlebte er 1194 die Genugtuung, daß der König etliche seiner alten Gegner zur Verantwortung zog, und 1196, daß er in Vertretung der königlichen Interessen gegen seinen ehemaligen Widersacher Walter von Rouen nach Rom geschickt wurde, wobei er allerdings auf dem Weg dorthin in Poitiers starb und tief betrauert wurde.

Den Prozeß seiner Abnützung im einzelnen zu verfolgen gehört nicht hierher[160], wohl aber müssen wir über Richards Aufbruch zum Kreuzzug hinausschauen, denn die Umstände von Longchamps Sturz sind wesentlich für eine Einschätzung Richards. Ob er durch eine frühe Weichenstellung initiativ war oder andere gewähren ließ, sorglos war oder weitsichtig planend, ob er widersprüchliche, alle verwirrende Anweisungen gab oder so geschickt agierte, daß außer den dazu Berufenen niemand seine Absicht durchschaute und ihr entgegensteuern konnte – das sind Fragen, die sich nicht zuletzt an die Ereignisse in England im Herbst 1191 knüpfen, als Richard längst in Jaffa kampierte. Vieles, wodurch Longchamp sich bis dahin Feinde geschaffen hatte, gehörte zu seinen Pflichten. Gleich nach seiner Ernennung im Frühjahr 1190 mußte er die Konsequenzen aus einem Judenpogrom in York ziehen, wo Ausschreitungen, die mit dem Krönungstag in London begonnen und sich über mehrere Städte ausgebreitet hatten, ihren Höhepunkt erreichten. Longchamp setzte den Sheriff ab und ging gegen die Rädelsführer vor, darunter Adelige vom Anhang Hugo du Puisets, die zugleich mit der Demonstration ihres Kreuzfahrergeists gehofft haben mochten, sich ihrer Gläubiger zu entledigen. Im Jahr 1191 wuchs Johanns Macht: Er hatte inzwischen von seinem Bruder aus Messina die an Beiläufigkeit nicht zu überbietende Botschaft erhalten, daß er nicht als Erbe angesehen werde, und so scharte er Anhänger um sich und nahm königliche Burgen in Besitz. Durch seine Zugehörigkeit zum Königshaus wurde er von vielen als natürlicher Anwalt gegen die Tyrannei des Kanzlers betrachtet. Als sein leitender Agent betätigte sich der Bischof von Coventry, Hugo von Nonant, der seine demagogische Begabung durch ein Rundschreiben gegen Longchamp der Mit- und Nachwelt bewiesen hat: Nach dessen Sturz veröffentlichte er ein langes Sündenregister und malte mit Genuß die Flucht des Gestürzten aus; wie dieser in Dover als Frau verkleidet angeblich Opfer einer sexuellen Attacke eines Fischers wurde, erfahren wir mit Einzelheiten.[161] Bis dahin agierte Longchamp gegenüber einem selbstherrlich vorgehenden Johann immer hektischer – seit Ende Juni 1191 unter den wachsamen Augen Walters von Coutances, des Erzbischofs von Rouen, den Richard im Februar desselben Jahres aus Messina mit Geheimaufträgen nach England geschickt hatte. Ende Juli brachte dieser einen Kompromiß zwischen dem Prinzen und dem Kanzler zustande, der die beiderseitigen Rechte eingrenzte, Johann aber Avancen machte, daß er im Fall von Richards Tod als Nachfolger anerkannt werden würde.[162] Man wurde nicht klug aus seinem Verhalten, und bei vielen Chronisten geriet er wegen seines Lavierens ins Zwielicht. Bald darauf wurde er wegen seines umgänglichen Regierungsstils recht gelobt.[163] Im Unterschied zu seinem Vorgänger war er Engländer von Geburt, war Siegelbewahrer unter Heinrich II. gewesen und hatte als Vermittler zwischen Vater und Sohn in Heinrichs Endzeit eine geachtete Rolle gespielt. In den Konfliktsituationen in Messina hatte er erneut Gelegenheit gehabt, seine Kompromißfähigkeit unter Beweis zu stellen.

Die massierten Beschwerden über Longchamp, die Richard in Sizilien erreichten, ließen diesen nun abermals zu einer Änderung seines Konzepts greifen. Daß Longchamp dem Ansturm nicht gewachsen sein würde, begann sich abzuzeichnen. Reif wurde die Situation dann Mitte September 1191 mit der illegalen Rückkehr Gottfrieds von York nach England. Obwohl er durch einen Eid gehalten war, drei Jahre außer Landes zu bleiben, gelang ihm die Landung in Dover. Er wurde von Longchamps Leuten prompt verhaftet, und da er sich widersetzte, mißhandelt. Für Johann war es das Signal zur beabsichtigten Machtergreifung. Unter geschickter Ausnutzung des Becketsyndroms warf er sich, während ein Aufschrei durchs Land ging, zum Verteidiger seines Bruders, der Kirche und überhaupt jeglicher Freiheit gegen den Tyrannen auf. Politisch war Gottfried harmlos, und innerhalb weniger Wochen hatte er, nachdem er kurzfristig ein Volksheld gewesen war, es geschafft, den Primatsstreit mit Canterbury neu anzufachen und zu den Puiset- und Yorkproblemen seinen Beschützer Johann zu exkommunizieren; als Auslöser von Unruhen rechtfertigte er hingegen die Vorsorgemaßnahme seiner Exilierung. Sein Fall gab Anlaß zu einer allgemeinen Versammlung, zu der Johann den Kanzler sowie Bischöfe und Barone lud. In Anwesenheit des Erzbischofs von Rouen und der übrigen Justitiare vollzog sich schließlich in London die Abrechnung mit Longchamp. Am 10. Oktober wurde er zum Rücktritt gezwungen, und Johann hatte erreicht, daß er von den Bürgern Londons als Thronfolger anerkannt wurde. Nach deren Treueid für Richard empfing er von ihnen selbst einen unter Vorbehalt der Treue zum König. Aber in das Machtvakuum stieß nun nicht er vor, wie er zweifellos erwartet hatte, denn zur allgemeinen Überraschung legte Walter von Rouen plötzlich königliche Vollmachten vor, die ihn als Nachfolger Longchamps auswiesen. Reibungslos vollzog sich nun der Machtwechsel. Es muß eine schreckliche Enttäuschung für Johann gewesen sein, als er erkannte, daß er das ganze Jahr über die Autorität des falschen, weil politisch schon toten Mannes untergraben hatte.

Man hat nun in der Ablöse Longchamps so etwas wie ein revolutionäres Vorgehen der Barone, gleichsam eine Einübung für die Magna-Charta-Bewegung sehen wollen[164], aber daß die Initiative dazu von Richard ausging, beweisen die in Abschriften vorhandenen Dokumente. Uns liegen zur Beurteilung des königlichen Willens drei im Februar 1191 in Messina ausgestellte Briefe und ein Brieffragment vor, das in dieselbe Zeit gehört. Drei der Belege werden von Diceto, ein Brief wird von Giraldus wiedergegeben[165] und ist inhaltlich und stilistisch nahezu identisch mit einem Schreiben bei Diceto. Die Briefe sind „teste me ipso" gefertigt, was allein schon ihre Bedeutung betont.[166] Die Variationen, die sie enthalten, erklären sich aus der Verschiedenheit der Adressaten und tragen der Möglichkeit Rechnung, daß der neue Vertrauensmann, Walter von Rouen, in der Bedarfssituation aus irgendwelchen Gründen nicht zur Verfügung stehen könnte. In der Substanz ist ihr gemeinsamer Zweck die Entmachtung Longchamps. Zur Gruppe der Gefälligkeitsschreiben mit gegensätzlichem Inhalt gehören sie also nicht.

Der Sinn ihres Hauptunterschieds erschließt sich am besten, wenn man die Briefe nach den Empfängern gruppiert. Die eine Gruppe richtet sich an ein Kollektiv von Justitiaren – an vier Barone mit Wilhelm Marschall an der Spitze – bzw., bei Giraldus, an jenen ausschließlich. Es heißt hier im Briefbeleg bei Diceto, daß Walter von Rouen, mit dem vollen Vertrauen des Königs ausgestattet, an die Adressaten geschickt wird und ohne dessen Rat nichts unternommen werden dürfe. Dann folgt: „Et[167] si forte cancellarius noster negotia regni nostri juxta consilium praedicti archiepiscopi et tuum et aliorum praedictorum quibus curam regni nostri commisimus non tractaverit, praecipimus ut, secundum praedicti archiepiscopi dispositionem, tu et praenominati socii tui de omnibus agendis regni nostri tam de castellis quam de escaetis absque omni occasione faciatis." Das bedeutet also, daß, wenn der Kanzler nicht nach dem Rat des Erzbischofs und des Empfängerkollektivs zu handeln bereit ist, die Regierungsgewalt in bezug auf Militärisches und Finanzen unter Leitung des Erzbischofs von diesem Kollektiv wahrzunehmen sei. Longchamp wird damit zum Befehlsempfänger degradiert – was seine Entmachtung bedeutet –, und es wird zwingend vorgeschrieben, daß er, wenn er nicht als bloßes ausführendes Organ anderer fungieren wolle, gänzlich von der Regierung zu eliminieren sei. Der Brief ist mit 9. Februar 1191 datiert, das Brieffragment ganz konform, ohne den Erzbischof namentlich unter den Entscheidungsträgern zu nennen. Giraldus macht im Anschluß an den von ihm mit dem Datum des 20. Februar wiedergegebenen Brief die Mitteilung, daß eben solche Schreiben an andere Justitiare, Grafen und Barone ergingen, wofür uns Diceto den Nachweis liefert.

In die andere Kategorie fällt ein mit 23. Februar 1191 datierter Brief an Longchamp als Hauptadressaten neben vier Justitiaren. Nach der Vertrauensbekundung für Walter von Rouen und der Nachricht von dessen Entsendung nach England lautet der Befehl: „Unde[168] vobis mandamus et firmiter praecipimus, quatinus in procurandis negotiis nostris ejus consilio operemini; volentes et praecipientes quod quamdiu ipse erit in Anglia, et nos in peregrinatione Dei erimus, ipse pariter in omnibus cum consilio vestro, et vos cum suo." Longchamp wird zwar strikt vorgeschrieben, nach dem Rat des Erzbischofs tätig zu werden, aber dieser Befehl wird dadurch gemildert, daß auch für den Erzbischof Übereinstimmung mit dem Kanzler erforderlich sein soll. Von Absetzung wird nichts gesagt, Sanktionen werden nicht in Aussicht gestellt. Dieser in der Form schonungsvollste Brief ist der am spätesten datierte. Richard hat zu diesem Zeitpunkt längst die Konsequenz aus der zu erwartenden Haltung Longchamps gezogen gehabt. Daß dieser nicht der Mann der Konzilianz war, das war der Tenor aller Klagen über ihn. Er hatte den Kollegen Hugo du Puiset kurzerhand abgesetzt – wobei das auf uns gekommene Briefpaket allerdings beweist, daß er damit nicht gegen Richards Willen verstoßen hat, denn von einer Mitbeteiligung des Bischofs von Durham an der Macht ist nirgends die Rede. Longchamp, der genügend Beweise von Richards Vertrauen hatte und gewohnt war, in königlichen Schreiben zwischen Schein und Sein zu unterscheiden, wird aus diesem Brief nur herausgelesen haben, daß er eine gewisse Einmischung des Erzbischofs von Rouen dulden müsse. Was sollte er sonst aus ihm herauslesen, da für den Fall des Dissenses unter den führenden Männern ja keine hierarchische Stufung festgelegt worden war? Für sich genommen, würde der Brief somit eine recht unbefriedigende Instruktion darstellen, er ist hingegen nur Teil eines größeren Ganzen. Was Longchamp offiziell nicht wissen konnte, das wissen wir: Er war ein Absetzungsschreiben, das bloß die Konsequenz für den Fall, daß kein Einvernehmen hergestellt werden konnte, verschwieg. Sie stand in gesonderten Briefen, die, wie wir gesehen haben, an die Nebenadressaten gerichtet waren.

Diese „taktvolle" Art, Leute abzuberufen, fällt keineswegs aus dem Rahmen sonstiger Verhaltensweisen Richards, entscheidend ist aber, daß dieser an Longchamp gerichtete Brief eine ganz andere Funktion hatte als die anderen Briefe: Er stellte die Legitimation für Walters Interventionen dar und war für die sofortige Vorlage bestimmt; die anderen, hören wir, wurden erst bei Longchamps Sturz vorgelegt, und das heißt, daß für sie die Notwendigkeit der Geheimhaltung bestand. Der Zeitpunkt der Ausstellung aller dieser Schreiben war übrigens ein kritischer Moment. Im Februar 1191 stand die Auflösung von Richards Verlobung mit Alice unmittelbar bevor, und so war anzunehmen, daß der französische König den Krieg nun für eröffnet betrachten würde. Im Verein mit Johann waren Destabilisierungsmanöver aller Art auch für England zu erwarten. Man mußte damit rechnen, daß ein bereits jetzt von allen Seiten angefeindeter Oberjustitiar einem Kesseltreiben nicht würde standhalten können. Longchamp mußte deshalb auf jeden Fall geopfert werden. Da aber die Koalition zwischen Philipp und Johann sich erst in Zukunft formieren würde – Philipp war ja auch noch in Messina –, so wäre es wenig angezeigt gewesen, Longchamp jetzt schon abzuberufen, weil dem Feind damit nur Gelegenheit gegeben worden wäre, sich auf eine neue Regierung einzuschießen. Man hatte Zeit: Walter von Rouen brach im Februar von Messina auf und reiste sehr gemächlich, da er erst Ende Juni in England eintraf.[169] Dann wartete er weitere drei Monate, bevor er Richards Direktiven vorlegte. Man begreift, daß es widersinnig gewesen wäre, dem Kanzler für den Fall der Widersetzlichkeit mit Absetzung zu drohen. Damit wäre der Geheimcharakter der Maßnahme zu niemandes Nutzen aufgehoben worden. Es war aber wichtig, den

Gegner auf Longchamp allein fixiert zu halten, der so eine Frist bekam, bis zu der er sich totzulaufen hatte. Sein Sturz erfolgte dann während Philipps Heimkehr vom Kreuzzug. Mit Jahresende 1191 war der französische König zu Hause, und gleichzeitig gab es in England eine neue unverbrauchte Regierung, die Autorität besaß. Der Zeitplan für den Wechsel an der Spitze war somit perfekt auf die Erfordernisse abgestimmt.

Fragen wir uns, wie unsere erzählenden Quellen diesen Sachverhalt wiedergeben. Daß Longchamp und die Öffentlichkeit erstmals im Oktober 1191 mit Richards Absetzungsbefehl konfrontiert wurden, wird von Howdens Gesta und Chronica festgehalten. Am korrektesten berichtet die Chronica von der Vorlage des Königsbriefs durch Erzbischof Walter und Wilhelm Marschall, die dem Kanzler assoziiert worden seien, so daß er ohne ihren Rat nichts unternehmen dürfe. Dann heißt es: „si ipse[170] (Longchamp) quicquam in detrimentum regni, vel sine consilio praedictorum fecisset, deponeretur, et loco illius institueretur Rothomagensis archiepiscopus." Blättern wir von diesem Vorgang, für den es genug Zeugen gab, nun zurück zu jener Stelle, wo unter dem Februr 1191 Richards Auftrag an Walter von Rouen zusammengefaßt wird. Die Chronica, die als eine Revision der Gesta einen späteren Wissensstand widerspiegelt, teilt mit ihr die falsche Auffassung, zusammen mit dem Erzbischof sei auch Wilhelm Marschall, der gar nicht außer Landes gewesen war, nach England zurückgeschickt worden und die beiden hätten nicht gewagt, Longchamp ihre Briefe vorzulegen. Die von ihm so hervorgehobene Tyrannei des Kanzlers stellt den – unverbindlichen – Erklärungsversuch unseres Chronisten für ein undurchsichtiges Verhalten des Erzbischofs dar. Möglicherweise hatte Howden, als er dies schrieb, eben jenen an Longchamp mitadressierten Brief vor sich, der von Absetzung nichts verlauten ließ, denn Walters Kommission wird als bloße Machtbeteiligung umrissen. Die Gestastelle sieht hinsichtlich der von Richard im Februar erteilten Weisungen noch weniger klar, und mit ihr befinden wir uns an der Quelle der Konfusion. Verläßt man sich auf sie, muß dies zu einer Mißinterpretation des Auftrags führen. Wir lesen hier, der König habe Erzbischof Walter und Wilhelm Marschall nach England geschickt, nachdem er von den „Exzessen und Unverschämtheiten" seines Kanzlers gegenüber Johann und dem englischen Volk gehört habe. Der Inhalt des Auftrags sei folgender gewesen: „si[171] vera essent quae ipse audierat de cancellario, deponeretur." In diesem Fall sei er durch den Erzbischof zu ersetzen, dem ein Kollegium von Justitiaren beigegeben wird. Für den Fall, daß die dem König übermittelten Berichte sich als unwahr herausstellen sollten, werden dem Kanzler dennoch der Erzbischof nebst anderen Justitiaren als Kollegen beigesellt. Unsere Briefe legitimieren diese Auffassung aber nicht. Abgesehen von der irrigen Vermutung, ein vor allem an seinem Bruder begangenes Unrecht hätte Richard zum Eingreifen veranlaßt, besteht die Naivität in der Annahme, Walters Mission sei eine vorwiegend der Wahrheitsfindung dienliche gewesen, er hätte eine Schiedsrichterfunktion erhalten, was zudem bedeuten würde, daß er Richter und Nutznießer in einer Person gewesen wäre. In Wahrheit wurde Walter von Rouen und den Baronen außer dem Zeitpunkt zum Handeln nichts anheimgestellt. Nicht die Treue

Longchamps stand zur Debatte, sondern der Nutzen des Königs. Das Schicksal der königlichen Macht war von der des Kanzlers abzukoppeln: Der Auftrag dazu war kein richterlich-moralischer, sondern ein rein politischer.

Ein weiterer Vorgriff auf die Zukunft ist hier nötig: Ein spezieller Auftrag Richards an Walter von Rouen betraf die Durchführung der Wahl eines neuen Erzbischofs von Canterbury. Im Brief an Longchamp wird diesem befohlen, den diesbezüglichen Anweisungen des Erzbischofs von Rouen Folge zu leisten. Erzbischof Baldwin von Canterbury war im November 1190 vor Akkon gestorben. Wie bisher schon war es Richard auch jetzt ein besonderes Anliegen, die kirchliche Vakanz schleunig zu beenden und dem Kandidaten seiner Wahl die Nachfolge zu verschaffen. Am 25. Januar 1191 erging ein Brief an die Mönche von Canterbury[172], worin ihnen als königlicher Kandidat der Erzbischof von Monreale präsentiert wurde. In einem wohl gleichzeitig abgefertigten Schreiben wurde Johann angewiesen, seinen Beitrag zu der Pressionspolitik zu leisten, wodurch das Mönchskapitel zur Annahme des Vorschlags gebracht werden sollte.[173] Die königliche Nominierung stieß bei diesem auf vehemente Ablehnung, die sich allerdings hinter Ausflüchten verschanzte. Eines der vorgebrachten Argumente war, daß es unwürdig sei, durch Wahl eines Ausländers alle im Land ansässigen Bischöfe vor den Kopf zu stoßen. In Wahrheit war damals die Bestellung eines den Mönchen von Christ Church genehmen Kandidaten längst in die Wege geleitet. Was Richards Entscheidung anbelangt, so ist sie wie im Fall Longchamps von der unter Johann und Heinrich III. kulminierenden und Anstoß erregenden Bevorzugung ausländischer Günstlinge prinzipiell zu unterscheiden. Sie signalisiert lediglich ein weiteres Mal, daß der König noch wenig Gelegenheit gehabt hatte, den einheimischen Klerus genau kennenzulernen: Den künftigen Erzbischof von Canterbury hatte er unter diesem noch nicht ausgemacht.

Was kann nun Erzbischof Wilhelm von Monreale in seinen Augen empfohlen haben? Einerseits wohl, daß er ihn in Sizilien in Verhandlungssituationen persönlich kennengelernt hatte, und zwar sowohl als Vermittler im Konflikt mit den Bürgern Messinas als auch als Unterhändler des Friedens mit König Tankred, andererseits aber, daß er ein Vertrauensmann des früheren sizilischen Königspaares war und sich Richards Schwester Johanna für seine Qualitäten verbürgt haben wird. Ihr Gatte Wilhelm II. hatte ihn 1183 an die Spitze seiner prachtvoll ausgestatteten Klostergründung in Monreale berufen und zum Erzbischof gemacht.[174] Die Konkurrenzsituation zum nahegelegenen Palermo mußte ihn freilich wegen der augenfälligen Parallele zum Hackingtonstreit in den Augen des Kapitels von Canterbury besonders disqualifizieren.

Ein gewisser Unsicherheitsfaktor für die Beurteilung dieser Kandidatur liegt nun darin, daß der Genannte mit seiner Nominierung aus der Geschichte verschwindet. Howden führt ihn in Gesta und Chronica unter den 1190 vor Akkon Gefallenen an, was gänzlich unwahrscheinlich ist.[175] Es gibt außerdem keinen Hinweis darauf, daß sein Tod in eine Zeit fiel, die für seine Wahl noch relevant gewesen wäre: Weder in offiziellen Schreiben Richards in die Heimat noch in Briefen des Kapitels von Christ Church an ihn ins Heilige Land findet er Erwähnung, und doch hätte sein Tod neue Instruktionen des Königs nötig gemacht, vielleicht auch eine andere Strategie der Mönche zur Folge gehabt. Ende November 1191 hat Walter von Rouen ihn den Mönchen als Kandidaten des Königs jedenfalls noch offiziell nominiert, wie es in einem Brief aus Canterbury nachzulesen ist.[176] Selbst wenn man eine Verheimlichung angestrebt hätte, wäre sein Tod in dem mit weitreichenden Beziehungen ausgestatteten Canterbury wohl bekannt geworden. Auch darf in diesem Fall ausgeschlossen werden, was sonst erwägenswert wäre, daß nämlich Richards deklarierter Wille nicht sein wirklicher war und somit ein toter Erzbischof von Monreale für eine Scheinkandidatur ebenso geeignet gewesen wäre wie ein lebender. Der Name des echten Kandidaten wäre nämlich zweifellos auf uns gekommen, da am Ende außer den Mönchen eine Vielzahl von Personen – das Wahlgremium der Bischöfe – über den wahren Willen des Königs hätte instruiert sein müssen. Eben die Bischöfe aber hatten gegen Erzbischof Wilhelm keinen Einwand, und außer um die Person Longchamps oder Walters von Rouen rankten sich um niemanden einschlägige Gerüchte. Es ist von keinem zu glauben, daß er den Primat für sich gegen den erklärten Willen des Königs angestrebt hat; ein solcher nicht zu verheimlichender Vertrauensbruch hätte künftiges königliches Wohlwollen ausgeschlossen. Noch unwahrscheinlicher ist aber, daß sich auf einen von ihnen Richards heimliche Wünsche konzentriert hätten. Weder konnte er den im Scheitern begriffenen Longchamp mit neuer Macht ausstatten wollen noch wünschen, daß durch Walters Beförderung zum Erzbischof von Canterbury der Stuhl von Rouen frei würde, denn jede Unstabilität in der Normandie mußte noch unerwünschter sein als eine solche in England. Es muß also davon ausgegangen werden, daß Richards Erklärung für Wilhelm von Monreale keine Taktik war und daß dieser am Ende des Jahres 1191 allen mit der Wahl Befaßten zu Recht als echter königlicher Kandidat galt.

Im übrigen dürfte darin, daß in diesem Fall keine Geheimstrategie angewandt wurde, auch der Grund für den Fehlschlag zu suchen sein. Wir bekommen gleichsam demonstriert, daß die in weltlichen Dingen gleichzeitig von Richard gehandhabte Geheimdiplomatie absolut nötig war. Devizes berichtet, daß Savaric, der Erzdiakon von Northampton, in Messina in Anwesenheit der Königinmutter – sie war nur vier Tage dort: vom 30. März bis zum 2. April 1191, um Richard die Braut zuzuführen – ein Schreiben von Richard impetriert habe, das ihm ein beliebiges Bistum in England zusprach. Hinter dem erbetenen Blankoscheck verbarg sich eine fein gesponnene Intrige. Savaric hatte nämlich bereits ein ganz bestimmtes Bistum ins Auge gefaßt, und zwar das seines Verwandten Reginald von Bath: Indem dieser Erzbischof von Canterbury werden sollte, könnte er selbst in das so freigewordene Bistum Bath vorrücken. Seine Anwesenheit in Messina ist tatsächlich für 28. Februar 1191 durch eine Urkunde belegt: „teste Savarico archidiacono Northamptonie“ verfügte Richard damals, daß Canterbury seine entfremdeten Güter wieder in Besitz nehmen dürfe[177], wodurch sich Savaric bei den Mönchen besonders empfehlen mußte. Die Datumsangaben sind deswegen interessant, weil sie den Vorstoß des Erzdiakons als Gegenzug zur Nominierung Wilhelms von Monreale ausweisen. Wir müssen nämlich annehmen, daß im Unterschied zu später der königliche Kandidat frühzeitig allgemein bekannt war. Savarics Initiative ist also eine illoyale Aktion, und wir werden daran zu denken haben, wenn von seinen Aktivitäten während Richards Gefangenschaft die Rede sein wird.

Savaric reiste sofort nach Rom weiter, wo er zum Papstwechsel zurechtkam und am 15. April 1191 Heinrich VI. zum römischen Kaiser gekrönt wurde. Mit sich trug er ein Empfehlungsschreiben des französischen Königs an das Canterburykapitel zugunsten Reginalds von Bath.[178] Ganz zwanglos läßt sich in diese Zeit auch der Brief Heinrichs VI. an Canterbury einordnen, in dem den Mönchen dringend nahegelegt wird, bei der Wahl des neuen Erzbischofs den Rat des kaiserlichen Verwandten Savaric zu beachten.[179] Nun war Reginald von Bath Christ Church auch ohne diese Protektion sehr genehm, aber im Licht der kommenden Ereignisse gewinnen die beiden Interventionsbriefe einen richtungweisenden Wert.

In der Zeit von Longchamps Machtverschleiß das Jahr 1191 über ruhte die Angelegenheit, aber kaum hatte Walter von Rouen im Oktober desselben Jahres das Oberjustitiariat übernommen, als er daranging, die Wahl durchzuführen. Die Angelegenheit zeigt die Grenze seiner Fähigkeiten auf: Er hatte geschickt zwischen Johann und Longchamp laviert, die Machtübernahme durchgeführt und die Lage in England auch weiterhin unter Kontrolle. Hier kannte er die Gegner und hatte sich auf ihre Verhaltensweisen offenbar eingestellt. Bei der Vorbereitung der Wahl in Canterbury aber scheint er völlig ahnungslos über das Spiel hinter den Kulissen gewesen zu sein, und seine gerühmte Konzilianz gewinnt hier den Anschein von Schwäche. Dabei war er zwei Jahre zuvor an führender Stelle in den Kompromiß um Hackington eingebunden gewesen und hatte Gelegenheit gehabt, sowohl das Intrigantentum des Kapitels als auch die Art und Weise, wie Richard diesem begegnete, genau kennenzulernen. Den Mönchen mußte er seit damals als Feind gelten, und da sie seine Autorität nicht fürchteten, wählten sie am 27. November 1191 im Handstreich und zu seinem Entsetzen Reginald von Bath zum Erzbischof – und zwar in seiner und Johanns Anwesenheit, mit dem immer noch eine Art Zusammenarbeit aufrechterhalten wurde. Die Kompetenzfrage, ob die Wahl den Bischöfen oder den Mönchen zukomme, war damit von einer Vorfrage zu einer im Berufungsverfahren zur klärenden geworden, und nur das Eingreifen einer allerhöchsten Instanz bewahrte den Oberjustitiar und den König vor den unangenehmen Konsequenzen des Ereignisses: Reginald von Bath starb bereits einen Monat nach der Wahl, worauf wir 16 Monate lang nichts von Wahlaktivitäten in Canterbury hören. Erst als Richard in Gefangenschaft war, als erneut Savaric, jetzt selbst Bischof von Bath, in der Angelegenheit agierte und intrigierte – diesmal mit sich selbst als Erzbischofskandidaten –, wurde Richard, jetzt mit verschärften Vorsichtsmaßregeln, initiativ. Diesmal ging die Wahl nach Wunsch, wohl auch deshalb, weil man im Unterschied zur Kreuzzugszeit nun Richards baldige Rückkehr für wahrscheinlich hielt. Die Canterbury-Wahlaffäre von 1191 vermittelt einen weiteren Eindruck von den Schwierigkeiten, mit denen ein Stellvertreter Richards damals konfrontiert war.

Longchamp wurde gemeinhin Machtmißbrauch vorgeworfen, Walter von Rouen versagte hier wegen zu laxen Gebrauchs der Macht, der gemeinsame Nenner ist, daß sie beide nicht die Idealbesetzung für ihr Amt darstellten. So ist es auch kein Zeichen von Unstetheit, wenn Richard zwei Jahre später erneut einen Wechsel an der Spitze vornahm. Bei Hubert Walter sollte er dann bleiben, ein weiteres Mal den führenden Mann mit höchster weltlicher und kirchlicher Macht ausstattend. Daß dieser 1198 das Oberjustitiariat an den von Anfang an als Justitiar mittätigen Gottfried Fitz Peter niederlegen mußte, hatte nichts mit mangelndem Vertrauen Richards, sondern mit einem Befehl des neuen Papstes, Innozenz' III., zu tun, der eine derartige Verstrickung in weltliche Politik bei einem Erzbischof nicht mehr dulden wollte[180], erscheint aber, was die Konsequenzen für Hubert Walters Autorität anbelangt, eher als eine Formsache.

Wir kommen nun zu dem Kernstück von Richards Sicherheitsmaßnahmen, seiner Familienpolitik. Daß Johann ihm die englische Krone rauben würde, hat er wohl nicht allzusehr befürchtet. Seine Hauptsorge muß dem Festlandbesitz gegolten haben und der Gewißheit, daß, wenn Philipp ihn angriff, er dies im Bund mit einem Familienmitglied der Anjous tun würde. Er hatte dabei die Wahl zwischen Johann und Artur. Diese Situation muß im Zentrum von Richards Bewußtsein gestanden haben, aber weder Zeitgenossen noch Historiker haben die sich daraus ergebende Aufgabenstellung erkannt. Sie bestand nicht lediglich in der Berufung geeigneter Seneschalle und in militärischen Maßnahmen, sondern vor allem in der Herbeiführung einer politischen Situation, die Philipp die Entscheidung abnahm. Mir scheint, daß die Opportunität des Mittels – Philipp auf das kleinere Übel festzulegen – nicht fraglich sein kann. Zu fragen haben wir uns lediglich, ob wir Richard diese Politik zutrauen sollen –, welche Hinweise es gibt, daß er sie tatsächlich praktiziert hat, und worin das kleinere Übel wohl bestanden haben mag.

Es hat immer Befremden erregt, daß er, ohne einen Erben zu nominieren, zum Kreuzzug aufgebrochen ist.[181] Die dann in Messina vorgenommene Designation Arturs zum Thronfolger war geeignet, dem Vorurteil des Versäumnisses das der Kurzsichtigkeit hinzuzufügen. Es ist allerdings nützlich, sich zu vergegenwärtigen, zu welchen Maskeraden er sich gleichzeitig in Sachen Alice genötigt sah: daß die offizielle Verlobte nicht die tatsächlich Erwählte war und die zum frühestmöglichen Termin arrangierte Heirat mit Berengaria – übrigens die wichtigste Maßnahme zur Sicherung der Erbfolge – als Fait accompli vor uns steht. Da die Sicherheit des normannischen Vexin von der Fortdauer der Verlobung mit Alice abhing, mußte er Eheverhandlungen mit einem anderen Hof führen, während die offizielle Verlobung noch andauerte. Die Geheimhaltung funktionierte so gut, daß kein Chronist unzeitgemäße Informationen über den Zeitpunkt und die Art dieser Ehediplomatie erhielt. Wir erfahren lediglich, daß Richard knapp vor Antritt des Kreuzzugs, und also wahrscheinlich schon unter Zeitdruck, eine Exkursion in den äußersten Süden seines Reichs, und zwar in die Grafschaft Bigorre unternahm, wo er einen Burgherrn, der Santiagopilger ausgeplündert hatte, hängen ließ; am 6. Juni 1190 finden wir ihn dann in Bayonne.[182] Es ist nicht zu übersehen, daß ihn das in unmittelbare Nähe zur Grenze von Navarra brachte, und also kann der wahre Zweck der Reise sehr gut der Abschluß der Eheverhandlungen während eines Zusammentreffens mit König Sancho VI. gewesen sein.[183] Die Brautfahrt Berengarias zum Verlobten einer anderen ist nun ebenso ungewöhnlich wie der Aufbruch eines Königs ins Ungewisse, ohne einen Nachfolger bestimmt zu haben. Es besteht aber ein Zusammenhang zwischen den familienpolitischen Entscheidungen, die beide in Messina spruchreif wurden: der Auflösung der Verlobung mit Alice und der Designation Arturs zum Erben. Philipp konnte ebensowenig von Sizilien aus den Krieg in der Normandie entfachen wie sich auf einfache Weise mit dem übergangenen englischen Thronanwärter ins Einvernehmen setzen. Es war Richard offenbar wichtig, Philipp daran zu hindern, bereits Dispositionen für seine künftige Allianz gegen ihn zu treffen, während er noch in Frankreich war. So gewinnt die Verzögerung bei der Nominierung des Erben einen Sinn als Zeitgewinn. Die folgenreiche Begünstigung Arturs erfolgte im Zuge einer Einigung mit König Tankred nach der Eroberung Messinas und fand Ausdruck in einer bloßen Apposition zum Namen des Neffen, für den eine Ehe mit einer sizilischen Königstochter vereinbart worden war. Richard informiert Tankred in einem uns von Howden undatiert übermittelten Schreiben über das Ergebnis der Verhandlungen mit dessen Unterhändlern, wobei auf „Arturum egregium ducem Britanniae, carissimum nepotem nostrum et haeredem, si forte sine prole nos obire contigerit“ Bezug genommen wird. Diese Bezeichnung wird in einem Brief an Papst Klemens vom 11. November 1190 wiederholt.[184] Was hier unter dem Anschein der Selbstverständlichkeit behandelt wird, Arturs Anspruch auf die Thronfolge, war in rechtlicher Hinsicht höchst strittig, vom pragmatischen Standpunkt her aber eine Absurdität. Wieso sollte einem Dreieinhalbjährigen, für den der französische König alsbald – wie in der Vergangenheit – die Vormundschaft beanspruchen würde, der Vorzug vor dem in der Mitte der zwanziger Jahre stehenden Johann zukommen? Niemand war darauf vorbereitet, in dem Kind des ungeliebten Gottfried und der feindlichen Konstanze den Erben des Königreichs zu sehen, am wenigsten Johann. Ihm, nicht Artur, von dem wir vorher und nachher nicht hören, daß er irgendeine Fürsorge seines Onkels erfahren hätte, hatte Richard reichliche Zuwendungen gemacht, so daß Chronisten und Historiker wieder etwas voreilig daraus auf eine besondere Liebe zu ihm geschlossen haben.[185] Als Richard im Dezember 1189 England verließ, besaß sein Bruder einen aus sechs Grafschaften bestehenden Landkomplex, exemt in bezug auf Finanzhoheit und Jurisdiktion, der Longchamp die Kontrolle über das Königreich erschwerte. In Frankreich hingegen hatte er nur die kleine, in der Normandie gelegene Grafschaft Mortain inne, nach der er den Grafentitel führte. Die französische Grenze war weit. Sein Territorium in England befand sich gleicherweise im Landesinneren, fern des Einfallstors im südöstlichen Kent und fern der schottischen Grenze. Wenn man Johann nicht durch Internierung ausschalten wollte, eine Vorsichtsmaßnahme, die zugleich ein Unrecht gewesen wäre, mußte man ihm einen gewissen Machtbereich als Lebensbasis einräumen, aber Richard war weit von blindem Vertrauen entfernt: Burgen wurden als königliche Stützpunkte aus seinem Dominium herausgenommen, und Johann mußte schwören, drei Jahre – solange schätzte Richard, würde er außer Landes sein, was dann auch zutraf – England nicht zu betreten. Im Frühjahr 1191 wurde diese Bestimmung auf einer Familienkonferenz in der Normandie auf Fürsprache der Mutter, wie es heißt, aufgehoben. Die dahinterstehende Überlegung konnte gewesen sein, daß, wenn man Johann England untersagte, er dann nur in Frankreich sein könne, was schon gar nicht wünschenswert war. Es mag sich auch Eleonore für ihn verbürgt haben, und wirklich konnte sie ihn eine Zeitlang im Zaum halten. Für den Oberjustitiar, Longchamp und seinen Nachfolger, war er eine unumgängliche Auflage, mit der man fertig werden mußte. Mit Johann hatte sich Richard also in der Vorbereitungszeit zum Kreuzzug eingehend beschäftigt, und vielleicht fand man nur schrittweise zur endgültigen Lösung.

Welchen Schlag er seinem Bruder durch die Designation Arturs versetzte, wird ihm wohl bewußt gewesen sein. Diese mußte, wenn auch in ihrer Bedeutung noch so herabgesetzt – nicht einmal eine testamentarische Verfügung und rechtlich nicht bindend –, doch alsbald Wirkungen von seiten Johanns auslösen. In einer Mitteilung Newburghs liegt uns isoliert wahrscheinlich ein Beleg dafür vor, daß man sofort diesbezügliche Präventivmaßnahmen ergriff. Unser Yorkshire-Autor will von einer geheimen Botschaft Longchamps an den schottischen König wissen, in dem diesem ein Bündnis zugunsten Arturs angetragen wurde. Was er mutmaßt, ist unerheblich: daß der verhaßte Kanzler nämlich den König zur Designation Arturs veranlaßt hätte, um für sich selbst während der Herrschaft eines Minderjährigen die Regentschaft zu sichern. Es wird vielmehr ein Befehl Richards ergangen sein, Verbindung mit Wilhelm von Schottland aufzunehmen, denn seine Sorge, den Nachbarn aus Auseinandersetzungen herauszuhalten, war stets rege. Da der schottische König Arturs nächster Verwandter mütterlicherseits war, mußte ein vorhersehbarer Effekt der Erberklärung sein, daß sich zwischen Schottland und Johann eine Barriere auftat, und dem Herausstreichen dieses Interessengegensatzes wird die Mission gedient haben. Nach der Entlassung Schottlands aus der Lehensabhängigkeit von England läuft die Ernennung Arturs zum Erben auf eine weitere Sicherungsmaßnahme vor einer schottischen Intervention hinaus. Auf der Suche nach Verbündeten würde Johann hier abblitzen, wenn König Wilhelm von der Beförderung Arturs offiziell in Kenntnis gesetzt war.

Daß Johann für sein Erbrecht kämpfen würde, war vorhersehbar. Genauso vorhersehbar war Philipps Verhalten, und hier sind wir beim Angelpunkt dieser Theorie über das politische Sicherheitssystem angelangt: Er würde nun für Johann Partei ergreifen. Eben weil diese Situation aus der bisherigen Geschichte mit absoluter Sicherheit ableitbar ist, glaube ich, daß sie mit der absonderlichen Designation Arturs angepeilt wurde: als die für weitaus harmloser erachtete Variante der erwarteten Konspiration Philipps. Das würde bedeuten, daß Johann für die Rolle des Rebellen von seinem Bruder geradezu vorprogrammiert wurde. Von dessen Umtrieben zeigte er sich 1193 übrigens nicht sonderlich beunruhigt, und 1194 verzieh er ihm sofort. Das hauptsächliche Manipulationsobjekt ist aus dieser Sicht natürlich der französische König: er erhielt seinen Kollaborationspartner damit angewiesen. Damit aber hätte er, zum zweiten Mal innerhalb kurzer Zeit, ganz im Sinn Richards in der englischen Thronfolgefrage Partei ergriffen: erst für diesen selbst, dann für Johann. Wie im ersten Fall müssen wir auch hier bei Philipp nicht bloßen Automatismus am Werk sehen. Er hatte bei der Unterstützung Richards sehr wohl eigene Vorstellungen gehabt, die sich dann allerdings nicht verwirklichten. Nun war entscheidend, daß einer französischen Agitation in der Bretagne der Boden entzogen war. Wieso hätten die Bretonen gegen Richard rebellieren sollen, wenn der ihren jungen Herzog zum Thronfolger erkoren hatte? Diese Provinz blieb dann auch bis zu Richards Rückkehr völlig ruhig, und das wird dessen Hauptanliegen gewesen sein. Davon, daß die Bretagne ihn in Messina beschäftigte, haben wir im Anschluß an den Vertrag vom März 1191 schon gehört. Ihre geostrategische Lage ist der Schlüssel zum Verständnis der Gesamtsituation.

Was Arturs Vater Gottfried Philipp so teuer gemacht hatte, die Möglichkeit des französisch-bretonischen Zangenangriffs auf das angevinische Zentrum, aber auch auf die Normandie und Poitou, mußte auch dessen Sohn einen gesteigerten Wert in Philipps Augen geben. Wir wissen, daß genau dieses Konzept nach Richards Tod zur Anwendung kam. Während Anjou, Maine und die Touraine sich für Artur erklärten, marschierten die Bretonen in Angers ein und die Franzosen in Tours. Für Richard lag eine anschauliche Lektion von der Gefährlichkeit dieser Konstellation erst ein Jahr zurück: Den Krieg gegen Heinrich II. hatten er und Philipp in dieser Region geführt; gleich nach dem Tod des Vaters war er darangegangen, hier die Kollaboranten auszuschalten, unter denen auch das bretonische Element vertreten war.[186] Nun verwehrte er dem französischen König den Zugang zu dem kostbaren Interventionsinstrument, das sein Neffe darstellte. Und während hinter diesem eine ganze, überdies unzuverlässige Provinz in einer strategisch wichtigen Lage stand, stand hinter Johann – in Frankreich – niemand. Das mußte seinen Wert als französischer Allianzpartner stark reduzieren, aber Philipp hatte keine Wahl. Für den Überlebensfall hätte Richard damit durch eine politische Entscheidung die militärische Sicherheit seines Festlandbesitzes bedeutend erhöht, für den Fall seines Todes aber seinem wirklichen Nachfolgekandidaten – dem Bruder – die beste Startbasis verschafft, die denkbar war: die dann kaum noch rückgängig zu machende Unterstützung durch den französischen König. Wie anders als auf indirektem Weg wäre sie zu erreichen gewesen? Im übrigen wurde im Herbst 1191 unter den Auspizien Walters von Rouen Johann als Erbe in England akzeptiert. Der Mann, von dem Richard schrieb, daß er ihm sein Herz eröffnet und seine „Secreta“ anvertraut habe[187], tat als Oberster Justitiar nicht das Geringste zur Sicherung der Thronfolge für Artur, sondern suchte die Verständigung mit Johann.

In Verfolgung dieser Theorie ist Richards weiteres Verhalten in der Thronfolgefrage zu untersuchen. Auf seinem Totenbett bestimmte er Johann zu seinem Nachfolger, und Königin Eleonore, bei seinem Tod anwesend, tat, was in ihrer Macht stand, ihren jüngsten Sohn bei der Herrschaftsübernahme zu unterstützen.[188] Die von Frankreich geforderte Gebietsabtretung von Anjou, Maine und Touraine an Artur konnte abgewiesen, die gefährliche Anfangskonstellation noch im Verlauf desselben Jahres gemeistert werden. Nähme man die Designation Arturs von 1190 ernst, so müßte man sich fragen, welches einschneidende Ereignis denn zum Gesinnungswandel von 1199 geführt haben könnte, da sich mit seinem Heranwachsen die Position des Neffen ja eher hätte festigen müssen.

Es war Johann, der sich durch Verräterei und Unklugheit kompromittiert hatte, und doch war er es, der spätestens ab 1197 offiziell als Nachfolger aufgebaut wurde.[189] Daß Artur zu diesem Zeitpunkt unter Philipps Vormundschaft stand, kann nicht ausschlaggebend gewesen sein, da es schon im Vorjahr einen Vorfall gab, der darauf hinweist, daß man ihm in der Bretagne keine Chance mehr für die Thronfolge gab: Als Richard 1196 seinen nun neunjährigen Neffen zu sich beorderte, wurde dieser von seinem Anhang zu Philipp entführt. Das ergibt nur einen Sinn, wenn man meinte, den französischen König als Rechtswahrer anrufen zu müssen. Die Bretonen mögen im nachhinein das Manöver von 1190 durchschaut haben. Artur fand dann, wie vor ihm Johann, seinen Weg zu Richard zurück und wäre somit 1199 verfügbar gewesen. Es gibt aber kein Anzeichen dafür, daß Richard nach 1190 zwischen ihm und Johann auch nur geschwankt hätte: Die Protektion Johanns ist eine durchgehende, die Erberklärung für Artur hingegen ein erratischer Block. Zusammen mit der Erkenntnis, wie hervorragend sie den Erfordernissen der Reichssicherheit Rechnung trug, heißt das, daß eine auf den ersten Blick unverständlich erscheinende Verhaltensweise nicht länger zwangsläufig als unsinnig und verantwortungslos aufgefaßt werden muß. Eine Finte ist jedenfalls umso effektvoller, je weniger sie auf Anhieb zu durchschauen ist.

Unser letztes Streiflicht in diesem Zusammenhang soll auf die Königinmutter fallen. Sie war am Ende für Johann gegen Artur aktiv, und wir sehen sie am Anfang von Richards Regierungszeit in Überlegungen, Johann betreffend, eingebunden. Biographen Eleonores[190], die dazu neigen, in Ermangelung hinreichenden Materials alle Entscheidungen Richards auf ihren Einfluß zurückzuführen, haben sich nicht gefragt, wieso sie, sonst immer mit guten Ratschlägen, die auch befolgt wurden, zur Hand, ihren Sohn nicht zur Erfüllung einer so wesentlichen Königspflicht wie der Regelung der Erbfolge vor Kreuzzugsantritt veranlassen konnte. Und da eine wohlmeinende Designation Arturs als Erbe gewiß nicht auf ihre Veranlassung hin geschah, so müßte man daraus folgern, daß Richard nicht ein derart gehorsamer Sohn war, wie man gemeint hat. Statt dessen scheint die stillschweigende Unterstellung vorzuherrschen, daß nichts Gutes dabei herauskam, wenn er einmal ohne ihren Rat handelte. Dessenungeachtet ist Eleonore wichtig genug, um ihr einige Aufmerksamkeit zu widmen.

Alienor, wie sie in den Quellen genannt wird, wurde wahrscheinlich 1122 geboren. Als Enkelin des berühmten Wilhelm IX. von Aquitanien hat sie dessen von der Gattin erworbenen Anspruch auf die Grafschaft Toulouse übernommen, in welcher Region sich nacheinander ihre beiden Ehemänner und – hartnäckiger – ihr Sohn Richard engagierten. Da ihr Vater kurz vor ihrer ersten Eheschließung im Jahr 1137 gestorben war, war sie bei der Hochzeit mit dem nur wenig älteren französischen Thronerben Ludwig bereits selbständige Herzogin, und da während des Hochzeitszugs von Bordeaux nach dem Norden auch Ludwig VI. starb, traf das halbwüchsige Paar als König und Königin von Frankreich in Paris ein. Für das kleine französische Königreich brachen damit bewegte Zeiten an, und für die bald einsetzenden kriegerischen Verwicklungen wurde sicher nicht zu Unrecht die junge Eleonore verantwortlich gemacht. Sie wird uns als überaus schöne Frau beschrieben, und es dauerte Jahre, bis der ihr ergebene Ludwig politisch zu dem ihm vom Vater vermachten Ratgeber, dem Abt Suger von St. Denis, zurückfand. Die um Eleonore kreisenden Ehebruchsgeschichten[191], die zur Zeit des zweiten Kreuzzugs kulminierten, sind nicht überprüfbar, aber in ihrer oft kolportierten Klage, sie habe einen Mönch geheiratet[192] – denn Ludwig war sehr fromm –, äußert sich ein gänzlich anderes Lebensgefühl als es in der Île-de-France der ersten Jahrhunderthälfte vorherrschte. Zu der kulturellen Eigenart des Südens, dessen künstlerische Überlegenheit heute noch überzeugt, gehörte eine völlig weltliche, ja kirchenfeindliche Minnekultur und Liebesauffassung. Die größere Freizügigkeit war somit schon kulturell bedingt, hinzu kamen Dominanz über den Gatten und ein hohes Maß an Selbständigkeit. Wir hören, was völlig ungewöhnlich ist, daß sie es war, die während der Ehekrise in Antiochia „Scheidungsabsichten" äußerte, und es ist nicht zu entscheiden, ob sie nicht auch noch 1152 hierin initiativ war, als Ludwig wegen des Ausbleibens eines Thronfolgers dann doch die Annullierung seiner Ehe durchführen ließ. Daß sie nur zwei Monate später, wohl dreißigjährig, den neunzehnjährigen Heinrich Plantagenet heiratete, scheint auf eine frühere Absprache hinzudeuten, und man kann dessen brisantem Besuch im Sommer 1151 in Paris, den er in Begleitung seines Vaters absolvierte, vielleicht auch für die Eheanbahnung Bedeutung beimessen. Es gab jedenfalls niemanden, der Eleonore zu dieser Ehe hätte zwingen können, und so muß man annehmen, daß ihr auch die Person ihres neuen Ehemannes zunächst zugesagt hat. Newburgh meint, die neue Eheverbindung sei ihr angemessener gewesen.[193] Zweifellos war Heinrich trotz seiner Jugend schon eine profilierte Persönlichkeit. Wann Eleonore die Erfahrung gemacht hat, daß diese männliche Stärke Nachteile für sie einschloß, wissen wir nicht.

Zwei Jahre nach der neuen Heirat trug sie wieder eine Krone, diesmal die englische, die sie zusammen mit Heinrich erwarb. Was sie ihm einbrachte, Aquitanien, bedeutete für das Anjoureich die Vollendung im räumlichen Sinn. Für Eleonore begann nun ein intensives, der Herrschaftsausübung gewidmetes Reiseleben, wenig beeinträchtigt, wie es scheint, von einer sich über ein Jahrzehnt hin erstreckenden Reihe von Geburten. Als Regentin vertrat sie dabei den König in England und den kontinentalen Besitzungen, wenn er selbst abwesend war, und das spricht für ihre politische Qualifikation, aber auch für ihr damaliges politisches Einvernehmen mit dem Gatten. Wie die beiden gefühlsmäßig zueinander standen, entzieht sich abermals jeder Deutung. Die Legende hat Eleonore Eifersucht und Eifersuchtsmord an einer langjährigen Geliebten Heinrichs, Rosamunde Clifford, angedichtet. Ihre spätere Rebellion gegen ihren Ehemann auf enttäuschte Liebe zurückzuführen, ist allerdings genauso unfundiert. Sie wußte früh genug, daß ihr neuer Mann kein Mönch war: Als sie ihn heiratete, hatte Heinrich mit Wahrscheinlichkeit wenigstens schon einen illegitimen Sohn, Gottfried, und die Ehe dürfte an seinen Usancen nichts geändert haben.[194] Durch die Praxis der stellvertretenden Herrschaftsausübung ergaben sich überdies längere Perioden der Trennung, was die beiden noch mehr vom Klischee der ehelichen Zweisamkeit entfernt. Das Klischee ist aber nur unseres: Für die Feudal- und Minneherrin bestand dieses vielmehr in der provokanten Troubadourthese von der Unvereinbarkeit von Liebe und Ehe. Herrschaftszusammenlegung und zahlreiche Nachkommenschaft waren die Zwecke der Ehe. In dieser Hinsicht war ihre Verbindung mit Heinrich ein voller Erfolg. Zufrieden war sie damit trotzdem nicht. 1168 sandte Heinrich sie als seine Vertreterin in das aufständische Aquitanien, und in den späten sechziger und frühen siebziger Jahren war ihr Hof in Poitiers ein glanzvolles kulturelles Zentrum.[195] Richard war in dieser Zeit in ihrer Obhut. 1173 entfachte sie – ein weiterer unerhörter Skandal – in ihrem Land den Aufstand gegen ihren Gatten und sandte den jungen Richard, seit einem Jahr selbst Herzog von Aquitanien, mit seinem Bruder Gottfried zu dem schon in Rebellion begriffenen Thronfolger Heinrich, der an den französischen Hof geflüchtet war. Sie suchte damit die Unterstützung ihres ersten Ehemannes gegen ihren zweiten. Der erste, Ludwig, war allerdings immer noch oberster Lehensherr Aquitaniens, wenn auch nur in der Theorie. Heinrichs schroffes autoritäres Regime, seine willkürlichen und sie ausschließenden Entscheidungen, die ihr Land betrafen, sind plausible Gründe politischer und menschlicher Art für die Revolte einer zu weiblicher Unterordnung wenig trainierten Frau. Es war allerdings für 16 Jahre ihre letzte selbständige Entscheidung gewesen, denn sie wurde in männlicher Verkleidung erkannt, gefangengenommen und von Heinrich bis zu seinem Tod in verschiedenen englischen Burgen verwahrt, was gelegentliche Auftritte bei Weihnachtshöfen und Familienanlässen nicht ausschloß.

Uns interessiert hier vor allem ihr Altersporträt. Mit ihrer Rückkehr in die Öffentlichkeit im Jahr 1189 mehren sich die Mitteilungen in den Chroniken über sie. Eine unvergleichliche Frau, nennt Devizes sie; eine Frau, die ihr Alter vergaß – sie nähert sich nun ihrem siebzigsten Lebensjahr –, ist sie für Newburgh. Was immer sie früher gewesen war, jetzt wird ihr einhellig eine um Ausgleich und Frieden bemühte Position zuerkannt[196], und damit erscheint sie in einer Rolle, die konträr ist zu den ihr früher nachgesagten Aktivitäten. Es ist zwar nicht zu übersehen, daß sie diese Funktion für ihren Lieblingssohn übernommen hat, aber sehen wir über Richards Tod hinaus, so finden wir sie in derselben Weise eben auch für Johann tätig. Sie war sehr mitleidsvoll, sagt Devizes, dazu schön, bescheiden, klug, und nur in einer Andeutung erinnert er an die ihr vorgeworfenen Jugendsünden im Heiligen Land. Aus ihren Handlungen im Alter kann man unschwer eine Mischung aus Tatkraft und gutem Herzen ablesen, wenngleich andere Züge im Schatten bleiben. Es wird jedoch einen Aussagewert haben, daß keiner der Chronisten ihr, die nun so häufig in Aktion tritt, Ehrgeiz oder Machtbesessenheit vorwirft. Für ihre Beziehung zu Richard während seiner Regierungszeit ist bezeichnend, daß sie an deren äußeren Höhepunkten am Beginn und 1194 bei seiner Heimkehr nach England teilnimmt. Sie partizipiert an seinem Glanz, ist aber auch in entscheidenden Situationen in seiner Abwesenheit zur Stelle, handelt umsichtig und rasch und zieht sich dann wieder aus der Politik zurück. Aber von Fontevraud, ihrem Alterssitz, taucht sie 1199 in der Stunde der Gefahr wieder auf, nun als Endsiebzigerin, um in ungebrochener Vitalität erst Johann die Macht in Aquitanien zu sichern und dann ein weiteres Mal über die Pyrenäen zu reisen, wo sie – nach Berengaria für Richard – wieder eine spanische Braut abholt, diesmal Blanka von Kastilien für den französischen Thronfolger, den späteren Ludwig VIII. Es ist eine Mission im Dienst des von Johann mit Philipp ausgehandelten Friedens, und daß sie sie übernahm, weist auf ihre Zustimmung zu dieser Politik hin.

Giraldus und Diceto betonen Richards Ergebenheit gegenüber seiner Mutter. Er habe an ihr gutgemacht, was er am Vater verbrochen habe, meint Diceto, und: Eleonore sei der Adler aus der Prophezeiung Merlins, der sich an seinem dritten Jungen erfreue.[197] Ihren Einfluß auf Richard abzuschätzen, ist allerdings nicht leicht. Daß er ein paarmal etwas auf ihren Rat hin getan haben soll, erlaubt noch keine Bewertung, und so muß ihre diesbezügliche Bedeutung genauso unbestimmt bleiben wie die anderer Ratgeber. Richard stattete sie 1189 mit dem dreifachen Wittum einer Königin aus, setzte sie bei Regierungsantritt zur Wahrnehmung seiner Interessen in England ein und betraute sie 1190/91 mit der Reise nach Navarra und diplomatischen Aufgaben in Rom. Dazwischen finden wir sie bei einer Begegnung mit Heinrich VI. in Oberitalien.[198] Eine offizielle Regentenfunktion erhielt sie während Richards Abwesenheit nicht, aber nach Johanns Autoritätseinbuße in England nimmt sie die Funktion einer höchsten Kontrollinstanz wahr. Zu ihr ist sie ebenso durch die Weisungen ihres Sohnes wie durch das allgemeine Bewußtsein von ihrer nicht bezweifelbaren Loyalität gegenüber dem König berufen. Man kann ihr wegen ihres bloß phasenhaften Engagements und dadurch, daß ihr Sohn sie nachweislich mehrmals um ihren Einsatz gebeten hat, nicht unterstellen, sie sei eine machtgierige Königin und sich aufdrängende Mutter gewesen, die nicht verstanden hätte, abzutreten. Sie ist am besten nach den Handlungen zu beurteilen, die sie während Richards Kreuzzug und Gefangenschaft setzte, und hier hatte sie ein paar schöne Erfolge zu verzeichnen. Trotz aller persönlichen Verbundenheit mit ihrem Sohn und ihrer politischen Erfahrung, die sie zur Konsolidierung Englands 1192/93 einsetzen konnte, ist eine unterschiedliche Gewichtung zwischen ihr und Richard in späteren Jahren nicht zu übersehen, und hier liegt auch unbezweifelbar die Grenze ihres Einflusses: Wenn sie allseits um Frieden bemüht war, so war Richard zweifellos bis zuletzt auf Kriegskurs. Die Zeit und der französische König gingen über den Versöhnungswillen der alten Königin hinweg, und daß sie dem Erbfeind mit ihrer Enkelin Blanka eine energische Königin und Regentin zuführte, sollte sich als gegen die Interessen des Anjoureichs gerichtet erweisen. Sie hat die Interessen dieses Reichs in seinen verschiedenen Teilen zu verschiedenen Zeiten durchaus wahrgenommen, aber ihr politischer Schwerpunkt lag natürlich in ihrem Stammland. Solange Richard ausschließlich Herzog von Aquitanien war, mußte das einen natürlichen Gleichklang ergeben. Seine spanische Heirat, die ganz in der Tradition der aquitanischen Herzöge stand, und sein Toulouseeinsatz beweisen es. In seiner zweiten Regierungshälfte verlagerte sich aber der Schwerpunkt seiner Aktivitäten nach dem Norden. Sein Allianzsystem war nun auf die Interessen der Normandie ausgerichtet, nicht mehr wie früher auf die Aquitaniens. Damit war Eleonore interventionsmäßig auch weniger gefordert. Zwischen 1194 und 1199 hören wir nur ein einziges Mal von ihr, als sie sich nämlich zugunsten eines französischen Intimfeinds von Richard verwenden wollte, also wieder eine Vermittlungsaktion im Sinn hatte, die aber dramatisch mißglückte[199] und von ihrem Sohn kaum goutiert worden ist.

Mit Eleonore verlassen wir nun zugleich das Umfeld von Richards heimischen Problemen, um seine Geschicke auf dem Kreuzzug zu verfolgen.

# AUF DER ANREISE ZUM KREUZZUG

## Messina

Als Richard und Philipp, friedlich vereint, mit ihren Armeen von Vézelay nach Lyon zogen, während die angevinische Flotte die spanische Atlantikküste südwärts segelte, hatte dank der professionellen Vorbereitung der bislang bestorganisierte Kreuzzug begonnen. Mit zwei Entscheidungen war Richard einen neuen Weg gegangen: Die Anreise mußte zur See geschehen und die Flotte die eigene sein.[200] Damit hatte er die Konsequenz aus den bisherigen leidvollen Erfahrungen mit den strapaziösen Landwegen durch das Byzantinische Reich und der Berührung mit Seldschuken in Anatolien gezogen. Eben zu dieser Zeit war in Kleinasien wieder einmal ein Kreuzfahrerheer von einer Katastrophe betroffen: Die Deutschen verloren ihren Kaiser. Als Barbarossa aber am 10. Juni 1190 im Fluß Saleph starb, war er länger als ein Jahr auf mühevolle Weise unterwegs gewesen. Vor mehr als 40 Jahren hatte Richards Mutter als junge französische Königin gleichfalls die Kreuzfahrt auf diesem Landweg mitgemacht, und eben dieser zweite Kreuzzug war wohl das Lehrbeispiel, wie ein Kreuzzug nicht durchgeführt werden konnte.

Die Anreise mußte möglichst rasch und reibungslos ohne Nahrungsmittelnot, Wassermangel und Sorge vor Überfällen vonstatten gehen – Bedingungen, die der Seeweg erfüllte. Tatsächlich bewahrte die von den Schiffen mitgeführte Verpflegung das Heer auch später vor jeder Lebensmittelknappheit. Durch Verwendung einer eigenen Flotte kam der Vorteil der Unabhängigkeit von den Seestädten, der Kosteneinsparung und der jederzeitigen militärischen Verfügbarkeit der Schiffe hinzu. Während Richard zu Land entlang der Rhône südwärts zog, näherten sich mehr als 100 große Transportschiffe Marseille, um mit dem König dort zusammenzutreffen. Das Auslaufen der einzelnen Schiffe aus verschiedenen englischen und französischen Häfen und die Sammlung der Flotte hatte sich seit Ostern 1190 vollzogen, aber von Marseille aus sollte diese die Strecke bis Messina in nur 23 Tagen zurücklegen. Von nun an war der Landweg für den Truppentransport überholt.[201] Wenn der König trotzdem so lange zur Anreise ins Heilige Land brauchte, so lag das nicht an den Gefahren des Meeres, und wenn seine Flotte zu spät in Marseille eintraf, so waren auch daran nicht die Unbilden des Seewegs schuld, wie wir noch hören werden. Die übliche

Erschöpfung durch einen langen entbehrungsreichen Anmarsch blieb diesem Heer somit erspart, und es war sofort voll einsatzfähig.

Natürlich bedurfte es zur Ausrüstung einer solchen als gigantisch empfundenen Flotte des Geldes. Es handelte sich um eine Investition, die sich lohnen würde, aber Kapital und den Willen zu seinem Einsatz voraussetzte. Bei Philipp fehlten diese Voraussetzungen. Er begnügte sich damit, mit den Genuesen einen Vertrag abzuschließen, um sein Kontingent ins Heilige Land transportieren zu lassen. Wir hören von 650 Rittern und der doppelten Anzahl von Knappen, während Richards Heer als viel größer angenommen werden muß.[202] Aber daß Philipp sich überhaupt für den Seeweg entschied, wird Richards Einfluß zuzuschreiben sein, denn zunächst war, wie Verhandlungen mit Byzanz zeigen, an den Landweg gedacht, wie auch Heinrich II. in dieser Hinsicht sondiert hatte. Es war von Anfang an Richard, der für den Seeweg plädierte, denn wir hören schon zum Jahr 1188, daß er mit seinem Schwager Wilhelm II. von Sizilien wegen Bereitstellung einer Flotte verhandelte.[203] Zu Lebzeiten seines Vaters konnte er natürlich nicht daran denken, selbst eine solche aufzustellen, aber sofort nach seinem Regierungsantritt begann er dieses Projekt voranzutreiben.

In Lyon trennten sich Richard und Philipp, um auf verschiedenen Wegen Genua zu erreichen. Philipp zog landeinwärts, Richard über Marseille und dann die Küste entlang. Es war eine Maßnahme, die einfach die leichtere Verpflegung der Truppen sicherstellen sollte und von keinerlei sichtbaren Spannung unter den Königen diktiert. In Genua bezog Philipp kurzfristig das Krankenlager, und als Richard Mitte August nach Portofino weiterfuhr, sandte ihm Philipp eine Botschaft nach, die schon einen Großteil aller künftigen Auseinandersetzungen in sich barg. Sie enthielt das Ansuchen, Richard, der eben in Marseille noch zwanzig Galeeren und zehn große Lastschiffe angeheuert hatte, möge ihm fünf Galeeren zur Verfügung stellen. Nun konnte es für Philipp kein Problem darstellen, sich von Genua aus fünf Schiffe zu beschaffen, und wenn er diese von Richard wollte, so schlug er damit gleich den Grundakkord an, der die beiderseitigen Beziehungen von nun an akzentuieren sollte: Richards Reichtum war die Mitfinanzierung des französischen Kreuzzugsbeitrags zugedacht. Richard erklärte sich bereit, auf drei Galeeren zu verzichten, was aber Philipp als nicht ausreichend zurückwies. Das nächste Rendezvous der Könige war in Messina angesetzt, und der Aufenthalt dort sollte ein halbes Jahr in Anspruch nehmen.

Selbstverständlich wäre es für beide Könige ein leichtes gewesen, noch im selben Jahr vor Akkon einzutreffen. Richard begnügte sich hingegen damit, auf König Guidos dringende Bitte eine Vorausabteilung zu entsenden. Da eine französische Abordnung, bestehend aus Vertrauensleuten Philipps, schon längst da war, konnte das Spiel von Intrigen und Gegenintrigen trotz Abwesenheit der Könige bereits beginnen. Deren langer Aufenthalt in Sizilien aber beruhte nicht auf der zufällig schon allzu fortgeschrittenen Jahreszeit, die eine Weiterfahrt zur See zu riskant gemacht hätte, sondern die späte Ankunft der beiden in Sizilien beruhte vielmehr auf der berechneten Langsamkeit ihres Anreisewegs bis Messina. Zwar wollte Richard, als er am 31. Juli 1190 in Marseille ankam, nicht länger als eine Woche auf seine säumige Flotte warten und mietete Schiffe, um weitersegeln zu können – die Flotte erreichte Marseille erst am 22. August –, doch setzte er die Weiterreise dann gemächlich und mit scheinbar touristischem Interesse fort. Wollte er nicht ohne seine Flotte in Marseille ankommen? Immer in Küstennähe Italiens segelnd, dann wieder an Land gehend, ließ er kaum einen der sehenswerten Orte aus. Nur Rom versagte er sich. An der Tibermündung traf er mit Kardinal Oktavian, dem Bischof von Ostia[204], zusammen und sagte ihm „turpia multa", ungeschminkte Wahrheiten über die römische Simonie; den zur Zeit regierenden Papst Klemens III. mochte er in besonderem Maß nicht, und ein Zusammentreffen mit ihm unterblieb denn auch. In Neapel hielt er sich zehn Tage auf, in Salerno fünf, wobei er die Ärzte der berühmten Universität konsultierte.

Wir kennen von Richard jede Zwischenstation, weil Howden, der bis nach dem Fall Akkons in seiner Nähe war, eine Art Reisetagebuch führte. Von Philipp hören wir aus Nebenquellen, daß er zwischen Genua und Messina in einen Seesturm geraten sein soll[205], wobei wir aber nicht beurteilen können, ob es daran lag, daß er nur sieben Tage vor Richard, nämlich am 16. September 1190, in Messina eintraf. Es heißt, daß er noch am selben Tag von Richards Ankunft nach Akkon absegeln wollte, daß ihn aber der Wind daran gehindert hätte. Er unternahm keinen zweiten Versuch mehr, den Winter statt im luxuriös ausgestatteten Königspalast von Messina im Lager vor Akkon zu verbringen, und die Anstalten zur Abreise haben wohl eher eine Alibifunktion. Was Richard betrifft, so gab es für ihn eine Reihe von Angelegenheiten, die noch vor der Eroberung Akkons erledigt sein mußten, während für Philipp kein dringender Abhaltungsgrund von der Weiterfahrt ersichtlich ist außer dem, daß er Richard im Auge behalten wollte. Wir werden von den Forderungen hören, die dieser im Namen seiner Schwester, aber auch im eigenen, König Tankred zu stellen hatte. Die Zeit, die das in Anspruch nehmen würde, war ungewiß. Darüber hinaus, und das scheint noch entscheidender für die Verzögerungstaktik gewesen zu sein, war das Problem Zypern von Grund auf zu lösen. Dieses Unternehmen war im Herbst keinesfalls mehr durchzuführen, und es wäre sinnlos gewesen, Messina im Eiltempo anzupeilen, nur um sich dem Vorwurf auszusetzen, die zur Überfahrt noch geeignete Jahreszeit verstreichen zu lassen. Natürlich ließ Richard nicht ausposaunen, daß er vor der Belagerung Akkons noch andere militärische Aktionen erwartete oder sogar fest eingeplant hatte. Schließlich hatte er noch, bevor er im Heiligen Land eintreffen sollte, eine private Angelegenheit hinter sich zu bringen, die keinen Aufschub mehr erlaubte: Er mußte endlich heiraten. Man kann erwägen, ob nicht auch die Festsetzung der Hochzeit für eine vorgesehene Überwinterung in Messina spricht.

Richards Flotte traf am 14. September 1190 in Messina ein, nachdem die Kreuzfahrer in Lissabon über die Stadt hergefallen waren und sie geplündert hatten. Vielleicht lag es an dem daraus resultierenden Aufenthalt, daß ihr Treffen mit dem König in Marseille und eine genauere zeitliche Abstimmung des nächsten Zusammentreffens in Messina unterblieb. Richard kam jedenfalls erst am 23. September, neun Tage nach Einlangen seiner Flotte, in Messina an. Das war ein Zeitraum, der zum Aufbau von Spannungen ausreichte, nicht zuletzt, weil Philipp auch schon anwesend war. Als Richard dann in Messina landete, hatte er auf seine Weise dargetan, daß auch in ihm die Raubinstinkte wach waren. Howden gibt uns die Episode wieder, die zugleich mit dem Leben des Königs den anlaufenden Kreuzzug hätte beenden können. Kurz nach Mileto, schon ganz im Süden Italiens, kam er mit nur einem Begleiter durch ein Dorf, hörte in einem Haus einen Falken schreien, ging hinein und kam mit dem Falken auf der Faust heraus.[206] Da er seine Beute nicht fahren lassen wollte, sah er sich im Nu von einer wütenden Bevölkerung umringt und wurde mit Steinen und Stöcken attakkiert. Er wehrte sich mit der Breitseite der Klinge, da zückte einer der Dörfler ein Messer, und in diesem Augenblick brach Richard das Schwert entzwei. Es war genau eine jener Situationen, die sich zunächst so harmlos darboten, daß keine Wachsamkeit nötig schien, und in denen für ihn die größte Gefahr lauerte. Immer stand dabei das Draufgängertum im umgekehrten Verhältnis zur Anzahl seiner Begleiter: Je weniger um ihn waren, desto riskanter wurden die Einsätze. Irgendwie entkam er, gleichfalls Steine werfend, mit seinem Ritter, um tags darauf seinen höchst königlichen Einzug in Messina zu halten. „In tanta gloria“ erschien er, von Trompetengeschmetter umgeben und das Meer von der Flotte bedeckt, daß er nicht nur persönlich den größten Eindruck machte, sondern die Bevölkerung von Messina die Demonstration militärischer Stärke unmöglich übersehen konnte. Nach Devizes, einem gut unterrichteten Chronisten, war das Wiedersehen Richards und Philipps von ungetrübtester Freude gekennzeichnet. Hinter der Jubelfassade war freilich schon aller Zündstoff angehäuft, und es dauerte auch nicht lange, bis die abermalige Farce der Freundschaft von der Wahrheit abgelöst wurde.

Man muß einräumen, daß Richard in der Konfrontation mit Tankred und der Bevölkerung von Messina, reichlich aggressiv wirkt, so daß man geneigt sein könnte, diesen Eindruck einfach auf seine Kommunikation mit allen anderen Persönlichkeiten des Kreuzzugs, einschließlich Philipps, zu übertragen. Aber was auf den ersten Blick einfach wirkt, enthüllt schon beim zweiten seine Komplexität, bis am Ende die Perspektive eine völlig andere ist. Die Zielsetzungen, die Richard in Messina leiteten, sind völlig verschieden von denen, die später für ihn bestimmend waren, und die Eroberung von Messina war, verglichen mit den Massakern, die die Einnahme einer Stadt oft genug begleiteten, eine relativ moderate Angelegenheit. Was Philipp betrifft, so war er vom Typ her nicht dazu prädestiniert, in eine Messerstecherei verwickelt zu werden oder sich bei der Einnahme einer Stadt persönlich zu exponieren, aber friedfertig war er deshalb nicht. Wenn im Zusammenhang mit dem Kreuzzug, dessen politischer Mechanismus in Messina in Gang kam, und im speziellen im Hinblick auf Philipp, Richards meistzitierte Eigenschaft eine apolitische Überheblichkeit ist, die jede Zusammenarbeit mit ihm unmöglich gemacht hätte, so liegt hier eine Betrachtungsweise vor, die durch Unkenntnis der Vor- und Nachgeschichte verzerrt sein muß. Natürlich ist es gar nicht fraglich, daß Richard es sehr gut verstand, Leute zu beleidigen, aber ebenso verstand er es, nachhaltig für sich einzunehmen. Es ist erkennbar, daß er genau wußte, wann und wem gegenüber er sich eine Beleidigung erlauben durfte. Der Gesamtzusammenhang macht deutlich, daß die Regie des Kreuzzugs völlig unabhängig von Richards mehr oder weniger arrogantem Charakter verlief. Einerseits bringt die Aufdeckung von Philipps Intrige in ihrem ganzen Umfang schon eine Relativierung aller Schuldzuweisungen an Richard mit sich, so daß, was immer noch an mangelnder Verbindlichkeit in seinem Wesen bleiben mag, als irrelevant ausgewiesen wird; andererseits kann die Beschäftigung mit Detailfragen den Nachweis liefern, daß Richard, dem der Erfolg des Kreuzzugs am Herzen lag, in hohem Maß zum Nachgeben und Einlenken befähigt und willens war.

Wieso wurde das fast immer übersehen? Wie konnte es zu einem für weite Teile der einschlägigen Forschung repräsentativen Urteil kommen, das besagt: „Das Ergebnis des groß angelegten dritten Kreuzzugs ist sehr mager ... Die Schuld daran trägt großteils Richard Löwenherz“?[207] Wieso sprach ein führender französischer Kreuzzugshistoriker von Richard einfach als „ce paladin impolitique et brutal“?[208] Ihre Hauptrechtfertigung beziehen alle diese Einschätzungen wieder von Stubbs[209], auf den sich der Autor des englischen Standardwerks über die Kreuzzüge, Runciman[210], bei der Zeichnung von Richards Charakterbild denn auch ausdrücklich beruft. Die charakterologische Inkompetenz des großen englischen Quelleneditors wirkte sich bei der Einschätzung von Richards Rolle als Kreuzfahrer nun deshalb besonders verhängnisvoll aus, weil Stubbs' Urteil die französischen und deutschen Quellenberichte über Richard zu bestätigen scheint und sich doch nicht von diesen herleitet. Stubbs Urteile sind vielmehr großteils A-priori-Verdikte. An den beiden genannten nationalen Überlieferungssträngen wieder besticht die Einheitlichkeit der Sichtweise, obwohl sie doch den Kreuzzug jeweils mit wenigen Sätzen abtun und Richard mit ein paar Pauschalbeschuldigungen abqualifizieren. Das aus diesen beiden Vorurteilen entstandene Bild vom Kreuzfahrer Richard blieb von Fakten unerschüttert. So findet sich, was vor 800 Jahren eine vom französischen König persönlich initiierte und bewußt nach Deutschland hineingetragene Kampagne war, als unreflektierter Niederschlag in nahezu der gesamten einschlägigen Literatur wieder. In Deutschland war der Propagandaeffekt umso durchschlagender, weil er nach Richards Gefangennahme einem Rechtfertigungsbedürfnis entgegenkam. Für die Franzosen war Richard immer der Nationalfeind, und die Engländer hatten ihren Stubbs, dessen Autorität weiteres Nachfragen lange überflüssig erscheinen ließ.

Die Destruktivität von Philipps Zielsetzung beim Kreuzzug wurde nicht erkannt. Trotz Hervorhebung der dafür maßgeblichen Charaktereigenschaften blieb die Frage ausgespart, welches Interesse er denn hätte haben sollen, ein Unternehmen zu fördern, dessen Erfolg nach Lage der Dinge allein Richard zugeschrieben worden wäre. Richards Heimkehr als Sieger war mit Philipps Absichten unvereinbar. Er versuchte deshalb sowohl die Heimkehr als auch den Sieg zu hintertreiben, und klarerweise bot eine militärische Niederlage die beste Garantie dafür, daß er den Gegner für immer loswurde. Während er in Wahrheit mehrgleisig eine ausschließlich französische Politik betrieb und den Kreuzzug als Mittel zum Zweck dafür einsetzte, unterstellte man ihm bereitwillig, da er nun einmal als politischer Kopf gesehen wurde, daß er seine Fähigkeiten auch in den Dienst des Kreuzzugs gestellt hätte, was ihn in in den Ruf eines um Ausgleich bemühten Politikers brachte.[211] Das hat nicht nur zur Folge, daß Richard in die Rolle des Unfriedensstifters gedrängt wurde, sondern daß man seinen Beitrag zum Resultat des Kreuzzugs nicht in der wahren Größenordnung sah. Er hat nicht nur einen Teilerfolg erzielt und die Lage stabilisiert, sein größtes Verdienst lag wohl im Gegensteuern, in der Abwendung des programmierten Debakels.

Die Intrige beschränkt sich aber nicht auf das Hauptziel und die Vorgänge in Outremer, sondern Philipp war bemüht, Richard in Schwierigkeiten zu verwickeln, wo immer sich eine Gelegenheit dazu bot. Zusätzliche Komplikationen beschworen für Richard weitere Gefahren herauf und mußten Energien, die sonst der Hauptaufgabe zugeflossen wären, in Reaktion und Selbstverteidigung binden, sie boten auch die Möglichkeit der Diffamierung.

Wir haben Philipps Politik der Nachgiebigkeit gegenüber Richard vor dem Kreuzzug untersucht. Sie ergibt in Zusammenschau mit der Politik, die er nach seiner vorzeitigen Rückkehr vom Kreuzzug gegenüber Richard betrieb, ein sinnvolles Ganzes. Die sich schließlich enthüllende letzte Zielsetzung ist so radikal, daß sie den Aufwand an Mitteln verständlich macht. Er begann den offenen Kampf gegen Richard sofort nach der Heimkehr vom Kreuzzug, das allein legt die Frage nahe, ob er nicht auch während des Kreuzzugs Richard direkt entgegengearbeitet hat. Und wirklich zeigt sich, daß seine Aktionen vor und nach der Abreise von Akkon dasselbe Grundmuster aufweisen. Er hat ebenso versucht, Heinrich VI., die Kirche und Johann für seine Ziele einzuspannen, wie Konrad von Montferrat und offenbar Isaak von Zypern, aber auch schon mit großer Wahrscheinlichkeit die Bürger von Messina und Tankred. Auch wenn die Spuren seines Verhaltens ungleich deutlich ausgeprägt sind, fällt auf, daß er in Konflikten nie auf Richards Seite steht. Bei seiner Politik des Minenlegens benutzte er von Anfang an Dritte als Werkzeuge gegen Richard, die damit genauso Opfer seiner Politik wurden wie dieser selbst. So weckte oder nährte er scheinbar selbstlos als wohlmeinender Ratgeber in anderen die Furcht vor einem Angriff Richards und trieb sie zu Handlungen, die diesen Angriff unvermeidlich machten. Selbst wenn er Richard vereinzelt damit einen Dienst zu erweisen schien, die Absicht der beiden war konträr. Richard wollte den Sieg, Philipp den Kampf. Im Kampf sah er die letale Möglichkeit und im Sieg noch den Schaden, der sich aus ihm ziehen ließ. Da Richard im Kampf siegte, war der materielle Schaden auf seiten derer, die in die Konfrontation mit ihm getrieben worden waren, und auf Richards Seite der ideelle Nachteil. Eine Reihe Besiegter mußte schließlich eine Reihe Unzufriedener ergeben, und da er selbst Richard angreifen wollte, lag ihm sehr daran, als einer unter vielen, mit denen sein Rivale im Krieg lag, zu erscheinen. Hätte Richard aber Philipps Absichten durchkreuzen wollen, hätte er überhaupt nicht handeln dürfen. Die hohe Reputation eines französischen Königs, der Umstand, daß er an den maßgeblichen Schauplätzen vor dem englischen eintraf und daß man ihm eine genaue Kenntnis von Richards Charakter zutrauen konnte, während man diesen selbst überhaupt nicht kannte – all das ließ Philipp glaubwürdig und erfolgreich sein, wenn auch in einer für den Kreuzzug verhängnisvollen Weise.

Nach seiner Ankunft in Messina bezog Richard Quartier in einem Haus in den Weinbergen[212], da Philipp bereits im Königspalast residierte. Sein vor einer Woche eingetroffenes Heer, dem die Stadt untersagt war, lagerte am Strand. Die Befehlshaber der Flotte erwarteten den König, der, seit er von der Landung der Seinen wußte, die Anreise beschleunigte, zweifellos schon mit Unruhe, denn die Lage war explosiv. Zu den ganz normalen Umständen, die für Spannungen sorgten, gehörten die durch den plötzlichen Zuzug exorbitant gestiegenen Lebensmittelpreise. Außerdem sorgte die Verschiedenheit der aufeinanderstoßenden Kulturen für den Ausbruch der üblichen Ressentiments.[213] Im oft eroberten Sizilien gab es außer einer dünnen normannischen Oberschicht das italienische Bevölkerungselement, zu dem die längst romanisierten Langobarden zählten, sowie griechische und arabische Einwohner. In Messina bestimmten nach unseren Chronikberichten „Griffones" und „Langobardi", das heißt Griechen und Lateiner verschiedener Herkunft, das Geschehen. Für Kreuzfahrer waren die orthodoxen Griechen von jeher suspekt, und was die „Langobarden" anbelangt, so haben wir aus späterer Zeit eine Verszeile Richards, in der er die Franzosen verächtlich als solche bezeichnet[214], wodurch nebenbei die Frage aufgeworfen wird, als was er sich selbst empfunden haben mag. Die Bewohner Messinas, in den englischen Berichten perhorresziert, kommen allerdings auch in anderen zeitgenössischen Berichten schlecht weg.[215]

Mit Richards Heer war nun gleichfalls eine bunte, wenn auch trotz aller möglichen Idiome französisch sprechende Truppe in Erscheinung getreten. Nach Devizes waren aber für die Einheimischen, was hier aus England und der Normandie, den Loiregebieten und Südfrankreich auf den Plan getreten war, einfach die „Engländer", womit sie die französisch sprechenden Untertanen Richards von den französisch sprechenden Untertanen Philipps unterschieden. Hier zeigt sich nun ein interessantes Phänomen: Während sonst das Zusammentreffen von Griechen und Franzosen im Zusammenhang mit den Kreuzzügen nicht von Freundlichkeit geprägt war[216], herrschte diesmal zwischen den „französischen" Franzosen und dem Gastland eine ostentative Harmonie, während der Konflikt von Anfang an die „englischen" Franzosen Richards betraf. Zu den nationalen Vorurteilen, wirtschaftlichen Gründen und üblichen Reibereien, wie sie durch das Verhalten von Soldaten ausgelöst werden, kam sofort als dominanter Faktor ein politischer hinzu. Der normannische Spielmann Ambroise erklärt in seiner „Estoire de la Guerre Sainte" die Antipathie, die Richards Heer im Unterschied zum französischen entgegenschlug, damit, daß die Bewohner Messinas in ihm die Wiederkehr der einstigen normannischen Eroberer zu sehen vermeinten. Abgesehen davon, daß das auf eine Verabsolutierung des – allerdings starken – normannischen Heeresanteils hinausliefe, war es 130 Jahre her, daß Robert Guiscards Bruder Roger vor Messina erschienen war und es erobert hatte. Seitdem regierte eine normannische Dynastie, die in hohem Grad eine friedliche kulturelle Koexistenz gewährleistete.[217]

Vor den „Normannen" im allgemeinen war am Ende des 12. Jahrhunderts eine besondere Furcht nicht mehr angezeigt, doch von Richard konnte man nicht wissen, was er eventuell planen würde, und Mißtrauen ist verständlich. Er war der Bruder der nach Wilhelm II. verwitweten sizilischen Königin Johanna, die vom neuen König Tankred, der nicht allzufest im Sattel saß, in Palermo in Gewahrsam gehalten wurde. Die Einbehaltung ihres Wittums durch diesen stellte einen Konfliktherd dar, und es war auch sonst ungewiß, wie sich Richard dem entgegen einer Verfügung des verstorbenen Königs an die Macht gelangten illegitimen Enkels Rogers II. gegenüber verhalten werde.

Wir berühren hier ein nicht aufzuhellendes Kapitel aus der Endzeit des sizilischen Normannenreiches. Die Entscheidung Wilhelms II., seine Tante Konstanze mit dem Staufer Heinrich VI. zu verloben, hatte im Herbst 1184 für Aufsehen in der politischen Welt gesorgt. Würde das Normannenreich den Deutschen zufallen? Inwiefern dies damals eine reale Befürchtung war und ob Wilhelm II. mit vollem Bewußtsein die Thronfolge den Staufern zuerkannte, ist kontroversiell. Wir wissen nämlich nicht, ob der noch junge Wilhelm II. diese Eheverbindung zuwege brachte, während er noch mit Leibeserben rechnete – womit ihr eine zwar abgeschwächte politische Bedeutung zugekommen wäre, die aber natürlich jederzeit den Ernstfall heraufbeschwören konnte –, oder ob er im Bewußtsein einer Zeugungsunfähigkeit eine Schicksalswende für sein Reich vorgenommen hat.[218] Johanna wurde jedenfalls in ihrer zweiten Ehe Mutter, und Wilhelms Entscheidung bleibt im Bewußtsein ihrer Folgen befremdlich.

Die Internierung der vormaligen Königin durch Tankred kann nun bedeuten, daß von ihr ein Eingreifen in sizilische Angelegenheiten als denkbar angesehen wurde – und damit auch von ihrer Familie. Wir können mit Bestimmtheit annehmen, daß Richard im Herbst 1190 keine Eroberung Siziliens geplant hatte, sondern daß er nur seinen Kreuzzug, und zwar mit bestmöglicher finanzieller Fundierung, durchführen wollte. Das eine war mit dem anderen unvereinbar. Wenn Richard beabsichtigt hatte, etwa drei Jahre im Heiligen Land zu bleiben, konnte er nicht gleichzeitig daran denken, ein erobertes Sizilien gegen den schon aufmarschierenden Heinrich VI. zu verteidigen. Auf Eroberungen aber, die sich nicht halten lassen würden, verzichtete er jederzeit, wie sein Verhalten in Zypern und seine Argumentation im Heiligen Land beweisen. Was mit Richards Abfahrt aus Messina allen, auch Heinrich VI., evident sein mußte, nämlich daß er sich in die politische Zukunft Siziliens nicht einmischen werde, mußte bei seiner Anreise ungewiß sein, und eben deshalb ist eine gesteigerte Nervosität bei den Betroffenen, sowohl bei der Bevölkerung von Messina als auch bei Tankred selbst, verständlich.

Sämtliche englische Chronisten – außer den genannten ist noch Devizes mit einem ausführlichen Sizilienbeitrag zu erwähnen –, aber auch nichtenglische verbreiten sich über die Provokationen, die die Einwohner Messinas sich gegenüber Richards Heer erlaubt hätten und die von Verbalinjurien bis zu Überfällen und Tötungen gegangen seien.[219] Wenn Angst vor einer neuen Eroberung vorhanden war, so entlud sie sich jedenfalls in Aggressionen. Die von Richard vorgefundene Lage erforderte ein schnelles Handeln, wobei dieselben Handlungen zugleich defensiven und offensiven Charakter hatten. Defensiv mußte Richard gegenüber den Bürgern von Messina handeln, offensiv verhielt er sich gegenüber Tankred. Der hatte zwar sofort nach Richards Eintreffen Johanna zu ihm geschickt und ihr auch eine finanzielle Ablöse mitgegeben, aber diese wurde von Richard als nicht ausreichend angesehen. Seine Forderungen waren zweifach. Sie betrafen einmal Johannas Wittum, das aus der Grafschaft Monte Sant' Angelo bestand, die im Osten Apuliens am Monte Gargano gelegen war. Diese Region lag im Einfallsgebiet der deutschen Truppen, die hier bis kurz vor Richards Eintreffen, von lokalen Sympathisanten Heinrichs und Konstanzes unterstützt, militärisch operierten.[220] Daß Johanna unter diesen Umständen ihre Grafschaft noch nicht erhalten hatte, hängt also vielleicht mehr mit der aktuellen Situation und dem antistaufischen Kampf zusammen als mit ihrer Person. Zum anderen forderte Richard für sich selbst die Herausgabe eines Legats, das Wilhelm II. seinem Schwiegervater, Heinrich II., der ja das Kreuz genommen hatte, ausgesetzt haben soll. Als sein Erbe und tatsächlicher Kreuzzugsführer beanspruchte er nun: 100 Galeeren mit Ausrüstung für zwei Jahre, Nahrungsmittelvorräte, ein silbernes Zelt, in dem eine Tafel für zweihundert Ritter unterzubringen war, einen goldenen Tisch mit Tischgerät und einen goldenen Stuhl für Johanna. Nun ist es durchaus wahrscheinlich, daß der fromme Wilhelm, der schon 1188 durch die Entsendung eines Ritterheeres Tripolis vor Saladin gerettet hatte[221], irgendwann eine testamentarische Verfügung zur Kreuzzugsförderung getroffen und aufrechterhalten hat, obwohl er selbst erst einige Monate nach Heinrich II. starb. Richard war sicher nicht gewillt, auf einen nur irgendwie zu rechtfertigenden Kreuzzugsbeitrag des reichen Sizilien zu verzichten, und Tankred nicht in der Lage, sich seinen Ansprüchen lange zu widersetzen. Trotzdem sah er vorerst keine Notwendigkeit, sich rasch mit Richard zu einigen. Aus zwei Gründen war aber an langes Verhandeln nicht zu denken. In Messina sah sich Richard mit seinem Heer in die Enge getrieben und standen die Zeichen auf Sturm, rasches Handeln tat not. Außerdem waren die Augen der Welt auf dieses Kreuzfahrerheer und seinen König gerichtet. Was Devizes als Argument anführt, ist berechtigt: Das Heer, das auszog, der Schrecken Saladins zu werden, konnte es sich nicht erlauben, die Hänseleien und Übergriffe „verweichlichter Griechen" zu erdulden, während sein König in lange Debatten über das eintrat, was er als sein Recht forderte. Dieser König war auf Kriegsfahrt, und in Messina war ein Ruf zu riskieren, der schon der halbe Sieg war.

Nachdem Johanna am 28. September 1190 mit einer als unzureichend betrachteten Geldentschädigung bei ihm eingetroffen war, ging Richard über die Meerenge und brachte auf dem Festland den starken monastischen Stützpunkt Bagnara in seine Gewalt, wo er Johanna einquartierte. Er selbst logierte immer noch im Haus in den Weinbergen. Am 2. Oktober vertrieb er die griechischen Mönche aus dem Kloster San Salvatore auf der Halbinsel beim Hafen von Messina, um seine aus den Schiffen ausgelagerten Lebensmittelvorräte in Sicherheit zu bringen. Beide Maßnahmen waren unbedingt nötig, aber da er zugleich strategisch wichtige Punkte besetzte, konnten sie auch als Drohung aufgefaßt werden, die ganz Sizilien galt. Sie wurden so aufgefaßt, und das lag wohl auch in Richards Absicht. Im übrigen enthüllt die langsame Annäherung an Messina nun auch einen Rekognoszierungscharakter, im militärischen ebenso wie im politischen Sinn. Über die Stärke Tankreds und den Verlauf des Kriegs mit den Truppen Heinrichs VI. in Apulien muß ihm so eine Fülle von Informationen zugegangen sein.

In dieser Zeit fanden eifrige Konsultationen zwischen Richard und Philipp statt, und das Verhältnis zwischen den beiden Königen schien nach wie vor von Herzlichkeit geprägt. Am 3. Oktober führte ein Streit um den Brotpreis zu einem Tumult. Richard versuchte seine Leute mit Gewalt vom Sturm auf die verschlossenen Stadttore abzuhalten, was nur unvollkommen gelang. Endlich konnte die Ruhe wiederhergestellt werden, und man einigte sich darüber, am nächsten Tag bei ihm zu einer Konferenz zusammenzukommen. Nach Devizes soll Richard zu diesem Zeitpunkt bereits zum Sturm auf die Stadt entschlossen gewesen sein und seine Vorbereitungen getroffen gehabt haben. Der Autor fügt hinzu, daß günstigerweise dann die andere Seite mit dem Angriff begonnen hat und niemand dem König einen Vorwurf wegen der Eroberung Messinas machen konnte. Wahrscheinlich ist, daß Richard nicht seine ganze Hoffnung in den Erfolg von Friedensgesprächen setzte.

Am Morgen des 4. Oktober 1190 zogen einige einheimische Kirchenfürsten mit dem aus England stammenden Erzbischof von Messina an der Spitze sowie Tankreds Vertrauensleuten, dem Admiral Margaritus und Jordanus Lupinus[222], in Begleitung König Philipps in die Weinberge, um mit Richard zu verhandeln. Während die Gespräche in Gang kamen, strömten auch die Bürger von Messina in Massen hügelan, und plötzlich ertönte der Schrei, das Quartier Hugos von Lusignan[223] sei überfallen worden und ein Kampf im Gang. Dieser Hugo, „le Brun“, der Braune, genannt, war ein Neffe des von Konrad von Montferrat eben jetzt vor Akkon diplomatisch entscheidend geschwächten Königs Guido von Jerusalem und das Oberhaupt der Familie Lusignan im heimatlichen Poitou. Es kann Zufall sein, daß die rabiaten Bürger ihren Angriff auf das angevinische Heer mit einem Überfall auf einen Lusignan begannen, es kann aber auch sein, daß es eine gezielte Aktion in einem weiter gespannten politischen Zusammenhang war. Richard beendete abrupt die Konferenz und erklomm mit einigen wenigen zu Pferd eine Anhöhe über dem Schauplatz der Kämpfe. Von dort stürmte er dann herab und trieb die Bürger von Messina vor sich her in Richtung Stadt. An den Toren kam es zu den ersten schweren Kämpfen. Die Franzosen waren mit Philipp längst hinter den Mauern verschwunden. Nach Devizes und Ambroise wird bei der Einnahme Messinas das übliche taktische Konzept wirksam: Richard ließ seine Bogenschützen aufmarschieren, die so massiert angriffen, daß die Mauern im Nu leergefegt waren. Da sie nicht mehr verteidigt werden konnten, war es nicht allzu schwierig, mit Rammböcken gegen die Tore vorzugehen.

Während die Stadt vom Land her angegriffen wurde, setzte sich die Flotte in Bewegung, um die Umzingelung von der Meerseite zu vollenden. Da der Königspalast, von dem Philipp aus das Geschehen verfolgte, in Hafennähe lag, untersagte er hier die Kämpfe, und hartnäckig hielt sich im angevinischen Lager die Behauptung – und wurde später auf höchster Ebene im Propagandakrieg verwendet –, daß der französische König persönlich in den Kampf eingegriffen und einige Matrosen seines Verbündeten erschossen hätte. Die Aktion zur See war aber nicht nötig, da Richard und die Seinen sich schon den Eintritt in die Stadt erzwungen hatten. Die sizilische Flotte wurde in Brand gesteckt, und im folgenden konzentrierten sich die Kämpfe auf die befestigten Plätze der Stadt. Nach fünf Stunden war Messina von Richards Bannern überweht, und in die wichtigsten Gebäude zog eine Besatzung ein. Richards Adelige übersiedelten nun in Stadtquartiere. Die maßgeblichen Bürger mußten Geiseln stellen, dann stellte der König sein Ultimatum nach Devizes: Die Geiseln konnten individuell ausgelöst werden, oder die ganze Stadt sollte übergeben werden, wenn Tankred sich weigere, seine Bedingungen zu erfüllen. Die beiden Probleme – der Aufruhr in Messina und der obstinate Tankred – waren gleichzeitig gelöst. Mit Messina als Faustpfand würde Tankred einsehen, daß Zahlungen ihn billiger kommen mußten, als wenn Richard sich auf militärische Weise entschädigen würde. Es konnte auch nicht fraglich sein, welche Variante die Bürger von Messina zur Auslösung ihrer Geiseln vorziehen würden. Klar wird damit aber auch, daß Richard nicht primär an der Eroberung der Stadt interessiert war.

In einer gemischten angevinisch-französischen Gesandtschaft wandten sich die beiden Gastkönige an Tankred, um ihn über die Vorfälle zu informieren. Die französische Delegation wurde vom Herzog von Burgund angeführt, was festzuhalten ist. In der angespannten Situation bewaffneter Ruhe, als Tankred noch ausweichend reagierte, schien noch einmal die Lebensmittelverknappung eine Rolle zu spielen, wobei beim Heer der Eindruck entstand, man wolle es aushungern, aber der mitgeführte Proviant überbrückte diese Phase. Dann entspannte sich die Lage durch Tankreds Nachgeben. Er bot Richard eine Geldkompensation zur Ablöse seiner Ansprüche an, und angesichts dieser Einigung verließen die beiden als Rädelsführer des Aufstands verteufelten Beamten Tankreds Margaritus und Jordanus Lupinus heimlich die Stadt. Ihre nicht bewegliche Habe wurde von Richard beschlagnahmt. Am 8. Oktober erließen die beiden Könige einen ganzen Katalog von Gesetzen, um die anstehenden Probleme in den Griff zu bekommen. Der Brotpreis war von nun an festgesetzt, Zwischenhandel und Wucher wurden verboten, hygienische Erfordernisse ebenso bedacht wie Bestimmungen und Strafen über das Würfelspiel; letztwillige Verfügungen von Kreuzfahrern wurden zum Nutzen des Kreuzfahrerheers reglementiert. Die Könige erneuerten ihre Versicherungen, sich wechselweise treu beistehen zu wollen. Sehr zur Besänftigung der Bürger Messinas trug es bei, daß Richard seinen Leuten die Rückgabe des Plünderungsgutes befahl. Er war nicht zuletzt durch Tankred in die Lage versetzt worden, das Heer großzügig für die entgangene Beute, aber auch für den langen kostspieligen Aufenthalt in Messina zu entschädigen. Seine Großzügigkeit erreichte ihren Höhepunkt bei dem glänzenden Weihnachtsfest, zu dem er alle Welt und auch König Philipp zu sich lud. Nebst anderem fielen dabei für Philipp etliche Schiffe ab. Dieses Fest fand in einem von Richard in Eile auf einer Anhöhe über der Stadt errichteten Kastell aus Holz, das er „Mategriffon" nannte, statt. Mit diesem „Griechenzwinger" griff er auf eine vor der Anlage von Steinburgen gebräuchliche Befestigungsart zurück. Er schuf sich damit eine Kurzzeitresidenz, die er bei der Abreise gemäß einer Zusage an Tankred abreißen ließ. Außerdem verstärkte er die Befestigungen rund um sein Schatzhaus und Lebensmitteldepot. Mit diesen Maßnahmen war ein ruhiges Überwintern sichergestellt, und wir hören von keinen Zwischenfällen mit der Bevölkerung mehr. Die „gens Anglicana" sei nun im Königreich Sizilien im höchsten Ansehen gestanden, meldet Howden dazu. Später wurde behauptet, daß es in Messina war, wo Richard sich seinen legendären Beinamen erwarb. Allerdings hat schon Devizes gehört, daß die Sizilier ihn mit dem Löwen verglichen, was er in Zusammenhang mit seiner Rechtspflege bringt: Gleich nach seiner Ankunft ließ Richard vor der Stadt Galgen errichten, und entgegen Philipps Vertuschungstendenz habe er seine eigenen Leute nicht nachsichtiger behandelt als die Einheimischen. Philipp dagegen, und auch das ist nichts Neues, wurde mit dem Beiwort des Lammes versehen. Nun war aber Lammfrömmigkeit keine an einem König hochgeschätzte Eigenschaft, und vielleicht meinten die Sizilianer auch ganz allgemein nichts Gutes damit.

Welche Rolle spielte Philipp in Messina? Daß er sich bei der Einnahme der Stadt Richard gegenüber verräterisch verhalten habe, behaupten – wie sollte es anders sein? – ausschließlich, dafür unisono, die englischen Quellen. Noch acht Jahre später stellt die Gestalt des eigenhändig die Soldaten des englische Königs tötenden Philipp einen Höhepunkt in den von angevinischer Seite erhobenen Vorwürfen dar.[224] Was Richards Delegation damals dem Papst vortrug, können wir auch bei Ambroise nachlesen: Wie der französische König den angevinischen Galeeren mit Gewalt die Einfahrt in den Hafen verwehrt habe. Howden bringt als Quintessenz der Vorwürfe, daß Philipp trotz der Waffenbrüderschaft dem angevinischen Heer nicht nur nicht genützt, sondern so viel wie möglich geschadet habe. Aber schon vor Ausbruch der Kämpfe sah man Philipp im Lager des Feindes: Gemeinsam mit den „Volksaufwieglern" Margaritus und Jordanus Lupinus war er am Konferenzort erschienen, und zu Margaritus behauptet die Histoire des Ducs de Normandie sogar ein besonderes Naheverhältnis, indem sie ihn Philipp das *hominium* leisten ließen.[225] Wie die überstürzte Flucht der beiden Vertrauensleute Tankreds beweist, rechneten sie mit Repressalien durch Richard. Man glaubte auch, daß die Konferenz nur den Zweck gehabt habe, Richard vom Kampfplatz entfernt zu halten. Daß systematisch gegen Richard gehetzt wurde, legt Howden nahe, wenn er Richards erste Okkupationen mit den Worten kommentiert: „Und deshalb konnten sie leichter gegen ihn aufgebracht werden.“ Wer sollen die Agitatoren gewesen sein? Außer den beiden Genannten ist natürlich an Philipp selbst zu denken, doch müssen wir wegen der einseitigen Überlieferung Vorsicht walten lassen, wenn wir ihm eine allzu aktive Rolle in Messina zuschreiben wollen. Einiges läßt sich auch zu seinen Gunsten vorbringen. Daß er wegen der Interessen von Richards Schwester nicht zu den Waffen greifen wollte, ist verständlich. Daß er im Einklang mit Richards Befehlen, die Franzosen nicht zu belästigen, nur die unmittelbare Umgebung seiner Residenz verteidigen wollte, ließe sich gleichfalls behaupten. Freilich ist mit letzterem schon die ganze Problematik seiner Position umrissen. Wenn er einen strategisch so wichtigen Punkt wie den Hafen aus dem Kampf heraushalten wollte, war das eine die Einnahme der Stadt verzögernde, Richards Interessen nachteilige, die Stadt Messina aber begünstigende Maßnahme. Seine bloße Anwesenheit in der Stadt mußte für die Militäraktion ein Hemmnis darstellen. Nur deren Kürze läßt das eingebaute Hindernis leicht übersehen, aber welche Situation hätte sich ergeben, wenn die Einnahme Messinas nicht im Lauf weniger Stunden abgeschlossen worden wäre?

Es bestand keine Notwendigkeit für ihn, mit seinem Heer in Messina zu bleiben, als sich abzeichnete, daß ein Kampf unvermeidlich werden würde. Angeblich hatte er schon bei Richards Ankunft ins Heilige Land weiterreisen wollen. Wenn das heißt, daß er gar nicht auf eine Überwinterung in Messina eingestellt war, hätte er mit seinem Heer an einem anderen Ort in Sizilien oder Unteritalien Quartier beziehen können. Er hätte dann nicht befürchten müssen, wider seinen Willen in Kämpfe verwickelt zu werden oder in eine zwielichtige Position zu geraten. Dort hätte sich allerdings sofort gezeigt, daß sein Heer genauso den Unwillen der Bevölkerung erregt hätte wie jedes andere, und er selbst hätte die ansässige Bevölkerung gewiß nicht zu Huldigungsszenen hingerissen. Daß es zu solchen kam, ging nur darauf zurück, daß man ihn als Trumpfkarte gegen Richard ausspielte. Es mußte beim Verbündeten Unwillen erregen, wie Philipp sich eine Beschützerrolle aufdrängen ließ, und Mißtrauen war die natürliche Reaktion, die ihm aus dem Heer des Kreuzzugsgefährten entgegenschlug. Dieses Mißtrauen gleich am Anfang des gemeinsamen Kreuzzugs in Kauf genommen zu haben, ist der mindeste berechtigte Vorwurf an seine Adresse. In der Kampfsituation war für politische Differenzierungen kein Raum, Neutralität nicht möglich. Für die stürmenden Soldaten war es ein Affront, den Verbündeten in der Stadt und sich außerhalb zu sehen. Sein Beiseitestehen wurde als aufreizend empfunden, und man hat die in den englischen Quellen vorgetragenen Beschuldigungen als den Widerhall der Stimmung beim Heer zu verstehen und nicht als eine im nachhinein konstruierte Verschwörungstheorie.

Daß er die Bürger von Messina auch im Stich ließ, macht sein Verhalten gegenüber Richard nicht loyaler. Auch ihnen gegenüber wäre die Abreise das einzige unmißverständliche Signal gewesen, daß er nicht Partei ergreifen werde. Da er blieb, weckte er Erwartungen, die er nicht zu erfüllen gedachte. Seine vorgebliche Vermittlertätigkeit bewirkte, daß die Bewohner von Messina sich zu Provokationen gegenüber Richard hinreißen ließen, weil sie an Philipp einen Rückhalt zu haben glaubten. Das Kalkül ist nachvollziehbar. Was sollte der Stadt schon geschehen, solange der französische König und Herr des Feindes innerhalb ihrer Mauern residierte?[226] Es konnte nur darauf ankommen, sich diesen Herrn freundlich gesinnt zu erhalten. Ambroise schildert uns, wie beim Ausbruch der Kämpfe die Bürger sich an Philipp gehängt und ihn um Beistand gebeten hätten. Was niemand sich vorstellen konnte – außer Richard und Philipp – geschah: Die Stadt wurde gestürmt, während der französische König in ihr weilte. Dessen scheinbar beschwichtigende Diplomatie hatte dem Gegenteil gedient. Sein Verhalten war unmöglich nach beiden Seiten hin. Nach der Logik der Zeitgenossen war Richard entweder im Recht – dann mußte sein Herr und Verbündeter ihm Beistand leisten, und immerhin war ja sein Lager angegriffen worden –, oder er war es nicht, dann war ihm der Sturm zu verbieten. Zum zweiten war Philipp nicht in der Lage, so hätte sein Ansehen die Solidarisierung mit Richard erfordert, wenn er es nicht vorzog, das Feld beizeiten zu räumen. Sich gleichsam miterobern zu lassen, war schmählich.

Das Verhalten, das er bei der Eroberung Messinas an den Tag legte, würde nun für sich allein genügen, um zu erklären, warum er in der allgemeinen Einschätzung hinter Richard zurückbleiben mußte. Von ihm bei jeder Gelegenheit in den Schatten gedrängt worden zu sein, warf er Richard dann vor und nahm die Anschuldigung in die Liste von dessen Vergehen ihm gegenüber auf. Wir werden aber sehen, daß er die Rolle des Gedemütigten bei manchen Gelegenheiten geradezu anstrebte, jedenfalls geriet er keineswegs ohne sein Zutun in sie hinein. Schon seine Ankunft in Messina war von nicht zu überbietender Bescheidenheit. Er kam mit einem einzigen Schiff, und als er die am Strand zu seinem Empfang zusammengeströmte Menge sah, zog er es vor, gleich zum Palast weiterzufahren, um sich gleichsam durch die Hintertür in die Stadt zu stehlen. So durfte ein König nach Ansicht der Zeitgenossen nicht auftreten und noch weniger einer, der um seinen Rang so besorgt war wie Philipp. Richards pompös-effektvoller Auftritt bei seiner Landung bot das vielberedete Kontrastprogramm. Ambroise fühlt sich bemüßigt, Richard zu verteidigen. „Seigneurs", redet er sein Publikum an, „es ist nun einmal so der Brauch: wenn ein hochgestellter Fürst in einem fremden Land seinen Einzug hält, daß er das wie ein großer Herr tut", und er erinnert an das Wort: Wie ich dich sehe, so beurteile ich dich. Dem Augenschein nach war mit Philipp kein König in Messina gelandet.[227] Da Richard nicht mit weniger als einem Schiff ankommen konnte, mußte sein Auftritt den Philipps überglänzen, ob er das anstrebte oder nicht. Er hatte unterwegs noch Galeeren erworben, und da seine Flotte schon eingetroffen war, vollzog sich die Landung vor diesem eindrucksvollen Hintergrund – alles Umstände, die nicht eigens so arrangiert worden waren, um Philipp zu kränken. Dessen Wunsch nach eisernem Sparen trat als Knausrigkeit in Erscheinung. Ob er Richard um ein paar Schiffe anging, sich von ihm beschenken ließ oder den eigenen Adel in dessen Gefolge trieb, weil das Leben auf einem Kreuzzug nun einmal teuer war: Der Ehrenvorrang, der ihm in der Hierarchie zukam, konnte so lange nicht wirksam werden, als er alle Pflichten des Herrn, von der Hilfeleistung bis zur großzügigen Unterstützung der Seinen, nicht wahrnahm. Im übrigen war schon das beständige Pochen auf den Vorrang überzogen. Richard nahm nicht in Erfüllung einer Dienstpflicht am Kreuzzug teil, führte ihn auf eigene Kosten durch und war nicht nur Vasall, sondern ein souveräner König.

In den Zusammenhang unköniglichen Benehmens läßt sich noch eine Episode einordnen, die nur als berechnendes Spiel mit der Überheblichkeit des Bundesgenossen und dem augenfällig bis an die Grenze des Zumutbaren getriebenen eigenen Entgegenkommen aufgefaßt werden kann. Anfang Februar 1191 geriet Richard bei einem Juxturnier mit Zuckerrohrstangen mit einem alten Feind, dem französischen Paraderitter Wilhelm de Barres, aneinander. Am Ende kündigte Richard diesem seine Ungnade an und riet ihm, sich nicht mehr vor ihm blicken zu lassen. Da er zu Philipps Gefolge gehörte, so oblag es dem, ihn vor dem Grimm des Bundesgenossen zu schützen. Er tat das, indem er sich den wiederholten Bittgängen seines Adels bei Richard für den Ritter de Barres ostentativ anschloß. Howden verwendet viele Worte auf das Geschehen; ein Beweis dafür, daß es sich um eine aufsehenerregende Affäre gehandelt haben muß. Philipp schickte den Ritter schließlich weg, da er ihn, wie der Chronist meldet, nicht gegen den Willen und das Verbot des englischen Königs bei sich behalten wollte. Mit diesem Kabinettstück schien Philipp die Welt zum Zeugen aufrufen zu wollen, wie weit seine eigene Selbstverleugnung ging, und alle Welt beklagte den Verlust eines solchen Kämpfers für den Kreuzzug. Als sich schließlich die ganze französische Heeresspitze einschließlich Philipps nochmals bei ihm versammelt hatte, um demütig für de Barres zu bitten, muß Richard der Demonstrationscharakter der Demarche aufgegangen sein, und er erklärte, daß de Barres für die Dauer des Kreuzzugs nichts von ihm zu befürchten haben werde. Dieser kehrte zum Heer zurück. Das Indiz für die Unleidlichkeit seines Kreuzzugsgefährten mußte Philipp natürlich mit einer Prestigeeinbuße bezahlen.

Ging es um wesentlichere Dinge, vertraute er allerdings nicht auf die Kraft seiner Bitten, er forderte dann vielmehr. Mit immer neuen finanziellen Ansprüchen bewies er, daß ihn nicht Schüchternheit und Rücksichtnahme lenkten. Die Quellen zeichnen ein völlig einseitiges Verhältnis von Geben und Nehmen. Von den 40.000 Unzen Gold, die Richard von Tankred erhielt, reklamierte Philipp sofort die Hälfte für sich. Er hatte mit Richard in Vézelay einen Teilungsvertrag geschlossen, der natürlich Eroberungen im Heiligen Land und die Einbindung beider Partner ins Kriegsgeschehen zur Denkvoraussetzung hatte.[228] Da Philipp an dem Kampf um Messina nicht beteiligt war, offensichtlich, weil ihn Richards private Forderungen nicht interessierten, wurde dieser Anspruch jetzt als Skandal empfunden. Zum Streit war es schon vorher gekommen, als sich beim Anblick von Richards Bannern über der Stadt der Lehensherr in Philipp empört hatte. Nun war Richard zwar nicht bereit, seine eigenen zugunsten von Philipps

Flaggen herunterzunehmen, doch ließ er sich zu einem Kompromiß herbei. Nach Howden übergab er die Stadt bis zur Einigung mit Tankred den Ritterorden. An diesen ersten Fahnenzwischenfall, in dem Richard seine eigenen Feldzeichen herunterholen ließ, wird zu denken sein, wenn vom Bannerstreit vor Akkon mit Herzog Leopold von Österreich die Rede sein soll. Folgendes sei aber jetzt schon festgestellt: daß mit dem Flaggenhissen ein Beuteanspruch verbunden war, der sich einmal auf eine alleinige Eroberung bezog und trotzdem fallengelassen werden mußte, das andere Mal auf einen bloß symbolischen Beitrag eines Mannes, der dem politischen Lager Philipps zuzuzählen war. Richard übergab Philipp ein Drittel des von Tankred eingenommenen Geldes und setzte ihn damit instand, das französische Heer gleichfalls für die Kosten des langen Aufenthalts in Messina zu entschädigen. Die doppelte Hypothek einer kontraproduktiven Allianz und die Finanzierung des Streitpartners nahm er zunächst in Kauf, weil Philipps Heimkehr eine noch unangenehmere Perspektive eröffnet hätte. Da diesem Richards Befürchtungen zweifellos bekannt waren, konnte er sich seine Erpressungshaltung erlauben.

Bei der Begründung des Geldflusses von Tankred zu Richard spielt das Legat Wilhelms II. nur noch eine untergeordnete Rolle. Gemeinsam ist allen Berichten die Zweizahl der Rechtstitel für 40.000 Unzen Gold.[229] In den offiziellen Texten wird der Empfang von 20.000 Unzen für eine vereinbarte Eheverbindung zwischen Richards Neffen Artur und einer Tochter Tankreds bestätigt und erklärt, daß sowohl im Hinblick auf Johannas Wittum als „rebus aliis" keine Forderungen mehr bestehen. Bei diesen offiziellen Darstellungen handelt es sich um zwei Briefe Richards[230], und da er bereit war, 20.000 Unzen zurückzuzahlen, falls die Ehe nicht zustande kommen sollte, darf man annehmen, daß in den anderen 20.000 Unzen die Abgeltung beider Ansprüche, also des Wittums und des Legats enthalten waren. Freilich sind auch Verschleierungsversuche nicht auszuschließen, da wir den materiellen Wert von Richards Forderungen nicht beurteilen können. Für die Nichterwähnung des Legats in den Briefen kann genausogut eine schmale Rechtsbasis wie der Wunsch, Philipps Ansprüche abzuwehren, ausschlaggebend gewesen sein, und den Zusammenhang von Zweckbindung des Geldes und Rückzahlungsbereitschaft werden wir vor dem Hintergrund der politischen Gesamtsituation zu beurteilen haben. Von der offiziellen Lesart sind jedenfalls die verschiedenen Funktionen, die den Zahlungen zukamen, zu unterscheiden. Neben der Befriedigung berechtigter Ansprüche hatte die Summe Lösegeldcharakter für Messina, war Beute, die ohne die Militäraktion nicht hereingekommen wäre. Da Johanna ihr Geld zur Gänze ihrem Bruder zur Verfügung stellte, der es in den Kreuzzug investierte, war alles letztlich Kreuzzugsbeisteuer. Deshalb forderte auch Philipp, der die Erwerbung als Privatangelegenheit Richards behandelt hatte, bei der Zweckwidmung nun seinen Anteil ein. Jedenfalls war wegen der Geldeinnahme der lange Aufenthalt in Messina keine für den Kreuzzug verlorene Zeit.

Wir müssen noch versuchen, den Wert von Tankreds Zahlungen in einer der damals führenden Silbermarkwährungen auszudrücken:[231] Da Richard sein späteres

Lösegeld nach dem Gewicht der Kölner Mark zu erlegen hatte, interessiert uns das Verhältnis von Lösegeld und der von Heinrich VI. vielleicht inkriminierten Gelddränage[232] aus dem Normannenreich. Die Unbekannte in dieser Rechnung ist die Gold-Silber-Relation, aber innerhalb einer vernünftigen Bandbreite ergibt sich eine vergleichbare Größenordnung zu Richards Lösegeld – was kein Zufall sein muß.[233]

Betrachten wir nun die einzelnen Bestimmungen der Einigung zwischen Richard und Tankred, die die Voraussetzung für dessen finanzielle Leistungen bildeten. Trotz aller späteren Beteuerungen des guten Einvernehmens dürfen wir nicht vergessen, daß die Verhandlungen von unterschiedlichen Positionen der Stärke aus geführt wurden. Tankred war in einer Zwangslage: Er brauchte den Frieden. Richard wollte wie vorher in England nun auch in Sizilien möglichst viel Geld für den Kreuzzug auftreiben. Tankred versuchte, für seine Zahlungen auch positive politische Gegenleistungen einzuhandeln, aber als Eroberer von Messina brauchte Richard keine substantiellen Zugeständnisse zu machen. Die Briefe, die er in der ersten Novemberhälfte 1190 über die Vertragsbestimmungen an Tankred und Papst Klemens III. richtete, haben denn auch, wenn man sie auf ihren realen Kern hin überprüft, von der Friedenszusicherung abgesehen nur Scheinleistungen zum Inhalt. Daß gewissen Klauseln trotzdem politische Effekte zukommen mußten, versteht sich.

Versuchen wir nun, aus den beiden Schriftstücken und vor dem Hintergrund von Richards Gesamtpolitik die Intentionen der Bestimmungen herauszufiltern. Wir haben uns als Empfänger der Signale hier neben Tankred vor allem Heinrich VI. vorzustellen. Richard schreibt an Tankred, daß zwischen ihm und den sizilischen Verhandlungspartnern ein immerwährender Friede abgeschlossen worden sei: „Promisimus[234] ergo vobis et regno vestro, et toti terrae dominationis vestrae, per nos et nostros, terra et mari pacem perpetuam nos fideliter servaturos."

Damit war Tankred eine Besitzgarantie im Hinblick auf angevinische Ansprüche gegeben worden. Das war auch für die staufischen Interessen wichtig. Schon mit der Ablöse von Johannas Grafschaft durch Geld waren die Plantagenets aus dem direkten Konfrontationsfeld zwischen Tankred und Heinrich VI. ausgeschieden. Nun gab Richard die Versicherung ab, daß er keinen Vorwand suchen wolle, über einen Krieg mit Tankred Sizilien für sich zu erobern. Eben solche Absichten waren ihm ja vor der Eroberung Messinas unterstellt worden.

Als weiterer wesentlicher Punkt ist ein Hilfsversprechen für die Dauer von Richards Aufenthalt im sizilischen Königreich anzusehen:

… „ut[235] quamdiu in regno vestro moram fecerimus, ad defensionem terrae vestrae ubicunque praesentes fuerimus, vobis auxilium praebeamus, quicunque vellet eam invadere, aut vobis bellum inferre."

Diese Bestimmung ist als direkt gegen Heinrich VI. gerichtet aufzufassen, da eine Invasion von anderer Seite ja nicht aktuell war. Man muß sie aber nicht unter einem aggressiven Aspekt betrachten: Da Richard, solange er in Sizilien war, kein Interesse am Erscheinen eines neuen Heeres haben konnte, ist es naheliegender, an eine

Defensivmaßnahme als an ein großzügiges Hilfsangebot an Tankred zu denken. Der Kreuzfahrerkönig, der im „Dienst Gottes“ unterwegs war, nahm für sich in Anspruch, für die Dauer seines Aufenthalts in Sizilien unbehelligt zu bleiben, was nicht möglich sein würde, wenn es Krieg gäbe. Für Heinrich VI. war in der Klausel die Botschaft enthalten, seine Eroberungspläne mit den Bedürfnissen des Kreuzzugs abzustimmen. Richards klare Absichtserklärung, was er tun würde, wenn während seines Winteraufenthalts ein Feind im Königreich Sizilien erscheinen sollte, ist konträr zur vorhin aufgezeigten Nichtdeklaration Philipps, die den kriegerischen Zusammenstoß in Messina begünstigt hatte. An einer Konfrontation mit Heinrich VI. war Richard nicht interessiert: Er war als militärischer Faktor erst nach Abzug des deutschen Heeres aus Apulien in Erscheinung getreten, und er trug Sorge dafür, daß der Bündnisfall nicht eintrat. Er verließ Messina am 10. April 1191, während Heinrich VI. im Anmarsch war, der am 29. April die Grenze bei Arce in Unteritalien überschritt. Daß er während des Winters kommen würde, war ohnehin unwahrscheinlich gewesen. Außerdem konnte ihm an einer Komplikation seines Sizilienfeldzugs genausowenig liegen wie Richard an einem Einsatz seines Heeres für Tankreds Interessen statt für den Kreuzzug. Mit seiner Abreise wurde die Schutzfunktion des Vertrages hinfällig, darüber hinaus war keine Hilfeleistung vorgesehen und konnte es nicht sein, da Richards Kräfte ja in Outremer gebunden sein würden.

Anders verhält es sich dem Augenschein nach mit dem in Aussicht genommenen Ehebündnis zwischen einer Tochter Tankreds und Artur, der für den Fall von Richards kinderlosem Tod jetzt zum Thronerben designiert wurde. Hier kann von keinem temporären Warneffekt gesprochen werden, da ein Ehebündnis eben eine langfristige politische Richtungsfestlegung einschloß. Konkret betrachtet, stellt sich aber auch diese Vereinbarung anders dar. Artur war dreieinhalb Jahre alt, Tankreds Tochter gleichfalls im Kleinkindalter. Das ehefähige Alter der beiden oder ein diesbezüglicher päpstlicher Dispens war Voraussetzung zur Realisierung der Heirat. Vorläufig war es nur zu einer Eheabsprache gekommen. „Condiximus ... matrimonium ... contrahendum“ muß heißen, daß kein Ehevertrag aufgesetzt worden war, also keine Verlobung vorlag. Ein angemessenes „dodarium“ wird der sizilischen Prinzessin zugesichert, aber im einzelnen nichts darüber festgelegt. Den größten Nachdruck legt Richard auf die Einbeziehung des Papstes als eines Bürgen für seine Vertragstreue. Die kirchliche Zwangsgewalt soll Tankred Frieden von seiner Seite und die Eheschließung garantieren – oder, was letzteres anbelangt, die Rückzahlung der für diesen Zweck eingenommenen 20.000 Unzen Gold. Das kommt einem Rücktrittsrecht von dieser Vertragsbestimmung gleich. Das Geld, das jetzt in seinen Kreuzzug floß, hätte dann die Funktion eines Darlehens gehabt. Dieser Gesichtspunkt war für Richard zweifellos maßgebend. Er konnte in Ruhe die politische Entwicklung abwarten, die sich – zwangsläufig ohne sein Zutun – in nächster Zukunft ergeben würde. Blieb der Normannenstaat in normannischen Händen, sprach nichts gegen eine künftige Eheverbindung. Daß Richard die Aussicht auf Tankreds Verbleib an der Macht wohlwollend ins Auge faßte, dafür scheint mir weniger die Ehevereinbarung als eine ganz andere Maßnahme ein sprechendes Indiz zu sein. Wie wir gehört haben, bestimmte er Erzbischof Wilhelm von Monreale, einen der Friedensvermittler, der zugleich ein Befürworter von Tankreds Königserhebung gewesen war, im Januar 1191 zu seinem Kandidaten für das Erzbistum Canterbury.

Ergaben sich nun, sieht man von Stimmungswerten ab, für Heinrich VI. aus dem Vertrag Elemente einer konkreten Bedrohung seines eigenen Projekts einer Eroberung Siziliens? Natürlich konnte sich aus einer Heirat immer irgendwann ein Herrschaftsanspruch ableiten lassen, aber nichts spricht dafür, daß derlei Erwägungen ausschlaggebend gewesen seien. Tankred hatte zwei Söhne. Heinrichs Absichten mit ihnen konnte ihm eine ihrer Schwestern zwar als Erbtochter erscheinen lassen, aber um ihm gefährlich werden zu können, mußte diese seinem Zugriff entzogen sein. Da ihre Übergabe an die Familie des künftigen Gatten aber erst zum Zeitpunkt der Hochzeit vorgesehen war, ist das ein Hinweis darauf, daß sie nicht zum Interventionsinstrument gegen staufische Interessen ausersehen war. Aus der Rückzahlungsklausel konnte Heinrich VI. ein Moment politischer Flexibilität Richards herauslesen – keine Bindung an Tankred auf Gedeih und Verderb –, möglicherweise sah er in ihr aber vor allem einen finanztechnischen Trick. Niemand konnte wie er wissen, daß im Fall von Tankreds Sturz kein männlicher sizilischer Thronprätendent in der Lage sein würde, das Heiratsgeld zurückfordern zu können.[236] In seinen Augen mußte sich so für Richard das Risiko der Rückzahlung auf den vor dem Umsturz in Sizilien stattfindenden Todesfall eines der beiden Ehekandidaten reduzieren.

In den Vorteil einer günstigen Finanztransaktion hätte nun auch Philipp kommen können, da die Eheverbindung zunächst ihm angetragen worden war. Rigord, der es uns mitteilt, motiviert Philipps Ablehnung mit dessen Freundschaft für den Kaiser. Diese Argumentation war schon Heinrich VI. durchsichtig, da er 1191 beim Zusammentreffen mit dem französischen König in Mailand erst zum Wohlwollen für ihn gestimmt werden mußte. Immerhin hatte der sich auf dem Umweg über Richard an der Beraubung des normannischen Staatsschatzes zu einem Drittel beteiligt, und selbstverständlich hatte auch er Tankred als König „anerkannt", weil er sonst nicht in dessen Palast hätte überwintern können. Man muß sich also hüten, einen schroffen Gegensatz zwischen einer klugen stauferfreundlichen Politik Philipps und einer unklugen, stauferfeindlichen Richards zu konstruieren. Natürlich legten Philipps Hintergedanken ihm besondere Zurückhaltung auf, daraus folgt aber nicht, daß Richard sich in Sizilien politisch in unkalkulierbarer Weise exponiert hätte. Die Substanzarmut seiner Zugeständnisse an Tankred ist augenfällig. Er hatte die Wahl zwischen einer großen Summe Geldes, einem sehr realen Gegenwert, für ein im vagen gehaltenes Eheprojekt und dem Verzicht darauf für das uneingeschränkte Wohlwollen des Kaisers. Angesichts des Geldbedarfs für den Kreuzzug stellte sich die Prioritätenfrage kaum. Ein Vertrag mit Tankred war zudem unvermeidbar, und es mußte ein Friedensvertrag sein, da die Eroberung Messinas eine Kriegshandlung gewesen war. Wenigstens durch die Einbehaltung von Johannas Wittum war Richard, objektiv betrachtet, zum Handeln aufgerufen. Die Ansprüche seiner Schwester konnte er nur dem gegenwärtigen, nicht einem künftigen König von Sizilien vorlegen. Die etablierte Macht war der vom Papst, dem Lehensherrn Siziliens, anerkannte Tankred.[237]

Natürlich stellte der Vertrag mit diesem keine Devotionsgeste gegenüber Heinrich VI. dar, aber eine differenzierte Sichtweise bringt ein bedachtsames Taktieren zum Vorschein. Zu allem Überfluß sollte noch am 20. Januar 1191 Richards Mutter, als sie Berengaria nach Sizilien geleitete, Heinrich VI. in Lodi in Oberitalien aufsuchen, gewiß um ihm auseinanderzusetzen, daß allein Richards Kreuzzugseifer ihm jedes andere ernsthafte politische Engagement unmöglich mache.[238] Nichts rechtfertigt die Annahme, daß er sich in seiner Politik gegenüber dem Reich grundsätzlich von der seines Vaters absetzen wollte. Trotz seiner Parteinahme für seine welfische Verwandtschaft hatte dieser Heinrich dem Löwen nie militärische Hilfe geleistet und sich in keine Konfrontation mit dem Kaiser hineinziehen lassen. Heinrich VI. war nicht Barbarossa, aber man kann es Richard nicht als politische Kurzsichtigkeit auslegen, daß er den Akt politischer Piraterie, mit dem Heinrich die diplomatischen Beziehungen zu ihm eröffnete, nicht vorausgesehen hat. Trotzdem ist gerade das immer wieder geschehen, schließlich schreibt eine ganze Reihe von Quellen, so Howden und Coggeshall, der Philippidos und Sicard von Cremona Heinrichs Vorgehen gegen Richard dessen Verhalten in Sizilien zu. Wie sich die Überreaktion Heinrichs und das Mißverhältnis von Schuld und Sühne erklären lassen, soll später erörtert werden. Zu Richard ist zu sagen, daß er sich, ebenso wie Heinrich II., trotz der Reichhaltigkeit des politischen Instrumentariums seiner gröbsten Mittel jederzeit enthalten hat. Es fiel ihm nicht ein – um eine Analogie zur kaiserlichen Problemlösungsstrategie zu verwenden –, Philipp nach dessen Abreise aus Akkon ein paar Galeeren nachzuschicken, weil das die einfachste Art gewesen wäre, mit ihm wegen Vergangenem abzurechnen und Künftigem vorzubeugen.

Der für Tankred ineffiziente Vertrag konnte gegen Richard zur Propagandawaffe umgeschmiedet werden. Wenn der Kaiser die unterlassene Hilfe zur geleisteten umdeutete, wie verschiedene Quellen nahelegen[239], muß uns das nicht überraschen. Howden begründet den Haß des Kaisers auf Richard unter anderem mit einem „auxilium regi Tancredo factum“, und Coggeshall meldet, Heinrich habe Richard in Speyer vorgeworfen, er hätte „per ejus consilium et auxilium“ Sizilien verloren – gemeint ist das kaiserliche Desaster vor Neapel im Sommer 1191, als Richard längst in Akkon war. Die Forschung des 19. Jahrhunderts wurde dadurch angeregt, Richard für das damalige Verhalten seines Neffen Heinrich von Braunschweig verantwortlich zu machen, wie wir noch hören werden.[240] Es ist nicht zu ermitteln, inwiefern die kaiserliche Negativinterpretation von französischen Gerüchten inspiriert wurde. Wir können einen Informationsfluß vermuten, wenn wir die einschlägigen Stellen bei Rigord und im Philippidos einsehen. Rigords seltsam ausführlicher Darlegung, wie Richard eigentlich bis August 1191 in Messina hätte bleiben wollen, wurde schon gedacht. Der Chronist gibt keinen Hinweis auf den Grund für diesen Wunsch, aber der Philippidos reicht ihn nach: Nicht, weil er seine Braut noch erwartete und nach Zypern segeln wollte, hätte er Philipp allein nach Akkon aufbrechen lassen, wie wir vermuten würden, sondern weil er Tankred gegen Heinrich VI. helfen wollte. Philipp ermahnt Richard zum Aufbruch, aber dieser blieb in Sizilien,

„Auxilium[241] prestans Tancredo in prelia regi".

Wieso Richard dann doch nicht Heinrichs Ankunft in Unteritalien abwartete, verschweigt der Verfasser, aber er legt Heinrich VI. in Speyer die Richard anklagenden Worte in den Mund, er habe als Freund Tankreds gegen ihn Krieg geführt.

Richard verließ Messina elf Tage nach Philipp. Nur eine französische Quelle berichtet von einer beabsichtigten monatelangen Aufenthaltsverlängerung. Eine andere legt die Abreiseverzögerung als beabsichtigte Militärhilfe für Tankred aus und läßt daraus – in kaiserlichem Mund – eine tatsächlich geleistete werden.[242] Was für den Kaiser gilt, daß er nach Richards Gefangennahme im Argumentationsnotstand war, kann nicht für die französischen Quellen gelten, die von der Überlieferung der eigenen Leute gespeist wurden. Die Franzosen mußten besser wissen als die Deutschen, was in Sizilien vor sich gegangen war, sie waren dabei gewesen.

Aber auch nach der anderen Seite hin konnte der Vertrag dazu verwendet werden, Richard anzuschwärzen: Schließlich konnte er ihn brechen. Richard in dieser Weise verleumdet zu haben, ist denn auch der Vorwurf, den Howden Philipp gegenüber erhebt. Ambroise und das Itinerarium berichten gleichfalls von einem diplomatischen Alleingang des französischen Königs, der als empörendes verräterisches Verhalten qualifiziert wird, obwohl er weniger gravierend ist; er betrifft einen früheren Zeitpunkt und wird als ein zwar allgemein geglaubter, dem Autor aber nicht überprüfbarer Vorfall geschildert. Diese Zurückhaltung ehrt den spielmännischen Verfasser, der die Secreta der Könige nicht wissen konnte. Die Version, die Howden, der einen anderen Zugang zu Fakten hatte, gibt, ist schwerwiegender, und sie betrifft die Endzeit des gemeinsamen Messinaaufenthalts. Ihm zufolge hat Philipp den Herzog von Burgund, der auch nach Ambroise/Itinerarium der Leiter der einschlägigen Sonderdelegation war, mit einem Brief zu Tankred geschickt. Nach der Chronica gipfelte die Sonderbotschaft in dem Angebot Philipps, Tankred militärisch beizustehen, falls er Richard, der den versprochenen Frieden brechen werde, bekriegen wolle. Die Gesta fügen noch hinzu, er habe übermittelt, daß dieser überhaupt nur zum Zweck der Eroberung nach Sizilien gekommen sei. Nach Ambroise/Itinerarium hätte Philipp hingegen noch vor Vertragsabschluß zu Tankred geschickt, ihn ermuntert, sein Recht zu wahren und ihm versichert, daß er Richard nicht unterstützen werde.

Nun gibt es bei Howden ein Anzeichen dafür, daß im Februar 1191 Tankred plötzlich mißtrauisch gegenüber Richard wurde. Seine Leute verweigerten Eleonore und Berengaria unter Hinweis auf die Größe ihres Gefolges die Landeerlaubnis in Messina, weshalb sie nach Brindisi ausweichen mußten. Es bedurfte Richards persönlicher Intervention, um seine Mutter und Braut bei sich empfangen zu können: Er suchte Tankred am 1. März 1191 in Catania auf. Im Laufe des mehrtägigen Zusammenseins reisten die Könige gemeinsam nach Taormina, tauschten Geschenke aus und erweckten den Eindruck großer Freundschaft – was Richard geschadet haben wird. Tankred, der ein kultivierter, diplomatisch und militärisch tüchtiger König war, obwohl er von seinen Feinden als zwergwüchsige Mißgeburt verunglimpft wurde[243], soll Richard bei der Gelegenheit Philipps geheime Informationen wiedergegeben und ihm zum Beweis dessen Brief ausgehändigt haben. Gleich nach Richard erschien Philipp bei Tankred zu einem Kurzbesuch, und als er nach Messina zurückkehrte, ließ Richard ihm, heißt es, durch den Grafen von Flandern seinen Brief präsentieren. Es folgte ein Eklat. Letzteres wenigstens ist unbezweifelbar. Die Zeit war da, wo Richard seine Verlobung mit Alice endgültig beenden mußte. Philipp stellte die Briefgeschichte in diesen Zusammenhang, erklärte alles zu einer Machination seines Verbündeten, mit der dieser es einleite, Alice zu verlassen. Es folgte Richards Enthüllung, daß er Alice wegen ihres Verhältnisses zu seinem Vater nicht heiraten könne, und im weiteren die Auflösung der Verlobung im Rahmen des uns schon bekannten Messinavertrags.

Howdens Darstellung ist nicht durch andere Quellen überprüfbar, und Richards Bedarf nach einem guten Grund zur Beendigung der Verlobung gegeben, aber eben dafür spielte Philipps Verhalten dann keine Rolle. Ein anderer Zweck für eine derartige Inszenierung ist nicht in Sicht, und gegenüber Tankred konnte sich Richard durch eine Einbeziehung seiner Person nicht nachhaltiger kompromittieren. Auch wenn man Howdens Details in Frage stellt, bleibt folgender Umstand bemerkenswert: Die Trübung des Einvernehmens zwischen Richard und Tankred resultiert aus der bevorstehenden Ankunft Berengarias. Am Tag ihres Eintreffens in Messina, am 30. März, reiste Philipp ab, nachdem er laut Rigord in der vorangegangenen Zeit großen Druck auf Richard zur Beschleunigung der gemeinsamen Abreise ausgeübt hatte. Man muß sich also fragen, ob hier nicht ein Verhinderungsversuch Philipps in bezug auf das Zusammentreffen Richards mit Berengaria vorliegt. Tankred konnte zwar auch an Eleonores Besuch bei Heinrich VI. Anstoß nehmen, aber er hat wohl kaum befürchtet, daß Richards Mutter mit dem Kaiser ein gemeinsames militärisches Vorgehen gegen ihn abgestimmt hat. Der altruistische Einsatz für fremde Zwecke ist nur in einer Propagandanotlage ein Motiv. Argwohn konnte hingegen die Ankunft eines großen Gefolges erwecken, wenn in ihm das Startsignal für einen erwarteten militärischen Schlag vermutet wurde. So könnte die Philipps Schwester ausstechende Braut Richards Tankred als militärischer Nachschub angekündigt worden sein.

Mit dem Bau von Belagerungsmaschinen, dem Ausbessern der Schiffe und dem Kampf gegen den Holzwurm suchte Richard seine Mannschaft während der langen Wintermonate so nutzbringend wie möglich zu beschäftigen. Von ihm selbst werden uns zwei Episoden mitgeteilt, die einen religiösen Bezug zum Kreuzzug haben. Die eine ist dem Kleriker Howden viele Seiten wert: Auf Richards Ersuchen hin trug ein aus Kalabrien angereister Zisterzienserabt, der als Joachim von Fiore Berühmtheit erlangen sollte, ihm und seinem theologisch gebildeten Gefolge seine Auslegung der

Apokalypse vor. Richard nahm sich dabei heraus, eigene Ansichten zu äußern, und im scholastischen Disput über endzeitliche Berechnungen brachte er die Vermutung vor, der Antichrist könnte vielleicht in der Person des Papstes Klemens III. schon erschienen sein. Bei der zweiten religiösen Veranstaltung war ihm wohl ernster zumute. In einer selbst verordneten Geißelung bereute er, nackt hingestreckt vor seinen Bischöfen, die Häßlichkeit seines Lebens. Howden nennt als Gegenstand der Reue Sünden der Sinnlichkeit. Was sehr individuell anmutet, ist es nicht. Exzesse dieser Art waren im Haus Anjou seit je gang und gäbe. Schon um die Jahrtausendwende hatte Graf Fulco Nerra sich am Heiligen Grab peitschen lassen und soll dabei in Ekstase einen Stein losgebissen und als Trophäe mit nach Hause genommen haben. Bekannter ist die von ihm selbst angeordnete Auspeitschung Heinrichs II. am Grab Beckets.[244] In der aktuellen Situation läßt sich aus Richards Bußübung nur folgern, daß er meinte, sie jetzt nötig zu haben. Es ist der einzige Hinweis darauf, daß er den Kreuzzug vielleicht nicht nur als militärische Herausforderung verstanden hat, sondern für das Spannungsverhältnis von Idee und Realität empfänglich war.

## Zypern

Richards Flotte war, als sie am 10. April 1191 Messina verließ, durch den Geldzufluß Tankreds beträchtlich angewachsen.[245] Ihr Gros bestand aus Lastschiffen: mit Ruderern ausgestattete Zweisegler, die nach Devizes vierzig Ritter mit ihren Pferden und Fußsoldaten sowie deren Verpflegung für ein Jahr mit sich führten. Zur Standardausführung eines solchen Transportschiffs, das als „esnecka" in den Quellen aufscheint, kam eine Anzahl von meist „busciae" oder ähnlich genannten dreimastigen Segelschiffen ohne Ruderer mit der doppelten Ladekapazität und entsprechend geringerer Geschwindigkeit. In einem dieser „Busse" befanden sich Johanna und Berengaria, Richards Schwester und Braut. Ihm wurden zwei Begleitschiffe beigesellt, und der kleine Konvoi wurde auf Sichtweite vorausgeschickt, damit das geringe Tempo durch den Vorsprung kompensiert und eine gemeinsame Ankunft mit der restlichen Flotte sichergestellt werden könne. Das Gegenteil von den dickbauchigen und langsamen, wenn auch fest gebauten „Bussen" stellten die Galeeren dar. Sie waren mit Ruderern bemannte schnelle, schlanke Kriegsschiffe, die Rammen zum Versenken feindlicher Schiffe besaßen. In keilförmiger Anordnung lief die Flotte aus, mit den Galeeren als Nachhut, bereit, bei Gefahr vorzuschießen und die Frachtschiffe von allen Seiten zu decken.

Eine derart große und im Verband segelnde Flotte war vor Überfällen durch muslimische Schiffe oder Piraten verschiedenster Nationalität, wie sie in der Inselwelt der Ägäis ihre Stützpunkte hatten, zwar ziemlich sicher, aber ein ernster Risikofaktor blieb die Wechselhaftigkeit des Wetters. Dieser Umstand ist es auch, dem im Fall von Richards Zypernfeldzug eine – allerdings nicht gerechtfertigte – Bedeutung beigemessen wurde. Nun besitzen wir in Ambroise und dem ihm nachschreibenden Itinerarium[246] für den Reiseabschnitt zwischen Sizilien und Zypern ein ausführliches Kursbuch, das uns mit seinen Angaben über Flauten und Seestürme zu gewissen Schlüssen berechtigt. Sehen wir uns also die Etappen der Reise näher an.

Nach anfänglicher Windstille geriet die Flotte am Karfreitag, dem 12. April, auf hoher See in einen Sturm. Richards Schiff hatte die Führung übernommen, und ein großes Wachslicht in einer Laterne hoch am Mast sollte auch nachts den Zusammenhalt der Flotte gewährleisten. Die Wachsamkeit des Königs in bezug auf seine Schiffe gab Ambroise den Vergleich mit der Gluckhenne ein, die ihre Küken nicht ausscheren läßt. Als man aber auf dem wieder befriedeten Meer am 17. April nach Kreta gelangte, stellte sich heraus, daß 25 Schiffe fehlten, darunter der „Bus" mit den königlichen Frauen. Richard ging an der Nordküste Kretas für eine Nacht an Land. Unter ausgezeichneten Windverhältnissen und mit großer Geschwindigkeit segelte man anderntags weiter nach Rhodos, wo Richard vom 22. April an zehn Tage lang Station machte. Während die Kreuzfahrer die antiken Denkmäler bestaunten, zog Richard, der krank war, Erkundigungen über den „Tyrannen" von Zypern ein, dem allgemein nachgesagt wurde, daß er Kreuzfahrer zu schikanieren pflege. Es ist möglich, daß Richard seine Galeeren aussandte, um die Umgebung nach seinen verlorenen Schiffen absuchen zu lassen, doch fand man offenbar keine, was nicht verwunderlich ist, da der Seesturm die Flotte schon zwischen Sizilien und Kreta, und zwar näher bei Sizilien, auseinandergetrieben hatte. Das läßt den Nordzipfel von Rhodos für einen Flottensammelpunkt kaum geeignet erscheinen.

Am 1. Mai segelte man entlang der kleinasiatischen Küste weiter und konnte von einem aus Akkon kommenden Frachtschiff die neuesten Nachrichten einholen. Sie lauteten beruhigend: Philipp war gut gelandet und beschäftigte sich mit dem Bau von Belagerungsmaschinen. Dies erlaubte Richard, das „andere Projekt", das er nach Ambroise und Itinerarium schon im Kopf hatte, auszuführen. Im Golf von Antalya geriet er nochmals in einen Sturm, aber es gelang den Seeleuten, den gewünschten Kurs zu halten. Sie steuerten plötzlich in einem scharfen Haken südwärts auf Limassol zu. Für eine bloße Zwischenlandung mit Versorgungsauffrischung hätte sich natürlich auch Kyrenia an der Nordküste Zyperns angeboten, das nach Diceto ein von Kreuzfahrern gern aufgesuchter Hafen war, aber das Hinterland wird dort von dem parallel zur Küste verlaufenden Pentadaktylosgebirge gebildet und war für den offensichtlich ins Auge gefaßten Zweck der Landung nicht geeignet. Zudem muß Limassol sämtlichen Schiffen bei der Abfahrt von Messina als Zielhafen angegeben worden sein, weil hier letztlich alle zusammentrafen. Zunächst fand Richard, als er am 6. Mai hier erschien, auf hoher See, aber am Anker schaukelnd, das Schiff mit Johanna und Berengaria und erfuhr, was vorgefallen war. Die Begleitschiffe waren am 24. April vor Zypern gekentert, aber der Großteil der Schiffbrüchigen hatte sich an Land retten können, freilich nur, um von den Griechen interniert zu werden. Ehe wir uns aber diesen Geschehnissen zuwenden, bedarf es einiger Überlegungen.

Schon aus dem detaillierten Reisebericht unserer Hauptquelle geht hervor, daß Richard keineswegs zufällig, etwa in Seenot, nach Zypern gelangte, und sämtliche Berichte stimmen darin überein, daß sie eine diesbezügliche Absicht statuieren.[247] Aber mehr noch: Richard selbst bestätigt eine solche in einem Brief vom 6. August 1191: „Deinde[248] cum iter peregrinationis nostrae prosequeremur, in Cyprum divertimus, ubi naufragii nostri subterfugium sperabamus." Er hat also einen Abstecher nach Zypern gemacht, wo er seine Schiffbrüchigen zu finden hoffte, und hier eben wartete, vielleicht seit zwölf Tagen schon, obwohl er gänzlich unversehrt war und nach Akkon hätte weitersegeln können, Johannas und Berengarias „Bus" auf Richards Ankunft, und zwar in immer größerer Bedrängnis. Die unmittelbare Bedrohung, als die man die Aktivitäten des lokalen Gewaltherrschers auffaßte, mußte das Risiko einer alleinigen Weiterfahrt zurücktreten lassen, so daß es schon einer eindeutigen königlichen Weisung bedurft haben mußte, wenn man in der Gefahrenzone vor Limassol ausharrte. Nicht vergessen dürfen wir auch, daß Zypern die letzte Möglichkeit für eine diskrete Eheschließung bot; andernfalls hätte Richard seinen Kreuzzugsbeitrag vor Akkon statt mit einer Kriegshandlung mit einer provokanten Hochzeit vor Philipps Augen eröffnen müssen. Diese Hochzeit fand schließlich am 12. Mai in Limassol statt.

Am Vortag waren vornehme Gäste eingetroffen. Die Ankunft des entmachteten jerusalemitanischen Königs Guido, der von Akkon kam, kann als spontane Aktion und Reaktion auf lokale Ereignisse aufgefaßt werden, und der Herrscher von Kleinarmenien war damals vielleicht ebenso im Lager vor Akkon anwesend wie der von Antiochia.[249] Aber auch die Kapitäne der bislang vermißten Schiffe müssen gewußt haben, wo sie den König suchen sollten, und die von Richard schon sehnsüchtig erwartete Restflotte traf nun am Hochzeitstag ein.

In der Literatur wird die Eroberung Zyperns in überwiegendem Maß als Zufallsprodukt angesehen, wofür wieder die Annahme von Richards generellem Abenteurertum verantwortlich zu machen ist.[250] Dabei geben die Quellen bei Befragung gewisse Einzelheiten preis, die zu ihrer Generallinie, wie Richard die Behandlung seiner Schiffbrüchigen durch die Griechen rächen wollte, im Widerspruch stehen. So war mit dem Kurs auf Rhodos, das Richard am 22. April erreichte, wohl schon eine Vorentscheidung gefallen, während der Schiffbruch vor Zypern erst am 24. April stattfand. Nur Howden fiel in seiner die Gesta überarbeitenden Chronica auf, daß es ein „missing link" zwischen den Schilderungen der Unbilden, die die Schiffbrüchigen auf dem Boden Zyperns erdulden mußten, und Richards von Revanchegedanken inspiriertem Kurs auf Limassol gab, und er fügt ein, dieser hätte durch seine ausgesandten Galeeren davon erfahren, aber das Detail paßt nicht zu unseren übrigen Informationen.[251]

Es bedurfte aber gar nicht spezieller Mißhandlungen seiner Kreuzfahrer, um Richard auf den Plan zu rufen. In Berichten sämtlicher Nationen wird ein feindliches Verhalten Isaaks von Zypern gegenüber Pilgern oder den kriegerischen Aktivitäten der Lateiner an der syrischen Küste dokumentiert.[252] Ein oft behauptetes Bündnis mit

Saladin ist zwar eine Übertreibung, wie aus einem Brieffragment von Saladins Kanzleichef, dem Qāḍī al-Fāḍil, hervorgeht, der mitteilt, daß Isaak sich – erst – nach Richards Ankunft um ein solches bemüht hat; nichtsdestoweniger bestätigt der Qāḍī, daß die allgemeine Einschätzung von Isaaks Rolle am Beginn des dritten Kreuzzugs berechtigt war, weil der Herr von Zypern hier als zuverlässiger Freund des Sultans bezeichnet wird, dem man helfen solle.[253] Die strategisch wichtige Lage der Insel im Rücken der Angreifer prädestinierte sie zum Flottenstützpunkt und Nachschublieferanten. Die Belagerer von Akkon hatten einen Hungerwinter hinter sich, während das reiche Zypern von Lebensmitteln überfloß. Der Unwille zur Kooperation konnte nicht geduldet werden, und wie immer war in der Auseinandersetzung zwischen den Weltgegnern für einen nach eigenem Gutdünken agierenden Kleinstaat kein Raum. Wodurch aber, wenn nicht in der Abwendung vorhersehbarer Komplikationen, hätte sich Richards von niemandem bezweifeltes Feldherrengenie äußern sollen? Ihm ging es, anders als in Messina, hier nicht primär um Geld, sondern um die Gewinnung der Herrschaft über das Land.

Für die öffentliche Meinung mochte die Eroberung Zyperns eine Überraschung darstellen, aber Geheimhaltung gehört zur Norm bei einem beabsichtigten Angriff. Zudem: Hätte Richard gegenüber Philipp das Unternehmen als unerläßlich für den Kreuzzug deklariert, wäre das einer Ermunterung, abermals einen Teilungsanspruch zu stellen, gleichgekommen. Damit sei nicht gesagt, daß Philipp ahnungslos gewesen sein muß oder eine Teilungsaufforderung nicht vorgebracht hätte. Die während des Zypernaufenthalts angesetzte Hochzeit darf uns nicht dazu verleiten, uns das allgemeine Flottenrendezvous vor Limassol als allein aus diesem Anlaß inspiriert zu denken. Es entsprach den diplomatischen Gepflogenheiten der Zeit, einen in friedlicher Absicht geplanten Aufenthalt durch eine Gesandtschaft anzukündigen. Gäste pflegten sich anzumelden, Eroberer kamen unangemeldet. Richards angeblich große Höflichkeit – als schon das Heer hinter ihm stand – täuschte Isaak nicht über dessen Absichten. Er hatte mobil gemacht und stand gleichfalls mit einem Heer zum Empfang bereit. Er fertigte die königlichen Boten mit verächtlichen Worten ab und untersagte die Landung, worauf Richard den Befehl zum Angriff gab: „Armez vos!"

Werfen wir einen Blick auf die Person dieses selbsternannten „Kaisers von Zypern".[254] Isaak, ein Komnene, war ein Großneffe Kaiser Manuels und von diesem noch sehr jung Ende der siebziger Jahre als Statthalter nach Kilikien gesandt worden, wo er in die Gefangenschaft seines Schwagers, Rupens III., geriet. Infolge eines Austauschgeschäfts wurde er an Bohemund III. von Antiochia ausgeliefert und blieb mehrere Jahre in Haft. Erst unter Kaiser Andronikos kam er unter Geiselstellung seiner Kinder und der Verwendung der Templer für ihn frei, kehrte aber nicht nach Konstantinopel zurück, sondern brachte 1184 Zypern an sich, das er vom Byzantinischen Reich loslöste. Er usurpierte den Kaisertitel, sah sich aber 1186 nach der Machtübernahme durch Isaak Angelos dessen Bestreben gegenüber, Zypern wieder dem Byzantinischen Reich einzugliedern. Eine griechische Flotte, die das erreichen sollte, wurde jedoch durch den zu Hilfe geeilten sizilischen Admiral Margaritus geschlagen. Im Gleichklang mit dem noch antibyzantinischen Kurs des Normannenkönigs und in einer Rückendeckung bei Saladin lagen Isaaks politische Überlebenschancen.

In die allgemeine Verurteilung des „Tyrannen" Isaak stimmt auch ein zeitgenössischer zyprischer Bericht, der des hl. Neophytos, ein, und Niketas Choniates sieht in diesem Komnenen einer Nebenlinie genauso ein Ungeheuer wie die lateinischen Quellen. Howdens Unvertrautheit mit griechischem Zeremoniell ließ ihn, was an einem Kaiserhof üblich war, als spezielle Blasphemie Isaaks auslegen[255]; davon abgesehen kann man finden, daß Grausamkeit und Unterdrückung der Untertanen Eigenschaften waren, durch die Isaak sich am wenigsten von damaligen byzantinischen Kaisergepflogenheiten unterschied. Wie dem auch sei, an Richards Berechtigung zum Vorgehen gegen ihn zweifeln nicht einmal die französischen Quellen. Im Unterschied zu anderen Gelegenheiten fand eine Richard feindliche Fraktion in dieser militärisch zu bekämpfenden und moralisch zu verurteilenden Persönlichkeit vorläufig keinen Ansatzpunkt für eine gegenläufige Darstellung. Erst im nachhinein, während seiner deutschen Gefangenschaft, wurde das Argument, wie Richard einen christlichen Herrscher entmachtet habe, zu politisch-finanziellen Zwecken öffentlich gegen den englischen König vorgebracht.[256] Im Lager vor Akkon hatte eine solche Sichtweise gewiß keine Breitenwirkung. Eine christliche Solidarität zwischen Katholiken und Orthodoxen gab es nicht.[257]

Wenden wir uns der unmittelbaren Vorgeschichte der Eroberung Zyperns zu. Nach allgemeinem Quellenbefund wurden die nach dem Schiffbruch an Land Gegangenen von Isaak beraubt und gefangengesetzt. Richards Brief fügt noch hinzu, daß sie dem Hungertod preisgegeben werden sollten, während Eracles ihre beabsichtigte Enthauptung meldet. Da die Gefangenen sich befreiten, sind Isaaks Absichten aber unbeweisbar. Befragen wir unsere ausführlichste und seriöseste Quelle zu diesem Abschnitt, das Itinerarium – bei Ambroise klafft hier eine Lücke –, nach Einzelheiten, so ergibt sich ein interessanter Sachverhalt. Isaak selbst erschien erst acht Tage nach dem Schiffbruch am Strand, und die Einheimischen rechtfertigten in der Zwischenzeit alle Maßnahmen gegenüber den Gestrandeten mit ihrer Furcht vor dem Kaiser. Den Kreuzfahrern wurden die Waffen und ihre persönlichen Habseligkeiten abgenommen, und sie wurden in einem Kastell gefangengesetzt. Dies erscheint als Vorsichtsmaßnahme verständlich, wenn man bedenkt, daß nach Bahā' ad-Dīn im selben Frühjahr und vielleicht in unmittelbarer zeitlicher Nähe zu dem Schiffbruch von Richards Leuten Deserteure aus dem Lager vor Akkon auf Zypern gelandet waren, um eine Kirche zu überfallen, Menschen zu rauben und als Sklaven zu verkaufen.[258]

Was vom Schiff der königlichen Frauen den Internierten an Gütern geschickt wurde, konfiszierten die Griechen, während sie „listig" versprachen, selbst für den Bedarf der Gefangenen sorgen zu wollen, was aber nicht geschah. Diesen sei nun ein Beschluß der ortsansässigen Magnaten zu Ohren gekommen, daß sie getötet werden sollten, und da sie auch den Hunger nicht länger ertragen wollten, so beschlossen sie, sich zu wehren. Der „List“ der Griechen wurde nun mit einer englischen List begegnet. Mit Hilfe einiger eingeschmuggelter Bogen brachen die Eingeschlossenen aus, wobei zwei namentlich genannte normannische Ritter sich auszeichneten. Nun griffen die Männer vom Schiff her ein, und die Befreiten wurden in die Sicherheit des „Busses“ gebracht. Daraus folgt, daß Richard bei seiner Landung keine Gefangenen mehr zu befreien brauchte – man darf das glauben, da das Itinerarium keine Tendenz hat, Richards Verdienste zu schmälern, und auch im davon gänzlich unabhängigen fabulösen Eracles-Bericht ein Normanne eine spektakuläre Rolle bei der Befreiung der Kreuzfahrer spielt, wenn es sich hier auch um einen Söldner Isaaks handelt. Es folgt aber auch daraus, daß es Tote, und zwar auch tote Griechen, gab, ehe Isaak auf dem Schauplatz erschien. Den offenen Kampf hatten ganz zweifellos Richards Leute begonnen, wenn man ihnen Mißtrauen auch nicht verdenken kann. Isaak verhielt sich bei seiner Ankunft ganz umgänglich, versprach Wiedergutmachung, alles natürlich „aus Falschheit“, und begann, am Strand ein Heer zu sammeln. Mit viel Freundlichkeit bemühte er sich nun, Richards Schwester und Braut zur Landung zu bewegen. Johanna gelang es, den Anschein der Höflichkeit zu wahren, indem sie sich darauf ausredete, nicht ohne Erlaubnis ihres Bruders an Land gehen zu können. Eracles und „Ernoul“[259], und das ist interessant und sei in einem Vorgriff auf die Bewertung dieser Quellen als bezeichnend herausgestellt, gehen weiter als Ambroise und das Itinerarium, wenn sie behaupten, Isaak habe bereits begonnen, sich mit Gewalt der königlichen Frauen zu bemächtigen, als Richard erschien, aber auch nach der englischen Version befürchtete man einen Angriff Isaaks. Es ist die *lectio difficilior* zu der kurzen Mitteilung Howdens, der die Details der Vorgeschichte nicht kennt, Isaak hätte dem Schiff die Einfahrt in den Hafen verwehrt. Die Besatzung konnte nach den Vorfällen kein Bedürfnis nach einer Landung haben, und da auch keine Notwendigkeit dazu bestand, so ist glaubhaft, daß ein bereits auf Kampf eingestellter Isaak seine Ausgangsposition durch Kaperung der königlichen Angehörigen verbessern wollte. Robert von Thornham, der Befehlshaber des Schiffes war und später als Günstling Richards ausgewiesen ist, erwarb sich ein großes Verdienst dadurch, daß er seinem König bei der Landung einen vollen Handlungsspielraum sichergestellt hatte. Mit Johanna und Berengaria in Isaaks Haft wären Richard die Hände gebunden gewesen.

Aber muß man überhaupt auf eine böse Absicht des Komnenen schließen? Es ist nicht zu vergessen, daß die Aneignung des Gutes von Schiffbrüchigen in diesem Weltwinkel von Griechen und Lateinern als ein Recht betrachtet wurde, und daß diese Praxis auch im Westen einmal königliches Privileg gewesen war, wird uns durch ein Dekret Richards in Erinnerung gerufen, das er eben in Messina erlassen hatte und wodurch er auf dieses Recht zugunsten der Geschädigten verzichtete.[260] Kann nicht, was als gezielte Feindseligkeit – sei es gegen Kreuzfahrer im allgemeinen, sei es gegen Richards Leute im besonderen – interpretiert wird, auch aus dieser allgemeinen Sitte heraus erklärt werden, der die Griechen gefolgt wären, ehe Isaak eingreifen konnte? Auch wenn an den Behauptungen seiner Lateinerfeindlichkeit wegen al-Fāḍils Zeugnis etwas Wahres sein muß – obwohl es keineswegs so scheint, als wäre Isaak deswegen in der lateinischen Welt des Ostens allgemein verfemt gewesen oder als hätte kein Pilger mehr gewagt, seinen Fuß auf die Insel zu setzen[261] –, so heißt das ja nicht, daß er die Auseinandersetzung mit Richard bewußt gesucht haben muß. Die gewohnheitsmäßige Belästigung kleiner Kreuzfahrergruppen ist das eine, die Provokation einer Großmacht das andere. Soll man deshalb nicht lieber glauben, die Situation hätte sich ohne Isaaks konkretes Zutun, aber unter Nachhilfe der angevinischen Vorhut zum beabsichtigten Krieg entwickelt?

Die Plausibilität dieser Auffassung – daß Isaak doch kein Interesse an einer offenen Konfrontation mit Richard gehabt haben kann – wird aber von folgendem Faktum widerlegt: Er änderte schlagartig seine Taktik freundlichen Entgegenkommens, mit der er die königlichen Frauen zur Landung hatte bewegen wollen, als Richard selbst erschien. Obwohl dieser nur um Landeerlaubnis und Wiedergutmachung des Schadens, eine Geringfügigkeit also, bat, lehnte Isaak das Ansuchen schroff ab und wählte damit den sofortigen Kampf. Hätte er nicht im Vertrauen darauf, daß die unerwünschten Gäste ja in Kürze weiterziehen würden, durch Geschmeidigkeit die Situation zu entschärfen trachten müssen? Diese Unflexibilität wird ihm denn auch gern als politische Torheit ausgelegt.[262] Das ist aber nur berechtigt, wenn man, was freilich meist geschieht, Richards Erscheinen vor Zypern als zufällig ansieht. Wir haben gesehen, was dagegen spricht, und so darf man annehmen, daß Isaak von Anfang an wußte, was das Aufkreuzen der angevinischen Schiffe bedeutete, und urteilte, daß er bei Richards persönlichem Erscheinen keinen Verhandlungsspielraum mehr haben werde. Die Geiselnahme war mißglückt, statt auf Listen und Kompromisse zu hoffen, versuchte er, die Landung der feindlichen Armee zu verhindern. Das ist kein unsinniges Verhalten. Es setzt aber voraus, daß er Richard von Anfang an eine Eroberungsabsicht unterstellte, und das wirft die Frage auf, ob er gewarnt war.

Wir haben zunächst zu fragen, ob aus den Quellen ersichtlich wird, daß Isaak schon vor dem Erscheinen der ersten englischen Schiffe Abwehrmaßnahmen getroffen hatte. Wieder ist es interessant, daß ausgerechnet der profranzösische Eracles Isaaks Arglosigkeit bestreitet, indem er ihn aus Angst vor den westlichen Königen, damit allerdings auch vor Philipp, am Strand gleichsam Wache halten läßt. Nach Ambroise und Itinerarium beginnt Isaak erst nach der Selbstbefreiung der Inhaftierten, das heißt vier Tage vor Richards Ankunft, jenen erkennbar, ein Heer an der Küste zusammenzuziehen und Barrikaden zu errichten. Natürlich konnte die Vorhut von anderen eventuellen Maßnahmen nichts wissen, so wie Isaak vor dem auffälligen Warten von Johannas Schiff vor Limassol nicht mit Sicherheit auf diesen Landungsort der Gesamtflotte schließen konnte. Bemerkenswert sind Details, die al-Fāḍil in dem schon erwähnten Brieffragment, das eine Gesandtschaft Isaaks erwähnt, berichtet. Es heißt da, daß dieser die Hafenanlagen Zyperns habe verbrennen und zuschütten lassen und daß er den Lebensmitteltransport an die syrische Küste unterbunden habe. Er spricht allerdings von sich überstürzenden Neuigkeiten, und diese Maßnahmen scheinen erst nach

Richards Landung ergriffen worden zu sein.[263] Da wir nicht wissen, wann Richard seinen Plan zur Lösung der Zypernfrage gefaßt hat, wissen wir auch nicht, ab wann mit der Möglichkeit von Indiskretionen zu rechnen ist. Es besagt auch nichts, daß eine Nebenquelle, die Chroniques de Normandie, behauptet, Richard hätte die Eroberung Zyperns mit Philipp abgesprochen gehabt. Auch wenn wir, den Hauptquellen folgend, das Gegenteil annehmen können, so ist es unwahrscheinlich, daß keinerlei Informationen an Philipp durchgesickert sein sollten. Ohne konkrete Schlüsse daraus zu ziehen, seien im folgenden ein paar Fakten zusammengestellt, die uns zusätzlich helfen sollen, Abstand zu der um Richard verbreiteten Atmosphäre spontaner Abenteurerei zu gewinnen.

Hören wir nochmals al-Fāḍil: Er empfiehlt, Isaak von Zypern ungeachtet einer früheren Vereinbarung mit Kaiser Isaak Angelos von Byzanz beizustehen, da man diesem Hilfe ja nur für den Fall zugesichert habe, daß die Insel in der Hand der Feinde sei; das heißt, erst wenn Zypern ein Kreuzfahrerstützpunkt geworden sein sollte – Isaak Komnenos also bereits entmachtet war –, wäre eine Beteiligung an einer Aktion des byzantinischen Kaisers zur Wiedergewinnung Zyperns in Aussicht gestellt worden. Der Bündnisfall wurde später von Saladin negiert, es ist aber interessant zu hören, daß die beiden Großmächte der östlichen Mittelmeerregion schon seit geraumer Zeit eine Eroberung Zyperns im Zusammenhang mit dem Kreuzzug für möglich hielten. Gelegenheit zu solchen Erwägungen boten wechselweise Gesandtschaften des Jahres 1189 oder ein Austausch im Jahr 1190.[264] Von Richard war seit damals bekannt, daß er mit einer eigenen Flotte kommen werde, er kam deshalb als Aggressor besonders in Frage. Im Jahr 1189 befand sich zur Vorbereitung des Kreuzzugs eine französische Gesandtschaft am byzantinischen Kaiserhof, wo Agnes, eine Schwester Philipps, als Witwe zweier Komnenenkaiser lebte.[265] Theoretisch konnte seit damals Zypern als Angriffsziel bekannt sein. Wir haben uns die beiden westlichen Könige schon sehr früh als gut informiert über die politische Situation in Outremer zu denken. Bereits in seinem Krönungsmonat, im September 1189, ist der landeskundige künftige Großmeister der Johanniter, Garnier de Nablus[266], an Richards Seite, wie dann auch in Messina. Philipp hingegen trat in der zweiten Hälfte des Jahres 1189 wegen eines Transportvertrags mit Genua in Verbindung, und es bestanden ausgezeichnete Beziehungen zwischen dieser Seestadt und dem Herrn von Tyrus, Konrad von Montferrat.[267] Auch wenn wir konkrete diplomatische Kanäle zu dieser Zeit nicht ausmachen können, ist die politische Konstellation, die später durch einen Machtwechsel in Zypern in Eigeninteressen betroffen wird, schon vorgeformt. Noch viel leichter konnten via Philipp von Messina aus Informationen über den geplanten Angriff auf Zypern weitergegeben werden.[268] Zwischen Messina und Zypern gibt es übrigens, gefolgt von einer Streitsituation zwischen den Königen, eine Parallele um Berengaria. Ihre Anreise nach Messina war offenbar Gegenstand eines Störmanövers gewesen, nun sollte ihr Schiff von Isaak gekapert werden – eine Version, die, wie gesagt, gerade Eracles-„Ernoul“ besonders betonen. Dieses realistisch anmutende Detail, dessen Sinn der Autor nicht versteht, ist umso bemerkenswerter, weil ihm, gleichfalls in allen Redaktionen dieser Textgruppe, eine märchenhaft dümmliche Version von Richards Heiratsgeschichte vorangeht. Sie beweist die geistige Unschuld des Verfassers, seine Unfähigkeit zu eigenen politisch relevanten Kombinationen. Damit werden Mitteilungen aus dieser Quellenfamilie, die das Niveau der Hochzeitsgeschichte übersteigen, als ziemlich lautgetreues Echo der Wahrheiten und Meinungen vermutbar, die in jener Fraktion kursierten, zu der er Zugang hatte. Richards Eheangelegenheiten waren für diese Partei von zentralem Interesse. Mehrfach reflektieren Eracles-„Ernoul" den französischen Standpunkt von Richards Schuld gegenüber Philipp wegen der Alice-Affäre.

Eine grundsätzliche Bewertung dieser Outremer-Quellen ist gerade im Zusammenhang mit Zypern unerläßlich, weil dessen Eroberung durch Richard uns in zwei voneinander abweichenden Versionen geboten wird: Neben dem englisch-normannischen Überlieferungsstrang steht jener, dessen verschiedene Varianten auf einen Text Ernouls zurückgehen. Das genaue Verhältnis dieser Fassungen zueinander[269] ist für uns nur ausnahmsweise wichtig, entscheidend ist, daß sie alle auf einen gemeinsamen Ahnherrn, nämlich jenen Ernoul, zurückgehen, der nach seinem Selbstzeugnis im Katastrophenjahr 1187 ein Schildknappe Balians von Ibelin war.[270] Vier Jahre später erlebte dieser, immer noch sehr jung, alle Ereignisse im Heiligen Land aus dem Machtzentrum der montferratisch-französischen Partei mit, denn Balian war der engste Vertraute Konrads von Montferrat, des Thronanwärters, der sich unter den Schutz Philipps begeben hatte. Zu den Ereignissen in Zypern nach Richards Landung gibt es nun zwei Versionen mit gänzlich verschiedener Akzentuierung. Der in der „Estoire de Eracles" als Haupttext abgedruckten Fassung, die für die bisherige Rezeption der Eroberung entscheidend wurde, ist die Befreiung der Gefangenen vor Richards Ankunft wichtig, und im Mittelpunkt des Interesses steht eine Konferenz zwischen Richard und Isaak. Die Aufmerksamkeit ist eine selektive, und der rote Faden, der die naiv aneinandergereihten Episoden miteinander verbindet, ist die Bedeutung, die ihnen in einer analysierenden Betrachtungsweise als Punkten der Weichenstellung für die Eroberung Zyperns zukommt. Natürlich ist das nicht die individuelle Sicht unseres Verfassers. Richards Rolle ist in einer Weise reduziert, die, fern von persönlicher Gehässigkeit des Chronisten, eine Regie vermuten läßt. Nicht weniger verstümmelt sind jene Varianten, die dem Ur-Ernoul am nächsten kommen, und deren Verfasser später in allen Zypern betreffenden Angelegenheiten ausgezeichneten Bescheid geben:[271] In ihnen fehlen die Begegnung Richards mit Isaak, dessen Vertragsbruch, aber auch Guidos Rolle völlig. Soll man vermuten, daß somit weggelassen wurde, was dem montferratischen Standpunkt ungünstig war? Man kann freilich eine Regie schon auf der Vorstufe dieser Redaktionen, eben bei der in allen Varianten gleichen Darstellung der Vorgeschichte von Richards Heirat sehen. Wie hier der Held zum gehorsamen Sohn degradiert wird und auf Anhieb eine Braut heiratet, von der er nie gehört hat – einfach weil seine Schwester ihm in Zypern zusammen mit der Braut den mütterlichen Befehl zur Heirat übermittelt –, das könnte ein Nachklang aus dem Pamphletenschatz des Herzogs von Burgund sein, der gegen Ende des Kreuzzugs die Enttäuschung der Masse zur Schmähung auf den Feldherrn umgoß. Dabei wurde anscheinend das große Geheimnis, das Richard um seine neue Braut machen mußte, für einen böswilligen Witz fruchtbar gemacht – was der kindliche Geist des Verfassers nicht unbedingt verstand. Nicht verstanden wurde jedenfalls der Unernst der Situation von modernen Historikern, die, einzig gestützt auf diese Outremer-Version, in Eleonore ganz selbstverständlich die Urheberin der Heiratsdiplomatie ihres Sohnes sahen.[272] Dabei steht einzig fest, daß sie Berengaria bei Richard in Messina abgeliefert hat!

Kurzum: Wir haben gerade im Zusammenhang mit den Zypernereignissen mit sehr viel Propaganda zu rechnen. In bezug auf die „Hauptfassung" des Eracles und die „Chronique d'Ernoul" erstaunt vor allem die Aussparung von Kämpfen, so daß Richard konfliktscheu, Isaak aber völlig disparat agiert, denn obwohl er sich auf den Kampf vorbereitet hat und ihm ausdrücklich großer Mut zugesprochen wird, flieht er beim bloßen Anblick Richards. Da begeben sich die Gegner wechselweise in Fallensituationen, ohne es auch nur im nachhinein zu merken, und die gesamte zweite Phase der militärischen Auseinandersetzung ist amputiert. Fragen wir hier nach dem Sinn der Entstellungen, so kann er einfach in der Auffassung liegen, mit der Mitte des 19. Jahrhunderts der Franzose Mas Latrie, übrigens der Herausgeber der „Chronique d'Ernoul", einer vom Ur-Ernoul weit entfernten Kompilation in einer dreibändigen Geschichte Zyperns seine Präferenz für den Eracles-Text begründete: Die englische Lesart sei für Richard doch viel zu günstig![273] Der Meinung konnten Zeitgenossen im montferratisch-französischen Lager auch sein und die Geschichte in ihrem Sinn umschreiben, umso leichter, als Isaak wirklich oft floh. Das nicht erkannte Vorurteil des Experten Mas Latrie hat noch hundert Jahre später Historiker geblendet[274], und Vorschub wurde seiner Ansicht durch eine gewisse Ortskenntnis bei Eracles – ein scheinbar sicheres Indiz für Authentizität – geleistet. Was nun eine zweite Variante anbelangt[275], so ist zu sagen, daß sie in den militärischen Belangen die englische Darstellungsweise stützt und zusammen mit der Eracles-„Hauptfassung" alle jene Elemente enthält, die den englischen Überlieferungsstrang ausmachen. Dieser wird von den beiden Hauptquellen Ambroise-Itinerarium und Gesta-Chronica von Howden gebildet.

Obwohl einige Details nur von Howden vermerkt werden, ergibt ein punktweiser Vergleich, daß er – seine Gesta dabei noch ausgeprägter als die Chronica – die Ereignisse hier in einem oft zu glatten Sinn komprimiert. So ist, was die Genauigkeit anbelangt, das Itinerarium unsere glaubwürdigste Quelle zum Zypernfeldzug: im ganzen differenzierter als Howden und gegenüber dem gefühlswarmen Ambroise mit vermehrtem Hintergrundwissen ausgestattet, in den Abweichungen gegenüber Howden aber selten so gravierend, daß eine Harmonisierung ausgeschlossen wäre. Nach den anglo-normannischen Quellen verläuft die Eroberung Zyperns nach einem militärischen Konzept, wird strategisches und taktisches Geschick erkennbar, und in der Situation der gebrochenen Gesamtüberlieferung und der in sich gespaltenen

Outremer-Tradition der Eracles-„Hauptversion" den Vorzug zu geben, hieße nicht nur, die Quellenkritik gänzlich außer acht zu lassen, sondern auch anzunehmen, daß auf englischer Seite die Verfasser Militärexperten gewesen wären, die vom Schreibpult aus das unkluge, wenn auch zufällig erfolgreiche Vorgehen ihres Königs nachträglich wirkungsvoll korrigiert hätten.

Und so begann am 6. Mai 1191 der Kampf um Zypern: Isaak stand inmitten seiner Einheimische und Söldner umfassenden Armee berittener Bogenschützen am Strand vor Limassol bereit. Den zu Schiff gekommenen Feinden fielen neben dem Prunk der Gewänder vor allem die großen und starken Pferde der Griechen auf. In den Hafen hatten diese fünf bewaffnete Galeeren geschickt und aus der Hafenstadt sämtliches Gerümpel an den Strand geschafft, was bewirken sollte, daß die Lateiner ihre Hauptwaffe, die Reiterei, in der Ebene nicht zum Einsatz bringen könnten. In der Realität dürften die Barrikaden dann vor allem die Griechen selbst behindert haben, während Isaak offenbar gehofft hatte, daß die ungeordnet an Land Kommenden ideale Abschußziele für seine Armee abgeben würden. Das Landemanöver begann mit dem Umsteigen aus den großen Transportschiffen in Kähne. In den engen schaukelnden Booten standen nun zusammengepfercht die mit ihren schweren Waffen Beladenen, um sich – als Fußtruppe – den ausgeruhten berittenen Schützen Isaaks entgegenzuwerfen. Das war keine günstige Ausgangssituation, wie schon Ambroise vermerkt, aber er fügt hinzu: „nous savions plus de guerre". Überraschend, sicher auch für Isaak, wird nun klar, worauf in diesem Moment die Stärke von Richards Heer beruhte: auf den Armbrust- und Bogenschützen. Nicht zum letzten Mal in diesem Kreuzzug sollten sie das taktische Hauptelement bilden, lange also vor ihrem vielbeachteten Einsatz im Hundertjährigen Krieg, aber schon in Fortsetzung einer bewährten Tradition.[276] Was die Barrikaden anbelangt, so werden wir beim Kampf um Jaffa eine ähnliche Situation vorfinden, nur mit dem Unterschied, daß nun Richard es ist, der, kaum gelandet, das gewonnene Terrain gegen eine feindliche Reiterei durch sie absichern läßt.

Die hilflose Bemannung der griechischen Schiffe wurde zuerst ausgeschaltet, und Isaak mußte mit ansehen, wie seine kleine Flotte der großen angevinischen angeschlossen wurde. Langsam, unter ständigem Beschuß, aber selbst pausenlos in breiter Front Geschoße aussendend, näherten sich die Boote der Küste, wo die Griechen zum Empfang ein Kriegsgeheul anstimmten, aber auf Distanz gehalten wurden. Richard, heißt es, sprang dann als erster ins Meer und ging an Land. In diesem heiklen Moment war er nur von einer schießenden Fußtruppe umgeben, während die Ritter ihrer eigentlichen Funktion beraubt waren. Die Barrikaden boten nun seinen Schützen möglicherweise eine gute Deckung und hinderten Isaaks Kavallerie daran, die Ankömmlinge niederzureiten und ins Meer zurückzutreiben.

Irgendwie gelang der Durchbruch, das Zurückschlagen des Gegners, man drang in Limassol ein und verfolgte den Feind jenseits der Stadt. Richard und einige seiner Ritter schafften es, Pferde zu ergattern. Mit einer kleinen berittenen Truppe, die aber erst zusammenzustellen war, konnte dann wenigstens behelfsweise die übliche ritterliche Taktik durchgeführt werden. Richards Streitroß wird uns als eine Stute beschrieben, die hinten einen Sack aufgebunden und statt der Steigbügel Schnüre gehabt habe. Eine weitere Verfolgung brach Richard wegen Unkenntnis der Gegend und natürlich auch wegen Pferdemangels ab. Es folgte die Okkupation Limassols.

Diese Darstellung ist in ihren Hauptzügen durchaus glaubwürdig. Man muß auf seiten Isaaks keine übertriebene Feigheit annehmen, wenn man von „Flucht" liest. Gerade in der östlichen Kriegführung stellten sich viele Fluchten nachträglich als Scheinfluchten heraus. Die sehr raschen, leistungsfähigen Pferde, deren Überlegenheit zu betonen unsere Quellen nicht müde werden, luden dazu ein, die Gegner hinter sich herhetzen zu lassen, bis die Ermüdeten in eine Falle gelockt waren.[277] Richard dürfte eine solche Taktik gefürchtet haben, er ließ sich – als Feldherr nämlich – auch später nicht auf Verfolgungen, die ihn in unbekanntes Gebiet geführt hätten, ein. Am ersten Tag war jedenfalls Limassol eingenommen und auf der Insel Fuß gefaßt worden. In der Nacht war es dann Richards erste Sorge, die Pferde ausladen zu lassen. Das war bisher natürlich nicht möglich gewesen und hätte wegen der Strandbeschaffenheit auch keinen Zweck gehabt. Isaak konnte dadurch zu der Meinung verführt werden, daß der Feind gar keine Pferde bei sich habe.

Am nächsten Tag setzte sich Richard Isaak auf die Fährte. Bei einem Olivenhain stieß man auf eine griechische Vorhut, die sich laut schreiend zur Flucht wandte, auf diese Weise anzeigend, wo das Hauptheer mit dem Kaiser stand, gleichzeitig aber auch diesen warnend. Möglicherweise war Isaaks Lager bei Kolossi. Auf jeden Fall betrug der Abstand der beiden feindlichen Quartiere nur einige Kilometer, und wollte Richard sich in Limassol sicher fühlen, so mußte er Isaak aus dem Feld schlagen. Hier nun sollte es erstmals zu der klassischen Feindbegegnung in Outremer kommen. Die Griechen hatten mit den Türken die Kampfweise gemeinsam – sie konnten nur schießen, hatte Ambroise zum Vortag schon festgestellt –, aber das war gefährlich genug. Gewandtheit gegen Stärke setzend, in Wellen heranflutend und sich sofort zurückziehend, so schwer zu fassen wie ein Mückenschwarm, versuchten überaus bewegliche bogenschießende Reitertruppen, den Kern des feindlichen Heeres aufzusplittern und die Ritter in Einzelkämpfe zu verwickeln. Diese konnten sich nur behaupten, wenn sie der Verlockung des individuellen Drauflosstürmens widerstanden und streng darauf achteten, im Verband zu bleiben, wo dann die gefürchtete Stoßkraft ihrer Lanzen die Wirkung nicht verfehlte. Wissen um die Absicht des Feindes und Disziplin waren nötig, um die fast stets gegebene und oft dramatische Überzahl des Feindes ausgleichen zu können. Die Masse der jetzt zum Vorschein kommenden Griechen erschreckte denn auch Männer aus Richards Gefolge, denn die vom König geführte Vorhut bestand nur aus vierzig oder fünfzig Rittern, und der Kleriker Hugo de la Mare gab Richard den wohlgemeinten Rat, umzukehren.

Man muß es nicht als Draufgängertum betrachten, daß der den unbefugten Ratgeber in die Schreibstube verwies und vorwärtsstürmte. Mit der unterschiedlichen Größenordnung der Einsatztruppen waren westliche Heerführer im Osten längst vertraut. Richard verkalkulierte sich nicht, die ritterliche Elite seines Gefolges reichte aus, Unordnung beim Feind zu stiften, bis das Hauptheer herangekommen war und Isaak neuerlich und nachhaltig in die Flucht geschlagen wurde. Es waren aber wie am Vortag schwere Kämpfe dazu nötig, die auch Bahā' ad-Dīn bezeugt. Richards kämpferische Einzelleistung wurde sehr bewundert: Da soll er den Kaiser selbst mit der Lanze vom Pferd gestoßen haben, der aber entschlüpft sei, und den kaiserlichen Bannerträger erschlagen haben, um das goldene Banner dann als Trophäe dem hl. Edmund zu widmen. Natürlich hätte eine überstürzte Flucht eines zaghaften Königs leicht ein Debakel anrichten können, aber außer dem persönlichen Mut war eben entscheidend, wer von den Gegnern sein taktisches Konzept verwirklichen konnte. Das war Richard. Am Vortag hatte er ohne seine Hauptwaffe, die ritterliche Einsatztruppe, vorgehen müssen, jetzt galt es vor allem, das Heer in der ihm ungewohnten Situation zur Koordination anzuhalten, denn wurde es auseinandergetrieben, so war auch der mutigste Einzelkämpfer verloren. Die Generalprobe für das Treffen mit Saladin hatte er bestanden. Isaak floh nach Nikosia, das ganze Hinterland von Limassol, die Ebene und das Troodos-Gebirge dem Feind preisgebend, wenn der auch zu Bergtouren keine Ambition verspürte. Es wurden viele Gefangene gemacht, und das kaiserliche Lager mit Prunkzelt, Schätzen, Lebensmitteln, einer großen Anzahl der ausgezeichneten Pferde und dem kaiserlichen Dolmetsch wurde eine Beute des Siegers. Richard nahm aber keine Verfolgung Isaaks auf. Auch nach Eracles gab er der Bevölkerung allgemeine Sicherheit, sofern diese „den Frieden wolle". Diese Politik der Schonung stellte nicht nur sicher, daß der Besitz der Griechen für die künftige königliche Besteuerung bewahrt blieb, sondern ermunterte zum Überlaufen. Ein glänzender Erfolg war am ersten Tag errungen und am zweiten abgesichert worden, eine wichtige Hafenstadt und der Westen der Insel waren erobert – aber keineswegs noch ganz Zypern. Es ist nicht sicher, wann die breite Abfallbewegung von Isaak einsetzte, doch begann dieser an der Einsatzfreude seiner eigenen Leute für seine Sache zu verzweifeln.

Nach sämtlichen Berichten trat nun eine Kampfpause ein. An einem Sonntag, dem 12. Mai, feierte Richard seine Hochzeit, und Berengaria wurde zur Königin von England gekrönt. Wir wissen nicht viel von dieser Tochter König Sanchos VI. von Navarra, die ihn um mehr als dreißig Jahre überleben sollte.[278] Wie die meisten mittelalterlichen Königinnen bleibt sie völlig schattenhaft, denn die Chronisten widmen ihr nur wenige Worte, von denen Devizes' Bemerkung, sie sei eher klug als schön, noch die individuellste Färbung aufweist.

Während sich nicht weit von der sagenhaften Geburtsstätte der Aphrodite Festesfreude ausbreitete, erhielt die Politik eine Chance. Aus Richards Umgebung wurden Stimmen laut, die auf einen Kompromiß mit Isaak drängten. Nach dem Itinerarium soll es vor allem der Johannitergroßmeister Garnier de Nablus gewesen sein, der nun für eine Verhandlungslösung plädierte. Wenn das ursprüngliche Ziel gewesen war, Isaaks Obstruktion zu brechen und die Zypern zugedachte Rolle als Versorgungsbasis für das militärische Geschehen im Heiligen Land sicherzustellen, so war dies ja vielleicht schon erreicht. Warum also weiterhin Risken und Zeitverlust auf einem Nebenschauplatz in Kauf nehmen? Unsere Hauptquellen suggerieren einen wegen der Gefährlichkeit des Unternehmens besorgten Beraterstab um Richard. Obwohl dieser nicht der Ansicht des Großmeisters war und damit recht behalten sollte, akzeptierte er doch Verhandlungen, wie er auch später immer in enger Kooperation mit den Ritterorden blieb; anders als beim Verbündeten standen hier Sachlichkeit und Kompetenz nicht zur Debatte.

Und so kam es in der zweiten Woche seines Zypernaufenthalts zu einer Zusammenkunft mit Isaak. Dem Verfasser des Itinerariums lag zu diesem Anlaß eine Beschreibung des königlichen Aufzugs vor, die er uns mitteilt.[279] Richard erschien auf einem prachtvollen spanischen Pferd mit goldenem Sattel, der hinten von zwei einander zugekehrten kleinen goldenen Löwen geziert war, und von den goldenen Sporen aufwärts blitzte alles an ihm: ein goldener Schwertknauf, ein goldener Stab in der Hand. Er trug eine Kappe aus Scharlachstoff mit Tierornamenten und eine rosenfarbene Tunika, dazu einen Mantel, auf dem kleine Halbmonde aus Silber und Sonnenscheiben appliziert waren. Für die Zeitgenossen symbolisierte ein solcher Mantel mit Himmelszeichen die kosmische Ordnung, in die sie einen legalen Herrscher eingebettet sahen.[280] Der Hinweis auf die Rechtmäßigkeit seiner Herrschaft muß dem Betrachter den Kontrast zu dem allgemein als Usurpator abqualifizierten Isaak markiert haben, aber natürlich war auch der prächtig geschmückt. Die Kostbarkeit der Kleidung bringt uns in Erinnerung, daß wir uns den König nicht nur im Kettenpanzer vorzustellen haben, Repräsentation der Macht und ihre Garantie kommen noch derselben Person zu. In den Heldenepen der Zeit findet sich ein Überfluß an juwelengeschmückten Waffen und Gewändern, im Fall eines Königs aber stellte dieser sich – was auf den modernen Betrachter wie persönliche Eitelkeit wirken mag –, als notwendige Erscheinungsform der höheren Existenz dar: Wie ein sakraler Raum hatte auch die sakrale Person des Königs dem Bedürfnis nach Sichtbarmachung dieser Aura Rechnung zu tragen. Sein Vater hatte die Repräsentation in seiner Person vernachlässigt, bei Richard besaß sie ihren Stellenwert. Seit Kantorowicz' Studie[281] wissen wir auch um das Geheimnis der zwei Körper des Königs, seiner menschlichen und seiner supranaturalen Existenz – eine im Grunde genommen schizophrene Konzeption, die ihre Komplikationen in sich barg und uns fragen läßt, wie eine psychische Durchschnittskraft das Bewußtsein dieser Doppelidentität meisterte. Wir tun jedenfalls gut daran, uns immer wieder zu vergegenwärtigen, daß unserer Einfühlung Grenzen gesetzt sind und mit dem Nachzeichnen politischer Konflikte und Lösungen noch kein Existenzverständnis gegeben ist. Sehr fern muß uns nämlich trotz aller kulturhistorischen Aufhellungsarbeit das Selbst- und Weltverständnis einer zeitlich so entrückten Persönlichkeit bleiben. Aber kehren wir zum eindimensional politischen Richard zurück. Wir können nachvollziehen, daß er auf dem Höhepunkt einer Erfolgsserie bei der Begegnung mit einem in die Enge getriebenen Feind keinen Anlaß zum Understatement sah.

Die Verhandlungslösung war derart, daß Richard zufriedengestellt war, Isaak aber fand, er müsse sich ihren Konsequenzen durch schleunigste Flucht entziehen. Zweierlei ist beachtenswert. Zum einen: Obwohl vereinbart worden war, daß Isaak bis zur Erfüllung der Bestimmungen im angevinischen Lager bleiben sollte, also gleichsam unter Aufsicht gestellt war, wurde er doch nicht als Gefangener gehalten, weil ihm sonst das Entkommen nicht möglich gewesen wäre. Richard ließ ihn auch nicht verfolgen, und sowohl Howden als auch Ambroise-Itinerarium geben an, daß ihm diese Entwicklung ganz recht gewesen sei. Isaak war gleichsam einem Test auf seine Vertrauenswürdigkeit für die Zukunft ausgesetzt worden, und es hatte sich gezeigt, daß eine halbe Lösung nicht möglich war. Die Härte der Bedingungen läßt Isaaks Reaktion verständlich erscheinen, während sich – und das ist die zweite Merkwürdigkeit – die Frage aufdrängt, warum er eine so ungünstige Verpflichtung eingegangen war. Er wird sich kaum zu unverbindlichen Gesprächen in eine Falle begeben haben, aus der er nicht mehr herausgefunden hätte. Vielmehr haben wir uns Verhandlungen durch Unterhändler vorzustellen, ehe Isaak zum formellen Abschluß mit Richard zusammenkam. Daß es zu einem Vertragsabschluß kam, versichern nun nicht nur die englischen Berichte, sondern behauptet auch Bahā' ad-Dīn, und Ibn al-Aṯīr spiegelt diesen Zustand wenigstens wider.[282]

Aus den unterschiedlich wiedergegebenen Bestimmungen bei Howden, Ambroise-Itinerarium und Devizes läßt sich ein harter Kern von sehr wahrscheinlich getroffenen Abmachungen herauslösen, die Zypern für die Dauer des Kreuzzugs unter Richards effektive Kontrolle gebracht hätten. Dazu gehört die Übergabe der Burgen, die Geiselstellung der Tochter und Isaaks Entfernung aus Zypern für die Dauer des Kreuzzugs durch Teilnahme an demselben. In welche Form Isaaks Verpflichtungen gegossen wurden – ob *hominium* und Lehensnahme stattfanden –, ist nicht auszumachen. Jedenfalls muß der Gegenwert für diesen Souveränitätsverlust in der Garantie einer späteren Wiedereinsetzung in die Macht gelegen haben. Die Frage, ob Isaak bei Vertragstreue eine reale Chance zur Rückkehr an die Macht gehabt hätte, ist nicht ohne weiteres zu verneinen. Daß Richard, bloß um sich die restliche Eroberung Zyperns zu ersparen, spekuliert haben sollte, wie man Isaak später auf kaltem Weg ausschalten könne, ist nicht recht glaubhaft. Für sich selbst sah er im bleibenden Besitz Zyperns keinen Nutzen, und nach dem Kreuzzug würde sein Arm nicht mehr bis hierher reichen. Die Etablierung der Lateiner in Zypern sollte sich dann auch nicht völlig problemlos vollziehen. Es ist auch nicht nötig, dem Kreis um den Johannitergroßmeister, der den Kompromiß befürwortet hatte, die Absicht eines Betrugs an Isaak zu unterstellen, denn schließlich konnte man sich durch die Übernahme der Insel ein großes Problem einhandeln: Das dauernde Interesse des byzantinischen Kaisers an der Wiedergewinnung Zyperns war bekannt und auch, daß er die Zusammenarbeit mit Saladin suchte.[283] Lange genug war unter Kaiser Manuel in Outremer die Dominanz der Byzantiner spürbar gewesen. Wollte man sie wieder auf den Plan rufen, und zu einer Zeit, wo man wegen der Wiedergewinnung des Königreichs Jerusalem im Krieg mit Saladin stand, nun auch noch eine direkte Konfrontation mit der zweiten Großmacht in dieser Weltgegend riskieren? Wenn auch deren hegemoniale Kraft unter dem schwachen Isaak Angelos gebrochen war – zu einem Angriff auf Zypern konnte sie noch reichen. Warum sollte man, was ein Problem des Isaak Komnenos war – wie er Zypern gegen Byzanz halten wollte –, zu einem Problem der Lateiner machen? Es würde kein schlechtes politisches Räsonnement verraten, wenn Garnier de Nablus gefunden hätte, die Interessen Syriens und Palästinas seien bei einem gedemütigten und zur Kooperation gezwungenen Isaak am besten aufgehoben. Die Lösung war allerdings nicht realistisch, Isaak spielte nicht mit. Wir werden uns mit dem Grund seiner Flucht und einem möglichen Meinungsumschwung bei ihm noch zu beschäftigen haben. Richard jedenfalls sah sich nun, obwohl er sich den politischen Erwägungen anderer nicht verschlossen hatte, in seiner Auffassung bestätigt: Er war der Meinung gewesen, daß die volle Verfügung über Zypern während des Kreuzzugs nur durch Eroberung sichergestellt werden könne.

Er ging nun sofort an die Fortsetzung dieser Aufgabe. Am 11. Mai war König Guido von Jerusalem mit Bruder Gottfried und dem geschiedenen Gatten Isabellas, Humfried von Toron, bei ihm eingetroffen. Mit von der Partie waren auch Bohemund III. von Antiochia und dessen Sohn Raimund, für den der Vater in Tripolis die Regentschaft führte, sowie Leo II. von Kleinarmenien. Die Genannten waren nicht nur Richards Hochzeitsgäste und leisteten ihm ein formelles *hominium,* womit Guido die Hoffnung verbinden konnte, sich Richard als Protektor gegen die Ansprüche Konrads von Montferrat auf die Krone des wiederzuerrichtenden Königreichs Jerusalem gesichert zu haben, sie wurden auch zu Zeugen von Richards Vertrag mit Isaak und dessen Vertragsbruch. Außerdem stellte wenigstens Guido mit seinen Rittern eine willkommene militärische Unterstützung dar: Mit doppelter Verstärkung, denn inzwischen war auch ein weiteres Flottenkontingent im Hafen von Limassol eingelaufen, nahmen die militärischen Operationen ihren Fortgang. Während Guido mit dem Auftrag losgeschickt wurde, Isaak zu Land zu verfolgen – nach dem Itinerarium dürfen wir ihn uns vielleicht als ortskundig vorstellen –, teilte Richard die Flotte zwischen sich und dem bewährten Robert von Thornham, um die Insel in entgegengesetzten Richtungen umfahren zu können und unterwegs alle auffindbaren Schiffe zu requirieren. Dabei wurde Famagusta als Treffpunkt festgesetzt. In drei Tagen soll die Aktion, die Isaaks politische Schwäche enthüllte, beendet gewesen sein. Alle Orte waren von der Bevölkerung längst verlassen, die Besatzungen waren geflohen, Famagusta selbst war leer. Während man weitere drei Tage in Famagusta blieb, traf eine französische Gesandtschaft aus Akkon ein, deren Funktion wir an anderer Stelle erörtern wollen, die aber dazu beigetragen haben kann, den Eindruck zu vermitteln, daß Zypern Richard fast von selbst zugefallen sei.

Dem war aber nicht so, und Isaak stellte sich nochmals zum Kampf, nachdem Richard sich in einem weiteren, nun dem vierten, Schritt entschlossen hatte, ins Landesinnere vorzudringen. Wie wir gesehen haben, tat er das nicht leichtfertig, und mit seiner Küstensicherung verfolgte er ganz dasselbe Konzept wie später im Heiligen

Land. Das Heer marschierte in Schlachtordnung nach Nikosia, wobei Richard nun die Nachhut führte, die als besonders exponiert galt. Man rechnete mit einem Überfall durch Isaaks Truppen. Dieser fand statt und wurde selbst von Eracles registriert, der das Treffen nach Tremethusia verlegt. Mit dieser Schauplatzangabe in der Mesaoria-Ebene muß er dem Ort des Geschehens zwischen Famagusta und Nikosia wenigstens nahegekommen sein. Möglich, daß sich auch Richard und Isaak im Kampf nahekamen, wie einige Quellen es wollen. Man meinte, Isaak habe vergiftete Pfeile auf Richard abgeschossen, der daraufhin einen Ausfall gemacht habe, doch wäre Isaak wieder entkommen. Sein berühmtes Roß, das Richard ihm dann abnahm und das wir als Flavel kennen, war von den Pferden der Lateiner nicht einzuholen. Der König brach die Verfolgung Isaaks ein weiteres Mal ab, um das Heer nach Nikosia zu führen. Den Siegern kam die Bevölkerung bereits entgegen, Vornehme huldigten, der friedlichen Einnahme der Stadt folgte der königliche Befehl an die Griechen, zum Zeichen des Herrschaftswechsels die Barttracht abzulegen. Der Abfall von Isaak, der unseren Quellen zufolge seiner Stimmung in Greueltaten Ausdruck gab, war nun allgemein. Er hatte sich in das im Norden gelegene Kantara zurückgezogen, und da Richard sich milde gezeigt hatte, konnte der Haß auf das alte mit der Hoffnung auf ein neues Regime verbunden werden.

Es folgt im Drama Isaaks nun der letzte Akt, der das Pentadaktylosgebirge im Norden zum Schauplatz hat. Es mußte jetzt darum gehen, eine Reihe starker Festungen in dem zerklüfteten Bergland zu nehmen, in dem Isaak verschanzt war. Da Richard in Nikosia erkrankte, ging die Leitung des Unternehmens zunächst auf Guido über, der sich nun bewähren konnte. Entgegen Howden muß die Einnahme – vielmehr die baldige Entgegennahme der Kapitulation – Kyrenias, der einzigen im Norden gelegenen Hafenstadt, und die Gefangennahme von Isaaks Tochter eine Leistung der Lusignans gewesen sein. Mit dem Hissen von Richards Fahne über der Festung bekannte Guido sich aber als dessen Vasall und hatte keinen eigenen Anspruch erworben. Guidos nächstes Ziel war die starke Bergfeste „Didemus“ (St. Hilarion) im Hinterland Kyrenias, und obwohl sie leicht zu halten gewesen wäre, sandte Isaak selbst den Befehl zur Übergabe. Inzwischen war Richard genesen und schickte sich an, das benachbarte Buffavento zu belagern, das uns als uneinnehmbar geschildert wird. Wir hören aber von keiner Belagerung mehr, sondern nur noch davon, wie Isaak von dem ostwärts gelegenen, gleichfalls sehr starken Kantara herunterstieg, um sich zu ergeben. Das geschah am 31. Mai oder am 1. Juni 1191. Somit erwies sich der letzte Abschnitt, die Belagerungsphase, die leicht eine sehr langwierige hätte werden können, wenn Isaak beschlossen hätte, hier auszuharren, als eine sehr kurze. Es mag sein, daß die Gefangennahme seiner Tochter, die ihm als einziges Kind verblieben war, seinen Widerstandsgeist gebrochen hat. Die Sorge um ihre Sicherheit mochte ihn bewogen haben, sich zu einer vollkommenen Unterwerfung und förmlichen Herrschaftsübergabe unter Fußfall bereitzufinden. Das Schicksal eines besiegten Kaisers war im byzantinischen Kulturkreis im allgemeinen ein schreckliches, war Tod oder Verstümmelung. Es scheint, daß er von Richard nichts dergleichen befürchtete, denn er bat lediglich um Hafterleichterung: Er wollte nicht „in Eisen“ geschlossen werden, und Richard, mit dem Doppelsinn spielend, verfügte, daß ihm silberne Ketten angelegt wurden. Er kam schließlich in Gewahrsam des Johannitergroßmeisters, der sich für ihn verwendet hatte, und wurde in der syrischen Küstenfestung Margat gefangengehalten. Die Tochter übergab Richard seiner Frau und Schwester zur Erziehung, und sie ging letztlich mit Johannas Wiederverheiratung in deren Toulouser Haushalt über, ja wurde nach deren Tod sogar kurzfristig ihre Nachfolgerin als Gattin Raimunds VI., bis dieser sie verstieß, worauf sie in Begleitung eines neuen Gatten das aussichtslose Abenteuer einer Wiedergewinnung Zyperns unternahm.[284] Isaaks weiteres Schicksal wurde während Richards deutscher Haft zum Politikum. Er ging frei, seine Ambition sollte aber jetzt über Zypern hinaus auf den Thron von Konstantinopel zielen. Isaak und seine Tochter haben ihre Entmachtung jedenfalls physisch überlebt – die Tochter wurde nicht einmal ins Kloster geschickt –, und es stellte sich heraus, daß diese Maßnahmen für ihre politische Ausschaltung ausreichend waren.

Als Richard am 5. Juni von Famagusta aus nach Akkon aufbrach, nahm er gegen eine Bestätigung der alteingeführten Rechtsgewohnheiten eine 50prozentige Steuer von der beweglichen Habe der Einwohner mit sich und ließ die Insel in der Obhut Roberts von Thornham und eines weiteren Statthalters zurück. Noch im Juni 1191 kam es, vielleicht von dem nicht durchdrungenen Bergland aus, zu einem Aufstand, den ein Mönch, der sich den Kaisertitel zugelegt hatte und als Verwandter Isaaks auftrat, anführte. Robert von Thornham wurde der Lage rasch Herr, ließ den Mönch hängen und soll sich damit Richards Mißbilligung zugezogen haben, weil jener immerhin eine Herrscherwürde innegehabt hatte.[285]

Es ist zur Beurteilung von Richards Politik nötig, einen Blick auf das weitere Schicksal Zyperns zu werfen. Festgehalten sei, daß Richard sich zunächst die Verfügungsgewalt über die Insel vorbehielt, sie also keineswegs „seinem“ Kronprätendenten übergab. Da er aber nicht allzu viele Ritter zu Garnisonsdiensten zurücklassen konnte, weil er sie im Heiligen Land brauchte, und er andererseits, wie Stubbs tadelnd vermerkte, kein Schema territorialer Expansion besaß[286] – einfach weil die Zeit für ein Britisches Empire noch nicht gekommen war und ihm fernstand, seinen Wirkungsradius illusionistisch zu überdehnen –, verkaufte er Zypern für wahrscheinlich 100.000 *bezants* an die Templer.[287] Deren Großmeister war zu dieser Zeit wohl schon Robert von Sablé[288], einer von Richards Flottenführern und ein Vasall aus Anjou, der auch den Zypernfeldzug mitgemacht hatte. Wir hören nichts davon, daß Richard sich eine Lehenshoheit vorbehalten hätte, und auch bei der späteren Herrschaftsübertragung an Guido ist sie nicht eindeutig belegt. Obwohl als Formalität vielleicht unverzichtbar, strebte Richard nicht nach Aufrechterhaltung einer Oberlehensherrschaft. Auf jeden Fall dominierte bei den vertraglichen Abmachungen der finanzielle Aspekt den lehensrechtlichen, was aber nicht heißt, daß Richard nicht auf die politischen Konsequenzen der Transaktion geachtet hätte. Im Gegenteil: Da die Herrschaft der Templer über

Zypern nur ein Zwischenspiel sein sollte und der Orden nach einem Aufstand der Einheimischen um Ostern 1192 danach strebte, den Kauf rückgängig zu machen, während eben damals Guidos Anwartschaft auf den jerusalemitanischen Thron nicht länger aufrechtzuerhalten war, bot sich ihm die Möglichkeit zu einem großangelegten Ausgleich. Die Templer hatten seinerzeit nur eine Anzahlung geleistet, wobei wir von 40.000 *bezants* hören. Guido nahm eine Anleihe auf und löste den Templern den Betrag ab oder zahlte direkt an Richard 60.000 *bezants.* Aus den widersprüchlichen Angaben wird nur klar, daß er für eine beträchtliche Restsumme in Richards Schuld blieb. Den Anspruch auf sie trat der König beim Verlassen des Heiligen Landes wohl an seinen Neffen Heinrich von der Champagne ab, der an Stelle Guidos die Herrschaft im Königreich Jerusalem angetreten hatte. Die Lusignans sahen sich jedenfalls mit keiner Geldforderung Richards mehr konfrontiert. In den bald ausbrechenden Spannungen zwischen Guido und seinem ihm in der Herrschaft nachfolgenden Bruder Amalrich einerseits und Heinrich andererseits scheint die offene Forderung noch eine Rolle gespielt zu haben, ehe 1197 im Zug einer Aussöhnungs- und Heiratsvereinbarung das Problem beigelegt wurde.[289]

Zypern sollte eine langfristige lateinische Kolonie im Osten bleiben. 300 Jahre noch zelebrierte hier eine dünne Oberschicht die Eleganz eines verfeinerten Rittertums französischer Prägung unter den Lusignans, ehe die Insel für ein paar Jahrzehnte den Venezianern zufiel, um 1571 türkisch zu werden. Erst im 19. Jahrhundert war ihr ein Platz im britischen Weltreich beschieden. Im Mittelalter aber – und dafür hatte Richard die Weichen gestellt – blieb Zypern ein selbständiges politisches Gebilde. Es wurde weder vom Königreich Jerusalem annektiert, noch konnten die Staufer hier unter Friedrich II. Fuß fassen und eine Lehenshoheit exekutieren, die Amalrich 1195 aus durchaus eigennützigen Gründen Heinrich VI. angetragen hatte. Sie bescherte ihm 1197 im Zusammenhang mit dem episodenhaften Kreuzzug Heinrichs VI. die erstrebte Königswürde und sicherte seiner Dynastie den Besitz.

Vom Effekt her hatte sich Richards Einsatz hier gelohnt; von der Zielrichtung könnte man die Eroberung Zyperns als Vorspiel zur Zerschlagung des Byzantinischen Kaiserreichs im vierten Kreuzzug ansehen, und in der Eracles-„Ernoul"-Gruppe heißt es gar, Richard hätte zu Ende seines Lebens den Plan gefaßt, über die Eroberung von Byzanz dessen Kaiser zu werden. Aber der Urheber dieser Auffassung konnte sich bloß nicht vorstellen, daß, wäre Richard noch am Leben gewesen, die Errichtung des Lateinischen Kaiserreichs ohne ihn vonstatten gegangen wäre. In der Realität spricht nichts für eine solche Absicht Richards.[290] Was Zypern anbelangt, so deutet alles darauf hin, daß nicht der Territorialgewinn als solcher den Mittelpunkt seines Interesses bildete, daß die Eroberung also nicht Selbstzweck war, sondern im engsten strategischen Zusammenhang mit dem Kreuzzug stand.

Wir haben nun noch zu untersuchen, wie sich die maßgeblichen Kräfte im Lager vor Akkon – Philipp und Konrad von Montferrat – zu Richards Zypernfeldzug stellten.

Ambroise und das Itinerarium bringen ein interessantes Detail zu Isaaks Bruch der Vereinbarung und Flucht. Es heißt da, daß ein lügenhafter Ritter ihm eingeredet habe, Richard beabsichtige, den Vertrag zu brechen und ihn selbst gefangenzunehmen. Isaak wäre also, darüber informiert, dem Geschehen zuvorgekommen. Beide Quellen geben den Namen dieses Ritters mit Paien de Caiphas bzw. Paganus de Caiphas wieder und haben ersichtlich keine Ahnung, um wen es sich da handelt. Es ist aber dieser Herr von Haifa sowohl durch Urkunden als auch in der Geschichtsschreibung gut belegt.[291] Paien gehörte von der ersten Stunde an zu den Anhängern Konrads von Montferrat und war ihm als einer der Hauptagitatoren bei der Erwerbung seines Thronanspruchs nützlich gewesen: Zusammen mit Balian von Ibelin und Rainald von Sidon hatte er bei der Annullierung der Ehe der Thronerbin Isabella mit Humfried von Toron mitgewirkt, was die Voraussetzung für Konrads Heirat mit ihr gewesen war. Die Affäre hatte im Herbst 1190 zu einer Polarisierung geführt, wobei der Erzbischof von Canterbury dagegen protestiert und Philipps Verwandter, der Bischof von Beauvais, das Paar getraut hatte.

Paiens Rolle bei der „Scheidung" wird uns außer von Diceto auch vom Itinerarium mitgeteilt, und es mag überraschen, daß dessen Verfasser den Isaak beratenden Ritter Paganus de Caiphas nicht sofort als Anhänger Konrads identifiziert, doch klärt sich dieser Umstand, wenn man die beiden Hauptvorlagen der Quelle berücksichtigt. Kurz nach der skandalumwitterten Hochzeit Konrads – ihm wurde auch noch Bigamie vorgeworfen[292] – endet nämlich das sogenannte Itinerarium Peregrinorum I (IP1)[293], und als weitere Vorlage für das IP2, das bekannte Itinerarium, das Richard von Holy Trinity zugeschrieben wird, diente die Estoire des Ambroise. Das IP1 konnte aus Zeitgründen nichts von einer späteren Funktion Paiens wissen, Ambroise aus Mangel an politischem Durchblick nichts von einer früheren, und der Kompilator beider verfehlte hier die Zusammenschau. Damit leuchtet ein, daß weder Ambroise ein Gerücht in Umlauf setzen wollte, noch eine offizielle Anschuldigungskampagne gestartet worden sein kann, weil man sonst nicht verfehlt hätte, den interessanten Zusammenhang deutlich herauszustellen. Wie schon bei der Tankred-Briefaffäre in Messina ist die populäre Quelle zugleich überaus zurückhaltend mit Verdächtigungen, und das weist darauf hin, daß Richard kein Interesse daran gehabt haben kann, seinem Kreuzzugsgefährten öffentlich negative Aktivitäten zu unterstellen oder erwiesene publik zu machen. Bei der engen Allianz der beiden mußten Initiativen Konrads natürlich Philipp zugeschrieben werden. Kann man also nach der Tendenz der ihm positivsten Quellen Richard vom Verdacht des Zwietrachtsäens entlasten, so fällt die von unterschiedlichen Verfassern belegte Parallelität dreier Situationen umso mehr ins Auge: In Messina soll Tankred von Philipp über einen bevorstehenden Vertragsbruch Richards informiert worden sein – und verhielt sich mißtrauisch (Howden); in Zypern schloß Isaak ein Abkommen mit Richard und brach es sofort, weil er von einem Parteigänger Konrads vor Richards Untreue gewarnt worden war (Ambroise-Itinerarium); aus Akkon sollte sich wenig später Konrad fluchtartig zurückziehen, weil er angeblich gleichfalls fürchtete, von Richard gefangengenommen zu werden (Howden und Bahā' ad-Dīn ). Wurden solche Verdächtigungen von jemandem ausgesprochen, der als Opfer eines Vertragsbruchs paradierte – Philipp wegen Alice –, mußten sie viel Glaubwürdigkeit besitzen. Was Konrad anbelangt, so wäre es bei seiner Umsicht und Bedenkenlosigkeit geradezu erstaunlich, wenn er nicht versucht haben sollte, einer sich anbahnenden Veränderung zu seinen Ungunsten entgegenzusteuern. Er hat oft genug bewiesen, daß er Kreuzzugsunternehmungen nur dann förderte, wenn seine eigene Position damit gestärkt wurde. Mit Guidos Landung in Limassol mußte er aber befürchten, daß diesem von seinem Protektor Richard mit Zypern eine Machtbasis geschaffen werden würde, die die eigene Herrschaft über Tyrus an Bedeutung übertraf.

Wie er zu dem Eroberer Zyperns stand, machte er noch vor der ersten persönlichen Begegnung mit ihm deutlich: Er ließ ihm, als er am 6. Juni vor Tyrus ankam, die Stadt sperren, so daß er am Strand im Zelt übernachten mußte. Nun kam Richard zwar in Begleitung Guidos, und dem hatte Konrad schon früher den Zugang zu seiner Stadt versagt[294], aber das ändert nichts daran, daß er mit diesem Akt des Mißtrauens den neu angekommenen König auf schwerste brüskierte.

Für einen diplomatischen Vorstoß beim „Kaiser von Zypern" bestanden für ihn denkbar günstige Voraussetzungen. Man hatte nicht nur in Richard einen gemeinsamen Hauptfeind, sondern durch seinen Anhang mußte auch Guido in Isaaks Augen diskreditiert sein. Mit Bohemund von Antiochia und Leo von Kleinarmenien waren Fürsten in Zypern erschienen, die mit Isaaks langjähriger Haft persönlich oder durch Verwandtschaftsbeziehung verbunden waren. Konrad hingegen war von seinem ehemaligen Schwager Isaak II. Angelos in Verstimmung gewichen und befand sich seit seiner Heirat mit Isabella im selben Sippennetz wie Isaak. Seine Frau war die Tochter der Maria Komnena, einer Großnichte Kaiser Manuels, den Konrad noch persönlich gekannt hatte und auf den, als seinen Großonkel, Isaak berechtigterweise Ansprüche auf den Thron von Byzanz zurückführen konnte.[295] Maria Komnena hatte die „Scheidung" ihrer Tochter und deren Wiederverheiratung mit Konrad eifrig betrieben; ihr eigener zweiter Gatte, Balian von Ibelin, war eine Hauptstütze ihres Schwiegersohns. Außerdem befanden sich auch in Konrads politischem Lager Fürsten, deren Verwandtschaft mit den Komnenen hervorgekehrt werden konnte: nicht nur der Babenberger Herzog Leopold V. mit seiner komnenischen Mutter Theodora[296], sondern, wie wir gehört haben, Philipp selbst.

Die Ankunft eines Boten dieser Fraktion konnte in Isaak also nicht bloß Hoffnungen für die Zukunft erwecken, sondern ihm auch in seiner gegenwärtigen Notlage sehr wohl den Rücken zu weiterem Widerstand stärken. Konnte nicht der König von Frankreich, wenn er ihm heimlich gewogen war, Druck auf seinen Vasallen Richard ausüben, so daß die völlige Unterwerfung unter dessen Willen vielleicht doch noch abgewendet werden konnte? Es versteht sich, daß seine vermeintlichen Sympathisanten, wenn sie intervenierten, nur ihre eigenen Interessen damit verfolgten. Ob Isaak seine letzte Chance, die Konfrontation mit Richard politisch doch noch zu überleben, mit der Zurückweisung des Kompromisses vergab, wird Konrad wenig berührt haben. Für ihn mußte zählen, ob Zypern während des Kreuzzugs, wenn die Entscheidung über die Thronfolge im Königreich Jerusalem fiel, ein Machtfaktor in der Hand seiner Feinde war oder nicht; ob Isaak nach dem Kreuzzug wieder Herr in Zypern sein würde, war dagegen nicht von Belang. Und so ergibt sich folgende Situation: War für Isaak der Vertrag mit Richard vielleicht besser als das Resultat des Krieges, so war für Konrad das für jenen schlimmste Resultat gleich schlecht wie die ausgehandelte Vertragslösung. Während Isaak sein Reich riskierte, riskierte die Partei Konrads nichts, wenn sie ihn zum Krieg ermunterte. Man hoffte wohl, daß Isaak sich in den Bergen halten könne. Richard konnte nicht unbegrenzt in Zypern bleiben, während die Belagerer von Akkon mit Philipp an der Spitze auf ihn warteten. Wenn Isaak in seiner Verschanzung nur lange genug ausharrte, dann hatte er eine Chance, nach Richards persönlichem Abzug die Wiedereroberung des verlorenen Terrains zu organisieren. Die Burgen freilich durfte er nicht übergeben, sonst war eine für die Kreuzzugsdauer definitive Lage geschaffen. Man sieht, wie die bloß auf die Mitteilung des Namens Paien von Caiphas gestützte Theorie von der Gesamtsituation her eine Festigung erhält, zu der das folgende Faktum noch wesentlich beizutragen vermag.

In die Zeit nach Isaaks Vertragsbruch und Flucht, als er Saladin um Hilfe anrief und Richard seine Vorbereitungen zum Abschluß des Feldzugs traf, fällt eine gut bezeugte Botschaft Philipps an Richard[297], die man den Umständen gemäß als diplomatische Entlastungsoffensive zugunsten Isaaks auffassen kann. Einer der Gesandten, die in Famagusta eintrafen, war der Philipp und Konrad gleichermaßen verbundene Bischof von Beauvais, der Philipps Pression, sofort nach Akkon aufzubrechen, in die beleidigendsten Worte gefaßt haben soll. Die Quellen stellen zwar keinen Zusammenhang zwischen Isaaks Entscheidung für die Fortführung des Krieges und der französischen Mission her, aber das verwehrt uns nicht, wegen der geringen Distanz zu Akkon in dieser Gesandtschaft bereits eine französische Reaktion auf die neueste Entwicklung in Zypern zu vermuten. Und während sämtliche Quellen den Wert der Gewinnung Zyperns für den Kreuzzug anerkennen, verschloß sich die französische Delegation allen Argumenten mit dem Hinweis darauf, daß der Sturm auf Akkon durch Richards Operationen hier verzögert werde. Zu diesem Zeitpunkt lag es allerdings nicht mehr in dessen Belieben, sich mit einem Teilerfolg zu begnügen, weil nach Isaaks Abfall von der Vertragslösung jede Aufgabe einer Niederlage und Preisgabe des Erreichten gleichgekommen wäre. Die Aufforderung Philipps war also sachlich nicht gerechtfertigt, jedenfalls von den Ereignissen überholt, und der autoritative Rückzugsbefehl aussichtslos. Philipp muß das auch gewußt haben. Wieder legte er ein Verhalten an den Tag, das weniger geeignet war, den Erfolg einer Aktion sicherzustellen, als den „Ungehorsam" seines Vasallen, dessen Arroganz, zu brandmarken. Als erfolgreicher, was Richards Aufbruchsbeschleunigung betraf, erwies sich das kurze Zeit darauf in

Umlauf gesetzte Gerücht, der Fall Akkons sei bereits in Gang, nur war da Zypern schon erobert. Man darf freilich nicht vergessen, daß Philipps und Konrads Interessen nicht einfach identisch waren und Philipp, der in Kürze heimreisen sollte, am Status quo von Zypern kein ebensolches Interesse nehmen konnte wie Konrad.

Wir werden bald sehen, wie Philipp es war, der von Anfang an darauf hinarbeitete, Richard und Konrad schroff voneinander zu trennen, obwohl Howden den „bösen Einfluß" in der entgegengesetzten Richtung wirksam sieht, indem er Konrad als treibenden Faktor gegen Richard bezeichnet. Wenn dem so war, dann hatten aber Philipps Interpretationen schon Frucht getragen, denn er war schon längst Richards Feind, während Konrad noch seine Interessenlage zu prüfen hatte. Philipp forderte nach Richards Ankunft in Akkon erneut die Hälfte der eben gemachten Eroberung für sich, und Howden sagt, das wäre auf Konrads Betreiben geschehen, dessen Interesse an Zypern natürlich glaubhaft ist. Diesmal wies Richard den Anspruch aber gänzlich zurück. Schließlich hatte Philipp inzwischen Tyrus „erworben" – auch nach Sicard von Cremona hatte Konrad Philipp bei dessen Eintreffen die Stadt übergeben –, und selbstverständlich ließ die Beziehung des französischen Königs zu Konrad eine Teilung mit Richard überhaupt nicht zu. Obwohl Philipp nominell über die Stadt verfügte, war Richard ja nicht einmal das Betreten gestattet worden. Schon bald sollte sich zeigen, daß er wenigstens die starke Tendenz hatte, seine Erwerbungen – die Akkonbeute, die Richard mit ihm teilte, denn jetzt war der Vertragsfall ja unzweifelhaft gegeben –, sofort an Konrad weiterzuleiten, womit viel Unfrieden gestiftet wurde. Hätte Richard mit Philipp Zypern geteilt, so kann als feststehend angesehen werden, daß der französische Anteil in die Verfügungsgewalt Konrads übergegangen wäre. Es mag eine Ironie des Schicksals sein, daß – war Paien von Haifa Konrads Abgesandter und hatte er Isaaks Meinungsumschwung herbeigeführt – es in letzter Konsequenz Konrad war, der seinem Widersacher Guido den Weg nach Zypern geebnet hat.

In französischen und profranzösischen Quellen wurde aus der Not des Wartens auf Richard eine Tugend gemacht: Man verstieg sich zu der Behauptung, Philipp hätte Akkon auch allein nehmen können und nur aus Großmut, um Richard nicht vom Erfolg auszuschließen, auf ihn gewartet.[298] Wir werden bald erkennen, warum ein Alleingang nicht möglich gewesen wäre. Auch hätte sich Philipp natürlich die günstige Gelegenheit, Akkon ungeteilt für sich zu behalten bzw. an Konrad zu übergeben, wenn Richard, wie zu erwarten war, Zypern nicht teilen wollte, kaum entgehen lassen. Das Warten hielt sich übrigens sehr in Grenzen. Innerhalb eines Monats war die Eroberung Zyperns vonstatten gegangen; am 6. Mai war Richard gelandet, am 5. Juni verließ er die Insel.

Nachdem er unterwegs noch ein großes muslimisches Verproviantierungsschiff für die Akkongarnison zum Sinken gebracht hatte, traf Richard, mit Siegen und Beute überhäuft, am 8. Juni 1191 im Lager vor Akkon ein. Die Belagerer bereiteten ihm einen triumphalen Empfang, die ganze Nacht über brannten die Freudenfeuer, und den

Belagerten sank der Mut. Der Fall Akkons stand nun im Bewußtsein aller wirklich unmittelbar bevor, denn mit Richard war die militärische Hauptantriebskraft auf dem Schauplatz erschienen.

Während das Heer mit seiner Demonstration der Bedeutung Richards Rechnung trug, waren von der Partei Philipps und Konrads längst die Weichen dafür gestellt, diese Bedeutung politisch zu annullieren.

# DER KREUZZUG

## Die Belagerung Akkons

Am 7. Mai 1191 bestätigte Konrad von Montferrat im Lager vor Akkon Venedig seine Privilegien für Tyrus[299], gewährte aber auch ausdrücklich solche für die noch zu erobernden Gebiete. Er bezeichnete sich dabei als „rex Jerosolimorum electus“, und sofort erhebt sich die Frage nach der Legitimation dafür.[300] In dem österreichischen Kreuzzugsbericht, der „Historia de expeditione Friderici imperatoris“ des Pseudo-Ansbert, liest man, wie „alle“ Konrad gewählt hätten und einzig Richard sich dem widersetzt habe. Während der Chronikbeleg Richards selbstherrliche Obstruktionspolitik zu beweisen scheint, geht aus der datierten Urkunde aber klar Philipps präjudizierendes Verhalten hervor. Man liest da, daß er „auctoritate et consensu domini Phylippi, dei gratia serenissimi regis Francorum“ handle. Unter den wenigen namentlich Genannten, deren Konsens gleichfalls vermerkt wird, befindet sich an exponierter Stelle auch der Herzog von Österreich, dessen Parteizugehörigkeit damit erwiesen ist. Er war über seine Tante Julitta, die Konrads Vater Wilhelm von Montferrat geheiratet hatte, dessen Cousin. In der Zeugenliste der Urkunde scheint übrigens neben Balian von Ibelin und Rainald von Sidon auch „Paganus de Caypha“ auf, ein interessantes Detail, das uns erlaubt, diesen Baron für die Zeit von Richards Landung auf Zypern jedenfalls noch nicht dem Beraterstab Isaaks zuzuordnen.

Eine Fraktion also hatte Konrad gewählt, und sie stellte die andere damit vor die Alternative, die Entscheidung nachzuvollziehen oder auf Konfrontationskurs zu gehen. Ein solches Verhalten steht im Gegensatz zu jenem Bemühen um Ausgleich, das Philipp gern unterstellt wird, und seine vorschnelle und ostentative Festlegung auf Konrad wirkt umso provokanter, als er sich ja – und das unterscheidet ihn von den anderen Anhängern Konrads – in einem auf Partnerschaft angelegten Bündnis mit Richard befand. Im übrigen lag der vordringlichste Bedarf des Landes nicht bei einem König, sondern bei einem Eroberer, und der konnte weder Konrad noch Guido heißen. Die Anerkennung durch Philipp nützte Konrad praktisch wenig, da Richard die von Philipp vorgegebene politische Situation nicht akzeptierte, sie diente lediglich der Polarisierung. Guido begab sich fluchtartig nach Zypern, um sich englische Unterstützung zu erbitten. Da Richard ihn nicht abwies, meinte Konrad diesen als seinen erklärten Feind behandeln zu müssen. Die Kettenreaktion war in Gang gesetzt, die Kluft zwischen Konrad und Richard aufgerissen; als sie tief genug war, ließ Philipp den Kreuzzug und seinen Kandidaten im Stich und fuhr heim, was uns hier aber noch nicht beschäftigen soll.

Obwohl Richards Entscheidung in der Kandidatenfrage als ein Akt politischer Selbstbehauptung gesehen werden muß, wird uns ein Rückblick auf die Geschichte des Königreichs Jerusalem instand setzen, Guidos Anspruch auch als einen legitimen zu begreifen. Gleichzeitig ist der dynastischen Verbindung der Anjous mit Outremer zu gedenken, hatte doch Richards angevinischer Urgroßvater Fulco nach der Heirat seines Sohnes Gottfried mit Mathilde, der Erbin Englands, 1128 diesem seine französischen Besitzungen überlassen, um durch Heirat mit Melisende, der Erbtochter Balduins II. von Jerusalem, diesem 1131 auf den Thron zu folgen. Er war damit der erste in einer langen Reihe importierter Ehemänner, die in der tochterreichen Herrscherfamilie die Erbfolge über die Frau gewährleisteten.

Aus Richards mütterlicher Linie war Raimund von Poitiers, ein Zeitgenosse Fulcos, 1136 gleichfalls über eine Heirat zum Herrscher im normannischen Fürstentum Antiochia aufgestiegen. Dieser jüngste Sohn Wilhelms IX. von Aquitanien war Eleonores angeblich sehr geliebter Onkel. Wir haben Raimunds Sohn, Bohemund III., eben in Zypern Richard einen Huldigungsbesuch abstatten sehen.

Mit den Söhnen Fulcos, Balduin III. und Amalrich I., erfuhr das dynastische Prinzip im Königreich Jerusalem eine Festigung und erreichte das Königtum eine achtbare Höhe, die sich in Eheverbindungen mit Byzanz sowie Expansions- und Interventionsbestrebungen in Ägypten niederschlug. Allerdings hatte sich damals der Islam von Syrien aus schon zum Gegenstoß formiert. Das Jahr 1174 markiert eine dramatische Wende: Der Tod Nūr ad-Dīns machte den Weg frei für den Aufstieg des Kurden Saladin, während auf Amalrich dessen lepröser Sohn Balduin IV. folgte. Und während Saladin nach Ausschaltung der Fatimidendynastie Ägypten zu seinem Herrschaftszentrum machte, dann als politischer Erbe Nūr ad-Dīns die Macht in Syrien übernahm und bis zum Tigris ausweitete, wurde das Königreich Jerusalem unter seinem zwar heldenhaften, aber krankheitshalber immer schwächer werdenden jungen König zum Spielball einander befehdender Parteien.

Mit der Ehe- und Kinderlosigkeit dieses vierten Anjoukönigs treten wir in die unmittelbare Vorgeschichte des im Lager vor Akkon ausgetragenen Thronstreits ein. Auf die Erbfolge konnte der König nun nur noch über seine Schwestern und durch politische Willenserklärung Einfluß nehmen. Die ältere dieser Schwestern, Sibylle, war 1176 mit Wilhelm Langschwert[301] verheiratet worden, dem ältesten Sohn des Markgrafen Wilhelm von Montferrat, einem Bruder Konrads also. Zwar starb Wilhelm schon 1177, doch schien durch seinen nachgeborenen Sohn, Balduin V., die Erbfolge gesichert. Da dieser aber aller Voraussicht nach noch im Kindesalter zum Herrschaftsantritt berufen sein würde, sollte ein tatkräftiger Regent die Interessen des Königreichs wahrnehmen. Als prädestiniert für diese Rolle empfahl sich das Mitglied des Königshauses Graf Raimund III. von Tripolis, als Abkömmling Raimunds IV. von Toulouse ein Angehöriger der schon alteingesessenen Herrscherfamilien aus der Zeit des ersten Kreuzzugs. Dem erfahrenen und ehrgeizigen Raimund übertrug Balduin IV. die Regentschaft für seinen Neffen im Fall des eigenen nahen Todes. Als Sibylle aber 1180 in zweiter Ehe Guido von Lusignan heiratete, gewann dieser Neuankömmling zugunsten Raimunds an Terrain. Im Jahr 1185 jedoch, als Balduin starb, hatte er Guido die zeitweilig verliehene Regentschaft wegen Unfähigkeit, wie es hieß, entzogen und abermals Graf Raimund mit ihr beauftragt. In seinem Testament hatte er für den Fall des vorzeitigen Todes seines Neffen den Papst, den Kaiser und die Könige von Frankreich und England zur Entscheidung über die Ansprüche seiner Schwestern bestimmt. Vielleicht unter Berufung auf dieses Testament soll später Konrad von Montferrat, als er Guido die Anerkennung als König versagte, behauptet haben, er handle als bloßer Stellvertreter der westlichen Könige.[302] Die Thronfolgefrage war nur zu bald akut geworden, da der minderjährige Balduin V. bereits ein Jahr nach seinem Onkel gestorben war.

Zu diesem Zeitpunkt war das Abendland längst alarmiert. 1184/85 war der Patriarch Heraklios von Jerusalem in Europa gewesen, und man hatte sich namentlich von Heinrich II. ein tätiges Eingreifen erwartet. Aber dieser hatte weder für sich selbst noch durch einen seiner Söhne ein persönliches Engagement eingehen wollen, dafür aber Geld geschickt. Er sandte es auch später noch, und Tyrus wurde teilweise mit englischem Geld verteidigt[303], woran Richard sich zweifellos erinnert haben wird.

Balduins IV. testamentarische Verfügung war das eine Faktum, das Erbrecht seiner älteren Schwester das andere. Selbstverständlich wartete Sibylle nicht eine Entscheidung der europäischen Herrscher ab, nahm auch nicht Rücksicht auf die Ambitionen Raimunds von Tripolis, sondern ließ sich im September 1186 zur Königin krönen und krönte dann ihrerseits ihren Gatten Guido von Lusignan. Damit war dieser König, und wenn sich das auch als verhängnisvoll herausstellen sollte, so war das Vorgehen des Paares doch keineswegs unrechtmäßig. Unrechtmäßig und wirkungslos zugleich war der Schachzug, mit dem Raimund von Tripolis Guido ausschalten wollte und der darin bestand, daß man den Gatten von Sibylles Halbschwester Isabella, den jungen Humfried von Toron, zum Gegenkönig erheben wollte. Da dieser sich aber der Ehre entzog, vielmehr seinem Schwager huldigte, gab es fürs erste keine Alternative zu Guido. Unterstützt wurde dieser von den Templern und dem Enfant terrible des Landes, Rainald von Châtillon, der vorübergehend – über eine Heirat mit der Witwe Raimunds von Poitiers – Fürst von Antiochia gewesen war; er sollte, als er wieder einmal durch Bruch eines Waffenstillstands Saladin provozierte, zum Auslöser für den Untergang des Königreichs werden.

Guidos historische Schuld liegt nun darin, daß er im Sommer 1187, als Saladin in seiner Offensive Tiberias, die Burg des Grafen von Tripolis, belagerte, gegen den ausdrücklichen Rat des Betroffenen in der schlimmsten Sommerhitze einen Marsch durch wasserloses Gebiet zum See Genezareth befahl. In der Schlacht bei Ḥiṭṭīn brach am 4. Juli 1187 über sein verdurstendes Heer und das Königreich die Katastrophe herein. Nur wenigen gelang wie dem Grafen Raimund der Durchbruch zum See, Überlebende wurden versklavt, Rainald von Châtillon wurde nach der Gefangennahme vom Sultan eigenhändig getötet, die gefangenen Ordensritter außer dem Templergroßmeister wurden gleichfalls hingerichtet, Guido geriet für ein Jahr in Saladins Gefangenschaft. Vielleicht sagt es etwas aus über den Charakter dieses als so unfähig verdammten Königs, daß er die Burg seines Gegners hatte entsetzen wollen; Ambroise und Itinerarium behaupten, er habe einmal vor Akkon Konrad aus einer gefährlichen Situation herausgehauen. Diese Quellen bescheinigen ihm eine Geradlinigkeit und Simplizität des Gemüts, Eigenschaften, von denen sie bedauern, daß sie einen König nicht auszeichnen, und die Konrad niemand nachsagen konnte.

Saladin begann nun seinen Siegeslauf, indem er noch im Sommer das gesamte Küstengebiet eroberte, ehe sich ihm am 2. Oktober 1187 Jerusalem nach kurzer Belagerung ergab. Im Königreich Jerusalem hatte sich nur die Küstenstadt Tyrus halten können, außerhalb des Königreichs behaupteten sich nur Antiochia und Tripolis. Um hier Abhilfe zu schaffen, war ein Kreuzzug nötig, und zu seinen eifrigsten Trommlern gehörte Konrad von Montferrat. Er sandte den Erzbischof von Tyrus nach Europa, und diesem gelang es zusammen mit anderen kirchlichen Würdenträgern im Januar 1188 die Könige von England und Frankreich zur Kreuznahme zu bewegen, Richard hatte hingegen das Kreuz schon im vergangenen Herbst genommen. Konrads Eifer war nun freilich nicht selbstlos. Er war im Sommer 1187 aus Byzanz im Heiligen Land angekommen und hatte in einem spektakulären Einsatz den schon zur Übergabe bereiten Christen Tyrus gerettet und dann für sich behalten. Während Guido vor seiner Heirat ein unbedeutender poitevinischer Adeliger gewesen war, waren die Montferrats mit sämtlichen Herrscherhäusern verwandt, mit beiden Kaiserhäusern und dem König von Frankreich. Sein ältester Bruder Wilhelm war, wie wir gehört haben, vor Guido Sibylles Gatte und der Vater des früh verstorbenen letzten Königs gewesen, sein jüngster Bruder, Renier, hatte, wie er selbst, zur byzantinischen Kaiserfamilie gehört. Da Guido sich in Saladins Gefangenschaft befand und der Graf von Tripolis bald nach der Schlacht von Ḥiṭṭīn gestorben war, begann der nicht mehr junge Konrad sich fern aller Legitimität ein ausbaufähiges Herrschaftszentrum zu schaffen.

Im Juli 1188 ließ Saladin Guido gegen das Versprechen frei, nicht mehr Waffen gegen ihn zu tragen und das Heilige Land zu verlassen – aber so naiv war Guido nicht, daß er von der Möglichkeit der Eidesentbindung nicht sofort Gebrauch gemacht hätte; Saladins „Großmut“ wiederum erwies sich als rechtes Spaltungsferment, da Konrad und seine Partei Guido schließlich nicht als König anerkannten. Aber natürlich war die Legitimität nicht zusammen mit dem Land verloren worden, zog ein Debakel ebensowenig automatisch einen Verlust des Herrschaftsanspruchs nach sich wie die erfolgreiche Verteidigung einer Stadt schon eine Königskrone einbrachte. Mit dem Recht ihres Gatten wurde de facto auch Sibylle der Thronanspruch aberkannt, und bezeichnenderweise dachte zunächst niemand an Isabella und Humfried von Toron. Erst als Sibylle mit ihren Töchtern im Herbst 1190 vor Akkon gestorben war, erinnerte man sich des Erbrechts, und Konrads Partei erwirkte die Annullierung von Isabellas Ehe und ihre Wiederverheiratung mit diesem. Seitdem konnte Konrad neben der außerordentlichen Tüchtigkeit auch die Legalität für sich verbuchen und tat es. Da Guido aber nicht nur Prinzgemahl gewesen war, sondern als König die Krone getragen hatte, so war sein Anspruch mit Sibylles Tod nicht einfach erloschen. Selbstverständlich stellte vorher wie nachher das Recht nur eine weitere Waffe im Machtkampf dar, und beide Parteien entschieden völlig pragmatisch.[304] Jedenfalls war Guidos Anspruch auf die Krone wohl begründbar – während Konrads Anhang mit dessen Recht auch die Rechtsbeugung einer skandalösen „Scheidungsgeschichte“ zu akzeptieren hatte. Was Guidos Tüchtigkeit anbelangt, so hatte dieser, nachdem Konrad ihn im April 1189 zum zweiten Mal von Tyrus abgewiesen hatte, den Entschluß gefaßt, sich eine eigene Operationsbasis zu schaffen, und er wählte das starke Akkon dazu aus, das natürlich erst von Saladin zurückzuerobern war. Von einer pisanischen Flotte unterstützt, begann er im August 1189 die Belagerung der Stadt. Das Kräfteverhältnis war zunächst so ungleich, daß man Guidos Unternehmen für aussichtslos halten mußte. Aber erstaunlicherweise gelang es Saladin weder den Marsch auf Akkon aufzuhalten noch in den Schwächephasen der zweijährigen Belagerung die Stadt zu entsetzen. Opposition aus den Reihen seiner Emire, die winterliche Truppenreduktion, auch der ungewohnte Stellungskrieg schufen ihm Probleme, während die Christen rasch internationalen Zuzug erhielten. Noch im Herbst 1189 kamen Dänen, Friesen, Franzosen und eine deutsche Gruppe mit dem Landgrafen Ludwig III. von Thüringen an der Spitze. Im Juli 1190 folgte Graf Heinrich von der Champagne, im Oktober desselben Jahres Herzog Friedrich von Schwaben mit den Resten des deutschen Heeres. Wann immer ein prominenter Neuankömmling erschien, konzentrierten sich die Hoffnungen der Belagerer auf ihn, und er übernahm den Oberbefehl, was zu Spannungen, vor allem zwischen Franzosen und Deutschen, führte. Insofern wiederholte sich nach Richards Ankunft nur, was sich auch bisher schon zugetragen hatte, und in der Meinung des Heeres mußte nun Philipps seit 20. April 1191 gehaltene unumstrittene Führerschaft und Bedeutung relativiert werden.

Konrad war mit Philipp im Lager vor Akkon erschienen, um bald nach Richards Eintreffen erst zeitweise, dann für immer das Kreuzfahrerlager zu meiden. Auch das war nichts Neues. Von der Ankunft des Landgrafen bis zu der Philipps war er nur mit Unterbrechungen im Lager vor Akkon gewesen, hatte eine anfängliche Zusammenarbeit mit Guido schließlich aufgegeben und auf die deutsche Karte gesetzt. Die Rolle, die er gegenüber Friedrich von Schwaben einnahm, erinnert schon stark an das forcierte Attachement an Philipp. Mit seinen deutschen Parteigängern hatte Konrad freilich kein Glück, am 20. Januar 1191 starb Friedrich, während der Landgraf von Thüringen kurz zuvor das Heer verlassen hatte, um unterwegs zu sterben. Nun setzte Konrad voll auf Philipp – wieder nur, um seinen Protektor bald zu verlieren.

Die Belagerung gestaltete sich nun so, daß die Stadt, die in Dreiecksform ins Meer ausgreift, auf ihrer dritten, der Landseite, von den Belagerern eingeschlossen war[305], während Saladin die umliegenden Hügel besetzt hielt, die Belagerer also selbst belagerte. Wesentlich war der Besitz des Hafens, der, vorübergehend von den Christen eingenommen, von ihnen im Winter 1190/91 aufgegeben wurde, wodurch Saladin Nachschub heranschaffen, ja sogar im Februar 1991 die Garnison auswechseln konnte. Wir hören, daß die neue Mannschaft aus Freiwilligen nur mehr ein Drittel der ursprünglichen Stärke erreichte.[306] Mit der Landung von Richards Flotte konnte der Hafen nun effektiv abgeriegelt werden. Hatte Saladin bisher nichts Entscheidendes für die Stadt tun können, so waren die Kreuzfahrer vor Richards Ankunft auch nicht in der Lage, sie zu nehmen, obwohl Philipps Belagerungstätigkeit die Mauern schon stark mitgenommen hatte. Die französischen Quellen, die Philipp zuschreiben, daß er Akkon auch allein hätte nehmen können, übersehen vor dem Anblick der ramponierten Mauern nämlich Saladins Heer, das sich immer dann, wenn ein Sturm gewagt wurde, auf die Angreifer stürzte. Für die Doppelaufgabe eines Sturms und einer Verteidigung des eigenen Lagers reichten die vorhandenen Kräfte nicht aus, und es bedurfte eines arbeitsteiligen Vorgehens, um Akkon reif zum Fall zu machen.

Mit Richards Ankunft im Lager setzte der sichtbare Dissens der Könige wieder voll ein, es ist aber unangebracht, Richard vorzuwerfen, daß er sich ungebührlich in den Vordergrund gedrängt habe. Er mußte mit seinem Ruf und mit den ungeheuren Mitteln, die er aufgewendet hatte, ganz automatisch zur Zentralgestalt werden. Nicht nur für Ambroise war „Richard le non per", „le quor de lion"[307] jetzt eingetroffen, auch der Feind registrierte die außerordentlichen Qualitäten des zuletzt Gekommenen: Als „sehr mutig, sehr tapfer, voll Entschlußkraft" bezeichnet ihn Bahā' ad-Dīn[308] und bezeugt, daß der Ruf seiner Siege ihm vorausgeeilt war. „Gute Urteilskraft, Erfahrung, Kühnheit und Ehrgeiz" bescheinigt er ihm kurz darauf und bekennt, wie bei seiner Ankunft den Muslimen der Mut gesunken sei. „Mut, Schlauheit, Ausdauer und Geduld" vermerkt auch Ibn al-Aṯīr[309] an ihm, und wie die Muslime durch ihn von unvergleichlichem Unglück heimgesucht worden seien. Derselbe Autor hatte zu Philipps Ankunft zu sagen, daß dessen mitgebrachte Mittel – nur sechs große Transportschiffe, was Bahā' ad-Dīn und 'Imād ad-Dīn bestätigen – nicht den Erwartungen entsprochen hätten.[310]

Von Richards Flotte liefen 25 Schiffe mit ihm in den Hafen ein; ein Teil erwartete ihn hier schon, fünf Frachtschiffe hatte ihm der Feind unterwegs abgefangen, weitere waren wegen ungünstiger Windverhältnisse noch ausständig. Als Philipp nun einen gemeinsamen Sturm auf die Stadt befahl, lehnte Richard für seine Leute die Teilnahme daran ab, weil sein Kriegsgerät noch nicht vollzählig vorhanden war. So stürmten die Franzosen allein und wurden zurückgeworfen, während sich bei der Verteidigung des Lagers Guidos Bruder Gottfried auszeichnete. Künftig koordinierten dann die Könige Sturm und Verteidigung in der Weise, daß immer einer stürmte, während der andere an den Wällen Saladins Truppen am Hereinstürzen hinderte. Auf militärischer Ebene ereilte Philipp noch ein weiteres Mißgeschick: Alle seine Belagerungsmaschinen wurden ihm vom Feind verbrannt, weil er seine Wachmannschaften entlassen hatte. Auch dafür wurde Richard verantwortlich gemacht.[311] Dieser hatte gleich nach seiner Ankunft Leute angeworben, dabei wohl etliche Philipp abgeworben. Nach Ambroise bot Richard angeblich jedem Ritter, der in seinen Dienst zu treten wünschte, vier *bezants* Monatssold.[312] Philipp nur drei; trotz solchen Überbotenwerdens hätte er aber wohl die Bewachung seines Kriegsgeräts sicherstellen können. Richards Ankläger übernehmen da einfach Philipps berechnende Beschwerden, ohne das Pendant zu Richards Übertrumpfen in Philipps geschlossener Hand zu erkennen und die Relation der „Delikte" zu würdigen. Richard übernahm im weiteren die Belagerungsmaschinen des am 1. Juni verstorbenen Grafen von Flandern. Heinrich von der Champagne, der Neffe beider Könige, schlug sich sofort auf seine Seite und wurde großzügig mit allem Erforderlichen ausgestattet[313]; seine eigenen Finanzen waren bereits erschöpft, und Philipp, an den er sich zuerst gewandt hatte, hatte ihn enttäuscht. Devizes vor allem betont Richards Freigebigkeit und die gute Ausstattung seiner Truppen, während er an den französischen den Mangel an allem konstatiert. Soviel ist sicher richtig, daß Richard, der bei jeder Gelegenheit darauf achtete, daß Geld hereinkam, nicht zögerte, es für den Kreuzzug und die Seinen auszugeben. Allerdings forderte er dafür Loyalität und bei französischen Adeligen, die sich in seine Dienste drängten, achtete er darauf, daß sie nicht von ihm das Geld und von Philipp die Befehle entgegennahmen.[314] Pisaner und Genuesen boten ihm ihr *hominium* an. Da die Genuesen sich aber bereits Philipp und Konrad verpflichtet hatten, schlug er ihre Dienste aus und akzeptierte nur die der Pisaner. Zeitgerecht vor dem Marsch südwärts, Anfang August 1991, heuerte er dann noch alle Bogenschützen im Heer an.

Es ist also wohl erkennbar, daß Richard sein Geld einsetzte, um seine Befehlsgewalt auszuweiten, und es war gewiß nicht seine Sorge, wie er sein Licht am nachdrücklichsten unter den Scheffel stellen könne. Mit Hilfe der mitgebrachten Maschinen, die mit Meeresgeröll aus Messina bedient wurden, und eines Belagerungsturms, der die Mauern überragte und gegen das gefürchtete, nicht mit Wasser zu löschende griechische Feuer abgesichert war, verdichteten sich nun die Angriffe zu Tag und Nacht andauernden Bombardements. Die Christen waren hinter einem Erdwall, den sie immer näher an die Stadt heranschoben, verschanzt, gleichzeitig wurden die Unterminierungsarbeiten intensiviert.

Von der direkten Teilnahme am Kampf waren allerdings Richard und Philipp ausgeschlossen. Beide erkrankten bald nach Richards Eintreffen, wobei es Richard schwerer und länger dauernd traf. In der Genesungsphase, die in die erste Juliwoche fiel, ließ er sich dann, in eine Seidendecke gehüllt, zu dem Mauerabschnitt tragen, den sich seine Leute vorgenommen hatten, um sich wenigstens, wie schon Philipp vor ihm, als Schütze zu betätigen. Als es darum ging, einen schon wankenden Turm zu Fall zu bringen, soll er schließlich vier *bezants* für das Herausbrechen jedes Steins geboten haben. Es war aber ein verlustreiches Unternehmen, denn die Feinde waren trotz ihrer

Erschöpfung überaus wachsam. Immer wieder wurden hinter den zerstörten Mauerteilen in Eile neue aufgezogen, und die effektive und heldenmütige Verteidigung nötigte den Christen Bewunderung ab. Aber schließlich war es soweit: Die Besatzung, die sich von Saladin im Stich gelassen fühlte, begann auf eigene Faust Kapitulationsverhandlungen einzuleiten. Am 4. Juli 1191 kam der Kommandant al-Maštūb selbst ins Lager der Kreuzfahrer, um gegen freien Abzug die Übergabe der Stadt anzubieten. Die internen Spannungen, die das auslöste, können wir aus den englischen Quellen nur sehr abgemildert ablesen, wieder ein Beweis dafür, daß Richard kein Interesse daran hatte, sie an die große Glocke zu hängen. Nach dem Itinerarium legte er sein Veto dagegen ein, daß den Belagerten der Abzug mit ihrer persönlichen Habe gestattet werde. Er wolle, hieß es, nach einer derart aufwendigen Gesamtbelagerung nicht in eine leere Stadt einziehen. Ganz unbezweifelbar war es Richard, der die Forderungen gewaltig in die Höhe trieb. Die Einnahme sollte so profitabel wie möglich gemacht werden, und dazu gehörte die Zusicherung des Lebens gegen Lösegeld. Aus Eracles, dem Philippidos, Sicard, Bahā' ad-Dīn und Ibn al-Aṯīr können wir nun annehmen[315], daß al-Maštūb überhaupt nur bei Philipp vorgesprochen hatte, wohl in Unkenntnis der Befehlsstruktur beim Feind. Philipp war einige Monate lang unbestrittener Oberbefehlshaber des christlichen Heeres gewesen, und als solcher galt er den Muslimen immer noch. Schon beim Bericht von Richards Ankunft hat Bahā' ad-Dīn in einem Vergleich der beiden Könige Richards persönliche und finanzielle Überlegenheit festgestellt, zugleich aber auch seine rangmäßige Unterlegenheit. Nun lesen wir bei ihm, wie al-Maštūb zum König von Frankreich ging, „dem Chef der Armee".[316] Dieser zog den englischen König nicht bei. Richard sah sich also vor die Notwendigkeit gestellt, dem Feind wie dem Kampfgefährten den Unterschied zur protokollarischen Auffassung der Rangfrage zu demonstrieren und seine politische Gleichrangigkeit durchzusetzen. Nach Eracles setzte er während der Verhandlungen einen Sturm auf die Stadt an. Die Eracles-„Ernoul"-Gruppe räumt Philipp ganz selbstverständlich die politische Dominanz ein: Ihm ausschließlich soll die Stadt übergeben werden, ihm wird sie übergeben, er führt Verhandlungen, er trifft Entscheidungen, nachdem er – drastisch belehrt nun – Richard „und die übrigen Barone" zu sich ins Zelt beschieden hat. Der Mitteilung von Richards Demonstrationssturm verdanken wir es, daß wir mit geschärfter Aufmerksamkeit wahrnehmen, welche Quellen statt wie Howden von den „Königen" von Philipp allein als Entscheidungsträger reden. Es sind die französischen und die dem französisch-montferratischen Parteienstandpunkt verpflichteten: Rigord, Guillaume le Breton, die flandrische Continuatio Aquicinctina, der Italiener Sicard von Cremona.[317] Die genauen Vorgänge um die Übergabe Akkons sind nicht bekannt, es ist aber möglich, daß sich in diesen Behauptungen nicht nur die Auffassung von Philipps überragender Bedeutung niederschlägt, sondern reale Geschehnisse bei der Kapitulation. Beleuchtet wird damit jedenfalls eine Situation, in der es für Richard nicht um das Ansichreißen des Oberbefehls über gleichrangige Fürsten, sondern um das Ausbrechen aus der ihm zugedachten Rolle des bloßen Financiers und militärischen Erfüllungsgehilfen gehen mußte. Was dabei an grelleren Verhaltensweisen zutage treten mag, erklärt sich aus der defensiven Position. Den rigorosen lehensrechtlich-hierarchischen Standpunkt, den Philipps Biograph Cartellieri aus dem französischen Provokationsarsenal als moralische Maxime übernahm, teilte Richard nicht. Er lautet: „Philipp August tat alles, was seine als des Oberbefehlshabers Pflicht war, Richard nicht das, was seine Pflicht war, nämlich sich zu fügen."[318] Richard fügte sich nicht, sondern begann eigenständig Verhandlungen mit dem Feind, und zwar mit Saladin selbst.

Aus Bahā' ad-Dīns Mitteilungen kann man von diesen Initiativen Richards – fünf lassen sich für die fünf Wochen seiner Belagerungstätigkeit ausmachen – den Eindruck penetranter Aufdringlichkeit gewinnen. So wollte er mit dem Sultan unbedingt persönlich zusammentreffen, was dieser ablehnte, suchte dann dessen Bruder al-ʿĀdil („Saphadin") als Verhandlungspartner zu gewinnen, was gelang, erbat sich Hühner als Rekonvaleszentenkost und die Erlaubnis, seine Leute auf dem muslimischen Lagermarkt einkaufen zu lassen. Geschenke wurden ausgetauscht. Allerdings wurde auch Philipp mit Ehrengaben bedacht. Wie man vom Feind Geschenke annehmen und zu ihm anders als mit der Waffe in der Hand Kontakt halten könne, leuchtete den Eiferern im Kreuzfahrerlager und den meisten Chronisten zu keiner Zeit ein, während der im Land ansässige Adel längst daran gewöhnt war. Der Vorwurf des Verrats lag nahe und verschonte auch Richard nicht. Das Mißtrauen, das die Masse der Kreuzfahrer den arabischen Höflichkeitsbezeigungen generell entgegenbrachte, war dabei oft nicht unberechtigt; diese dienten, wie wir einer zeitgenössischen arabischen Zusammenstellung von Kriegslisten[319] entnehmen können, durchaus einem korrumpierenden Zweck. Was uns als überlegene Humanität Saladins anmutet, findet sich in dem genannten Essay, der eine noble Gesinnung allerdings nicht verleugnet, einfach als Kriegslist wieder, und obwohl der Verfasser im Umgang mit dem Feind nicht abschreckende Grausamkeit, sondern berechnende Großmut empfiehlt und so seine Kultiviertheit unter Beweis stellt, nennt er auch eine ganze Reihe von Maßnahmen, die mit dem Trugbild eines ritterlich geführten Kriegs nicht vereinbar sind. Da sollen nicht nur Brunnen zerstört, vergiftet und Seuchen begünstigt, sondern im gegnerischen Lager systematisch Desinformation betrieben und Zwietracht gesät werden. So war jede Kontaktaufnahme mit dem Feind als Möglichkeit zur Spionage willkommen. In diesem Sinn wird Saladin Richards Abgesandten den Einkauf auf scinem Markt gern bewilligt haben.[320] Auch Richard bediente sich der Spionage und hatte zu diesem Zweck Beduinen im Sold[321], aber das beste Mittel, sich ein Bild vom Gegner zu machen, mußte der persönliche Umgang mit ihm sein. Die Mittel eines verfeinerten gesellschaftlichen Verkehrs, deren sich der Feind bediente, konnten auch gegen ihn selbst angewandt werden: Als ein Gemisch aus politischer Notwendigkeit und „Kriegslist" können die fortgesetzten Kontakte Richards zu al-ʿĀdil verstanden werden, auch als Blüte eines elitären Selbstverständnisses, das beim gleichrangigen Gegner jene Menschenwürde achtete, die man im einfachen Volk noch nicht entdeckt hatte.

Aus der Anfangsphase dieser Verhandlungen mit al-ʿĀdil übermittelt uns Bahā' ad-Dīn eine bezeichnende Botschaft Richards. Als dieser auf dem Höhepunkt seiner Krankheit den Kontakt aussetzte, verbreitete sich das Gerücht, die christlichen Fürsten wären bei ihm vorstellig geworden, um seine Gespräche mit al-ʿĀdil zu unterbinden. Darauf ließ Richard verlauten: „Glaub nicht den Gerüchten, die man über die Ursache meiner Säumigkeit in Umlauf gesetzt hat, denn die Zügel meiner Führung sind in meiner Hand, ich herrsche, und niemand herrscht über mich."[322] Hier scheint der interne Gegner versucht zu haben, sich einen Verhandlungsvorsprung beim Feind zu verschaffen, indem er statt der praktischen Souveränität Richards dessen Vasallitätsstatus gegenüber Philipp ins Treffen führte; mit einem Vasallen nämlich, war er noch so mächtig, waren keine Vereinbarungen zu treffen. Ein Alleingang Richards durch Sonderbotschaften wird uns vollends verständlich, wenn wir dem durch Bahā' ad-Dīn, Ibn al-Aṯīr, Sicard, Burchard von Ursberg und Haymarus Monachus[323] gut gesicherten Quellenbefund entnehmen, daß die letztlich ausgehandelte Kapitulation Akkons über Konrad von Montferrat lief. Wie wir bald ausführlicher hören werden, hatte sich Konrads Feindschaft gegenüber Richard in der letzten Zeit noch vertieft. Er hatte das Lager in einer tumultuösen Szene verlassen und Richard unterstellt, daß er einen Gewaltstreich gegen ihn plane, war aber von Philipp zurückgerufen worden. Einen Vermittler, der sein erklärter Feind war, konnte Richard aber selbstverständlich nicht akzeptieren, auch Rainald von Sidon nicht, den Abū Šāma unter dem 5. Juli als Angehörigen einer Gesandtschaft der Christen bei Saladin anführt.[324]

Sein Vertrauensmann war der Johannitergroßmeister, dessen Entsendung er nach Bahā' ad-Dīn[325] für den 5. Juli ankündigte, wobei wir nicht wissen, ob dieser dann unter den drei Abgesandten war, die am selben Tag nach demselben Autor mit al-ʿĀdil ergebnislos konferierten, und ob sich Rainald von Sidon in derselben Delegation befand.

Es gab jedenfalls Verhandlungen mit Saladin und solche mit der Garnison von Akkon, Extraverhandlungen Richards mit Saladin und Extraverhandlungen Philipps mit den Belagerten, einen Austausch von Meinungen, auf welcher Grundlage ein „Friede" zustande kommen könne mit Totalforderungen, Propaganda und taktischen Angeboten sowie konkrete Gespräche über Kapitulationsbedingungen. In welcher Weise dabei Philipp mit Saladin in Verbindung trat und welchen Anteil Richard an den Gesprächen mit den Vertretern Akkons hatte, ist nicht einsichtig. Hingegen dürfte Richard es gewesen sein, der in den Verhandlungen mit Saladin darauf bestanden hat, das Schicksal der Bevölkerung von Akkon als Teil allgemeiner Friedensbedingungen zu behandeln. Die arabischen Quellen wissen allerdings nichts von einer moderateren Haltung Philipps. Man kann sich nun vorstellen, daß in einer intern geführten Debatte diesmal nicht primär Richards und Philipps, sondern Richards und Konrads Interessen kollidierten. Der Mann, der sich als erwählter König des Landes fühlte, mochte im Hinblick auf eine künftig erforderliche Koexistenz mit dem Feind gegenüber Philipp für maßvollere Kapitulationsbedingungen plädieren. Was Howden uns berichtet, daß nämlich die Verteidiger Konrad beim französischen Sturmangriff am 3. Juli auffällig geschont, ja sein Feldzeichen, daß dieser ihnen „in signum pacis" gegeben hätte, hochhielten, kann man vielleicht wirklich als Indiz dafür werten, daß sie Konrad als eine Art Anwalt gegen den scharfmacherischen Richard betrachteten. Der französische Angriff vom 3. Juli mit dem vielfach geschilderten Ende des Marschalls Alberic Clement bezeichnet auf jeden Fall den Beginn intensivierter Verhandlungen nach allen Richtungen hin.

Ein Stück weit scheint nun die Chronologie gesichert und mit ihr ein Blick auf Aktion und Reaktion. Der von Eracles berichtete demonstrative Sondersturm Richards während der Verhandlungsphase, die durch al-Maštūbs Besuch bei Philipp eingeleitet wurde, kann mit jenem von Ambroise/Itinerarium geschilderten identifiziert werden, in dem uns Richard in der Seidendecke und Gold für einen Stein bietend, vorgeführt wird. Dieser Sturm, hören wir, sei nämlich zur Stunde der Mahlzeit angesetzt und deshalb nicht erfolgreich gewesen, weil „die meisten" an ihm nicht teilgenommen hätten.[326] Gesta/Chronica von Howden nennen den 6. Juli als Datum eines englischen Sturms auf Akkon, und die Chronica hat unter dem 4. Juli vermerkt, daß al-Maštūb und Karakuş einen dreitägigen Waffenstillstand erbeten hätten, um Saladin zu konsultieren. Eine ebenso lange Waffenruhe findet sich für diesen Zeitraum bei Bahā' ad-Dīn wieder.[327] Am 6. Juli erschienen die beiden Kommandanten erneut im christlichen Lager, um mit den „regibus" – Howden hat aber leider auch früher nicht zwischen den Königen differenziert – die Übergabe zu verhandeln, damit wohl der durch den Separatangriff Richards entstandenen neuen Situation Rechnung tragend, wie die anderen Quellen es nahelegen.

Konrads Intervention wird durch Sicard auf die allerletzten Stunden beschränkt, was aber nicht stimmen muß. Wir erfahren, daß al-Maštūb das von Philipp bewilligte freie Geleit für die am nächsten Tag mit den Königen zu vereinbarenden Kapitulationsbedingungen erhielt, „adveniente nocte Marchioni custodia denegatur" (was als Schreibfehler für „delegatur" aufgefaßt wird)[328]; demnach während Konrad Wache hatte (oder gerade deswegen nicht hatte, weil er Verhandlungen führte). Für chronologische Verwirrung sorgt, daß Richard „dum haec agerentur" stürmte. Konrads Sonderstellung wird durch weitere Einzelheiten bei Bahā' ad-Dīn und Ibn al-Aṯīr[329] erhärtet: Er ist es, der die Standarten der Könige auf Akkons Türme pflanzt und dem als Entgelt für die Vermittlung ein eigener Betrag neben dem allgemeinen Lösegeld ausgesetzt wird. Die Kapitulation, die er aushandelte, erwies sich schließlich als illusorisch: Ihm selbst fehlte letztlich die Entscheidungskompetenz, Philipp war nicht mehr da, die Garnison konnte die Bedingungen selbst nicht erfüllen. Es hatten die falschen Leute miteinander verhandelt. Die kompetenten aber fanden nicht zueinander.

In den Verhandlungen zwischen „den Königen" und Saladin wurden Extremforderungen gestellt, und Bahā' ad-Dīn und Howden stimmen darin überein, daß die Christen für einen freien Abzug der Garnison und Einwohner alle sich in muslimischen Händen befindlichen Gefangenen und „das ganze Land" verlangten. Die Forderung nach Abtretung des ganzen Landes ist schon deshalb vor allem Richard zuzuordnen, weil er sie nach Philipps Abreise, im September 1191, wiederholte. Er wird nicht geglaubt haben, daß das erreichbar sei. Es stellt das einfach die Erklärung eines Mannes dar, der zum Ausdruck bringen will, daß er die Kapitulation ja nicht brauche, weil der Fall der Stadt sicher geworden war, was inkludiert, daß man ihm ein sehr hohes Angebot machen solle. An der Realität dieser Situation gingen Saladins Reaktionen aber vorbei. Sie bewegten sich zum einen auf einer Ebene von Fiktion und Rhetorik und blieben zum anderen weit unter den von Konrad ausgehandelten Bedingungen, woraus man schließen könnte, daß ihm der am Ende ausgehandelte Betrag für den freien Abzug seiner Leute zu hoch gewesen sei. Howden berichtet, er sei bereit gewesen, das ganze Land mit Jerusalem für eine militärische Allianz mit den Königen gegen seine internen Feinde abzutreten. Vielleicht sind solche Pseudoangebote gemeint, wenn Bahā' ad-Dīn feststellt, daß man sich im Umgang mit diesem Feind keinen Rat mehr wußte.[330] Begeben wir uns auf das Niveau der ernstgemeinten Vorschläge, so finden wir bei Bahā' ad-Dīn und Abū Šāma das Angebot, die Stadt mit allem Inventar sowie die Kreuzesreliquie auszuhändigen und bei Ibn al-Aṯīr neben dem letzten Punkt noch die Bereitschaft zu einem Gefangenenaustausch in der Relation 1:1.[331]

Was Richard an diesen Angeboten vermißt haben wird, war das Geld.

Die verzweifelte Besatzung bot, was sie hatte, aber sie hatte nichts, was die Belagerer nicht schon als ihr Eigentum angesehen hätten, und so schloß sie ein Abkommen in der Hoffnung, daß Saladin es ratifizieren werde. Er mißbilligte es aber, ohne es doch nach vollendeter Tatsache offen abzulehnen. Er schickte sich vielmehr an, die Bedingungen zu erfüllen, was im Hinblick auf die öffentliche Meinung wohl unerläßlich war. Die hoffnungslose Lage der Stadt hat er zeitgerecht erkannt. Ein Überfall auf das christliche Lager war nicht möglich, ein nächtlicher Evakuierungsversuch der Einwohner gescheitert. Da begann er in den letzten Tagen vor der Übergabe das Kulturgebiet um Akkon zu verwüsten und Haifa zu zerstören.

Über die Hauptpunkte der Kapitulationsbedingungen herrscht in den wesentlichen Quellen ziemliche Einigkeit.[332] Die Stadt sollte mit dem gesamten Inventar übergeben werden, während von Saladin christliche Gefangene in der Größenordnung von etwa 1500 Mann und 100 bis 200 namentlich Genannte freizulassen waren. Das Kreuz der Kreuzigung war zu übergeben, und 200.000 Dinar sollten bezahlt werden. Setzt man diesen Betrag zu den Richtsummen in Beziehung, die uns beim Abzug der Christen aus Jerusalem im Jahr 1187 genannt werden und die 100.000 oder 220.000 Dinar betragen haben sollen, so erscheint er außerordentlich hoch. Bedenkt man aber die jeweilige Länge der Belagerung, faßt man die Forderung also nicht nur als Lösegeld, sondern als Kriegsentschädigung auf, so ergibt sich eher der Eindruck der Angemessenheit.[333]

Berechnet man den ayyūbidischen Dinar mit einem mittleren Wert von 4 g Gold, so läßt sich ein Äquivalent von etwa 35.000 Mark ermitteln[334], wovon Richard die

Hälfte zustand. Das ist gemessen an seinen sonstigen Einnahmen nicht gar so viel, und dieser Umstand muß am Ende des Geiseldramas mitberücksichtigt werden. Im übrigen muß bei einem Vergleich der für den freien Abzug der Bevölkerung von Jerusalem und Akkon vereinbarten Beträge die gänzlich unterschiedliche Situation bedacht werden: Einmal kam das Geld aus der Stadt selbst, das andere Mal sollte es von außen bezahlt werden. Über Nebenumstände, von denen sich einer als entscheidend herausstellen sollte, differieren die christlichen und arabischen Quellen sehr stark. Abū Šāma und Ibn al-Aṯīr[335] sehen schon darin einen Vertragsbruch durch die Christen, daß die Bewohner Akkons am freien Abzug gehindert und zu Geiseln für Saladins Leistungswillen gemacht wurden. Demnach hatte man auf muslimischer Seite wohl mit der Vergeiselung einzelner Persönlichkeiten, nicht aber einer größeren Anzahl von Einwohnern gerechnet. Beide Autoren sowie Bahā' ad-Dīn[336] betrachten auch die Mitnahme des Geldes und des persönlichen Eigentums der Bewohner beim Abzug als vereinbart. Mißverständnisse wegen mangelnder Präzision und der Absolutsetzung des im eigenen Kulturkreis Üblichen können auch die gänzlich unterschiedlichen Erwartungen erklären, die man in den beiden Lagern an das Schicksal der Bewohner Akkons für den Fall von Saladins Nichtleistung knüpfte. Howden formuliert, daß sie dann „in misericordia regum de vita et membris" seien[337] – eine Prognose, die nach christlichem Verständnis wohl nicht viel Raum für Mitleid ließ –, wohingegen die genannten muslimischen Quellen einen Treuebruch Richards darin sehen, daß die Geiseln hingerichtet wurden, statt, wie angeblich vereinbart, nur in die Sklaverei geführt zu werden. Die christlichen Quellen problematisieren diese Frage nicht, denn sie wissen bis auf eine nichts von einem diesbezüglichen Konfliktfall. Die Ausnahme stellt der Konrad nahestehende Sicard dar, sieht man von dem von Eracles berichteten Alternativangebot Caracois' ab, das gelten sollte, wenn Saladin nicht nachträglich in den Kapitulationsvertrag eintreten würde: „nos remaindrons en vostre merci de faire de nos come de vos esclas"; wozu noch zu sagen ist, daß nach derselben Quelle Philipp bei der ersten Separatvorsprache einer Akkon-Delegation bei ihm den Belagerten das Leben zugesagt hatte, wenn sie sich „en sa merci" ergeben würden.[338] Aber die verschiedenen Eracles-Versionen reflektieren darüber nicht, und so bleibt es dem Italiener vorbehalten, in Übereinstimmung mit den arabischen Quellen einen bewußten Bruch der Vereinbarung durch die christliche Seite zu behaupten. „Contra fas et licitum" hätte der englische König, als er das versprochene Geld nicht bekam, die Gefangenen töten lassen, die doch vielmehr hätten verschont und in die Knechtschaft geführt werden sollen.[339] Es ist nun die Frage, ob die Könige Sklaverei statt Hinrichtung als Alternative definitiv zugesagt hatten – obwohl ihnen im Unterschied zu Saladin gar kein Sklavenmarkt zur Verfügung stand – bzw. ob ein bewußt zweideutiges Verhalten analog zu Richards Wortspiel um Isaaks silberne Ketten vorlag, oder ob sich der Richard angelastete Wortbruch einfach aus der Vermittlerrolle Konrads ergab. Mit ihm wenigstens, darf man aus Sicard schließen, muß ein unzweideutiges Arrangement getroffen worden sein, wobei er schwerlich seinen späteren totalen Verlust an Mitsprachemöglichkeit vorausgesehen haben wird. So wie ihm offenbar in einer Geheimabmachung eine Vermittlungsgebühr zuerkannt wurde[340] – die christlichen Quellen wissen nichts davon –, kann es inoffiziell auch weitere Vereinbarungen gegeben haben. Am Ende war das Schicksal der Geiseln jedenfalls auf unheilvolle Weise mit dem Konflikt zwischen Richard und Konrad verquickt.

Völlige Konfusion herrscht in christlichen und arabischen Quellen über den ursprünglich vereinbarten Erfüllungstermin. Howden spricht von einer 40tägigen, das Itinerarium von einer 30tägigen Frist, aber beide widersprechen sich gleich selbst, und auch aus den anderen Berichten ist keine Klarheit zu gewinnen. Dennoch steht einiges fest: Zu Anfang August wurde der Leistungstermin verschoben; nach Bahā' ad-Dīn hatten die christlichen Fürsten einer Erfüllung in drei Monatsraten zugestimmt. Am 6. August, also 25 Tage nach der Einnahme Akkons, war Richard noch zuversichtlich, den Handel abwickeln zu können, denn er schrieb nach Hause, mit Akkon sei auch das Heilige Kreuz wiedergewonnen worden.[341] Am 40. Tag nach Abschluß des Kapitulationsvertrags, am 20. August also, wurden die Geiseln getötet. In der Zwischenzeit war die Verständigungsmöglichkeit abhanden gekommen.

In der neueren Literatur wird Richard wegen der Geiselhinrichtung nahezu allgemein verurteilt[342] – und wer sollte auch ein Massaker rechtfertigen? –, aber die Verurteilung beruht auf Annahmen, die durch die Quellen nicht gedeckt sind. So werden explizit oder implizit Saladins „Ehrenhaftigkeit" und Leistungswille kaum irgendwo in Frage gestellt, während Richard vorgeworfen wird, daß er die praktischen Schwierigkeiten bei der Erfüllung der Bedingungen nicht hätte gelten lassen wollen; vielmehr hätte er, indem er auf Formalitäten beharrte, technische Probleme bei der Abwicklung zum Vorwand genommen, um ein Exempel statuieren zu können. So soll nach Runciman die gütliche Regelung daran gescheitert sein, daß Saladin die namentlich geforderten christlichen Gefangenen nicht vollzählig habe herbeischaffen können[343], ein von Bahā' ad-Dīn berichtetes Detail, dem dieser keine Bedeutung beimißt. Wir hören ferner, daß als Folge der Brutalität und Dummheit Richards nun keine Rede mehr von der Rückgabe Jerusalems hätte sein können (Grousset, Waas)[344] – als ob Saladin sie vorher ernsthaft erwogen hätte – und außer dem zu erwartenden Geld die christlichen Gefangenen und das Kreuz geopfert worden seien. Und gleich macht sich wieder das Vorurteil vom völlig unpolitischen Verhalten Richards geltend, wenn Waas formuliert: „Zweifellos war es nicht nur eine Greueltat und ein Verbrechen, sondern auch ein außerordentlich großer politischer Fehler. Denn die Abendländer blieben nun in den Augen der Muslime mit diesem Massenmord belastet." Das sei, konkludiert der Autor, „wohl die größte Schädigung, die die Sache der Kreuzfahrer durch eine einzelne Persönlichkeit des eigenen Lagers jemals erfahren hat."[345] Das heißt unseren Humanitätsstandpunkt auf eine generell nicht humane Zeit zu übertragen. Wohl war man in Saladins Lager schockiert über die Ermordung der Geiseln, aber Massenhinrichtungen Gefangener kannte man auch hier, wie die Vorgänge nach der Schlacht von Ḥiṭṭīn beweisen, und die Politik fand nach solchen Tragödien allezeit rasch zur

Tagesordnung zurück. Dennoch: Unser modernes Bewußtsein darf anders werten, und anders als für eine Kreuzzugsgeschichte ist für eine Biographie Richards die möglichst genaue Erfassung der Umstände, die zu dem Massaker führten, wichtig, so bleibe also unsere Aufmerksamkeit noch ein wenig auf jene Details gerichtet, die den Zeitgenossen wohl nicht gar so wichtig waren, von denen sie uns aber trotzdem etliche überliefert hat.

Die beste Rechtfertigung Richards liefert ungewollt Bahā' ad-Dīn[346], indem er berichtet, wie Saladin nach der Terminverlängerung gleich weitere Modifikationen vornehmen wollte – so sollte nach der ersten Teilleistung das Gros der Gefangenen freigegeben oder deren künftige Freiheit durch christliche Geiseln gesichert werden –, und somit bestätigt, daß der Sultan zu den alten Bedingungen zu keinerlei Leistung bereit war. Das Heilige Kreuz, 1600 christliche Gefangene und 100.000 Dinar seien herbeigeschafft gewesen – und 'Imād ad-Dīn, Abū Šāma und Ibn al-Aṯīr bestätigen den Abschluß aller Vorbereitungen[347] –, aber Saladin übergab nichts. Er bestand auf neu auszuhandelnden Sicherheitsleistungen der Christen, wollte die Vorleistung, die seine Zwangslage ihm abverlangte, nicht erbringen. Der Tatbestand der Nichterfüllung wird von den arabischen Quellen gar nicht verschleiert, hingegen verteidigen sie Saladins Beharren auf Abänderung als einen Akt der Klugheit. Der Sultan habe die Forderung nach Übergabe des zum ersten Termin Fälligen zurückgewiesen, schreibt Bahā' ad-Dīn, „wissend, daß ihn, wenn er das Geld, das Kreuz und die Gefangenen ausgeliefert hätte, während die Unseren noch beim Feind zurückgehalten wurden, nichts gegen einen Betrug von seiten des Feindes sichern würde“. Ein Akt der Perfidie wird von Richard vorausgesetzt. „Der König ... tat das, was zu tun er die Absicht hatte“, hören wir als Kommentar zu der Geiselhinrichtung, „wenn man ihm das Geld und die christlichen Gefangenen übergeben hätte. Das ist es, was seine eigenen Glaubensgenossen später bezeugten.“[348]

Im Zusammenhang mit dem letzten Satz erinnert man sich, daß später Konrad in Eigenverantwortung Verhandlungen mit Saladin aufnahm und daß Richard von arabischer Seite Treulosigkeit auch gegen Christen vorgeworfen wurde[349] – gegen Isaak von Zypern nämlich und gegen Konrad während des Akkonaufenthalts. Daß wir es nirgends umgekehrt lesen, daß also Konrads Verhalten nicht als Verrat gegenüber dem eigenen Lager interpretiert wurde, ist allerdings geeignet, einen Hinweis auf den Informanten über interne christliche Streitigkeiten zu geben. Sollen wir hier schon wieder vermuten, daß durch Warnung vor einem bevorstehenden Treubruch ein Vertragspartner Richards zu extremem Mißtrauen gegen ihn getrieben wurde und entsprechend handelte? Das zu behaupten reichen die Belegstellen nicht aus. Die arabischen Quellen wollen Saladin rechtfertigen, also ist es naheliegend, dem Gegner verräterische Absichten zu unterstellen. Natürlich wäre es genauso eine Unterstellung, zu behaupten, Saladin hätte gar nicht vorgehabt, die vereinbarten Leistungen zu erbringen, sondern nur nach Vorwänden gesucht, um die Schuld am Scheitern auf den Feind abzuwälzen. Wahr ist immerhin, daß er innerhalb von 40 Tagen noch keinerlei

Teilleistung erbracht hatte, während man im christlichen Heer vor allem der Kreuzesreliquie entgegenfieberte, die nach Bahā' ad-Dīn[350] zwei Abgesandten Richards gezeigt worden war. Wahr ist auch, daß Richard unter doppeltem Zeitdruck war: Er mußte den Marsch nach Süden antreten und wegen Philipps Heimkehr auch seine eigene bereits ins Auge fassen. Dazu kam, daß die Zurücklassung einer größeren Anzahl Gefangener ein Sicherheitsrisiko darstellte, ein Punkt, von dem Bahā' ad-Dīn[351] einräumt, daß er Richard möglicherweise motiviert hat. Dieser hatte zur Internierung nur Akkon zur Verfügung und zu wenig Wachmannschaften, so daß es später immer wieder zur Flucht von Gefangenen kam. Diese waren aber vor allem einem möglichen Zugriff des internen Feindes zu entziehen – keine unnötige Bedenklichkeit, da später versucht wurde, Konrad in den Besitz Akkons zu bringen. In dieser Situation, wo Richard einen raschen Abschluß der Angelegenheit brauchte, arbeitete Saladin auf Zeitgewinn hin. Man darf wenigstens behaupten, daß er damit ein sehr hohes Risiko einging.

Noch aber war es nicht soweit. Während Kirchen neu eingeweiht wurden und die Kaufleute und Bankiers der italienischen Seestädte ihre Viertel bezogen, baute sich ein weiterer interner Konflikt auf. Akkon wurde nach dem 12. Juli, dem Tag der Einnahme, eine Zweisektorenstadt, in der zwar den ursprünglichen christlichen Bewohnern ihre Häuser gegen die Verpflichtung zurückgegeben wurden, die Kreuzfahrer einzuquartieren, in der diese aber je nach ihrer Heereszugehörigkeit im englischen oder französischen Teil der Stadt wohnten. Die Könige hatten sich darauf geeinigt, die Ritterorden mit der Teilung ihrer Beute zu befassen, was funktionierte. Richard erhielt den Königspalast als Residenz und bezog ihn am 21. Juli, als er erstmals Akkon betrat, mit seinen Damen Berengaria, Johanna und der jungen zyprischen Prinzessin. Philipp nahm Quartier im Palast der Templer.

Den Ordensrittern kam während der Zeit der Thronvakanz und des Parteienstreits eine gesteigerte Bedeutung zu. Sie allein konnten ein Element des Ausgleichs abgeben, ihr Ansehen zum Friedenstiften benützen und in Rangfragen als jene Autorität fungieren, der sich beide Könige ohne Prestigeeinbuße unterordnen konnten.[352] So hören wir etwa, daß die Übergabeformalitäten bei der Kapitulation Akkons im Zelt der Templer stattgefunden hätten.[353] Das Naheverhältnis des Johannitergroßmeisters Garnier de Nablus zu Richard war bereits in der Einleitungsphase des Kreuzzugs von Bedeutung. Am Ende wird Richard von etlichen Quellen[354] in besondere Beziehung zu den Templern gebracht: In ihrer Gesellschaft und als Templer verkleidet soll er die gefährliche Heimreise angetreten haben. Und den Templern hatte er ursprünglich ja auch den Besitz Zyperns zugedacht gehabt. Daß der Orden Robert von Sablé zum Großmeister wählte, beweist Richards Durchsetzungsvermögen in Personalfragen in Outremer. Daß das Verhältnis zu beiden Orden ungetrübt blieb, ist ein Gegenbeweis zu den Behauptungen seiner generellen Unleidlichkeit. Die Ritterorden standen ihm somit nahe, bildeten ein Gegengewicht gegen den Montferratclan. Fürs erste hatten sie nicht nur die Teilung der Kriegsbeute unter den Königen geregelt, sondern sie auch sanktioniert – und zwar unter Ausschluß aller übrigen Heeresangehörigen. Sicard berichtet, daß die Könige an den Toren Wachtposten aufgestellt hatten, die alle außer ihren eigenen Leuten unter Gewaltanwendung am Betreten der Stadt hinderten. Am 19. Juli fand nach Howden auf freiem Feld eine Heeresversammlung der von der Beutezuteilung Ausgeschlossenen statt. Der Protest richtete sich an beide Könige, und beide gaben hinhaltenden Bescheid. In den gängigen Darstellungen blieb der Vorwurf der Habgier allein an Richard haften. Wie schon in Messina verstanden es die Franzosen, nationale Spannungen, die auch ihnen galten, auf Richard abzulenken. Philipp war bereits mit Reisevorbereitungen beschäftigt, litt selbst, allen erkennbar, unter Richards Anmaßung und konnte vergessen lassen, daß er seinen Anteil an der Beute kassiert hatte. Für „Ansbert" etwa stand fest, daß Richard allen Gewinn für sich allein behalten hatte.[355] So verständlich die Empörung der Akkonveteranen über ihren Ausschluß von der Beute einerseits auch ist, so verständlich ist andererseits das Bestreben, das fluktuierende Element der kleinen Kreuzfahrer in den Griff zu bekommen. Richard sah keine Veranlassung, eine Ansammlung militärisch unzuverlässiger Einzelkämpfer, die politisch immer von der Gegenseite vereinnahmt werden konnten, für ausgestandene Mühen zu entschädigen. Was zählte, war die Effizienz, und diese hatte allein der Einsatz der Könige aufzuweisen. Die Voraussetzung für Beteiligung am Gewinn war Unterordnung unter die militärische Disziplin. Um die Durchsetzung dieses Prinzips ging es ein weiteres Mal Mitte August, als Richard den Aufbruch in Richtung Askalon befahl. Die Gesta Howdens berichten, wie es der internationalen Armee an Pferden und Waffen und allem Lebensnotwendigen mangelte und sie gegen Richard gemurrt habe: „Er gibt uns nichts." Da Philipp schon weg war, war Richard alleiniger Adressat der Klagen.

Als Paradefall für das Wesen dieses Konflikts kann Richards Streit mit dem Babenberger dienen: Herzog Leopold V. von Österreich, seit dem Frühjahr 1191 bei der Belagerungsarmee vor Akkon, hatte nach „Ansberts" Angabe mit acht Mann am Kampf teilgenommen, war also militärisch bedeutungslos gewesen.[356] In seinem Anspruch auf Beute war er aber nicht irgendein unzufriedener Kombattant, sondern, wie wir gesehen haben, ein Anhänger Konrads von Montferrat. Das legt nahe, in dem Zwischenfall nicht nur ein finanzielles, sondern auch ein politisches Element wirksam zu sehen, ja vielleicht eine bewußte Provokation. Was war geschehen? Lassen wir alle Varianten beiseite, so dürfte feststehen, daß Leopold irgendwann nach Einnahme Akkons sein Feldzeichen[357] auf einem Gebäude – eher einem Wohnhaus, das er als Quartier beanspruchte, als einem Turm – aufgepflanzt hat. Dort wurde es nun von Richards Leuten heruntergerissen, in die Kloake geworfen oder in den Schmutz getreten oder sonstwie entehrt.[358] Bald darauf kehrte Leopold heim, ohne Genugtuung erhalten zu haben. Sein Beuteanspruch war damit abgewiesen, erst unter veränderten Umständen konnte er ihn später dann doch noch miteinbringen. Zu diesem gut bezeugten Kern der Ereignisse, die von den englischen Hauptquellen allerdings ausgespart werden, bleiben einige Fragen offen.

Nach dem leider nur oberflächlich informierten Otto von St. Blasien hätte Richard sich, als er das fremde Feldzeichen erblickte, zunächst erkundigt, wem es gehöre, und erst, als er erfuhr, daß es das des Babenbergers sei, in einem Wutanfall das Nötige veranlaßt. Die Gesta des Gervasius erzählen von Leopolds Zelt, das dieser „in confinio regis Angliae“[359], also an der Grenze zu Richards Lager, aufgestellt gehabt hätte, weshalb es ihm niedergeritten worden sei. Eracles wieder berichtet, daß der Herzog Quartier in Akkon bezogen und vom Marschall des englischen Königs aus dem Haus geworfen worden sei. Der englische Marschall – Howden berichtet von einer Kommission von 100 Rittern, die jeder der Könige für die Detailfragen der Teilung eingerichtet hatte – konnte aber nur im englischen Sektor der Stadt aktiv werden, und so stellt sich die Frage, ob Leopold nicht erst nach der Teilung der Stadt ganz bewußt Richard ins Gehege gefallen ist und seinen Anspruch ausschließlich an ihn gerichtet hat. Ein fremdes Feldzeichen im französischen Teil Akkons hätte diesen gewiß nicht gestört, im eigenen aber wollte er wohl keinen Parteigänger Konrads dulden. Wäre es Leopold ausschließlich um Finanzielles gegangen, hätte ihn das mit Philipp gleichermaßen in Konflikt bringen müssen, wofür aber nichts spricht. Der Vorfall ließ sich als Indiz für Richards nationales Vorurteil gegenüber den Deutschen überhaupt gebrauchen. „Richardus rex suspectam semper habens virtutem Alamannorum“ – der deutschen Tugend mißtraute er immer, schreibt die Kölner Chronik[360], und daß er die Deutschen immer benachteiligt habe, soll später auch der Kaiser in seine Anklage gegen ihn aufgenommen haben.[361] Die Quellen bleiben uns weitere Beweise dafür schuldig, das nächste Mal hören wir erst wieder im Zusammenhang mit der Schlacht bei Jaffa von einem Deutschen in Richards Umgebung, und der war sein Bannerträger. Die deutschen Quellen verkennen gänzlich die politische Dimension der Spannungen. Für „Ansbert“ hatte Richard einfach einen unausstehlichen Charakter: Den König von Frankreich verachtete er, den Markgrafen Konrad schätzte er gar nicht und den erlauchtesten Herzog von Österreich sah er gar „pro abiecto“ an.[362] Das läuft aber nur auf die Tatsache hinaus, daß Richard seine Feinde nicht liebte.

Wir haben diesen im Verlauf des Akkonaufenthalts nun bei zwei Gelegenheiten als unbezweifelbar unnachgiebig und „arrogant“ erlebt: Er war nicht gewillt, dem Feind leichte Kapitulationsbedingungen zu gewähren, und er behandelte den Herzog von Österreich „pro abiecto“. Politisch betrachtet haben die beiden Situationen das gemeinsam, daß sie dieses Verhalten erlaubten: Auf den Herzog von Österreich kam es damals nicht an, und die Garnison von Akkon war in keiner Verhandlungsposition, sondern mußte ein Diktat entgegennehmen; Großzügigkeit ihr gegenüber wäre zudem ausschließlich zu Richards Lasten gegangen. Man kann auch sagen, daß im Umgang mit Leopold und den Geiseln das Aggressionspotential, das gewiß ein großes war, situationsgerecht entladen wurde. Dabei ist belanglos, ob das „multum iratus“ geschah oder nicht. Die Epitheta der Chronisten dispensieren uns nicht davon, zur Gewinnung eines Persönlichkeitsbildes die relevanten Situationen aufzusuchen und „Verhaltensanalyse“ zu betreiben. Ein königlicher Wutausbruch stellte überdies ein sehr wirkungsvolles Mittel zur Einschüchterung dar, und von dem späten Richard könnte man nach Coggeshall vermuten, daß er furioses Verhalten sogar sehr zweckorientiert inszeniert hat.[363] Setzt man hingegen „multum iratus“ unreflektiert mit ungezügelter Spontaneität gleich, so muß man auch eine ganze Reihe anderer Eigenschaften annehmen – eingeschlossen die der Manipulierbarkeit. Richards Verhalten gegenüber Konrad liefert nun den Beweis für ein nicht zwanghaftes Reagieren. Obwohl dieser ihm als kompromißloser Feind entgegentrat – hierin von Philipp zu seinem eigenen Nachteil fixiert –, war Richard imstande, ihm gegenüber rational zu agieren. Er trug damit der politischen Bedeutung des Gegners und seiner Macht zum Schadenstiften Rechnung.

Im Thronstreit hatte Philipp den Markgrafen als seinen Kandidaten vorbehaltlos anerkannt. In Reaktion darauf avancierte Guido zum angevinischen Protegé. Mit Richards Ankunft in Akkon begann die Suche nach einem Ausweg aus dem Dilemma. Bald nach dem 8. Juni wurde festgesetzt, daß die Einkünfte des Königreichs, die zunächst auf Markt-, Gerichts- und Hafenabgaben Akkons beschränkt sein würden, den Templern und Johannitern zur Verwaltung übergeben werden sollten, bis sich herausgestellt haben würde, wer von den beiden Bewerbern seinen Anspruch zu Recht erhebe. Damit war eine praktikable Scheidung zwischen sofort fälligen und später immer noch vorzunehmenden Entscheidungen getroffen worden. Die Waage, die sich bisher einseitig zu Konrads Gunsten gesenkt hatte, kehrte in die Horizontale zurück. Guido trug seinen Anspruch in aller Form in einer „curia regum“ vor; sein Bruder Gottfried klagte Konrad des Hochverrats an und forderte ihn zum Zweikampf. Da dieser aber das Rechtsmittel verweigerte und einen unrühmlichen Abgang nahm, konnte Guido propagandamäßig aufholen. Mehr als ein formaler Schachzug war es aber nicht, denn Richard bestand nicht auf dem Kampf als Mittel zur Problemlösung, hütete sich vielmehr, Konrad zum Bleiben zwingen zu wollen. Niemand schickte nach ihm, damit es nicht zu einem Volksaufruhr komme, schreibt Howden. Aber alle Zurückhaltung verhinderte nicht, daß sich die Neuigkeit, wie Konrad sich vor einem Gewaltstreich Richards fluchtartig nach Tyrus habe absetzen müssen, bis in Saladins Lager verbreitete.[364] Aus Tyrus wurde Konrad von Philipp alsbald zurückgerufen und entfaltete seine Vermittlertätigkeit zum Feind. Wenn er dabei auch nicht Richards Vertrauen besaß, so akzeptierte ihn dieser in seiner Tätigkeit schließlich stillschweigend doch, indem er der ausgehandelten Kapitulationslösung zustimmte.

Als Philipp am 22. Juli seine Heimkehr verkündete, hätte man erwarten können, daß Konrads Chancen ins Bodenlose abstürzten, während für Guido der Augenblick des Triumphs gekommen war. Statt dessen fand Richard sich zu einer Konferenz bereit, die nach Howden am 27. und 28. Juli 1191 nochmals die Thronansprüche Guidos und Konrads abhandeln sollte. Die Dringlichkeit lag dabei allein auf seiten Konrads. Er hatte in seiner schwierigen Lage von Philipp den Rat erhalten, sich mit Richard auszusöhnen. „Per consilium regis Franciae“ machte er sich also auf den Weg, Richard für sein bisheriges Verhalten Abbitte zu leisten. Die Erwartungen, die die

Gegenseite an dessen Kniefall knüpfen mochte, sind leicht nachzuvollziehen. Was immer Richard tun würde, es mußte für ihn von Nachteil sein: Ließ er Guido fallen, mußte ihn das im eigenen Lager als einen Herrscher diskreditieren, dem zu dienen keinen Nutzen brachte. Wahrscheinlicher war, daß alles beim alten blieb. Dann durfte sich Konrad für jede künftige Eigeninitiative als legitimiert betrachten und war ein weiteres Mal bewiesen, daß es sinnlos war, Richards Anmaßung durch Demut beschwichtigen zu wollen. Statt der erwarteten definitiven Entscheidung kam aber ein Kompromiß zustande. Er trug vorrangig Richards Situation Rechnung, der sich das Fangnetz des Entweder-Oder nicht überstreifen ließ, und sah folgendermaßen aus: Guido sollte König bleiben, da er es nun einmal war, nicht aber die Erbfolge für eventuelle Kinder im Fall einer Wiederverheiratung erhalten; sie sollte vielmehr an Konrad und Isabella und deren Nachkommen gehen. Zu Lebzeiten beider Anwärter sollten die Einkünfte des Königreichs zwischen ihnen geteilt werden. Konrad wurde der Besitz von Tyrus bestätigt, und Sidon und Beirut, die noch zu erobern waren, wurden ihm zugesprochen, womit ihm eine starke Stellung im Norden des Königreichs eingeräumt wurde. Diese Entscheidung war unter Einbindung beider Könige und der Großen des Heeres zustande gekommen, nach nochmaliger Anhörung der Kandidaten und deren Eidesleistung, das Ergebnis anerkennen zu wollen. Da Richard aber die hier zuerkannten Rechte militärisch verwirklichen mußte, wird er dafür Sorge getragen haben, daß sein Wille sich im Ergebnis niederschlug. Konzessionen waren in der gegebenen Situation von der Gegenseite nicht erzwingbar, also lag ein freies Zugeständnis seinerseits vor. Ein Kompromiß war aber für Konrad unannehmbar.

Natürlich war ein solcher als endgültige Lösung wenig praktikabel. Da aber das Königreich selbst politisch noch nicht wiedererstanden und alles im Fluß war, war eine solche objektiv auch noch nicht erforderlich. Die Ungeduld der Kandidaten oder eines Kandidaten wollte die interne Entscheidung erzwingen. Für Richard hatte aber die Zusammenfassung aller Kräfte für den Kreuzzug Priorität. Auf ihm konnten sich die Thronanwärter bewähren. Konrad hatte ein Signal empfangen, daß Richard ihm nicht als unversöhnlicher Feind gegenüberstand, mehr noch, es war ihm eine Position zuerkannt worden, die ihm die Mittel an die Hand gab, den Boden dieses Kompromisses in Zukunft einmal zu verlassen. Eine solche Lösung wäre am Ende des Kreuzzugs schlimm gewesen, sie stellte aber nicht Richards letztes Wort dar, sondern sein erstes. Bei seinen bald einsetzenden Verhandlungen mit Saladin spielte Guidos Königtum gedanklich dann keine Rolle mehr.

Am 29. Juli übergab Philipp seinen Besitz in Akkon, Howdens Chronica zufolge sogar die halbe Stadt, Konrad[365], nachdem er kurz vor der Konferenz nochmals die Hälfte Zyperns für sich reklamiert haben soll. Am 31. Juli brach er in Gesellschaft Konrads nach Tyrus auf, wobei er seinen Anteil an den Geiseln mit sich führte. Da der ursprünglich Saladin gestellte Erfüllungstermin nahte, sandte Richard am 5. August eine Delegation unter Hubert Walter nach Tyrus, um das französische Geiselkontingent zum Heer zurückbringen zu lassen. In dieser Situation ging er auf den Wunsch des Feindes nach Verlängerung der Auslösefrist ein. Kurz zuvor war ein Abgesandter Saladins mit Geschenken für den französischen König nach Tyrus abgegangen, um auch mit diesem wegen der Geiselaffäre zu verhandeln.[366] Er dürfte aber Philipp nicht mehr angetroffen haben. Für diesen war der Kreuzzug zu Ende. Seine Geiseln hatte er Konrad zur Verwahrung („in custodia") übergeben. Mit Recht konnte Konrad behaupten, er habe vom englischen König keine Gefangenen erhalten und ihm deshalb auch keine zurückzusenden. Zum Heer zu stoßen weigerte er sich; wieder hören wir, daß er Richards Nähe als ein zu großes Sicherheitsrisiko für sich selbst bezeichnet habe. Damit war klar, daß er die Kompromißlösung boykottierte und zu keiner Kooperation mit Richard bereit sein werde. Er engagierte sich militärisch auch nicht mehr, sondern hielt sich nur noch bereit, Richards Eroberungen am Ende teilweise zu übernehmen. Im weiteren blockierte er diesen aber politisch und militärisch und untergrub so das von ihm selbst angestrebte Ziel aufs nachhaltigste, denn war Richard nicht erfolgreich, so blieb für ihn vielleicht nicht viel mehr als ein Titularkönigtum übrig. Dieses Faktum bezeichnet die Grenze von Konrads gerühmter Schläue und zeigt, daß er trotz aller Gerissenheit kein Realpolitiker erster Ordnung war.

Der französische Kreuzzugshistoriker Grousset sieht Philipp mit Bedauern scheiden: Seine Fähigkeit, Mäßigung und Weisheit wären den Kreuzfahrern sehr nötig gewesen.[367] Man kann es auch anders sehen: Philipp hatte bei seinem Abschied noch eine Mine gelegt, die alsbald hochzugehen drohte. Gemäß einer Kreuzzugsvereinbarung, die Howden unter dem Datum des 13. Januar 1190 wiedergibt, sollte im Fall des Todes von einem der beiden Könige im Heiligen Land der andere die Mittel des Verstorbenen übernehmen, um den Kreuzzug fortzuführen. Man konnte nicht erwarten, daß nach Lage der Dinge der Zweckmäßigkeitsstandpunkt zur Anwendung kommen und der Geist der Vereinbarung sich durchsetzen werde. Dem Buchstaben nach war der französische König natürlich nicht gestorben, und so scheint es Richard auch akzeptiert zu haben, daß Philipp sein Geld und sein Heer dem Herzog von Burgund überließ und nicht ihm. Indem er aber einen wichtigen Teil seiner Güter, die Geiseln, Konrad übergab, stattete er bewußt einen Feind Richards mit Mitteln aus, die dieser gegen ihn zum Einsatz bringen konnte. Eine Berufung auf den gemeinsam verabschiedeten Kompromiß, der eine Teilung der Einkünfte des Landes zwischen Guido und Konrad vorsah, kann die Maßnahme nicht rechtfertigen. Sie wäre nur im Sinn eines Ausgleichs verständlich, wenn Richard seine Erwerbungen gleichfalls sofort an Guido weitergegeben hätte, was dieser aber nach wie vor nicht tat. Auch hatte die Teilung der Einkünfte natürlich die Teilnahme am Kreuzzug zur Voraussetzung. Vor allem aber wurde durch dieses Manöver einer der Vertragspartner der Akkongarnison, und damit Saladins, unter der Hand ausgewechselt und durch den Vertragsvermittler ersetzt. Richard mußte befürchten, daß Saladin die Bedingungen des Abkommens erfüllen werde, während er selbst nicht in der Lage war, die Geiseln zurückzustellen. Dann wäre seine Position beim Feind aber aufs schwerste erschüttert gewesen. Konrad konnte sich als ihm gleichrangig präsentieren, zwar nur mit einer kleinen Streitmacht, aber mit den Geiseln als Trumpfkarte für selbständige Verhandlungen mit Saladin. Nun sollte zwar nach Howden das französische Eigentumsrecht an den Geiseln erhalten bleiben („custodia“) – und ihm haben wir hierin gegenüber Ambroise/Itinerarium zu glauben, weil diese Quellen andererseits die große Bedeutung des Lösegelds für das französische Kreuzzugsbudget herausstellen, auch weil die nachfolgenden Ereignisse mit dieser Auffassung im Einklang sind –, doch nimmt das der politischen Bedeutung des Geiseltransfers nicht die Spitze: politisch hatte der Herzog von Burgund für die Geiseln keine Verwendung, er konnte also Konrad mit ihnen arbeiten lassen, um dann irgendwann von ihm das Lösegeld oder ein finanzielles Äquivalent für sie entgegenzunehmen.

Richard war entschlossen, Konrad nicht im Besitz der Geiseln zu lassen, seinen Feldzug nicht mit dieser politischen Hypothek zu beginnen. Er erklärte, daß er selbst nach Tyrus gehen werde, um die Geiseln zu holen, und in dieser Lage legte sich der Herzog von Burgund ins Mittel. Er muß Konrad klargemacht haben, daß der mit Philipp ausgeheckte Plan ihn teuer zu stehen kommen könne. Wenn Richard wirklich nach Tyrus kam, konnte das für Konrad den Verlust von Stadt und Herrschaft bedeuten, konnte wirklich eintreten, wovor sich zu fürchten man bisher nur vorgegeben hatte. Mit der Überlassung der Geiseln aber war Konrad ebenso zu einer Provokation instand gesetzt worden wie Richards Gegner bei früheren Gelegenheiten. Wegen des für Konrad damit verbundenen Risikos ist es aber wohl eine immer noch zu harmlose Interpretation von Philipps Handlungen, wenn man annimmt, er hätte in dem Kreuzzug lediglich ein Unternehmen gesehen, das dazu bestimmt war, dem Markgrafen von Montferrat – mit mehr oder weniger Land – zu einer Krone zu verhelfen.

Am 8. August war Hugo von Burgund losgezogen, am 12. August kehrte er mit den Geiseln nach Akkon zurück. In diese Zeit fiel Saladins Taktieren und Retardieren. Nach Ambroise und dem Itinerarium legte Richard die Frage, was mit den Geiseln letztlich zu geschehen habe, zwar einer Heeresversammlung vor, und immerhin hatte auch der Herzog von Burgund keine humanitären Einwände gegen ihre Exekution, aber man darf glauben, was Bahā' ad-Dīn aus späterer Zeit einen christlichen Gefangenen sagen läßt: daß es ausschließlich Richard gewesen sei, der die Hinrichtung der Geiseln betrieben habe.[368] Aus der Zustimmung des Herzogs von Burgund entsprang nun sofort ein neues Problem, denn Richard konnte allenfalls auf das Geld verzichten, während sich für das französische Heer sehr bald die Finanzierungsfrage stellte, doch wollen wir diesen Konflikt hier noch nicht verfolgen.

Wir haben den Weg, der zu dem Geiselmassaker führte, nun nach Möglichkeit ausgeleuchtet und können ein psychisches Resümee des Verursachers wagen. Gewalt war im Mittelalter allgegenwärtig, Gewalt muß ein zentrales Thema in der Biographie jedes Mächtigen sein. Uns interessieren hier die für die Person signifikanten Faktoren, die Unterschiede zu den Gewalttaten anderer. Zur Differenzierung ist das Festhalten der Tatsache wichtig, daß die Opfer nicht bloße Gefangene waren, sondern eben Geiseln. Es handelte sich dabei nicht um die gesamte Garnison oder Einwohnerschaft

Akkons[369], sondern die Könige hatten die Vornehmsten und Reichsten arretiert. Freigelassen wurde, wer zum Christentum übertrat, bis die Scheinkonversion sich so klar als Fluchtmittel herausstellte, daß sie untersagt wurde. Am Ende wurde bei dem Massaker die zahlungskräftigste Elite, darunter die Kommandanten, verschont, weil sich mit ihr noch finanzielle Sonderarrangements lohnten. Die ganz Armen, und damit die Masse der Bevölkerung, dürfte gleichfalls weitgehend davongekommen sein. So sagt Ibn al-Aṯīr: „Es wurden nur Troßknechte, Arme und Kurden und überhaupt Leute ohne Bedeutung entlassen“[370], Menschen also, mit deren Ende kein Eindruck auf den Gegner zu machen war. Betroffen von dem Massaker war demnach vor allem die Mittelschicht: Personen, deren Angehörige sich beim Sultan immerhin Gehör verschaffen konnten. Ihre Anzahl ist am glaubwürdigsten Richards Brief zu entnehmen und wird in der Größenordnung von Bahā' ad-Dīn gegenüber anderen Angaben gestützt.[371]

Am 1. Oktober 1191 schrieb Richard an den Abt von Clairvaux und informierte ihn unter anderem auch über die Kapitulationsbedingungen Akkons. Im weiteren lesen wir: „Sed[372] eodem termino exspirato, et pactione quam pepigerat penitus informata, de Sarracenis, quos in custodia habuimus, circa duo millia et sexcentos, sicut decuit, fecimus exspirare.“

Wir können nun feststellen, was das Massaker nicht war. So wenig wie es eine von der Führung zugelassene spontane Massenaktion wie bei der Eroberung Jerusalems im ersten Kreuzzug war, so wenig war es eine von Richard in einem bloßen Wutanfall – wie manche Quellen wollen[373] – ausgelöste Maßnahme zur Terrorerzeugung. Gegen die Annahme allzu großer Spontaneität spricht schon die Absprache mit dem Herzog von Burgund. Überhaupt waren ja einige Zeit und Mühe auf die Auslösungsverhandlungen verwendet worden. Bemerkenswert ist, noch dazu in einem Schreiben an einen geistlichen Adressaten, das Fehlen jedes Hinweises auf einen religiösen Beweggrund. Nichts spricht dafür, daß mit christlichen Geiseln anders verfahren worden wäre. Religiöser Fanatismus fällt damit als Motiv weg. Für Richard liegt die Rechtfertigung in der Berufung auf das „Schickliche“: „sicut decuit“ – wie es sich gehört –, erfolgte die Antwort auf den Bruch einer Vereinbarung. Ein Unrechtsbewußtsein war nicht vorhanden. Die christliche Seite – Richard – fühlte sich in einem humanitären Sinn nicht für die Geiseln verantwortlich. Nach Auffassung von Ambroise-Itinerarium traf Saladin die alleinige Schuld an dem Massaker: Er hatte die tapferen Verteidiger von Akkon dem Feind geopfert. Die Untertanen stellvertretend für den Herrn büßen zu lassen und diesen freilich auch für die Zukunft zu warnen, entsprach der allgemeinen Kriegslogik, war kaltblütige Kriegsgerechtigkeit; es wäre aber Heuchelei, behaupten zu wollen, daß es zu irgendeiner Zeit ein anderes Kriegsprinzip gegeben hätte.

Was in Richards Brief mit „fecimus exspirare“ umschrieben wird, spielte sich in der Weise ab, daß die 2600 Geiseln vor die Stadt geführt wurden, wo sich im Angesicht einer feindlichen Vorhut das christliche Heer mit Lanze und Schwert auf die Gefesselten stürzte. Bei aller prinzipiellen Billigung läßt sich in den Quellen eine Zwiespältigkeit des Gefühls ausmachen: So gibt der frohlockende Haymarus Monachus[374] doch zugleich seinem Überdruß an der Schlächterei Ausdruck. Für Howden ist das Massaker nur zu rechtfertigen als Vergeltungsmaßnahme für eine – frei erfundene – vorangegangene Tötung christlicher Gefangener durch Saladin.

Wir werden uns bei anderer Gelegenheit noch mit der Frage zu beschäftigen haben, inwiefern „Gnade", „Mitleid" oder ein von Normen gesteuertes Verhalten in Richard wirksam waren und was ihm Einhalt gebieten konnte. Wir haben allerdings in der Erbarmungslosigkeit, einer Härte, die ohne spezielle Grausamkeit sich als Geringschätzung bescheidenen fremden Lebens äußert, eine wichtige Charakterkomponente festzuhalten. Sie ist der eine, durchaus nicht individuelle Faktor, der dann eine Rolle bei seinem Tod spielen wird. Den anderen, individuellen, Faktor bildet ein sich unter bestimmten Umständen einstellender Leichtsinn. Man könnte auch sagen, daß die Gleichgültigkeit gegenüber dem Leben das eigene nicht ausnahm. Sein Schicksal erfüllte sich anläßlich einer Belagerung und im Umgang mit einer Garnison, deren Situation ebenso ausweglos war wie die der Verteidiger von Akkon. Das Sujet ist den Tragikern der klassischen Epoche entgangen: Angesichts der königlichen Hybris fand einer jener, auf deren Leben es nicht ankam, den Ausweg.

Befassen wir uns noch mit Philipps Abschied und Heimreise. Am 20. August 1191 ließ Richard einen Probeballon steigen: Er regte an, daß er selbst und Philipp sich verpflichten sollten, drei Jahre im Heiligen Land zu bleiben. Philipp lehnte ab, zwei Tage später machte er seinen Heimkehrwillen bekannt. Er erachtete es für notwendig, um Richards Einwilligung nachzusuchen, da er sich mit ihm in einem Vertragsverhältnis befand. Richard verhehlte nicht, was er von dem Absprung dachte, erklärte sich aber schließlich unter einer Auflage bereit, das Kreuzzugsbündnis einvernehmlich zu lösen. Als offiziellen Grund führte Philipp seine Krankheit und die Unbekömmlichkeit des Klimas an: Er fürchte zu sterben, wenn er länger bleibe. Aus dem Lager, auch aus den eigenen Reihen, schlug ihm daraufhin Empörung entgegen, denn wer litt hier nicht unter den Strapazen und stand nicht unter ständiger Todesdrohung? Der nicht als Sympathisant Richards zu verdächtigende Sicard von Cremona berichtet, wie Philipps Aufbruch sich unter ungeheuren Schmähungen durch die Allgemeinheit vollzogen habe.[375] Die damalige Stimmung im Lager festzuhalten ist nicht unwesentlich, weil wir später mit angeblichen Gerüchten aus der Akkonzeit konfrontiert werden und die Auffassung, daß es sich bei ihnen um nachträgliche Erfindungen handelt, dadurch gestützt wird.

Eine repräsentative Schar nichtfranzösischer Chronisten[376] glaubte Philipp in die Karten zu sehen, wenn sie feststellte, daß der eigentliche Grund seines Rückzugs die Erledigung des flandrischen Lehens gewesen sei. Außer dessen Neuvergabe stand für ihn die Inbesitznahme des Artois als Erbe an, jenes Teils von Flandern, der an die nordöstliche Normandie grenzt. Richard glaubte nicht, daß Philipp nur von diesem Ereignis heimgetrieben werde, und sandte in die Heimat, um militärische Defensivmaßnahmen ergreifen zu lassen.[377] Seine Zustimmung zu Philipps Rückkehr machte er von der Leistung eines Sicherheitseides abhängig. Philipp schwor also, daß er Richards Länder bis zum Ablauf von 40 Tagen nach dessen eigener Rückkehr nicht angreifen werde. Damit hatte Richard einen Vorteil im Propagandafeldzug wahrgenommen, den Philipp ihm lassen mußte. Dieser zog es vor, den Wachsamkeitsinstinkt seines Kompagnons nicht übermäßig zu reizen und seinen Abschied in eine friedliche Atmosphäre zu tauchen. Dabei mußte Philipp in Kauf nehmen, daß der Eindruck entstand, es sei beim Abschied keine Rechnung zwischen ihnen offengeblieben – auch die Alice-Verlobung war durch Vertrag beendet worden –, und das hieß, daß das politstrategische Problem zu lösen war, wie Richard, den von nun an nahezu die ganze Breite der den Europäern damals erschlossenen Welt von ihm trennen würde, ihm dann noch einen Anlaß für den beabsichtigten Krieg liefern könne. Die Verlegenheit trieb kuriose Blüten an Verleumdung hervor. Mit den nun bald einsetzenden Gerüchten werden wir uns noch beschäftigen müssen, sie verfehlten ja ihre Wirkung trotz aller Durchschaubarkeit nicht: An Richard blieb die Quintessenz gewisser Vorwürfe jahrhundertelang haften, und sie ertränkte die bis jetzt schon gehässigen Beziehungen zwischen den beiden Königen vollends in Gift. Von Richard glaubte man am Ende seines Lebens, er hätte seit Jahren nicht mehr das Sakrament empfangen, weil die erforderliche Versöhnungsbereitschaft gegenüber Feinden mit seinem Haß auf Philipp unvereinbar gewesen sei.[378]

Philipps Nervosität, wegen Richards unberechenbaren Nebenaktivitäten in Messina und Zypern vielleicht die schiffbare Jahreszeit zur Heimkehr zu versäumen, hatte sich dank des raschen Abschlusses der Belagerung Akkons als unbegründet erwiesen. Die Reise an der Küste Kleinasiens entlang, über Korfu und durch Italien verlief planmäßig, und das Weihnachtsfest sah ihn wohlbehalten in Fontainebleau. Mit ihm kehrten viele heim, und in seinem Geleitschutz segelte wohl auch unser Magister Howden, der in Ermangelung anderer Fakten alle Stationen der königlichen Fahrt festhielt. Das legt die Annahme nahe, daß er auch über Philipps Romaufenthalt einen authentischen Bericht zu bieten hat. Wir hören von ihm, daß Philipp vor dem Papst und dem Kardinalskollegium schwere Anklagen gegen Richard erhob. Ganz wie es der schon erwähnte Innozenzbrief aus dem Jahr 1198 wiedergibt, machte Philipp ihn – wegen seiner Überheblichkeit – für den Bruch des eigenen Kreuzzugsgelübdes verantwortlich.[379] Das Sammeln von Indizien für Richards Arroganz enthüllte hier schon einen Zweck: ihn selbst, Philipp, vom Vorwurf der vorzeitigen Heimkehr zu entlasten. Ob er, wie Howden behauptet, sich auch von seinem Richard geleisteten Sicherheitseid entbinden lassen wollte, sei dahingestellt. Richard hatte seine Länder vor dem Kreuzzug unter den Schutz der Kirche gestellt[380]; Cölestin III. war jedenfalls nicht gewillt, Philipp zum Krieg zu ermuntern. Dieser erreichte aber während eines achttägigen ehrenvollen Aufenthalts in Rom, daß der Papst sein Kreuzzugsgelübde für erfüllt ansah. Es war ihm auch gelungen, wenigstens Zweifel am Bonus seines im Heiligen Land verbliebenen Gegners zu erwecken und die Kirche zu neutralisieren. Möglicherweise glückte ihm auch die inoffizielle Einleitung einer kirchlichen Mission für das kommende Jahr. Nach dem Besuch beim geistlichen Oberhaupt der Christenheit erreichte Philipp noch nach anfänglicher Unstimmigkeit ein Zusammentreffen mit deren weltlichem: Ende November/Anfang Dezember traf er in Mailand mit Kaiser Heinrich VI. zusammen.[381] Eine Hauptbelegstelle dazu findet sich bei „Ansbert“, der auch Philipps Aufenthalt in Rom vermerkt und sich damit über die Reisediplomatie des französischen Königs als ausgezeichnet unterrichtet erweist; nicht zufällig führt er die von Philipp vor dem Papst erhobenen Anschuldigungen gegen Richard als Hauptgrund für die Heimreise an. Howden faßt das Ergebnis der Unterredung zwischen Heinrich VI. und Philipp in seiner Chronica wie folgt zusammen: „Dann veranlaßte der König von Frankreich den römischen Kaiser, daß er den König von England gefangennehme, wenn dieser durch sein Land reisen sollte.“[382] Welchen Anteil Philipp an Heinrichs Überlegungen hatte, können wir allerdings nicht wissen, klar ist nur, daß die Liste von Richards Verfehlungen hier um spezielle aus dem Sizilienkapitel erweitert worden sein muß. Im übrigen konnte sich Heinrich Philipps Diffamierungskampagne ausgezeichnet zunutze machen.

Nach solchen Vorbereitungen auf der internationalen Ebene ging Philipp in medias res. Im Januar 1192 veranstaltete er ein Treffen mit dem Seneschall der Normandie, Wilhelm Fitz Radulph, und anderen normannischen Baronen und legte ihnen ein „Chirographum“[383] seines Messinavertrages mit Richard vor. Aufgrund der im Text des scheinbaren Beweismaterials gemachten Zugeständnisse forderte Philipp die Herausgabe von Alice, Gisors und den normannischen Vexin sowie Eu und Aumale. Wir haben die hier aufgeführten Abtretungsklauseln bereits im Zusammenhang mit dem Messinavertrag als Fälschung ausgewiesen. Da der Seneschall keinen entsprechenden Befehl von Richard erhalten hatte, lehnte er Philipps Forderung ab, und dieser verließ unter Kriegsdrohungen die Konferenz.

In einem nächsten Schritt lud Philipp Johann ein, zu ihm nach Frankreich zu kommen, und bot dem mit der Erbin von Gloucester Verheirateten, wie es vorauszusehen war, mit der Hand von Alice den gesamten festländischen Plantagenetbesitz zur Lehensnahme an. Der Königinmutter und Walter von Rouen gelang es aber, den schon reisebereiten Johann von der Überfahrt abzuhalten, indem ihm für den Fall des Besuchs bei Philipp die Beschlagnahme seiner englischen Lehen angedroht wurde – womit sich die reiche Ausstattung Johanns mit Gütern in England als gutes Druckmittel bewährte.

In einem dritten Anlauf, die Dinge 1192 in Bewegung zu bringen, setzte Philipp zum militärischen Einfall in die Normandie an. Seine Adeligen verweigerten ihm aber die Gefolgschaft mit der Begründung, daß sie geschworen hätten, nicht gegen Richard die Waffen zu ergreifen, solange er auf Kreuzzug sei.

In das Umfeld der vergeblichen Bemühungen und Tricks, sich die Normandie durch Hilfe anderer aufschließen zu lassen, kann man nun die zwielichtige Mission zweier päpstlicher Legaten in der Normandie zu Beginn des Jahres 1192 einordnen. Sie ist im Zusammenhang mit der Verwirrung zu sehen, die am päpstlichen Hof wegen der nicht leicht zu durchschauenden Hintergründe des Machtwechsels in England herrschte. Wir müssen uns daran erinnern, daß Philipps Rückkehr zeitlich mit der die englischen Verhältnisse stabilisierenden Ablösung Longchamps durch Walter von Rouen zusammenfiel. Papst Cölestin, der Richards Interessen wahren wollte, wurde von Gesandtschaften Longchamps und Walters bedrängt, und jede berief sich auf den wahren Willen Richards, so daß erst dessen Sondergesandte aus dem Heiligen Land klarstellen mußten, daß die Absetzung des verbrauchten Longchamp im Sinn des Königs war.[384] Bis zur Klärung dieses Punktes konnte die Entsendung päpstlicher Legaten zum Friedenstiften zwischen dem alten und neuen Obersten Justitiar als eine Richard wohlwollende Maßnahme passieren. Devizes behauptet, der geheime Anstifter dieser vorgeblich um Frieden bemühten Delegation sei Philipp gewesen, und die Gelegenheit zu Initiativen hinter dem Rücken des greisen Papstes hätte er während seines Romaufenthalts sicherlich wahrnehmen können. Es ist jedenfalls auffällig, daß die Legaten, die Einlaß in Gisors und Rouen verlangten, damit auf das Zentrum von Philipps Wünschen abzielten. Da der Seneschall die Erlaubnis verweigerte – von Richard war schon seit 1189 bekannt, daß er keinerlei Einmischung durch Legaten wünschte –, griff einer der Kardinäle, Bischof Oktavian von Ostia[385], zu drastischen Mitteln: Der schon gegenüber Philipp unbotmäßig gewesene Fitz Radulph wurde mit seinem Anhang exkommuniziert und – eine schlimme destabilisierende Maßnahme, die aber einen guten Nährboden für einen Machtumschwung abgeben konnte – die gesamte Normandie mit dem Interdikt belegt; der zur Vermittlung eingeschaltete Bischof Hugo du Puiset von Durham fand die Legaten in Paris, erreichte aber nichts, so daß es einer Intervention beim Papst bedurfte, um die kirchlichen Strafmaßnahmen aufheben zu lassen.

Am Ende des Jahres 1192 hatte Richard seinen Kreuzzug absolviert und Philipp die Chancen seiner Abwesenheit nicht nutzen können. Ein mehrjähriger politischer Aufwand schien vertan. Dem Kreuzzug hatte Philipps Intrigenspiel geschadet, aber an der eigentlichen Aufgabe, Richard aus dem Sattel zu heben, waren alle seine Bemühungen zuschanden geworden. So standen der Effizienz der von Richard eingesetzten Administration nur seine eigenen ineffizienten Störmanöver gegenüber. Die von ihm eingesetzten Mittel waren allerdings so breit gestreut, daß eines doch noch griff. Der Glücksfall von Richards Gefangennahme auf fremdem Territorium bot ihm für 1193 noch einmal, wie es ihm scheinen mußte, die Chance seines Lebens. Wir kehren vorerst zurück zu Richard ins Heilige Land und zur französischen Heeresspitze, die nach Philipps Instruktionen im Verein mit Konrad von Montferrat die französische Interessenpolitik weiterbetrieb.

## Der Feldzug im Süden

### *Der Feldherr*

Richard verließ am 22. August 1191 als unbestrittener Oberbefehlshaber des Kreuzfahrerheers Akkon und erreichte, immer der Küstenlinie folgend, am 10. September das etwa 100 Kilometer südlich gelegene Jaffa. Es war ein bewußt langsamer, von Ruhetagen unterbrochener Vormarsch, der der Hitze, dem teilweise unwegsamen Gelände und der ständigen Belästigung durch den Feind Rechnung trug. Saladins Truppen begleiteten das christliche Heer auf den parallel zum Strand sich hinziehenden Hügeln. Es war abzusehen, daß es zur Schlacht kommen würde, aber sie zu suchen lag nicht im Interesse der Kreuzfahrer. Saladin mußte sie liefern, wenn es ihm anders nicht gelang, das offensichtliche Konzept des Feindes – den Gewinn einer sicheren Küstenbasis für Operationen in Richtung Jerusalem – zu vereiteln. Richards Wunschziel war dabei Askalon. Es ist das der Jerusalem im Süden vorgelagerte Hafen, während Jaffa sein nördlich zugeordneter ist. Richard wollte damit im ersten Anlauf schon sehr viel weiter nach Süden vorstoßen, als er dann tatsächlich kam.

Jede Etappe bedeutete die kampflose Einnahme eines weiteren Küstenabschnitts. Nach dem Fall Akkons und dem Ende seiner Garnison bestand kein Wille zur Verteidigung von Festungen mehr. Haifa und Caesarea waren aufgegeben und zerstört, das umliegende Land nach einer Strategie der verbrannten Erde verwüstet. Eine unmittelbare Folge davon war die Verknappung und Verteuerung der Lebensmittel. Um in dieser Situation Wucherpreise für Fleisch zu unterbinden, hatte Richard verfügt, daß jeder, der ein getötetes Pferd bei ihm abliefere statt es zu verkaufen, von ihm ein neues erhalte. Sein Vorrat an Pferden erlaubte die Großzügigkeit, und die Maßnahme mußte auch der Hygiene und Seuchenvorsorge zugute kommen. Die Hauptlast des Marsches entfiel auf das Fußvolk, das schwer bepackt und geharnischt, gespickt mit Pfeilen, nachts noch gequält von Stechmücken und Taranteln, sich dennoch beharrlich in dichtester Formation vorwärts schob. Seinen Fußtruppen galt Richards besondere Fürsorge. Sie waren das defensive Element, ohne das die fränkische Wunderwaffe der Kavallerie, die Offensivtruppe, gar nicht zum Einsatz gebracht werden konnte. So marschierten die Armbrust- und Bogenschützen, die die Flanke deckten, in zwei Formationen gegliedert, von denen die eine unbehelligt nahe dem Troß am Meer dahinzog und sich dabei erholen konnte, ehe sie die andere, die währenddessen den andrängenden Feind auf Distanz gehalten hatte, ablöste. Wesentlich war, daß die Schußwaffen der Kreuzfahrer, vor allem die Bolzen aus der gefürchteten Armbrust, sehr viel effektiver waren als die Pfeile der zudem nur leicht gewappneten türkischen Reiter. Während so die Ritter durch ihre Kettenpanzer gut geschützt waren, räumten die Pfeile allerdings unter ihren Pferden auf, die wegen ihrer militärischen Bedeutung ein bevorzugtes Angriffsziel waren. Für das Ritterheer, das sich in der Mitte befand, das von der einen Seite vom Meer und der Flotte gedeckt wurde, von der anderen von einer leistungsstarken Infanterie, bestand also die Hauptgefahr während dieses Marsches darin, der Hitze statt dem Feind zu erliegen. „Mit viel Schweiß und unter starken Verlusten der Unseren", schrieb Richard[386], vollzog sich der Marsch nach Süden. Es war angeordnet, daß Kranke auf die Schiffe gebracht und zur nächsten Station transportiert würden, und eine weitere der vielfältigen Funktionen der Flotte war es, Nachzügler aus Akkon heranzuschaffen, die sich noch rechtzeitig darauf besannen, daß sie nicht wegen des orientalischen Komforts ins Heilige Land gekommen waren. Die Geschwindigkeit wurde von der Fußtruppe bestimmt, so war an ein Forcieren des Tempos nicht zu denken. Die Organisation wie auch das taktische Zusammenspiel von Defensiv- und Offensivkräften waren vorbildlich. Nicht nur bildete jede der drei Divisionen – Vorhut, Nachhut und Zentrum – ein in sich geschlossenes Ganzes, das selbständig operieren konnte, es funktionierte auch der Zusammenhalt der Truppe der Länge nach. Von einer schwierigen Situation gleich am Anfang abgesehen, wo die Nachhut unter dem Herzog von Burgund zurückfiel und Gefahr lief, abgeschnitten zu werden, hielt der Armeekörper seine Reihen dicht geschlossen, so dicht, daß man keinen Apfel in die Höhe hätte werfen können, ohne einen Menschen zu treffen, wie Ambroise sagt. In Momenten der Gefahr, etwa dem Zurückfallen der Nachhut, brillierte eine ritterliche Elite, angeführt von Richard selbst oder seinem französischen Feind de Barres, der nun beweisen konnte, wie nützlich seine Anwesenheit beim Kreuzfahrerheer war. Saladin versuchte, wie es der traditionellen Kampftechnik entsprach, die Feinde so lange durch Beschuß zu provozieren, bis diese zum Gegenangriff übergehen, bis also einzelne Ritter ihren Infanterieschutzwall durchbrechen und die Verfolgung ihrer Feinde aufnehmen würden, die dann, auf ihren rasanten Pferden nach allen Richtungen davonstiebend, neuen türkischen Reitertruppen Platz machen würden, die in die Lücken der christlichen Reihen vorstoßen und ihre zahlenmäßige Überlegenheit ausspielen könnten. Es war also eine Überlebensfrage für das Kreuzfahrerheer, ob es gelingen würde, die in der Theorie bekannte Notwendigkeit, Disziplin zu bewahren und sich nicht provozieren zu lassen, in die Realität umzusetzen. Das Hauptaugenmerk mußte darauf liegen, einer Ausdünnung der Flankenlinie, die bei der Länge des Zuges leicht eintreten konnte, entgegenzuwirken. Von drei Seiten, von der Flanke, von vorne, wo die Templer marschierten, und von hinten stürmten die türkischen Reiter heran, überschütteten den Feind mit einem Pfeilregen und drehten ab, während bereits die nächste Reiterwelle heranrollte, um ihre Salve abzugeben und sich sofort zurückzuziehen. Am meisten unter dem Dauerbeschuß litt natürlich die Nachhut: Sie wurde gleichzeitig von der Seite und von hinten angegriffen. Neben dem Johanniterorden waren hier, entsprechend ihrem hohen Kampfwert, vor allem die Franzosen eingesetzt. Im Zusammenhang mit dem Küstenmarsch erfahren wir erstmals jene berühmten Namen, die später immer wiederkehren: Neben Richard wird etwa der junge Graf von Leicester oft rühmend erwähnt, auch einzelne französische Ritter zeichnen sich aus, aber unter den bewunderten Helden findet sich nicht König Guido. Eine besondere Funktion dürfte ihm auch in Richards Heer nie zugefallen sein. Als der Beschuß des Feindes beim Wald von Arsūf immer dichter wurde und Richard sein Heer in Schlachtordnung brachte, als er selbst mit dem Herzog von Burgund außerhalb des Zugs in der Ebene die Reihe auf und nieder ritt, um zu inspizieren, und Heinrich von der Champagne mit dem wichtigen Flankenschutz betraut war, marschierte Guido inmitten der ihm loyal gebliebenen Truppen des Heiligen Landes und der heimatlichen Poiteviner, um nach dem Schwenk zu den Bergen hin letztlich am rechten Flügel zu kämpfen.

Saladin hatte erkannt, daß das Kreuzfahrerheer mit Provokationen nicht aus der Reserve zu locken war. Erhöhte er den Druck auf die Marschsäule zu sehr, so unternahm Richard mit einem ausgewählten Ritterkontingent einen Ausfall begrenzten Ausmaßes, während sich das übrige Heer unaufhaltsam und geschlossen wie eine Mauer vorwärtsschob. So mußte der Sultan also eine regelrechte Schlacht wagen, und er wählte dazu das Terrain sorgfältig aus: die Ebene von Arsūf. Die Nachhut geriet nun derart in Bedrängnis, daß die Johanniter Gefahr liefen, alle Pferde zu verlieren und die Schmach sie drückte, sich nicht zur Wehr setzen zu dürfen. Der Großmeister Garnier de Nablus ritt selbst mehrmals zu Richard vor, um ihm die Situation zu schildern und die Erlaubnis zum Angriff zu erbitten. Er bekam sie nicht. Er könne nicht überall zugleich sein, ließ Richard ihn wissen, und es müsse ausgestanden werden. Mit eiserner Konsequenz hielt er an seiner Absicht fest, den Marsch so lange wie möglich fortzusetzen, um das ganze feindliche Heer zum Aufmarsch kommen zu lassen. Jetzt ging es nicht mehr darum, den Feind abzuwehren, sondern, im Gegenteil, ihn zu veranlassen, sich gänzlich auszugeben. Wenn es eine Entscheidungsschlacht werden sollte, mußte Richard trachten, den Kern zu fassen zu bekommen, statt die Energie des Angriffs auf die Hilfstruppen am Rand zu verschwenden. Also beobachtete er, welche Truppen zum Einsatz kamen. Den Anfang machten leicht bewaffnete Schützen zu Fuß, wie Neger und Beduinen. Erst wenn die eisengepanzertem Mamelucken aus Ägypten und die Elitetruppen aus Syrien und Mesopotamien[387] aufmarschierten, konnte es sinnvoll sein, die eigene Reiterei einzusetzen. Also marschierte das Kreuzfahrerheer immer noch, wo doch der Feind die Schlacht schon begonnen hatte. Nach Ambroise verfinsterte sich jetzt die Sonne vor dem Pfeilhagel und stiegen Staubsäulen hoch. Der charakteristische Schlachtenlärm setzte ein, und ein Trommlerbataillon trat in Aktion. Mit Schlagzeug, Trompeten und Schreien beherrschte der Feind akustisch das Feld. Es war der 7. September 1191.

Richard hielt sich beim Zentrum auf, den Normannen und Engländern, wo – hoch wie ein Minarett, sagt der arabische, hoch wie ein Schiffsmast, der englische Chronist – die englische Drachenstandarte mit eisenumpanzertem Schaft aufragte, auf einem Karren mitgefahren[388], um als Sammelplatz für die Ritter zu dienen. Der Marschall der Johanniter sowie einer von Richards eigenen Rittern, den er zur Nachhut versetzt hatte, verloren schließlich die Nerven. Sie gingen zum Angriff über und rissen die französischen Ritter mit sich fort. Es war knapp bevor Richard selbst den Einsatzbefehl hatte geben wollen, nicht so schlimm also, aber doch, bevor die vereinbarten sechs

Trompetenstöße die eigene Infanterie zum Öffnen ihrer Reihen veranlassen konnte. Nun stand sie der ritterlichen Nachhut im Weg. In sofortiger Reaktion gab Richard den allgemeinen Angriffsbefehl und kam der bedrängten Nachhut, jetzt dem linken Flügel, zu Hilfe. Dank der raschen Anpassung an die entstandene Situation konnte verhindert werden, daß der linke Flügel abgeschnitten und aufgesplittert wurde. Mit eingelegten Lanzen sprengten die ritterlichen Stoßtrupps auf die Feinde los, die nun gleichfalls ihre Nahkampfwaffen einsetzten. Aber der Wucht des Anpralls konnten sie nicht standhalten.

Von einem Hügel aus beobachtete Saladin die allgemeine Flucht seines Heeres. Unter den Flüchtenden befand sich, von einem Flügel zum anderen eilend und seinen Fürsten suchend, der Qāḍī Bahā' ad-Dīn. Er beschönigt nichts. Sein Überleben ist für die Historiographie ein großer Gewinn, ebenso wie das des christlichen Kronzeugen Ambroise, der den Tag wohl irgendwo inmitten der kleinen Leute erlebte. Und beide geben, vor allem was den Vormarsch des christlichen Heeres anbelangt, nahezu konforme Berichte. Wir sind also über diesen Abschnitt besonders gut informiert. Für den weiteren Kriegsverlauf bieten sie dann gänzlich unterschiedliche Facetten, und auch das ist ein großer Gewinn für uns. Nur von Bahā' ad-Dīn wissen wir, daß Richard wenige Tage vor der Schlacht, am 3. September, Verhandlungen mit Saladins Bruder al-ʿĀdil Saif ad-Dīn, den die Christen Saphadin nannten, angeknüpft hatte. Sein Dolmetsch war dabei der jungen Humfried von Toron, Isabellas schöner Exgatte, der mit seinen Arabischkenntnissen das kultivierte einheimische Element in Richards Heer verkörperte.

Das Treffen von Arsūf war keine Entscheidungsschlacht, Saladins Heer war geschlagen, aber nicht vernichtet. Von einer zu weit vorgetragenen Verfolgung des Feindes wurde abgesehen. Die höchst mobilen türkischen Truppen, die freies Gelände zur Verfügung hatten, wurden gesammelt, so daß mit ihnen weiter gerechnet werden mußte; unter allen Völkerschaften Saladins fielen nur sie militärisch ins Gewicht. Nun wurden sie zusammen mit dem übrigen Heer weiter ins Landesinnere, nach Ramla, verlegt. Trotzdem war die Schlacht von Bedeutung: Es war eine weitere Schlappe Saladins, der sich nun darauf einstellen mußte, daß er nicht nur Festungen nicht halten oder entsetzen, sondern den Feind auch in offener Feldschlacht nicht würde besiegen können. Die Christen hingegen konnten das Trauma von Ḥiṭṭīn abschütteln. Dem Prestigeverlust Saladins entsprach ein weiterer Prestigezuwachs Richards, der die seit Antritt seiner Kreuzfahrt ungebrochen anhaltende militärische Erfolgsserie mit diesem Sieg krönen konnte. Die beiderseitigen Verluste hielten sich in Grenzen. Richard selbst ging unverletzt aus dem Kampf hervor, denn eine leichte Verwundung durch einen Wurfspieß in der linken Seite hatte er schon ein paar Tage zuvor davongetragen.

Wie spiegeln sich nun Richard und Saladin in den Darstellungen unserer beiden Hauptchronisten wider? Fragen wir uns, bevor wir Einzelaspekte von Richards Feldzug ins Auge fassen, was der jeweilige Chronist von ihnen wissen kann und wo für ihn der Schwerpunkt der Geschehnisse liegt. Für Ambroise ist sein König der Held unzähliger ritterlicher Scharmützel. Seine Details sind wichtig, weil sie uns erlauben, der Alltagsrealität nahe zu bleiben, statt nur strategische und diplomatische Probleme zu sehen. Die Alltagsrealität bestand im Töten. Wenn Richard heimkehrte, brachte er – obwohl auch Gefangene gemacht wurden – oft nach türkischer Sitte die Köpfe der Getöteten mit: als Beweis, daß er die christliche Sache nicht verrate, ein Verdacht, der nur zu leicht aufkommen konnte. Die Aura, die die Heldentaten umgibt, ist nun einmal die des Todes, und mehrmals geriet er dabei selbst in große Gefahr. Immer wieder unternahm er mit geringer Begleitung Erkundungsritte, wurde überfallen oder überfiel selbst feindliche Vorposten, jagte dabei und war bei diesen Unternehmungen viel zu sorglos. Am 29. September 1191 schlief er bei einer solchen Gelegenheit in den Obstgärten um Jaffa herum ein, konnte bei dem Überfall gerade noch rechtzeitig aufs Pferd springen und verfolgte die Feinde. Prompt sprengte er in einen Hinterhalt hinein und sah sich plötzlich einer solchen Menge von Türken gegenüber, daß an Sieg nicht mehr zu denken war, nur noch an Flucht. Außer den Hauptquellen wissen es auch viele andere Quellen: Er wäre damals gefangengenommen worden, wenn sich einer seiner Ritter, Wilhelm de Préaux, nicht für ihn geopfert hätte; dieser lenkte die Aufmerksamkeit auf sich, indem er ausrief: „Ich bin der König", worauf er gefangen abgeführt, am Ende des Kreuzzugs aber von Richard ausgelöst wurde. Einige Gefährten blieben tot zurück, der König entkam. Im Lager schlug man die Hände über dem Kopf zusammen wegen dieser Waghalsigkeit und redete ihm ernsthaft ins Gewissen, solche Abenteuer in Zukunft zu unterlassen, aber vergebens. Ambroise vertritt dabei das Räsonnement der einfachen Kreuzzugsteilnehmer, die sich fragten, wieso der König nicht einsehe, daß er mit der Geringschätzung seiner eigenen Sicherheit das ganze Heer gefährde. Das letzte Wort dazu erhält am Ende Saladin: In einer Privataudienz mit Richards Abgesandtem Hubert Walter findet auch er, daß sich der englische König viel zu tollkühn exponiere; so jedenfalls hat man es Richard wohl erzählt. Zum 20. Dezember 1191 hören wir abermals, daß er nur knapp einer Gefangennahme entging, und dazwischen, am 6. November, war es für ihn Ehrensache, sich nicht aus dem Kampf herauszuhalten. Eine Truppe Fußvolk war mit Templern als Geleitschutz zum Fouragieren ausgerückt und fand sich plötzlich von türkischen Reitern eingeschlossen. Richard erfuhr vom Verzweiflungskampf der Rücken an Rücken im Kreis aufgestellten Templer und sandte Verstärkung, die sich aber immer noch als zahlenmäßig zu schwach erwies. Als er schließlich selbst kommen konnte, hatte er nur wenige Ritter bei sich, und wieder verschafft der Autor der Stimme der unheroischen Vernunft aus Richards Umgebung Gehör: Er möge die Männer hier allein fallen lassen, es nütze keinem, wenn er mit ihnen sterbe und die Sache der ganzen Christenheit darunter leide. Da hätte Richard die Farbe gewechselt und geantwortet: Ich habe sie hierher geschickt, wenn sie ohne mich sterben, soll mich keiner mehr König nennen! Natürlich siegte er, und unter den Geretteten war der Graf von Leicester. Manchmal gelang die Befreiung auch nicht, und einer seiner Gefolgsleute wurde vor seinen Augen auf einem raschen Pferd gefangen abtransportiert. Immerhin wußte jeder aus dem Kreis der „compagnons du roi“, daß er mit der Loyalität des Königs rechnen konnte, und Richard wieder wußte, daß sie es wußten:

„Ce[389] sevent bien mi honme et mi baron,
Englois, Normant, Poitevin et Gascon,
que je n'avoie si povre compaignon,
cui je laissasse por avoir en prison.“

So dichtete er beziehungsreich in seiner Gefangenschaft: Kein Gefährte war mir je zu unbedeutend, als daß ich ihn aus Geldgründen im Gefängnis gelassen hätte. Während des Kreuzzugs kristallisierte sich aus dieser Gefolgschaft eine Elite heraus, die Richard später vielfach in politischen Missionen verwendete.

Die Genrebilder des Ambroise müssen wir uns vor Augen halten, wenn wir später Richards zweimaligen Verzicht auf die Belagerung Jerusalems erörtern werden; persönliche Zaghaftigkeit und Todesfurcht waren wohl nicht ausschlaggebend. Der scharfe Kontrast zwischen tollkühnem Einzelkämpfertum und großer Vorsicht als Feldherr gehört allerdings zu den oft konstatierten Eigenschaften Richards. Von den spektakulären Einsätzen spiegeln die arabischen Quellen vor allem das Resultat wider. Das persönliche Erscheinen des „Melec Ric“ rief Panik hervor. So konnte der Schrekken vor dem Namen als entscheidender Faktor mit in Rechnung gesetzt werden. Am Ende erwies sich das als Gewinn, aber schon am Anfang war es nützlich. Eracles und „Ernoul“ wissen, daß Richards Name unter den Muslimen als Kinderschreck und bei scheuenden Pferden beschworen wurde.[390] Manche Züge steuert Ambroise noch bei, die wir von einem populären Feldherrn zu lesen gewohnt sind: wie Richard auch auf dem Rückweg von Jerusalem wieder dafür Sorge trug, daß die Kranken und Schwachen nicht zurückblieben, und wie er sich an den Bauarbeiten von Askalon selbst händisch beteiligt oder Pfosten für Belagerungsmaschinen auf den eigenen Schultern vom Schiff zur Festung ad-Dārūm getragen habe.[391] Es wäre dennoch falsch, die soldatische Seite an Richard, weil sie von der christlichen Hauptquelle so gut belegt ist, für die einzig charakteristische zu halten. Bahā' ad-Dīn vermittelt nur den Widerschein dieser militärischen Qualitäten, macht uns dafür aber mit dem Diplomaten Richard bekannt. Da der Quāḍī in Saladins engster Umgebung lebte[392], wußte er Einzelheiten, von denen Ambroise keine Ahnung hatte. Daß Richard so lange und, wie ihm schien, zur Unzeit verhandelte, kann dieser nur bedauern. Das Gesamtkonzept seines Königs gibt er zwar wieder, wie er es gehört hat, und zweifellos hat er gut zugehört. Richard lag auch daran, sich zu einer gewissen Zeit deutlich verständlich zu machen, aber der Verfasser kann nur wiedergeben, was für die Öffentlichkeit bestimmt war, und vor allem erst zu dem Zeitpunkt, als man das für gut hielt. Richard führte Geheimverhandlungen, schlau, geschickt und zäh, wie die arabische Seite fand, zog alle Register der Täuschung und trieb die Gegenseite mit seinen wechselhaften Vorschlägen und Verhaltensweisen in Irritation. Alles mögliche an Hinhaltetaktik unterstellte sie ihm – daß er sich dabei ungeschickt verhalten hätte oder gar den muslimischen Listen erlegen sei, wie Ambroise mutmaßte, fanden die gleichfalls mit allen Wassern gewaschenen arabischen Verhandlungspartner hingegen nicht. Das ist in Rechnung zu stellen. Wir werden durch Bahā' ad-Dīn instand gesetzt, die Dominanz des Militärischen bei Richard zu bezweifeln. Von einem mittelalterlichen Herrscher wurde verlangt, daß er militärische und politische Fähigkeiten in sich vereine, weil er beide Funktionen in eigener Person wahrnehmen mußte. Versagte er auf einem Feld, gab es dafür kaum ein Korrektiv. Wir müssen es nicht wörtlich nehmen, wenn Richard wenige Wochen nach dem Geiselmassaker von Akkon und kurz nach Arsūf gegenüber Saladin plötzlich die Leiden und die Sinnlosigkeit des Krieges beschwor, fand, nun sei es genug des Blutvergießens, denn alle seien erschöpft, und man gehe am besten nach Hause. Wieso er sich aber auf der Höhe seiner Erfolge plötzlich selbst stoppte und scheinbar wertvolle Zeit mit Verhandeln verlor, das bedarf der Nachfrage. Wie immer ist uns der Einblick in das Triebwerk der Steuerung versagt, angesichts der Fakten ist aber an der Rationalität des Entschlusses nicht zu zweifeln. Wir dürfen freilich auch bei der arabischen Quelle nicht haltmachen, denn selbstverständlich setzte Richard den Feind genausowenig wie das eigene Lager – was bei dem Spionagewesen auf dasselbe hinausgelaufen wäre – über seine letzten Absichten ins Bild, und schon gar nicht vorzeitig. Aber Bahā' ad-Dīn ermöglicht uns, der Priorität des Politischen bei Richard auf die Spur zu kommen. Ihm und anderen arabischen Quellen verdanken wir auch vorzugsweise den Einblick in die Sphäre ritterlich-höfischen Umgangs mit al-ʿĀdil, die die Voraussetzung dieser speziellen Kreuzzugsdiplomatie war. Im November 1191 besuchten Richard und Saladins Bruder einander wechselweise in ihren Zelten, und es gab ein Festbankett, das viele Stunden dauerte. Richard bekundete sein Interesse an arabischer Musik, will Ibn al-Aṯīr wissen, ließ sie sich vorspielen und zeigte Gefallen an ihr. Bei der Intensität der Beziehungen überrascht es uns dann nicht mehr allzusehr, im Itinerarium zu lesen, daß er im Frühjahr des Jahres 1192 einen Sohn al-ʿĀdils zum Ritter geschlagen haben soll.[393] Das von Richard vorgeschlagene Eheprojekt zwischen seiner Schwester und al-ʿĀdil fügt sich in diesen Zusammenhang scheinbar zwanglos ein.

Nach den arabischen Quellen zeigt sich Richard scherzend und jovial gegenüber den arabischen Unterhändlern, und nichts scheint ihm ferner zu liegen als persönlicher Haß auf den Glaubensgegner. Im Gegensatz zu dieser guten Laune wirkt Saladins Stimmung verbissen, und er lehnte es allezeit ab, mit seinem Feind persönlich zu Verhandlungen zusammenzutreffen, so schmeichlerisch höflich ihm dieser auch kam. Aus dem Abschnitt von Richards Feldzug vermittelt uns Bahā' ad-Dīn ein paar Wesenszüge seines Sultans, die von einem häufig entworfenen Idealbild beträchtlich abweichen. Den großmütigen, milden und menschlichen Saladin finden wir auf diesen Seiten nicht. Anders als Richard nimmt der kränkelnde, schon mit seinem Tod Rechnende nicht persönlich an Kämpfen teil, tötet also auch nicht, läßt aber töten. Es ist eindrucksvoll zu lesen, wie während des ganzen Marsches nach Süden einzelne Gefangene ihm vorgeführt, verhört und zur Hinrichtung abgeführt werden. Natürlich handelt es sich um eine Vergeltung für Akkon und betraf nicht Personen von Rang, die nach wie vor freigekauft werden konnten. Saladin empfängt Gesandte, läßt sie prächtig bewirten, trifft Entscheidungen, verhandelt, gleichfalls zäh und klug, und sieht am Ende seines Lebens sein Werk gefährdet, weshalb er sich und seine kampfmüden Truppen noch einmal zur Höchstleistung anspornt. Gereizt und aufbrausend reagiert er auf die vielfältigen, auch aus internen Spannungen resultierenden Belastungen. Der erwartete Angriff auf Jerusalem versetzt ihn in eine Nervenkrise. Bahā' ad-Dīn erzählt, wie er eine kritische Nacht mit dem Sultan im Gebet durchwacht habe, und zeichnet das Bild des frommen Muslimen auf dem Gebetsteppich, dem die Tränen durch den grauen Bart gelaufen seien, während er Trost bei Allah suchte.[394]

Wir finden bei Ambroise das Pendant zu Saladins Verzweiflung in einer Depression Richards, wo dieser sich, von jeder großen Lösung innerlich wohl Abschied nehmend, wortlos in sein Bett zurückzieht, um, wie der Autor sagt „nachzudenken". Es muß bezeichnend sein, daß in der christlichen Quelle die religiöse Atmosphäre um den Kreuzzugsführer völlig fehlt. Widergespiegelt wird nur der ritterliche, weltliche Richard – einen betenden bekommen wir nicht vorgeführt, woraus wir wenigstens schließen müssen, daß der alle diesbezüglichen großen Gesten unterlassen hat. Dabei hätte der Autor in seiner Volksfrömmigkeit diese Seite an seinem Helden sicherlich wahrgenommen, wenn sie wahrnehmbar gewesen wäre. Den Sermon eines heimatlichen Predigers aus Poitiers, der ihm Gottes Wohltaten vor Augen führt und die Verpflichtung, Jerusalem zu belagern, daraus ableitet, nimmt der König schweigend zur Kenntnis. Wir dürfen aus dem folgenden ableiten, daß er bei der Gelegenheit nur beschlossen hat, seine Taktik zu ändern, das heißt wieder mit verdeckten Karten zu spielen. Angesichts der Stimmung beim Heer, die dieser Priester verkörperte, gab es wohl keine andere Möglichkeit. Obwohl es natürlich jede Menge Kleriker in seiner Umgebung gab, erkennen wir keinen Seelenführer und geistlichen Berater, wir finden Richard allein im Kreis seines ritterlichen Gefolges und im Gespräch mit den ganz pragmatisch argumentierenden Ritterorden. Es ist verführerisch und trotzdem vielleicht nicht ganz falsch, pointiert zu formulieren, daß von den beiden, Richard und Saladin, nur Saladin es war, der einen „Kreuzzug" führte, während Richard einen ganz normalen Krieg abzuwickeln gedachte. Abzulesen ist das unter anderem an der Priorität der Zielsetzungen. Für Saladin lag sie bei der Rettung der „Heiligen Stadt" Jerusalem, obwohl einzelne Emire fanden, der Islam könne notfalls auch ohne sie bestehen.[395] Er war realistisch genug, die Schlüsselposition Askalons einzusehen – aber er zerstörte es, wenn auch blutenden Herzens, weil er meinte, nicht beide Städte, Askalon und Jerusalem, halten zu können. Jerusalem hatte Vorrang, obwohl ihm keine strategische und kaum wirtschaftliche Bedeutung zukam.[396] Beides aber galt für Askalon. Für Richard war die Küstenfestung gleichfalls von zentraler Bedeutung – und er gab ihr den Vorzug vor Jerusalem: Er wollte von Jaffa gleich nach Askalon, er ging letztlich dorthin, nicht nach Jerusalem, er baute es auf, er feilschte besonders nachhaltig um Askalon, nicht um Jerusalem. Hierin liegt der Unterschied zwischen einer vorwiegend strategisch und einer vorwiegend religiös motivierten Kriegführung.

*Das Kriegsziel*

Betrachten wir kurz die Chronologie des Kreuzzugs. Nach seiner am 10. September 1191 in Jaffa erfolgten Ankunft wollte Richard sofort nach Askalon weiterziehen, das inzwischen von Saladin zerstört wurde, gab aber dem Willen der Mehrheit nach und nahm den Aufbau Jaffas in Angriff. Diese Tätigkeit erstreckte sich bis zum 31. Oktober, dann brach das Heer landeinwärts auf, um in der Nähe von Yāzūr zwei kleinere Festungen wieder aufzubauen. Währenddessen organisierte Saladin die Verteidigung Jerusalems. Im christlichen Heer war man später der Meinung, daß es möglich gewesen wäre, Jerusalem zu erobern, wenn man ohne Aufenthalt von Jaffa losmarschiert wäre. Statt dessen verhandelte Richard, allerdings ohne Ergebnis. Die Literatur ist dem von Ambroise übermittelten Urteil teilweise unkritisch gefolgt.[397] In der zweiten Novemberhälfte zog das Heer weiter nach Ramla, in dessen Nähe es wochenlang kampierte. Um Weihnachten wurde das Hauptquartier nach Bait Nūba vorgeschoben, während Richard sich selbst in Latrun aufhielt. Trotz verheerender Witterungsverhältnisse, Regen und Sturm, sowie dauernder Angriffe durch das Heer Saladins von den Höhen herab, war die Stimmung euphorisch. Nach dem 6. Januar 1192 entschied eine Heeresversammlung gemäß Richards Meinung, die sich im Einklang mit der der Ritterorden und der einheimischen Barone befand, daß eine Belagerung Jerusalems nicht durchführbar sei und man zur Küste zurückkehren müsse. Die Franzosen protestierten, nichtsdestoweniger wurde am 13. Januar der Rückzug angetreten. Richard ging nun nach Askalon, und es gelang ihm, das unzufriedene französische Heer nach dessen anfänglicher Desertion bis zum Ostertermin, Anfang April, für den Wiederaufbau der Stadt zu gewinnen. Von Askalon stieß er in Erkundungszügen nach Gaza und ad-Dārūm vor, das er gegen Ende Mai 1192 einnahm. Es war die südlichste Festung Palästinas, und sie markierte die Grenze nach Ägypten hin. In der ersten Juniwoche marschierte Richard mit dem Heer gegen seinen Willen wieder in Richtung Jerusalem, machte in Bait Nūba halt und trat am 4. Juli endgültig den Rückweg zur Küste an. Wieder hatte eine Heeresversammlung die militärische Unmöglichkeit einer Belagerung Jerusalems ausgesprochen. Richard plädierte nun sehr für einen Feldzug nach Ägypten und erklärte sich bereit, die Kosten auch für die Franzosen zu übernehmen, doch diese versagten ihre Teilnahme. In einer letzten gemeinsamen Aktion hatte man eine Großkarawane überfallen und war dabei tief in die Negevwüste vorgestoßen.

Aus dieser skelettartigen Darstellung meint man eine Kette von Fehlentscheidungen und versäumten Möglichkeiten herauszulesen, dennoch scheint heute die Einsicht in die Vernünftigkeit der gewählten Strategie zu überwiegen[398], obwohl man die letzte Konsequenz aus dieser Einschätzung nicht gezogen hat. Dabei wird die Präferenz der Küstensicherung und die Tendenz nach dem Süden deutlich genug erkennbar. Bemühen wir uns, in Abgrenzung von Inszenierungen und Kompromissen diese Absicht, Richards eigentliches Kriegsziel, herauszuschälen. Was mit militärischen Mitteln angestrebt wurde, ist allerdings nicht einfach dem Endzweck gleichzusetzen. Mit militärischen Mitteln aber, darauf deutet alles hin, dachte er gar nicht daran, Jerusalem zu gewinnen, sondern Saladin in Ägypten anzugreifen.

Am 11. Oktober 1191 schrieb er von Akkon aus an Genua[399], daß er für den folgenden Sommer einen Feldzug nach Ägypten plane. Es liegen unter demselben Datum zwei Briefe vor, die auf Vereinbarungen aus der Frühzeit der Kreuzzugsvorbereitungen verweisen, als Genua noch für den Transport ins Heilige Land vorgesehen war. Nun werden Modifikationen und Präzisierungen vorgenommen und wird ein Bevollmächtigter, der Konsul der Kommune in Syrien im abgelaufenen Jahr, für die Verhandlungsführung bestimmt. Die Dokumente haben also den Anstrich des Ernsthaften. Wir erinnern uns nun, daß Richard bei seiner Ankunft in Akkon die Dienste der Genuesen ausgeschlagen hatte, weil sie sich schon Philipp und Konrad verpflichtet hatten, aber schließlich hatte Philipp inzwischen den Schauplatz verlassen. Was Konrad anbelangt, so könnte man zwar, würde man in anderen Quellen nichts von dem Ägyptenplan hören, auch an ein bloßes Manöver Richards denken, um Konrads eifrige Parteigänger, die Genuesen, von ihm abzuziehen, doch spricht dagegen, daß Ägypten als Kriegsziel ja erst nach Konrads Tod publik gemacht wurde. Die vigilanten Genuesen selbst müssen den Plan ernstgenommen haben. Im April 1192 impetrierten sie von Konrad eine Urkunde, in der sie sich ein Höchstmaß an Privilegien garantieren ließen.[400] Dabei sichert ihnen dieser, über Erwerbungen im Heiligen Land hinausgehend, denselben Rechtsstatus wie in Akkon und Tyrus auch „in omnem terram quam de cetero, Deo largiente, adquisiero“ zu. Da Konrad aber, auf sich allein gestellt und nach einem ihn stark einschränkenden Vertragsabschluß mit Saladin, von Erwerbungen in einem anderen Land nicht einmal träumen konnte, so kommt für eine Aufnahme dieses Passus am ehesten das Wissen der Genuesen um Richards Ägyptenplan in Frage. Er hatte Genua ein Drittel seiner Eroberungen zugesagt. Nun galt es, auch den künftigen Besitzer zu verpflichten, wobei man annahm, daß Konrad – der entweder schon offiziell Richards Kandidat war oder es doch in Kürze sein mußte – diese Erwerbungen seinem Königreich werde einverleiben können. Erwähnenswert ist noch, daß Genua für das Jahr 1192 schon vertraglich Heinrich VI. zur Flottenhilfe verpflichtet war[401] und sich die beiden Großprojekte – die dann verschobene staufische Expedition zur Eroberung des Normannenreichs und Richards Ägyptenfeldzug – mithin konkurrenzierten.

Es ist festzuhalten, daß also schon vom 11. Oktober 1191 eine Erklärung Richards vorliegt, mit Hilfe Genuas „in Egiptum apud Babiloniam et Alexandriam“ geben zu wollen, womit der Angriff auf Kairo und Alexandria gemeint war. Dieser Plan wurde geheimgehalten. Erst im Juni des folgenden Jahres, während des zweiten Zugs nach Jerusalem, sah sich das Heer mit der Idee eines Ägyptenfeldzugs konfrontiert. Ambroise erzählt, wie ein Heeresrat den Kairoplan gebilligt habe, den Richard ihm nebst anderen Projekten zur Entscheidung vorgelegt hatte. Schon während des Wintermarsches in Richtung Jerusalem meldet dieselbe Quelle, wie die Ritterorden und

Einheimischen für einen Abbruch des laufenden Unternehmens und den Wiederaufbau Askalons votiert hätten.[402] Das wird uns so dargestellt, als ob Richard sich von den ad hoc vorgebrachten Argumenten habe überzeugen lassen, wo doch derselbe Autor uns mitgeteilt hat, daß der König schon im September nach Askalon hatte gehen wollen. Von Ambroise erfahren wir Richards Absichten also mit beträchtlicher Zeitversetzung, wodurch der Eindruck einer Abänderung des ursprünglichen Ziels – von dem Ambroise sich nicht denken kann, daß es nicht Jerusalem gewesen sein sollte – entsteht. Der König weicht bei ihm der Einsicht der Landeskundigen. In Wahrheit aber war Richard bestrebt, seine eigenen geheimgehaltenen Pläne durch möglichst breite Zustimmung sanktionieren zu lassen. Der Heeresrat entschied so, wie er selbst sich nachweislich schon lange vorher geäußert hatte, und das Einvernehmen muß schon sehr viel früher hergestellt worden sein. Richard mußte bestrebt sein, einerseits die Masse der Kreuzfahrer nicht gleich anfangs vor den Kopf zu stoßen, vielmehr zu trachten, sie auf dem Erfahrungsweg für das strategisch einzig sinnvolle Ziel ansprechbar zu machen und andererseits, nicht als Alleinverantwortlicher für unpopuläre Entscheidungen dem internen Gegner noch mehr Angriffsfläche für dessen Kritik zu bieten. Von Richards Ägyptenplan weiß auch Bahā' ad-Dīn, und Sicard berichtet von der Angst des Feindes wegen eines Einfalls in Ägypten. Interessant ist auch die Mitteilung in zwei Eracles-Varianten, denenzufolge Richard sein Ägyptenprojekt im Sinn einer Erpressung zur Abtretung des Heiligen Landes benützt, und signifikant wegen der Reihenfolge in der Zielsetzung erscheint, was die Eracles-„Ernoul"-Gruppe Richard vor seinem Tod an künftigen Projekten im Sinn tragen läßt: Zuerst wolle er seine Besitzungen in Frankreich wiedererobern, dann nach Ägypten ziehen, dann erst Jerusalem einnehmen, um schließlich Konstantinopel zu erobern.[403]

Im 13. Jahrhundert war dic Priorität des Angriffs auf Ägypten vor der Einnahme Jerusalems unbestrittene Maxime, und bezeichnenderweise sollte schon der vierte Kreuzzug, ehe er nach Konstantinopel dirigiert wurde, nach Ägypten gelenkt werden, was die Führung aber dem Heer verheimlichte. In dieser Zielsetzung ist der noch zu Richards Lebzeiten vorbereitete Kreuzzug sicher abhängig von den erst rund ein Jahrzehnt zuvor angestellten Überlegungen während des dritten Kreuzzugs. Im Jahr 1218 wie auch 1249 im ersten Kreuzzug Ludwigs IX. war das Nildelta dann überhaupt das offen deklarierte Ziel. Die Einsicht, daß man das Zentrum des Ayyūbidenreichs angreifen und seine Machtmittel ausschalten müsse, ehe man an eine Eroberung Jerusalems und Palästinas gehen könne, war Gemeingut geworden. Entwickelt war diese Strategie aber im dritten Kreuzzug worden, denn wenn die Lateiner auch schon vorher Interesse an Ägypten genommen hatten[404], so war doch erst seit der Vereinigung Ägyptens mit Palästina durch Saladin die Möglichkeit gegeben, durch Erfolge in Ägypten das eigentliche Ziel aller Kreuzzüge, Jerusalem, zu erreichen und abzusichern. Wenn wir hören, daß 1219 Sultan al-Kāmil den Siegern von Damiette für den Abzug aus Ägypten das Heilige Land mit Jerusalem als Ersatz anbot und man bedenkt, daß dieser der eben erst zur Herrschaft gelangte Sohn al-ʿĀdils war, ja daß al-ʿĀdil selbst, der viel von Richards Plänen gewußt haben muß, noch mit einer Situation konfrontiert war, die man 26 Jahre zuvor gefürchtet hatte, so muß man sich fragen, ob dieses Angebot nicht genau jene Reaktion war, die Richard mit seinem Ägyptenplan hatte provozieren wollen. Wollte er also jenen Austausch, der vor Damiette von den Kreuzfahrern ausgeschlagen und dann so getadelt wurde, erzwingen, Jerusalem am Nil erobern? Danach sieht es allerdings nicht aus. Nicht nur, daß die Involviertheit Genuas ein Tauschgeschäft nicht ohne weiteres erlaubt hätte, die Preisgabe ägyptischer Eroberungen hätte die prekäre militärische Situation Jerusalems ja fortbestehen lassen.

Das heißt nicht, daß die geplanten Eroberungen in Ägypten nur Selbstzweck hätten sein müssen; solange in Kreuzfahrerheeren ein so leidenschaftlicher Wunsch nach Wiedereroberung Jerusalems bestand, konnte auf den ersten Schritt immer noch der zweite folgen. Auch wenn also an kein Tauschgeschäft gedacht war, muß man bei der ägyptischen Zielsetzung keine Zweckentfremdung des Kreuzzugs vermuten, sondern kann ein zwar umwegiges, dafür aber auf größere Dauerhaftigkeit ausgerichtetes Vorgehen annehmen. Der Feldherr, der dieses Konzept vertrat, kann jedenfalls nicht danach gestrebt haben, durch aufsehenerregende Augenblickserfolge seine persönliche Ruhmsucht zu befriedigen.[405] Richard hat seinen Siegeslauf in dem Augenblick abgebrochen, in dem die Begeisterung des Heeres vorwärtsdrängte. Seiner Einschätzung nach mußte bei Fortsetzung dieses Kurses der Umschwung eintreten, und er erwartete nicht, daß dieser Effekt durch ein Wunder ausbleiben würde, sondern benützte sein siegreiches Heer als Druckmittel für Verhandlungen. Er sah früh genug ein, daß er am Ende nur einen Diktatfrieden schließen könne, wenn er sein Heer in unhaltbaren Siegen verbrauchte. Das Ausbleiben des dramatischen Umschwungs von Sieg zu totaler Kapitulation unterscheidet Richards Kreuzzug denn auch von späteren Unternehmungen. Mit Blickrichtung auf den für 1192 vorgesehenen Ägyptenfeldzug ergibt sich aber, daß Richard den Herbst 1191 in Wartestellung verbringen mußte. Seine kriegerische Inaktivität in diesem Herbst, die die Kritiker so unverständlich finden, und ein wie bloße Beschäftigungstherapie anmutender Marsch in Richtung Jerusalem sind Fakten. Nur verlor er auf diese Weise keine Zeit, er nützte sie vielmehr für die zweite Option, die Verhandlungslösung. Er versuchte tatsächlich, wie später Kaiser Friedrich II., auf rein politischem Weg Jerusalem zu gewinnen. Daß er es militärisch nicht versuchte, scheint für mich festzustehen. Dabei konnte er das Scheitern der Diplomatie in Rechnung stellen, weil er ja die militärische Alternative mit dem anderen Ziel zur Hand hatte. Diese Doppelstrategie, die politisch auf das Königreich Jerusalem und militärisch auf Ägypten abgestellt war, dürfte Richards eigentliches Kreuzzugskonzept ausgemacht haben. Gab Saladin Palästina mit Jerusalem heraus, so war der Kreuzzug natürlich beendet, und auf relativ billige Weise, tat er es nicht, mochte er es im nächsten Jahr vielleicht bereuen; nur war als Ersatz für die friedliche Einnahme Jerusalems eben nicht deren kriegerische, sondern der Einfall ins Kernland der feindlichen Macht vorgesehen. Man muß im Hinblick auf spätere Kreuzzüge feststellen, daß diese Überlegung prinzipiell richtig war, wenn auch Saladin selbst zur kampflosen Herausgabe Jerusalems nicht disponiert war. Unter diesem Gesichtspunkt gewinnen Richards Totalforderungen bei Beginn der Verhandlungen mit Saladin ein anderes Aussehen. Sie erscheinen nun als Bekanntgabe eines sich maßvoll gebenden, nämlich bloß revisionistischen Kriegsziels. Richard konnte voraussetzen, daß der Feind begriff, ein Mann wie er könne sich, noch dazu bei seiner bisherigen ungebrochenen Siegeslaufbahn, auch ein expansionistisches Kriegsziel setzen. Wenn er also beständig seinen Heimreisewunsch und Friedenswillen beschwor, so müssen wir das nicht als treuherzig naives Appellieren an des Sultans Großmut auffassen, sondern können die Aufforderung daraus ablesen, doch von zwei Übeln das kleinere zu wählen. Panikstimmung, Kriegsunwilligkeit beim Feind und eine unterschiedliche Bewertung Jerusalems durch die Emire mußten die politische Option durchaus nicht als chancenlos erscheinen lassen.

Es darf uns nicht verwundern, daß wir in Richards Briefen nichts von Ägypten hören, das Projekt war schließlich möglichst lange geheimzuhalten, und der Zweck einer offiziellen Mitteilung ist natürlich nicht immer ein informativer. Im März 1193, in deutscher Gefangenschaft, lag Richard daran, den Glauben an seine sofortige Heimkehr zu stärken, und er forderte zu dem Zweck sein Schiff mit seinem Kapitän an, obwohl er wissen mußte, daß er vor Zahlung des Lösegeldes nicht freikommen könne. Wenn er am 6. August 1191, kurz nach Philipps Abreise, nach Hause schrieb[406], er werde kommende Ostern gewiß heimkehren, so kann er damit den Zweck verfolgt haben, konspirative Absichten zu entmutigen; wenn er am 1. Oktober dem Abt von Clairvaux mitteilte[407], über kommende Ostern könne er keinesfalls im Land bleiben, so muß man berücksichtigen, daß es die Hauptabsicht des Briefes ist, den Zisterzienserorden für schleunigen Nachschub an Menschen und Geld einzuspannen. Einige Tage später informierte er jedenfalls die Genuesen über seinen Ägyptenplan für den kommenden Sommer. Nicht wegen der als zweckorientiert anzusehenden Mitteilungen über die beabsichtigte Kreuzzugsdauer sind die Briefe hier von Belang, sondern wegen gewisser indirekter Aufschlüsse. „Infra viginti dies post Natale Domini speramus recuperare sanctam civitatem Jerusalem", schrieb Richard am 1. Oktober 1191 heim.[408] Also erst im Januar des kommenden Jahres hoffte er Jerusalem „wiederzugewinnen" das heißt, bereits vor Beginn der intensiven diplomatischen Kontakte mit al-ʿĀdil ist es für ihn ausgemacht, im laufenden Herbst keine Belagerung Jerusalems in Angriff zu nehmen. Aus dem Brief an den Abt von Clairvaux wird deutlich, daß Richard sich des dringendsten Problems des Heiligen Landes, des akuten Mangels an Siedlern[409], von Anfang an bewußt war. Das Argument, daß es keinen Sinn habe, Jerusalem einzunehmen, wenn man es nicht halten könne, bringt Ambroise anläßlich des ersten Rückzugs von Bait Nūba, aber Richard kannte es eben schon vor dem Aufbruch in Richtung Jerusalem. Nach Erfüllung des Pilgerziels, der Einnahme der Heiligen Stadt, sah man voraus, daß das Kreuzfahrerheer sich sofort auflösen würde, so daß Saladin nur den Abzug der Kreuzfahrer abwarten mußte, um die Stadt erneut einnehmen zu können. Aber nicht nur die Sinnlosigkeit eines bloß temporären Erfolgs sprach gegen eine Belagerung, es erschien den Verantwortlichen höchst unwahrscheinlich, daß auch nur ein solcher erzielt werden könne. Der entscheidende Unterschied zur Situation des ersten Kreuzzugs, in dem Jerusalem erobert wurde, ist in dem Umstand zu sehen, daß damals kein muslimisches Heer im Umfeld der Stadt operierte. Im dritten Kreuzzug sahen sich die Kreuzfahrer hingegen vor eine dreifache Aufgabe gestellt: Sie sollten eine große Stadt eingeschlossen halten, sich gegen ein sie umzingelndes feindliches Heer verteidigen und die Verbindungswege zur Küste offenhalten. Vor allem das letzte Problem war durch keinen noch so kühnen Einsatz aus der Welt zu schaffen, die zahlenmäßigen Kräfte reichten zur Wegsicherung nicht aus. Wie Bahā' ad-Dīn bezeugt, war es Saladins erklärtes Ziel, das christliche Heer vom Nachschub abzuschneiden, und die Kreuzzugsführung wußte das. Wie real die Gefahr der Aushungerung war, sollte sich beim Winterrückmarsch zeigen: In dem nassen Wetter verdarben die mitgeführten Lebensmittel und gingen die Lasttiere ein. Ganz ohne Zutun Saladins brach nach der Rückkehr zur Küste für das Heer ausnahmsweise eine Hungerwoche an, weil Richards Verpflegungsflotte wegen der Stürme nicht landen konnte. Damit war demonstriert, daß ohne sichere Beherrschung des umliegenden Landes im Landesinneren kein Heer zu unterhalten war. Im Sommer war es dann die nahezu völlige Wasserlosigkeit – denn Saladin hatte zur saisonbedingten Dürre alle Wasserstellen in der Nähe der Stadt außer Funktion gesetzt –, die eine Belagerung unmöglich machte. Es scheint, als hätte man mit Bedacht die jeweils ungünstigsten Zeiten für den Marsch nach Jerusalem gewählt, um dem Heer die Hinderungsgründe für eine Belagerung fühlbar zu machen. Hat Richard also die Armee getäuscht, zweimal die höchsten Hoffnungen evoziert, um sie dann zu enttäuschen? Es scheint so. Aber ein heterogenes Kreuzfahrerheer war kein Söldnerheer, über das einfach verfügt werden konnte, und der leidenschaftliche Pilgerwunsch nach Jerusalem Vernunftgründen nicht zugänglich. Man kann Richard in dieser Situation als einen genialen Feldherrn sehen, der mit einem Heer von Schwärmern geschlagen war, wobei dessen Heilsbedürfnis noch von einer Fraktion gegen ihn aufgestachelt wurde. Es war eine Konfrontation von Professionalität einerseits und Dilettantismus samt Intrigantentum andererseits.

### *Die Verleumdungskampagne*

Eine grundsätzliche Frage bleibt uns noch zu erörtern, ob nämlich die Gegnerschaft Konrads von Montferrat und die Obstruktion der Franzosen einen Einfluß auf Richards Abstehen von einer Belagerung Jerusalems gehabt haben können. Die genannten Gründe für einen Verzicht auf dieses Ziel erscheinen als ausreichend, trotzdem ist hier der Ort, den gleichzeitigen internen Intrigen nachzugehen und sie in Beziehung zu Richards Entscheidungen zu setzen. Ambroise läßt Richard vor dem zweiten Rückzug aus Bait Nūba sagen, er wisse sehr wohl, daß es hier im Land und in Frankreich Leute gäbe, die nur darauf warteten, daß er sich in ein Abenteuer wie die Belagerung

Jerusalems einlasse, damit er für immer entehrt sei. Tatsache ist, daß sämtliche Ereignisse im Heiligen Land von den Franzosen planmäßig zu Verleumdungszwecken gegen Richard benützt wurden und daß hierin eine Zusammenarbeit zwischen Philipp und der französischen Heeresspitze stattfand. Verleumdungen und Gerüchte dienten dabei exakt Philipps Bedürfnissen. Eine Schlüsselrolle muß dabei Philipps Cousin, dem Bischof Philipp von Beauvais, zugefallen sein. Dieser höchst kriegerische Mann wird uns erstmals 1188 als Gegner der Anjous bei einem Einfall in die Normandie genannt, dann als einer der Gesandten Philipps, der Richard in Zypern in so rüdem Ton die Aufforderung zum Abbruch seines Feldzugs überbracht hat. Von Beginn des Kreuzzugs an fungierte er als Bindeglied zwischen den französischen und montferratischen Interessen, und im Herbst 1190 hatte er sich exponiert, als er Isabellas Trauung mit Konrad vornahm. Er muß in dessen Todesstunde um ihn gewesen sein und eine wichtige Funktion bei den ersten Ermittlungen im Mordfall gehabt haben. Auf der Heimreise vom Kreuzzug soll er dann als Philipps Agent in Deutschland gegen Richard gehetzt haben.[410] Bezeichnender als solche Behauptungen ist aber wohl das besondere Rachebedürfnis, das später an ihm zu befriedigen Richard Gelegenheit fand. Als seinen Leuten 1197 bei einer Militäraktion der Bischof von Beauvais ins Netz ging[411], verhängte er eine strenge Kettenhaft über ihn und ließ sich weder durch ein ansehnliches Lösegeld noch durch irgend jemandes Intervention, auch nicht die seiner Mutter, dazu bewegen, ihn freizulassen, so daß Philipp von Beauvais erst nach Richards Tod aus der Haft entlassen wurde.

Wir haben also neben dem Herzog von Burgund mit diesem Verwandten und Vertrauensmann Philipps zu rechnen, wenn wir von Aktionen der „Franzosen" und ihrer Gerüchtefabrikation hören. Die Gerüchte um Konrads Tod und Unterstellungen wegen eines Verrats am Heiligen Land sollen später erörtert werden; im Zusammenhang mit der Kreuzzugsstrategie – weil ein derartiger Verbündeter ja immerhin als ein Sicherheitsrisiko angesehen werden könnte – seien hier jene Verleumdungen plaziert, in denen bei zwei verschiedenen Gelegenheiten dezidiert behauptet wurde, Richard habe Anschläge auf Philipps Leben unternommen. Wir werden bald hören, daß auch englische Chronisten falsche Gerüchte wiedergeben, aber weder versteigen sie sich zu solcher Bösartigkeit – keine einzige englische Quelle hat je behauptet, Philipp habe Richard nach dem Leben getrachtet –, noch sind es die englischen Hauptquellen, die Falschmeldungen verbreiten. Da es sich dabei vielmehr um Nebenquellen handelt, die nicht sonderlich gut unterrichtet sind, kann man viel eher an einen Irrtum denken als eine zweckorientierte Erfindung. Die französischen und profranzösischen Berichte sind hingegen von einer solchen Zielgerichtetheit, daß man auf eine Zentralstelle schließen kann, die Desinformationen bewußt in die Welt setzte.

Beginnen wir mit jenen Berichten, die – sei es als Tatsache, sei es als Gerücht – Richard im Zusammenhang mit Philipps Erkrankung im Lager vor Akkon beschuldigen. Keine dieser Quellen erwähnt, was doch gut gesichert ist: daß Richard nicht nur selbst auch krank war, sondern viel ärger betroffen war als Philipp. Mit Rigord und Guillaume le Breton, Philipps Arzt bzw. Kaplan, sind es zudem die offiziellen französischen Chronisten, die Richard gleichsam zur Rache für Künftiges antreten lassen. Wir wissen bereits, daß Philipp nicht nur einen Rechtfertigungsgrund für seine vorzeitige Heimkehr, sondern vor allem einen Grund für den in Richards Abwesenheit gegen ihn zu führenden Krieg brauchte. Für diesen Zweck genügte nicht ein allgemeiner „Verrat an der Christenheit", sondern dazu bedurfte es schon einer speziell an ihm, dem Lehensherrn, begangenen Felonie. So lesen wir denn bei Rigord, wie Philipp einerseits sehr krank war, andererseits gegen Richard einen starken Verdacht hegte, weil dieser ja mit Saladin Geschenke austauschte. Eine vorsichtige Formulierung, die dennoch festhält, daß nicht irgendwer, sondern Philipp selbst Richard verdächtigte. Deutlicher wird hier schon Guillaume le Breton in seiner Chronik: Wegen Richards Geschenkaustausch mit Saladin hegte der französische König gegen ihn einen Verdacht. Darauf wurde er sehr krank. „Denn er hatte, wie einige sagten, Gift, das Verräter ihm darbrachten, zu sich genommen." Im Philippidos sagt derselbe Autor, man glaubte – und niemals sei das Gerücht verstummt –, daß Philipps Krankheit auf Gift beruht habe.[412] Wer von dem Verdacht der Täterschaft betroffen war, das weiß nicht nur der Engländer Wilhelm von Newburgh, das hat auch Giselbert von Mons gehört, vielleicht schon, als er im Herbst 1191 als Bote Balduins von Hennegau an Heinrich VI. in Oberitalien war, wo er vom Tod des Grafen von Flandern vor Akkon erfuhr: „Einige sagten, daß der König von England sogar mittels Giftes seinen Tod betrieben habe."[413] Eine neue Facette zur Giftversion steuern die Eracles-„Ernoul"-Texte[414] bei, die, ohne Richard zu nennen, den sterbenden Grafen von Flandern ein Komplott enthüllen lassen. Dieser konnte ja keinesfalls mehr dementieren. Die wichtigsten Redaktionen des Eracles werden an dieser Stelle besonders ausführlich: Als Folge der Aufdeckung dieses gegen ihn gerichteten Mordkomplotts, wegen der damit verbundenen Aufregung nämlich, erkrankt Philipp schwer. Endlich, und das ist das köstlichste Requisit in der ganzen Kampagne, tritt auf dem Höhepunkt seiner Krankheit der Bösewicht aus der Dunkelheit hervor. Scheinheilig erkundigt er sich bei Philipp nach dessen Befinden, um dann den perfekten Mord zu versuchen. Ganz in der Art des Schillerschen Franz Moor aus den „Räubern", der den Körper vom Geist her töten will – „laide felenie fu cele", sagt die Quelle –, teilt Richard Philipp mit, daß sein einziger Sohn Ludwig gestorben sei. Ausdrücklich ließ der Verfasser ihn vorher darüber nachsinnen, wie er es anstellen könne, den König von Frankreich zu töten „sanz metre en lui main". Ein Motiv für dieses Schurkenstück wird uns mitgeteilt. Ein weiteres Mal wird die Alice-Geschichte bemüht. Ihretwegen und weil er Philipp vor Akkon die Leute abgeworben habe, hätte Richard das schlechte Gewissen gedrückt. Der Gerüchtemacher ist nicht identisch mit dem Verfasser dieser Version. Im Eracles heißt es nämlich weiter, daß Philipp daraufhin natürlich heimgefahren sei, vorher in Rom Station gemacht habe, um dem Heiligen Vater zu berichten – nicht, was wir eben gelesen haben, sondern daß er wegen der anfallenden Grafschaft Flandern heimkehren müsse. Ganz auf derselben Linie von Giftversion und Verschwörung liegt der Ménestrel von Reims aus dem 13. Jahrhundert.[415] Es erübrigt sich fast zu sagen, daß diese Erfindungen nicht im Lager selbst kursiert haben können, denn die Teilnehmer an der Belagerung Akkons wußten von Richards eigener schwerer Erkrankung und daß eine solche keine Besonderheit darstellte. Es handelt sich also um nachträgliche Erfindungen. Was das letzte Gerücht anbelangt, so können wir wegen der überlieferten Krankheit des vierjährigen französischen Thronfolgers eine zeitliche Zuordnung zur Entstehung vornehmen. Rigord berichtet uns ausführlich von den religiösen Zeremonien der Reliquienauflegung auf den Bauch des Knaben, der an Dysenterie todkrank war, und sagt, daß die Krankheit am 23. Juli 1191 begonnen habe.[416] Dazu paßt, daß Guillaume le Breton in seiner Chronik erzählt, Ludwig sei im August krank gewesen.[417] Im Heiligen Land konnte man von dieser Erkrankung also erst im Frühherbst Kenntnis erlangen, zu einem Zeitpunkt, wo Philipp längst auf der Heimreise war. Solche Details waren für den Erfinder der Geschichte ohne Belang, ihm genügte die ungefähre Gleichzeitigkeit der Erkrankung von Vater und Sohn. In Richards Heer ließ sich die Fabel nicht gut verwenden, entstanden aber wird sie während des Kreuzzugs sein. Ein Hinweis darauf, daß das absurde Gerücht keine späte Chronistenerfindung, sondern eine aktuelle Propagandawaffe war, findet sich in einem Reflex bei Devizes. Da sein Wissensstand nicht über das Jahr 1192 hinausreicht, hat er seinen Bericht über den Kreuzzug wohl bald nach Richards Gefangennahme verfaßt. Im Zusammenhang mit Philipps Heimkehr vom Kreuzzug lesen wir bei ihm, daß ein fingierter Brief aus Frankreich in Philipps Zelt gebracht worden sei, der die hoffnungslose Erkrankung des Thronfolgers gemeldet habe, was dem französischen König den erwünschten Vorwand zur Heimkehr geliefert hätte.[418]

Keine Gelegenheit, an die sich eine Verleumdung des englischen Königs heften ließ, wurde versäumt. Philipps Erkrankung, die Erkrankung seines Sohnes, Richards Geschenkaustausch mit Saladin natürlich und der Tod des Grafen von Flandern wurden phantasievoll benützt, wobei die farbigsten Berichte aus der Eracles-„Ernoul"-Gruppe stammen. Früher als Philipp, der erst bei seiner Rückkehr nach Europa davon erfahren haben wird, muß man in Outremer von Ludwigs Erkrankung Kenntnis erlangt haben[419], denn dorthin muß man bei dem kritischen Zustand des Thronfolgers sofort einen Boten entsandt haben, nur daß dieser Philipp im Lager nicht mehr antraf.

Mit größerer Wahrscheinlichkeit noch können wir für den zweiten Gerüchtekomplex als Entstehungsort das Heilige Land ausmachen und mit Exaktheit die Entstehungszeit festlegen. Gemeint ist jene Erfindung, die besagt, Richard habe die Entsendung von Assassinen nach Frankreich bewirkt, um Philipp – wie Konrad – von ihnen ermorden zu lassen. Sofort nach Konrads Tod am 28. April 1192 wurde das Gerücht von jenen, die ihm auch den Tod des Markgrafen zuschrieben, sagt Ambroise[420], in Umlauf gesetzt, was die Eracles-„Ernoul"-Texte[421] unter Berufung auf ein Gerücht wiedergeben. Wir hören von Rigord und Guillaume le Breton[422] in der Chronik ziemlich übereinstimmend, wie Philipp einen Brief aus Übersee erhalten habe, der ihm eröffnete, daß von Richard ausgesandte Assassinen zu ihm unterwegs seien.

Zu Tode erschrocken – Newburgh, der als einzige englische Quelle sich genauer mit den Gerüchten befaßt, meint, die Angst sei nur vorgetäuscht gewesen[423] –, habe er ein Consilium einberufen, sich eine keulenbewaffnete Leibwache zugelegt und sei auch selbst fast ständig mit einer Keule umhergegangen. Es waren das aufsehenerregende Maßnahmen, die ihren Zweck erfüllten und Philipps Besorgnis augenfällig machten. Sein Adel hatte sich 1192 eben geweigert, einen Krieg gegen Richard zu führen, solange dieser auf Kreuzzug war. Nun mußte aber nach Philipps Intention jeder ihm das Recht auf Selbstverteidigung und Kriegführung einräumen. Später stellte sich freilich die Unbegründetheit seiner Besorgnis heraus. Die beiden französischen Chronisten berichten von einer Delegation, die Philipp zum „Alten vom Berg“, dem Assassinenchef, geschickt hätte, um der Wahrheit auf den Grund zu kommen. Diese angebliche Initiative Philipps, die ihn vollkommen beruhigt habe, ist ein Kuriosum für sich. Hätte Richards Versicherung nicht denselben Zweck erfüllen können? Dieser mag 1195 seine volle Rehabilitierung zur Bedingung für Friedensverhandlungen gemacht haben, und Philipp konnte umso leichter an der Farce mitwirken, als eine subtile Perfidie damit zu verbinden war: Man konnte auf diese Weise dartun, daß man dem Wort des Assassinenchefs, der unbezweifelbar der direkte Auftraggeber des Mordes an Konrad war, immer noch mehr vertraue als dem des englischen Königs. Die ehemalige Freundschaft mit Konrad war kein Hinderungsgrund für das Manöver. Philipp konnte sich nun als Opfer einer bösen Machination darstellen. Guillaume le Breton verurteilt jene, die ihn so erschreckt hatten, sehr. Die Leibwache wurde allerdings beibehalten, und die meisten Historiker glaubten an Philipps besondere Ängstlichkeit, ja Hypochondrie. Was Guillaume uns verschweigt, ist, welches Motiv denn die Urheber der Warnung für ihren Streich gehabt haben sollten. In der Zwischenzeit hatte die Verleumdung freilich ihren Zweck erfüllt.

In Frankreich erhielt sich trotz aller Dementis eine Überlieferung über Richards Verbindung mit den Assassinen, und im 14. Jahrhundert finden wir bei Guillaume Guiart eine besonders einprägsame Ausformung der Fabel. Da figuriert er nun selbst als Assassinenchef, der Knaben indoktriniert und zu professionellen Mördern ausbildet; eines der Opfer sollte natürlich Philipp sein. Es handelt sich dabei allerdings um eine Art Wandermotiv, das auch auf Kaiser Friedrich II. angewandt wurde.[424] Wie eine Aufforderung zur Retourkutsche liest sich bei Howden ein seltsames Gerücht vom Beginn des Jahres 1195. Damals seien 15 Assassinen zu Richard nach Chinon unterwegs gewesen, von denen einige aufgegriffen wurden und angaben, der französische König habe sie abgeschickt, um Richard töten zu lassen. Sollte dieser dazu veranlaßt werden, im Sinn eines Ausgleichs nun seinerseits Mordanklage zu erheben? Dann wäre die Absicht fehlgeschlagen, denn er erklärte, er glaube es nicht, und wir hören nichts mehr davon. Gerade zu dieser Zeit hielten sich allerdings „Sarazenen“ in Domfront in der südlichen Normandie auf, und auch sonst geistern sie als Söldner durch die Reste der normannischen Schatzamtsaufzeichnungen[425], wodurch wir von ihnen wissen. Auch Eracles[426] behauptet, Richard habe von den vielen „Mamelucken“, die er im Heiligen Land besoldet habe, 120 mit nach Frankreich genommen. Es wird also gewiß Leute gegeben haben, die „Assassinen" selbst in Frankreich gesehen haben, und andere, die es als skandalös empfanden, daß ein Kreuzfahrerkönig mit Hilfe der Ungläubigen einen ehemaligen Kreuzzugsgefährten bekämpfte.

Es ist möglich, daß sich in verschiedenen Quellen noch Bruchstücke eines anderen Gerüchts erhalten haben, mit dem versucht wurde, Richard einen weiteren Fürstenmord anzudichten. Man brauchte Isaak von Zypern später als Lebenden, er kam frei, wodurch die Todesgerüchte widerlegt waren, aber im Anschluß an die Eroberung Zyperns hören wir von Niketas Choniates, daß ein Gerücht damals von Mund zu Mund gegangen sei, der Elende sei elend umgekommen.[427] „Ernoul" und Eracles[428] melden Isaaks Tod in Richards Gefangenschaft als Faktum. Ein späterer Beleg in der Chronique d'Amadi zieht das Resümee: „Il (Richard) quale lo fece morire."[429] Verdächtiger erscheint, daß das falsche Detail von Isaaks Tod in Ketten auch nach Deutschland drang: Es findet sich bei Arnold von Lübeck, der für die Kreuzzugszeit deutlich eine profranzösische Informationsquelle verrät[430] und Richard entsprechend feindlich gesinnt ist.

Wir untersuchen hier die Frage, woran und an wem es lag, daß im dritten Kreuzzug auf eine Belagerung Jerusalems verzichtet wurde, und beschränken uns vorerst auf die Beziehung zwischen Richard und der französischen Heeresspitze. Es ist nötig, sich die Atmosphäre von böswilligen Unterstellungen zu vergegenwärtigen, wenn man versuchen will, Entscheidungen vor einem realen Hintergrund nachzuzeichnen. Wenden wir uns nun nach der Befassung mit der Verleumdungskampagne der Franzosen jenen Berichten zu, die diesen selbst in konkreter Situation die Vereitelung des Kreuzzugserfolgs vorwerfen. Während unsere christliche Hauptquelle Ambroise und ihr nachfolgend das Itinerarium unter Beibringung der Argumente Richard den zweimaligen Rückzug von Jerusalem zuschreiben – und zwar gegen den Willen der Franzosen –, was sich mit der arabischen Darstellung deckt, gibt es einige Quellen, die genau umgekehrt behaupten, die Franzosen hätten Richard vor Jerusalem im Stich gelassen, wodurch dieser von seinem ursprünglichen Plan einer Belagerung der Stadt hätte Abstand nehmen müssen. Abgesehen von dem zu diesem Zeitpunkt kaum mehr informierten Devizes sind es englischerseits Howden und Coggeshall.[431] Howden erlebte die Ereignisse nicht mehr im Heiligen Land mit und läßt seine Gesta mit dem, was allgemein erwartet wurde, einer Belagerung Jerusalems, auslaufen. Für die Chronica lagen ihm wahre und falsche Berichte vor, und er begründet den Rückzug von Jerusalem abwechselnd mit der Verweigerungshaltung des Herzogs von Burgund und dem Resultat von Richards Beratung mit den Ritterorden und dem Heer. Am detailreichsten und negativsten für den Herzog von Burgund ist ein Zusatz in einer Coggeshall-Handschrift, der einen regelrechten Verrat des Herzogs behauptet. Andere englische Chronisten wissen viel zu wenig vom Kreuzzug, um überhaupt von der Jerusalemunternehmung zu berichten. Die wenig unterrichteten Engländer, die bisher nur Siegesmeldungen von ihrem König erhalten hatten und einen Brief, der seinen Willen bekundete, nach Weihnachten die Heilige Stadt zu gewinnen, nahmen natürlich an, daß es nur an den Umtrieben der Franzosen liegen könne, wenn Richard seinen Plan nicht ausführte. Dazu kommt, daß deren Gerüchtemacherei und prinzipiell konträre Haltung allgemein bekannt waren und weiters, daß sie Richard wirklich zweimal die Gefolgschaft aufkündigten, wenn auch jeweils nach dem Rückzug von Jerusalem und aus Enttäuschung darüber. Das zweite Mal, als es um die Verteidigung Jaffas ging, trat dadurch für Richard und den Kreuzzugserfolg eine derart gefährliche Situation ein, daß die Desertion eine Qualifikation als Verrat nahelegt, womit man die englischen Darstellungen auf sich beruhen lassen könnte. Es überrascht allerdings der Gleichklang in der Begründung für das Verhalten des Herzogs von Burgund bei Coggeshall und den Eracles-„Ernoul"-Texten.[432] Man muß einräumen, daß diese zwischen den beiden Zügen nach Jerusalem, wie auch Coggeshall, nicht differenzieren und nur von einem Anlauf zur Belagerung wissen sowie im Zusammenhang mit dem Machtwechsel nach Konrads Tod eine veränderte Optik gewinnen, von der auch Richard profitiert. Trotzdem: Die Person Ernouls war dem Machtzentrum der Richardgegner so nahe, daß sie politische Stellungnahmen zu den Hauptgeschehnissen gehört haben muß. Das Verhalten des Herzogs von Burgund wird eindeutig als Verrat gewertet: Wir werden ausführlich mit seiner Argumentation vertraut gemacht, wie es einer Verletzung der Interessen und der Ehre des französischen Königs gleichkäme, wenn seine Elitetruppen dem Feldherrn Richard den Sieg verschafften. Die Reaktion der französischen Ritter soll geteilt gewesen sein, aber der Herzog von Burgund habe sein Kontingent zum Rückzug veranlaßt, was Richard zum Abstehen von Jerusalem zwang. Der Zusammenhang, in dem das Argument gebracht wird, ist ebenso falsch wie bei Coggeshall, das Argument selbst aber wird Ernoul gehört haben. Einen Abglanz dieser Denkweise meint man auch bei Alberic de Trois Fontaines[433] wahrzunehmen, der die Briefe des Kreuzzugsteilnehmers Guido von Bazoches seiner Darstellung zugrunde gelegt hat. Wir hören, daß Richard die Franzosen schlecht behandelt, „quorum virtute victor extiterat".

Daß die Philipp verpflichtete französische Heeresführung Richard nicht nützen wollte, ist an sich naheliegend, aber soll man glauben, daß sie in Kauf nahm, sich selbst und der ihr anvertrauten Truppe zu schaden? In Wahrheit befürwortete sie die Belagerung Jerusalems, und man muß annehmen, daß sie zur Einsicht in militärische Notwendigkeiten befähigt war. Es kann sein, daß der Herzog von Burgund und der Bischof von Beauvais sich ganz bewußt zum Sprecher der Masse der kleinen Kreuzfahrer mit dem Pilgergeist machten und deren Anliegen vertraten, weil sie damit das Heer gegen den Feldherrn aufwiegeln konnten, während sie davon überzeugt waren, daß dieser bei seiner Haltung bleiben werde. Die Alternative dazu liegt in der Annahme eines tatsächlich geplanten Verrats, nur daß Ambroise uns, wenn er Richard sagen läßt, er wisse wohl, daß man ihm ein Desaster vor Jerusalem wünsche, ein Zwischenglied in der Gedankenkette schuldig bleibt: Das französische Heer mußte in Sicherheit gebracht werden, nachdem seine Führung die Belagerung durchgesetzt hatte und bevor die Katastrophe eintrat. In diese Richtung tendiert der Bericht Coggeshalls, ohne doch logisch konsequent zu sein. Da empfängt der Herzog von Burgund Geheimboten Saladins und Geschenke von ihm, wovon Richard erfährt, das Heer aber nicht unterrichtet. Als er zur Rede gestellt wird und erkennen muß, daß seine Verbindung zum Feind aufgedeckt ist, kehrt Hugo von Burgund nach Akkon zurück. Das ist nicht nur sachlich falsch, das verrät auch mangelndes Verständnis für die Situation. Der alleinige Marsch eines Truppenteils wäre in dem vom Feind beherrschten Gelände der sichere Untergang gewesen. Der Autor unterläßt so auch in seiner an farbigen Einzelheiten reichen Erzählung die wesentliche Mitteilung oder Vermutung, Zweck des Geheimkontakts sei es gewesen, für die Absetzbewegung des französischen Kontingents das freie Geleit des Feindes von Jerusalem bis zur Küste zu vereinbaren. Auf andere Weise konnte ein Verrat in der Belagerungssituation gar nicht stattfinden, ein allzu offener Frontwechsel mußte aus Prestigegründen vermieden werden.

In Wahrheit können dem Herzog von Burgund verräterische Kontakte nicht nachgewiesen werden, er ging auch keineswegs nach dem ersten Rückzug von Jerusalem nach Tyrus zu Konrad von Montferrat. Allerdings: Zufällig erschien er im Februar 1192 vor Akkon, als die Stadt mit Hilfe der Genuesen in den Besitz Konrads gebracht werden sollte; gegen Askalon richtete sich die Obstruktion der Franzosen von Anfang an – und Konrad war gehalten, im Vertrag mit Saladin auf Askalon zu verzichten, als Richard noch lange hoffte, es halten zu können. Richard befürwortete die Sicherung der Küste, und die Franzosen wollten den Marsch landeinwärts – während Konrad in derselben Zeit, in der Richard vor Jerusalem festgesessen wäre, mit Saladin vereinbarte, sich der Küstenstädte zu bemächtigen. Hatten die Franzosen eine spezielle Funktion in der Beziehung Konrads zu Saladin? Nach Ibn al-Aṯīr soll Konrad bestrebt gewesen sein, auf den Ruf des französischen Königs Rücksicht zu nehmen, weshalb er die Abfahrt der Franzosen abwarten wollte, ehe er offen gegen Richard vorzugehen gedachte. Das Schweigen der Quellen über konkrete Absprachen besagt hier nichts. Richard selbst kann ein Interesse daran gehabt haben, nicht publik werden zu lassen, was er eventuell wußte. Es drängt sich hingegen die Frage auf, ob er den Franzosen mißtraut haben kann, wenn er doch stets alles daransetzte, ihre militärische Unterstützung zu gewinnen? Aber einerseits wollte er eine solche möglichst unter Ausschaltung ihrer Führung, und andererseits waren die Operationsbedingungen bei einem Feldzug und beim Festungsbau andere als bei der Belagerung Jerusalems. Ein gutes Szenario verdanken wir zum zweiten Marsch dorthin dem ortskundigen Bahā' ad-Dīn.[434] Dieser will es von einem Spion gehört haben, wie Richard sich vor allem wegen der fehlenden Wasserversorgung gegen die Belagerung aussprach. Auf seine Frage, wo man die Pferde tränken solle, hätten ihm die Befürworter geantwortet, es gäbe ja einen kleinen Fluß in der Umgebung; allerdings erfahren wir, daß er acht Meilen weit entfernt sei, schon das ein Unterschied zur Darstellung des Ambroise, der nur den nahen Siloahteich kennt. Während der eine Teil des Heers die Belagerung aufrechterhielte, könne der andere seine Tiere zur Tränke führen. Dagegen habe Richard eingewandt, daß in dem Augenblick die Garnison einen Ausfall machen würde. Was Bahā' ad-Dīn ihn nicht sagen läßt, liegt auf der Hand: Bei solchen Distanzen war dem Oberbefehlshaber keine Kontrolle mehr über die einzelnen Truppenteile möglich, ein zur Pferdetränke ausrückendes französisches Kontingent mußte von dort nicht mehr zurückkehren. Beweisen ließ sich ein Verrat nicht. Niemand konnte widerlegen, daß die Truppe nicht durch den Feind vom Hauptheer abgeschnitten und an der Rückkehr gehindert worden sei, sich aber zur Küste habe durchschlagen können. Dann aber wäre Richard mit den verbleibenden Belagerern in jener Falle gewesen, die er immer befürchtet hat. Inwieweit die Überlegung, daß er sich des etwa 700 Ritter starken französischen Heers nicht sicher sein könne, von Anfang an bestimmend für die Festlegung der Kreuzzugsstrategie gewesen sein mag, muß dahinstehen. Ein Argument gegen Jerusalem war jedenfalls immer die mangelnde Truppenstärke. Nicht weil irgendwelche Quellen es nahelegen, sondern weil es in der geschilderten Atmosphäre des Hasses die selbstverständlichste, zur Vorsicht motivierende Reflexion gewesen sein muß, wurde hier der Spekulation breiterer Raum beigemessen. Es ist mit Grousset ausgerechnet ein französischer Kreuzzugshistoriker, der Richard wegen seiner zögerlichen Strategie bezüglich Jerusalems scharf tadelt[435], und nicht zufällig bleibt die Dimension der internen Spannungen unberücksichtigt.

### *Kreuzzugsdiplomatie*

Versuchen wir nun aus den sechswöchigen intensiven Verhandlungen zwischen Richard und Saladin im Herbst 1191 das Wesentliche herauszufiltern.[436] Zwischen 3. September und 15. November ergriff Richard laufend die Initiative, indem er Vorschläge für eine Friedenslösung machte, wobei die Forderung nach Abtretung der Küstenstädte vom 11. September die maßvollste war. Saladin akzeptierte diesen Vorschlag als Gesprächsbasis und etablierte al-ʿĀdil als Bevollmächtigten für die Friedensverhandlungen. Am 17. Oktober empfing er dann aber ein Schreiben des englischen Königs, in dem, wie schon zur Zeit der Belagerung Akkons, wieder das ganze Land „bis jenseits des Jordans"[437] gefordert wurde. Aus der Akkonzeit liegen uns phantastische Berichte Howdens zu diesem Thema vor: Wie Saladin bedingterweise zur Rückgabe des Heiligen Landes bereit gewesen sei, wobei er aber das transjordanische Karak und (oder) Šaubak ausgenommen habe. Ambroise weiß von den Herbstverhandlungen nur, daß Richard ganz Syrien und den „Tribut von Babylon" gefordert habe.[438] Letzteres bezieht sich auf Zahlungen, die in der Endzeit des Fatimidenreichs das Königreich Jerusalem hatte einziehen können. Laut Ambroise seien die Verhandlungen außer an der Frage Askalon daran gescheitert, daß Saladin „Krak de Montréal" (Šaubak) nicht habe aufgeben wollen, was begreiflich wäre, da mit der Festung nördlich des Golfs von Akaba die Pilgerstraße nach Mekka und Medina zu kontrollieren war; andererseits war Oultre-Jourdain für die Verteidigung des Königreichs

Jerusalem von Bedeutung. Auch zwei Eracles-Versionen[439] lassen Richard das Königreich im ganzen Umfang einfordern, wobei sogar auf den Besitzstand vor Nūr ad-Dīns Eroberungen in Antiochia zur Zeit des zweiten Kreuzzugs zurückgegriffen wird, was sich mit einer Angabe in Howdens Gesta während der Belagerung Akkons deckt. Die genannten Berichte geben wieder, was im christlichen Heer als Verhandlungsziel bekannt war. Die Totalforderung Richards bestätigt nun Bahā' ad-Dīn durch die Angabe, daß dieser eine Grenzziehung jenseits des Jordans angestrebt habe.

Wir haben schon festgestellt, daß Richard im Hinblick auf das für nächsten Sommer anberaumte Ägyptenprojekt im Herbst 1191 genügend Muße hatte, um Saladin einem Belastungstest zu unterziehen. Allerdings konnte er nicht unbegrenzt die stereotype Forderung nach Gesamtabtretung des Landes aufrechterhalten, sondern mußte sich etwas einfallen lassen, wenn er gegen die Konkurrenz Konrads als Verhandlungspartner im Rennen bleiben wollte. Und er ließ sich etwas einfallen!

Am 20. Oktober instruierte al-ʿĀdil Bahā' ad-Dīn persönlich über Richards letzte Friedensvorschläge, die jener Saladin unterbreiten sollte: al-ʿĀdil möge Richards Schwester Johanna heiraten und das Paar Jerusalem zu seinem Wohnsitz wählen. Richard würde Johanna die Küstenstädte Akkon, Jaffa und Askalon mit allem Zugehörigen übergeben, Saladin seinem Bruder das übrige Land und ihn zu dessen König erheben; al-ʿĀdil sollte zudem seine derzeitigen Besitzungen (im syrisch-kurdischen Raum)[440] behalten. Das Kreuz sei den Christen zurückzugeben, die Dörfer kämen an die Templer und Johanniter, die Festungen an das Königspaar, die Gefangenen seien auszutauschen, dann würde Richard nach Europa zurückkehren. Al-ʿĀdil fand diesen Vorschlag, teilt Bahā' ad-Dīn uns mit, akzeptabel – und wie auch nicht! Saladin stimmte dem Projekt sofort zu, aber Bahā' ad-Dīn legt nahe, daß er es nur tat, weil er es als einen Scherz des englischen Königs ansah, ein taktisches Manöver, das er dadurch zu entschärfen trachtete, daß er ihm mit einer taktisch gemeinten Zustimmung begegnete. Tatsächlich begann Richard drei Tage später mit einem diplomatischen Rückzugsgefecht. Er teilte mit, die Prinzessin sei sehr erzürnt über den Vorschlag gewesen und habe eine Eheschließung mit einem Muslimen abgelehnt. Sollte al-ʿĀdil aber Christ werden wollen, stünde der Heirat nichts im Wege. Man faßte das als ein Offenlassen der Tür zu weiteren Verhandlungen auf. Es folgt ein prononciert freundschaftlicher Kontakt zwischen Richard und al-ʿĀdil in Yāzūr, der am 8. November 1191 in dem geschilderten wechselseitigen Besuch mit Tafelfreuden gipfelte. Diese vorweggenommenen „Verschwägerungsfeierlichkeiten" wurden im christlichen Lager auch von Richards Bewunderern mit Unbehagen registriert, aber worum es ging, wußte man hier nicht. Das geht nicht nur aus Ambroise und dem Itinerarium[441] hervor, sondern vor allem aus dem Schweigen der vielen Richard negativ eingestellten Quellen über das Eheprojekt. Als einzige christliche Quelle berichten die dem Ur-Ernoul nahen Eracles-Versionen[442] über dieses, lassen es aber an al-ʿĀdils Übertritt zum Christentum gebunden sein. Über dessen Konversion konnte es freilich keine Verhandlungen geben, und wenn Richard das Thema auch angeschnitten hatte, entsprach es doch nicht seinem ursprünglichen Vorschlag. Im weiteren wurde darüber auch nicht verhandelt, sondern es ging nur um die Modalitäten einer gemischtkonfessionellen Ehe, was eben das Besondere an dem Vorschlag war. Bei jenem Festbankett erneuerte Richard seine Bitte an al-ʿĀdil, ihm ein Zusammentreffen mit dem Sultan zu ermöglichen, aber dieser lehnte das Ansinnen neuerlich ab. Bahā' ad-Dīn behauptet, Saladin hätte überhaupt keinen Frieden gewollt, sich vielmehr bemüht, die Grundlagen des Vertrags zu untergraben.

Nachdem am 9. November Rainald von Sidon, Konrads Bote, bei Saladin gesichtet worden war, erschien abends noch Humfried von Toron von Richards Seite im muslimischen Lager. „Immer, wenn der König von England hörte, daß der Abgesandte des Marquis beim Sultan war, schickte er sofort Boten, die seine Demut und Unterwürfigkeit bekundeten, und nahm die Gespräche über einen Friedensschluß wieder auf", konstatiert ʿImād ad-Dīn[443], und Bahā' ad-Dīn erzählt, daß der Herr von Sidon manchmal in Gesellschaft al-ʿĀdils ausgeritten sei, um von einem Hügel aus die Stellung der Franken zu besichtigen. Auch er hält fest, daß dann immer eine Botschaft Richards eintraf, der eine Allianz Saladins mit Konrad gefürchtet habe. Diese Sorge war berechtigt. Am 11. November legte Saladin die Friedensangebote der beiden christlichen Konkurrenten einer Emirsversammlung vor, die entscheiden sollte, mit wem der Friede abzuschließen sei. In dem Zusammenhang hören wir von einer Präzision von Richards Angebot, in dem er zwei Varianten der Teilung des Landes zur Auswahl anbot; er wollte entweder eine Anzahl namentlich genannter Küstendörfer für sich und den Muslimen die Gebirgsgegenden überlassen oder alle Dörfer teilen und je zur Hälfte von den Angehörigen der beiden Konfessionen in Besitz nehmen lassen. Die Emirsversammlung entschied sich für Richard statt für Konrad. Nun hätte er aber auch Ernst machen müssen mit seinem Ehevorschlag, da kam die Botschaft: „Die ganze Christenheit tadelt mich" – wir haben aber keinerlei Hinweis darauf, daß die Christenheit damals überhaupt etwas davon wußte –, „daß ich meine Schwester an einen Muslimen verheiraten möchte, ohne die Zustimmung des Papstes erhalten zu haben."[444] Und er teilt seine Absicht mit, einen Gesandten nach Rom zu schicken, der ihm in sechs Monaten eine Antwort überbringen werde. Im Falle eines negativen Bescheids brachte er als neue Ehekandidatin seine Nichte Eleonore von der Bretagne ins Gespräch und erläuterte, daß er im Unterschied zur Witwe Johanna bei dem Mädchen keine päpstliche Einwilligung brauche. Richards Doppelspiel ist augenfällig: Sein offizieller Kandidat für das Königreich Jerusalem war im Bewußtsein der Christen zu dieser Zeit immer noch Guido von Lusignan. Dieser hatte „prece et voluntate" Richards den Genuesen am 26. Oktober 1991 unter dem Königstitel ihre Rechte in Akkon bestätigt.[445] Eine Woche zuvor hatte Richard ihn gegenüber dem Feind als seinen Kandidaten desavouiert und durch al-ʿĀdil ersetzt. Nun ist tatsächlich ein Gesandter Richards, Andreas von Chauvigny, im März 1192 in Rom nachweisbar[446], wobei wir aber nichts von einer einschlägigen Mission wissen. Das Projekt ist auf Zeitgewinn angelegt: In einem halben Jahr wäre längst wieder Kriegssaison und klarer absehbar, ob sich der Ägyptenfeldzug durchführen lasse. Im Fall einer päpstlichen Ablehnung würde eine weitere Verzögerung eintreten, denn dann mußte die neue Braut zwar nicht gefragt, aber herangeschafft werden. Was war aus Johannas Widerstand geworden? Hatte sie ihn aufgegeben, so daß es nur noch auf die Zustimmung des Papstes ankam, oder war die eine Ausrede einfach durch die andere ersetzt worden? Man bestand muslimischerseits aber auf dem ursprünglich Vereinbarten, auf Richards Schwester also, oder wollte auf die Heirat verzichten. Durch die Einschaltung des Papstes war die Diskussion fürs erste ausgesetzt, die Sache hatte sich zweifellos zu Saladins Zufriedenheit entwickelt. Sein Bruder al-ʿĀdil, der Hauptinteressierte, mußte sich düpiert fühlen und hatte für ähnliche Kontakte mit Richard im nächsten Frühjahr dann keine Zeit mehr, obwohl er ihm verbunden blieb. Von dem Eheplan hören wir nichts mehr.

Man muß das Taktieren in dieser Angelegenheit vor Augen haben, um Ibn al-Aṯīr in seiner Charakteristik Richards zu verstehen: „Dieser Fürst war sehr veränderlich: Immer wenn er einen Vertrag schloß, löste er ihn wieder, wenn eine Sache abgesprochen war, verwirrte er sie, wenn er sein Wort gegeben hatte, zog er es zurück, wenn er um Geheimhaltung bat, bewahrte er sie selbst nicht.“[447] Bahā' ad-Dīn kommentiert aus der Endzeit der Verhandlungen: „Um seine Ziele zu erreichen, bediente er sich bald der Nachgiebigkeit, bald der Gewalttätigkeit, und obwohl er sich vor der Notwendigkeit sah, heimzukehren, behielt er seine bisherige Verhandlungsführung bei. Gott allein konnte die Muslime vor seiner Bösartigkeit bewahren; niemals mußten wir die Feindschaft eines listigeren und kühneren Mannes ertragen, als er es war.“[448] Mit dieser „Hinterlist“ Richards ist auch im folgenden voll zu rechnen. Er erscheint immer wieder als der wahre Sohn seines Vaters, voll jener Kunststücke und Tricks, die Heinrich II. meisterhaft gegen Freund und Feind zur Anwendung gebracht hatte. Im Unterschied zum Vater übte der Sohn sie aber nicht gegen jedermann aus. Saladin aber, selbst ein politischer Taktiker von hohen Graden, war der Feind.

Soll man nun Richards Ehevorschlag jede Ernsthaftigkeit absprechen? Es ist immerhin gefährlich, über die Distanz von 800 Jahren hinweg eine Lösung als unmöglich zu bezeichnen, weil sie dem Schema, das wir uns von einer Zeit gemacht haben, nicht entspricht. Daß Saladin den Vorschlag als Scherz auffaßte, ist letztlich nicht verbindlich; genausowenig ist aus der Tatsache, daß das Motiv in einen arabischen märchenhaften Roman Eingang fand[449], auf ein romantisches Fluidum des Projekts zu schließen. Die Hauptbeteiligte, Johanna, hat angeblich durchaus nichts Romantisches im Vorschlag ihres Bruders entdecken können, sondern soll wütend auf dessen politischen Pragmatismus reagiert haben. Vergessen wir nicht, daß eine Heirat das übliche Mittel darstellte, mit einem Gegner, den man nicht besiegen konnte, zur Koexistenz zu kommen. Konnte Richard nicht gemeint haben, daß das Heilige Land bei seiner permanenten Abhängigkeit von externen Machtmitteln und in seiner Isolation inmitten einer feindlichen Umwelt auf lange Sicht gar keine Überlebenschance hatte, es sei denn, man band es in muslimische Interessen ein? Richard – ein Kreuzfahrer also, der erkannt hätte, daß die Kreuzzüge sich überlebt hatten, daß Konfrontation nur mit Untergang enden konnte? Ohne das Wissen um den Ägyptenplan könnte man leichter zu dieser Schlußfolgerung kommen, aber auch die Einbeziehung der militärischen Alternative schließt diese Sicht der Dinge nicht unbedingt aus. Richard mochte gefunden haben, daß man den mächtigen Gegner versöhnen und binden müsse – statt ihn militärisch zu reizen –, wenn die Schwäche des Landes so notorisch blieb wie in der Vergangenheit, oder daß ganz andere Anstrengungen als bisher zu unternehmen seien, um die Sicherheit des Königreichs militärisch zu gewährleisten: Es mußte versucht werden, die Macht des Gegners in seinem Kernland zu brechen.

Bei der bekannten Lage des Heiligen Landes und seinen Zukunftsaussichten, die wir besser beurteilen können als Richard, kann man nicht sagen, die Heiratslösung und Verbündungsstrategie wäre ein absurder Einfall gewesen. Eine andere Frage ist, ob das Abendland bereit gewesen wäre, die Konstruktion eines gemischt-konfessionellen Staates unter muslimischer Führung zu akzeptieren, wenn man einmal unterstellt, die muslimische Welt wäre es gewesen. Oft genug erwiesen sich die Neuankömmlinge und Kreuzfahrer als eine Gefahr für einen von den Einheimischen längst praktizierten pragmatischen Kurs, beschworen die militärische Konfrontation herauf, ohne den Schutz des Landes dann sicherstellen zu können. Ihn konnte aber ein muslimischer Herrscher bieten, auch gegen einfallende fanatische Kreuzfahrergruppen: Seinen christlichen Untertanen würde dieser Herrscher seinen weitgehend selbständigen Status verdanken, und hierin würde für diese die Garantie von Besitz und Macht liegen. Ein solcher Herrscher konnte sich dem Gedanken des Dschihad, des Heiligen Krieges, nur öffnen, wenn er bereit war, die eigene Macht an eine muslimische Zentralgewalt abzugeben. Das Königreich Jerusalem würde unter ihm ein großes Stück von Europa abrücken und sich wandeln, wäre kein rein christlicher Staat mehr, aber ein Staat, in dem das Christentum seinen Platz gesichert hätte, und ein solcher, der unabhängig vom unzuverlässigen und in sich zerstrittenen Europa bestehen könnte. Natürlich sei hier nicht behauptet, daß dies Richards Gedankengänge gewesen wären, aber ein fanatischer Kreuzfahrer war Richard nicht. Ob er sich einen Muslimen als Oberhaupt des Königreichs Jerusalem vorstellen konnte, können wir nicht beurteilen. Der islamische Charakter des Staates hätte sich jedenfalls festigen müssen, denn mochten im Herrscherpaar die Konfessionen noch paritätisch vertreten sein – al-ʿĀdils Erbe konnte nur als Muslim erzogen werden, nicht als Christ. Hierin mußte für die christliche Seite die Zumutung und für die muslimische die Verlockung liegen, denn ein Drittes gab es nicht. Die Vorstellung eines religiös indifferenten Staates wäre jedenfalls ein Anachronismus.

Das von Richard vorgeschlagene Eheprojekt ist ohne Präzedenzfall; zwar hören wir in der vorigen Generation von Eheangeboten, die von Saladin und Kılıç Arslan an Barbarossa herangetragen wurden[450], doch nehmen die Quellen den Vorschlägen alle Brisanz, indem sie mit der Werbung um die Kaisertochter zugleich die Bereitschaft zur Annahme des Christentums verknüpfen, was natürlich Unsinn ist. Die gemischtkonfessionelle Ehe überstieg eben wie bei den Eracles-Kompilatoren die Vorstellungskraft des Chronisten, sie war hingegen kirchenrechtlich nicht unmöglich. Nicht überfordert war von einer solchen Idee allerdings die Vorstellungskraft eines Dichters. Sehr bekannt ist Wolframs von Eschenbach Konzeption des „edlen Heiden", wie ein solcher etwa im Feirefiz, einem Halbbruder Parzivals, verkörpert wird. Weniger bekannt ist, daß dessen Vater Gahmuret in manchem geradezu eine Spiegelungsfigur für Richard ist. Den Zeitgenossen kann nicht entgangen sein, auf wen mit dem Helden aus Anjou angespielt war, der seine Taten im Morgenland vollbrachte und sich mit den Heiden gar nicht schlecht verstand, zudem mit der Französin „Amphlise" verlobt war, dann aber in Spanien eine andere Heirat einging.[451] Der Dichter verklärt das Vorbild zum Träger einer mittelalterlichen Humanitätsidee. Für uns ist dabei nicht die dichterische Lizenz interessant, sondern daß der Verfasser damit bei seinem Publikum auf Resonanz rechnen konnte und, wie die Verbreitung des Werks zeigt, offenbar auch fand. Wenn etliche Jahre nach dem dritten Kreuzzug in Deutschland eine Elite für die Vorstellung von der Gleichwertigkeit der Kulturen empfänglich war, so ist es nicht abwegig anzunehmen, daß sich im Heiligen Land während des dritten Kreuzzugs die Führungsschicht mit dem Gedanken einer Eheverbindung mit dem Gegner hätte anfreunden können, die ihr das Überleben garantierte. Spuren für eine kulturell offene Gesinnung gibt es: Es ist an den großen Outremer-Historiker Wilhelm von Tyrus zu denken, der Arabischkenntnisse besaß, ein arabisches Geschichtswerk verfaßte und der Erzieher Balduins IV. war. In Frankreich gab es schon um die Mitte des 12. Jahrhunderts neben dem eifernden Bernhard von Clairvaux mit Petrus Venerabilis einen Generalabt von Cluny, der den Koran übersetzen ließ und für eine friedliche Heidenmission warb. Damit soll aufgezeigt werden, daß Richards Heiratsidee durchaus einen, wenn auch schmal bemessenen, geistigen Wurzelboden hat. Wenn es sich auch nur um ein Pseudoangebot gehandelt haben sollte, so ist es doch bezeichnend für eine Denkrichtung, weil einem gewisse Dinge eben nicht einmal als Scherz einfallen können.

Was an der Ernsthaftigkeit von Richards Absicht zweifeln läßt, ist bei dem geschilderten politischen und kulturhistorischen Hintergrund nicht so sehr das Inhaltliche des Vorschlags als die Verhandlungsführung. Die Hinderungsgründe mußten von vornherein bekannt sein. Daß der Papst als Hindernis die Schwester ablöste, diese durch die Nichte ersetzt und alles auf ein halbes Jahr vertagt wurde, sieht nach Hinhaltetaktik aus. Aus Mangel an näheren Informationen müssen wir das Projekt aber in seiner schillernden Mehrdeutigkeit belassen. Seine indirekte Aussagekraft ist trotzdem nicht gering. Neben der konstatierten Priorität einer standesorientierten, nicht religionsorientierten Denkweise fällt die dynastische Zielsetzung auf. Richard beschäftigte der Gedanke, ein Familienmitglied auf den Thron von Jerusalem zu setzen. Hatte Guido vielleicht von jeher nur eine Deckmantelfunktion innegehabt?

Unzweifelhaft ist, daß das Eheprojekt ein hervorragendes Mittel darstellte, auf die aktuellen Probleme zu reagieren, und daß ihm hiebei zwei Funktionen zukamen.

Einerseits mußte es eine Wirkung in Saladins Familie auslösen, andererseits Konrads Absichten durchkreuzen. Was eine syrische Quelle aus dem 13. Jahrhundert[452] behauptet, hat viel Überzeugungskraft: Richards Vorschlag sollte eine Spaltung im gegnerischen Lager hervorrufen. Saladins Bruder, der sein Nachfolger werden sollte, war, wie andere Familienmitglieder, an einer Stärkung der eigenen Machtposition interessiert. Die Spaltung gelang nur unzureichend, da Saladin erkannte, daß er selbst dem ehrgeizigen Bruder nicht abschlagen konnte, was der Feind ihm anbot, aber der Effekt war ausreichend. Al-ʿĀdil und sein Anhang waren in einer maßgeblichen Phase an Richard gebunden, was an sich schon wertvoll war. Besondere Bedeutung erlangte Richards Heiratsvorschlag aber dadurch, daß er Saladins Bemühung, aus dem Konflikt zwischen Richard und Konrad optimalen Nutzen zu ziehen, vereitelte. Wir haben gehört, daß Saladin mit Konrad statt mit Richard einen Friedensschluß anstrebte. Er arbeitete damit auf einen offenen militärischen Konflikt zwischen den beiden christlichen Gegnern hin. Er konnte sich schließlich auch nichts Besseres wünschen, als daß Richards Kräfte in Verteidigung der Küstenstädte gegen Konrad gebunden sein würden. Durch Richards Angebot – das ganze Land an den Muslim al-ʿĀdil und das bei sofortigem Frieden – war Konrad in einer Weise überboten, daß die Emirsversammlung gegen Saladins Intention und Interessen – denn für ihn bedeutete es eine Schwächung seiner Zentralgewalt – für den Friedensschluß mit Richard plädierte. Damit waren Konrads Bemühungen zunächst gescheitert, Richard erst politisch und dann militärisch aus dem Feld zu schlagen. Dieser aber nützte den gewonnenen Spielraum, um in relativer Sicherheit den unvermeidlichen weiteren Vorstoß ins Landesinnere jetzt vorzunehmen. Hätte er es früher und ohne sein spektakuläres Angebot getan, hätte er den politischen Zusammenschluß Konrads und Saladins dadurch begünstigt.

### *Die Parallelaktion: Konrad von Montferrat*

Konrads militärische und politische Tüchtigkeit wird allseits anerkannt.[453] Neben der außerordentlichen Kühnheit, Klugheit und Tatkraft, die auch die arabischen Quellen ihm zuschreiben, erscheint er ihnen als Inkarnation des Bösen, als Teufel, Fürst des Trugs und Verbrecher, dessen Höllensturz ʿImād ad-Dīn genüßlich ausmalt.[454] Aber auch für einen lobredenden Autor ist er „simulator et dissimulator in omni re“[455], dazu überaus beredt und vielsprachig. Er war also gewiß ein gefährlicher Gegner. Ambroise erweist sich als informiert über die Quintessenz seiner Verhandlungen mit Saladin. Kurz bevor er seine Ermordung im April 1192 mitteilt, hält er fest, daß Konrad sein Schicksal verdient habe, denn er sei mit Saladin schon weitgehend über einen Separatfrieden handelseinig gewesen, und nur „Saphadin“, al-ʿĀdil also, hätte das verhindert, indem er sich für Richard als Vertragspartner eingesetzt habe. Nun ist es Stephan von Thornham, der, als er sich als Richards Gesandter in Jerusalem aufhielt, Konrads Delegierte Balian von Ibelin und Rainald von Sidon dort gesehen hat, jene, die den schmutzigen schmachvollen Frieden abschließen sollten.[456]

Ambroise weiß, daß Konrad unter anderem Sidon und Beirut hätten übergeben werden sollen, was einem Wissensstand vom vergangenen Herbst entspricht. Mit dieser Forderung hatte der Marquis Ende September/Anfang Oktober 1191 seine Verhandlungen eröffnet. Es handelte sich dabei um alte Wunschziele[457], die ihm auch die Könige im Kompromiß mit Guido vom 28. Juli 1191 zugestanden hatten. Der Unterschied war nur, daß er damals einen Rechtsanspruch erworben hatte, die Eroberung aber erst zu leisten war, während Saladin ihn sofort in Besitz setzen konnte. Für den sofortigen Gewinn einer „Hausmacht" und für den Königstitel nahm er das Odium des Verräters auf sich, erklärte sich bereit, offen mit den „Franken" zu brechen, Akkon zu belagern und an sich zu bringen, vorausgesetzt, der Sultan würde im vorhinein die obigen Bedingungen ratifizieren. Dieser verabredete Angriff auf Akkon hat in der Literatur keinen Stellenwert gefunden. Richards Unwillen, sich durch eine Belagerung Jerusalems in der entgegengesetzten Himmelsrichtung zu engagieren, muß Konrad in Ungeduld versetzt haben. Die ihm von Saladin anfangs zugestandenen Friedensbedingungen waren nicht großartig, aber es waren die besten, die er erhalten konnte; seine Verhandlungsbasis verschlechterte sich im weiteren, wie auch die Richards nicht besser wurde. Daß er aus seiner Feindschaft gegenüber diesem nie ein Hehl gemacht hatte, mußte ihn im Preis drücken. Es ist klar, daß Saladin nicht bereit war, den bereits vollzogenen Bruch mit Richard ebenso zu honorieren wie etwa den überraschenden Frontwechsel eines Verbündeten. Unter dem Datum des 3. Oktober hören wir, daß Konrad muslimische Gefangene – es handelt sich dabei um die hochrangigen Überlebenden des Massakers – in Tyrus und Akkon freisetzen sollte, und erinnern uns seines Versuchs vom August 1191, den französischen Geiselanteil in seiner Hand zu behalten. Zu Anfang November 1191 hält Bahā' ad-Dīn fest, daß es schon „zahlreiche Konferenzen" mit Konrads Abgesandten gegeben habe, und während die Beziehungen al-ʿĀdils mit Richard kulminierten und Saladin in der Emirsversammlung den Frieden mit Konrad befürwortete, war es ihm gelungen, seinen Protegierten knapp zu halten: es ist nun nur mehr von der Überlassung Sidons an ihn die Rede, woraus wir schließen müssen, daß Saladin nicht mehr bereit war, auf Beirut zu verzichten. Als nach der Winterpause um den 20. März 1192 Richard seine Verhandlungen mit Saladin wieder anknüpfte, hören wir auch wieder von Kontakten Konrads zu diesem. Allerdings sollte er für eine militärische Konfrontation mit Richard jetzt noch eine viel geringere Gegenleistung erhalten. Konzidiert wird nur, daß Konrad jene Städte behalten dürfe, die er Richard wegnehme, wovon die Zitadellen mit den in ihr verwahrten Gütern und die gefangenen Muslime ausgenommen waren; die kampflose Einnahme Sidons war überhaupt weggefallen[458]; ebenso sollte Saladin behalten, was er wieder erobern würde. Für Richard war damit der Zweifrontenkrieg vorprogrammiert. Ein anderer Aspekt ist, daß Konrad bei seinem Angriff von Norden her nicht so weit an der Küste nach Süden hätte vorstoßen können, um alle jene Plätze einzunehmen, die die Christen durch Richard schon hatten, wenn Saladin gleichzeitig von Süden kam. Dieser wollte auch deswegen, daß der erste Akt im Zusammenspiel Konrads Angriff auf Akkon sei, weil anzunehmen war, daß Richard dann dorthin eilen würde und er selbst den Weg frei für die Wiedergewinnung der übrigen Küstenstädte hätte. Ein Sieg Richards war in diesen Abmachungen nicht vorgesehen, wohl aber seine Kapitulation: sollte er doch noch ein Arrangement mit Konrad schließen, würde dieser in die zwischen Richard und Saladin ausgehandelten Friedensbedingungen eintreten, allerdings mit Ausnahme Askalons und aller südlich davon gelegenen Gebiete. Zu dieser Zeit baute Richard Askalon noch auf und war entschlossen, es zu halten, ja er sollte noch nach Gaza und ad-Dārūm vorstoßen – was von Konrad schon preisgegeben war. Konrad war also bereit, auf jeden Vorteil aus seiner möglichen Sternstunde, daß Richard ihn anerkennen und seine Kräfte in seinen Dienst stellen würde, zu verzichten – ja es dahin zu bringen, daß das Resultat der Vereinigung der christlichen Kräfte magerer ausfallen würde als das Resultat der Gespaltenheit. Saladin erwies sich als überaus geschickter Verhandler: man kalkulierte ein, Richard im Besitz Askalons lassen zu müssen – dafür wollte man es sich von Konrad zurückholen. Es sind die Konrad gewogenen französischen und deutschen Quellen, die Richard aus dem letztlichen Verzicht auf Askalon dann einen Verratsvorwurf zimmerten. Selten lassen sich ideale Ansprüche so klar auf einen egoistischen Kern reduzieren: Die Partei Konrads hatte Guido von Lusignan und Humfried von Toron eliminiert, um den Weg freizumachen für einen „starken" König Konrad, und dies also für ein Ergebnis an Territorialbesitz, das die beiden nicht unterbieten, sondern in Zusammenarbeit mit Richard nur hätten steigern können.

Wenn dieser Kenntnis vom Stand der Dinge hatte, wußte er, daß Konrad im Begriff war, seinen Kreuzzug jetzt auf die eine oder andere Weise zu beenden. Nach Abschluß eines Vertrags würden seine beiden Feinde ihn mit vereinten Kräften aus dem Land jagen; sollte er in totaler Kapitulation aber Konrad doch noch anerkennen, würde man ihn höflich heimschicken: Weitere Eroberungen waren nicht gefragt, sie waren völlig zwecklos, da Konrad schon auf sie verzichtet hatte. Dabei war für Sommer der Ägyptenfeldzug in Aussicht genommen.

Am 16. April tat Richard das Unerwartete und erkannte Konrad als Herrscher an, am 28. April war dieser tot. Auch ohne die böswillige Nachhilfe der Franzosen hätte dieses Zusammentreffen Verdacht gegen Richard erwecken müssen, und bei dem geschilderten Sachverhalt ist ein einleuchtenderes Motiv ja auch kaum vorstellbar. Aber hören wir weiter Bahā' ad-Dīn:[459] Am 21. April kam Konrads Gesandter zu Yūsuf Saladin, um diesem mitzuteilen, daß sein Herr unmittelbar vor einem Übereinkommen mit Richard stehe, in welchem Fall die Franzosen heimfahren würden. Wenn Saladin nun noch länger mit dem Abschluß des Vertrags zögere, könne er alle bisherigen Vereinbarungen für hinfällig erachten. Unverständlich ist, daß Konrad in dieser Situation überhaupt noch an einen Vertragsabschluß mit Saladin gedacht haben sollte, halten wir aber fest, daß es einen solchen offenbar noch nicht gab. Saladin war entsprechend bestürzt, signalisierte Einverständnis – wir erfahren nicht, womit –, haben aber keinen Hinweis darauf, daß Konrad ihn mit höher angesetzten Forderungen erpreßt hätte. Die naheliegendste Annahme, nicht nur aus Saladins Sicht, ist diese: Wenn es bis zu dieser Stunde noch keinen Vertrag gab, so konnte es auch keinen mehr geben, der so vorteilhaft erscheinende Handel war geplatzt. Richard hatte durch seine Kehrtwendung in letzter Minute Saladins Politik durchkreuzt, durch seine Initiative dem Kreuzzug wieder eine Chance und Perspektive gegeben. Künftige Eroberungen waren wieder sinnvoll geworden, nicht schon im vorhinein verraten und verkauft. Wenn wir davon ausgehen, daß Richard durch seinen Schwenk einem unmittelbar drohenden Vertragsabschluß zwischen Saladin und Konrad zuvorkommen wollte, müssen wir ihn uns nicht nur als sehr gut informiert denken, sondern können auch versucht sein, hierin ein Entlastungsmoment für ihn zu erblicken. Schließlich konnte es ihm, war er der Auftraggeber des Mordes, gleichgültig sein, ob Konrad noch einen Vertrag mit Saladin geschlossen hatte oder nicht, möchte man meinen. Nur wenn dieser am Leben blieb, waren die fatalen Folgen eines Kontrakts überhaupt nicht mehr zu verhindern, denn wenn Konrad sich auch weigern wollte, nach Richards Abreise Askalon absprachegemäß herauszugeben, so war der Preis dafür unverhältnismäßig hoch, nämlich ein neuer Kriegszustand mit Saladin, und das nach Abschluß eines Kreuzzugs. Diese Argumentation würde aber übersehen, daß der Vertrag nicht nur Rechtsfolgen in der Zukunft, sondern Kriegshandlungen in der unmittelbaren Gegenwart auslösen mußte. Diese kann also Richard als potentieller Auftraggeber des Attentats immer noch gefürchtet haben, wenn er über seine rechtlichen Konsequenzen auch beruhigt sein konnte, ebenso wie die Verstärkung des Verdachtsmoments gegen ihn, wenn Konrad nach Ausbruch der Kämpfe ums Leben kam.

Wie sehr sich die Entwicklung im Frühjahr 1192 zugespitzt hat, ist aus den Ereignissen in Akkon abzulesen. Das Fanal zum offenen Bruch mit Richard, hören wir von Bahā' ad-Dīn[460] schon zum Herbst 1191, sollte der Angriff auf Akkon sein, nur daß Konrad nach Ratifizierung des Vertrags mit Saladin so den internen Krieg beginnen wollte. Inzwischen muß Saladin dazu übergegangen sein, den Angriff auf Akkon zur Vorleistung seines Arrangements mit Konrad zu machen. Jener mochte im April 1192 finden, daß er vor lauter feingesponnener Diplomatie, die Konrad immer größere Zugeständnisse abforderte, den richtigen Moment zum Handeln versäumt hatte. Er hätte bei einiger Großzügigkeit ihm gegenüber ein Losschlagen Konrads vielleicht schon im Frühherbst 1191 erwirken können. Seit damals war Richard jedenfalls in Akkon auf alles gefaßt, und im Februar 1192 konnte er die Initialzündung dort gerade noch verhindern. Den Ereignissen in Akkon, von denen uns die englischen Chronisten berichten, müssen wir uns nun zuwenden. Ihre wahre Bedeutung enthüllen diese Vorkommnisse aber erst, wenn man sie in engster Verbindung mit den von Bahā' ad-Dīn berichteten diplomatischen Aktivitäten Konrads sieht. Da wird klar, daß es sich um kein isoliertes Geschehen handelt, sondern eben um jenes zwischen Konrad und Saladin abgesprochene erste Glied in der Kette ihrer akkordierten Schritte, um den Auslöser für Saladins Gewährung einer Allianz. Das Bündnis war somit für Richard zu diesem Zeitpunkt keine theoretische Drohung, es war praktisch schon im Vollzug begriffen, und vor diesem Hintergrund führte er seine Kehrtwende durch.

Wenn wir nun davon hören, daß Konrad Akkon angreifen sollte, die Genuesen ihm die Stadt öffnen wollten und Richard die Franzosen aus Akkon aussperren ließ, so erinnern wir uns gleichzeitig an die seinerzeitige Mitteilung von Howden, Akkon sei zwischen den Königen geteilt worden und darüber hinaus, Philipp habe seinen Teil an den Markgrafen weitergegeben.[461] Nun sehen wir aber, daß nicht nur Konrad keinen Zutritt zur Stadt hatte, sondern es dort im Frühjahr 1192 auch keine französische Militärgewalt gegeben haben kann. Bei der „Weitergabe" an Konrad kann es sich demnach nur um Sachwerte gehandelt haben, wobei derselbe Autor mitteilt, die Geiseln seien Konrad – lediglich – zur Verwahrung übergeben worden; wenn Philipp, wie es nicht unmöglich erscheint, das halbe Akkon „übergab", so blieb die Transferierung beim Formalakt stecken, weil Richard die faktische Übergabe zu verhindern wußte. Aber mehr als das: Die Franzosen müssen irgendwann von ihrer Mitbeteiligung am Kommando über die Stadt ausgeschlossen worden sein, da nicht daran zu zweifeln ist, daß nach der Eroberung die Teilung zwischen den Königen auch die Befehlsgewalt einschloß. Hat dann aber nicht doch ein Autor wie „Ansbert", der Richard Arroganz vorwirft, recht, wenn er nach dem Fall Akkons behauptet, daß Richard die alleinige Herrschaft über die eroberte Stadt beansprucht habe?[462] Was, wie wir gesehen haben, für die Zeit von Philipps Anwesenheit nicht stimmt, hat seine Gültigkeit für die Zeit nach dessen Abreise.

In der ersten Oktoberhälfte 1191 begab sich Richard von Jaffa aus zu verschiedenen Erledigungen nach Akkon. Er führte Nachzügler zum Heer zurück, nahm aber auch alles mit, was ihm in der Stadt gehörte, wie Bahā' ad-Dīn[463] uns mitteilt. Von Ambroise wissen wir, daß Richard auch Johanna und Berengaria zum Heer brachte.[464] Das legt den Schluß nahe, daß er die Stadt nicht mehr als sicher ansah, und da er damals von den Kontakten Konrads zu Saladin hörte, wäre eine Sicherheitsmaßnahme verständlich. Spätestens seit damals haben wir uns auch die Garnison, übrigens eine sehr schwache, wie Bahā' ad-Dīn[465] von entflohenen Gefangenen erfuhr, unter alleinigem englischem Befehl stehend vorzustellen. Aber auch beim Aufbruch des Heeres aus Akkon am 21. August informiert Howden uns nur, wem Richard das Kommando über die Stadt übergeben hatte, von einem französischen Mitkommandanten hören wir nichts. Schon zu diesem Zeitpunkt, drei Wochen nach Philipps Abreise also, muß sich die französische Führung aus finanziellen Gründen in einer Situation befunden haben, in der Richard sie von der Militärgewalt über Akkon ausschließen konnte. Was die französischen und profranzösischen Quellen behaupten, daß Philipp bei der Abreise einen großen Betrag zurückgelassen hätte[466], dürfen wir genauso als belanglosen Topos auffassen wie die Behauptung der englischen Quellen, daß Richard seine finanzielle Großzügigkeit jedermann, also auch den Franzosen, hätte zugute kommen lassen. Sie galt einzelnen französischen Adeligen, die sich ihm angeschlossen hatten, einfachen Soldaten, aber nicht dem französischen Oberkommando.[467] Der Herzog von

Burgund hatte der Geiseltötung zugestimmt, aber das französische Kreuzzugsbudget muß durch den Verlust der Gelder entschieden getroffen worden sein. Noch im Sommer 1191 wandte sich Hugo von Burgund laut Ambroise[468] an Richard um ein Darlehen, wofür er ihm angeblich die verschonten Geiseln aus dem französischen Anteil verpfänden mußte. Die Rede ist von 5000 Mark Silber. Howden berichtet vom Februar 1192 von einer Rückforderung Richards an den Herzog in Höhe von 1500 Pfund, was 2250 Mark Silber entspricht. Da der Herzog nicht zahlen konnte, hätte er Karakuş, den einen ehemaligen Oberbefehlshaber Akkons, verpfänden müssen. Zufällig gibt uns Bahā' ad-Dīn das Lösegeld des zu Ende des Kreuzzugs von Richard freigelassenen Karakuş mit 80.000 Dinar bekannt[469]; sein Kollege al-Măstūb soll nach 'Imād ad-Dīn für 50.000 Dinar freigekommen sein.[470] Es sind das Beträge, die im eklatantesten Mißverhältnis zu den bescheidenen Darlehenssummen stehen, aber schließlich ist Ambroise für Geldangelegenheiten nicht die kompetenteste Quelle und Howden über Vorgänge des Jahres 1192 nicht mehr aus erster Hand informiert.

Aufschlußreich sind die Darlehensangaben aber trotzdem: Sie passen zu der Mitteilung Richards an den Abt von Clairvaux vom 1. Oktober 1191, daß die Franzosen ihre Gelder schon aufgebraucht hätten, zu Devizes' tendenziösen Bemerkungen über deren bescheidene Ausstattung und den mitleidsvollen Ausführungen des Ambroise über die erschreckende Armut der französischen Ritterschaft, die Aufbauarbeiten in Askalon leistete und vergebliche Vorstellungen beim Herzog von Burgund wegen ihres ausbleibenden Soldes machte.[471] Über die zahlenmäßige Stärke des französischen Ritterkontingents sind wir gut unterrichtet. Nicht nur wissen wir von jenen 650 „milites" und der doppelten Anzahl von Fußsoldaten, für deren Transport ins Heilige Land Philipp seinerzeit genuesische Schiffe angeheuert hatte, sondern wir lesen in französischen Quellen auch recht einheitlich von 500 Rittern, die Philipp zurückgelassen habe – und bei Howden von einem Corps von 100 Rittern, das er, wie auch Richard, vor seiner Abreise dem Fürsten von Antiochia zur Verfügung gestellt hat. Wenn Ambroise von 700 französischen Rittern spricht, bleibt er damit innerhalb einer realistischen Größenordnung.[472] Im Zusammenhang mit dem Antiochiakontingent besitzen wir nun von Howden noch aus der Zeit seiner Anwesenheit in Akkon eine glaubwürdige Soldzuschreibung. Richard soll die 100 Ritter und 500 „servientes" für ein halbes Jahr mit 4000 Mark dotiert haben. Das ergibt für einen Ritter inklusive der fünf „servientes" einen Tagessold von 3 Schilling. Da wir aus dem Jahr 1195 in den normannischen Schatzamtsrollen den Tagespreis eines Ritters mit 3 bis 4 Schilling veranschlagt sehen[473] – bei der Dreischillingangabe legte Richard die Hälfte davon noch als Geschenk zu –, Howden zum Jahr 1198 von einem Dreischillingtagessold für Ritter berichtet und in England um 1180 ein Ritter 8 und ein Fußsoldat 1 Pfennig gekostet hatte[474], läßt sich unter Berücksichtigung dieser Relation für den Kreuzzug ein Wert dazwischen ermitteln, der die Howdensche Angabe stützt. Das würde bedeuten, daß mit Richards Darlehen in der von Ambroise und Howden genannten Größenordnung nur ein Bruchteil des französischen Soldes finanziert werden konnte. Beute fiel erst wieder mit dem Überfall auf die Karawane vom Juni 1192 an, so daß man von dem leben mußte, was Philipp zurückgelassen hatte und was vom Akkongewinn übrig war. Es muß schließlich wenig genug gewesen sein. Natürlich war Richard nicht verpflichtet, seinen intriganten Verbündeten mitzufinanzieren, und er dachte offenbar nicht daran, mehr zu tun, als diesen gerade über Wasser zu halten. Was er damit erreichen wollte, war zweifellos, daß immer mehr französische Adelige direkt zu ihm übergingen – und nach Ablauf von deren sechswöchigem Aufenthalt in Askalon lockte Richard nach Ambroise auch mit reichlichem Sold –, so daß die französische Führung mit Burgund/Beauvais für ihren Obstruktionskurs nur gelichtete Reihen zur Verfügung gehabt hätte. Die Rechnung ging nicht auf: Das französische Kontingent konnte ziemlich geschlossen gehalten werden. Es ist keine Frage, daß Richard die französische Führung herübergekauft hätte, wenn die Möglichkeit dazu bestanden hätte. Aber deren politische Gegnerschaft war von Anfang an ein Fixpunkt. Philipps Dissenspolitik und das seinen Bedürfnissen in die Hand arbeitende Agieren des Herzogs von Burgund und des Bischofs von Beauvais lassen ausschließen, daß Richard durch ein finanziell entgegenkommenderes Verhalten eine bessere Beziehung hätte initiieren können. Er hatte anfangs Philipp gegenüber durchaus nicht übertriebene finanzielle Zurückhaltung an den Tag gelegt. Philipps Entschlossenheit, die günstige Stunde für den Aufstieg der kapetingischen Monarchie zu nützen, konnte durch keine Geldzuwendungen gebrochen werden. Die Unklugheit, diese Politik auch noch zu finanzieren, besaß Richard nicht.

Im Februar 1192 wandte sich der Herzog von Burgund erneut wegen eines Darlehens an Richard, was dieser rundweg ablehnte. Es folgte ein großer Streit, nach dem der Herzog das Heer verließ und nach Akkon ritt. Hier setzt nun eine Reihe von Koinzidenzen ein. Ist es wirklich ein Zufall, daß er dort gerade zu den Kämpfen zwischen Pisanern und Genuesen zurechtkam, die Konrad die Stadt öffnen wollten? Vor ihr lagen Konrads Galeeren, aber vom Genuesenviertel gab es keinen direkten Zugang zum Meer[475], und die Pisaner beschossen die Schiffe, fingen Hugo von Burgund außerhalb der Stadt ab, töteten ihm das Pferd und verwehrten ihm den Eintritt. War Hugos Bitte um Geld vielleicht nur ein Vorwand für ein Zerwürfnis, das ihm erlaubte, genau zur rechten Zeit seine Zelte bei Richard abzubrechen? Er reiste nach Tyrus weiter. Richard aber befand sich zur Zeit des ausbrechenden Kampfes um Akkon gleichfalls auf dem Weg nach Norden. Sein Verhandlungspartner im wiederaufgenommenen diplomatischen Kontakt mit Saladin war damals Abū Bakr aus al-ʿĀdils Gefolge, jener Partei also, die einen Friedensschluß mit ihm statt mit Konrad favorisierte. Hatte er etwa gar von daher ein Signal bekommen, oder gab es einen anderen Informanten? Der Hilferuf der Pisaner erreichte ihn jedenfalls in Caesarea, so daß er einen sehr verkürzten Anmarschweg nach Akkon hatte. Er betrat die Stadt bei Nacht, und als Konrad von seiner Anwesenheit erfuhr, drehten seine Galeeren ab. Offiziell war Richard nach Casal Ymbert zu einer Konferenz mit Konrad unterwegs. Nun lud er ihn erneut zum Gespräch. Immer wieder hatte er ihn in der Vergangenheit aufgefordert, zum Heer zu kommen und für den ihm zugesprochenen Teil des Königsreichs zu kämpfen. Nun reiste er ihm fast bis vors Tor von Tyrus entgegen. Aber was wie eine Demonstration guten Willens aussieht, mag auf Konrad wie ein Manöver gewirkt haben, ihn nördlich von Akkon abzufangen. Ein Gesprächsbedarf lag bei ihm nicht vor, und das Treffen verlief völlig ergebnislos, was wohl auch besagt, daß Richard keine überraschenden Vorschläge zu machen hatte: Die Krone bot er ihm gewiß nicht an. Als Folge der mißlungenen Konferenz ließ er Konrad nun seinen Teil der Einkünfte aus dem Königreich sperren und ging damit von dem bislang geübten Kurs offizieller Nachsicht und Ermahnungen zur Konfrontation über. Danach erwarten wir nichts weniger, als ihn kurz darauf zu Konrad umschwenken zu sehen. Er stellte in Akkon die Ruhe wieder her, fand es aber für nötig, ganze sechs Wochen dort zu bleiben.

Als er in der Karwoche zum Heer nach Askalon zurückkehrte, verabschiedeten sich die Franzosen von ihm und waren durch nichts zu einer Verlängerung ihres Engagements bei ihm zu bewegen. Er gab ihnen also die versprochene Eskorte, ließ ihnen aber Akkon verschließen. Zu Ostern herrschte im Lager von Askalon gedrückte Stimmung, man war sich der militärischen Bedeutung dieses menschlichen Aderlasses bewußt. Richard beschränkte die Festlichkeiten auf Sonntag, den 5. April, worauf die Befestigungsarbeiten sofort wiederaufgenommen wurden. Er selbst rekognoszierte südlich von Askalon in Gaza und ad-Dārūm. Auch wenn es nicht danach aussah, als würde man noch nach Ägypten kommen, wurden die Vorbereitungen dazu in Angriff genommen.

Am 15. April traf mit dem Prior Robert von Hereford ein Bote aus England beim Heer ein, um Longchamps Beschwerden über Johann vorzutragen. Ambroise ergeht sich nun darüber, wie Richard erkannt hätte, daß er heimfahren müsse, und läßt das folgende als Konsequenz dieser Botschaft erscheinen. Aber die Klagen des mit seiner Zustimmung abgesetzten Longchamp, die die Mitteilung enthielten, daß der Machtwechsel zugunsten Walters von Rouen reibungslos vonstatten gegangen war, können Richard nur gefreut haben, während die Nachricht von Philipps bisherigen Schritten und Johanns Kollaborationsbereitschaft mit ihm nichts Überraschendes enthalten haben kann. Schließlich blieb Richard dann auch trotz der angeblich so alarmierenden Botschaften ein weiteres halbes Jahr im Land. Es muß also die Mission des Priors zum Vorwand genommen worden sein für den jetzt einzuleitenden politischen Kurswechsel. Man hat bemerkt[476], daß die Frage, die Richard am 16. April der Heeresversammlung vorlegte – ob nämlich Guido oder Konrad König werden solle –, das Ergebnis schon vorwegnahm. Wegen Guido brauchte es keine Befragung zu geben, er war noch immer offizieller Kandidat, wegen Konrad konnte es keine geben: Er war schon im Handeln begriffen, und ein für Guido ausfallendes Votum hätte Konrads Abschluß mit Saladin nicht verhindern können. Es ging demnach nicht um ein Wollen, sondern um ein Müssen. Außerdem war mit Ostern die gängigste Zeit für den Seeverkehr angebrochen, und es ging darum, die Abreise der Franzosen zu verhindern, denn waren sie einmal außer Landes, so war keine größere militärische Aktion mehr zu unternehmen. Es mußte also sofort gehandelt werden, und Richard zog es vor, sich die Zustimmung zu Konrad durch Bitten abringen zu lassen.

Nach dessen Erwählung zum König von Jerusalem sandte er seinen Neffen Heinrich von der Champagne zu ihm, um ihm die Mitteilung seiner Wahl zu überbringen. Für Konrad und die Franzosen muß es ein Augenblick des Triumphs gewesen sein, die glänzendste Rechtfertigung einer völlig eigennützigen Politik. Graf Heinrich blieb dann noch etwa eine Woche in Akkon, angeblich in Geldgeschäften, und war also zum Zeitpunkt des Attentats in der Nähe. Er begab sich nach Konrads Tod nach Tyrus, und, so Ambroise, als das Volk ihn, den schönen jungen Mann sah, fand es gleich, er würde gut zu Isabella passen; in der Diktion des Itinerariums wurde er vom „populus“ von Tyrus zum Herrscher des Landes erwählt. Er wollte aber die Annahme der Wahl von Richards Zustimmung abhängig machen. Dieser empfing zugleich mit der Nachricht vom Tod Konrads die der Erwählung seines Neffen zum Nachfolger. Wegen der ins Auge gefaßten Heirat mit Isabella soll er Bedenken gehabt haben[477], aber die Wahl Heinrichs war ihm sehr recht. Das ist begreiflich. Nachdem noch wenige Wochen zuvor die Lage katastrophal erschienen war, war es nun zu einer fast idealen Lösung gekommen. Der neue Herrscher war allseits anerkannt, Richard persönlich ergeben und führte ihm die Truppen des Landes zu.[478] Als er einen Monat später wieder zu Richard stieß, brachte er auch das französische Heer mit. Die internen Konflikte hatten sehr viel Zeit verbraucht, nun aber schienen die Voraussetzungen günstig, dem Kreuzzug eine große Wendung zu geben.

Wir aber blicken vorerst zurück, um der Frage nachzugehen, ob Richard einen Anteil an dieser für ihn so vorteilhaften Wende gehabt haben kann.

### *Konrads Ermordung und die Suche nach dem Hintermann*

Über den Hergang des Attentats wird einheitlich berichtet.[479] Am 28. April 1192 hatte der Marquis den Bischof von Beauvais aufgesucht, um mit ihm zu speisen. Als er sich zu Pferd mit geringer Eskorte auf dem Heimweg befand, wurde er bei den Geldwechslerstuben, wo die Straße eng war, von zwei Männern angefallen, die nicht aufhörten, mit Messern auf ihn einzustechen. Es handelte sich um Assassinen, Angehörige einer ismaelitischen, in Persien und Syrien beheimateten Sekte.[480] Ihr syrisches Oberhaupt, Rašīd ad-Dīn Sinān, der „Alte vom Berge“, wie ihn die Christen nannten, hatte vor längerer Zeit schon die beiden in Konrads Umgebung eingeschleust, wo sie als angebliche christliche Konvertiten wegen ihrer Frömmigkeit allseits beliebt waren. Einer der Attentäter dürfte sofort nach der Tat getötet worden sein, der andere unter der Folter ausgesagt haben, der Anstifter zur Tat sei der König von England gewesen. Bei dieser Prozedur muß der Bischof von Beauvais als anwesend gedacht werden. Es konnte nicht schwer sein, eine gewünschte Anschuldigung zu erpressen, denkbar wäre aber auch, daß durch ein angebliches Geständnis der Zweck verfolgt worden sei, noch einmal für Zwietracht unter den Feinden zu sorgen. Vom „Alten vom Berg“ wurde gesagt, daß er seine Anhänger durch Eingabe von Drogen – der Name der Assassinen wurde von den Christen von Haschisch abgeleitet – zu willenlosen Werkzeugen mache, die ohne Rücksicht auf die eigene Sicherheit in Erwartung des Paradieses als Lohn für ein Martyrium auf Erden die Befehle ihres Auftraggebers ausführten. Dieser war Sinān, und nur über ihn konnte man sich des terroristischen Mittels bedienen. Wenn es den politischen Zielen des ismaelitischen Chefs diente, wurde politischer Mord auch an Feinden von Verbündeten ausgeführt, wobei Geldgeschenke eine Rolle gespielt haben dürften.[481] Wenn das Geständnis des Mörders auf Wahrheit beruhte, so mußte Richard nicht nur mit Sinān in Verbindung getreten sein, weil er selbst keinen assassinischen Mörder dingen konnte, sondern jener mußte auch seinen politischen Nutzen in der Beseitigung Konrads gesehen haben; gleichzeitig hätten wir uns vorzustellen, daß das ausführende Organ in die politischen Entscheidungen seines Oberhaupts eingeweiht gewesen war.

Das angebliche Geständnis, auf das die Franzosen im folgenden ihre Kampagne gegen Richard aufbauten, ist bedeutungslos. Da die Belastungszeugen sofort aus der Welt geschafft wurden, setzten sich die Franzosen dem Verdacht aus, nicht an der Wahrheitsfindung, sondern an der Nichtwiderlegbarkeit einer Behauptung interessiert gewesen zu sein. Der Bischof von Beauvais hat jedenfalls versäumt, von den beiden Attentätern einen optimalen Gebrauch zu machen. Die Einfallslosigkeit, die sich mit einem Geständnis vor Zufallszeugen begnügte, hatte zur Folge, daß die Beweisführung als mangelhaft letztlich ihren Zweck verfehlte: Reingewaschen von jedem Verdacht im Zusammenhang mit Konrads Tod steht Richard vor der Geschichte. Mit den absurden Behauptungen, die ihm Mordpläne gegen Philipp selbst unterstellten, hatten die Verleumder den Bogen überspannt. Jede Gelegenheit war der französischen Führung recht gewesen, sie gegen Richard zu benützen, und so steht die Beschuldigung wegen Konrad als eine neben vielen anderen, was ihren Anspruch auf Glaubwürdigkeit untergraben muß. Mit der raschen Eliminierung der Attentäter beraubten sich die Franzosen aber nicht nur eines Propagandamittels, sondern auch einer Quelle zur Wahrheitsfindung. Mit anderen Worten: Wenn Richard tatsächlich seine Hände im Spiel gehabt haben sollte, hätten es die Franzosen auf diese Weise nie erfahren. Daß sie nichts beibrachten, was ihn in unseren Augen als beteiligt erscheinen läßt, bleibt ihr Fehler, beweist aber nichts für Richards Unschuld. Wir haben daher zweierlei zu verfolgen: die Kampagne gegen Richard einerseits, die herkömmlichen Mustern verhaftet blieb, und unabhängig von ihr ihren Wahrheitsgehalt.

Die offiziellen französischen Quellen, eben jene, die ausführlich über Philipps Attentatsfurcht berichten und auch sonst mit Verdächtigungen gegen Richard nicht geizen, sparen ausgerechnet die Anschuldigung wegen Konrad aus. Rigord berichtet lapidar, Konrad sei von Assassinen ermordet worden. Das ist als Indiz dafür zu werten, daß die Kampagne gescheitert ist und man später nicht mehr an sie rühren wollte. Anders verhält es sich mit den inoffiziellen französischen Quellen. Alberic de Trois

Fontaines meldet Richards Schuld als Faktum. Die Continuatio Aquicinctina aus dem seit kurzem zu Philipps Machtbereich gehörenden Artois hat von französischen Gewährsleuten nicht nur die näheren Umstände von Konrads Tod gehört, sondern auch, daß dieser „machinatione cuiusdam potentissimi principis Christiani" erfolgt sei, relativiert diese Beschuldigung allerdings an anderer Stelle, indem sie keine Gewähr für die Wahrheit übernehmen will.[482] Die lombardische Quelle, Sicard von Cremona, bringt das Geständnis des Mörders und sagt bei Gelegenheit von Richards Gefangennahme, daß er für schuldig gehalten wurde („credebatur").[483] Von den arabischen Quellen enthalten sich Bahā ad-Dīn und ʿImād ad-Dīn[484] jeglicher Stellungnahme, geben aber das Geständnis des Täters wieder, und Ibn al-Aṯīr[485] bezeugt, wie die Franken geglaubt hätten, Richard sei der Anstifter zur Tat gewesen, während es doch in Wahrheit Saladin gewesen sei. Die Outremer-Quellen Eracles und „Ernoul"[486] bezeugen, daß etliche Leute an Richards Schuld geglaubt hätten, bringen selbst aber eine Sachverhaltsdarstellung, die Richard entlastet. Gut unterrichtet, was Einzelheiten des Tathergangs anbelangt, sind die deutschen Quellen, und wieder erweisen sie sich als der reinste Spiegel französischer Berichterstattung. „Ansbert" aus Österreich gibt wieder, daß man Richard für schuldig gehalten habe, und zitiert im Wortlaut einen angeblichen Brief Philipps an Leopold[487], der diesem Richards Urheberschaft an der Ermordung Konrads durch die Assassinen als bekannte Tatsache ins Gedächtnis ruft, womit wir uns an anderer Stelle noch beschäftigen werden. Für die Kölner Chronik ist Richards Schuld zweifelsfrei.[488] Arnold von Lübeck bringt in der Chronica Slavorum einen interessanten Bericht über die Methoden des Alten vom Berg, weiß einiges von den Ereignissen im Heiligen Land, kennt die Alice-Geschichte und läßt Konrad „dolo ut dicitur regis Anglie et quorundam Templariorum" welch letztere Mitteilung ein interessantes Detail darstellt, umkommen.[489] Wer die Urheber der Richard belastenden Gerüchte waren, verraten die englischen Quellen. Ambroise und Coggeshall machen es unter Vermeidung einer Namensnennung klar, während das Itinerarium, Howden, Devizes[490] und Newburgh dezidiert die Franzosen angeben. „Per omnem fere orbem Latinum", sagt Newburgh[491], hätten sie Richard verleumdet, und wenn schon nicht in der ganzen lateinischen Welt, so zeitigte die Kampagne doch in Deutschland eine ausreichende Wirkung und versprach politisches Kapital einzutragen. Die Beschuldigung fand Aufnahme in den Anklagenkatalog Heinrichs VI.[492] Richard, der viele der bisherigen französischen Verleumdungen ignoriert hatte, sah sich nun aufgerufen, diese – wie später die Anschuldigung, Philipps Ermordung vorbereitet zu haben – auf jede Weise zu entkräften.

Wir haben deshalb bei der Rekonstruktion der Vorgeschichte des Attentats Richards persönliches Interesse, ja seine Initiative zu beachten. Diese ist auf jeden Fall Antwort auf die französische Kampagne und ihre Übernahme durch den Kaiser. Die Dokumente, die dabei produziert wurden, müssen für den unmittelbaren und sofortigen politischen Gebrauch bestimmt gewesen sein, nicht primär, um durch Einschaltung in Chroniken Richard vor der Nachwelt zu rehabilitieren. Dennoch hatten sie neben dem ersten auch den zweiten Effekt. Der Erfolg war durchschlagend – kurioserweise, obwohl die genannten Dokumente praktisch ausnahmslos als englische Fälschungen betrachtet werden. Man nimmt dabei an, daß der in den – gefälschten – Briefen wiedergegebene Sachverhalt der Wahrheit entspricht.[493] Das ist nicht völlig unmöglich, a priori allerdings wenig einleuchtend. Auf jeden Fall gibt es aber ein interessantes Lehrbeispiel über die Bedeutung der Propaganda für unser Geschichtsbild ab.

Zwei angebliche Briefe des Alten vom Berg liegen vor. Der zweite, spätere, Text, der an alle Fürsten und die ganze Christenheit gerichtet ist, wird uns nur von Newburgh wiedergegeben.[494] Er enthält ohne Einzelheiten die Versicherung, daß Richard weder mit dem Tod Konrads zu tun gehabt hätte noch durch Assassinen ein Attentat auf Philipp habe verüben lassen wollen. Der Chronist behauptet, dieser Inhalt sei in – mit Purpurtinte geschriebenen – Briefen in hebräischer, griechischer und lateinischer Sprache niedergelegt und gegen Ende des Jahres 1195 in Paris feierlich verlesen worden. Dafür beruft Newburgh sich auf einen glaubwürdigen Augenzeugen. Daß damals auch französischerseits ein Interesse an einer Rehabilitierung Richards bestand, weshalb sich irgendeine entsprechende Formalität gut in den Zusammenhang einfügen ließe, sei hier nur in Erinnerung gebracht. Der von Newburgh mitgeteilte Text hebt sich nun in seinem sprachlichen Gewand in keiner Weise vom umgebenden Chroniktext ab, ist also vom Autor selbst verfaßt. Es mag sein, daß er besten Gewissens wiederholt, was sein Referent ihm mitgeteilt hat. Wenn, wie wir gehört haben, die französischen Quellen das Philipp betreffende Assassinengerücht später als völlig widerlegt bezeichneten, muß es irgendeine Veranstaltung gegeben haben, die den neuen Standpunkt rechtfertigte. Dem Autor wird aber Unrecht getan, wenn sein Brief als Fälschung bezeichnet wird. Er behauptet lediglich, daß sein Gewährsmann jenen Brief selbst gesehen und gelesen habe, dessen Inhalt er im folgenden wiedergibt („quarum continentia haec erat"). In der Newburghschen Version fehlt bezeichnenderweise, was der Chronist eben zuvor an den Originalen hervorgehoben hat, daß sie nämlich den Umstand, mit der Tinte der Purpurschnecke geschrieben zu sein, selbst in ihrem Wortlaut festgehalten hätten.

Eine andere Bewandtnis hat es mit dem früheren angeblichen Brief des Alten vom Berg, der an Leopold von Österreich adressiert ist[495], einen Ausstellungsort und ein Datum trägt und, indem er eine ausführliche Darstellung der Vorgeschichte der Ermordung gibt, beweisen will, daß der Assassinenchef eine Privatrechnung mit Konrad zu begleichen hatte, so daß die feierliche Versicherung, Richard habe mit dem Mord nichts zu tun, untermauert wird. Das Gerücht einer Attentatsvorbereitung auf Philipp wird dabei nicht berührt, was verständlich ist, da der Empfänger Leopold ja nur an einer Rechtfertigung bezüglich seines Verwandten interessiert gewesen sein kann. Im Unterschied zu dem von Newburgh gebrachten Brieftext kann hier nicht behauptet werden, daß es sich um die bloße Inhaltsangabe eines Schriftstücks handelt, die selbst Briefform angenommen hätte. Der Text wird uns ziemlich gleichlautend von Diceto und dem Itinerarium mitgeteilt. Radulph von Diceto, der wie mit Walter von Rouen auch mit Longchamp in unmittelbarer Verbindung stand, behauptet, den Brief vom Kanzler selbst erhalten zu haben, ja er zitiert sogar das Begleitschreiben Longchamps: „Mittimus ad vos litteras, quas Vetus de Monte misit duci Austriae de morte marchisii in haec verba." Es folgt ein Text, der sich im Stil deutlich von dem Dicetos abhebt, also gewiß nicht von diesem verfertigt wurde, und eine Nachschrift, wieder angeblich von Longchamp, in der der Adressat aufgefordert wird, in seinen Chroniken von dem Dokument Gebrauch zu machen. Nichtsdestoweniger gilt der Brief als Fälschung.

Interessant ist zunächst neben der Person des Übermittlers auch die Stelle des Einschubs. Diceto bringt den Brief, der im Jahr 1193 verfaßt worden sein soll, nach dem März 1195 und damit genau zu jener Zeit, als die englischen Geiseln aus der österreichischen Haft in die Heimat zurückgekehrt waren. Wenn man hätte vorgeben wollen – was aber nicht behauptet wird –, es handle sich um das Original, das die heimkehrenden Geiseln nach Leopolds Tod dessen Nachfolger, für den es keinen Nutzen mehr hatte, abgefordert hätten, so wäre die Plazierung in der Chronik sehr gut gewählt. Die Situation läßt aber auch zu, an eine aus Österreich mitgebrachte Abschrift des Originals zu denken. Es kommt hinzu, daß ein spezielles Interesse Longchamps an einem Entlastungsschreiben für Richard ganz glaubhaft ist. Er war in den Monaten April, Mai und Juni 1193 beim König in Deutschland gewesen. Zu dieser Zeit muß Richard längst sein Wort verpfändet gehabt haben, daß er seine Unschuld im Fall Konrad beweisen werde. Das Thema war zwar offenbar nach Ostern 1193 nicht mehr aktuell, nichtsdestoweniger mußte Richard seinen Beweis nun führen, und er hatte den Kanzler Longchamp bei sich, der für diese Aufgabe sicherlich ein kompetenter Ratgeber war. Der Brief des Alten vom Berg ist mit Mitte September 1193 datiert: Damit müßte, eine mindestens zweimonatige Reisezeit nach Syrien und die Vorbereitung dazu in Rechnung gestellt, der Plan zu einer solchen Delegation genau zur Zeit von Longchamps Aufenthalt in Deutschland gefaßt worden sein. Warum sollte eigentlich Leopold keinen solchen Brief erhalten haben? Richard konnte sich schließlich nur in der Weise rechtfertigen, daß er den wahren Schuldigen präsentierte. Zweifellos war Leopold zu dieser Zeit sehr daran interessiert, daß der englische König sich wegen Konrad rechtfertigen könne und eine vorteilhafte Heiratsverbindung nicht an Richards „Schuld" und deren Konsequenzen scheitere. Ein Rechtfertigungsschreiben war zu dieser Zeit eine bloße Formsache, und auch wenn er annahm, daß nicht der Alte vom Berg der Absender war, mag er mit der formellen Bereinigung der Sache zufrieden gewesen sein. Für ein bloßes Rechtfertigungsfalsifikat scheint mit dem Herzog von Österreich die Adresse auch etwas eng gefaßt zu sein, das zweite, von Newburgh mitgeteilte Dokument, ist hingegen, wie wir gesehen haben, an die ganze Christenheit gerichtet. Wenigstens in dem Sinn, daß der Brief wirklich ein Leopold zugeleitetes, für einen politischen Zweck bestimmtes Schriftstück war, kann er „echt" sein.

Es erhebt sich allerdings die Frage, warum es dem König von England nicht möglich gewesen sein sollte, tatsächlich eine Gesandtschaft in dieser Angelegenheit nach Syrien zu schicken; ungefähr zu der in Rede stehenden Zeit muß er einen Befehl zur Freilassung Isaaks von Zypern expediert haben, weil diese Maßnahme Teil seiner Freilassungsbedingungen war. Anläßlich seiner Freilassung hören wir dann von einem Boten, den er an Heinrich von der Champagne abgefertigt hat. Der Kontakt zu Outremer war also aufrecht, und der Alte vom Berg schließlich keine mythische Gestalt, was jene anzunehmen scheinen, die eine Delegation an ihn gar nicht in Erwägung ziehen. Er war ein syrischer Potentat wie andere auch, der möglicherweise sogar im Lager vor Akkon mit Richard Verbindung aufgenommen hatte. Sein Amtsnachfolger sollte dann im Jahr 1194 – das ist vor jener Zeit, da Richard mit Hilfe von Assassinenbriefen vor aller Welt seine Rechtfertigungskampagne Philipp betreffend betrieb – Heinrich von der Champagne zu sich einladen und ihm seine freundschaftlichen Dienste anbieten, die Gefälligkeitsmorde an dessen Feinden zum Inhalt gehabt haben sollen.[496] Da die Assassinen ostentativ öffentlich töteten und ihre Urheberschaft an Attentaten keineswegs verschleiern wollten, so mußte es machbar sein, an den Šaiḫ al-Ǧabal, den Herrn des Gebirges, ein von Geschenken begleitetes Ansinnen zu stellen, sich schriftlich zu seiner Tat zu bekennen. Wenn ein so mächtiger und in Outremer bekannter Herrscher wie Richard sich um einen derartigen Dienst bemühte, konnte das den Interessen eines Assassinenchefs nur dienlich sein, der damit Gelegenheit erhielt, herauszustellen, wie man keineswegs für Geld, sondern immer nur für eine gerechte Sache töte. Wie die Quellenlage beweist, war das Verbreitungs- bzw. Propagandagebiet in diesem Fall durchaus nicht nur das ferne Abendland, sondern mit dem lateinischen Osten die unmittelbare Nachbarschaft der Assassinen. Es hätte für Heinrich unter Umständen gefährlich sein können, wenn im Namen der Assassinen eine Kampagne geführt worden wäre, in die sie nicht einbezogen waren. Gleichviel, ob man Richard für unschuldig hält oder nicht, er konnte in jedem Fall einen Brief bei den Assassinen bestellen und bezahlen. Es ist nicht wahrscheinlich, daß derselbe Scheich dem Neffen aus Freundschaft Morde angeboten haben sollte, um dem diesen protegierenden Onkel ein paar Briefe zu verweigern.

Man mag einwenden, daß die Möglichkeit einer Gesandtschaft nicht zur Debatte stehe, obwohl implizit eben sie bezweifelt wird, sondern lediglich der offensichtlich ganz unorientalische Charakter des Briefs an Leopold. Es handelt sich augenscheinlich um einen lateinischen Originaltext, nicht um eine Übersetzung aus dem Arabischen. Man glaubt, aus dem 13. Jahrhundert einen echten Assassinenbrief an König Manfred zu besitzen[497], und obwohl weder dessen griechische Eigennamen noch Datum und Ort im zeitgenössischen Arabischen zu verankern sind, schließt man aus der „orientalischen“ Ausdrucksweise auf seine Echtheit. Der Brief beginnt, indem er sich in der Intitulatio auf ein schwer verständliches geometrisches Gleichnis bezogen hat, in der Übersetzung des Herausgebers wie folgt: „Da auf gleiche Weise die Gleichheit der Winkel des genannten Dreiecks und die Ungleichheit in der Tat der Gleichheit durch die wechselseitige Verbindung gleichgesetzt ist ...“ Es mag sein, daß das die authentische Ausdrucksweise der Assassinen war; es ist dann aber auch klar, daß Richard, wenn er eine Delegation nach Syrien entsandt haben sollte, um ein politisch und propagandistisch verwertbares Rechtfertigungsschreiben zu erhalten, sich für ein Dokument in ähnlicher Originaldiktion bedankt haben würde! Es ist auch klar, daß er keinen in arabischer Sprache abgefaßten Brief gewollt haben kann, um dessen Übersetzung sich dann Herzog Leopold in Wien hätte bemühen müssen. Wenn Richard wirklich in der genannten Weise initiativ geworden war, so müssen seine Delegationsleiter gewußt haben, daß es um die Konstruktion oder Rekonstruktion eines einfachen Sachverhalts in allgemein verständlicher Sprache ging. Die naheliegendste Instruktion wäre gewesen, nach Ermittlungen und der Herstellung des Einvernehmens mit dem Assassinenchef den Brief von einem eigenen Kanzlisten formulieren und vom Alten vom Berg nur beglaubigen zu lassen.

Im übrigen gilt es zu bedenken, daß die Zeit ganz andere Begriffe von Authentizität hatte als wir. So finden sich etwa in den Epistolae Cantuarienses zum Jahr 1191 zwei Briefe an das Kapitel von Canterbury[498], die sich mit dem Eingang „Ricardus Dei gratia rex Angliae" als königliche Mandate ausweisen, aber durch Datum und Zeugenschaft Walters von Rouen diesem zuzuordnen sind. Kein damaliger Leser konnte demnach die Briefe für Fälschungen halten, und doch war allen klar, daß nicht Richard im Heiligen Land der Absender war. Es gibt also Briefe, die weder als Fälschungen noch als „echt" im modernen Sinn aufzufassen sind.[499] Walter von Rouen schreibt als Stellvertreter des Königs und ist befugt, in der Intitulatio dessen Namen zu führen. Würde aber die Zeile „Teste Walterio Rothomagensi" fehlen, wie Chronisten ja oft die Briefschlüsse kappen, während wir aus irgendwelchen Kriterien Richards Urheberschaft ausschließen müßten, so würden wir nicht zögern, die Briefe als Fälschungen zu klassifizieren. Daran anknüpfend, können wir ein Hauptargument gegen die „Echtheit" des Briefs an Leopold widerlegen, nämlich daß Rašīd ad-Dīn Sinān im Jahr 1193 schon tot gewesen sei. Sein Todesdatum läßt sich nach einem Brieffragment aus dem Heiligen Land, das uns die Continuatio Aquicinctina übermittelt, als zwischen dem al-Maštūbs und dem Saladins gelegen ausmachen. Er starb demnach zwischen September 1192 und März 1193.[500] Nun wird aber nirgends im Brief Sinān namentlich genannt oder auf dessen Person ausdrücklich Bezug genommen. Der „Vetus de Monte" ist auch dessen Nachfolger, und es ist klar, daß Richards Gesandte, wenn sie denn wirklich auf den Plan getreten waren, ihre Mission nicht wegen des zufälligen Todesfalls scheitern lassen konnten, wohl auch – nach dem oben Gesagten – gar keinen Hinderungsgrund in ihm erblickt haben würden, so daß sich eine Bezugnahme auf den Wechsel des Assassinenoberhaupts als unnötige Komplikation erübrigte.

Der Schlußsatz des Briefes, der Ausstellungsort und Datum enthält, ist folgender: „Et[501] sciatis quod litteras istas fecimus in domo nostra ad castellum nostrum Messiac in dimidio Septembris, coram fratribus nostris, et sigillo nostro eas sigillavimus, anno ab Alexandro M$^{mo}$ et D. I. V$^{to}$."[502] Das „castellum nostrum Messiac" darf man als die bekannte assassinische Zentralburg Maṣyāf auflösen, die Jahresangabe 1504 gehört der im Osten gebräuchlichen seleukidischen Ära an und entspricht dem Jahr 1193.

Ob eine Fälschung, und zwar nicht im modernen engen, sondern im damaligen bzw. im überzeitlichen Sinn vorliegt, könnten wir mit Gewißheit nur entscheiden, wenn wir das Original mit dem Siegel vor uns hätten und den Kanzleigebrauch der Assassinen kennen würden. Folgende Möglichkeiten sind denkbar: Es kann sich um eine Fälschung in jedem Sinn handeln, wobei der Inhalt frei erfunden, das Siegel gefälscht und eine Kontaktnahme mit den Assassinen nie stattgefunden hat. Dabei kann dem Brief aber, wie gesagt, immer noch eine Funktion in bezug auf Leopold von Österreich zugekommen sein, so daß der Chronist ein „echtes" politisches Dokument überliefert hätte. Die Fälschung wäre in formaler und, wie wir sehen werden, inhaltlicher Hinsicht nicht ohne Raffinesse. Vorstellbar ist auch, daß man keineswegs das Original oder eine Abschrift vorliegen hatte, mit dem Inhalt aber so vertraut war, daß man ihn in freier Wiedergabe analog zum Newburgh-Brief paraphrasierte. Es läge dann eine möglicherweise wirklich vom Kanzler veranlaßte Niederschrift vor, die im Sinn der Zeit eher als Notmaßnahme denn als Fälschung aufzufassen wäre. Generell nimmt man an, daß ein Schriftstück vorliegt, das nie mit den Assassinen in Berührung kam, dem aber eine von Richard veranstaltete Recherche zugrunde lag. Selbstverständlich konnte man die nun bald zu schildernden Vorfälle auch über Konrads ehemaligen Haushalt ermitteln, so daß es keiner Nachfrage bei den Assassinen bedurft hätte. Aber wie gesagt: Ob der Sachverhalt wahr ist oder nicht – die Beschaffung eines Briefs (oder mehrerer Briefe) von einem Heinrich von der Champagne freundlich gesinnten Alten vom Berg konnte für Richard überhaupt kein Problem darstellen. Mir scheint jedenfalls der Brief als solcher weniger verdächtig als sein Inhalt.

Wenden wir uns also der, wie uns versichert wird, später ermittelten Vorgeschichte zu, jenen Vorgängen, die zur Ermordung Konrads geführt haben sollen. Wir besitzen dazu im wesentlichen drei Variationen:

– den eben vorgestellten Brief des Alten vom Berg an Leopold von Österreich mit dem Datum Mitte September 1193, der in Dicetos Chronik zum Jahr 1195 gebracht wird,

– die Erzählung im Eracles-„Haupttext" und

– die Darstellung in mehreren Eraclesvarianten und im „Ernoul"[503].

Diese Darstellungen sollen nun auf ihre innere Stimmigkeit und ihre unausgesprochenen Konsequenzen hin untersucht werden.

Wir sind berechtigt, vor allem die Briefversion beim Wort zu nehmen. Ob Fälschung oder nicht – mit ihr sollte Richard vor Mit- und Nachwelt von einer Beteiligung an der Ermordung Konrads entlastet werden. Dieser Aufgabe unterzog sich gewiß in seinem Auftrag ein ziemlich hochgestellter „Anwalt", die Involviertheit des Kanzlers selbst wird behauptet. Und das sein Inhalt: Nach der feierlichen Versicherung von Richards Unschuld enthüllt der Alte vom Berg das Motiv einer Privatrache: Ein assassinischer „Bruder" (einer nur!) war zum nicht näher angegebenen Zeitpunkt vom Golf von Antalya heimwärts unterwegs ins Gebiet der Assassinen, als er von einem Sturm nach Tyrus verschlagen wurde. Konrad ließ den zufällig Gelandeten gefangennehmen, töten und seines vielen Geldes berauben. (Welches Motiv jener gehabt haben könnte, wird nicht erörtert.) Einer Forderung des Alten nach Geldrückgabe und Kompensation wegen des Mordes wollte Konrad nicht entsprechen, er versuchte vielmehr die Schuld am Tod des Assassinen auf Rainald von Sidon abzuwälzen. Der Assassinenchef verifizierte aber den Sachverhalt, sandte ein zweites Mal zu Konrad, diesmal einen Boten namens „Edrisus", den Konrad im Meer ertränken wollte, der aber von „Freunden" in Tyrus in Sicherheit gebracht und fortgeschafft werden konnte, worauf er seinen Herrn über die Vorfälle informierte. Dieser beschloß nun, Konrad töten zu lassen. Er sandte, unbestimmt wann, zwei „Brüder" nach Tyrus, die Konrad offen vor allem Volk töteten. (Sehr kurz wird dieser Punkt in einem Satz abgetan.) Richards Unschuld wird nochmals ausdrücklich bestätigt. Es folgt der nach einem verräterischen Lapsus aussehende Passus: „Sciatis pro certo quod nos nullum hominem hujus mundi pro mercede aliqua vel pecunia occidimus, nisi nobis malum prius fecerit." Bei wortgetreuer Interpretation ergibt das, daß die Assassinen sehr wohl für Geld töteten, allerdings nur in Verbindung mit einem Eigenmotiv.[504]

Halten wir fest, was der Brief nicht enthält: Zeitangaben und einen Hinweis auf Konrads Motiv (obwohl das natürlich nicht Aufgabe des Briefschreibers ist). Ganz wesentlich ist, daß das Schreiben verheimlicht, was durch sämtliche andere Quellen zweifelsfrei belegt ist, daß nämlich zwischen der Entsendung der Assassinen, die Konrad schließlich ermordeten, und ihrer Tat ein längerer Zeitraum lag – nach arabischen Quellen sechs Monate –, währenddessen die beiden in Konrads unmittelbarer Umgebung lebten und sein Vertrauen genossen. Der Brief suggeriert vielmehr eine unmittelbare Zeitabfolge von Entsendung der Mörder und Erledigung ihres Auftrags. Das ist irreführend und muß den Verdacht nahelegen, daß hiedurch ein Umstand, der dem Alten vom Berg oder einem Auftraggeber nicht günstig war, unterdrückt werden sollte. Wir sind damit bei den Schlüsselfragen des ganzen Geschehens angelangt: Wieso waren die Assassinen so lange bei Konrad, ehe sie ihren Auftrag ausführten? Wem nützte das? Wieso geschah der Mord zu einem politisch derart markanten Zeitpunkt?

Aber führen wir die Analyse noch ein Stück weiter. Stellen wir fest, was der Brief unbeabsichtigt für wesentliche Mitteilungen enthält und welche Schlußfolgerungen das zuläßt. Woher konnte denn der Alte wissen, daß den einen Bruder ausgerechnet ein Sturm nach Tyrus verschlagen hatte? Wenn das nicht eine bloße Annahme ist, so ist es entweder eine Ausrede für eine gar nicht zufällige Landung oder der Hinweis darauf, daß bereits Vertrauensleute anwesend waren, denen der später Getötete sein Mißgeschick, den Grund seiner Anwesenheit, noch enthüllen konnte. Selbstverständlich konnte der Assassinenchef auch nicht wissen, daß ein einzelnes Sektenmitglied auf Konrads Veranlassung in Tyrus getötet worden war, wenn es nicht an Ort und Stelle bereits zuverlässige Informanten, etwa andere Assassinen, gab. Die Tötung des Assassinen muß heimlich geschehen sein, das heißt, es kann sich nicht um eine

Hinrichtung nach einem Urteil gehandelt haben, weil Konrad sonst nicht Rainald von Sidon hätte vorschieben können. Die Stelle schließt auch ein, daß der Empfang der ersten Botschaft des Alten durch Konrad geheim stattfand, denn wie sonst hätte dieser Rainald als ersatzweises Racheobjekt anbieten können? Was der Brief implizit enthält, macht er aber auch explizit deutlich, und zwar an zwei Stellen: „per amicos nostros" ließ der Alte in Tyrus über die vertuschten Ereignisse ermitteln, und dem zweiten Boten, „Edrisus", verhalfen „amici nostri" zur schleunigsten Flucht aus Tyrus. Es liegt somit eine schöne Übereinstimmung von stillschweigenden Voraussetzungen und willentlichen Aussagen vor. Demzufolge muß Konrad bereits vor dem Schiffszwischenfall von Assassinen oder sonstigen Vertrauensleuten des Alten, die ihn wenigstens ausspionierten, geradezu umstellt gewesen sein. Das relativiert diesen Zwischenfall in seinem Wert aber beträchtlich. Wir dürfen indes mit unseren Vermutungen noch viel weiter gehen. Wenn man sich Konrad nicht als Raubmörder vorstellen will, der einen einzelnen Reichen tötete, ohne vorerst um dessen Identität zu wissen, muß man annehmen, er habe in der Landung des Assassinen nichts Zufälliges erblickt, sondern präventiv gehandelt, in der Meinung also, einem Attentat zuvorzukommen. Nicht durch Verhandeln – er wollte auch noch Edrisus (arab. Idrīs) töten –, sondern nur durch Handeln müßte er dann geglaubt haben, sein Leben sichern zu können. Nicht in diesen Zusammenhang paßt allerdings die Vorschiebung Rainalds von Sidon; wenn Konrad sich selbst als Ziel eines Attentats sah – und in Tyrus war er sicherlich das naheliegendste Objekt –, war es sinnlos, einen Ersatzmann anzubieten. Mit der Einbeziehung dieses Vertrauten und den genannten Konsequenzen wird ein Motiv gestreift, das dann Eracles voll ausführt. Für den Brief bleibt als Fazit, daß das Raubmotiv Konrads nicht im Vordergrund steht und wir durch verschiedene Umstände auf ein politisches Tötungsmotiv der Assassinen und auf Selbstverteidigung bei ihm geführt werden. Diese Reihenfolge der Aktionen ergibt sich als wahrscheinlich, wenn man den Brief nicht für pure Erfindung hält und Konrad vernünftiges Handeln zubilligt.

Unser Blick muß auf Richard gerichtet bleiben, weshalb uns nicht nur der mögliche Wahrheitsgehalt der Geschichte, sondern auch die Tendenz der Darstellung interessiert. Er selbst kommt in dem Geschehen nicht vor, sein Feind Konrad aber erscheint als Meuchelmörder und zusätzlich noch in der üblen Rolle des Verleumders seines Freundes Rainald, den er dem Tod preisgeben will. Der Alte fungiert als Rächer. Das ist ein interessanter Umstand: Nicht nur Richard, auch der Assassinenchef wird moralisch gerechtfertigt. Nun ist klar, daß in einem echten oder fingierten „Bekennerschreiben" der Auftraggeber sich selbst nicht zugunsten eines Dritten in eine Unrechtsposition setzen wird, nicht selbstverständlich für eine Entlastungskampagne ist hingegen, daß eine Strategie gewählt wird, die einen gefürchteten „Terroristenchef", statt ihn zum Schuldigen zu stempeln, gleichermaßen von niederen Motiven entlastet, dafür aber das Opfer mit diesen belastet. Und so bleibt bestehen: Richard und der Assassinenchef stehen gerechtfertigt auf der einen Seite – Konrad wird, auch noch im Tod, auf der anderen Seite gesehen. Die behauptete Allianz – hier ist sie, wenigstens als Fiktion. Richard leugnet sie nicht, er bekennt sich vielmehr zu ihr: Ihm ist es durchaus möglich, von Europa aus eine Gefälligkeit vom Assassinenchef zu erbitten – dieser Effekt wird ja durch das Schreiben auch erzielt –, und wenn Philipp tatsächlich unter „Terroristenfurcht" gelitten haben sollte, statt sie nur vorzutäuschen, so wäre ein solches Dokument nicht dazu angetan gewesen, sie zu zerstreuen. Die Funktion des Briefes ist somit eine doppelte: Sie ist Rechtfertigung und Drohung zugleich. Leider wissen wir nicht nur nicht, ob es wirkliche Assassinenbriefe gab, sondern sind auch darüber in Unkenntnis, ob die maßgeblichen Zeitgenossen, also etwa der französische König, diese Botschaften für echt gehalten haben oder nur gezwungenermaßen gute Miene zu einer Politkomödie machten. Wenn man eine tatsächliche Kontaktaufnahme zu den Assassinen und eine dabei stattgefundene Produktion von Dokumenten nicht ausschließt, und das kann man bei Richards Handlungsbedarf und dem Effekt seiner Kampagne nicht, ergibt sich die Möglichkeit einer neuen Facette in seinem politischen Spiel. Es könnte sein, daß die gegen Richard erhobenen Verdächtigungen im Zusammenhang mit den Assassinen deshalb so nachhaltig verstummten, ja widerrufen wurden, weil dieser glaubhaft machen konnte, daß er in wirklicher Verbindung mit ihnen stehe. Was als frivoles Spiel einer Art Teufelsbeschwörung begonnen hatte, mußte für Philipp einen beunruhigenden Aspekt annehmen, sobald der Beschworene sich zu Wort meldete. Dieser ins Gewand der Unschuld gekleidete Einschüchterungseffekt könnte schon Grund genug sein, daß Richard sich um ein authentisches Assassinenzeugnis bemüht hat. Jeder sich als echt darstellende Brief des Alten vom Berg mußte jedenfalls eine Doppelbotschaft transportieren, in der inhaltlich in Abrede gestellt wurde, was formal doch auf der Hand lag. Mit anderen Worten: Richard leugnete sein Einvernehmen mit den Assassinen und pochte zugleich darauf.

Zum Inhalt des Briefes aber ist zu sagen, daß die mit Details bereicherte, um Glaubwürdigkeit bemühte Darstellung in der gegebenen Simplizität keinesfalls für bare Münze zu nehmen ist. Wir haben gesehen, wo zu hinterfragen wäre, würde es sich nicht um einen historischen Kriminalfall handeln, zu dem niemand mehr zu befragen ist.

Sehen wir uns nun die Darstellung in der Eracles-„Hauptversion" an. Zu jener Zeit, lesen wir, als Konrad mit Isabella nach Tyrus kam, wandte sich dessen Bailli, Bernard du Temple – ein Mann, der urkundlich als *vicecomes* von Tyrus gesichert ist[505] –, an den Marquis mit der Meldung, er hätte ein reichbeladenes „Kaufmannsschiff" aus dem Assassinenland angehalten. Konrad erklärte sein Interesse an der Ladung, und der Bailli war unter der Bedingung der Geheimhaltung bereit zur Beseitigung der Insassen. Darauf ertränkte er sie eines Nachts im Meer. (Im Brief haben wir von der beabsichtigten Ertränkung des Boten „Edrisus" gehört!) Der Alte vom Berg erfuhr davon, sandte einen Boten (nur einmal einen), der die Männer und die Schiffsladung zurückforderte. Konrad erklärte, weder das eine noch das andere zu haben, worauf der Bote unter Vergeltungsdrohungen heimkehrte. Wir werden nun mit der Angewohnheit des Alten bekanntgemacht, alle hochgestellten Personen von seinen Leuten umstellen und ausspionieren zu lassen. So sei es auch hier gewesen. Bereits zur Zeit des Schiffszwischenfalls waren zwei Assassinen anwesend, die unter dem Vorwand, zum Christentum übertreten zu wollen und als „Mamelucken" wirkten, nach Tyrus gekommen waren; sie wurden wunschgemäß getauft, wobei Konrad als Taufpate des einen in Funktion trat, während des anderen Taufpate Balian von Ibelin wurde. (Diese Details werden ähnlich auch von arabischen Quellen berichtet.) An diese in Tyrus bereits vorhandenen Assassinen erging nun der Mordbefehl.

Als Konrads Motiv wird einfach Raubgier angegeben; da ihm aber ausdrücklich gemeldet worden war, wer die „Kaufleute" waren, klafft zwischen der Tat und dem Erklärungsversuch ein noch größerer Riß in bezug auf die Glaubwürdigkeit. Es gibt eine weitere gravierende Unstimmigkeit: Der Mordbefehl und die Ausführung erfolgen im unmittelbaren zeitlichen Nacheinander (wie im Brief), während der Schiffszwischenfall auf einen sehr viel früheren Zeitpunkt verlegt ist. Es gibt nicht viele markante Daten, zu denen „Konrad mit Isabella nach Tyrus kam", falls das eine historische, nicht eine Märchenzeitbestimmung ist. Frühestens kann das für die Zeit nach seiner Heirat im Oktober 1190 gelten, spätestens für einen Zeitpunkt nach Philipps Abreise vom 1. August 1191, als Konrad das Kreuzfahrerheer für immer verließ. Dazwischen gab es keine Rückkehr, die besonderer Erinnerung wert gewesen wäre. Wieder sei hier auf die arabischen Quellen verwiesen[506], die die Zeit des unentdeckten Aufenthalts der beiden Assassinen in Tyrus mit etwa sechs Monaten angeben. Vom Mord zurückrechnend, kämen wir für deren erstes Auftreten in den Oktober 1191, in eine Zeit, da wir erstmals von Konrads Verhandlungstätigkeit mit Saladin hören. Dazu paßt nicht, daß die beiden Assassinen zur Zeit des Schiffszwischenfalls ausdrücklich schon als anwesend genannt werden. Der zeitliche Abstand zwischen ihrer Einschleusung und der Tötung wird dadurch noch größer, die Schiffsepisode wird dazwischen angesiedelt, wird aber wie kurz vor der Ermordung Konrads dargeboten.

Wenn man nun annimmt, daß mit Erkundung und Botenentsendung einige Zeit verstrich, könnte man Brief- und Eracles-Darstellung sowie die arabischen Quellen in der Weise miteinander harmonisieren, daß man sich den Schiffszwischenfall als im Sommer 1191 geschehen denkt – als Konrad mit Isabella nach Tyrus kam – und die Entsendung der Mörder im Herbst ansetzt, wie die arabischen Quellen wollen. Eine wesentliche Übereinstimmung zwischen Eracles und Brief besteht darin, daß Eracles ausspricht, was sich aus dem Brief eher nebenher ergibt, daß nämlich zum Zeitpunkt der Schiffsaffäre schon Assassinen um Konrad waren. Eracles sagt, es seien die späteren Mörder gewesen. Der Brief läßt die Möglichkeit offen, daß es sich um andere Assassinen bzw. auch nicht-assassinische Vertrauensleute des Alten gehandelt haben kann. Über ein mögliches Abhängigkeitsverhältnis zwischen Brief und Eracles-Version ließe sich nun unterschiedlich spekulieren, doch erscheint letztere vor allem deswegen als eine selbständige, weil sie aus einem anderen Blickwinkel berichtet. Der Brief macht Mitteilungen, die den Wissensstand des Assassinenchefs widerspiegeln

(Name des Boten, Rainald von Sidon!), dem Eracles-Autor aber ist etwa die Feinheit, Rainald von Sidon durch Bernard du Temple zu ersetzen, bloß damit die Perspektive stimmt, nicht zuzutrauen, und er schöpft somit offensichtlich aus einem anderen im Heiligen Land vorhandenen Fundus von Berichten. Man kann sagen, daß der Brief und Eracles Komplementärdarstellungen bieten. Dieselbe Quelle, die vorher die kompromittierendsten Gerüchte über Richard ausführlich wiedergegeben hat und später über Richards Gefangennahme wieder der französischen Berichterstattung folgen wird, widerlegt durch die Darstellung in diesem Abschnitt das, was „einige Leute" über Richard gesagt hatten, und erweist es damit als böswillige Unterstellung. Das Entlastungsmoment, das hierin für Richard zu liegen scheint, daß nämlich möglicherweise von zwei Seiten selbständige Ermittlungen mit einem essentiell gleichen Ergebnis zum Tod Konrads angestellt wurden – von Richard am Assassinenhof und von Konrads Anhang in Tyrus –, hält der Überlegung nicht stand. Nachforschungen, die nach Konrads Tod in dessen Umgebung angestellt werden konnten, mußten der Tatsache Rechnung tragen, daß der neue Herr des Landes Richards Neffe und Nutznießer des Mordes war.[507] Heinrich heiratete schon wenige Tage nach Konrads Tod in den bisherigen Montferrat-Ibelin-Clan hinein. Die Witwe des Ermordeten war nun seine eigene Frau, Balian von Ibelin, bisher Schwiegervater Konrads, war nun der Heinrichs. Der tote Konrad von Montferrat hatte in Outremer keinen Anhang mehr. Also war nach dem so rasch erfolgten Machtwechsel von Konrads ehemaligem Hof für eine Richard eventuell belastende Ermittlungstätigkeit keine Kooperation mehr zu erwarten. Die Franzosen aber haben hiebei überhaupt versagt. Daß sie zu der Schiffsgeschichte nicht einmal die bescheidenste eigene Version beitragen konnten, hängt aber auch damit zusammen, daß man diese erst relativ spät und nicht ohne Mühe ans Tageslicht befördert hat. Für den Rest des Kreuzzugs folgt die Sichtweise des Eracles-Verfassers dann einer neuen Leitung: Soweit der französische Einfluß reichte – bis Deutschland –, lesen wir, daß Richard die christliche Sache verriet, indem er Askalon an Saladin verkaufte[508], an den Hof der Königin Isabella aber reichte dieser Einfluß nicht mehr. Eracles erzählt, wie sehr Richard es bedauert habe, daß Askalon letztlich im Waffenstillstand mit Saladin nicht zu halten gewesen sei.

Es gibt noch weitere Versionen zur Schiffsaffäre, die sich alle viel weniger spektakulär anhören. In vier anderen Eracles-Fassungen und in der „Chronique d'Ernoul" wird niemand getötet, und nur in einer Variante wird die Besatzung verhaftet und die ganze Schiffsladung beschlagnahmt.[509] Ansonsten läßt Konrad das Schiffsgut ganz oder sogar nur teilweise[510] konfiszieren, worauf die Betroffenen sich bei ihm beschweren. Im letzten Fall antwortet er, das Beschlagnahmte bekämen sie nicht zurück, aber den Rest sollten sie gut verwahren. Die assassinischen „Kaufleute" verkünden darauf, sie würden vor ihrem Herrn Klage erheben, doch läßt man sie unangefochten ziehen. Es folgen (wie im Brief) zwei Botenentsendungen des Alten an Konrad, in denen er die Herausgabe des „Geraubten" verlangt. Konrad weigert sich – bestreitet also nichts –, und der Alte kündigt ihm in der zweiten Botschaft für den Weigerungsfall den Tod an. Konrad schlägt die Drohung in den Wind. Nun erst sendet der Assassinenchef die beiden Mörder aus.

Bei dieser unblutigen Darstellung könnte man auch an einen ganz normalen Konfliktfall über Hafenabgaben, eventuell auch, wenn man sich des erwähnten Sturms im Brief erinnert, an Schiffbruch und die Ausübung des Strandrechts durch Konrad denken.[511] Der gemeinsame Tenor dieser Darstellungen ist, daß Konrad vom Verbrechensvorwurf entlastet wird und der große Coup zur Geldbeschaffung zu einem Abgabenstreit zu schrumpfen scheint. All diese Assassinengeschichten aber weisen ein paar Gemeinsamkeiten auf, die vermuten lassen, daß es einen Zwischenfall gab: das Schiff, eine Beschlagnahme, die Intervention des Alten durch Boten und den Mordbefehl. Die Bandbreite des Möglichen aber reicht von einem kriminellen Akt Konrads mit Tötung einer ganzen Schiffsbesatzung über eine Präventivmaßnahme bis hin zu einer unblutigen Schikane oder gar nur einer administrativen Routineangelegenheit. Nimmt man die Darstellungen wörtlich, so reicht das Spektrum der Interpretation im Hinblick auf die Assassinen von angemessener Vergeltung zu Überreaktion in einem Unrechtsakt. Die Bewertung ist also völlig offen, der einmütige Glaube, daß die Schiffsgeschichte den alleinigen Schlüssel zu Konrads Tod enthalte, durchaus nicht stark fundiert. Was als Motiv dargeboten wird, kann Vorwand sein. Alle Versionen schildern eine Privatrache, aber die speziellen Umstände des Attentats – die monatelange Wartezeit, der Zeitpunkt der Ausführung – deuten auf ein politisches Motiv. Ein solches wird sogar von jenen Versionen, die Konrad zum Schurken stempeln und also dem Alten vom Berg ein besonders starkes privates Motiv leihen (Brief und Eracles-„Hauptversion“) indirekt bestätigt, indem sie – unabhängig vom Schiffszwischenfall – Konrad als längst von den Assassinen Observierten vorführen.

Kamāl ad-Dīn[512] verdanken wir eine eindrucksvolle Episode im Zusammenhang mit Saladin, die bestätigt, was die christlichen Autoren als Eigenart der Assassinen schildern: daß diese ihr Opfer nicht von außen, sondern gleichsam aus dem Inneren hervortretend, aus dessen eigenem Haushalt, anzufallen pflegten. Da hätte Rašid ad-Dīn Sinān zu einer Zeit, als er noch mit Saladin verfeindet war, diesem einen Boten geschickt, der um Privataudienz ersucht habe. Sie wurde gewährt, und nur zwei Leibwächter blieben beim Sultan zurück, zu denen er absolutes Vertrauen hatte. Und eben jene seien Assassinen gewesen, bereit, auf einen Befehl des Boten hin Saladin sofort zu töten. Dieser habe nach der Selbstentlarvung der beiden seine Politik gegenüber den Ismaeliten geändert. Die Geschichte soll die Macht und terrorisierende Wirkung des syrischen Scheichs illustrieren, sie illustriert aber auch, daß man der Meinung war, die Anwesenheit von Assassinen sei nicht immer gleichbedeutend mit einem festen Mordauftrag. So mag es auch in Konrads Fall gewesen sein, denn selbst wenn wir die für Konrad schlimmste Schiffsversion für wahr halten und Sinan ein überzeugendes persönliches Motiv zubilligen, so verraten doch die Beschattung und Wahl des Zeitpunkts für das Attentat die Interessen eines Dritten. Es ist natürlich Unsinn, wenn Ambroise meint, die beiden Assassinen hätten sich so lange in Konrads

Umgebung aufgehalten, weil sie auf eine günstige Gelegenheit für ihre Tat gewartet hätten. Um jemanden auf offener Straße und ohne Rücksicht auf die eigene Sicherheit niederzustechen, bedurfte es keiner Wartezeit. Diese hatte nur einen Sinn, wenn es noch unentschieden war, ob Konrad sterben sollte oder nicht. Man muß also annehmen, daß Sinān Rücksicht auf politische Umstände – die Interessen des Hintermanns – nahm, was einschließt, daß er eine mögliche Privatrache auf einen Zeitpunkt nach Ende des Kreuzzugs hätte verschieben müssen, wenn ein übergeordneter Nutzen Konrads Fristung geboten hätte.

Von einem Schiffszwischenfall hätten wir nie erfahren, wenn sich für Richard nicht später die Notwendigkeit ergeben hätte, Umschau in Konrads Vergangenheit zu halten. Einen wahren Kern dieser Episode vorausgesetzt, muß sie sich geraume Zeit vor Konrads Tod zugetragen haben, weil zunächst niemand einen Zusammenhang zwischen beiden Ereignissen herstellte. Aus demselben Grund möchte man meinen, daß sie nicht allzu gravierend gewesen sein kann. Hätte man sich an Konrads Hof, der nun der Hof von Richards Neffen war, sofort einer Blutschuld Konrads im Zusammenhang mit einem Assassinenschiff erinnert, so wäre es ein leichtes gewesen, mit dieser Geschichte der französischen Propaganda gegen Richard entgegenzutreten, und wenigstens Ambroise wüßte etwas von diesem Schiff. Die beträchtliche Verzögerung, mit der „die Wahrheit" über Konrads Tod das Licht der Welt erblickte, beweist nicht nur, daß zunächst niemand ein Interesse an ihr hatte, sondern muß auch den Verdacht erwecken, daß hier bedarfsorientiert aus realen Elementen eine Fiktion konstruiert worden sein mag. Richard kann aufgrund der Unstimmigkeiten in den Schiffsgeschichten nicht belastet werden, nur: Entlastet wird er durch die verschiedenen Versionen auch nicht.

Es ist möglich, daß sich bei Howden der Niederschlag eines tatsächlich während des Kreuzzugs stattgefundenen Kontakts zwischen Richard und Sinān findet. Ambroise und Itinerarium sprechen vom Alten vom Berg als dem Herrn von Mouse bzw. Musse, womit die damals allerdings bloß formelle Abhängigkeit vom persischen Alamūt gemeint sein muß.[513] Wir finden nun in den Gesta und der Chronica von Howden gleichfalls einen dominus Muscae bzw. Musse erwähnt, der aber mit dem Assassinenchef nicht gleichgesetzt wird. Seiner wird in der Chronica vielmehr als des „regis Accinorum id est de Assasis"[514] gedacht. Howdens Herr von Musse (Muscae) spielt in Botschaften Saladins vor und während der Einnahme Akkons, also im Juni und Juli 1191, eine Rolle und wird auch selbst einmal als Absender einer Gesandtschaft an die christlichen Könige erwähnt. In der ersten Funktion ist er für uns ohne Belang: Der Howden-Herausgeber Stubbs übersetzte Muscae bzw. Musse mit Mossul, um festzustellen, daß dem Chronisten hier ein Fehler unterlaufen sein müsse, weil der Herr von Mossul, der Saladin damals loyal war, von diesem nicht als Gegner einer ayyūbidisch-christlichen Allianz hätte vorgeschlagen werden können.[515] Der Inhalt des Angebots, die angebliche Bereitschaft zur Abtretung des Landes als Preis für das Zustandekommen des Bündnisses ist irreal, so daß uns der Vorschlag des Editors zur

Verbesserung des Fehlers nicht tangiert; an den Assassinenchef dachte er nicht, und das ist nicht verwunderlich, weil sich die im Text angesprochene politische Konstellation zu der in Rede stehenden Zeit nicht auf ihn anwenden läßt. Wir können daher die Frage, wie eine Botschaft Saladins auf dem Weg in Howdens Chronik der Konfusion anheimfiel, auf sich beruhen lassen.

Anders verhält es sich mit der unter dem 16. Juli 1191 gebrachten Nachricht, daß an diesem Tag Gesandte „ex parte domini Muscae et filii Noradini" (laut Gesta), „ex parte domini Musse et filiorum Noradini" (laut Chronica) zu Richard und Philipp gekommen seien, um deren Hilfe gegen Saladin zu erbitten. Es ist das Vice-versa-Angebot zu obigem. Es ist nun weniger wahrscheinlich, daß Howden eine Gesandtschaft frei erfunden hat, als daß er den Inhalt einer Botschaft falsch wiedergab. Da aber gewiß niemand aus Mossul und der Verwandtschaft Nūr ad-Dīns kam, so wäre es denkbar, daß damals jener Scheich seinen ersten Kontakt zu den Kreuzfahrern knüpfte, der ein paar Monate später – als Howden längst zu Hause war – in aller Munde kam und den die Informierteren sogar mit dem persischen Alamūt in richtige Verbindung bringen konnten. Howdens am Ort des Geschehens angefertigte tagebuchartige Notizen würden einen unvollkommenen Wissensstand widerspiegeln, für den ein Herr von „Musse" noch ein leerer Name war. Da der Chronist aber historisch interessiert war, kann er eine Information aufgegriffen haben, die einmal der Realität entsprochen hat: Vor nahezu zwanzig Jahren hatte es nämlich die Allianz des Herrn von „Musse", das heißt Sinān, mit einem Sohn Nūr ad-Dīns tatsächlich gegeben. Was die Gesta uns im folgenden schreiben, wie die Gesandten ihren Übertritt zum Christentum angeboten hätten, liest sich zunächst wie die übliche Wunschvorstellung der Christen, daß alle Probleme ja gelöst werden könnten, wenn die Heiden sich nur taufen lassen wollten, gewinnt aber eine andere Färbung, wenn wir uns einer Mitteilung bei Wilhelm von Tyrus zum Jahr 1172 erinnern: Damals hätten die Assassinen – Sinān ist seit 1169 ihr syrisches Oberhaupt – ein Bündnis mit König Amalrich angestrebt, und zwar gegen Nūr ad-Dīn und unter dem Angebot, zum Christentum übertreten zu wollen. Die Templer aber, denen sie tributpflichtig waren, hätten die Allianz durch Ermordung des Gesandten verhindert.[516] Kurz darauf warf sich Sinān zum Protektor des Nūr-ad-Dīn-Sohns gegen den inzwischen an die Macht gelangten Saladin auf. Gegenwärtig war er mit diesem ausgesöhnt.[517] Die paar Fakten illustrieren nicht nur die Schaukelpolitik des Alten vom Berg, sondern auch die für einen frisch eingetroffenen christlichen Chronisten sicher verwirrenden Machtverhältnisse im muslimischen Umland. Die Gegner Saladins mochten für ihn von besonderem Interesse sein, und da Sinān, der Herr von „Musse", einmal ein solcher war, so hätte die fabelhafte Mitteilung Howdens einen wahren Kern – bezogen auf die Vergangenheit. Denkt man an die Zukunft, gewinnt das Taufangebot einen Hintersinn: Die bald darauf in Tyrus auftauchenden künftigen Mörder Konrads simulierten ein besonders überzeugendes Christentum.

Die Stelle soll nicht überinterpretiert werden, Gewißheit läßt sich nicht erzielen, aber ein Auf-den-Plan-Treten des in seinen Interessen ja gleichfalls durch den Kreuzzug betroffenen Sinān ist nicht undenkbar. Ibn al-Aṯīr will wissen[518], Saladin hätte ihn vorrangig mit der Ermordung Richards, erst nebenher mit der Konrads beauftragt, wozu ja die Kontaktaufnahme mit einer Gesandtschaft auch passen würde. Er fügt hinzu, dem Assassinenchef sei es aber nicht opportun erschienen, Saladin von beiden Feinden gleichzeitig zu befreien, was diesen wieder in die Position eines flexiblen Taktierers rückt. Waren aber Howdens Gesandte des Herrn von „Musse" wirklich Assassinen, so konnte später Richard umso zwangloser selbst eine Gesandtschaft an deren Oberhaupt schicken. Dazwischen konnten Kontakte liegen, von denen nicht ein Schatten in die Chroniken gefallen ist; von seiten der Assassinen jedenfalls bestand immer wieder auch Interesse an einer Kooperation mit christlichen Herrschern.

Merkwürdig bleibt der zu 1194 von sämtlichen Eracles-Fassungen und „Ernoul" teilweise ausführlich geschilderte Besuch Heinrichs von der Champagne beim Nachfolger Sināns, dem von Persien entsandten, nun wirklich von Alamūt abhängigen Assassinenchef: wie dieser Heinrich eingeladen und ihm seine Macht demonstriert habe, indem er etliche seiner Jünger von der Burg in die Tiefe und in den Tod zu springen geheißen habe. Darauf sei dann, einzelnen Lesarten zufolge, das Angebot ergangen, der Assassinendolch stehe ihm zur Verfügung, wenn er sich etwaiger Feinde entledigen wolle.[519] Auch wenn wir gegenüber Einzelheiten skeptisch sein müssen, so besteht doch kein Grund, an der Tatsache des Besuchs zu zweifeln. War Heinrich in der Schuld der Assassinen, sollte er sich in ihr fühlen? Nicht als ob der noch sehr junge und als sanft geschilderte Mann als Anstifter von Konrads Tod ernstlich in Frage kommen könnte, er war aber ein Nutznießer der Tat. Weder er noch Richard setzten offenbar irgendwelche auch nur formale Gesten des Protests gegenüber den Assassinen, daß der von allen erwählte König und in Aussicht genommene Amtsvorgänger Konrad ermordet worden war. Heinrich besuchte den Hof des Assassinenoberhaupts, und Richard hatte über Ansuchen Saladins die Assassinen ausdrücklich in den Waffenstillstand miteinbezogen. Letzteres beweist wenigstens, daß man von seiner Seite nicht einmal den Anschein wahrte, als gebe es zwischen Kreuzfahrern und Assassinen eine offene Rechnung – und das, bevor man sich noch durch Aufdeckung der Hintergründe von der gerechten Sache Sināns überzeugt hatte.

Die Nachgeschichte, verbunden mit Zufälligkeiten der Vorgeschichte, die Ungereimtheiten in der Rechtfertigungskampagne, die glückliche Lösung, der dynastische Gesichtspunkt zusammen mit dem Faktum, daß Richard Guido nie als König aufgebaut hat, die Parallele zu Longchamp, den er im Amt beließ, während er ihm schon den Nachfolger bestellt hatte, so daß Walter von Rouen auf ähnliche Weise aus der Verborgenheit heraustrat, um die Macht zu ergreifen, wie später Heinrich, das sind Umstände, die einer Unschuldsvermutung zugunsten Richards in der Causa Konrad nicht günstig sind. Schließlich: Konrads beabsichtigtes Zusammengehen mit Saladin kam nicht überraschend, Richard wußte lange davon, und sein Verhalten legt nahe, daß er sogar genau über den Verhandlungsstand im Bild war. Er hatte somit lange Zeit, Vorsorge für den Ernstfall zu treffen. Allerdings: Nichts spricht so sehr gegen die

Vermutung einer Schuld Richards wie Saladins Interessenlage zum Zeitpunkt des Attentats.

Wir haben durch Bahā' ad-Dīn[520] ein einwandfreies Zeugnis darüber, daß er von Konrad selbst über die bevorstehende Einigung mit Richard informiert wurde und es mit Bestürzung aufnahm. Die von 'Imād ad-Dīn[521] erhobene und gern wiederholte Behauptung, daß Konrads Ermordung Saladin ungelegen gekommen sei, weil jener ja Richards Feind war, spiegelt eine zum Zeitpunkt des Attentats nicht mehr gegebene Situation wider und trägt der neuen Konstellation nicht Rechnung: Die Diplomatie, die beiden christlichen Feinde gegeneinander auszuspielen und in ihren Forderungen zu drücken, war wider alles Erwarten gescheitert. Deren gefährliche Koalition durch Ausschaltung Konrads zu sprengen, muß wohl als ein sehr starkes politisches Motiv ins Kalkül gezogen werden.

Wir haben nicht nur einen Widerspruch zwischen den beiden Kronzeugen Saladins zu vermerken, sondern es mit noch mehr Unstimmigkeiten, vor allem in der Bahā'-ad-Dīn-Stelle selbst, zu tun. Wir hören von einem datumsmäßig genau belegten Informationsfluß: Am 21. April traf Konrads alle Berechnungen umstürzende Botschaft in Jerusalem ein, am 24. April expedierte Saladin die Antwort, am 28. April wurde Konrad ermordet, am 1. Mai erfuhr der Sultan davon durch seinen Gesandten in Tyrus. Die letzten beiden Daten erlauben das Ansetzen eines Postwegs von drei Tagen zwischen Tyrus und Jerusalem für eine Nachricht von höchster Dringlichkeit. Wenn wir uns Konrads Boten an Saladin ebensolange unterwegs denken, müßte dieser am 18. April Tyrus verlassen haben. Am 16. April war Konrad von der Heeresversammlung in Askalon zum König gewählt worden. Zwei Tage später konnte er die offizielle Benachrichtigung schon erhalten haben. Aber selbst wenn nur inoffizielle Mitteilungen oder Gerüchte an ihn ergangen waren, so ist nicht einzusehen, wir haben das schon festgestellt, wieso er Saladin jetzt noch zu einem Friedensschluß zu den alten Bedingungen gedrängt haben sollte. Er brauchte dessen Entgegenkommen nicht mehr und konnte sich nach seinem vollkommenen politischen Sieg über Richard dem Kreuzfahrerheer, das ihn gewählt hatte, kaum als ein Herrscher präsentieren, der die Erfolge eben dieses Heeres schon verschleudert hatte. Die Bahā'-ad-Dīn-Stelle vermittelt so eine absurde Reaktion Konrads, hat aber die Funktion, ein bis zu dessen Tod ungebrochen fortdauerndes Einvernehmen zwischen ihm und Saladin zu suggerieren. Sie kann uns indes nicht übersehen lassen, daß Konrad unmittelbar nach Eintreffen von Saladins Gesandten in Tyrus getötet wurde.

Sowohl Bahā' ad-Dīn als auch 'Imād ad-Dīn knüpfen keine Spekulationen über einen Hintermann an Konrads Ermordung; sie teilen die Tatsache der Sektenzugehörigkeit der Täter mit, womit der unmittelbar Verantwortliche genannt ist, und sie geben wieder, daß Richard von den Christen als Auftraggeber angesehen wurde. Von der Schiffsgeschichte berichten sie nichts. 'Imād ad-Dīn[522] versorgt uns allerdings mit einer weiteren einschlägigen Stellungnahme, er läßt Richard die Transferierung Zyperns an Guido statt an Heinrich bereuen: „Als aber der Marquis tot war, wurde ihm klar, daß es falsch gewesen war, Guido zu stärken ..." Bei Eracles[523] wird übrigens eine ähnliche Saite angeschlagen, da macht Richard Heinrich Hoffnungen für später auf den Besitz von Zypern, und was Saladins Sekretär ausspart, können wir mit Hilfe der Outremerquelle leicht ergänzen: Der König hätte durch Überlassung Zyperns an seinen Neffen dessen Position ja verbessern können. Hier ist nur anzudeuten, daß wegen der chronologischen Verworrenheit und mangelnden Präzision der betreffenden Eracles-Varianten aus den bald einsetzenden Spannungen zwischen Heinrich und den Lusignans nichts in bezug auf Richards Absichten zu folgern ist. So ist die naheliegendste Interpretation die, daß ihm nach dem Fiasko der Templer auf Zypern der Ausgleich mit Guido willkommen war und Heinrichs Kräfte nicht durch eine erst in die Wege zu leitende Kolonisation der Insel vom Heiligen Land abgelenkt werden sollten. Zudem: Hätte Richard Zypern zum Heiligen Land schlagen wollen, hätte er es bis zur Entscheidung der Thronfrage selbst in der Hand behalten müssen, statt den Templern zu überantworten. Hier ging es mir um die Behauptung des 'Imād ad-Dīn: Er hätte sie nicht aufstellen können, wenn er Richard wirklich für schuldig gehalten hätte. Denn selbstverständlich hätte dieser nach der aufgezeigten Sicht der Dinge nicht Guido in Zypern eingesetzt (diese Reihenfolge nimmt 'Imad ad-Dīn hier entgegen den christlichen Quellen an, die über die Chronologie nichts Näheres ausführen, aber eine umgekehrte Abfolge nahelegen), wenn er gewußt hätte, daß Konrad in Kürze ermordet und Heinrich sein Nachfolger werden würde. Wie hätte Richard als Auftraggeber eines Mordes, der von langer Hand her vorbereitet war, hier einen Fehler begehen können?

Wir lassen das Zypernargument beiseite – es ist aus Mangel an Informationen nach keiner Richtung hin ergiebig. 'Imād ad-Dīn lenkt unser Interesse wieder auf Saladin zurück. Mit Ibn al-Aṯīr gibt es zudem einen arabischen Autor, der Saladin als den wahren Hintermann des Attentats bezeichnet, er ist dem Sultan allerdings nicht nur feindlich gesinnt und schreibt erst im 13. Jahrhundert[524], wobei er uns die Quelle für seine Behauptung schuldig bleibt, er belastet seine Darstellung überdies mit einem unglaubwürdigen Detail. So sei mit Sinān vereinbart worden, den König von England umbringen zu lassen und die Ermordung Konrads, wenn die Assassinen sich auch dieser Aufgabe unterziehen wollten, mit 10.000 Dinar zu belohnen. Wieso Saladin nur für den zweiten Mord zahlen wollte, den ersten aber nicht, bleibt nach dem Wortlaut des Verfassers unerfindlich. In der Meinung dieses Autors seien für Sināns Entscheidung eines nur teilweisen Vollzugs einerseits sein politisches Urteil, andererseits seine Geldgier ausschlaggebend gewesen. Wir sind berechtigt, alle in den Quellen und in der Literatur sporadisch als verdächtig Genannten – Guido, Humfried von Toron, Heinrich von der Champagne[525] – aus der Spekulation auszuschließen. Bei den gegebenen Machtverhältnissen und politischen Umständen bleiben nur Richard und Saladin als mögliche Hintermänner übrig.

Da Saladin ein vitales Interesse am Vorhandensein eines internen Richard-Gegners hatte, weisen Konrads Fristung und der Zeitpunkt des Attentats unmittelbar auf ihn hin; umgekehrt mußte Richard daran liegen, einen Störfaktor möglichst früh auszuschalten. Auf diese Weise kann die lange Anwesenheit der Assassinen bei Konrad auch erklärt werden. Wie Saladin hatte auch Richard überall seine Kundschafter, und zu wissen, was in Tyrus geschah, muß für ihn von noch größerer Bedeutung gewesen sein, als was Saladin plante, der ja nur begrenzte Möglichkeiten hatte, ihm Überraschungen zu bereiten. Die Anerkennung Konrads wäre dann eine Farce gewesen, um den Verdacht von sich abzulenken. Das wäre insofern geglückt, als man ohne dieses Manöver auf eine eventuelle Täterschaft Saladins nicht verfallen würde. So aber liegt dessen Motiv wie auf dem Präsentierteller vor uns. Eine eventuelle Privatrache Sinãns mußte in jedem Fall hintanstehen. Es ist nicht ausgeschlossen, daß er mit beiden Machtzentren in Verbindung stand, ja ihnen seine Dienste angeboten hatte, und letztlich hat er beide zufriedengestellt und sich dadurch politisch günstig gestimmt.

Was Saladin anbelangt, so hat man von dessen „Edelmut" einfach abgeleitet, daß er zum politischen Mord unfähig gewesen wäre[526], was eine unglaubliche Naivität darstellt. Ohnehin muß für die Geschichte nicht gelten, was in einem ordentlichen Gerichtsverfahren für den Angeklagten zu gelten hat. Von eben diesem honorigen Standpunkt aus, und weil man sich den „edlen" Richard genausowenig an einem Meuchelmord beteiligt vorstellen konnte, wurde dessen Mitschuld durch die Geschichtsschreibung einstimmig in Abrede gestellt. Dabei ist Richards Charakter gewiß nicht weniger verzeichnet worden als der Saladins. Ihm hätte es viel eher entsprochen, einen Gegner auf offener Straße niederzuschlagen, als auf geheimen Wegen beseitigen zu lassen, meint etwa Cartellieri[527], nur daß dieser auch sonst von einem Vorurteil beherrscht wird, nämlich dem der totalen Gegensätzlichkeit von Richards und Philipps Politikerbegabung: während der eine schlau kalkulierte, hätte der andere berserkerhaft agiert. Diese Vorstellung begünstigt allein schon die Auffassung von Richards grundsätzlicher Disponiertheit zur Aufrichtigkeit. Auf der anderen Seite hat die Geschichtsschreibung übersehen, daß sie im Fall Konrad zu keiner so positiven Auffassung von Richards Gesinnung hätte kommen können, wenn dieser nicht seine eigene Rechtfertigung in die Hand genommen, eine obskure Schiffsgeschichte in aller Welt verbreitet und die politischen Gegner es ab einem gewissen Zeitpunkt für opportun erachtet hätten, ihre Vorwürfe offiziell zurückzunehmen.

Wahr ist, daß Richard sonst Mord als politisches Mittel, soweit erkennbar, nicht eingesetzt hat. Damit aus einer Bluttat ein Mord wurde, war der Rang des Opfers entscheidend, und Richards zahlreiche hochrangige Gegner überlebten physisch die Konfrontation mit ihm. Wie immer mit kleinen Leuten umgegangen wurde – der Markgraf von Montferrat war in einer Stellung, in der ihm der ritterliche Ehrenkodex das Leben nahezu garantierte. Selbst wir, die wir nicht mehr so penibel wie noch das 19. Jahrhundert zwischen toten Markgrafen und anderen Toten unterscheiden, neigen keineswegs zu der Auffassung, daß es im Leben eines Richard Löwenherz auf einen Toten mehr oder weniger ja nicht ankomme. Die Selbstachtung der militärischen Kaste erforderte, und nicht nur zur damaligen Zeit, einen scharfen Trennungsstrich zwischen erlaubten und unerlaubten Tötungen, auch Tötungsarten. Der Söldner tötete anders als der Ritter, und von ihm erwartete auch niemand, daß er sich dabei bestimmten Regeln unterwerfe. Das in der Theorie wichtige Abstecken von Grenzen, vielleicht auch eine instinktive Tötungshemmung, wenn es sich um Angehörige des eigenen Standes handelte, ist bei ehrenhafteren Gemütern – und zu diesen dürfen wir Richard zählen – natürlich in Rechnung zu stellen. Wenn ein Heinrich VI. es im Interesse einer auf Dauer gesicherten Thronfolge in Sizilien für nötig hielt, den im Kindesalter stehenden jüngsten Sohn Tankreds, Wilhelm III., der sich ihm ergeben hatte, blenden und vielleicht kastrieren zu lassen, worauf dieser bald starb[528], so ist das eine Verhaltensweise, die man sich bei Richard wirklich nicht vorstellen kann. Das mag auch mit seiner größeren Selbstsicherheit zusammenhängen. Johann sollte sich später von seinem Neffen Artur existenziell bedroht fühlen, und als einzigem Mitglied der Dynastie mit den innerfamiliären Dauerturbulenzen wird ihm Verwandtenmord zugeschrieben. Für Richard war die Gefährdung seiner Position nahezu eine permanente Situation, aber die Bedrohung durch jene Personen, deren Überleben wir als nicht selbstverständlich registrieren – Alice, Isaak von Zypern und seine Tochter –, hielt sich in Grenzen. Das gilt nicht für Konrad. Die perfekte Falle, die dieser ihm zugedacht hatte, dessen klassische Verräterrolle, wenn man von einem allgemeinen christlichen Interessenstandpunkt ausgeht, die Extremsituation, in die das ganze Heer zu schlittern drohte, das sind Faktoren, die uns nahelegen, das Vertrauen in die grenzziehende Gewalt der Moral nicht unrealistisch hoch zu veranschlagen. Wir tun gut daran, sowohl Richard als auch Saladin von der Höhe des Ideals herabzuholen und uns zu erinnern, daß sie Männer des Krieges waren, die in der wichtigsten Angelegenheit der Zeit ein Ziel verfolgten, bei dem sie gefunden haben könnten, daß der Zweck die Mittel heilige.

Was außer dem angeblichen Charakterhindernis noch an Argumenten zu Richards Unschuld vorgebracht wurde, überzeugt nicht: Weder darf man aus der Ankunft des Longchamp-Boten auf eine besondere Bestürzung über die Ablöse des Kanzlers und einen daraus resultierenden Wunsch Richards zur schleunigsten Heimkehr schließen – was zur Anerkennung Konrads geführt hätte – noch wegen der späteren Reaktion von Konrads Bruder Bonifaz oder seiner Witwe Isabella auf dem Umweg über deren augenscheinliche Verdachtlosigkeit Richards Unschuld annehmen.[529] Nach Ambroise und dem Itinerarium hätte der sterbende Markgraf Isabella angewiesen, die Stadt nur Richard oder dem neuen König zu übergeben, also selbst keinen Verdacht gegen den englischen König gehegt und damit auch kurz vor seinem Tod das Bündnis mit den Franzosen zerrissen. Wie dem auch sei – die nachfolgend von diesen Quellen berichteten Spannungen zwischen Isabella und den Franzosen wegen der Übergabe von Tyrus muß es gegeben haben. Die Franzosen erhielten die Stadt nicht, und das beweist wenigstens, daß Isabella und ihre Familie keine Notwendigkeit sahen, bei den Franzosen vor Richard Schutz zu suchen. Aber – in der Annahme, von Richard nichts zu befürchten zu haben, täuschten sie sich möglicherweise. Ambroise/Itinerarium behaupten, Richard hätte seinem Neffen den Rat gegeben, Isabella nicht zu heiraten bzw. gesagt, er täte es nicht, und als Grund ihre skandalöse Heirat mit Konrad angegeben.[530]

Das ist angesichts der Alicegeschichte nicht ganz unglaubhaft, und es wäre begreiflich, wenn er auf Isabella nicht gut zu sprechen gewesen wäre, denn schließlich hatte sie ihm das Problem Konrad ja erst beschert. Vielleicht aber wollte er bloß sein Recht auf Vergabe der Herrschaft betonen, das Recht der Eroberung ebenso wie nach Ambroise und dem Itinerarium ein Erbrecht als Oberhaupt der Anjoufamilie.[531] Er bestand jedenfalls nicht darauf, daß Heinrich nach seinem Rat handle, und Eracles-„Ernoul", die allerdings in diesem Punkt sehr ungenau sind, sehen in ihm sogar den Veranlasser der Eheschließung. Sicard will wissen, daß Isabella Heinrich unfreiwillig geheiratet habe, während Ambroise die Angelegenheit ausschließlich unter einem romantischen Blickwinkel bringt.[532]

Es bleiben also genug Fragen offen, dennoch sind wir in der seltenen Lage, zu einem so weit zurückliegenden Kriminalfall sehr viel mehr in Händen zu haben als spärlich begründete Meinungen einzelner Chronisten. Es gibt, wie nicht anders zu erwarten, Widersprüche in der zu Richards Gunsten vorgebrachten Schiffsgeschichte und solche, die Saladin belasten, in den arabischen Berichten. Wir fragten uns zuletzt, was gegen eine Annahme von Richards Beteiligung an dem Mordfall spräche, und fanden nichts, während etliches vorliegt, was eine solche nahelegt. Dieser Gesamtbefund wird durch die Umstände, die den Verdacht auf Saladin lenken, nicht einfach neutralisiert. Das Hauptargument aber, warum man sich Richard als nicht völlig unbeteiligt an Konrads Tod vorstellen kann, ist in der Tatsache zu sehen, daß er diesen anerkannte. Dieser Angelpunkt des Geschehens, der die Möglichkeit in sich barg, Guido mit Anstand fallenzulassen und Heinrich den Weg zur Macht zu ebnen, wo sonst nach Konrads Tod doch der ehedem schon gekrönte Lusignan wie selbstverständlich konkurrenzlos hätte dastehen müssen, hat seltsamerweise Richards Biographen nie Schwierigkeiten bereitet. Obwohl man ihm die ausgeprägteste Impulsivität nachsagte, überraschte es niemanden, ihn eine Wendung vollführen zu sehen, die, wäre sie definitiv gemeint gewesen, von der allerkältesten politischen Rationalität zeugen müßte. Obwohl der Frontwechsel eine absolute Notwendigkeit darstellte, wenn ein Kampf unter den Christen und eine Katastrophe für den Kreuzzug vermieden werden sollten, so ist dieser Ausweg nicht nur psychologisch schwer nachvollziehbar, sondern er paßt auch nicht zu den Eigenschaften, die der wahre Richard seinen Feinden gegenüber an den Tag gelegt hat. Das Lob, das ihm unisono für die Hochherzigkeit seiner Handlung gezollt wird, ist unangebracht. Es ist eine bloße Deduktion aus dem Begriff großzügiger Ritterlichkeit, mit dem er bei allen möglichen Gelegenheiten geschmückt wird, während wir genug Beispiele haben, daß sein Verhalten gegenüber Philipp und allem, was ihm angehörte – und Konrad von Montferrat hatte sich als sein Intimus profiliert –, von leidenschaftlichstem Haß geprägt war. Er hat zeitlebens taktische Bündnisse geschlossen, wo es ihm nötig schien: mit Philipp selbst etwa oder Heinrich VI., aber das konnte er tun in der Hoffnung, daß die Stunde der Revanche kommen werde, und das Schicksal bereitete ihm diese Genugtuung auch. Diese Aussicht fiel im Heiligen Land aber weg. War Richard außer Landes, so gab es keine effektive politische Einflußnahme mehr, die Distanz schloß politische Interaktion nahezu aus. Konrad anzuerkennen bedeutete nicht nur tatsächlich zu vergessen und zu vergeben, was dieser Mann ihm schon angetan hatte und anzutun im Begriff gewesen war, es bedeutete, der französischen Politik einen bleibenden Triumph zu verschaffen, und schloß für ihn selbst eine Lebensbilanz der negativsten Art ein. Was immer er sich selbst noch für Aufgaben gestellt haben mochte, der Kreuzzug, sein Kreuzzug, war die Aufgabe gewesen, die einen Großteil seiner Kräfte in den letzten Jahren gebunden hatte. An ihrer Bewältigung, mußte er wissen, würde er immer gemessen werden. Die ungeheuren Aufwendungen und Anstrengungen – er hätte sie nur erbracht, um einen Konrad von Montferrat in den Sattel zu heben, einen Mann, der dieser seiner Lebensaufgabe nur entgegengearbeitet und ihm auch nicht den kleinsten Schritt entgegengekommen war? Er hatte seinerzeit den Endkampf mit dem Vater aufgenommen, weil dieser ihm die Anerkennung als Thronerbe versagt hatte, was tragbar gewesen wäre, wäre er im Land geblieben, aber unhaltbar wurde, weil er auf Kreuzzug gehen wollte. Er war, so sahen es die Zeitgenossen, zum „Vatermörder" geworden, um sich diesen Kreuzzug zu ermöglichen, und sein Resultat sollte sein, einem seiner erbittertsten Feinde eine Krone zu verschaffen? Politische Notwendigkeit ist die eine Sache, die emotionale Möglichkeit, ihr gemäß zu handeln, die andere. Noch saß er nicht in der von Konrad kaltblütig arrangierten Falle, er hatte Macht und Geld, der irreversible Schritt war vermeidbar. Dem entgegen stehen ausschließlich moralische Bedenken, die durch den Notwehraspekt und eine kasuistische Behandlung des Schuldproblems leicht hätten beschwichtigt werden können.

Welchen Anteil also, soll man sich vorstellen, hat Richard an Konrads Tod gehabt? Es ergibt sich eine Denkvariante, die sämtlichen merkwürdigen Umständen Rechnung trägt, sogar seiner mit viel Lebhaftigkeit vorgetragenen Unschuldsbeteuerung, und die ihm zwar nicht Täterschaft nachweisen, aber Mitwisserschaft anlasten würde. Fest steht, wer die Mörder und der unmittelbare Auftraggeber waren: die Assassinen. Das allein relativiert schon die Schuld des Hintermanns. Als dieser ist Saladin vorstellbar, der bedingterweise den Mord in Auftrag gegeben haben kann. Die Bedingung, so unwahrscheinlich sie war, trat ein: Richard erkannte Konrad an. Er hat, so die Theorie, es vielleicht nur deshalb getan, weil er wußte, welchen Mechanismus er damit in Gang setzte. Es müssen keineswegs jene beiden bei Konrad eingenisteten Assassinen gewesen sein, die Richard bedienten; es genügte, daß seine überall umherstreifenden Spione, die Einheimische waren, einen schärferen Blick hatten als Konrads Umgebung und bald wußten, welche Bewandtnis es mit den beiden so frommen neubekehrten Arabern in Tyrus hatte. War aber deren Identität einmal entdeckt, so war es nicht allzu schwer zu erraten, in wessen Interesse sie hier Kundschafterdienste leisteten. Der leiseste Hinweis aus dem Kreis der Unterhändler der al-ʿĀdil-Fraktion konnte genügen, um eine Vermutung zur Gewißheit zu machen. Richard propagierte unablässig den Frieden, und Saladins Emire wünschten keinen Krieg mehr, wie die Allianz mit Konrad ihn in Aussicht stellte. Es gab Probleme in anderen Reichsteilen und die heraufziehende Nachfolgefrage. Al-ʿĀdil, der künftige Sultan, hatte seinerzeit auf Richard gesetzt, und wenn das Heiratsprojekt auch geplatzt war, so kann er immer noch ein Gegner Konrads gewesen sein, ja er kann auch deswegen für Richard Partei ergriffen haben, weil in dessen Machtposition die Garantie zu liegen schien, daß Konrad nie König werden würde. Eine Indiskretion, hervorgerufen durch interne politische Meinungsverschiedenheiten, konnte Richard instandsetzen zu begreifen, daß er Konrad nur anerkennen müsse, um ihn für immer loszuwerden. Jedenfalls scheint mir irgendeine subtile Verwobenheit in die Ereignisse bei den geschilderten Zufälligkeiten und Unwahrscheinlichkeiten viel plausibler zu sein als eine glatte Unschuldsvermutung.

Man meint eine Parallele zu sehen zu dem seinerzeitigen Verrat am Vater. Anders als seine Brüder hat Richard nicht wiederholt und leichtfertig, sondern als letzten Ausweg in einer total festgefahrenen Situation die Seite gewechselt. Seine Verwicklung in den Fall Konrad stellt sich gleichermaßen als eine Aktion des letzten Auswegs, nicht als bedenkenlose Beseitigung eines Hindernisses im ersten Anlauf dar. Er hat dem Vater gegenüber einen Rechtsstandpunkt verfochten, sein Recht zur Thronfolge beansprucht. Er muß es genauso als sein Recht betrachtet haben, den Thron von Jerusalem zu vergeben. Dem Vater hat er sich nicht unterworfen: Er hat weder Alice geheiratet noch auf den Kreuzzug verzichtet, weil es nicht rückgängig zu machende Entscheidungen gewesen wären und die sinistren Machinationen um Alice auf eine versuchte Rechtsbeugung hinausliefen. Sein Vater hatte es so eingerichtet, als hinge die Thronfolge in England von der Hand einer französischen Prinzessin ab. Konrad hatte seinen Anspruch auf den Thron nur durch Rechtsbeugung erworben, durch Erzwingung einer „Scheidung" in einer Justizfarce, was ohne französische Unterstützung nicht so leicht vonstatten gegangen wäre. Dieselbe Partei nun, die die skandalöse Eheannullierung favorisiert hatte und ihn mit ihrem Kandidaten schikanierte, klagte ihn selbst unaufhörlich vor aller Welt wegen der Auflösung seiner Verlobung mit Alice an. Und da wundert man sich gar nicht, daß er sich dieser Seite letztlich kampflos unterworfen haben soll?

### *Das Ringen um den Waffenstillstand*

Wir kehren zur Chronologie der Ereignisse zurück. Mit dem Ende der internen Spannungen und dem Frühjahr waren die Voraussetzungen für eine neue militärische Großoffensive gegeben. Nach der am 22. Mai 1192[533] erfolgten Einnahme ad-Dārūms, das ein Stützpunkt des Feindes auf seiner Verbindungslinie zwischen Syrien und Ägypten war, gab es an der Südküste Palästinas keine Aufgabenstellung für das Heer mehr. Diesem Heer, zu dem einen Tag nach Fall der Festung Graf Heinrich mit den Truppen des Landes und der Herzog von Burgund mit den Franzosen gestoßen waren, stellte sich nun erneut die Frage der Zielsetzung. Die Standpunkte waren unverändert, wir kennen bereits die Argumentation und das Ergebnis der Auseinandersetzung.

Folgen wir dennoch Ambroise[534], dem unverdächtigen Kronzeugen der äußeren Ereignisse, ein paar Seiten lang, um Richards Winkelzüge in dieser heiklen Phase zu studieren. Man befand sich Ende Mai auf dem Marsch von ad-Dārūm in nordöstlicher Richtung auf Jerusalem zu, als der Vizekanzler Johann von Alençon mit Nachrichten aus der Heimat eintraf. Sie enthielten nichts Neues, die Umtriebe Philipps und Johanns, die Richards Heimkehr geboten erscheinen ließen. Im Heer erhob sich nun ein großes Rätselraten: Wird er abreisen? Wird er bleiben? Natürlich konnte Richard gar nicht heimkehren, da ja kein Waffenstillstand in Sicht war. Er sollte durch seine hartnäckige Verhandlungsführung dann auch noch beweisen, daß er nie daran gedacht haben kann, durch eine überstürzte Heimkehr den ganzen Territorialgewinn in Frage zu stellen. Aber wenige Wochen zuvor, nach der Botschaft des Priors von Hereford am 15. April, hatte er in offenbar manipulativer Absicht eben mit dieser Ankündigung seinen Schwenk zu Konrad eingeleitet. Er hatte es damals seinen Leuten freigestellt, mit ihm heimzukehren oder zu bleiben, und einmütig hatten alle erklärt, wenn er dem Land keinen allseits akzeptierten König gebe, so würde niemand bleiben. Nun gab es einen unumstrittenen Königskandidaten, der sich allerdings nie krönen ließ, und die französischen Großen und Richards eigene Barone hielten eine Versammlung ab, in der sie entschieden, sie würden – ganz gleich, ob der König bleibe oder gehe – auf jeden Fall die Belagerung Jerusalems in Angriff nehmen. Als das Ergebnis im Heer bekannt wurde, brach Jubel aus. Er erfaßte alle, sagt Ambroise, außer Richard, der sich stumm in sein Bett zurückzog. Auch in den nächsten Tagen sah man ihn nur nachdenklich und schweigend, was man glauben darf, denn während man sich immer noch im Vormarsch befand, sah er sich in einer Situation, in der ihm die Führung zu entgleiten drohte. In dem Stimmungsbild folgt nun der Auftritt des Kaplans Wilhelm von Poitiers, der sich anschickte, dem König aus religiösen und moralischen Gründen Jerusalem als notwendiges militärisches Ziel vorzugeben. Aber Richard gab keine Antwort und fand erst anderntags seine Sprache wieder. Es muß ihm klar geworden sein, daß es nun nicht mehr darum gehe, etwas zu realisieren, sondern daß es nur noch galt, ein Debakel zu verhindern, und daß er trachten mußte, das bisher Eroberte zu halten. Obwohl es erst offen zur Debatte gestellt werden sollte, muß er gefühlt haben, daß sein Ägyptenprojekt bereits gestorben war. Am nächsten Tag ließ er bekanntmachen, daß er bleibe, und zwar bis nächste Ostern, was für Saladin bestimmt gewesen sein muß, und daß es also nach Jerusalem gehe. Der Weitermarsch sah Ausbrüche christlichen Verhaltens, tätige Nächstenliebe der Hochrangigen gegenüber den Armen. Am 11. Juni war man wieder in Bait Nūba, wo das Lager aufgeschlagen wurde. Ein Abt aus der Umgebung stellte ein Stück des wahren Kreuzes zur Verfügung, das tränenreiche Anbetung fand. Währenddessen sandte Richard Heinrich von der Champagne zur Küste, um Nachzügler einzuholen, womit Zeit verging. Bei einem Ausritt und in Verfolgung des Feindes, der dem Kreuzfahrerheer arg zusetzte, war Richard einmal ein Blick auf Jerusalem gegönnt. Ambroise will wissen, daß, als man ihn mit seinen Rittern von der Stadt aus sah, dort das Entsetzen ausgebrochen sei, weil man meinte, das ganze Heer nahe; aus

Bahā' ad-Dīn[535] können wir immerhin ablesen, daß Saladin sich damals unter nervlicher Hochspannung befunden haben muß.

Die Aufregung war umsonst. Als man sich im Heer zu fragen begann, wieso man denn nicht weitermarschiere, erklärte Richard, daß es nicht möglich sei, Jerusalem zu belagern, wobei er seine Meinung begründete und den Franzosen die Versicherung abgab, er wisse schon, warum sie ihn unbedingt in dieses Abenteuer hetzen wollten. Er schlug nun vor, man solle eine Zwanzigerkommission, bestehend aus Angehörigen der Ritterorden, der Einheimischen und der Franzosen, darüber entscheiden lassen, ob Jerusalem zu belagern sei oder man sich nach Kairo, Beirut oder Damaskus wenden solle. Von diesem Entscheidungsverfahren berichtet uns auch, nur mit anderen Zahlenangaben, Bahā' ad-Dīn.[536] Wie üblich, erklärte man, das Resultat akzeptieren zu wollen; als die Entscheidung aber für Kairo fiel, stellten die Franzosen klar, daß sie nicht mitmachen würden. Umsonst führte Richard aus, daß seine Flotte in Akkon bereitstehe, um Ausrüstung und Verpflegung zu transportieren, daß man immer die Küste entlangziehen könne und er 700 Ritter und 2000 Fußsoldaten besolden würde, was etwa der Stärke des französischen Kontingents entsprach. Es wird uns nicht gesagt, wie sein eigenes Heer sich zu dem Vorschlag stellte, aber jedenfalls war mit den eigenen Kräften allein eine derart große Unternehmung nicht durchzuführen. Umgekehrt sahen sich aber auch die eifrigsten Jerusalembefürworter mit den Grenzen ihrer Möglichkeiten konfrontiert: Der Feldherr trat in Streik, er erklärte, das Heer zwar nach Jerusalem begleiten, aber nicht führen zu wollen. Seine eigenen Leute wurden ins Zelt der Johanniter beschieden, wo sie darlegen sollten, wie sie die Belagerung fördern wollten. Das ist ein Hinweis nicht nur auf Jerusalemsympathisanten in den eigenen Reihen, sondern auch auf den angekündigten Ausfall der königlichen Finanzierung. An diesem toten Punkt, wo Ambroise schon überzeugt war von der Torheit des Unternehmens, war ein Anstoß von außen nötig, um zum Ende zu kommen. Diese Rolle war einem Nebenakteur zugedacht; auftrat „Bernhard, der Spion". Er verkündete, daß eine Karawane von Ägypten herannahe und wo sie aufzuspüren sei – ein paar Tagereisen weit weg im Süden, bei der „Runden Zisterne". Die Szene belebt sich nun durch weitere Spione, und das Interesse des Berichterstatters geht zu der neuen Aktion über: Richard erklärte sofort, daß er die Karawane überfallen werde, und lud den Herzog von Burgund zur Beteiligung ein. Gegen die Zusicherung, ein Drittel der Beute zu erhalten, war dieser mit den Franzosen zur Teilnahme bereit. Das ist verständlich: Schon der bloße Geldmangel des Partners mußte das Ablenkungsmanöver gelingen lassen. Es handelte sich um eine Großkarawane, und entsprechend groß war das Aufgebot. Bei dem Überfall am 24. Juni, den Saladin, obwohl gewarnt, nicht hatte verhindern können, wurde ungeheure Beute gemacht, alle Schätze des Orients fielen den Siegern zu. Am 29. Juni war Richard wieder in Bait Nūba, und während im christlichen Heer die mitgeführten Kamele und andere Lasttiere wegen ihrer Anzahl allmählich als Belästigung empfunden wurden, begann Saladin sich eben ihretwegen Sorgen über einen bevorstehenden Einfall in Ägypten zu machen. Die Stelle bei Bahā' ad-Dīn beweist[537], daß man Richards damalige Wünsche gut kannte. Am 4. Juli begann das Heer sich von Bait Nūba nach Ramla zurückzuziehen. Die Hinhaltetaktik hatte bewirkt, daß den Jerusalembefürwortern in einem Maß der Atem ausgegangen war, daß sie nur noch zu Aktivitäten im Verbalen fähig waren. Der Herzog von Burgund gab das Startzeichen zur Demontage des Helden, indem er ein ordinäres Lied über ihn verbreiten ließ, das Richard im gleichen Tonfall beantwortete. Demoralisiert, enttäuscht und wütend, aber immerhin geordnet, marschierte das Heer zur Küste zurück. Die Franzosen verabschiedeten sich endgültig vom übrigen Kreuzheer und verließen Akkon nur mehr in Richtung Heimat. Das nächste militärische Ziel, das Richard nun anvisierte, war Beirut. Diese kleinere Operation im Norden, der Versuch, die Landverbindung zwischen dem Königreich Jerusalem und der Grafschaft Tripolis wiederherzustellen, erschien noch sinnvoll.

In der Zwischenzeit gab es eine intensive Verhandlungsphase, wobei es als nützlich erscheinen mochte, daß der Rückzug aus der Umgebung von Jerusalem von dem Erfolg im Karawanenunternehmen kontrapunktiert worden war. Unser Gewährsmann für diesen Abschnitt ist nun wieder Bahā' ad-Dīn.[538] Wir gewinnen Einblick in ein zähes Ringen, wobei die Positionen Zug um Zug zu verfolgen sind. Es geht nun nicht mehr um das Ausmanövrieren des Gegners mit großartigen Entwürfen und Bluffs, sondern um einen diplomatischen Kleinkrieg um jeden Fußbreit Land. Die Verhandlungspartner erweisen sich dabei als völlig ebenbürtig im Wahrnehmen ihrer Vorteile und in der Erkenntnis ihrer Situation. Saladin, flexibel und „großmütig", wenn es um Zugeständnisse im kleinen ging, hielt eisern an seinen Hauptforderungen fest; Richard mußte die seinen zurücknehmen, und tat es, nicht ohne noch jeweils eine Kompensation herauszuschlagen. Das lief zuweilen auf artige Bittgesuche um ein paar Dörfer hinaus, wofür er nicht zu stolz war. So war auch sein diplomatischer Rückzug ein geordneter, während durch ein sich Klammern an irreal gewordene Ansprüche die Gefahr bestand, jene Zeit ungenutzt verstreichen zu lassen, in der sein Heer noch eine Drohung darstellte, und am Ende in Bausch und Bogen preisgeben zu müssen, was man auf dem Vormarsch in den Süden gewonnen hatte. Saladin war militärisch keineswegs in resignativer Stimmung. Aber auch seiner Sache drohte der Absturz ins Bodenlose, nicht nur wegen der Gehorsamsverweigerung seiner Truppen, sondern – wie Bahā' ad-Dīn mit Dankbarkeitsgefühlen für die glückliche Fügung der Fristung rückblickend feststellt – weil seine Lebenszeit schon kurz bemessen war. In dem ausgehandelten Vertrag sollte schließlich keine Seite die andere übervorteilen, er entsprach vollkommen der realen militärischen Situation.

Richard eröffnete gleich nach dem Rückzug von Bait Nūba die Verhandlungen, wobei bis Mitte Juli Hauptstreitpunkt immer noch die Aufteilung Jerusalems blieb, was dem Verhandlungsstand vom März entsprach. Damals war es unter anderem um den Besitz der Zitadelle und des jeweiligen Hauptheiligtums, der Grabeskirche und des Felsendoms, gegangen, wobei nicht deutlich wird, ob bei der Teilung der Siedlungsgebiete immer noch die Ehefiktion und damit die Gesamtabtretungsforderung aufrechterhalten wurden. Jetzt im Juli machte es Saladin klar, daß seine Konzessionsbereitschaft in bezug auf Jerusalem sich auf das Recht des freien Pilgerverkehrs beschränken würde. Er forderte die Schleifung von Askalon, Gaza und ad-Dārūm. Am 19. Juli wies Richard das Ansinnen in bezug auf Askalon zurück, gab aber Auftrag zur Demolierung ad-Dārūms. Saladin rüstete zum Kampf, griff Jaffa an, nahm es zwar nur kurzzeitig ein, problematisierte aber nichtsdestoweniger jetzt auch dessen Besitz, indem er den Christen vorschlug, sich mit dem Küstenabschnitt zwischen Tyrus und Caesarea zufriedenzugeben. Richard beharrte immer noch auf Askalon, pries die Segnungen des Friedens, der eintreten würde, wenn man ihm dieses ließe, worauf er heimfahren könne, während er andernfalls, zu allem bereit, im Land bleiben würde. Er bot für Graf Heinrich eine Art Lehensverhältnis an, was in der Substanz an den Ehevorschlag erinnert, ja erklärte sich selbst zur Lehensnahme Askalons und Jaffas mit allen Konsequenzen bereit. Er soll sogar vertraulich geäußert haben, der Sultan möge ihm doch aus Reputationsgründen Askalon lassen, da er die kleine Garnison ja jederzeit vertreiben könne. Kurzum, er scheute kein Manöver, um im Besitz der Stadt zu bleiben, die Saladin seinetwegen zerstört und die er selbst daraufhin aufgebaut hatte. Bei ihrer strategischen Bedeutung für Ägypten stellte es schon ein Zugeständnis Saladins dar, daß er nicht auf ihrer Abtretung bestand, sondern damit einverstanden war, daß die Region nach Schleifung der Befestigungen zum militärischen Niemandsland werden würde. Als Richard am 28. August, todkrank und in Erfahrung der prekären Lage Jaffas, schließlich auf Askalon verzichtete, erhob er zugleich die Forderung auf Ramla und Lydda, deren Teilung Saladin am Ende zustimmte, während Howden von einer finanziellen Entschädigung berichtet. Askalon wurde jedenfalls von muslimischen Truppen unter christlicher Aufsicht demoliert. In diese Verhandlungen war eine Vielzahl von Unterhändlern eingebunden. So hören wir von einer Initiative mit Hilfe Abu Bakrs, des Kämmerers al-ʿĀdils, mit dem Richard auf besonders vertrautem Fuß stand, während er gleichzeitig einen Kontakt zu al-Maštūb herstellte, dem einen, bereits freigekommenen Kommandanten Akkons; aber auch von einer Persönlichkeit aus dem Gefolge des Saladinsohns al-ʿAzīz und hochrangigen Mamelucken ist die Rede. Bahā' ad-Dīn berichtet von der großen Freude, mit der schließlich auf beiden Seiten die Einigung aufgenommen wurde. Sie spiegelt einen Zustand wider, in dem keiner der Gegner den anderen hatte besiegen können. Aber das Kräftegleichgewicht war zuletzt nur durch einen überaus gewagten persönlichen Einsatz Richards zu halten gewesen. Der letzte militärische Trumpf blieb ihm, aber die Umstände des Sieges müssen ihm den Verzicht auf Askalon erleichtert haben.

Am Ende des Kreuzzugs entfaltet sich vor unseren Augen ein Stück Heldenepik, übereinstimmend dokumentiert von Augenzeugen beider Seiten. Außer bei Ambroise finden wir bei Coggeshall einen ausführlichen Bericht, der sich auf einen namentlich genannten und von Ambroise erwähnten Augenzeugen beruft[539], während Bahā' ad-Dīn[540] versichert, daß sich die dramatische Landung des Königs direkt unter seinen Augen vollzogen habe. Neben diesen Hauptquellen überliefern uns Howden, Diceto,

Sicard und die Eracles-„Ernoul"-Texte, die Quintessenz der Ereignisse, und selbst eine so abgelegene Quelle wie die Salzburger Annalen widmen ihnen eine nicht zu knappe Eintragung.[541] Wir kennen nebst vielen Einzelheiten die Mitglieder des königlichen Gefolges, Datum und selbst Wochentag des Kampfs um Jaffa. Ambroise erinnert sich genau, daß es ein Samstagmorgen war, als der König an Land ging, und er irrt sich nicht: In der Nacht vom Freitag, dem 31. Juli, zum Samstag, dem 1. August, hielt, nachdem sie drei Tage unter widrigen Windverhältnissen von Akkon aus unterwegs gewesen war, die königliche Flotte auf der Höhe der Stadt, aber in Distanz zur Küste. Im Morgengrauen enthüllte sich ihr ein tristes Bild. Man war zu spät gekommen: Die Stadt war gefallen und der Strand vom Feind übersät, so daß ein Eingreifen aussichtslos erschien. Da sich gleichzeitig mit der Flotte ein Landheer unter Heinrich von der Champagne in Bewegung gesetzt hatte, hatte man selbst kaum Pferde bei sich. Diesem war aber von Saladins Truppen der Weg bei Caesarea abgeschnitten worden, so daß später nur Heinrich selbst mit einer kleinen Schar zu Richard stoßen konnte. So erklären sich die nahezu lächerlich geringen Angaben über die Pferdeanzahl bei den Chronisten. Folgen wir Bahā' ad-Dīn, von dem am wenigsten eine ruhmredige Tendenz angenommen werden kann, so hatte Richard neun bis siebzehn Ritter, d. h. solche zu Pferd, bei sich und an Fußvolk 300 bis 1000 Mann, die auf 50 Schiffe verteilt gewesen waren, von denen 15 als Galeeren erkannt wurden. Verfügbar war also nahezu ausschließlich die Infanterie, unter der sich allerdings die ausgezeichneten Armbrustschützen der Genuesen und Pisaner befanden. Vom französischen Heer abgesehen, hatten sich noch einmal Angehörige aller Nationen zu der vorgesehenen Rettungsaktion zusammengefunden. Auf den Schiffen vor Jaffa erörterte man die Lage, und Richard schien wenig geneigt, sich zu exponieren, denn es war unklar, in wessen Hand sich die Zitadelle befand.

Wechseln wir zu den Geschehnissen am Strand über und zur Vorgeschichte. In der abgelaufenen Woche hatte Saladin seine Gegenoffensive mit der Belagerung Jaffas anlaufen lassen. Am Vortag, am 31. Juli, war die Stadt unter Plünderung und Tötung von Einwohnern eingenommen worden, während die Garnison in der Zitadelle noch ausharrte. Da Richard, der sich eben von Akkon aus nach Beirut hatte einschiffen wollen, sofort beim Herannahen Saladins verständigt worden war, hoffte man immer noch auf Hilfe. Vorsorglich hatte man allerdings Kapitulationsbedingungen ausgehandelt – die von Saladin unbestreitbar leichter zu erhalten waren als von Richard –, während Racheverlangen und Beutelust des muslimischen Heeres dem Sultan ihre Durchführung erschwerten. In der Morgendämmerung des 1. August trieben die Trompetenstöße der Flotte Saladin zur Eile. Er schickte eine Kommission unter Bahā' ad-Dīn zur Bestandsaufnahme der Vorräte in die Zitadelle, wo die Garnison, die mit wachsender Sorge die Verzögerung der Landung wahrnahm und beim Sturm ein Blutbad fürchten mußte, nun auf dem Punkt der Übergabe war. Ein Kollege Bahā' ad-Dīns ließ die eigenen undisziplinierten Soldaten prügeln, die Mamelucken des Sultans entrissen den Plünderern die kostbare Beute aus dem Karawanenüberfall, die in Jaffa deponiert worden war und in Kürze mehrmals den Besitzer wechselte. Da sah der arabische Chronist plötzlich die rote Galeere des Königs mit ihrem gleichfalls roten Segel vorschnellen und wurde Zeuge der Landung. Er eilte zum Zelt seines Herrn, berichtet er, und fand ihn, die Feder in der Hand, im Begriff, dem anwesenden christlichen Abgesandten den Brief der Gnade auszustellen. Bei der geflüsterten Botschaft habe er innegehalten, ein Gespräch begonnen, um die Aufmerksamkeit der Anwesenden abzulenken –, aber wenige Augenblicke später riß die allgemeine Flucht schon alles mit sich, und er konnte nur noch den Rückzug durch Befehl legitimieren. Wie Bahā' ad-Dīn uns verrät, hatte er nicht damit gerechnet, daß dem Feind bei der Überzahl muslimischer Truppen am Strand die Landung gelingen werde.

Was hatte Richard zu dem plötzlich forcierten Einsatz veranlaßt? Ein Bote war, nach Ambroise und Bahā' ad-Dīn, von der Zitadelle ins Meer gesprungen, um die Nachricht zu übermitteln, daß die Festung noch in christlicher Hand sei. Da sprang der König, hören wir, die Beine ungewappnet, als erster bis zum Gürtel ins Wasser, um, von den Armbrustschützen gedeckt, vorzustürmen. Mit dem Impetus einer Wikingerlandung vollzog sich die Überrumpelung des Feindes. Nachdem erst ein wenig Raum geschaffen war, wurden Barrikaden errichtet, um die Verbindung zu den Schiffen abzusichern. Mit Schwert und Streitaxt gelang der Einfall in die Stadt. In Nu hatte Richard auf einem Mauerabschnitt sein Banner gehißt, was für die Garnision das Zeichen zum Ausfall war. Der mit Beutemachen beschäftigte Feind wurde erschlagen oder floh, und Jaffa war im Handumdrehen wieder eingenommen. Nachdem er genau an jener Stelle, an der bei der Belagerung Saladins Zelt gestanden war, sein eigenes hatte aufschlagen lassen, ging er wieder zur Sanftmut über, um im Kreis der rasch zu ihm gestoßenen muslimischen Gesprächspartner aus den Verhandlungen über den Frieden zu räsonieren, wobei er Hochachtung vor Saladin mit Verwunderung mischte. Teils ernst, teils scherzhaft hat er nach Bahā' ad-Dīn die Unterredung geführt und gefragt, warum denn der Sultan geflohen sei, da er selbst doch gar nicht an Kampf gedacht habe, wie man ja an seinen Schiffssandalen ersehen könne. Und er ließ Saladin grüßen, beschwor ihn, dem für beide Seiten sinnlosen Kampf ein Ende zu setzen und ihm den Frieden zu gewähren. Die friedvollen Töne waren angebracht, denn Jaffas Mauern waren niedergelegt, in seinen Straßen war es vor Verwesungsgestank nicht auszuhalten, und das eigene Heer war auch nach Zuzug Heinrichs im Vergleich zum feindlichen immer noch klein. Wie sollte dieses Lager, in dem Bahā' ad-Dīn gar nur zehn Zelte gezählt haben will, verteidigt werden, wenn der Feind zurückkam? Und selbstverständlich war dieser erste Erfolg noch nicht der Sieg, denn das muslimische Heer lagerte in der Nähe, und Saladin würde nicht weichen, ohne es nochmals gegen den Feind geführt zu haben. Aber Richard mußte ihn erwarten, wenn die ganze Aktion einen Sinn gehabt haben sollte.

Im Morgengrauen des 5. August konnte ein Überfall auf das Lager verhindert werden, nicht aber seine Einschließung. Unsere Berichterstatter Ambroise und Coggeshall unterstreichen den Ernst der Lage, indem sie den König Reden halten lassen, was sonst nicht der Fall ist: Als Kreuzfahrer seien sie hierher gekommen, um zu sterben, eine Möglichkeit zur Flucht gebe es nicht, sie müßten ihr Leben teuer verkaufen. Coggeshall hat gehört, daß Richard einem seiner Kämmerer, der zur Unzeit ein Lamento über die wieder in die Stadt eingedrungenen Türken anstimmte, den sofortigen Tod androhte, wenn er nicht schweige, und ebenso, daß er bei Todesstrafe gebot, die Reihen geschlossen zu halten. Sicherlich gehört dieser Zug zum Charakterbild, ebenso wie das Locken mit reicher Belohnung, hat er doch schon seinerzeit nach Ambroise bei der Kaperung des großen muslimischen Nachschubschiffs vor Akkon der Besatzung das Hängen angedroht, wenn sie es entkommen lasse. Das verhinderte nicht, daß im Laufe des Tages sich die Ruderer in Todesangst auf ihren Galeeren vor Jaffa verkrochen, von wo sie von Richard zurückgeholt wurden. Das taktische Konzept, das bei dem Ausfall einer Reiterei doch noch den Sieg brachte, war folgendes: Im ersten Glied des Abwehrzirkels hatten die Fußsoldaten hinter dem in die Erde gerammten Schild, die vorgestreckte Lanze in der Hand, niederzuknien, während hinter ihnen in der Lücke zwischen zweien ein Paar Armbrustschützen koordiniert tätig war – während einer die Waffe spannte, schoß der andere. Als die erste Welle der türkischen Reiterei vor dieser Barriere haltmachte und abdrehte, soll Richard, so Coggeshall, in Gelächter ausgebrochen sein und frohlockend gerufen haben: „Habe ich es euch nicht gesagt!“ Es ist klar, daß mit der Abwehr des ersten Ansturms die Chance auf den Sieg gestiegen war, aber bis die wenigen Ritter von Richard zur Schlußattacke geführt wurden, sollte es Abend geworden sein. Viermal bemüht Coggeshall im Zusammenhang mit den beiden Jaffaberichten für Richard das Bild des rasenden Löwen. Ambroise meint, daß es wohl hier gewesen sei, wo er einem gepanzerten Emir mit einem Schwertstreich Kopf und Arm abgetrennt habe, worauf ein leerer Raum um ihn selbst entstanden sei. Gut bezeugt, wenn auch mit Variationen, ist die Episode, in der al-ʿĀdil dem schon zu Fuß kämpfenden Richard mit zwei Pferden aushalf.[542] Ein wesentlicher Faktor für den Sieg war allerdings auch die schlechte Kampfmoral beim Feind. Bahā' ad-Dīn, für diesen Abschnitt nicht mehr Augenzeuge, hat gehört, wie der König von England, die Lanze in der Hand, in Herausforderung die ganze Front des muslimischen Heeres abgeritten sei, aber niemand gegen ihn zum Kampf hätte antreten wollen. Der Bruder al-Maštūbs wagte seinem Sultan angesichts des entfesselten Richard zu sagen, er möge doch seine Mamelucken vorschicken, die unlängst die Jaffabeute an sich gerissen hatten. Diese Verweigerungshaltung gilt es zu bedenken, wenn wir uns fragen, wieso Saladin nicht kurz darauf, als Richard als Opfer einer Seuche daniederlag, doch noch das Blatt zu wenden vermochte. Mit den im Kettenpanzer steckenden Pfeilen gespickt wie ein Igel, ritt Richard abends zu seinem Zelt und in die Legende hinein, zweifellos bestärkt in der Geringschätzung gegenüber Feinden in Europa, die einen solchen Tag nie erlebt hatten und wohl auch nie erleben würden.

Die genaue Dokumentation der Ereignisse von Jaffa erlaubt ein Erfassen verschiedener Elemente in Richards Charakter, unter anderem, daß er sich nicht blindlings in ein Todeskommando stürzte, das nur zufällig glücklich ausging. Zwar gibt es befremdliche Details, wie den zweifach belegten Umstand vom Sturmangriff in Bordschuhen[543] und eine Geschichte bei Ambroise, nach der die Vereitelung des Überfalls auf das Lager nur dem zufälligen Latrinengang eines Genuesen zu verdanken gewesen wäre, der eben noch die Schläfer hätte wecken können, von denen manche aber ganz nackt zum Kampf hätten antreten müssen, doch ist es unwahrscheinlich, daß es keine Wachen gegeben haben sollte, und überdies stand das Heer ja beim Angriff in Schlachtordnung bereit, was genügend Zeit für Dispositionen voraussetzt. Wie sein Zögern vor der Küste Jaffas beweist, hat Richard sehr wohl die Umstände gegeneinander abgewogen, die Sieg oder Niederlage bedeuten konnten, und dem Unternehmen erst eine Chance gegeben, als er die Zitadelle noch in christlicher Hand wußte. So haben wir uns also im Zusammenhang mit dem Kreuzzug bei der Konstatierung sträflichen Wagemuts auf jene Stellen zu beschränken, wo unser Chronist die Meinung einer besorgten Kamarilla wiedergibt, was er öfter tut, und können uns sagen, daß es uns unbekannte Nebenumstände gegeben haben mag, wenn der stets um das Wohl des Kreuzfahrerheers bangende Ambroise sich über gefährlich klingende Nebenumstände nicht entsetzt. Daß Richard als Heerführer verantwortungsbewußt und mit wacher Aufmerksamkeit gehandelt hat, dafür liefert Jaffa jedenfalls auch einige Beweise. Genauso souverän war sein Umgang mit der Gefahr gleichzeitig in der politischen Arena.

Ein Ausblick auf das Schicksal Jaffas in den nächsten Jahren bekräftigt den aus der Wiedereroberung gewonnenen Eindruck, daß mit dem Besitz dieser Stadt die militärische Leistungsfähigkeit der christlichen Kräfte im südlichen Teil der Küste bis zum äußersten ausgeschöpft war. Wenn Jaffa später in christlichen Händen war, so verdankte das Königreich Jerusalem das der konzilianten Haltung al-ʿĀdils, der die Stadt 1204 überraschend abtrat, nachdem er sie den Christen 1197 – also noch zu Richards Lebzeiten – im Zusammenhang mit dem deutschen Kreuzzug abgenommen hatte. In die Endphase der Verhandlungen war al-ʿĀdil wieder voll eingebunden, und anders als Saladin, war er schon damals Exponent einer Friedenspartei, worauf Richard, der ihn Bruder zu nennen pflegte – und tatsächlich hat er nie einen besseren Bruder gehabt –, von Anfang an gesetzt hatte.

Wir besitzen aus der Endzeit des Kreuzzugs eine Porträtskizze Saladins, die wegen der hervorragenden Kompetenz ihres Verfassers, des Saladinsekretärs ʿImād ad-Dīn[544], sehr ernstzunehmen ist und der Bahā' ad-Dīns Ausführungen zum selben Thema durchaus nicht widersprechen. Auch dieser bezeugt, daß der Heilige Krieg beim Sultan alle anderen Interessen überwogen habe, aber wir lesen es eher als pflichtgemäßes Verhalten. ʿImād ad-Dīn[545] hingegen beschwört das Bild eines vom Krieg Besessenen herauf, der auf der Flucht vor dem eigenen Tod noch ganze Heere in ihn hineintreiben würde, wenn man ihn ließe. Und dies die gar nicht religiös verbrämten Worte des vornehmen, persönlich bescheidenen, leicht zu Tränen gerührten, sicher auch gütigen und klugen Sultans, die sein Sekretär ihn wählen läßt: „Wir haben uns an den Heiligen Krieg gewöhnt ..., jetzt ist es schwierig, das aufzugeben, woran wir uns gewöhnt haben ..., wir haben keine andere Beschäftigung noch Absicht als den Krieg, noch gehören wir zu denen, die Spiel verleitet und Zerstreuung verführt. Geben wir diese Mühe auf, welche nehmen wir dann auf uns? Verlieren wir die Hoffnung, sie zu besiegen, worauf sollen wir dann hoffen? Ich fürchte, wenn ich untätig bin, holt mich der Tod; wer sich gewöhnt hat, geschmückt zu gehen, wie kann er sich gewöhnen, ungeschmückt zu gehen?" Der an den Waffenschmuck Gewöhnte ist kein Friedensfürst. Lesen wir weiter bei ʻImād ad-Dīn, so hören wir, daß die Emire diese Haltung zwar gepriesen, aber den Sultan doch darauf aufmerksam gemacht hätten, daß er nicht nur an sich denken dürfe: „Sieh doch den Zustand des Landes, das verwüstet und zerstört ist." Und mit einem Koranspruch, der zum Frieden riet, dem Hinweis, wie gefährlich die zum Tod entschlossenen Franken noch werden könnten, und dem Trost, daß ein Waffenstillstand ja nur dem Atemholen für den nächsten Krieg diene – welche Atempause aber endlich einmal nötig sei –, hätten sie den Sultan mit vieler Mühe zum Frieden gestimmt. Bei Bahā' ad-Dīn[546] geht es rationaler zu. Da vertraut Saladin dem Qāḍi an, daß er fürchte, die Franken würden das ganze Land zurückerobern, wenn sie bei seinem Tod noch im Besitz der Küste wären. Er hielt also dafür, daß man sie gänzlich vertreiben solle, ein Plan, den er auch nach dem Rückschlag von Jaffa noch nicht aufgegeben hatte. „Zwischen den feindlichen Heeren lag nur ein Tagesmarsch, und die Staubwolken verdichteten sich schon bei der Vorhut", sagt ʻImād ad-Dīn, und anders als Bahā' ad-Dīn findet er bei dieser Gelegenheit, daß es eher für Richard ein Glück war, daß er den Waffenstillstand bekam. Es war nicht vorhersehbar, wem Ausdauer Sieg oder Niederlage bringen würde, aber Richard teilte sicherlich Saladins Auffassung, daß der militärische Wendepunkt schon da war. Während er sich von Saladin mit Pfirsichen und Birnen laben ließ, bedrängte er al-ʻĀdil, ihm den Frieden – der getreu der beiderseitigen Ideologie nur Waffenstillstand heißen konnte – zu verschaffen. Und während Saladin die Lage in Jaffa erkundete, setzten die Emire ihm zu, Richard die Heimkehr zu ermöglichen, damit sie selbst endlich auch aus dem Feld kämen und nicht noch den ganzen Winter vom Krieg hier festgehalten würden. Soll man urteilen, daß es für Saladins Größe spricht, wenn er sich von seiner düsteren Leidenschaft nicht fortreißen ließ, sondern den ihm von anderen dargelegten Vernunftgründen wich? Aber es hätte vielleicht wirklich nur eines allerletzten entschlossenen Einsatzes bedurft, um das christliche Lager mit seinem sterbenskranken Feldherrn Ende August 1192 unter die Hufe der türkischen Reiterei zu bringen. Ihres gefürchtetsten Faktors war dieses Heer ja im Augenblick beraubt. In dieser Situation, wo alles auf Messers Schneide stand, wirkte es sich nicht nur aus, daß man Richards militärischer Bravour Wunderdinge zutraute, sondern daß dieser längst mit den Emiren und mit dem als potentieller Nachfolger sich abzeichnenden al-ʻĀdil im Einvernehmen war. Es bestand ein Interessenbündnis, wo beide Seiten mit denselben Worten argumentierten. Nichts, was uns ʻImād ad-Dīn als Argumente der Emire für den Frieden anführt, fehlt in den bei Bahā' ad-Dīn nachzulesenden Botschaften Richards an Saladin, die für diesen Kreis bestimmt waren: Wie er gerne heimkehren wolle, aber zum Äußersten entschlossen sei, wenn man ihn hier festhalte; wie der Zustand des Landes und die beiderseitige Erschöpfung es erfordere, daß das Blutvergießen ende. Dazu der Gewissensappell: „Es ist dir nicht erlaubt, alle Muslime umkommen zu lassen, und mir nicht, alle Franken.“[547] Den total Kriegsmüden hatte sich Richard von Anfang an als Friedensbringer präsentiert und als Alternative zu den endlosen Kriegen Saladins friedliche Visionen heraufbeschworen, wie die Aussicht, durch eine Fürstenverschwägerung dauernden Frieden zu gewinnen. Was immer seine letzten Absichten gewesen sein mochten, er mußte einen korrumpierenden Effekt damit erzielen, einen umso nachdrücklicheren, weil er immer auch die Kriegsschrecken demonstrierte: Zuerst in Akkon, zuletzt in Jaffa. Dort kann die Entfaltung des Kriegsfurors auch als absolut notwendiges Mittel zur Friedensgewinnung gesehen werden. Es machte sich jetzt bezahlt, daß er seine beiden Gesichter stets vorrätig gehalten hatte, denn so mußte er seine Taktik gar nicht ändern, sondern konnte auf eingefahrenen Wegen und mit vertrauten Vermittlern in die letzte Verhandlungsrunde gehen. Wir sehen die Mittel des Krieges und der Politik nebeneinander im gleichwertigen Einsatz. Aber weil auf Jaffa, den letzten Militäreinsatz, eine augenfällige Phase militärischer Verwundbarkeit folgte, so kann man auch finden, daß ohne Richards konsequentes politisches Kalkül Saladin seine Emire doch noch zu einer allerletzten kriegerischen Unternehmung hätte motivieren können, was für ihn die Abrundung seiner Lebensleistung, für Richard und das Restkönigreich aber das Ende hätte bedeuten können.

Der Waffenstillstand vom 2. September 1192 wurde auf drei Jahre geschlossen und brachte den Christen den Besitz der Küste von Tyrus bis Jaffa. Eingeschlossen in den Vertrag waren auf Richards Initiative Antiochia und Tripolis und auf der Gegenseite alle angrenzenden muslimischen Gebiete. Das Pilgerziel wurde auch erreicht: Wie für Kaufleute wurden die muslimisch besetzten Gebiete auch für Pilger frei zugänglich gemacht, so daß die Masse der Kreuzfahrer doch noch Jerusalem betreten konnte. Ambroise berichtet uns von der Organisation dieser Pilgerzüge, denen sich Richard selbst nicht anschloß. Der Waffenstillstand nahm die Züge eines Friedensschlusses an: Graf Heinrich erbat und erhielt, laut Ibn al-Aṯīr[548], von Saladin ein Ehrenkleid, Kaftan und Turban und erklärte, es ungeachtet der bekannten christlichen Mißbilligung zu Ehren des Sultans tragen zu wollen. Seinen Neffen hatte Richard zuvor schon dem unbestrittenen Herrn dieses Weltteils ans Herz gelegt, und dieser hatte erklärt, ihn wie einen Sohn behandeln zu wollen.

Der letzte Abschnitt sah neben dem Austausch ritterlicher Höflichkeiten unter den Feinden auch die letzten Bosheitsakte unter den verfeindeten christlichen Alliierten. Richard hatte die Freude – und verhehlte sie nicht –, daß während seiner eigenen Krankheit der Herzog von Burgund in Akkon starb. Von der Pilgerfahrt nach Jerusalem strebte er die Franzosen auszuschließen, da sie ihm ja in Jaffa nicht geholfen hatten, dafür aber seinen Waffenstillstand tadelten. Also informierte er Saladin, daß nur passieren dürfe, wer eine Bescheinigung von ihm habe. Nach Bahā' ad-Dīn habe sich

Saladin aber mit Hinweis auf seine religiösen Gebote bei ihm entschuldigt und alle passieren lassen, während Ambroise es so darstellt, als hätte Richard seine Revanchegelüste befriedigen können.[549] Allerdings wird aus seiner Darstellung auch klar, daß die große Anzahl der Pilger ein gewisses Sicherheitsrisiko einschloß. Die Franzosen gingen nun sofort daran, ihre Interpretation des Verlusts von Askalon in die Welt zu setzen. Es ist die Geschichte eines mittels Bestechungsgeldes erkauften Verrats. Daß diese Version von ihnen ausging, die am besten wissen mußten, wieso der Süden des Landes preisgegeben werden mußte, ist aus den französischen Quellen und dem Niederschlag französischer Informationen in mehreren deutschen Berichten ersichtlich[550]; freilich bringen einige der letzteren, von denen man es am wenigsten erwarten würde, wie „Ansbert" und Arnold von Lübeck Gegenargumente zu dieser Auffassung, was Richards Bemühungen, die Sache klarzustellen, widerspiegelt. Er sollte ja bald Gelegenheit erhalten, sich zu dem Vorwurf, Verrat am Heiligen Land begangen zu haben, öffentlich zu äußern. Dabei darf man vermuten, daß die Quintessenz der nicht näher ausgeführten Beschuldigung die zweimalige Sabotage der Belagerung Jerusalems durch ihn dargestellt haben wird.

In die Berichterstattung über die dramatische Phase von Richards deutscher Gefangenschaft im Frühling 1193 schiebt Howden einen Brief des Dogen von Venedig an Richard ein, in dem ihm der Tod des Sultans und zugleich der Machtkampf zwischen den Söhnen Saladins und al-ʿĀdil gemeldet wird. Das Schreiben schließt mit den Worten: „et est dissensio maxima inter eos."[551] Als Richard endlich die Heimreise antreten konnte, war die Reisezeit schon soweit vorgeschritten, daß er beinahe wirklich im Land hätte überwintern müssen, wo dann Saladins Tod am 4. März 1193 ihn vielleicht instand gesetzt hätte, aus dem Streit im feindlichen Lager noch Gewinn zu schlagen. Er ging indessen am 9. Oktober 1192 von Akkon aus in See.

# DIE GEFANGENSCHAFT

## Gefangennahme

Über Richards Heimreise besitzen wir etliche Berichte[552], den ausführlichsten, der sich auf einen Augenzeugen zu stützen behauptet, von Coggeshall. Nach ihm hat Richard, nur drei Tagereisen von Marseille entfernt, seinen Plan aufgegeben, über Südfrankreich heimzukehren, weil ihm glaubwürdige Meldungen, daß man hier seine Gefangennahme vorbereite, zugetragen worden waren. Das abgelaufene Jahr hatte seinen Gascogner Seneschall, aber auch seinen Schwager, Sancho von Navarra, im Gegenzug zu einem Aufstand in Aquitanien zu einem weiteren siegreichen Feldzug nach Toulouse geführt. Es war natürlich, daß Graf Raimund, aber auch der französische König sich für Richards Reiseweg besonders interessierten. Zur selben Zeit befand sich – Zufall oder nicht – Philipps Onkel, der Erzbischof von Reims, der in Abwesenheit des Königs die Regierungsgeschäfte geführt hatte und später sein Mittelsmann zum Kaiser werden sollte, in eben jener Region zu einer Pilgerfahrt nach Santiago de Compostela.[553] Da Philipp im Vorjahr in Mailand mit dem Kaiser zusammengetroffen war, hatte Richard Grund, eine Absprache der beiden zu fürchten und auch das Reichsgebiet zu meiden. Er vermied mit dem Westweg zugleich, der Markgrafschaft Montferrat nahezukommen. Gefahr konnte aber auch von Genua und Pisa ausgehen: beiden Seestädten hatte Heinrich VI. schließlich schon 1191 Lehen im sizilischen Reich gegen Flotten- und Heereshilfe zugesagt[554], und nach dem Scheitern seines ersten Sizilienzugs war anzunehmen, daß er einen weiteren vorbereite. Richard wird inzwischen bekannt geworden sein, wie der Kaiser über seine sizilische Intervention dachte. So war der gesamte Einflußbereich dieser an der kaiserlichen Sizilienpolitik interessierten Seestädte, vor allem die ligurische Küste und der Golf du Lion bis Barcelona, als gefährliches Terrain für ihn einzustufen. Die Straße von Gibraltar zur Umschiffung Spaniens zu durchfahren, wie seine Flotte das 1190 getan hatte, war wegen der Jahreszeit ausgeschlossen[555], zudem hätte sich Richard dann ohne Begleitschutz im muslimischen Machtbereich befunden. Da ihm so das ganze westliche Mittelmeer unzugänglich war, wählte er den Seeweg über die Adria und die Heimreise zu Land, um England über einen Nordseehafen zu erreichen.

Nachdem er seine Reiseroute also geändert hatte, ging Richard, nun zurücksegelnd, laut Diceto am 11. November 1192 in Korfu an Land. Er reiste inkognito, und das beweist, daß er sich der Gefahren, die auch dieser Ostweg in sich barg, bewußt war. Zunächst befand er sich im Machtbereich von Byzanz, was wegen seiner Eroberung Zyperns schon nicht unbedenklich war. Er verließ in Korfu sein großes stabiles Schiff, die „Franknef", die ohne ihn in den Hafen von Brindisi einlief. Sie dort noch gesehen zu haben, war das letzte, was heimkehrende Kreuzfahrer vom Verbleib ihres Königs zu Hause zu erzählen wußten, meldet uns Howden, und Coggeshall berichtet, was weiter geschah. In Korfu sei es Richard gelungen, zwei Piratenschiffe anzuheuern und mit einer kleinen Gruppe von Vertrauten – unter ihnen Baldwin von Béthune, Wilhelm de l'Etang, sein Sekretär Magister Philipp von Poitiers und der Kaplan Anselm – in Verkleidung die Adria aufwärts zu fahren. Es mag noch Schiffswechsel und Landungen gegeben haben, so einen Aufenthalt in Ragusa (Dubrovnik), wo Richard einer unbeweisbaren Lokaltradition zufolge zum Dank für die Errettung aus Seenot zum Gründer der dortigen Kathedrale geworden sein soll.[556] Fest steht, daß das Wetter nun immer schlechter wurde, er aber den Gefahren des Meeres auf die eine oder andere Weise entkam.

Wir wissen nun nicht, ob Richard Schiffbruch erlitt, wie ein kaiserlicher Brief behauptet, oder bloß unter dem Seesturm zu leiden hatte, wie vor allem die englische Tradition besagt, und wo er letztlich an Land ging: in Zara (Zadar), Coggeshalls „Gazara", Howdens „Gazere apud Raguse", in Pola auf Istrien oder zwischen Venedig und Aquileja.[557] Weder die englische noch die offizielle kaiserliche noch die österreichische Version erlaubt ein widerspruchsfreies Rekonstruieren von Absicht und Durchführung der Reise. Es ist allerdings nicht auszuschließen, daß Richard auch jetzt noch umständehalber oder zu Täuschungszwecken die Route änderte. Ungewiß ist auch, wo die Intensivphase der Fahndung nach ihm einsetzte, das heißt, wo er das erste Mal Kontakt mit dem Grafen von Görz aufnahm, denn die Görzer waren nicht nur in Friaul ansässig, sondern hatten auch Besitzungen in Istrien und kontrollierten als Vögte im Patriarchat Aquileja die Küstenregion.

Einzelnen Berichten zufolge soll Richard die Absicht gehabt haben, über Böhmen die Gebiete seines Schwagers, Heinrichs des Löwen, zu erreichen.[558] Beim Verlassen Böhmens hätte er zwar direkt dem Kaiser in die Hände fallen können, der sich im Spätherbst 1192 im südlichen Sachsen aufhielt[559], doch wäre dies ein nicht vorhersehbares Unglück gewesen, während der gewählte Anweg über babenbergisches Territorium – seit Mitte 1192 gehörte auch die Steiermark dazu – absehbar riskant war. Da er statt über Italien die Balkanküste nordwärts gezogen war, möchte man annehmen, daß er das Reichsgebiet auch im Osten, also die kaiserliche Einflußsphäre überhaupt, vermeiden wollte. Deswegen, wenn schon nicht wegen der Beleidigung von Akkon, ist es unverständlich, wieso er das Gebiet Herzog Leopolds durchquerte, denn dieser war einer der wenigen zuverlässigen Parteigänger des Kaisers. Der Weg über Ungarn – die Weiterreise durch das Land Belas, denn die dalmatinische Küste, die er jedenfalls berührt hatte, gehörte wie das übrige Kroatien damals zu Ungarn – scheint in der Konsequenz des einmal eingeschlagenen Balkanwegs zu liegen. Dazu hätte er die alte Nord-Süd-Verbindung über Steinamanger und Ödenburg (Szombathely – Sopron) benützen müssen, die im Winter überdies gangbarer war als ein Weg über die Alpen. In politischer Hinsicht dürfte er von Ungarn nichts zu befürchten gehabt haben. Zwar war Bela III. mit Leopold und Philipp verschwägert, mit letzterem sogar über Margarete, die Halbschwester von Alice und Witwe des jungen Heinrich, aber auch zu Richards Seite gab es verwandtschaftliche Beziehungen[560], und die ungarischen Territorialinteressen gingen mit Leopolds Erwerbspolitik nicht unbedingt konform.[561] Vielleicht aber war Richard – das wissen wir eben nicht – unfreiwillig zu weit westlich gelandet, also wirklich zwischen Venedig und Aquileja an Land geworfen worden, so daß dieser Umstand den ursprünglichen Reiseplan modifiziert hatte, oder er hat überhaupt den großen Umweg gescheut; letztlich muß er jedenfalls, von wo ab er die Reise zu Land auch fortsetzte, durch Friaul gekommen sein. Da er Friesach in Kärnten berührte, ist anzunehmen, daß er die Alpen auf dem üblichen Handelsweg, der über Chiusaforte im Fellatal und durch das Kanaltal führte, passierte.[562] Von Friesach ging die Straße dann die Mur-Mürz-Furche entlang zum Semmering. Unter einem rein geographischen Gesichtspunkt betrachtet, wäre vom Obersteirischen aus über einen der Pässe relativ rasch das Alpenvorland zu gewinnen gewesen, von wo es nicht mehr weit nach Böhmen ist. Man hat angenommen, daß in der Hast der Flucht eine Abzweigung, etwa zum Schober- und Pyhrnpaß, verfehlt wurde[563]; denkbar wäre auch, daß sämtliche Paßstraßen hier wegen des Winterwetters nicht passierbar waren, obwohl der Semmering gleichfalls eine Hürde darstellte. Spätestens nach dem Erreichen des Wiener Beckens wäre aber ein Westweg einzuschlagen gewesen.[564] Verwunderlich erscheint, daß Richard – selbst bei noch so unwirtlichem Wetter – nicht bemerkt haben sollte, daß er statt nach Nordwesten nach Nordosten ritt. Man könnte nun meinen, daß er, auch wenn er nicht nach Böhmen wollte, sich, um heimzukommen, unbedingt hätte westlich halten müssen, statt in nordöstlicher Richtung Wien anzustreben, also nur eine Westabzweigung verfehlt haben kann. Aber eben das ist recht unwahrscheinlich. Eine solche hätte ihn dann nämlich unweigerlich nach Süddeutschland und ins Rheingebiet, und damit ins Zentrum der staufischen Macht geführt. Dazu paßt nicht, daß er Italien gemieden hat. Viel erstaunlicher als die Vermeidung der Westrichtung ist, daß er – im Bewußtsein, daß ihm überall in der Gegend aufgelauert wurde – nicht jetzt noch nach Osten auswich, um seinen Weg nach Norden jenseits der hier sehr nahen Grenze zu Ungarn fortzusetzen. Hier mag Ortsunkenntnis eine Rolle gespielt haben, erklärbar jedenfalls ist der Weg geradewegs nach Wien nach den auf uns gekommenen Nachrichten nicht.

Für den Chronisten Diceto[565] war die Ursache für Richards Gefangennahme klar: Er sah in ihr eine Strafe Gottes für seinen Verrat am Vater. Es kann nun sein, daß Richard es ebenso sah und daß ein unbewußter Mechanismus seine Schritte auf der Heimreise lenkte. Es ist jedenfalls nicht die einzige Situation in seinem Leben – wir erinnern uns etwa der Obstgärten von Jaffa, wo er sich, vom Feind umstrichen, zum Schlafen niederlegte –, wo sein Selbsterhaltungstrieb auszusetzen schien. Dieses schon konstatierte äußerst risikoreiche Verhalten, wenn er gleichsam privat unterwegs war, wird seine Bedeutung haben. Allerdings: Kaum saß er in der Falle, arbeitete er erkennbar ganzheitlich und sehr geschickt an seiner Befreiung, daß er aber überhaupt hineingeriet, hat ein paar uns zwiespältig anmutende Schritte zur Voraussetzung.

Folgen wir für den Zeitraum von der Landung bis vor Wien dem dramatischen Bericht Coggeshalls, der ein immerhin eindrucksvolles Stimmungsbild vermittelt und sich mit dem Brief des Kaisers und Howden gut vereinbaren läßt. Wir haben uns eine Gruppe von etwa 20 Personen vorzustellen, die in wenigen Tagen auf den König mit zwei, höchstens drei Begleitern zusammenschmolz. Wir müssen, wie gesagt, in Kauf nehmen, daß wir nicht wissen, wo der Ausgangspunkt für die folgenden Geschehnisse, die Kontaktnahme mit dem Grafen Meinhard von Görz, einem Verwandten Konrads von Montferrat, liegt. Wo immer dieser sich gerade aufhielt, er eröffnete die Jagd auf Richard. Ihm ließ der König einen kostbaren Ring präsentieren – erstmals taucht hier das Ringmotiv auf[566] – und, sich als reichen Kaufmann ausgebend, die Bitte um freies Geleit vortragen. Der Graf war sofort im Bilde, ließ Richard zwar ziehen, verständigte aber seinen Bruder Engelbert, der einen in seine Familie eingeheirateten Normannen, Roger von Argentan, auf den König ansetzte. Dieser machte Richard wirklich ausfindig, verhalf ihm aber, statt ihn zu verraten, zur weiteren Flucht und verschaffte ihm ein gutes Pferd. Trotzdem büßte Richard acht seiner Leute durch Gefangennahme ein. Howden steuert das Detail bei, Baldwin von Béthune hätte den Auftrag gehabt, mit einer Gruppe zurückzubleiben und durch vermehrtes Geldausgeben die Aufmerksamkeit auf sich zu lenken, damit Richard Vorsprung gewinnen könne. Die List half nicht viel, denn im nördlichen Kärnten, in Friesach, das zum Erzbistum Salzburg gehörte, lauerte die nächste Gefahr. Hier wurden durch die Wachsamkeit Friedrichs von Pettau sechs weitere Begleiter verhaftet, während Richard, namentlich nur mehr von Wilhelm de l'Etang und einem deutschsprechenden Knaben begleitet, noch einmal entkam. In Gewaltritten, drei Tage und drei Nächte unterwegs[567], traf die kleine Gruppe schließlich völlig erschöpft vor Wien ein.

Die Quintessenz der folgenden Ereignisse teilen uns die Zwettler Annalen, durch die engsten Beziehungen des Zisterzienserstifts zu Hadmar II. von Kuenring, dem Herrn von Dürnstein, zweifellos im Besitz der Wahrheit, mit. „Rex[568] Anglie capitur in Erpurch prope Wiennam a duce Leupoldo, et traditur domino Hadmaro de Chunring in Tyernstayn reservandus." In Erdberg, im heutigen dritten Wiener Gemeindebezirk, damals ein östlicher Vorort Wiens, meint man sich noch der Stelle zu erinnern, wo das Haus stand, in dem Richard gefangengenommen wurde[569], „in domo despecta" mit den Worten des kaiserlichen Briefs, in keinem reputablen Haus. In den Einzelheiten variieren die Darstellungen nun wieder. In den allerdings wenig genauen deutschen und italienischen Quellen, in französischen und Outremerquellen findet sich die „Küchenversion":[570] In ihr schlüpft Richard, als er sich schon umzingelt weiß, in die

Rolle eines Küchengehilfen, der ein Huhn am Bratspieß dreht, wobei er aber vergessen hat, daß sein kostbarer Ring nach allen Seiten hin funkelt. In dieser Form findet sich das Ereignis in der österreichischen Lokalsage wieder, obwohl gerade die Leopold nahestehende und genauere Quelle, der sogenannte „Ansbert" nichts davon weiß. Es handelt sich dabei um die Feindversion, die unrühmliche Begleitumstände genüßlich erzählt. Howden meldet lapidar, Richard sei im Schlaf überrascht worden, während Coggeshall Details bringt, die, wenn wir ihnen Glauben schenken wollen, uns wieder Anlaß zu Verwunderung geben. Nach ihm hat der deutschsprechende Junge, als er einkaufen ging, sich zunächst durch seine Goldmünzen und sein ganzes Gehaben verdächtig gemacht. Er wurde befragt, in wessen Diensten er stehe, und gebrauchte mit Erfolg die Ausrede vom Kaufmann. Heimgekehrt, beschwor er Richard, sofort aufzubrechen. Der aber wollte sich ein paar Tage ausruhen und schickte den Jungen weiterhin zu Besorgungen aus. Das nächste Mal zog dieser die Aufmerksamkeit durch die königlichen Handschuhe auf sich, die er im Gürtel stecken hatte. Unter der Folter gab er das Versteck des Königs preis. Angesichts des Tumults und der Menge von „Barbaren", die das Haus umstellt hatten, resignierte Richard und befahl, den Herzog zu rufen, dem er sich unter Überreichung seines Schwertes ergab. Eine Salzburger Quelle[571] nennt in Übereinstimmung mit Coggeshall als Datum der Gefangennahme den 21. Dezember 1192. Übereinstimmung herrscht aber auch in sämtlichen Quellen über den Umstand, daß es Richard nicht gelang, seinen Reichtum zu verbergen, und daß es dieser Faktor war, also letztlich eine Unaufmerksamkeit, durch den er in Gefangenschaft geriet.

Richard wurde im folgenden nach Dürnstein in der Wachau gebracht, wobei Wien wohl Durchgangsstation war. In Dürnstein, auch durch „Ansbert" und die Marbacher Annalen als Aufenthaltsort belegt, war er keineswegs lang, da wir ihn am 6. Januar 1193 schon in Regensburg finden, wo er Heinrich VI. präsentiert, aber nicht übergeben wurde, weil sich Leopold nicht mit dem Kaiser einigen konnte. Wir können uns vorstellen, daß er wieder nach Dürnstein zurückgebracht wurde und dort blieb, bis er die Reise nach Speyer antrat.[572] Um den 18. März 1193 herum finden wir ihn schon in Ochsenfurt am Main, wo er die ersten Boten aus der Heimat begrüßen konnte. Es handelte sich um die Äbte von Boxley und Robertsbridge, die die englische Regierung ausgeschickt hatte, um mit dem König Verbindung aufzunehmen. Die österreichische Sage folgte einer Fabel des 13. Jahrhunderts und machte daraus den Sänger Blondel[573], der sich auf der Suche nach seinem Herrn von Burg zu Burg mit einem Lied durchschlug, das er zusammen mit Richard verfaßt hatte. Als er vor Dürnstein die nur Richard bekannte Melodie sang, enthüllte ihm die Antwortstrophe aus dem Burgverlies den Aufenthaltsort seines Königs. Wir sehen aber, daß für eine so aufwendige Suchaktion Richards Zeit in der Wachau gar nicht ausgereicht hätte. Es besteht übrigens eine frappante Ähnlichkeit im Hinblick auf die Lage zwischen Dürnstein und Richards Meisterschöpfung und seinem Lieblingsaufenthalt in der letzten Lebenszeit, dem Château Gaillard an der Seine.

Was hatte nun Leopold bewogen, Richard gefangenzunehmen? Die Privatgründe für seine Feindschaft, also die Beleidigung von Akkon, die Verwandtschaft mit Konrad von Montferrat und Isaak von Zypern, werden zwar immer genannt, aber es bleibt doch sehr fraglich, ob er eine Tat von solcher Tragweite auf eigene Faust gewagt hätte. Nun hörten wir aber, daß in die Fahndung nach Richard auch andere als der Babenberger eingeschaltet waren, und wenn Richard sich schon auf dem Balkan zwar unzulänglich, aber doch bemühte, seine Identität zu verbergen, zudem auf die Italienroute verzichtet hatte, so hat er gewiß nicht den langen Arm Leopolds gefürchtet. Howden und Devizes behaupten nun, daß ein Reichsbefehl zu Richards Ergreifung ergangen war[574], was aus deutschen Quellen keine Bekräftigung erfährt. Man muß aber gar nicht an eine so allgemeine und öffentliche Maßnahme denken, da geheime Instruktionen an lokale Machthaber, die die frequentiertesten Eingangspforten des Reichs kontrollierten, denselben Zweck erfüllen konnten. Jedenfalls macht das ganze Bezugsnetz, vor allem das sofortige intensive Interesse des Kaisers an einer Überstellung Richards in seine Gewalt evident, daß Heinrich VI. Vorkehrungen getroffen hatte. Dieses Interesse durfte sich durch Berufung auf ein höheres legitimieren, wozu zwar nicht das französische gehörte, aber die deutsch-französische Übereinstimmung schuf ein Klima, in dem der Coup gegen Richard als ein gesamtchristliches Anliegen seine Rechtfertigung finden konnte. Als Handlanger dieser Allianz und der „Christenheit“ konnte Leopold riskieren, den Kreuzfahrerkönig gefangenzunehmen, ohne befürchten zu müssen, sofort unter den allerstärksten Druck der Kirche zu geraten, und es eröffnete sich ihm die Möglichkeit, seiner ganz persönlichen Rankünе gegen Richard eine späte und unverhoffte Befriedigung zu verschaffen. Aus dieser Sicht hat also nicht der Kaiser aus Leopolds Vorgehen mitprofitiert, indem er sich nachträglich einschaltete, sondern umgekehrt, die Initiative lag bei ihm. Wir besitzen in dem Brief Heinrichs VI. an Philipp vom 28. Dezember 1192[575] – und das ist ein sehr frühes Datum – einen Beleg für mehrere Tatbestände. Zum einen wird eine Absprache in Mailand zur Ergreifung Richards samt Begründungsstrategie zum Greifen deutlich: Im Bewußtsein, welch große Freude er ihm bereite, teilt Heinrich dem „dilecto et speciali amico suo Philippo“ mit, daß der Aufwiegler („turbator“) seines Königreichs in Gewahrsam sei, informiert über nähere Umstände von Richards Flucht ab der Adria und verweist auf die Empörung der ortsansässigen Bevölkerung über dessen Verrat am Heiligen Land. Zum anderen, und da wird die wunderbare deutsch-französische Interessenkoinzidenz betont, wird Richard als „inimicus imperii nostri“ bezeichnet. Wir dürfen daraus schließen, daß es ein Versäumnis gewesen wäre, gegen einen Reichsfeind nicht mit einem kaiserlichen Verhaftungsbefehl vorzugehen und eine Reichsangelegenheit ausschließlich dem österreichischen Herzog zu überlassen. Wenn es heißt, Richard sei „in nostra ... potestate“, so konnte davon am 28. Dezember 1192 zwar noch keine Rede sein, doch ließ es sich behaupten, wenn Leopold eben nicht in einer Privatangelegenheit tätig geworden war. Der Zweck des Briefs war natürlich, Philipp die Möglichkeit zu geben, dem Kaiser sofort ein entsprechend hohes Angebot für eine eventuelle

Auslieferung Richards zu machen. Das Dokument gelangte in einer Abschrift nach England, löste dort die Frage nach Richards Verbleib und gab der Regierung die Gelegenheit, zu Richards Gunsten tätig zu werden.

Bei der Frage, was Heinrich zu seinem Vorgehen gegen Richard bestimmt haben mochte, können wir alle später in Speyer vorgetragenen und in den Chroniken angeführten moralischen Gründe hier als irrelevant beiseite lassen. Zu untersuchen ist vielmehr, welcher Grad von politischer Notwendigkeit seinem Handeln zugrunde lag, ob objektive oder subjektive Motive anzunehmen sind und weiters, ob seine Maßnahmen als revanchistisch oder präventiv, defensiv oder offensiv zu beurteilen sind. Wir haben uns zu fragen, ob es Interessenkonflikte zwischen dem Imperium und dem Anjoureich gab, die, unabhängig von der Person des Kaisers, eine Konfrontation als geboten erscheinen ließen.

Die Auffassung, Richard wäre durch seine welfischen Verbindungen und späteren Allianzen schon 1192 das Haupt und die Stütze einer innerdeutschen Fürstenverschwörung gewesen, ist heute immer noch nicht zur Gänze überwunden.[576] Aus der Tatsache, daß er im Februar 1190 in La Réole in der Gascogne den Besuch seines Neffen Heinrich von Braunschweig empfangen hatte und dieser dann im Sommer 1191 – als Richard schon im Heiligen Land war und vorhatte, drei Jahre dort zu bleiben – vom kaiserlichen Heer vor Neapel desertierte, kann man genausowenig auf eine Konspiration schließen wie aus seiner möglicherweise ins Auge gefaßten Heimreiseroute über Norddeutschland, daß er der Fürstenopposition mit seinen 20 Mann hätte zu Hilfe kommen wollen. Es stellt deshalb seine Gefangennahme auch keinen speziell zur Stärkung von Heinrichs innerdeutscher Stellung eingetretenen „Glücksfall" für diesen dar, wie man immer noch gern behauptet[577], weil Richards Verhaftung und die Fürstenopposition, die sich zudem erst formierte, zunächst in gar keiner Beziehung zueinander standen. Es bleibt also an möglichen Reibungsflächen nur die Sizilienpolitik der beiden Opponenten: Heinrich stützte sich auf sein Recht zum Besitz des Normannenreichs und wollte es erobern, Richard hatte mit dem derzeitigen und von Heinrich als Usurpator angesehenen König Tankred einen Beistandspakt abgeschlossen. Nun haben wir aber bei der Interpretation dieses Vertrags vom Oktober 1190 festgestellt, daß Richards Hilfszusage gegenüber jedermann aus bloßem Eigeninteresse erfolgt und auf den kurzen Zeitraum seiner Anwesenheit in Messina beschränkt war, somit Tankred mit keiner weiteren Unterstützung von ihm rechnen konnte. Der für diesen politisch substanzlose Vertrag verschleierte möglicherweise nur ein Geldgeschäft, und hier nun scheinen wir endlich zu einer konkreten Interessenkollision vorzustoßen. Heinrich konnte finden, daß die von Richard eingezogenen Gelder eigentlich aus dem ihm gehörenden normannischen Staatsschatz genommen waren[578], und Richard deshalb mit dem nötigen Nachdruck seine Rückzahlungsforderung präsentieren. Tatsächlich stehen die unter drei Titeln von Tankred an Richard gezahlten Summen in einer gewissen Relation zu dem zunächst von Heinrich auf 100.000 Mark Silber angesetzten Lösegeld Richards. Nun hatte aber dieser aus dem Wittum seiner

Schwester berechtigte Forderungen an Tankred, so daß vielleicht nur jene 20.000 Unzen Gold, die für den Ehevertrag gezahlt wurden und über 27.000 Mark Silber entsprachen, als freie Vereinbarung zwischen Tankred und Richard anzusehen sind. Ging es um Geld, so war ein Betrag dieser Größenordnung, den Heinrich als Bereicherung auf seine Kosten betrachten mochte, in Beziehung zu setzen zu den politischen Konsequenzen eines irreversiblen Schritts. Es ging aber keineswegs nur um Geld. Daß der Gewaltstreich auch viel Geld einbringen mußte, war selbstverständlich, aber Heinrichs Forderungen gingen weit über finanzielle hinaus, und alles Tauziehen bezog sich im folgenden auf politische Fragen. So werden wir auf der Suche nach Heinrichs Motiven auf politische verwiesen, ohne daß objektiv betrachtet eine Notwendigkeit zum Handeln für ihn vorlag. Das läuft darauf hinaus, daß er sich in einer subjektiven Weise von Richard provoziert fühlen mußte, was heißen würde, in einer von diesem nicht zu verhindernden Art.

Die Quellen zeichnen uns von Heinrich das Bild eines schmächtigen Mannes mit magerem Gesicht, rötlichblond, gebildet, literarisch und selbst philosophisch interessiert.[579] Er war weder ritterlich gesinnt noch militärisch begabt, sondern ist als reiner Politiker zu betrachten. Als solcher war er von schroffer Art, bedenkenlos sein Wort brechend, durchdrungen von seiner kaiserlichen Würde, die ihn wie den König aller Könige auftreten ließ. Seinem Ehrgeiz fehlte außer der wohlfundierten politischen aber auch die physische Basis. Immer in Anspannung, soll er sich kaum Zeit zum Essen genommen haben, war kränklich, ein Feind der Genüsse, aber trotzdem kunstfreudig. Dem machtbesessenen „Schöngeist" konnte die Welt als ein Schachbrett erscheinen, auf dem viele Züge denkbar waren, die zum Sieg führten. Zudem war er grausam: Zu den Martern, die er den sizilischen Aufständischen, immerhin Adeligen, bereitete, gehörten Verbrennen, Pfählen und Zersägen; dem Anführer ließ er eine glühende Krone aufs Haupt nageln.[580] Angesichts dieses Porträts mag man sich fragen, ob das Gefahrenpotential, dem Richard sich ausgesetzt sah, als er diesem Mann in die Hände fiel, nicht für gewöhnlich unterschätzt wird, als ob von vornherein klar gewesen wäre, daß es nur um finanzielle oder politische Fragen gehen könne.

Einer national- und machtstaatlichen Betrachtungsweise zufolge verkörperte Heinrich VI. den Höhepunkt des mittelalterlichen Kaisertums, den er durch geniale Staatskunst heraufgeführt hätte; andere führten die Weltgeltung des Imperiums unter ihm auf eine Reihe von Glücksfällen zurück und betrachteten seine Politik als letztlich zum Scheitern vorherbestimmt, wovor ihn nur sein früher Tod bewahrt habe.[581] Wir müssen noch offenlassen, ob er eher der hochbegabte Realpolitiker der einen oder der theoretisierende Phantast der anderen Seite war.

*In österreichischer Haft*

In der ersten Phase seiner Gefangenschaft, der Zeit vom 21. Dezember 1192 bis zum 21. März 1193, die er in österreichischem Gewahrsam verbringt, ist dieser Kaiser noch Hintergrundfigur für Richard. Es ist sehr still um ihn, die Zukunftsaussichten sind ungewiß, und die Heimat ist eben erst für ihn tätig geworden: Der Bischof Savaric von Bath, ein entfernter Verwandter des Kaisers, ist zu diesem geschickt worden, um Verhandlungen wegen der Freilassung des Königs aufzunehmen, der noch gar nicht in kaiserlicher Hand ist. Aus dieser Zeit, in der er völlig auf sich allein gestellt ist und im wesentlichen als bloßes Verhandlungsobjekt angesehen zu werden pflegt, besitzen wir ein erstrangiges Dokument. Es handelt sich um den in Würzburg am 14. Februar 1193 abgeschlossenen Übergabevertrag zwischen Leopold und dem Kaiser.[582] Er zeigt nicht nur die Wünsche Heinrichs VI. in ihrer reinsten Form – außer Lösegeld auch Flottenhilfe und persönliche Teilnahme Richards an dem kaiserlichen Eroberungsfeldzug nach Sizilien bis zum Erfolg des Unternehmens –, sondern spiegelt auch die Maximalforderungen und Interessen Leopolds wider, und in dieser Hinsicht ist er für uns jetzt interessant. Leopold ist als Initiator des Vertrags anzusehen. Zu seiner Sicherung, daß der Kaiser ihn nicht um seinen Anteil prellt, wenn er ihm Richard einmal ausgehändigt hat, ist der Vertrag entstanden. Leopold will die Hälfte des Richard abzufordernden Lösegelds von 100.000 Mark Silber, also 50.000, er will dessen Nichte Eleonore von der Bretagne, die Tochter des verstorbenen Gottfried und Schwester des im Vertrag mit Tankred designierten Thronerben Artur für einen seiner Söhne zur Frau, und zwar bis zum Herbst des laufenden Jahres. Weiters verlangt er vom Kaiser eine Garantie, daß der Richards Geiseln nicht früher freilassen werde, als bis er selbst, Leopold, vom zu erwartenden päpstlichen Bann gelöst sei, welchen Dienst ihm Richard zu erweisen habe. Weiters fordert er, als Verwandter, die Freilassung Isaaks von Zypern und seiner Tochter, die beide, aber an verschiedenen Orten – Isaak in Obhut der Johanniter in Margat, die Tochter im Gefolge Berengarias und Johannas noch in Rom – in Richards Haft sind. Daß Richard nach Leopolds Wunsch für alles Geiseln stellen darf außer für die Befreiung Isaaks und seiner Tochter, indem er selbst gefangen bleiben soll, bis deren Freilassung erfolgt ist, beweist die Wichtigkeit dieser letzten Bestimmung für den Babenberger. Die Überlegung, er habe da einen weiteren großen Finanzcoup angepeilt, erscheint durchaus gerechtfertigt.[583] Wir erfahren aus etwas späterer Zeit, anläßlich der Verhandlungen in Worms im Juni 1193 von Howden, daß Leopold verlangt hat, die Tochter müsse ihm übergeben werden, was ihm bei Realisierung des Vorhabens ermöglicht hätte, sie von dem befreiten Isaak um eine beträchtliche Summe auslösen zu lassen, und wodurch dieser sich gleich auch für die eigene Befreiung bei Leopold hätte erkenntlich zeigen können.

Der Vertrag macht übrigens keinerlei Angaben über den Rechtstitel, unter dem Richard alle diese Leistungen erbringen soll, auch das Wort Lösegeld wird vermieden, die 50.000 Mark an Leopold werden vielmehr als Mitgift von Richards Nichte ausgewiesen. Für Richard war dabei von Vorteil, was für Leopold von Nachteil war: daß er nämlich, weil der Kaiser auf seine Überstellung drängte, sich dem Babenberger nicht direkt durch Geiselstellung für die Erfüllung von dessen Forderungen verbürgen mußte. Leopold mußte vielmehr die Durchsetzung seiner Wünsche dem Kaiser überlassen, von dem er zu seiner Sicherstellung Geiseln verlangte. Auszugehen war von der Annahme, daß für den Kaiser im weiteren die Sonderwünsche eines anderen gegenüber seinen eigenen Forderungen Nachrang haben würden und er seine eigenen Verhandlungen mit Richard nicht wegen Leopold komplizieren würde. Leopolds künftige Position der Unsicherheit, sein Mißtrauen gegenüber dem Kaiser, der natürliche Spannungszustand zwischen beiden, eröffneten Richard einen Handlungsspielraum. In dieser Situation, wo Leopold ihn in jedem Fall ausliefern mußte, war, scheint es, Kooperationsbereitschaft Richards ihm gegenüber völlig überflüssig. Der Vertrag zeigt aber, daß Richard ihm Leistungswillen zugesichert, das heißt vorgetäuscht, haben muß. Man kann ihn auch dahingehend interpretieren, daß durch ihn Leopold völlig in Richards Interesse gezogen, ja für dieses eingespannt wurde, so daß er im folgenden auf ganz natürliche Weise als Verbündeter und Anwalt Richards agieren mußte. Tatsächlich behauptet keine einzige Quelle, Leopold wäre in Speyer als Ankläger des englischen Königs aufgetreten, im Gegenteil, Coggeshall schildert etwa, wie unter den nach Richards Rechtfertigung gerührten Anwesenden auch Leopold gewesen wäre: „qui pro eo tunc plurimum lacrymabatur." Eine Vermittlerrolle zwischen Richard und dem Kaiser nimmt Leopold auch nach Howden[584] in Speyer ein, als Richard „mediante duce Austriae" dem Kaiser 100.000 Mark Silber, auch keineswegs als Lösegeld, sondern unter gänzlich anderem Titel, antragen läßt. Es ist klar, daß Leopold daran interessiert sein mußte, daß Richard dem Kaiser 100.000 Mark zahlte, denn nur so konnte er zu seinen 50.000 Mark kommen, und um diesen Preis konnte er ihm auch ehrenvolle Behandlung, die unter anderen „Ansbert" bezeugt, zuteil werden lassen. Es ist aber auch völlig klar, daß Leopold kein Interesse daran haben konnte, daß Richard an Frankreich ausgeliefert werden würde. Ja, es ist nicht von vornherein unglaubhaft, wenn Howden[585] uns mitteilt, daß Leopold am Ende, wie andere Fürsten auch, Richard das *homagium* für ein künftiges Rentenlehen geleistet habe als Ausdruck eines aus seiner Sicht jetzt spannungsfreien Verhältnisses zu seinem zukünftigen Verwandten. Leopold also als Richards „Freund" und Parteigänger, Garant gegenüber dem Kaiser für sein Hauptanliegen, die Nichtauslieferung an Frankreich – das ist Richards erster großer diplomatischer Erfolg gegenüber Heinrich VI., noch bevor es mit diesem selbst zu Verhandlungen kommt. Der Kaiser mag mit einem Gerichtstag in Speyer drohen, sein Ergebnis ist im Würzburger Vertrag indessen schon festgelegt: ein „Urteil" kann nicht anders ausfallen, als daß die bereits fixierte Summe an Lösegeld zu zahlen und die ebenfalls schon festgesetzten politischen Bedingungen zu erfüllen sind. Heinrich VI. kann es sich in der Zeit der Fürstenopposition kaum erlauben, einen Anhänger wie Leopold auch noch ans gegnerische Lager zu verlieren, und das müßte er ja riskieren, wenn er sich über seine Abmachungen mit ihm hinwegsetzte. Finanziell konnte

Leopold zwar entschädigt werden, wer aber sollte ihm, wenn Richard an Frankreich ausgeliefert würde, dessen Nichte verschaffen und das Prestigeprojekt dieser Heirat ermöglichen, wie sollte Isaak freikommen und das Geldgeschäft mit diesem abgewickelt werden, und wer konnte ihm die Lossprechung vom päpstlichen Bann erwirken? Realisiert konnte das alles nur durch Richard selbst werden, und dazu war dessen Verbleib in der königlichen Machtstellung nötig, was Übergang in französische Hände ausschloß. Ausgeschlossen war erst recht, daß Richard physisch ein Leid zugefügt werde, ein Umstand, den Giselbert von Mons[586] extra betont, und die körperliche Unversehrtheit, aber auch der herzustellende Friede mit Richard werden eingangs und am Ende des Vertrags betont. „Super incolumitate et pace regis Anglorum" schließt also Leopold mit Heinrich VI. seinen Vertrag. Nötig zur Verwirklichung von Leopolds Wünschen ist aber darüber hinaus noch Richards guter Wille, ein Grundkonsens. Wir haben nun Spuren dieses Konsenses in gewissen Formulierungen, die sich auf Richards Versprechen beziehen, sehen aber auch eine Spur des Dissenses, und zwar in bezug auf die kaiserliche Forderung nach persönlicher Teilnahme Richards am Sizilienfeldzug und der Flottenhilfe. Es heißt da, Richard werde das alles leisten, außer der Kaiser erlasse es ihm aus freiem Willen. Indiz für Richards Zusammenspiel mit Leopold ist vor allem, daß dieser gewisse Anliegen Richards zu seinen eigenen macht und als Forderungen in den Vertrag aufnimmt. Es werden die Umstände aufgezählt, unter denen Richards Geiseln freigegeben werden müssen, auch wird ausbedungen, daß seine welfischen Neffen, aber auch Artur, von Geiselhaft ausgenommen sein sollen. Ein Hauptargument für die Präjudizierung des Kaisers – in keinem Fall Auslieferung an Frankreich – ist darin zu sehen, daß Richard, selbst wenn er innerhalb Jahresfrist überhaupt keine Leistung erbracht haben sollte, also weder Geld noch Geiseln gestellt haben würde, dennoch nicht zur freien Verfügung des Kaisers stehen solle, sondern an Leopold zurückgestellt werden müsse. So sehr das Theorie ist, zeigt es doch, daß Richard und Leopold sich nach dem Würzburger Vertrag in einer gemeinsamen Frontstellung gegen Frankreich befinden. Beim Herzog von Österreich war Philipp also schon zu diesem frühen Zeitpunkt aus dem Feld geschlagen.

Das ist umso bemerkenswerter, wenn wir annehmen, daß Philipp selbst schon mit Leopold Kontakt aufgenommen hatte. Ein von „Ansbert"[587] mitgeteilter Brief Philipps will uns das glauben machen. Da wird Leopold unter Hinweis auf die allgemein bekannte Tatsache, daß Richard ja den beiderseitigen Verwandten Konrad von Montferrat hätte ermorden lassen, beschworen, Richard ja nicht freizulassen, bevor nicht Konsultationen zwischen ihm selbst, Leopold und dem Kaiser stattgefunden hätten. Der Brief gilt allgemein als echt, es seien aber trotzdem Bedenken angemeldet: Er ist in gewisser Hinsicht zu schön, um wahr zu sein. Er würde exakt beweisen, daß die Verleumdung bezüglich Konrads tatsächlich von Philipp persönlich betrieben wurde. Der Grund, warum „Ansbert" den Brief mitteilt, ist nun explizit der, daß er dartun will, wie es zu der Anschuldigung Richards wegen Konrad, die später fallengelassen werden mußte, kommen konnte: Leopold soll entlastet werden, er konnte in gutem Glauben Hand an einen Kreuzfahrer gelegt haben, wenn selbst der französische König und Kreuzfahrtskompagnon, der zur Zeit des Attentats noch seine eigenen Leute im Land hatte, von Richards Schuld überzeugt war. Der Brief hat also Beweischarakter, eine Entlastungsfunktion und enthält eine Schuldzuweisung an einen anderen; sein politischer Wert als Interventionsinstrument ist hingegen gleich null. Von „Ansbert" ist er trotzdem nicht, wie ein Wortschatzvergleich mit dem übrigen Text beweist. Fehler in der Titulatur des französischen Königs oder die absolut unfranzösische Wiedergabe des Namens Konrad als Chunrad, was eine spezifisch deutsche Latinisierung ist, beweisen nichts. Die angebliche Abschrift des Briefs hat aber den Mangel, daß sie Datum und Ort der Ausstellung nicht angibt, während wenige Zeilen zuvor der Würzburger Vertrag vollständig zitiert wird. Wir haben damit nicht die Möglichkeit, die Echtheit des Dokuments anhand von Philipps Itinerar zu erhärten. Noch mehr ins Gewicht fällt, daß jeder Hinweis auf einen Überbringer, der mit speziellen Vollmachten ausgestattet sein müßte, um Leopold Angebote machen zu können, fehlt. Warum sollte schließlich Leopold auf einen bloßen Brief hin Philipps Wünschen Rechnung tragen? Andererseits scheint aus Philipps späterem Verhalten gegenüber dem Kaiser hervorzugehen, daß er offenbar nicht zu bieten oder gar Richard zu überbieten verstand und zeitweise meinte, noch fordern zu können.[588] Ist der Brief echt und nicht total verstümmelt, so würde er somit nicht nur Philipps Urheberschaft an der Kampagne gegen Richard belegen, sondern auch seine gänzlich verfehlte Verhandlungsstrategie während Richards Gefangenschaft. Eine Stilanalyse erlaubt eine zwanglose Zuordnung zu anderen Briefen Philipps[589] – aber genauso mühelos kann er der englischen Kanzlei zugeordnet werden. Ist der Brief somit vielleicht eine Fälschung im Zeichen des guten österreichisch-angevinischen Einvernehmens? Von Richard veranlaßt, um gemäß der Bestimmung des Würzburger Vertrags von Leopold bei Bedarf dem Papst zu Exkulpationszwecken vorgelegt zu werden? Selbst wenn wir eine wirkliche Kontaktnahme Philipps als wahrscheinlich annehmen, so kann ein allfälliger Originalbrief ja Passagen enthalten haben, die ihn zu obigem Zweck weniger geeignet gemacht hätten. Richard wieder konnte Leopold eine so geringe Gefälligkeit erweisen – schließlich wußte man in seiner Umgebung über die französischen Kanzleigepflogenheiten besser Bescheid als in Wien – und hätte sich in diesem Fall, wo ihm nichts zu beweisen war, durch die Selbstverleumdung nicht nur nicht geschadet, sondern genützt. Ist der Ansbert-Brief kein österreichisches Produkt, so ist er eines von beiden gewiß: ein Beleg für Richards Flexibilität oder einer für Philipps Fehleinschätzung der Situation.

Wie dem auch sei, wir haben genügend Anzeichen dafür, daß Richard zu lang anhaltender Verstellung fähig war. Im Falle Leopolds wartete er ganz offensichtlich seine Freilassung ab, ehe er die Maske der Kooperationswilligkeit fallen ließ. Während seiner Gefangenschaft konnte er kein Interesse an einem Bann Leopolds haben, denn diesen Fall hatte der ja vorgesehen, wodurch er zur weiteren Druckausübung verwendet werden konnte. Die momentane Saturiertheit des Babenbergers mußte mehr zählen als eine vorschnelle und ineffektive Revanche. Mit dem Übergang in die Verfügungsgewalt des Kaisers konnte Richard zudem durch kirchliche Pression auf den Herzog von Österreich keine Entlastung mehr geschaffen werden. So wurde Leopold offenbar erst im Jahr 1194 exkommuniziert, und augenscheinlich hat Richard das persönlich veranlaßt. Am 6. Juni 1194 schrieb Papst Cölestin III. an den Bischof von Verona[590], unter welchen Bedingungen Leopold vom Bann gelöst werden könne: Freigabe von Richards Geiseln, Befreiung Richards von allen seinen Verpflichtungen gegenüber Leopold, Genugtuung und Dienst im Heiligen Land, für eine ebenso lange Dauer, wie der englische König in Gefangenschaft war. Aber Leopold dachte nicht daran, seine Forderungen fallenzulassen. Kaum war die in Worms festgesetzte Siebenmonatsfrist nach Richards Freilassung verstrichen, ohne daß der irgendeine Leistung erbracht hatte, so ließ er ihm eine ernste Warnung wegen der Sicherheit jener sieben Geiseln zukommen, die seit den letzten Abmachungen für Erfüllung bürgten. Howden teilt mit, er hätte geschworen, sie exekutieren zu lassen. Unter ihnen befand sich der jüngste Sohn Heinrichs des Löwen, Wilhelm, der Ahnherr aller späteren Welfen. Richard war vom Ernst der Lage jedenfalls überzeugt, vielleicht dachte er auch an das Schicksal, das er selbst den Geiseln von Akkon wegen Saladins Verzug bereitet hatte, und schickte sich an – als Gegenstück zu dem versuchten Wortbruch gegenüber Leopold –, seinen Geiseln die Treue zu halten. Der zu ihm als Sprecher der Geiseln entsandte Baldwin von Béthune wurde nach dem 12. Dezember 1194 mit Richards Nichte und Isaaks Tochter auf den Weg nach Wien geschickt. Von einer Geldsendung hören wir nichts, aber eine Order zur Freilassung Isaaks würde gut in jene Zeit passen, denn wir finden diesen 1195 wieder in Freiheit, was den Babenbergern aber nichts mehr einbrachte und ihm selbst nicht viel, da er noch im selben Jahr, vermutlich an Gift, starb. Als Baldwin in Österreich ankam, erfuhr er vom Tod Herzog Leopolds und trat mit den beiden Prinzessinnen die Heimreise an. Richard hatte bei Leopold auf Zeitgewinn gesetzt, nach dem Würzburger Vertrag war der Leistungstermin auf später verlegt worden, und die Rechnung ging auf. Als Leopold am 31. Dezember 1194 in Graz an den Folgen eines Sturzes vom Pferd starb, hatte er, um vom Kirchenbann gelöst zu werden, Richard von allen Verpflichtungen befreit und seinen Nachfolger zur Erfüllung seines Gelübdes verpflichtet. Der junge Friedrich von Österreich konnte, da der Erzbischof von Salzburg das kirchliche Begräbnis seines Vaters vom Gehorsam des Sohns abhängig machte und dem Land das Interdikt androhte, keinen Widerstand mehr leisten. Bereits am 25. Januar 1195 konnte sich Richard beim Erzbischof für die Befreiung seiner Geiseln bedanken und ihn bitten, auch für die Rückerstattung des Geldes Sorge zu tragen. Daß Erzbischof Adalbert von Salzburg, der Richards Freilassung in Mainz beigewohnt hatte und an Leopolds Sterbelager anwesend war, energisch auf der Durchsetzung des päpstlichen Willens und Richards Interessen bestanden hatte, ersehen wir aus dem Brief, den er Anfang 1195 Papst Cölestin über die Vorgänge an Leopolds Totenbett schrieb.[591] Wir erfahren, daß Leopold bereit war, auf die Zahlung der 20.000 Mark, die er direkt von Richard, nicht vom Kaiser, bekommen sollte, „et uno", also weiterer 1000 Mark, die vielleicht Zinsen darstellten, zu verzichten; einen Rest von 4000 Mark des ihm zugegangenen Lösegelds bekannte er noch zu haben, und von Howden erfahren wir, daß sein Sohn bereit war, diesen Betrag den heimziehenden Geiseln gleich mitzugeben, die sich aber wegen des Transportrisikos weigerten, das Geld selbst Richard zu überbringen.

Es erhebt sich die Frage, wie profitabel die Würzburger Bestimmungen in der Realität für Leopold waren. Die nichtfinanziellen, aber großartige Zukunftsaussichten eröffnenden Leistungen unterblieben gänzlich, und sein finanzieller Anteil war um mindestens 20.000 Mark geringer als vorgesehen. Quellen, die von tatsächlich in die fragliche Zeit fallenden Fakten gestützt werden, schreiben Richards Lösegeld eine Stadterweiterung von Wien, die Gründung von Wiener Neustadt, Befestigungen von Enns und Hainburg und die Finanzierung des Wiener Pfennigs zu.[592] Das wäre für das knappe Jahr, das Leopold höchstens zur Verfügung stand, ein umfangreiches Programm. Einiges davon wird bestimmt zutreffen, denn Leopold hatte ja bei seinem Tod einen gewissen Betrag schon ausgegeben. Wenn wir versuchen werden, uns eine Vorstellung von der Summe, die Richard dem Kaiser letztlich zahlte, zu machen, werden wir Leopolds Anteil wieder zu gedenken haben. Zweierlei ist dazu aber jetzt schon festzustellen: Es ist einmal völlig unwahrscheinlich, daß Leopold, eben weil seine Position sich nach Würzburg nicht verbessern konnte, in seinem Anspruch über 50.000 Mark gesteigert wurde, und er kann zum anderen vom Kaiser nur 30.000 Mark erhalten haben, wenn dieser, obwohl er selbst noch größere Beträge von Richard zu bekommen hatte, Leopold sofort und korrekt zur Gänze ausbezahlte. Hier liegt der Unsicherheitsfaktor: Wir wissen nicht, wie pünktlich der Kaiser zahlte, und alle Quellenaussagen über Leopolds Gewinn entbehren letztlich der Glaubwürdigkeit. Glaubhaft ist nur, daß er von Richard direkt nichts Nennenswertes bekommen haben kann, weil sonst in den anzustellenden Berechnungen der kaiserliche Anteil zu gering ausfallen würde.

Immerhin, einen finanziellen Gewinn konnten die Babenberger einbringen, wenn er auch beträchtlich unter dem erhofften blieb, und, solange Richard lebte, ein unsicherer sein sollte. Eigentlich hatte Leopold mit dem Coup seine Möglichkeiten überzogen, denn was ein Papst beim Kaiser nicht ohne weiteres riskieren konnte, war bei einem österreichischen Herzog mit Leichtigkeit jederzeit durchführbar: Exkommunikation und Interdikt. Der kirchliche Ausnahmezustand, über ein ganzes Land verhängt, wobei unter anderem keine Bestattungen durchgeführt werden konnten, war ein Druckmittel, dem nicht lange standzuhalten war. Vor dieser Aussicht stand Österreich im Jahr 1198 wieder. Sofort nach Amtsantritt des neuen Papstes, Innozenz' III., wurde Richard bei diesem wegen Rückzahlung seines Lösegelds vorstellig.[593] Im Fall des österreichischen Anteils versprach der Papst prompte Erledigung, und unter dem 30. Mai 1198 findet sich ein päpstliches Schreiben an Herzog Friedrich, in dem ihm unter Androhung von Kirchenstrafen die Rückgabe von Richards Lösegeld befohlen wird. Da aber Friedrich kurz zuvor auf der Rückkehr vom Kreuzzug gestorben war, erreichte ihn dieses Schreiben nicht mehr. Es besteht aber kein Anlaß zu der Annahme, daß Richard zugunsten des Bruders von Friedrich, Leopolds VI., auf seine Forderung verzichtet hätte, nur trat durch den Regierungswechsel in Österreich eine Verzögerung ein, und innerhalb eines Jahres war Richard selbst schon gestorben. Es war ihm gelungen, Leopold relativ kurz zu halten, nachdem er dessen Ambitionen für die eigene Sicherheit dienstbar zu machen gewußt hatte.

### *Zwischen Speyer und Worms*

Die zweite Phase von Richards Gefangenschaft, die sich vom Palmsonntag, dem 21. März, bis zum 29. Juni 1193 erstreckt, vom Reichstag in Speyer zum Reichstag in Worms, ist die bewegteste und am besten dokumentierte Zeit seines Aufenthalts in Deutschland. Am 21. März kommt es durch Unterhändler zu Verhandlungen zwischen Richard und dem Kaiser, die scheitern. Richard weigert sich, auf Forderungen des Kaisers einzugehen, und wenn es ihn das Leben koste, wie Howden berichtet. Am nächsten Tag, dem Montag der Karwoche, hat Richard seinen großen Auftritt in Speyer. Die Fürstenversammlung wird zum Hofgericht, vor dem der Kaiser Richard verschiedener Vergehen beschuldigt. Von den Anklagepunkten wiegen die Vorwürfe, an der Ermordung Konrads von Montferrat beteiligt gewesen zu sein und Verrat am Heiligen Land begangen zu haben, am schwersten; beide Delikte hat der Kaiser übrigens in seinem Brief an Philipp anklingen lassen.

In Speyer hat sich nun keineswegs eine repräsentative Fürstenversammlung zusammengefunden. Die Zeugenliste einer Urkunde vom 23. März[594] ist leider äußerst dürftig, und die der Osterfeiertage selbst läßt an ein staufisches Familientreffen denken, an dem außer ein paar vorzugsweise aus der Umgebung angereisten Kirchenfürsten nur Grafen und Reichsministerialen teilnahmen. Da aber maßgebliche Fürsten damals zum Kaiser in Opposition standen, ist das auch nicht überraschend. Als anwesend sind aus dem Spitzenfeld außer den beiden Konraden – dem rheinischen Pfalzgrafen, Heinrichs Onkel, und dem Herzog von Schwaben, Heinrichs Bruder – sowie Otto, dem Pfalzgrafen von Burgund, einem weiteren Bruder Heinrichs, noch der Erzbischof von Trier und die Bischöfe von Speyer und Worms, Passau, Freising und Zeitz sowie Leopold von Österreich nachweisbar. Interessant ist noch die Teilnahme des Propstes Adolf von Köln, der im Laufe des folgenden Halbjahrs Erzbischof von Köln und einer von Richards entschiedensten Anhängern werden sollte.[595]

War dieses Forum wegen seiner Zusammensetzung für einen Urteilsspruch besser oder schlechter geeignet als ein anderes? Leopold jedenfalls, das haben wir gesehen, hatte Bedingungen gestellt für die Übergabe Richards, und wenn einige der vom Kaiser an diesen gerichteten Forderungen auch als Sühneleistungen nach einer Verurteilung denkbar sein mochten, so waren andere es nicht, und Richard, aber auch seine Länder, die das Lösegeld aufzubringen hatten, mußten zum Leistungswillen motiviert bleiben. Wäre ein Schuldspruch geplant gewesen, so müßte man denken, Heinrich VI. hätte nicht gewußt, wie ein entsprechender Prozeß zu führen war.[596] So wie der Tag verlief, gab er Richard Gelegenheit zu einer glänzenden Rechtfertigung. Nicht nur die englischen Chronisten bezeugen Richards königliches Auftreten, auch Philipps Hofdichter Guillaume le Breton entwirft im Philippidos ein imposantes Bild von Richards Haltung in Speyer. Als wäre er in der Halle von Lincoln oder in Caen und spräche vom Thron herab, „corde leonino", wußte er sich zu verteidigen und hätte jeden zum Zweikampf aufgefordert, der ihm Verrat vorwerfen wolle, ein Detail, das auch Petrus de Ebulo in seinem Lobgedicht auf Heinrich VI. bringt.[597] Gleichzeitig hören wir, daß er mit Eloquenz argumentierte und auch berechnende Bescheidenheit nicht vergaß. Am Ende neigte er sich oder beugte das Knie, und inmitten der aufgekommenen Rührung sah Heinrich VI. sich veranlaßt, ihm den Friedenskuß zu geben. Alle Anschuldigungen wurden fallengelassen, und nie mehr war von ihnen die Rede.

Selbst wenn die Anklage nur als Einschüchterungsmaßnahme gedacht war und der Gang der Ereignisse Heinrichs Wünschen nicht entsprach, erfüllte der Prozeßtag für ihn eine wichtige Funktion: Er konnte sein Vorgehen gegen Richard zunächst legitimieren. Für einen Verbleib Richards in der Haft fehlte nun zwar die Rechtsbasis, aber man half sich mit einer einvernehmlichen eleganten Inszenierung. Eben mit Richard „konföderiert", äußerte Heinrich den Wunsch, ihn auch mit Philipp auszusöhnen, und Richard ließ ihm nach Howden für seine Bemühung „mediante duce Austriae" und „quasi pro mercede" 100.000 Mark Silber antragen.[598] Damit noch nicht genug, wurde die Schraube der Höflichkeit weiter gedreht: Heinrich VI. durfte den Anschein erwekken, daß er das Geld keineswegs geschenkt nehmen wolle. Für den Fall, daß ihm die Versöhnung zwischen Richard und Philipp nicht gelingen sollte, würde er Richard ohne Lösegeld freilassen. Die Einbeziehung Philipps als Gesprächsthema kann Richard keineswegs angenehm gewesen sein und ist vielleicht ein Hinweis auf Heinrichs Unzufriedenheit mit ihm, aber Richard hatte jedenfalls öffentlich, so auch Leopold beruhigend, seine Zahlungsbereitschaft für die schon festgesetzte Summe bekundet, die man freilich, weil Richard sich ja in allen Punkten gerechtfertigt hatte, offiziell jetzt erst recht nicht als Lösegeld bezeichnen konnte. Obwohl solche Formalfragen nachrangig waren, erkannte Richard ihren Wert an: Er bewies, daß er sich der Tatsache, daß er eben nicht vom heimatlichen Thron herab verhandeln konnte, bewußt war, verwechselte keineswegs Recht mit Macht, provozierte Heinrich VI. nicht, sondern spielte mit und half diesem, das Gesicht zu wahren. Nach Diceto, der allerdings in Datumsangaben unzuverlässig ist, wurde Richard tags darauf, am Dienstag, dem 23. März, von Leopold dem Kaiser offiziell übergeben. Am Gründonnerstag, dem 25. März, kam ein „Frieden" zustande, der Richard die Leistung von 100.000 Mark Silber Kölner Gewichts, die Stellung von 50 voll ausgestatteten Galeeren sowie 200 Rittern für die Dauer eines Jahres abverlangte.

Am nächsten Tag, am Karfreitag, dem 26. März, schrieb Richard an den Prior und Konvent von Canterbury[599], um sich die großzügige Beteiligung der Kirche an der Aufbringung des Lösegelds auszubitten. Er teilte mit, daß er „nullo modo" seine Freiheit erlangen könne, bevor nicht 100.000 Mark erlegt seien. Weiters informierte er die Mönche, daß der Kaiser ihm den Friedenskuß gegeben und ihm und seinem Königreich „consilium et auxilium" zugesagt habe. Damit war eine Weichenstellung vorgenommen worden, und als nach der geschlossenen Vereinbarung Philipps Gesandte kamen, um Richard das Lehensverhältnis aufzukündigen, was de facto schon durch den Empfang der Huldigung Johanns für Richards Besitz geschehen war und nur noch de jure die Kriegserklärung darstellte, quittierte Heinrich dieses Vorgehen mit Indignation. Richard erklärte sich bereit, sich in Philipps Curia zu allen Anschuldigungen verantworten zu wollen, was eine unverbindliche Absichtserklärung war, da er ja nicht frei war, und er, sobald er es sein würde, die Rechtfertigung nicht mehr nötig haben würde. Man hat gemeint, in dieser Abfolge der Ereignisse, daß nämlich die französische Gesandtschaft mit der Kriegserklärung zu relativ spätem Zeitpunkt in Speyer eintraf, ein Indiz für Philipps feste Annahme sehen zu können, daß Richard in Speyer verurteilt werden würde, woraus man auf Absprache mit dem Kaiser und entsprechende Planung Philipps schließen könnte.[600] Auffällig ist das Faktum sicherlich. Da es aber zu keiner Verurteilung Richards gekommen war, so war der Zeitpunkt propagandistisch für die französische Seite ungünstig: Richard hatte eben seine Unschuld beweisen dürfen – nach Coggeshall und dem Philippidos[601] sei sogar der Vorwurf Philipps, Richard hätte ihn, seinen Lehensherrn, durch Assassinen ermorden lassen wollen, vom Kaiser unter den Anklagepunkten vorgebracht worden, was dann gleichfalls hinfällig geworden wäre, und so lief die französische Friedensaufkündigung darauf hinaus, die Böswilligkeit Philipps unter Beweis zu stellen, der die hilflose Lage eines Gefangenen ausnützte. Wenn dies Richard auch keinen unmittelbaren Nutzen brachte, so ist es doch ein Beweis mehr dafür, daß mit seinem persönlichen Auftreten in Deutschland die Mittel der gegen ihn geführten Kampagne nicht mehr griffen. Es war nicht mehr möglich, ihn ins Unrecht zu setzen, das sollte ihm zwar nicht beim Kaiser helfen, aber bei der Anwerbung von Verbündeten. Der Kaiser beharrte auf seiner „Vermittlerrolle" zwischen Richard und Philipp und akzeptierte ein vom Erzbischof von Reims überbrachtes Angebot zu einer persönlichen Begegnung mit dem französischen König, die für den 25. Juni am üblichen deutsch-französischen Treffpunkt an der Grenze zwischen Vaucouleurs und Toul stattfinden und Richard noch gewaltig beunruhigen sollte. Die „pax" zwischen ihm und dem Kaiser war brüchig, trotz aller gegenteiligen Versicherungen.

Am 19. April schrieb Richard von Hagenau aus euphemistisch heim[602], er verbringe seinen Aufenthalt in ehrenvoller Weise beim Kaiser, bis gewisse Geschäfte abgewickelt und 70.000 Mark erlegt seien, wodurch wir annehmen müssen, daß für die restlichen 30.000 Mark nun Geiselstellung möglich war. Mit der Aufforderung zur Geldaufbringung war die Mitteilung verbunden, er habe mit dem Kaiser ein „mutuum foedus amoris" geschlossen, das jedem der Partner „in jure suo obtinendo et retinendo" nützlich sein würde. Dabei ist an Hilfe zur Gewinnung Siziliens durch Richard gegen Hilfe Heinrichs zur Wiedergewinnung verlorengegangener französischer Besitzungen zu denken. Um den Wert dieses Bündnisses zu unterstreichen, versichert Richard, daß er, wäre er in Freiheit, gern denselben Betrag oder noch mehr bezahlen würde. Wir werden nicht die Naivität besitzen, das für bare Münze zu nehmen, es sollte wohl eine Motivationshilfe für die Seinen zu der gewaltigen finanziellen Anstrengung darstellen, zusammen mit der Vorbereitung darauf – weil er sich eines grundsätzlichen Dissenses zum Kaiser bewußt war –, daß es noch teurer werden könne. In einer Goldbulle des Kaisers, die unter demselben Datum des 19. April von Hagenau aus an die englischen Großen[603], und nur an diese, nicht etwa an die Vasallen von Richards französischen Besitzungen, gerichtet war, erfährt Richards Auslegung der derzeitigen Beziehungen die vollste Bestätigung: „in concordia et bona pace" befände sich Heinrich mit Richard, dem „carissimus noster", und sie seien „corde et animo uniti", ein Herz und eine Seele also. Von einem wechselseitigen Beistandspakt berichtet der Brief des Kaisers aber nichts, so daß man die Übereinstimmung besser auf die von Richard zu erbringenden finanziellen Leistungen bezieht und den Wert des Briefs in einer von vagen Versprechungen und Drohungen begleiteten nachdrücklichen Ermahnung zur Geldbeschaffung zu sehen hat. Daß Richard selbst nach dieser unmißverständlichen Darlegung, daß er erst nach der Geldübermittlung freikommen könne, mit seiner kurz bevorstehenden Heimkehr gerechnet haben soll, bleibt unwahrscheinlich.

Völlig ungewiß ist nun, wie man sich Richards kurzfristigen Aufenthalt in der Reichsfeste Trifels erklären soll. Vielleicht war die in der Rheinpfalz gelegene rote Sandsteinburg Richard von Anfang an als Gefängnis zugedacht, so daß seine Verbringung dorthin gar nicht als Gegensatz zur freundlichen Behandlung in Speyer anzusehen ist oder, wie englische Quellen nahelegen, unter dem Einfluß der französischen Gesandtschaft, die bei Heinrich einen Gesinnungswandel verursacht hätte, zustande kam. Es ist auch möglich, seine Unterbringung in der Festung als eine wegen der Fürstenopposition aus Sicherheitsgründen notwendig gewordene – damit Richard selbst gegenüber neutrale – Maßnahme anzusehen. Eminent nachteilig wäre ihm die Isolationshaft auf jeden Fall gewesen, er war aber nicht einmal drei Wochen auf dem Trifels, wie aus seinem Itinerar hervorgeht: Am 30. März schrieb er noch von Speyer aus, am 19. April bereits von Hagenau[604], der schönen, gewiß komfortablen, dennoch wehrhaften Kaiserpfalz im Elsaß, wo, da Heinrich eben anwesend war, eine Atmosphäre vorgetäuscht worden sein mochte, die dem Besuch eines königlichen Gastes angemessen war. Den unschätzbaren Dienst der Befreiung aus der Festung leistete ihm nun wieder nicht der Sänger Blondel, den die deutsche Lokalsage im Unterschied zur österreichischen an den Trifels knüpft, sondern ein realer Getreuer, der in England verfemte Kanzler Longchamp, der gekommen war, um mit dem Kaiser wegen Richard zu verhandeln, wie dieser in seinem Brief aus Hagenau mitteilt. Immer enger wurden nun die Kontakte mit der Heimat, begonnen aber hatten das Zusammenspiel und eine der offiziellen Linie der Zusammenarbeit mit dem Kaiser gegenläufige Politik schon in Speyer. Anwesend waren da nämlich nicht nur die Äbte von Boxley und Robertsbridge, sondern Richards Freund und Kreuzzugsgefährte, der künftige Erzbischof von Canterbury Hubert Walter. Vom Kaiser unbemerkt, wurde da am Rand der großen Verhandlungen in aller Heimlichkeit Abrede getroffen und eine Weichenstellung vorgenommen, die, nirgends ihrem Wert entsprechend gewürdigt, zu den wichtigsten Ereignissen während Richards Gefangenschaft zu zählen ist, wie wir noch sehen werden.

Die Verhandlungen mit dem Kaiser fanden nach einem letzten Tauziehen vom 25. Juni an am 29. Juni 1193 in Worms ihren Abschluß. Der Reichstag ist diesmal repräsentativ besucht, wie eine Zeugenliste vom Vortag beweist:[605] Neu erschienen waren an prominenten Teilnehmern nach dem beigelegten Konflikt mit dem Kaiser nun die Herzöge von Brabant und Limburg sowie der Landgraf von Thüringen und der Markgraf von Meißen; Leopold von Österreich hingegen ist nicht nachweisbar. Einige der ihm wichtigen Forderungen sind in diesen Wormser Vertrag, der uns in Abschrift von Howden mitgeteilt wird, nicht aufgenommen, wie die Bestimmungen über Isaak und seine Tochter, doch müssen sie in einem Nebenabkommen festgelegt worden sein, weil Howden sie an anderer Stelle nennt. Aufgenommen in den kaiserlichen Vertrag hingegen ist die Übersendung von Richards Nichte an Leopolds Sohn zur Heirat sieben Monate nach Richards Freilassung. Kommen wir zu den Hauptpunkten: Richard hat – ohne jede Begründung – 100.000 Mark Silber zu zahlen, und zum Wägen und Versiegeln begeben sich kaiserliche Gesandte nach London. Für weitere 50.000 Mark stellt Richard Geiseln: 60 Geiseln für 30.000 Mark dem Kaiser, sieben Geiseln für 20.000 Mark dem Herzog von Österreich. Nach Zahlung des ersten Betrags und Geiselstellung für den zweiten soll Richard frei sein. Daran fällt als erstes die finanzielle Steigerung um die Hälfte des bisher schon vereinbarten Betrags auf und weiters eine Umschichtung: Leopold soll nicht mehr halbpart von dem neuen Betrag bekommen und vom ganzen nicht einmal 50.000 Mark direkt vom Kaiser, sondern nur mehr 30.000 von diesem, während er mit 20.000 an Richard zurückverwiesen wird. Auch einer Terminverlängerung mußte er zustimmen, was ihn letztlich, wie schon gezeigt, um den Betrag bringen sollte. Der Kaiser hatte demnach 130.000 Mark von Richard zu empfangen, 30.000 davon an Leopold abzugeben, wodurch ihm 100.000 bleiben sollten. Er hatte somit seinen finanziellen Anteil seit dem Würzburger Vertrag um 100 Prozent gesteigert. Diese neue Relation wie auch die Relation in der Geiselstellung zwischen ihm und Leopold entsprach dem Rangunterschied besser, und es fiel Heinrich und Richard gewiß nicht schwer, sich auf Leopolds Kosten zu einigen. Daß Leopold aber im ganzen nicht mehr als 50.000 Mark zu erwarten hatte, geht klar aus dem Ablösecharakter der Aufzahlung hervor.

Auch wenn Howden es nicht mitteilen würde, wüßten wir, daß der neu hinzugekommene Betrag die ursprünglich geforderte direkte Sizilienhilfe ersetzte. Von einer solchen ist nämlich nicht mehr die Rede, und sie kann auch in keinem Geheimabkommen festgelegt worden sein, weil es sonst ja beim Unterbleiben dieser Leistung nach Richards Heimkehr schwere Spannungen zwischen ihm und Heinrich gegeben haben müßte. Aber, und das ist ein interessanter Teil der Abmachungen, auch diese finanzielle Obligation sollte noch ablösbar sein, und zwar durch eine nicht näher definierte Leistung, die Richards Schwager, Heinrich der Löwe, der immer noch nicht mit dem Kaiser ausgesöhnt war, zu erbringen gehabt hätte: „Wenn aber der Herr König das Versprechen einlöst, das er dem Herrn Kaiser wegen Heinrich, ehemals Herzog von Sachsen, gemacht hat" – heißt es da, und das weist die Klausel als Alternativlösung aus, in die man nicht allzuviel Vertrauen setzte –, würde der Kaiser aus eigenem Leopolds Anspruch von 20.000 Mark befriedigen und Richard hätte keinerlei Geiseln zu stellen. Es mußte sich also um eine beträchtliche Leistung Heinrichs des Löwen handeln, wenn sie dem Kaiser eine solche Summe wert war, und es bleibt die Frage, wo Heinrichs des Löwen Interesse liegen konnte, seinem Schwager Richard 50.000 Mark zu ersparen. Wir haben im Gegensatz zu der persönlichen Förderung, die Richard seinem welfischen Neffen angedeihen ließ, keinen einzigen Beleg für eine vertrautere Beziehung zwischen Richard und Heinrich dem Löwen selbst[606], und dieser erbrachte die Leistung auch nicht. Die oft diskutierte Frage, was es gewesen sein mag[607], können wir unerörtert lassen, wesentlich ist für uns nur das Junktim als solches: die versuchte politische Ablöse einer finanziellen Leistung, die für eine ursprünglich militärische steht. Von besonderer Bedeutung ist offenbar, daß am Ende des Vertrags auf vertrauliche Abmachungen verwiesen wird, die, von beiden Seiten in besiegelten Dokumenten festgehalten, als integrierender Bestandteil des vorliegenden Vertrags aufzufassen seien. Nun wird es zwar auch in der Zypernangelegenheit, die Leopold interessierte, eine schriftliche Fixierung gegeben haben, doch wäre nicht einzusehen, warum diese, nachdem das Thema im Würzburger Vertrag offen zur Sprache gekommen war, plötzlich den Charakter der Vertraulichkeit angenommen haben sollte. Isaak war überdies „sine restitutione imperii" freizulassen, was politisch nicht allzu brisant war, und Leopolds wohl beabsichtigte Transaktionen um dessen Tochter werden Heinrich VI. einfach nicht so wichtig gewesen sein, daß er sie in den eigenen Vertrag mit Richard aufnahm. Wir werden also die vertraulichen Bestimmungen in einem anderen Bereich zu suchen haben. Die einzige Gegenleistung des Kaisers besteht in der Gewährung eines Geleitschutzes bis zum Hafen, von dem aus Richard nach England segeln will. Wir sehen also, daß von Wechselseitigkeit in dem Vertrag keine Rede sein kann, und auf eine paritätische Basis fehlt jeder Hinweis.

Es ist nun an der Zeit, darauf hinzuweisen, daß wir bei allen damaligen offiziellen Äußerungen zu Richards Gefangenschaft natürlich ebenso eine Schicht des schönen Scheines abzutragen haben, um zur Realität vorzustoßen, wie bei politischen Erklärungen zu allen Zeiten. Auf den Beschönigungscharakter und die vornehme Umschreibungsart, die allen Handlungen rund um den Gewaltakt anhaftet, wurde ja schon mehrfach hingewiesen, so etwa, wenn das harte Wort „Lösegeld" von Anfang an vermieden wurde und Leopold seinen Anteil als Aussteuer für Richards Nichte bekommen sollte. Wir haben vom Austausch der Höflichkeiten in Speyer gehört und daß Richard selbst Heinrich die vorgeschriebene Summe anbot, und zwar als Dank für eine vorgesehene „Versöhnung“ mit Philipp, die unmöglich und als Einmischung unerwünscht war. Als der Kaiser sagte, daß er im Fall des Mißlingens dieser Versöhnung Richard ohne Lösegeld freigeben wolle, muß das in dessen Ohren wie die Drohung geklungen haben, daß er das Geld auch von Philipp für seine, Richards, Auslieferung bekommen könne. Es ist die klassische höfische Zeit Deutschlands, und die Feinheit des Umgangstons, die wir in den höfischen Epen der Zeit bewundern können, wird uns auch durch das höfische Schauspiel, das Richard und Heinrich bei ihren öffentlichen Begegnungen der Welt boten, greifbar. Es muß nun niemanden wundern, wenn gewisse Dinge in offiziellen Dokumenten nicht zur Sprache kamen, weil sie mit dem Konzept des schönen Scheins schlecht harmonierten. Eine philologisch am Text klebende Auslegung, die abseits aller politischen Realität argumentiert, muß zu dem Ergebnis kommen, daß im Würzburger Vertrag von Richard nur militärische Hilfe für Heinrichs Sizilienfeldzug gefordert wurde, woraus dann, weil Richard es ja im Brief aus Hagenau so darstellt, ein wechselseitiger Beistandspakt geworden wäre, was alles mit der ihm am Ende abgenötigten Lehenshuldigung für England nichts zu tun hätte. Diese sei vielmehr von ihm selbst oder, noch besser, von seiner Mutter zur Lösung in einer kritischen Situation in Vorschlag gebracht worden.[608] Danach hätten wir uns, entsprechend einem permanent schwankenden Heinrich VI., vorzustellen, daß Richards Position sich abwechselnd verbessert und verschlechtert hätte, und kämen zu überhaupt keiner adäquaten Einschätzung der beiden Gegner. Diese Auffassungsweise übersieht zunächst das Regiebedürfnis der beiden: So war etwa dem Kaiser wichtig, daß Richards Huldigung den Anschein völliger Freiwilligkeit bot[609], und dazu eignete sich der Zeitpunkt unmittelbar nach der Freilassung nicht schlecht, wenn Heinrich auch gegen einen früheren Zeitpunkt nichts einzuwenden gehabt hätte, wohl aber Richard, wie wir aus dessen Widerstand – „nec etiam pro mortis periculo“ wollte er zur Zeit der Begegnung in Speyer Howden zufolge Heinrichs Forderungen erfüllen –, dann aus den Spannungen vor dem Wormser, am Ende vor dem Mainzer Reichstag schließen können; vor allem aber wird übersehen, daß es sich bei der persönlichen Heerfolge, dem Stellen einer Flotte und eines Ritterkontingents, wie das im Würzburger Vertrag zwischen Heinrich VI. und Leopold gefordert wird, um die Quintessenz der Vasallitätspflicht handelt. Eine Militärhilfe ohne Leistung des *hominiums* kommt unter nicht Gleichrangigen damals praktisch nicht vor. Nun liegt aber schon theoretisch zwischen einem Kaiser und einem König eine hierarchische Stufe – und gar für Heinrich VI. –, und in der Realität konnte er zu einem Gefangenen wahrscheinlich noch weniger ein Ebenbürtigkeitsverhältnis anerkennen. Da nach dem Aufbrechen eines Zwiespalts Richard am Ende die Lehenshuldigung leistete, so muß man annehmen, daß die Forderung nach ihr, die nicht öffentlich zur Sprache kam, nur von der Oberfläche verbannt war und in den erwähnten geheimen Zusatzabmachungen zum Wormser Dokument fixiert wurde. Man könnte zwar einwenden, daß die Vasallität nicht unbedingt mit der Lehensnahme Englands verknüpft gesehen werden muß[610] – ein Argument, das uns noch beschäftigen wird –, ich glaube aber, daß Heinrich von allem Anfang an diese für ihn optimale Lösung in der striktesten Form anstrebte.[611]

In diesem Punkt hatte Richard nun in Worms einen entscheidenden Erfolg zu verbuchen: Der unzumutbare persönliche Militärdienst, die Involviertheit seiner Flotte, die so wichtig für den Inselstaat England war, die Stellung eines Ritterheers, das alles nicht nur entwürdigend, sondern ruinös beim Kriegszustand mit Frankreich, fielen dahin. Seit diese Forderung zur Zeit des Würzburger Vertrags erstmals erhoben worden war, hatte er dagegen angekämpft, schon in Speyer die Beschränkung der ursprünglich nicht befristeten Militärhilfe auf ein Jahr erreicht, und nun war die Bestimmung völlig gefallen. Es ist deshalb nicht eigentlich von einer Erhöhung des Lösegelds im Wormser Vertrag zu reden, sondern vielmehr von einer finanziellen Substitution für eine essentielle politisch-militärische Leistung. Von Vasallitätsbindung Richards war öffentlich noch nicht einmal die Rede gewesen, und schon war sie in ihrem Kern ausgehöhlt: Der Kaiser verzichtete für Geld auf Macht. Richard aber stellte Überlegungen an, wie er sich den zusätzlichen Betrag ersparen könne, wie die Heinrich den Löwen betreffende Klausel beweist, und letztlich wurde nur ein Bruchteil dieser Abgeltungssumme wirklich bezahlt. Abermals hatte sich das Plantagenetgeld als politische Waffe erwiesen. Die Geheimhaltung bedeutete für Heinrich die Möglichkeit einer besonders eindrucksvollen Inszenierung bei Richards Freilassung, für Richard aber hatte sie zweifellos dieselbe Funktion wie die seinerzeit selbst übernommene, aber sehr diskret gestaltete Verpflichtung, Alice zu heiraten; er gedachte ihr zu entgehen.

So wenig ein Ex-silentio-Schluß aus den Dokumenten zulässig ist: nämlich, weil nicht von Lehenshuldigung die Rede ist, wäre sie nie gefordert worden, so wenig ist die wörtliche Auslegung von Richards für die Öffentlichkeit bestimmten Briefen angezeigt. Wenn er von einem „mutuum foedus amoris" schreibt, was ihm moderne Autoren geglaubt haben[612], so ist klar, daß er die Wechselseitigkeit der Bindung, die aber auch im Vasallitätsverhältnis gegeben ist, betonen wollte, um auf seine Weise dem sprachlichen Notstand, wofür denn das viele Geld zu zahlen sei, abzuhelfen. Aus dieser Bezeichnung darf man ebensowenig wie aus Richards näherer Ausführung, daß nämlich jeder der beiden Vertragschließenden „contra[613] omnes viventes, in jure suo obtinendo et retinendo" beizustehen gehalten sei, auf substantielle Wechselseitigkeit in der Verpflichtung schließen. Zunächst ging es um das Recht des Gewinns, und zwar Siziliens für Heinrich, während das Optimum, das Richard vom Kaiser politisch erhoffen konnte, Neutralität war. Nichtauslieferung an Frankreich mußte ihm dessen größte Hilfe sein. Für einen „Freundschaftsvertrag" fehlte natürlich die primitivste Voraussetzung. Kaperung und nachfolgende Erpressung konnten auch damals keinen Liebesbund (foedus amoris) begründen, aber wenigstens wurde Richard von seinen modernen Interpreten nicht dahingehend mißverstanden, daß ihm, wie seinerzeit zu Philipp, eine tatsächliche Liebesbeziehung zu Heinrich VI. nachgesagt wurde.

Fragen wir uns nach den Leistungen, die Richards Diplomatie bis Worms erbracht hat, so können wir an das eben Gesagte anknüpfen. Die Komödie der Freundschaft durch Monate hindurch aufrechterhalten zu haben, war für Heinrich sicher wenig aufwendig. Für ihn lag kein Grund mehr zum Groll vor, er erkannte zwar, daß die Fiktion auch für ihn von Nutzen sein konnte, aber existentiell notwendig war sie für ihn nicht; anders für Richard: Es war nicht nur eine Prestigefrage, nicht als Kettensträfling gehalten zu werden und als hilfloses Opfer einer Erpressung zu erscheinen, es war das dringlichste Gebot der Stunde, seine beiden Feinde, Heinrich VI. und Philipp, auseinanderzuhalten. Dazu schien es ihm nötig, sich mit einem gegen den anderen fest zu verbünden, in diesem Fall Heinrich von der Nützlichkeit seiner Freundschaft, und das heißt Ergebenheit, zu überzeugen. Es ist nicht das erste Mal, daß wir ihn als „Freund“ eines Todfeindes gegen einen anderen seiner Feinde auftreten sehen. Es ist genau dasselbe Schema, das beim Kampf gegen den Vater mit Hilfe Philipps für uns erstmals erkennbar wird. Daß Richard auch gegenüber Leopold seine Gefühle im Zaum gehalten haben muß, weil dieser seine Interessen berücksichtigte, haben wir schon gehört. Ganz unzweifelbar ist demnach Richard der Initiator und Nutznießer der „Freundschaft“ zum Kaiser.

Mit dem Sprung vom „inimicus imperii“, der er im Dezember 1192 war, zum „carissimus“ des Kaisers im April 1193 bezog Richard die Basis für alle Erfolge, die er während der Gefangenschaft erzielen konnte. Er schaffte diesen Sprung durch ein Bündel von Eigenschaften, das, ganz konträr zu der ihm zugeschriebenen unpolitischen, unüberlegten Arroganz, Heinrich VI. veranlaßte, sich vor der Welt tatsächlich wie ein wohlwollender Freund zu verhalten, was Richard unvermeidliche Vorteile einbrachte. Zu jenen Eigenschaften gehört ein Realitätssinn, der ihn exakt der Situation angemessen reagieren läßt. Er kennt seinen Wert und seine finanziellen Möglichkeiten und kann den kaiserlichen und herzoglichen Geldbedarf genauso befriedigen, wie er dadurch einen von Philipp nicht einholbaren Vorsprung besitzt. Er verzichtet nach Speyer auf jede Erörterung seines Rechtsstandpunkts und tut alles, um selbst den Unrechtscharakter der Erpressung vorläufig zu verwischen. Wenn es englischerseits Interventionen in seiner Sache in Rom gegeben hat[614], so gehören sie einem sehr frühen Stadium seiner Gefangenschaft an, nach dem „Freundschaftsbund“ mit dem Kaiser muß weder dieser noch, wie schon festgestellt, Leopold vorderhand eine Exkommunikation befürchten: Sie entspricht im Moment nicht Richards Interessen. Die Geschmeidigkeit und daß er wegen der gigantischen Summe so überhaupt keine Schwierigkeiten bereitet, müssen den Kaiser letztlich besänftigt haben. Daß Richard auch in der dem Kaiser wesentlichen Forderung nach Lehenshuldigung von anfänglich schroffer Zurückweisung zu scheinbarer Gefügigkeit überging, bot diesem keinen Ansatzpunkt für harte Behandlung. Einem derart entgegenkommenden Richard, der sich in demonstrativer Wertschätzung der zu erwartenden kaiserlichen Hilfe gegen Frankreich erging, konnte er die Annehmlichkeiten eines Aufenthalts in einer der Rheinstädte statt Festungshaft bieten.

Man versteht zunächst nicht, wieso Heinrich Richard eine derart große politische

Bewegungsfreiheit einräumte, denn aus der Interessenlage des Kaisers wäre der Richard einzig angemessene Aufenthaltsort der im Trifels mit größtmöglicher Isolation gewesen. So aber finden wir Richard zwischen Ende Mai und Ende September 1193 häufig urkundend in Worms, und also wohl dauernd dort, und dann von Ende November 1193 bis Ende Januar 1194 in Speyer, während Heinrich sich aus der Rhein-Main-Gegend nicht entfernt.[615] Es waren die repräsentativen Städte mit den Kaiserdomen und in ihnen die mit dem Dom verbundenen Bischofspfalzen, die bei Anwesenheit des Kaisers seinen Hof aufnahmen und den Schauplatz für Reichstage boten, in denen Richard nun seinen Aufenthalt angewiesen bekam. In Speyer war neben der Grablege der Salierkaiser auch die von Heinrichs Mutter Beatrix und seiner kleinen Schwester Agnes, durch die Richard vielleicht vor nahezu zehn Jahren mit Heinrich hätte verschwägert werden sollen. „Ze Wormez bî dem Rîne", genauer gesagt, vor dem „Münster" und also dort, wo eine längere Zeit hindurch Richards Weg von der Residenz zum Dom verlief, sollte der Schauplatz des berühmten Streits der Königinnen aus dem Nibelungenlied angesiedelt werden. Nur wenige Jahre nach Richards Aufenthalt in Worms hat ein offenbar österreichischer Dichter, mit Wien und dem literarisch interessierten Bischof von Passau, der Richard damals kennengelernt hat, eng verbunden, in den Endkampf der Nibelungen einen namentlich nicht passenden „Ritschart"[616] eingeschmuggelt. Rund vierzig Jahre später, im Jahr 1235, war Worms dann Schauplatz der Hochzeit von Heinrichs 1194 geborenem Sohn Friedrich II. und Richards Nichte Isabella, der Schwester Heinrichs III.; obwohl die Brautleute so nahe Angehörige Heinrichs und Richards sind, ist die politische Welt völlig verwandelt, Vater und Onkel der beiden sind seit Jahrzehnten schon tot. Im bedeutenden Worms also mit seinen guten kommunikativen Möglichkeiten finden wir Richard in der aktivsten Periode seiner Gefangenschaft. Von hier aus entfaltet er nicht nur seine Regierungstätigkeit mit der offiziellen Korrespondenz, sondern auch die Geheimdiplomatie und Geheimkorrespondenz, die den kaiserlichen Wünschen zuwiderläuft.

Ein ständiger Besucherstrom aus allen Teilen seines Reichs überraschte die Deutschen, teilt Diceto mit, und Newburgh registriert, daß Richard sich während der ganzen Zeit seiner Gefangenschaft der tätigsten Liebe der Seinen erfreuen konnte. Richard urkundet nicht nur von Deutschland aus, sondern führt kirchliche Ernennungen durch, erlaubt und befiehlt, was zu geschehen hat. Der rege Verkehr mit der Heimat entzieht Johanns und Philipps Agitation völlig den Boden. Hat Johann zuerst behauptet, daß sein Bruder gar nicht mehr am Leben sei, so beteuert er später, offenbar im Vertrauen auf Philipps Zusicherungen, Richard werde nie mehr heimkommen. Aber auch danach sieht es nicht aus, die Besucher vermitteln einen anderen Eindruck, man weiß, daß nur noch die Aufbringung des Lösegelds die Freilassung verzögert, und die Organisation dazu läuft an. Richard hat angeordnet, daß Namenslisten mit den Lösegeldbeiträgen angelegt werden, damit er wisse, wie sehr er jedem verbunden sei[617], und es finden sich erstaunliche Beiträge. Die Königinmutter und die Justitiare, die mit der praktischen Durchführung befaßt sind, verfügen fürs erste eine Besteuerung eines jeden

Ritterguts, eine allgemeine Besteuerung für Laien, die ein Viertel des Jahreseinkommens umfaßt und von den Kirchen die Einziehung aller Gold- und Silbergeräte, die Richard später teilweise ersetzen sollte.[618]

Unter seinen Besuchern dienen ihm spezielle Vertrauensleute zur Übermittlung geheimer Schreiben. Von seiner Kanzlei ist Magister Philipp[619] mit ihm in Gefangenschaft geraten, Longchamp, der Kanzler, stößt später, wie viele andere, zu ihm. Die Koordination mit der Regierung in England funktioniert hervorragend, da Richard Gelegenheit hat, einerseits seine Wünsche mitzuteilen, andererseits Vorsorge dafür trifft, daß bei unverständlich erscheinenden Befehlen kein Mißverständnis aufkommt. Diceto übermittelt ein an den Obersten Richter Walter von Rouen adressiertes Schreiben, in dem Richard anordnet, von seinen Weisungen mögen nur jene befolgt werden, die seinem Nutzen und seiner Ehre Rechnung tragen, die anderen aber nicht.[620] Das setzt Vertrauen in die Urteilsfähigkeit der Regierung voraus, und ist deshalb nicht so verfänglich, wie es klingen mag, weil man sich einerseits kennt und es andererseits damals weniger auf das geschriebene Wort als auf das mündlich mitgeteilte, ergänzende und bestätigende des als Vertrauensmann ausgewiesenen Briefüberbringers ankommt. Und eben an solchen Personen hat Richard auch in Deutschland im allgemeinen keinen Mangel. Für uns ist dieses Briefbeispiel ein schöner Beweis für seine Doppelstrategie und die Linie eines nicht aggressiven, sondern sanften und heimlichen Widerstands. Es gibt aber ein noch schöneres Beispiel.

Am 30. März hat er in einem von Herzenstönen klingenden Brief[621] („mater dulcissima"), der Dank- und Bittschreiben zugleich war, seine Mutter angewiesen, sie möge in eigener Person dafür Sorge tragen, daß Hubert Walter zum Erzbischof von Canterbury gewählt werde. Unter demselben Datum erging ein diesbezüglicher Befehl an Walter von Rouen und die Justitiare. Dieser Vertraute, Hubert Walter, war, als er in Italien auf der Heimreise vom Kreuzzug von Richards Gefangenschaft erfahren hatte, sofort bei der Kurie vorstellig geworden und dann zu Richard nach Speyer geeilt; nun wurde er vom König als Garant seiner baldigen Befreiung und der Stabilität in England gepriesen. Die Sicherstellung seiner Wahl bezeichnete Richard als das wichtigste Anliegen nach seiner eigenen Befreiung überhaupt. Mit Recht: Nicht nur war ein etwa in Obstruktion verharrender Erzbischof von Canterbury schon in normalen Zeiten eine schwere Hypothek für einen englischen König, in dieser Zeit, wo die Kirche einen Hauptbeitrag zum Lösegeld leisten sollte, war ein kooperativer Primas ein Haupterfordernis. Aber mehr noch: Er sollte Motor der Lösegeldorganisation werden, Walter von Rouen von der Spitze ablösen, ja er sollte – was er später tatsächlich tat – während des Kriegs in Frankreich die Ruhe des Inselkönigtums gewährleisten, den König in Zukunft von englischen Sorgen möglichst entlasten. Schon das allein ließ Richard in beschwörenden Worten zur größtmöglichen Eile treiben. Ebenfalls noch am 30. März erging von Speyer aus an den Prior und Konvent von Canterbury der Befehl[622], „sub omni celeritate" zur Wahl eines Erzbischofs zu schreiten, wobei die strikteste Bindung an Weisungen der Königinmutter und des Briefüberbringers Wilhelm de St. Mere l'Eglise, des Protonotars, vorgeschrieben wurde. Dies also hatte Richard sofort veranlaßt, ehe er für einige Zeit, er wußte ja noch nicht, für wie lange, auf dem Trifels verschwand. Am 30. Mai war nun wirklich Huberts Wahl erfolgt, was wegen des alten Kompetenzstreits zwischen den Mönchen und den Bischöfen, der aber klug gemeistert wurde, indem beide Gremien in gesonderter Wahl den königlichen Kandidaten wählten, keine ganz leichte Angelegenheit war.

Wir haben gehört, wie die Mönche 1191 bei der Wahl Reginalds von Bath zum Erzbischof von Canterbury Walter von Rouen, der die Wahl des königlichen Kandidaten betreiben sollte, hinters Licht geführt und eine von langer Hand vorbereitete Intrige siegreich zu Ende gebracht haben. Etwas Ähnliches sollten diesmal die Autorität und Anwesenheit Eleonores und die Wachsamkeit der Regierung verhindern. Mit Hubert Walter als seinem Kandidaten bewies Richard, daß er die richtigen Auswahlkriterien in personellen Fragen besaß: Jener war nicht nur auf dem Kreuzzug erprobt, zuletzt Delegationsleiter bei Saladin und Vermittler des Waffenstillstands gewesen, seine Autorität war in England sofort von allen anerkannt, und das war ja Voraussetzung für eine effektive Tätigkeit. Selbst Gervasius von Canterbury[623], von der Partei der durchaus königskritischen Mönche, spendet ihm sein Lob, nennt ihn gerecht und gut, bezeugt, daß er sofort die Lage in England im Griff gehabt habe, also die ideale Integrationsfigur abgegeben hat. War es aber schon bei Abwesenheit des Königs, wie der Wahlzwischenfall von 1191 bewies, keine Selbstverständlichkeit, daß der Kandidat des Königs gewählt wurde, so war es umso weniger eine bei Gefangenschaft des Königs, bei widersprüchlichen Instruktionen und einer abermals von Savaric von Bath ins Werk gesetzten Intrige.

Am 28. Mai schrieb Richard an Canterbury[624], daß das Empfehlungsschreiben, das er neulich zugunsten Savarics von Bath als Kandidaten für die Wahl zum Erzbischof übermitteln habe lassen, echt, „pura conscientia et bona voluntate" von ihm ausgegangen sei. Eine Berufung auf die Glaubwürdigkeit des Überbringers dieses neuerlichen Schreibens fehlt allerdings. Die Mönche hatten somit schon vor geraumer Zeit ein Empfehlungsschreiben von Richard bekommen, das natürlich mit den Instruktionen der Königinmutter nicht übereinstimmte, und fragten nun an, was bezeichnend für Richards Autorität selbst in der Gefangenschaft ist, ob es damit seine Richtigkeit habe. Die Versicherung gab Richard ihnen in kurzen Worten schriftlich, sandte aber unter dem Datum des 8. Juni ein neuerliches, höchst dringliches Schreiben an seine Mutter, doch, sofern es noch nicht geschehen sei – es war vor einer Woche geschehen, aber das konnte Richard natürlich noch nicht wissen –, die Wahl Hubert Walters durchführen zu lassen. Dieser Brief ist nun Richards Selbstaussage zu seiner – nicht nur damals geübten – Taktik. Er teilt mit, sein Wille sei fest und unabänderlich („voluntas nostra est firma et immutabilis"), er wolle als Primas nur Hubert Walter. Wenn er für einen anderen ein Empfehlungsschreiben gesandt habe, für den Kanzler etwa, für den Bischof von Bath oder sonst jemanden, so möge man alles als nichtig betrachten. Es folgt der aufschlußreiche Satz, sie wisse wohl, „daß es uns, solange wir in Haft sind, nützlich ist, den Bitten der Großen nachzugeben und uns für jemanden einzusetzen, den wir auf keine Weise fördern wollen".[625] Und das beziehe sich auf die Vergangenheit ebenso wie auf die Zukunft. Richard hielt es also wieder für opportun, niemanden vor den Kopf zu stoßen und allen erdenklichen Leuten scheinbar gefällig zu sein. Und wieder wird auf die unbedingte Glaubwürdigkeit des Überbringers, des Magisters Johannes von Bridport, Bezug genommen.

Wer waren nun die „Großen", denen Richard nicht ins Gesicht hinein ihr Ansinnen ablehnen wollte, sondern lieber zur Doppelzüngigkeit griff? Erstaunlicherweise hat auch der Kanzler Longchamp, in ganz England damals die unerwünschteste Person, die Stirn gehabt, sich selbst in Vorschlag zu bringen, um einen grandiosen Triumph über seine Feinde feiern zu können. Da er ihm eben ein sehr nützlicher Unterhändler gewesen war, so hielt es Richard für angezeigt, seinen Eifer nicht durch eine offene Ablehnung zu dämpfen. Ein großer Mann aber war Longchamp für ihn wohl nicht, ebensowenig wie Savaric von Bath. Wir erinnern uns, daß es dieser war, dem der Kaiser schon 1191 als seinem „lieben Verwandten" ein für die eigene Karriere dienliches und der Canterbury-Wahl seines Verwandten, des Bischofs von Bath, nützliches Empfehlungsschreiben gegeben hatte. Dieser sofort nach der Verlautung von Richards Gefangennahme von Walter von Rouen zum Kaiser entsandte höchst rührige Bischof war offenbar bei diesem nicht nur für Richards Befreiung tätig geworden, sondern auch für seine eigene Beförderung zum Erzbischof von Canterbury. Hätte ihm der Kaiser diesmal nicht durch eine Empfehlung gefällig sein sollen? Es ist nun wieder bezeichnend für die Beachtung äußerer Formen, daß eine Einflußnahme auf die Wahl nicht über Richards Person hinweg, sondern durch Pression auf ihn erfolgte. Der Bischof von Bath wird uns noch durch ein weiteres wichtiges Projekt, das während Richards Gefangenschaft betrieben wurde, beschäftigen. Wenn dieser Mann aber das Vertrauen Heinrichs VI. besaß, so konnte er nicht gleichzeitig das Richards besitzen, und es ergab sich eine höchst beunruhigende Zukunftsvision: daß nämlich ein Erzbischof, der seine Karriere dem Kaiser zu verdanken hatte, sich diesem erkenntlich zeigen und der Kaiser durch ihn Einfluß auf die englischen Verhältnisse nehmen könnte, und zwar über Richards Gefangenschaft hinaus. Das eminent politische Amt eines Erzbischofs von Canterbury konnte genauso wie die verlangte Heerfolge nach Sizilien zum Mittel werden, die vorgesehene Oberlehensherrschaft über England zu einer effizienten, mit Leben erfüllten, zu machen. Dieser Gedanke wird zwar nirgends in der Literatur verfolgt, und eine diesbezügliche Absicht Heinrichs läßt sich natürlich quellenmäßig nicht belegen, ist aber so naheliegend, daß es erstaunlich wäre, wenn Heinrich an diese Möglichkeit zu substantieller Dominanz nicht gedacht haben sollte. Richards sofortige Initiative und sein scheinbares Eingehen auf Savarics Wunsch verschafften ihm aber einen zeitlichen Vorsprung, so daß die Entscheidung gefallen war, bevor der Kaiser in Worms eine entsprechende Forderung zu einer weiteren essentiellen machen konnte. Der ungezügelte Ehrgeiz Savarics veranlaßte Richard, ihm wenigstens die Abtei Glastonbury zu verschaffen, aber mit königlicher Gunst hatte das nichts zu tun. Er nahm sie ihm später wieder weg, und zwar mit dem Argument, der Kaiser habe ihn seinerzeit zu der Verleihung gezwungen.[626]

Zu derselben Zeit, als Heinrich zwischen ihm und Philipp angeblich den Frieden hatte herstellen wollen, vermittelte Richard die Aussöhnung des Kaisers mit seiner fürstlichen Opposition.[627] Wir finden zu Beginn des Jahres 1193 eine Koalition zwischen den Herzögen von Brabant und Limburg und Erzbischof Bruno von Köln vor. Dieser niederrheinischen Keimzelle trat der Erzbischof von Mainz bei und stellte die Verbindung zu Sachsen her: zum Landgrafen Hermann von Thüringen und dem Markgrafen von Meißen. Der Herzog des angrenzenden Böhmen schloß sich dem Bund ebenso an wie im Südwesten Deutschlands Herzog Berthold von Zähringen, der alte Rivale der Staufer. Im Frühjahr, nach dem Tag von Speyer, während Richard auf dem Trifels war, haben wir uns diese Abfallsbewegung auf ihrem Höhepunkt zu denken. Beigetreten waren der Verschwörung schließlich auch die Welfen. Es war das Ziel der Bewegung, den Kaiser zu stürzen und den jungen Herzog Heinrich von Brabant zum König zu erheben, wofür die päpstliche Zustimmung gewonnen werden konnte. Damit zeichnete sich für Heinrich eine sehr bedenkliche Lage ab. Es konnte der Fall eintreten, daß er die Hilfe des französischen Königs gegen den rheinischen Flügel der Opposition in Anspruch nehmen mußte, um selbst an der Macht zu bleiben. Als Preis dafür hätte er wohl seinen Gefangenen an Philipp ausliefern müssen. So jedenfalls sah Richard die Situation, berichtet uns Howden, und deshalb setzte er alles ins Werk, damit sowohl das für 25. Juni 1193 in Vaucouleurs angesetzte Treffen zwischen Heinrich und Philipp unterblieb als auch eine Aussöhnung zwischen dem Kaiser und der Opposition zustande kam. Beides gelang. Mitte Juni, also kurz vor seinem Wormser Vertrag mit Richard, wurde in Koblenz der Ausgleich zwischen dem Kaiser und den Fürsten erreicht. Fanal zum Aufstand war die Ermordung des Bischofs von Lüttich, Alberts von Löwen, eines Bruders des Herzogs von Brabant, am 24. November 1192 in Reims gewesen, wohin dieser vor der kaiserlichen Ungnade geflohen war. Heinrich hatte in einer Doppelwahlsituation einen dritten, seinen eigenen Kandidaten, in Lüttich etabliert, unter Ignorierung der päpstlichen Anerkennung Alberts und mit Gewaltmaßnahmen, während gleichzeitig Albert von Löwen auf Befehl des Papstes in Reims zum Bischof von Lüttich geweiht wurde. Da der Kaiser die Mörder an seinem Hof aufnahm, wurde er allgemein als Anstifter der Tat betrachtet und sah sich nun in Koblenz genötigt, einen Reinigungseid zu dieser Anschuldigung ablegen zu lassen. Was Richard eigentlich hätte zufallen sollen – sich umständlich in einer Mordanklage zu rechtfertigen –, das fiel ihm nun selbst zu, und die Situation muß Richard keine geringe Genugtuung bereitet haben. Heinrich gab der Brabanter Partei die Lütticher Bischofswahl nun frei und machte bedeutende Zugeständnisse, so daß von einer eigentlichen Unterwerfung der Opposition nicht die Rede sein kann. Lediglich Herzog Ottokar von Böhmen büßte die Erhebung mit seiner Absetzung in Worms, und Heinrich der Löwe verharrte noch bis März 1194 in Gegnerschaft zum Kaiser. Damit hatten die Aufständischen ihr Ziel, den Sturz Heinrichs, zwar nicht erreicht, aber sie waren einem sie bedrohenden deutsch-französischen Bündnis und, was die westliche Gruppierung betraf, der Gefahr eines Zweifrontenkriegs entgangen. Die Verhinderung einer militärischen Konfrontation bedeutete für Richard eine gewaltige Erleichterung, weil sie eine deutsch-französische Allianz nicht mehr als Notwendigkeit erscheinen ließ. Aber auch für Heinrich VI. war Richards Vermittlungstätigkeit zweifellos vorteilhaft, denn er konnte ohne Schwertstreich und mit vertretbarem Kompromiß aus dem Konflikt hervorgehen. Wenn man aber gemeint hat, darin, daß er Richard für seine Zwecke einspannte, einen „genialen Schachzug" sehen zu können[628], so übersah man den Preis, den er dafür zu zahlen hatte und der über die Zugeständnisse an den Herzog von Brabant und seine Fraktion ja um ein beträchtliches hinausging. Er hatte ihn zwangsläufig an Richard zu entrichten, der der einzige war, dem diese Vermittlung keinen Nachteil einbrachte, sondern nur Vorteile. Er mußte sich nun endgültig vor der Auslieferung an Frankreich für gesichert halten, und Heinrich hatte ihm eine Rolle erlaubt, die einem Gefangenen in keiner Weise zukam. Heinrich selbst war es damit, der Richard in die Interna der Reichspolitik einbezog, ihn mit der Opposition bekannt machte, ihm das natürlich nicht selbstlose Anknüpfen von Verbindungen ermöglichte, die bei Nichtbedarf durch den Kaiser dann nicht einfach mehr unterbunden werden konnten oder beliebig zu steuern waren. Richard war aufgewertet worden, hatte potentielle Parteigänger gewonnen, sich einen Anhang verschafft. Die von ihm mit dem Kaiser ausgesöhnten Fürsten wurden gegenüber diesem seine Bürgen für den Wormser Vertrag, der zweifellos die geheime Klausel von Richards künftiger Lehensbindung miteinschloß.

Heinrichs Vorgehen gegen Richard einerseits, sein „genialer Schachzug" andererseits schufen eine Situation, in der erstmals ein breiter Riß zwischen Realität und Illusion sichtbar wird: Heinrich wollte Richard durch Lehensabhängigkeit unter feste Kontrolle bringen, zeigte ihm aber gleichzeitig, wie ungefestigt seine eigene Position war, ja brauchte ihn, und zwar durchaus nicht in vasallenmäßiger Weise, um sich selbst an der Macht zu halten. Damit hatte Heinrich politisches Terrain an ihn verloren, das nicht mehr wiederzugewinnen war. Zauberkunststücke gelangen eben auch Heinrich VI. nicht, und in Worms zahlte jeder mit dem, was er im Moment vorrangig gegenüber dem anderen besaß: Richard mit Geld, Heinrich mit Macht.

Vergessen wir nicht, daß Richard einen Weg zwischen Scylla und Carybdis hindurch finden mußte, was ihm, nicht unähnlich dem listenreichen Odysseus, dessen Klugheit ihm der Verfasser des „Itinerariums" nachrühmt[629], letztlich auch gelang. Der Hauptgegner war natürlich Philipp, seinen Aktivitäten mußte er entgegensteuern, ohne sich aber dem Kaiser völlig auszuliefern. Was tat nun Philipp in der Zwischenzeit? Sofort nach Erhalt des kaiserlichen Schreibens, das ihm Richards Gefangennahme mitteilte, nahm er seine Bemühungen vom Vorjahr wieder auf. Diesmal mit Erfolg. Gegen das Versprechen, ihm Alice, Richards Festlandbesitz und die Krone von England zu verschaffen, erreichte er, daß Johann nach Frankreich kam. Bei dessen Erscheinen bat ihn der normannische Seneschall, gemeinsam mit dem Adel des Landes über

Maßnahmen zu Richards Befreiung zu beraten. Aber Johann erklärte, daß er als der neue Herr empfangen zu werden wünsche, in welchem Fall er versuchen wolle, Philipp für die normannischen Adeligen gnädig zu stimmen. Im weiteren, ehe man durch Rundschreiben vor ihm warnen und ihm so das Handwerk legen konnte, sammelte er „Lösegeld" für die eigene Tasche. Auch Siegelmißbrauch und die Entgegennahme einer Anleihe von 6000 Mark von Philipp für verräterische Zwecke wurden ihm nachgesagt.[630] Nachdem ihm Johann für die französischen Besitzungen und, wie es hieß, für England selbst gehuldigt und den Vexin abgetreten hatte, war eine Basis geschaffen, von der aus Philipp zur Offensive übergehen konnte.

Mit dem ersten Stoß wurde dabei gleich aufs Ganze gezielt. Noch vor Ostern wurde bei Wissant, einem Hafen Philipps, eine Flotte mit flämischer und französischer Besatzung zusammengezogen, um in England zu landen, während Johann gleichzeitig im Kampf zu Land mit Söldnern versuchen sollte, den Umsturz herbeizuführen. Gervasius von Canterbury, der dem Schauplatz der beabsichtigten Landung am nächsten war und deshalb ein glaubwürdiger Zeuge sein kann, meldet, daß die Königinmutter Eleonore durch ihre Initiative die Invasion vereitelte. Sie rief nicht nur die Ritter, sondern das ganze Volk zu den Waffen, ließ die Küste bewachen, und Howden ergänzt, daß nach der Gefangennahme von Spähern und angesichts dieser Vorbereitungen die Landung erst gar nicht versucht wurde. Es fiel den Justitiaren nicht allzu schwer, Johann in Schach zu halten, dessen Burgen belagert wurden. Er hatte zwar Zuzug von allen möglichen Unzufriedenen erhalten, aber von den staatstragenden Männern war niemand zu ihm abgefallen. Auch der König von Schottland verweigerte Johann jede Unterstützung, und dieser Punkt war es nach Howden, der Richard wegen der Sicherheit Englands beruhigte. Der zufriedengestellte Nachbar hatte keinen Grund zur Invasion, und die Doppeloffensive zu Wasser und zu Land, von Süden und von Norden her, kam über das Planungsstadium nicht hinaus. Sein Bruder, soll Richard gesagt haben, sei nicht der Mann, sich ein Königreich zu erobern, wenn ihm auch nur ein einziger Widerstand leiste. Richard hatte dementsprechend gar nicht vor, gegen Johann scharfe Maßnahmen anzuordnen, im Gegenteil, um ihn nicht zu Verzweiflungsschritten zu treiben, sollte ihm der Rückweg offengelassen werden. Die Justitiare schlossen schließlich mit ihm einen Waffenstillstand bis zum Herbst[631], der ihm seinen Besitzstand garantierte. Da Hubert Walter, der seit 20. April in England war, am Zustandekommen dieses Waffenstillstands maßgeblich beteiligt war, müssen wir annehmen, daß er entsprechende Instruktionen zur Behandlung Johanns von Richard bekommen hatte. Im Friedensvertrag, den Richards Gesandte am 9. Juli 1193 in Mantes mit Philipp schlossen[632], wurden Johann seine Güter abermals garantiert. Die einzige Sanktion war, daß er die betrügerisch als Lösegeldbeiträge eingezogenen Summen herausgeben sollte. Durch sein Verhalten hatte sich Johann in England um jeden Kredit gebracht. Seine Untüchtigkeit und Servilität gegenüber Philipp mochten diesen zwar erfreuen, verhinderten aber gleichzeitig, daß die Arbeitsteilung wie vorgesehen vonstatten ging: Philipp sollte Richards französische Besitzungen erobern,

Johann sich, wenn auch mit französischer Hilfe, England unterwerfen. Bezüglich Englands schien Philipp eine Doppelstrategie zu verfolgen: Er ging sehr bald daran, für die eigene Dynastie einen Thronanspruch zu erwerben. Deswegen ist schwer zu sagen, ob das Gerücht, daß er Johanns Lehenshuldigung für England entgegengenommen habe, auf Wahrheit beruhen kann. Es wäre zwar verständlich, wenn Philipp für seine Unterstützung den höchsten Preis gefordert hätte, aber widersinnig gewesen, damit zugleich eine Rechtsgarantie abzugeben, wenn er dieses Recht als solches bestreiten wollte. Allerdings befand sich Philipp damals in einer Phase dermaßen hektischen und widersprüchlichen Pläneschmiedens, daß statt des Nebeneinander auch ein rasches Nacheinander der einschlägigen Maßnahmen denkbar ist. Zum wenigsten beweist das Gerücht, was man Johann in England an Preisgabe zutraute.

Schon vor der zeitlich fehl plazierten Kriegserklärung in Speyer und also ohne jede Rechtsbasis, dafür in der Hoffnung, daß Richard schon de facto politisch ausgeschaltet sei, vollzogen sich Philipps und Johanns Aktivitäten um England. Den Angriff auf die Normandie plante Philipp als Rechtseffekt und kam damit in den April. Die Offensive begann mit einem Triumph: Am 12. April öffnete ihm der Kommandant Gilbert de Vascoeuil[633] die Tore von Gisors. Die Folgen waren gravierend: Weitere Burgen des Vexin fielen. In diesem Frühjahrsfeldzug gewann Philipp aber auch die nördlich des Vexin gelegenen wichtigen und durch Todesfall freigewordenen Grenzgrafschaften Aumale und Eu. Noch an einer dritten Stelle durchbrach er die normannische Grenzbefestigungslinie, und zwar im Tal der Eure, in dem ihm Pacy und Ivry in die Hände fielen. Damit stand ihm auch vom Südosten der Zugang ins Seinetal offen. Das wichtigste strategische Ziel wurde allerdings nicht erreicht: die Eroberung der normannischen Hauptstadt Rouen. Gerade zur rechten Zeit erschien Graf Robert von Leicester, dem Richard, Ambroise zufolge, während des Kreuzzugs mehrmals in gefährlichen Situationen durch gewagte Einsätze zu Hilfe gekommen war, um die gesunkenen Lebensgeister der Bewohner aufzurichten. Die Bürger begannen den französischen König, der einen Belagerungsring um die Stadt gezogen hatte, von den Mauern herab zu verhöhnen, und Philipp zog es schließlich vor, seine Belagerungsmaschinen zu verbrennen und abzuziehen. Mit ihm war sein Schwiegervater, Graf Balduin von Flandern-Hennegau, vor Rouen erschienen, und Flandern auf Philipps Seite zu sehen, war ein Zustand, der nach politischer Abhilfe in der Zukunft verlangte.

Philipps Erfolge, so ansehnlich sie waren, blieben aber doch weit hinter den Erwartungen, die er in diese langersehnte Situation gesetzt hatte, zurück. Nach der Absage des für Vaucouleurs vorgesehenen Treffens durch den Kaiser und nach dessen Wormser Vertrag mit Richard schien zunächst einmal jede Chance auf einen Sturz Richards vorbei. Die Botschaft, die er nach den Ereignissen von Worms Johann zukommen ließ, hieß nach Howden kurz und bündig: „Hütet Euch, der Teufel ist los." Johann floh daraufhin nach Frankreich. Nun war Richard zwar noch länger als ein halbes Jahr nicht „los", aber es war wahrscheinlich geworden, daß er zurückkehren werde. Philipp war bereit, dieser Situation Rechnung zu tragen.

Am 9. Juli 1193 schloß er mit einer von Longchamp geleiteten Delegation Richards einen „Friedensvertrag".[634] Dieser konnte für die angevinische Seite nicht vorteilhaft sein, und wir ersehen aus ihm, wie die immer zwischen zwei Loyalitäten hin und her gerissenen Grenzbarone von Gournay und Caieux, Meulan und selbst der Graf von Perche, dem Richard seine Nichte zur Frau gegeben hatte, zum französischen König übergegangen waren. Außerdem mußten Philipp für 20.000 Mark die wichtigen Burgen Loches und Châtillon-sur-Indre, womit auf die Touraine abgezielt war, seinem Onkel, dem Erzbischof Wilhelm von Reims, Drincourt und Arques südöstlich von Dieppe verpfändet werden, was den Vormarsch von Aumale und Eu ins Kerngebiet der Normandie vom Nordosten her begünstigen sollte. Richard hatte aber in diesen Friedensvertrag auch keinerlei Hoffnungen gesetzt. Nach Howden lautete sein Auftrag an seine Bevollmächtigten schlicht, sie mögen „irgendeinen" Frieden mit Philipp schließen. Er gedachte sich ohnehin nicht an ihn zu halten, hatte aber für die zeitweilige Aufgabe von vier Burgen erreicht, daß er nur drei Monate nach Philipps Aufkündigung des Lehensverhältnisses für alle Besitzungen wieder als rechtmäßiger Lehensträger anerkannt war. Stillschweigend hatte Philipp mit dieser Anerkennung auch alle Beschuldigungen, die er gegen Richard erhoben hatte und die zur Rechtfertigung seines „totalen" Krieges herhalten sollten, fallengelassen. So standen die beiden also, von den Gebietsverlusten abgesehen, wieder wie bisher zueinander. Seine Schwester Alice war Philipp, nachdem er einmal den Vexin hatte, offenbar nicht mehr so wichtig, oder zu ihrer Herausgabe war Richards Delegation nicht ermächtigt, sie wird jedenfalls im Vertrag nicht erwähnt.

Von Philipps Initiativen beim Kaiser wissen wir aus dieser Zeit leider wenig. Howden läßt die von Erzbischof Wilhelm von Reims geführten Gespräche mit Heinrich VI., bei denen das Zusammentreffen von Vaucouleurs vereinbart wurde, gleich nach der Übereinkunft von Speyer stattfinden. Gervasius zufolge soll Philipp irgendwann nach Abbruch der Belagerung von Rouen eine Gesandtschaft „cum infinita pecunia" zu Heinrich geschickt haben mit dem Ersuchen, ihm seinen Vasallen zu übergeben oder länger gefangenzuhalten. Eine solche Botschaft hätte dann aber erst Wochen nach dem Reichstag von Speyer bei Heinrich eintreffen können. Darüber hinaus finden sich nur in Nebenquellen vereinzelt generelle Erwähnungen von Philipps Kontakten zum Kaiser.[635] Erstaunlich bleibt die Tatsache, daß er mit dem Erzbischof von Reims jenen Mann als Unterhändler zum Kaiser sandte, der ein paar Monate zuvor den von diesem so vehement verworfenen Brabanter Albert zum Bischof von Lüttich geweiht hatte, womit Heinrich ja in die eben akut gewordene Gefahr des Fürstenbundes geraten war. Hätte ein dem Kaiser befreundeter König von Frankreich eine solche Maßnahme nicht überhaupt zu verhindern gehabt? Philipp bewies auch noch im folgenden in dieser Causa einen fatalen Mangel an diplomatischem Geschick. Es scheint, als hätten ihn alle seine Fähigkeiten plötzlich verlassen. Wir wissen freilich nicht, in welchem Ausmaß sie ihm in diesem Fall hätten nützlich werden können.

Geht man von der Voraussetzung aus, Heinrich VI. habe Richard von Anfang an in Lehensabhängigkeit von sich bringen wollen, so muß man anerkennen, daß er nicht gleichzeitig seine Auslieferung an Frankreich als gleichwertige Option erwogen haben kann. Nur als Notlösung, bei totaler Widersetzlichkeit Richards oder in der militärischen Zwangslage, in die er durch die Fürstenopposition geraten konnte, ist die zweite Möglichkeit denkbar. Aber auch wenn Heinrich in seiner Zielsetzung durchaus nicht schwankend war, ist aus den genannten Gründen Auslieferung zunächst als eine reale Gefahr und nicht bloß als leere Drohgebärde aufzufassen. Richards Strategie der Freundschaft gegenüber dem Kaiser und die Intervention bei den aufständischen Fürsten sind Initiativen, die nicht dadurch an Wert verlieren, daß Philipp es nicht verstand, sich als Bündnispartner beim Kaiser attraktiv zu machen. Präokkupiert von eigenen militärischen und politischen Offensiven, hat der französische König es versäumt, den Eindruck zu erwecken, als könne er dem Kaiser ein nützlicher Verbündeter sein. Sein hastiger Vormarsch in der Normandie muß für Richard den Trost enthalten haben, daß er auf diese Weise als militärischer Partner Heinrichs in der Rheingegend ausfiel. Statt die Vertrauenswürdigkeit der französischen Diplomatie gegen die chimärenhaften Beteuerungen der englischen ins Treffen zu führen, provozierte er Heinrich durch ein Ehebündnis mit Dänemark, wo doch Knut VI. dem Reich die Lehenshuldigung verweigert hatte, also ein Reichsfeind war. Vor allem aber mußte Philipps offenkundiges Interesse an England, sei es durch Erheiraten eines Anspruchs, sei es durch Entgegennahme von Johanns *hominium,* jeden kaiserlichen Kooperationswunsch mit ihm von vornherein untergraben. Wäre er durch die Geheimdiplomatie Heinrichs und Richards völlig in Unkenntnis über die kaiserliche Englandpolitik gehalten worden? Selbst wenn man das nicht annimmt, so versteht man, daß Philipp Richards Abwesenheit nicht mit bloßem Antichambrieren beim Kaiser zubringen wollte. Damit aber setzte er zweite und dritte Schritte vor dem ersten, der nur darin bestehen konnte, alles zu tun, um Richard in die Hand zu bekommen. Durch seine unverhüllten Zielsetzungen demaskierte er sich als Gegner des Kaisers, und jede Handlung, die er zum eigenen Besten setzen zu müssen glaubte, lief auf eine eklatante Verletzung von Reichsinteressen, wie Heinrich sie sah, hinaus.

Aber auch Heinrich verhielt sich so, als wäre Richard als politischer Faktor schon ausgeschaltet und als befände er sich selbst bereits in einem realen Konflikt mit Frankreich. Auch Heinrich hätte, um Richard effektiv niederhalten zu können, ein Mindestmaß an Koordination mit dessen Gegner gebraucht. Es ist nun möglich, daß dessen Kriegserklärung an Richard bei ihm tatsächlich jene Mißbilligung ausgelöst hat, die er in Speyer zur Schau trug. In fataler Weise muß er sich bei seiner höchsten Zielsetzung nämlich mit der Endlichkeit der Welt konfrontiert gesehen haben. Einerseits wollte Heinrich VI. dem englischen König die Lehensbindung oktroyieren, und eine für diesen ungünstige militärische Entwicklung in Frankreich konnte dazu dienen, ihn vielleicht doch beim Kaiser Schutz suchen zu lassen, andererseits war es kein Geheimnis, daß er selbst sobald als möglich sich Sizilien unterwerfen wollte und daß dadurch Richard reale Hilfe vom Reich nicht zu erwarten hatte. Ja mehr noch, dieser sollte in eigener Person dem Kaiser bei der Eroberung des Normannenreiches helfen, und eben das war nun durch Philipps militärisches Vorgehen gegen ihn nicht mehr zu erzwingen. Er konnte nämlich argumentieren, daß er es vorziehe, gefangen zu bleiben, statt in dieser Situation für fremde Interessen Krieg zu führen. Heinrich konnte dem entgegensetzen, daß er diese Wahl nicht habe, da er im Weigerungsfall an Frankreich ausgeliefert werden würde – das bedeutete aber auch, daß Heinrich dann nicht einmal nominelle Oberhoheit über England zu erwarten hatte und nur Philipp der politische Nutznießer gewesen wäre. Gelang es ihm aber trotzdem, Richard zur Heerfolge nach Sizilien zu bewegen, so verlor dieser dabei womöglich sein Reich, und Heinrich sähe sich abermals um die Lehenshoheit über England betrogen. In dem Spannungsfeld zwischen tatsächlich exekutierbarer und nomineller Lehensoberhoheit lagen Richards Verhandlungsmöglichkeiten, und in der speziellen Situation schloß die eine Form die andere aus, und er nützte dieses Dilemma Heinrichs zu seinem Besten. In der Lage, wo Heinrichs und Philipps Ziele miteinander unvereinbar waren, hätte einer von ihnen wirklich ein genialer Politiker sein müssen, um den anderen wenigstens kurzfristig über die eigenen Absichten täuschen und für die eigenen Zwecke einspannen zu können. Ein solcher war Philipp nicht, und so beging er einen Fauxpas nach dem anderen, aber Heinrich war noch viel weniger einer, und so folgte er, vom Entgegenkommen seines englischen Freundes dazu ermuntert, einer ins Irreale führenden Spur.

Ehe wir ihn aber auf diesem Weg begleiten, sei nochmals, jetzt im Hinblick auf eine sich anbietende Alternative, die Motivationsfrage gestellt: Wieso er nämlich Richard gefangennahm statt – da er doch 1191 ebenso ein Frankreich-Feind war wie 1184/85, als nur das väterliche Verbot ihn vom Kriegseintritt gegen Frankreich an der Seite Flanderns abgehalten hatte – den vom Kreuzzug heimkehrenden Philipp. Daß er eben das vorgehabt habe, wurde später behauptet[636], und aus „Ansbert" können wir schließen, daß Heinrich vor dem Mailänder Treffen aus weit hergeholten Gründen einen Groll gegen Philipp kultiviert hat.[637] Wie dem auch sei, gegen Philipp hätte sich ebenso ein Vorwand zum Einschreiten finden lassen wie gegen Richard, wobei die Erfolgsaussichten, neben einer finanziellen auch eine politische Erpressung durchführen zu können, hier viel günstiger lagen. Nicht nur fielen die eben geschilderten situativen Komplikationen weg – denn der vielleicht interessierte Dritte, Richard, war bei Philipps Heimkehr 1191 ja noch auf Kreuzzug –, durch die unmittelbare Nachbarschaft Frankreichs zum Reich ergab sich auch die Möglichkeit eines realen Machtgewinns für Heinrich: durch die Erzwingung von Gebietsabtretungen ebenso wie durch eine mit höherem Gewicht ausgestattete Lehensoberhoheit. Daß er statt der kleineren sicheren Beute die große jagte, die er dann doch nicht in der gewünschten Weise zur Strecke bringen konnte, sagt einiges aus über Heinrich. Seine Zielsetzung ist dabei in Beziehung zu sehen zu seiner konkreten Lage.

Im Jahr 1192, als Richard die Thronfolge im Heiligen Land regelte und in aller Munde war, als Tankred vom Papst mit Sizilien belehnt wurde, betrieb er eine

Schaukelpolitik gegenüber den italienischen Städten, enttäuschte die sächsischen Gegner Heinrichs des Löwen, indem er sie militärisch im Stich ließ, und wurde der Bischof von Lüttich ermordet, was die Fürstenopposition auf den Plan rief. Es war aus einer Misere heraus, daß Heinrich VI. seinen ganz großen Coup gegen Richard durchführte, aber er hatte überhaupt noch nie ein größeres politisches oder militärisches Erfolgserlebnis gehabt. Gleich alt wie Philipp, 1165 geboren, somit acht Jahre jünger als Richard, hatte er seit seinem vierten Lebensjahr die deutsche Königswürde inne und führte in Abwesenheit seines Vaters die Regierungsgeschäfte. Die Nachfolge im Reich vollzog sich nach Barbarossas Tod problemlos, die Regentschaft ging in eigene Herrschaft über. Probleme bereiteten sofort die sich wieder regenden Welfen, während die eigentliche Herausforderung in der ihm 1189 durch den Tod Wilhelms II. von Sizilien zugefallenen Anwartschaft auf das sizilische Erbe seiner Frau Konstanze bestand. Als Richard im Herbst 1190 in Sizilien erschien, waren militärische Operationen eines kaiserlichen Heeres im Normannenreich gescheitert, und ein völliges Fiasko stand Heinrich selbst noch bevor. Bei der Belagerung Neapels im Frühjahr 1191 brach im Heer eine Seuche aus, die zum Abbruch des ganzen Kriegszugs führte. Heinrich selbst erkrankte schwer, und Konstanze wurde gefangengenommen und an Tankred ausgeliefert. Wenige Monate zuvor hatte Richard im Handumdrehen Messina erobert, gleichsam demonstrierend, wie man siege, und Tankred zur Anerkennung aller seiner Forderungen gezwungen. Hätte dieser nicht nachgegeben, hätte Richard weitere Eroberungen machen können; ja, eben dadurch, daß er hätte tun können, was Heinrich nicht konnte, und daß dieser es also gewissermaßen der Gnade des englischen Königs verdankte, daß ihm selbst noch das Normannenreich von Tankred zu erobern blieb, muß das kaiserliche Selbstbewußtsein beträchtlich verletzt worden sein.

Diese Sizilienepisode mag er als besonders provozierend empfunden haben, aber sie war nur ein Glied in einer ganzen Kette unvermeidlicher Provokationen. Im östlichen Mittelmeerraum, in Zypern, im Heiligen Land und somit dort, wo wir ein paar Jahre später reges kaiserliches Interesse finden, hatte Richard spektakuläre Siege errungen und war ihm eine Rolle zugefallen, die Heinrich als ihm selbst, dem Kaiser, zustehend angesehen haben muß. Die oft erörterte Frage, ob man ihm einen „Weltherrschaftsanspruch" zuschreiben dürfe[638], scheint mir, bedenkt man, wie er in späteren Jahren in sämtlichen Regionen gleichzeitig intervenierte, mit Selbstverständlichkeit zu bejahen. Wir wissen es natürlich nicht, aber daß er gegen Richard statt gegen Philipp vorging, erscheint als Indiz dafür, daß er schon früh weitausgreifende Pläne gehegt haben muß, denn nur in Sachen „Weltgeltung" war Richard sein Gegner, während es für eine territorial begrenzte Politik nur Philipp hätte sein können. Heinrich vergaß die zweite Gegnerschaft nie, aber die personelle Prioritätensetzung gibt einen Hinweis auf die politische Zielsetzung. Richards Bereicherung am Normannenschatz – dem finanziellen Moment – kommt dabei keine entscheidende Bedeutung zu. Philipp hatte ein Drittel des Geldes übernommen, und so hätte er mittels Lösegelds dafür haftbar gemacht werden können. Niemand hätte den Kaiser daran zu hindern vermocht, den

Rest in Form einer „freien Vereinbarung" einzutreiben. Heinrichs entscheidender Fehler in seiner Politik gegenüber Richard war nun der, daß er zu keiner Prioritätensetzung in bezug auf Politik und Geld kam. Er begriff nicht, daß er – anders als vom französischen König – vom Herrscher des Anjoureichs umständehalber nicht beides haben konnte: Geld und essentielle politische Zugeständnisse, oder eine Ahnung davon streifte ihn erst am Ende, als es zu spät war. Die rationale Lösung, die in Richards Entmachtung und der Geldannahme von Frankreich bestanden hätte, schien ihm wegen der dem Reich dann entgangenen Belehnungszeremonie nicht vorteilhaft genug. So schickte er sich in ostentativer Weise zum Sieg über den Sieger an, und dieses Vorgehen trägt kompensatorische Züge. Es hat trotz aller Unbedenklichkeit nichts mit Realpolitik zu tun, dafür ist das jetzt abzuhandelnde Burgundprojekt der beste Beweis. Unter einem rein historischen Gesichtspunkt betrachtet, wäre es, da es unausgeführt blieb, nicht allzu belangvoll, unter dem persönlichkeitsbezogenen Aspekt ist es das aber schon. Es zeigt durch sein hochspekulatives Element nicht nur, wie phantastisch Heinrich in der Wahl seiner Mittel war, sondern auch, bis zu welchem Ausmaß Richard seine Täuschungspolitik getrieben haben muß und wie sehr er bestrebt war, sich die juvenile Selbstüberschätzung, den Cäsarensinn, seines Gegners zunutze zu machen.

### *Das Burgundprojekt*

Die dritte Phase von Richards Gefangenschaft, die die zweite Jahreshälfte von 1193 ausfüllt, erscheint uns als eine Zeit der Konsolidierung, in der Richard, vor Überraschungen bewahrt, in relativer Ruhe die Sammlung des Lösegelds abzuwarten hatte und in der er Zeit fand, sein Gefangenenlied zu dichten: eine milde Beschwerde, daß er schon den zweiten Winter gefangen sei und seine Vasallen ihn nicht rascher auslösen würden – wo es doch rascher gewiß nicht ging – und eine noble Klage über Philipps Verhalten.[639] Unter der ruhigen Oberfläche muß es aber beträchtliche Bewegung gegeben haben, denn gegen Jahresende werden wir mit einem fertigen Konzept konfrontiert, das in großartiger Weise die deutsch-angevinische Freundschaft zu dokumentieren bestimmt war: Richard sollte vom Kaiser das Königreich Burgund erhalten, das Zwischenreich, das sich im wesentlichen von der Rhône-Saône-Linie bis zu den Alpen und im Norden bis zum Rheinknie bei Basel und der Burgundischen Pforte erstreckte. Dieses kulturell und wirtschaftlich reiche Land, das nicht zuletzt durch seine Alpenübergänge für die kaiserliche Italienpolitik wichtig war, bildete auf Grund eines Erbvertrags seit dem Jahr 1033 das dritte Königreich innerhalb des Imperiums. In seinem südlichen Teil rangen deutscher, französischer und spanischer Einfluß um die Dominanz.[640]

Für dieses Burgundprojekt haben wir drei von Howden mitgeteilte Belege. In einem Brief Richards an Hubert Walter vom 22. Dezember 1193, in dem er seine für

17. Januar 1194 vorgesehene Freilassung ankündigt, heißt es im Anschluß an diese Mitteilung: „et die Dominica proximo sequenti coronabimur de regno Provenciae quod (imperator) nobis dedit."[641] In einem Schreiben Heinrichs VI. an Richards Vasallen vom 20. Dezember wird das Freilassungsdatum bestätigt und für 24. Januar Richards Krönung anberaumt: „et inde in septem dies posuimus ei diem coronationis suae de regno Provenciae, quod ei promisimus."[642]

Dazu ist zuallererst festzustellen, daß es ein „regnum Provenciae" seit dem 10. Jahrhundert nicht mehr gab, weil dieses damals dem nördlich benachbarten Königreich Burgund angegliedert worden war.[643] Im sonst gängigen Terminus „regnum Burgundiae"[644] ist die alte Zweizahl der politischen Gebilde Burgund-Provence zugunsten des ersteren aufgehoben. Es liegt eine Pars-pro-toto-Bezeichnung vor, und seit „Hochburgund" – die Grafschaft Burgund nämlich – staufische Hausmacht geworden war, scheint es im Sinn einer politischen Pragmatik zu liegen, daß der übernommene Begriff gefestigt wurde. Aber bald nach der hier in Rede stehenden Zeit tauchte für dasselbe Gesamtgebiet die Bezeichnung „regnum Arelatense" auf[645], womit Niederburgund – der Name weist auf Arles hin – zur politischen Schwerpunktsetzung gelangte. Es darf uns also nicht über Gebühr wundern, wenn der auch sonst in der Diplomatik des 12. Jahrhunderts nicht mit letzter Konsequenz verwendete Ausdruck „regnum Burgundiae"[646] einmal fallengelassen und durch einen uns politisch anachronistisch anmutenden ersetzt wurde. Möglicherweise wurde sogar auf das Verständnis der Zielgruppe des kaiserlichen Briefs Rücksicht genommen: für Richards Vasallen war „Burgund" nämlich vor allem ein französisches Kronlehen, dessen Herzog während des Kreuzzugs immer wieder von sich reden gemacht hatte; die Provence hingegen war unmißverständlich außerfranzösisch, und der Kaiser konnte seine Rechte hier mit der gewählten Bezeichnung in Erinnerung bringen. Es ist sicher gänzlich unangebracht, von dem untechnischen Ausdruck auf die beabsichtigte Vergabe bloß Niederburgunds zu schließen.[647] Es ist bei noch so böswilliger Auslegung von Heinrichs „Genialität" nicht wahrscheinlich, daß er das bestehende Königreich Burgund auseinanderreißen wollte. Da eine Krönung Richards vorgesehen war, hätte ein „Königreich Provence" erst geschaffen werden müssen, wobei unklar bleibt, welche Stellung im Gesamtreich die neuerdings als „Pfalzgrafschaft" bezeichneten hochburgundischen staufischen Besitzungen eingenommen hätten. Während der Gedanke einer Gesamtstellvertretung der kaiserlichen Macht im Königreich Burgund schon von Barbarossa vorgebildet war[648], wäre die Errichtung von Teilreichen ohne Präzedenzfall gewesen. Entscheidend ist aber hier nicht die fehlende Nachvollziehbarkeit einer politischen Absicht, sondern das Zeugnis Howdens, der zu einer hinlänglich vollständigen Aufzählung dessen, was die Verleihung im Niederburgundischen anbelangt, hinzufügt: „et quicquid imperator habet in Burgundia". Obwohl es an den später anzustellenden geopolitischen Erwägungen nichts ändern würde, wenn Richard statt eines „regnum Burgundiae" nur ein „regnum Provenciae" zugedacht gewesen wäre, so ist doch in Annäherung an die Tagesrealität und bei dem beigebrachten Quellenbeleg desselben Autors, dem wir die befremdliche Bezeichnung in den beiden Briefen verdanken, dem Begriff eines „Königreichs Burgund“ der Vorzug zu geben vor dem als Zufallsbildung leichter denn als politisches Programm erklärbaren „Königreich Provence“.

In zweiter Linie fällt folgende Diskrepanz auf: Heinrich VI. will Richard das Königreich nur versprochen haben („quod ei promisimus“), während Richard schreibt, er hätte es schon bekommen („quod nobis dedit“). Den Briefen vorangestellt ist Howdens Kapitel mit der Überschrift „De terris quas imperator dedit Ricardo regi Angliae pro homagio suo“. Dieser dritte Beleg beginnt mit den Worten: „Praeterea[649] praedictus imperator dedit regi Angliae, et carta sua confirmavit has terras subscriptas ...“ Hier ist gleichfalls von einem vollzogenen Belehnungsakt mit Ausstellung einer Charta die Rede, was im Einklang mit Richards „dedit“ steht. Man hat nun entweder angenommen, daß eine Vergabe des Königreichs unterblieb – wir hören nichts mehr davon[650], aber schließlich gibt es auch sonst in den Quellen Lücken genug – oder stattfand.[651] Entscheidende Gründe sind weder für die eine noch die andere Variante beizubringen, es fällt aber auf, daß beharrlich Belehnung und Krönung vermischt werden, wobei doch das eine mit dem anderen nicht zusammenfallen mußte. Daß eine Krönung Richards unterblieb, ist nun als sicher anzunehmen, weil ein derart pomphaftes Ereignis die Aufmerksamkeit der Chronisten auf sich gezogen hätte. Wenn sie unterblieben ist, ist aber auch wahrscheinlich, daß in Mainz nach dem vorangegangenen Eklat um die Belehnung mit England eine mit dem *regnum Burgundiae* nicht mehr stattgefunden hat, und auch das „dedit“ im Brief vom 22. Dezember 1193 würde ja auf einen früheren Formalakt verweisen. Vorstellbar wäre auch, daß eine Richard im Jahr 1195 vom Kaiser zugesandte Krone in irgendeinem Sinnzusammenhang mit Burgund stand. Es ist nun für unseren Zweck gar nicht so wesentlich, zu wissen, ob oder welche Formalitäten stattgefunden haben. Wichtig ist vielmehr, daß wir trachten, die Absichten, die die beiden Kontrahenten mit diesem Projekt verfolgten und die durchaus gegensätzlicher Natur waren, zu erfassen.

In der Literatur findet sich zum einen die Auffassung, die Belehnung mit Burgund sei als Ersatz für eine vom Kaiser nicht mehr als realisierbar angesehene Belehnung mit England gedacht gewesen, die dann unterblieben sei, weil Philipps Schlußofferte an den Kaiser Richard so unter Druck gesetzt habe, daß er sich doch noch zum Vasallen für England machen ließ.[652] Diese gedachte Ersatzfunktion des Königreichs Burgund suggeriert ein Kräftespiel, bei dem Heinrich zu Anfang schwächer, Richard stärker gewesen wäre, und beruht auf der Meinung, daß das, was im Wormser Vertrag keinen Niederschlag gefunden hat – die Lehensnahme Englands durch Richard –, auch nie Gegenstand einer Vereinbarung gewesen sein könne. Diese Theorie ist deshalb besonders unbefriedigend, weil sie Philipps Angebot als Überraschungseffekt zur Voraussetzung hat, während wir doch wissen, daß dieser sich von Anfang an um Richards Auslieferung bemüht hat, und es Heinrich war, der die französische Option nie als gleichwertig behandelte, wozu ihn eben Zugeständnisse Richards bewogen haben müssen. Daß das finanzielle Angebot keineswegs so vorteilhaft war, daß es Heinrichs Umschwenken erklären könnte, werden wir noch vorgeführt bekommen. Verändert war die Situation für Heinrich am Ende vielmehr durch Richards Weigerung, England von ihm zu Lehen zu nehmen, und wir werden erwägen müssen, ob das Burgundprojekt sich nicht deshalb zerschlug, weil es für Richard seinen Wert verloren hatte und er keine weiteren Zugeständnisse machen wollte, das heißt, weil er das „regnum Provenciae" nur in Kauf genommen hätte, um der Lehensauftragung Englands zu entgehen, weil er es war, nicht Heinrich, für den es eine Ersatzlösung dargestellt hat.

Eine andere Auffassung sieht in der beabsichtigten Vergabe Burgunds an Richard eine Vergünstigung, „eine Art Gegengabe" des Kaisers an Richard für dessen *hominium* für England[653], die dann aber unterblieben sei, was gleich die nicht beantwortbare Frage nach dem Grund aufwirft. Vor allem aber ist die Überlegung anzustellen, ob ein Königreich denn als Geschenk plausibel ist und ob Heinrich VI. der Mann war, solche Geschenke zu machen. Schließlich gehört zum Geschenkcharakter einer Gabe noch, daß sie dem Empfänger willkommen ist, und hier haben wir nicht zu theoretisieren, sondern müssen die reale historische Situation und Richards Interessenlage prüfen. Zu behaupten, schon Heinrich II. hätte einen Vorstoß in diese Region geplant gehabt, weil er 1173 eine Heirat Johanns mit der Erbtochter von Maurienne-Savoyen vorgesehen hatte, und ein solches Interesse dann auf Richard zu übertragen, ist weit hergeholt.[654] Richards Kontakte zu dem Land hatten sich bisher auf die Durchreise beschränkt. Auf dem Weg zum Kreuzzug war er die Rhône abwärts von Lyon nach Marseille gereist, wobei es in Montélimar zu einem Zwischenfall gekommen war: Als die Bewohner das Heer schmähten – es waren ausschließlich Richards Leute, da Philipp ab Lyon eine andere Route gewählt hatte –, nahm Richard die Stadt ein und führte den Burgherrn eine Weile gefangen mit sich. Derlei Zusammenstöße konnten sich überall ergeben, wo eine Armee durchmarschierte, hier aber umso leichter, da die Provence nördlich der Durance, die „Markgrafschaft" Provence, vom Grafen von Toulouse als Reichslehen gehalten wurde. Mit diesem Gegner hätte Richard also zuallererst zu rechnen gehabt, wenn er im Rhônetal hätte Fuß fassen wollen. In der benachbarten Dauphiné saß der Herzog von Burgund, der westlich der Grenze einer der mächtigsten französischen Lehensträger war, wobei der gegen Ende des Kreuzzugs verstorbene Hugo III. sich als Richards Intimfeind betätigt hatte. Es war nicht anzunehmen, daß der Graf von Toulouse und der neue Herzog von Burgund sich ihrem kaiserlichen Lehensherrn gegenüber noch loyal verhalten würden, wenn dieser ihnen ihren speziellen Feind ins Land schickte. Es blieb im südlichen Burgund die „Grafschaft" Provence, das Gebiet der heutigen Côte d'Azur, eine aragonesische Sekundogenitur, die mit Toulouse um die Herrschaft in der seit 1125 geteilten Provence rivalisierte. Die traditionelle Freundschaft mit Aragon, einer der Stützpfeiler Richards in seiner bisherigen Aquitanienpolitik, mußte aber zerbrechen, wenn der Kaiser der faktischen Unabhängigkeit des Landes ein Ende setzen wollte. Das bedeutete gleichzeitig, daß Richards aquitanische Südgrenze, bisher von Aragon unbedroht und durch die Eheverbindung mit Navarra geschützt, nicht mehr länger sicher war. Alfons II. von Aragon konnte ihm zur Entlastung der Provence direkt in Aquitanien einfallen, sich mit aquitanischen Rebellen verbünden, möglicherweise führte die gemeinsame Gefahr sogar Toulouse und Aragon in einer Koalition zusammen. Bereits während Richards Toulousefeldzügen in den späten achtziger Jahren hatte Philipp versucht, eine Schutzmachtfunktion gegenüber Toulouse auszuüben, nun konnte bei einem ernsthaften Engagement Richards im Süden das ganze Gebiet Frankreich in die Arme getrieben werden.

Daß Richard mit Besitznahme des „Arelats" Frankreich hätte „umklammern" können[655], verrät eine rein theoretische Betrachtungsweise. Er mußte dieses Land zuvor erobern, vielmehr, er mußte sich vordringlich einen Zugang dorthin schaffen. Die Auvergne stellte eine höchst unsichere Verbindung zum Rhônegebiet dar, weil sie seit jeher zwischen Frankreich und den Anjous umkämpft und von Richard sogar 1189 und 1191 in Messina abgetreten worden war. Somit hätte sich für ihn als Kriegsschauplatz zuallererst die Auvergne ergeben, wobei ihm von zwei Seiten, vom Norden durch Burgund, vom Süden durch Toulouse, Probleme geschaffen werden konnten. Es wäre absurd gewesen, wenn er im Südostwinkel seines Reichs eine Offensive hätte starten wollen, während durch seine Abwesenheit im Norden der Schutzwall der Normandie unter Philipps Ansturm zusammengebrochen war. Richard war sich sicher dessen bewußt, daß seine vordringlichste Aufgabe in nächster Zukunft darin bestehen mußte, den normannischen Vexin und andere verlorengegangene Gebiete wiederzugewinnen und daß die Defensivkraft der Normandie gestärkt werden mußte. Er ging deshalb sofort nach seiner Rückkehr daran, den Krieg im Süden überhaupt zu liquidieren: Er schloß mit Raimund VI. von Toulouse, dem Sohn seines alten Feindes, Frieden und gab ihm 1196 seine Schwester Johanna zur Frau. Im folgenden wandte er sich zwar militärisch auch wieder der Auvergne zu, aber da er nicht über sie hinausgreifen wollte, so stellte sie nur einen Nebenkriegsschauplatz dar, diente der Flankendeckung und bedeutete keine Vernachlässigung der existenziell wichtigen Nordfront. Richards Einsatz im Südosten statt im Norden hätte die Preisgabe seiner zentralen Aufgabe bedeutet, während eine Einkreisung Frankreichs durch Hinzukommen Burgunds so lange nicht hätte bewerkstelligt werden können, als dieses selbst nicht umklammert war.

Es hätte also der effektiven militärischen Zusammenarbeit mit Reichstruppen bedurft, um das neuerworbene Königreich rasch kontrollieren zu können. Aber eine eigene Beteiligung am Krieg hier hatte Heinrich VI. wohl nicht vorgesehen, und so war das ganze Projekt nur dazu geeignet, Richard Schwierigkeiten zu bereiten. War das die Absicht des Kaisers? Aber welchen Sinn hätte das für ihn ergeben? Man muß schon annehmen, daß er massive politische Eigeninteressen zu verfolgen geglaubt hat, wenn er ein ganzes Königreich aus der Hand geben wollte. Als bloßes Danaergeschenk, um Richard beschäftigt zu halten oder beide Westmächte zum Nutzen des Reichs in einen Dauerkrieg zu verwickeln[656], wäre die freiwillige Darbietung von

Reichsterritorium als Kriegsschauplatz ein allzu absurdes Mittel gewesen. Da Heinrich sicher nicht vorgehabt hat, seinem Gefangenen Land abzutreten, so muß zunächst als vorrangiger Zweck einer Belehnung Richards mit Burgund angenommen werden, daß er durch sie seine eigene Oberlehenshoheit über das Land habe demonstrieren wollen.

Es ist nun nicht so, wie Howden behauptet, daß er über die betreffenden Gebiete gar keine Kontrolle ausgeübt hatte, vor allem gilt das nicht für die nördlichen Landesteile. Hier lag das Erbe von Heinrichs Mutter, über das sein Bruder Otto als Pfalzgraf regierte. Als Barbarossa 1156 Beatrix, die Erbtochter von Burgund, geheiratet hatte, war es geschehen, um hier Fuß zu fassen. In geduldiger und konsequenter Weise hatte er in den folgenden Jahrzehnten seine Machtstellung im Land ausgebaut, und als er im Jahr 1178 in Arles zum König von Burgund gekrönt worden war, bedeutete das einen Höhepunkt des Reichseinflusses in dieser Region. In der zweiten Hälfte der achtziger Jahre war Heinrich VI. als deutscher König ganz der vom Vater vorgegebenen politischen Linie gefolgt: Er hatte den Herzog von Burgund in der Dauphiné eingesetzt, Humbert III. von Maurienne-Savoyen, in dessen Gebiet die Pässe Mont Cenis und Großer St. Bernhard lagen, bekämpft, sich überhaupt an der Sicherung der Paßstraßen interessiert gezeigt und 1188 an der mittleren Rhône geurkundet. Er war also mit den Problemen des Landes vertraut und sich wenigstens anfangs seiner Bedeutung wohl bewußt. Das Königreich nun Richard auszuhändigen, mußte in jedem Fall den Todesstoß für die bisherige staufische Politik hier bedeuten. Was immer Richard dort tat oder nicht tat, mußte der kaiserlichen Autorität abträglich sein. Blieb er inaktiv oder konnte er sich nicht behaupten, so war das Land umsonst in Unruhe versetzt worden, wovon nur Frankreich profitieren konnte. Gelang es ihm aber, sich etwa in der reichsfernen Provence festzusetzen, so wäre ja wohl nicht der Kaiser der Nutznießer gewesen.

Das ganze Projekt ergibt aber nur dann einen Sinn, wenn Heinrich VI. Richard als seinen Generalissimus für das Reichsinteresse und vielleicht als Ersatz für die nicht zustande gekommene Sizilienhilfe hier hat einsetzen wollen. Dazu muß er vergessen haben, daß Richard sein Feind war und immer bleiben würde, und angenommen haben, daß die zu leistende Lehenshuldigung schon seine Botmäßigkeit garantieren und seine Siege automatisch in kaiserliche Siege umwandeln würde. Dieses politische Konzept war mit einer zweifachen Botschaft an die Welt zu verknüpfen: Einmal konnte der Kaiser in einer grandiosen Zeremonie durch Verleihung einer Krone dartun, wie er Unterordnung zu belohnen imstande war, zum anderen durch die Plazierung Richards in dieser Region eine Drohung an Frankreich und Aragon übermitteln.

Heinrich wurde später von Innozenz III. nachgesagt, er habe auch Frankreich lehensabhängig machen wollen.[657] Es scheint wirklich, als habe er mit Philipp noch einiges vorgehabt, denn im Jahr 1195, als Richard und Philipp wieder einmal einen ihrer taktischen Friedensschlüsse vorbereiteten, verbot Heinrich Richard nach Howden nicht nur jeden Frieden, sondern sandte ihm zusammen mit der erwähnten Krone den

Befehl, dem König von Frankreich den Krieg ins Land zu tragen, wobei er ihm Unterstützung versprach. Einen konkreten Anlaß für eine Feindseligkeit gegenüber Philipp gab es nicht. Eine massive Invasion Frankreichs lag nicht in Richards Interesse, und es kam nicht dazu, aber aus der Aufforderung meint man einen Nachklang alter, natürlich längst überholter, gemeinsam ausgesponnener Pläne heraushören zu können. Wir werden noch sehen, welchen Effekt Heinrichs rein verbale Interventionsversuche hatten. Für das Jahr 1193 ist festzuhalten, daß er, unbekümmert darum, wessen Gegnerschaft er damit auf den Plan rief, bereit war, das Naheliegende und Machbare – weiteren schrittweisen Ausbau der staufischen Macht im Niederburgundischen – einem Trugbild, dem großartigen Fernen und Ungewissen zu opfern. Die Illusion aber, daß sein Burgundprojekt ein geeignetes Mittel sein könne, um mehrere Ziele gleichzeitig zu erreichen, muß von Richards Seite genährt worden sein, und es ist möglich, in der Person des uns schon bekannten Bischofs Savaric von Bath einen besonders eifrigen Befürworter dieses deutsch-angevinischen Gemeinschaftsunternehmens zu sehen. Wir wissen zu wenig von diesem Mann, um erkennen zu können, wem seine Loyalität hierin letztlich galt. Die Ausführung des kaiserlichen Vorhabens hätte sowohl für Richard als auch für Heinrich ein Desaster ergeben müssen, hätte Richard vom Norden weggeführt und somit Philipp entlastet; keinesfalls, wie Heinrich sich das vorgestellt haben mag oder von Historikern behauptet wurde, Frankreich effektiv unter Druck setzen können.

Es ist gut vorstellbar, daß der ehrgeizige Bischof, dessen Verwandtschaft mit dem Kaiserhaus nur über die burgundische Linie von Heinrichs Mutter gelaufen sein kann[658], hier Eigeninteressen verfolgte. Eine weitere enge Beziehung seiner Person zu Burgund behauptet Howden, aber auch Adam von Domerham, der im 13. Jahrhundert in Savarics Diözese eine Chronik verfaßte: Nach beiden soll Savaric Heinrichs Kanzler in Burgund gewesen sein, eine Mitteilung, die von Reichsquellen leider nicht bestätigt wird. Nach Howden sei er sogar 1197 von dem sterbenden Heinrich zu Richard entsandt worden, um diesen aus der Lehensabhängigkeit zu entlassen und ihm Entschädigung in Geld oder Land anzubieten, wobei man bei letzterem an die burgundische Ländermasse als passendstes Angebot denken könnte. Nun ergibt sich für Savaric, der 1193 urkundlich nachweisbar bei Richard in Deutschland war[659], dann für ihn als Geisel fungierte und 1194 vom König als Gesandter zum Kaiser geschickt wurde, für die folgenden Jahre eine Lücke. Er erscheint erst wieder im Oktober 1197 an Richards Hof[660], und das ist ein Zeitpunkt, der zu einer Anreise aus Italien mit Heinrichs letzter Botschaft passen würde, während er für 1196 in Italien nachweisbar ist.[661] Natürlich kann man aus solchen Belegen Howdens Mitteilungen nicht beweisen, sie widersprechen ihnen aber auch nicht. Der Bischof von Bath spielt somit eine nicht weiter aufhellbare, aber wesentliche Rolle als Mittelsmann zwischen Heinrich und Richard, ist aber keiner von Richards engen Vertrauten.

Wenn er sich in dem Burgundprojekt engagierte, konnte er, wissentlich oder nicht, Richards Interessen nur im Sinn eines Ablenkungsmanövers wahrnehmen. Dessen spätere Politik läßt den Schluß zu, daß er nicht bereit gewesen sein kann, eine ihm von Heinrich angesonnene Rolle in Burgund tatsächlich zu übernehmen. Mit der Betreibung dieser Angelegenheit befand sich der Kaiser aber auf einem Weg, der ihn von realer Einflußnahme auf angevinisches Territorium wegführte. Eine Huldigung für das *regnum Burgundiae* war eine Scheinleistung, weil es sich um eine nur zum Schein akzeptierte, nicht benötigte und gewollte Gabe handelte. Wenn es gelang, durch sie England von einer Lehensverpflichtung freizuhalten, konnte das den Nachteil ausgleichen, der aus der zeitweiligen Beunruhigung an den aquitanischen Grenzen erwachsen wäre. Es gelang nicht. So bestand keine Veranlassung mehr, den Nachteil auf sich zu nehmen; auch war der Anschein der Harmonie am Ende ja einer schweren Belastungsprobe ausgesetzt, so daß Heinrich selbst Zweifel an Richards künftiger Zuverlässigkeit gekommen sein konnten. Die von Richard während seiner Gefangenschaft befürwortete Burgundpolitik war trotzdem richtig, denn sie band zu seinem Vorteil Energien der kaiserlichen Diplomatie in einer gänzlich wesenlosen Angelegenheit.

Gegen das Ende von Richards Gefangenschaft sorgte ein Ereignis für Überraschung am Kaiserhof, von dem man nicht weiß, ob oder inwieweit Richard dabei die Fäden gezogen hat: Sein welfischer Neffe, Heinrich von Braunschweig, heiratete überraschend eine Cousine Heinrichs VI., Agnes, die Tochter des Pfalzgrafen Konrad bei Rhein, und erwarb damit die Anwartschaft auf die Rheinpfalz. Nach gesicherter Überlieferung kam die Heirat auf rein weibliche Initiative zustande. Die Mutter der Braut bestellte im Einklang mit der Tochter, aber in Abwesenheit ihres Gatten den langjährigen Bräutigam zu sich und ließ Hochzeit halten. Durchkreuzt wurden damit die Pläne Heinrichs VI., aber auch Philipps von Frankreich. Man hat erwogen, ob es sich bei jener Klausel des Wormser Vertrags, die Heinrich den Löwen betraf, nicht vielleicht um den Verzicht der Welfen auf diese Heirat gehandelt haben könnte.[662] Fest steht nur so viel, daß der Kaiser auf die vollendete Tatsache mit äußerstem Unwillen reagierte. Er vergab zwar schließlich Heinrich von Braunschweig, der noch während Richards Gefangenschaft bei Hof erschien, und söhnte sich kurz darauf mit Heinrich dem Löwen selbst aus, aber der Preis für den Ausgleich mit den Welfen war ein hoher, eben die Rheinpfalz. Dabei ist glaubhafter, daß er sie an Herzog Ludwig von Bayern vergeben wollte – nach dem welfischen Zwischenspiel sollten tatsächlich die Wittelsbacher sich in der Rheinpfalz niederlassen – als an den heftig sich bewerbenden Philipp.

Dieser hatte, berauscht von den Möglichkeiten, die Richards Gefangenschaft ihm zu bieten schien, sich zu einer voreiligen Eheschließung und einer überstürzten „Scheidung“ hinreißen lassen.[663] Er hatte im ersten Halbjahr von Richards Gefangenschaft Eheverhandlungen mit Knut VI. von Dänemark wegen dessen Schwester Ingeborg geführt. Seine Idee war gewesen, durch sie dem normannischen Anspruch auf England den älteren aus der dänischen Eroberung entgegenzustellen, auch hatte er mit dänischer Flotten- und Heereshilfe bei einem Angriff auf England gerechnet, während die Dänen ihrerseits gern französische Unterstützung im Kampf gegen den Kaiser gewonnen hätten. Als Philipp Mitte August 1193 Ingeborg heiratete, hatten sich diese Hoffnungen zerschlagen, und es war, wenn es zu keiner dramatischen Wende kam, mit Richards baldiger Heimkehr zu rechnen. Er ging deshalb daran, den Affront, den er mit dieser Heirat Heinrich VI. geboten hatte – denn Knut, mit einer Tochter Heinrichs des Löwen aus dessen erster Ehe verheiratet, hatte sich, wie wir gehört haben, vom Reich emanzipiert –, ungeschehen zu machen. Er verstieß Ingeborg sofort nach der Hochzeit und ließ die Ehe Anfang November unter Mithilfe seiner Verwandten, des Erzbischofs von Reims und des Bischofs von Beauvais wegen zu naher Verwandtschaft für nichtig erklären, was ihm noch endlose Wirren unter Papst Innozenz III., der das nicht akzeptierte, einbringen sollte. Was nun englische Quellen von der angeblichen Geneigtheit Heinrichs VI. berichten, Philipps Heiratsangebot zu akzeptieren, ist nicht überzeugend. Wir wissen schließlich zu gut, wie er Philipp gegenüber gesinnt war, und wenn er schon den Welfen die Rheinpfalz nicht gönnte, so Philipp doch gewiß noch weniger; da der überdies schon einen Erben hatte und die neue Ehe kanonisch anfechtbar gewesen wäre, bot sie auch vom dynastischen Gesichtspunkt aus wenig Anreiz. Trotz der geringen Chancen, die Philipps Initiative bei Heinrich, objektiv betrachtet, wohl hatte, muß sie für Richard alarmierend gewesen sein. Er sollte sich sofort nach seiner Freilassung, noch in Deutschland, vorwiegend mit den rheinischen Fürsten verbünden, und im Licht dieser Allianzen kommt der Erwerbung der Rheinpfalz durch die Welfen für ihn eine strategische Bedeutung zu. Wir kennen nicht Richards Anteil an dieser Eheverbindung, aber wir sehen ihren Effekt: Mit ihr konnte der Ring um Frankreich im Osten geschlossen werden.

### *Die Wende*

In der Schlußphase von Richards Gefangenschaft, zwischen Weihnachten 1193 und seiner Freilassung am 4. Februar 1194, entstand nach so lange aufrechterhaltenem Anschein völliger Übereinstimmung plötzlich eine Situation, in der alle bisherigen Abmachungen zwischen Heinrich und Richard hinfällig zu werden schienen. In seinem Brief vom 20. Dezember an die englischen Großen hatte der Kaiser noch den 17. Januar zu Richards Freilassungstermin bestimmt. Die Königinmutter und Walter von Rouen, der als Oberster Justitiar in England nun von Hubert Walter abgelöst wurde, reisten mit vielen anderen nach Deutschland, aber der Kaiser verlegte plötzlich den Termin für das Schlußtreffen auf den 2. Februar. Begründet wurde und wird diese Verschiebung mit dem Eintreffen einer von Philipp und Johann abgesandten Delegation an Heinrich, die so verlockende finanzielle Angebote gemacht hätte, daß der Kaiser, schwankend geworden, zugunsten einer neuen Vereinbarung mit Frankreich vom Vertrag mit Richard zurückzutreten erwogen hätte. Howden nennt uns die französischen Vorschläge im einzelnen.

Es handelt sich um ein Offert, bestehend aus vier Varianten, die Haftverlängerung oder Auslieferung an Frankreich vorsahen. Da das verlockendste Angebot die Zahlung von 150.000 Mark vorsah, von denen Johann ein Drittel aufzubringen gehabt hätte, überstieg es die mit Richard vereinbarte Summe nicht. Von ihr hatte der Kaiser bereits einen Teil in Händen. Aus diesem Grund konnte Auslieferung an Frankreich nicht mehr ernsthaft in Frage kommen, denn für eine solche Art doppelten Inkassos saß Heinrich zu wenig fest im Sattel und waren zu viele der Fürsten als Bürgen des Wormser Vertrags involviert. So kam nur die geforderte einjährige Haftverlängerung in Frage, die – theoretisch – die Möglichkeit geboten hätte, von Richard und von Philipp samt Johann jeweils 150.000 Mark einzunehmen. Dieses Angebot zu diesem Zeitpunkt ergibt einen Sinn, während Philipps Auslieferungsansuchen zu einem Zeitpunkt, wo Richard noch nichts bezahlt hatte, von einem diesen überbietenden finanziellen Angebot hätte begleitet sein müssen, denn bot er nur genausoviel wie Richard, so war der Handel mit Frankreich für Heinrich vom finanziellen Standpunkt aus nicht vorteilhaft. Die angevinische Administration hatte ihre Effizienz in der Geldaufbringung, Richard seine finanzielle Leistungsfähigkeit bereits bewiesen. Es fragt sich aber, wie Philipp und der von Güterkonfiskation betroffene Johann eine solche Summe in absehbarer Zeit hätten aufbringen können. Dabei ist zu bedenken, daß die beiden, anders als Richard, dem für den Zweck des Lösegelds das Lehensrecht die Handhabe dazu bot, nicht eine 25prozentige Steuer auferlegen und die generelle Mithilfe der Kirche für ihre Transaktion in Anspruch hätten nehmen können. Außerdem bereitete Philipp für das laufende Jahr einen großen Eroberungsfeldzug vor, der seine Finanzen beanspruchen würde. Das alles mußte große Zweifel an den finanziellen Kapazitäten der Verbündeten erwecken, hätte langfristige Zahlungsmodalitäten und umständliche Sicherstellungen erfordert, während Heinrich ja seinen Sizilienfeldzug plante, also ein Interesse daran haben mußte, die Angelegenheit mit Richard zum Abschluß zu bringen. An Frankreich dachte er als an seinen zukünftigen Feind, wobei Richard die Rolle eines die kaiserlichen Interessen wahrnehmenden Feldherrn zufallen sollte. Nach Verlauf eines weiteren Jahres in Gefangenschaft konnte aber Richard gestürzt sein, konnten damit nicht nur die von ihm noch ausständigen Beträge für den Kaiser verloren, sondern konnte dessen ganzes politisches Konzept hinfällig geworden sein.

Bei der unsicheren finanziellen Grundlage, auf der Philipps Vorschläge basierten, hätte es eines politischen Zugeständnisses bedurft, um Heinrich wohl wirklich in Versuchung führen zu können: Philipp und Johann hätten ihm die Lehenshoheit über England anbieten müssen, was eigentlich gleich zu Beginn von Richards Gefangenschaft fällig gewesen wäre, um Heinrich eine befriedigende politische Perspektive für seine Zusammenarbeit mit Frankreich bieten zu können. Johann wäre dazu zweifellos zu veranlassen gewesen, und da er seinen Bruder kannte, so mag diese Möglichkeit Richard Sorge bereitet haben, aber mit Philipps Zukunftsvisionen vertrug sich ein solches Angebot nicht, und da Philipp Johann völlig dominierte, war von daher wenig zu befürchten. Wäre Johann so kraftvoll eigenständig wie skrupellos gewesen, so hätte er von sich aus dem Kaiser dieses Angebot machen können. Vielleicht aber wußten Philipp und Johann auch gar nicht um die Versuchbarkeit des Kaisers in dieser Hinsicht, denn die beabsichtigte Lehensauftragung Englands an den Kaiser wurde ja aus allen offiziellen Dokumenten verbannt, und die Geheimhaltung der offensichtlichen Zusatzklausel zum Wormser Vertrag lag auch aus diesem Grund wesentlich mehr in Richards als in Heinrichs Interesse.

Es wird nun so gewesen sein, daß Philipps und Johanns letztes Angebot in eben jene Zeit fiel, wo Richard es klarmachte, daß er im Vertrauen auf den Geheimcharakter der Abmachung und die Unterstützung der deutschen Fürsten die Lehenshuldigung für England nicht zu leisten gedenke. Da dies für Heinrich aber die wesentliche politische Forderung von Anfang an gewesen war, so heißt das, daß nicht er, sondern Richard vom Vertrag zurücktreten wollte und daß der gegen Heinrich allgemein erhobene Vorwurf der Wankelmütigkeit und Geldgier[664] auf diese spezielle Situation nicht zutrifft. Als am 2. Februar 1194 unter großer Beteiligung deutscher Fürsten und von Richard eingeladener Adeliger in Mainz ein Reichstag abgehalten wurde, war es keineswegs sicher, daß es der zu Richards Freilassung führende sein würde. Heinrich ließ Richard die Boten Philipps und Johanns vorführen und gab ihm deren Briefe zu lesen. Damit besaß er ein hervorragendes Druckmittel ihm gegenüber. Der anwesende Walter von Rouen, der kurzfristig als Geisel in Deutschland blieb, schrieb einem unserer Chronisten, Radulph de Diceto, wie er selbst als Unterhändler zwischen dem König und dem Kaiser fungiert habe und daß erst „post multas anxietates et labores“, vor allem durch Intervention der Erzbischöfe von Mainz und Köln beim Kaiser und bei Leopold von Österreich, am 4. Februar Richards Freilassung erwirkt werden konnte.[665]

Richard fand sich schließlich zur Huldigung bereit. Howden teilt mit, daß er es auf den Rat Eleonores hin getan habe, woraus man geschlossen hat, sie wäre es gewesen, die mit der Idee der Lehensauftragung Englands einen Ausweg aus der verfahrenen Situation gefunden hätte.[666] Sie mag allerdings ihre Stimme in die Waagschale geworfen haben, um Richard zu veranlassen, von zwei Übeln das kleinere zu wählen, das in dem statusmindernden *hominium* für England zu sehen war statt in noch längerer Abwesenheit oder gar in einer Auslieferung an Frankreich. Selbstverständlich konnte letzteres nicht völlig ausgeschlossen werden, wenn das gesamte von Heinrich entworfene politische Programm der letzten Monate umgestoßen und ihm durch Richards Verhalten noch rechtzeitig vorgeführt wurde, wie unfundiert alle Zukunftspläne, die mit dessen Kooperation rechneten, im Grunde waren. Eigentlich muß aber schon die Aussicht auf weitere Gefangenschaft, bis eben neue Vereinbarungen getroffen sein würden, Richard von den massiven Nachteilen einer Haftverlängerung überzeugt haben. Beim Abwägen des ideellen Schadens gegen den materiellen, eines wahrscheinlich substanzlosen *hominiums* gegen gravierende Gebietsverluste in seinen französischen Besitzungen, entschied sich Richard gegen seinen Stolz.

Johanns Verhalten kommt dabei eine nicht zu unterschätzende Bedeutung zu.

Hätte er sich zu diesem Zeitpunkt loyal verhalten, wäre vor allem der bei einer Haftverlängerung zu erwartende Schaden in den französischen Territorien nicht so hoch zu veranschlagen gewesen. Gegen Ende seiner Gefangenschaft hatte Richard durch Longchamp Johann zum Übertritt auf seine Seite bewegen können, doch war seine Politik diesmal, vielleicht auf Grund eines Mißverständnisses, von seinen eigenen Leuten boykottiert worden. Wir haben von Richards genereller Weisung gehört, von seinen Befehlen nur jene auszuführen, die erkennbar seinem Nutzen dienen würden. Als Johann nun Richard einen Treueid geleistet hatte und ihm seine beschlagnahmten Burgen übergeben werden sollten, weigerten sich die Kommandanten, einem königlichen Befehl bloß „per breve“ Folge zu leisten. Sie taten recht daran und konnten natürlich nicht verstehen, inwiefern in der Restauration des Verräters ein Nutzen des Königs liegen sollte, aber Richard sah es anders: Zur Politik der Milde gegenüber Johann gab es keine Alternative. Die Kommunikationsstörung, die vielleicht darin lag, daß Richard dieses eine Mal keinen glaubwürdigen Interpreten zur Hand hatte, hatte eine schlimme Folge. Johann lief sofort wieder zu Philipp über und schloß im Januar 1194 einen Vertrag mit ihm, den er per Rundschreiben bekanntmachte.[667] Dieser Vertrag ist in mehrfacher Hinsicht aufschlußreich, zunächst in psychologischer: Als Johann zu Anfang von Richards Kreuzzug in Opposition gegangen war, war er eher gegen Artur als gegen den König aufgetreten, indem er für den wahrscheinlichen Fall von Richards Tod sein Erbrecht verfocht. Zu Anfang des Jahres 1194 aber, als Richards Heimkehr als gewiß angesehen werden konnte, ihm selbst schon Vergebung gewährt und seine Existenz nicht bedroht war, gab es keinen mildernden Umstand mehr für sein Verhalten. Er verriet nicht nur seinen Bruder, sondern die Interessen des Gesamtreichs und damit letztlich auch seine eigenen. Die selbstschädigende Würdelosigkeit, mit der er Philipp begegnete, konnte überdies wenige Jahre später bei seinem Regierungsantritt nicht vergessen sein. Seit damals wußte der französische König, was er sich Johann gegenüber erlauben durfte, und wußten die Vasallen seiner französischen Besitzungen, was sie von ihm erwarten konnten. Man muß sich schließlich auch diesen Vertrag vergegenwärtigen, wenn man die Ursachen für den raschen Zusammenbruch des Anjoureichs nach Richards Tod ermitteln will: Johanns pathologische Charakterstruktur ist ein hinreichender Erklärungsgrund dafür.[668]

Das 1194 in Umlauf gesetzte Dokument war eine Abtretungsurkunde, mit der Johann ohne jede Gegenleistung auf die Normandie nördlich der Seine außer Rouen und seiner Umgebung sowie auf deren Ostteil ab dem Fluß Iton verzichtete. Das bedeutete die Aufgabe so wichtiger Festungen wie Verneuil im Südosten und Vaudreuil an der Seine gegenüber Rouen. Die normannische Hauptstadt selbst wäre bei Verwirklichung des Vertrags von einer zentralen in eine Randlage geraten und militärisch hochexponiert gewesen; auch die Stadt Evreux wurde aufgegeben. Vom normannischen Vexin war nicht einmal mehr die Rede, den besaß Philipp ja schon nebst seiner Fortsetzung im Norden bis zur Küste. Die Zugeständnisse gingen aber weiter: In der Touraine wurde neben wichtigen Festungen Tours selbst abgetreten, und das bedeutete, daß Philipp nach Maine vorstoßen konnte. Seinem Neffen Ludwig von Blois, der nominell Lehensherr der Touraine war, überließ Johann das Grenzland von Vendôme, so daß die ganze Ostgrenze der angevinisch-normannischen Stammlande zurückgenommen wurde und die verbliebenen Gebiete ihrer Verteidigungsbastionen beraubt waren. In Aquitanien erkannte er die vom Grafen von Angoulême Philipp geleistete Huldigung an. Außerdem versprach er, mit dem Grafen von Toulouse „ad laudem consilium Regis Franciae" Frieden zu schließen. In ebenso umständlichen wie letztlich dann bedeutungslosen, nur eben atmosphärisch signifikanten Wendungen wurde für den Fall von Richards Rückkehr Vorsorge getroffen. Johann ließ sich diktieren, daß er selbst mit seinem Bruder in keinerlei Verbindung treten dürfe, sondern in allem auf Philipps Vermittlung angewiesen bleiben werde. Die Geringschätzung Philipps trat dann darin zutage, daß er nach Richards Rückkehr seinen jetzt völlig nutzlosen Verbündeten, der bei ihm Schutz suchte, einfach davonjagte.

Zur Zeit der Mainzer Verhandlungen, als Philipps und Johanns Abgesandte anwesend waren, muß der Inhalt des Vertrags Richard bekannt gewesen sein. Natürlich waren die Abtretungen nicht gleichbedeutend mit Inbesitznahme, aber noch im Februar 1194 nahm Philipp Evreux und Vaudreuil und stieß weit über die Itonlinie nach Neubourg vor, auch gewann er in Aquitanien in rebellierenden Adeligen Verbündete. Die politische Verunsicherung, die von einer Haftverlängerung Richards im Verein mit einem solchen Vertrag auf die gefährdeten Gebiete ausgehen mußte, konnte den Verteidigungswillen dort lähmen. Die Kommandanten mußten sich fragen, für wen sie ihre Burgen halten sollten, wenn Johann vielleicht doch recht behielt mit seiner Prophezeiung, Richard werde nie zurückkehren, und er als sein Erbe sie bereits geopfert hatte. Diese Konstellation, die Richard durch Ausschaltung Johanns zu entschärfen getrachtet hatte, stärkte Heinrichs Stellung wider Erwarten am Ende noch einmal, so daß er sein politisches Ziel einer formellen Lehenshoheit über England doch noch erlangen konnte. In der Zwischenzeit hatte Richard aber eine Aushöhlung dieser Bindung erreicht, und es wird sich zeigen, daß Heinrich wohl einen momentanen Prestige-, nicht aber einen dauernden politischen Gewinn davontragen sollte; im Gegenteil: Die politische Rechnung würde den Staufern von Richard bei Gelegenheit noch präsentiert werden.

Es hat um den Zeitpunkt dieser Huldigung Kontroversen gegeben[669], weil die Hauptquelle, Howden, einen Bericht darüber gleich nach den Ereignissen von Speyer bringt. Da Howden aber überhaupt gern Fakten bündelt und die Lehensnahme Englands zugleich mit der 1197 angeblich verfügten Entlassung Richards aus dem Lehensverhältnis meldet, die Stelle überdies, als später eingefügt, leicht verreiht sein kann, ist sie zur Entwertung der anderen, vorwiegend deutschen Angaben ungeeignet, die das Geschehen nach Mainz verlegen. Auch sachliche Erwägungen sprechen für dieses Datum: Ein solcher Formalakt erforderte Öffentlichkeit, war also nicht geheimzuhalten und hätte demnach im Wormser Vertrag und in den Briefen Heinrichs nach England seinen Niederschlag finden müssen. Ein solcher fehlt, wir hören hingegen von

Howden, daß bei Richards Freilassung der Kaiser und die deutschen Fürsten Philipp und Johann durch ein Schreiben dazu aufforderten, dem englischen König die ihm abgenommenen Gebiete zurückzugeben. Die damit verbundene Hilfszusage des Kaisers an diesen wird die Rechtsgrundlage nicht verschwiegen haben. Diceto erwähnt am Ende ausgesandte „patentia scripta“, und in dem recht informiert klingenden „Additamentum“ zu den Salzburger Annalen heißt es sogar, Richard habe nach Belehnung und Treueid selbst eine diesbezügliche Urkunde unterzeichnet: „privilegio exinde facto propria manu subscripsit.“[670]

Die Anfertigung einer Charta war in solchen Fällen üblich, es muß uns aber nicht wundern, daß sie nicht auf uns gekommen ist. Den Grund dafür macht uns Diceto deutlich, wenn er gleich im Anschluß an den erwähnten Brief Walters von Rouen über die Aufregungen der letzten Tage von Richards Gefangenschaft einer nicht näher bezeichneten Abmachung gedenkt, die, weil erpreßt, als rechtsunwirksam zu betrachten sei. Die enge Beziehung des Verfassers zum bisherigen Obersten Justitiar und zum Kanzler – beide damals beim König in Deutschland – verleiht der Äußerung fast den Charakter einer offiziellen Stellungnahme. Zweifellos spiegelt sich in ihr Richards Absicht wider, wie er dieses Lehensverhältnis betrachtet wissen wollte, und das ist wohl der Grund, warum die sonst so inserierfreudigen englischen Chronisten die einschlägigen Schriftstücke nicht zitierten. Obwohl nun persönliche Freiheit rechtlich für das Eingehen einer Lehensbindung nicht erforderlich war, mag es Heinrich VI. als vorteilhaft empfunden haben, wenn Richard die Lehensauftragung als freier Mann vornahm. Die Marbacher Annalen betonen denn auch, daß Richard „liber et absolutus absque omni coactione“[671], das heißt erst nach der formellen Freilassung, Heinrichs Lehensmann geworden sei.

Howden hat es unterlassen, uns die zu einer regelrechten Belehnung notwendigen Schritte im einzelnen zu schildern. Diese sind: *hominium* oder *homagium*, also Mannschaft, Treueid und Investitur mit dem Lehen durch ein Symbol. Anläßlich Burgunds hörten wir von der angeblichen Leistung eines *homagiums,* im Fall Englands beschreibt der Chronist nur die zur Investitur nötigen Formalitäten: Richard hätte dem Kaiser, als dem Herrn der Welt, „sicut universorum domino“ zuerst seine Kappe, das heißt symbolisch England, übergeben, dieses aber gleich zurückbekommen, wobei der Kaiser ihn durch ein „doppeltes Kreuz“ investiert habe. Howden ist der einzige Autor, der von einem dabei vereinbarten Tribut in der Höhe von 5000 Pfund jährlich spricht. In dieser ausführlichsten Wiedergabe der Szene fehlen aber nicht nur *hominium* und Treueid, sondern – was in der ausgefertigten Charta gestanden haben müßte – ob, wie üblich, die Lehensbindung auch für die Rechtsnachfolger Richards und Heinrichs Geltung haben sollte. Für Howdens Schweigen aber gibt es kaum irgendwo Ersatz, nur meist gleichfalls unvollständige Aufzählungen, so Leistung von *hominium* und Treueid, wobei aber eine Lehensnahme Englands fehlt, oder untechnische Ausdrücke eines Sich-Unterstellens. Eine so gut informierte Quelle wie Giselbert von Mons weiß von dem ganzen Vorgang überhaupt nichts. Das „Additamentum“ zu den Salzburger

Annalen erwähnt die Lehensauftragung, wobei Richard dem Kaiser „terram propriam“[672] übergeben habe und mit einem Zepter investiert worden sei, und einen Treueid. So ließen sich Spekulationen über eine Sonderform bei diesem Rechtsakt anstellen, die aber nicht ergiebig sind.

Einen ganz neuen Gesichtspunkt werfen die Marbacher Annalen auf. Während sie wie Howden und die „Gesta episcoporum Halberstadensium“ die Huldigung für England unmißverständlich bezeugen, sorgen sie durch einen Zusatz für Verwirrung: „homo[673] factus est imperii Romani, tota terra sua Anglia et aliis terris propriis imperatori datis et ab eo in beneficio receptis.“ Bei den „aliis terris“ ist natürlich an Richards französische Besitzungen zu denken. Diese eine Erwähnung reicht nicht aus, ein Faktum zu konstruieren, kann aber die Lückenhaftigkeit selbst bei allgemein guter Dokumentation bewußt machen. Sollte Heinrich nie der Gedanke gekommen sein, daß er durch einen bloßen Formalakt nicht nur Oberlehensherr von England, sondern von halb Frankreich dazu werden konnte? Wäre nicht Richards Huldigung für die französischen Besitzungen eine besonders nachhaltige und logische Gestaltung des Freundschafts- und Beistandspakts und die wirkungsvollste Kampfansage an Frankreich gewesen? Hätte Heinrich sie abgelehnt, wenn Richard sie ihm angeboten hätte? Im Jahr 1195 befahl er ihm jedenfalls wegen seiner französischen Lehen den Krieg gegen Philipp. Wieder tritt der Fall ein, daß eine vom historischen Gesichtspunkt aus müßige Frage Aufschluß über die Verhaltensweise einer Person gibt. Das Thema als solches kann nicht außerhalb der damaligen Erwägungen gelegen sein. Richard hätte die Möglichkeit zu einer diesbezüglichen Initiative gehabt. Er war schießlich durch Philipp seiner französischen Lehen für verlustig erklärt worden, in Speyer schon hätte er im Gegenzug dem Kaiser diese auftragen können, um wieder einen Rechtstitel zu gewinnen. Die Übertragung des *hominiums* von einem Herrn auf den anderen war im angevinisch-französischen Krieg unter den Vasallen gang und gäbe und eine reine Machtfrage. Wer die Provokation nicht scheute, erklärte die Rechtslage einfach für geändert. Es hieß ja auch, Philipp hätte Johann mit England belehnt, wozu er doch gewiß kein Recht hatte.

Richard hat allerdings, wie sein Vater, das nominelle Recht Philipps als Oberlehensherr über den angevinischen Festlandbesitz nie im geringsten in Zweifel gezogen. Im Juli 1193, kurz nach dem Vertrag von Worms mit dem Kaiser, bekannte er sich im Vertrag von Mantes zu diesem Lehensverhältnis, ja nötigte Philipp, dieses wieder anzuerkennen, und in Mainz wurde er nun kaiserlicher Vasall für England, was nicht bedeutet, daß ihm die Huldigung für die französischen Lehen nie angesonnen worden wäre. Er hätte mit einer solchen keinen Prestigeverlust erlitten, aber jene Rechtsbasis verloren, die ihm in der Auseinandersetzung mit Philipp immer wichtig war, ohne sich doch eine militärische Hilfe durch den Kaiser dafür einzuhandeln. Dabei ist irrelevant, ob 1193 bereits erkennbar war, daß Heinrich über eine verbale Intervention im Krieg der Westmächte nicht hinausgehen werde. Ein mit deutscher Hilfe als Machtfaktor ausgeschaltetes Frankreich war ja wegen des kaiserlichen

Machtzuwachses keine wünschenswerte Alternative. Man muß deshalb bei der Interpretation von Richards Huldigung für England mitbewerten, daß er eine solche für die effektiv gefährdeten französischen Besitzungen ganz offensichtlich unterlassen hat. Das bedeutet, daß er sich trotz großer Bedrängnis hütete, den Kaiser in seine Auseinandersetzung mit Philipp als vermeintlich hilfreichen Dritten einzubeziehen, und keine Illusionen über den realen Nutzen des von ihm im Frühjahr 1193 scheinbar so hochgeschätzten „foedus amoris“ mit Heinrich gehabt haben kann.

Um den politischen Wert der Huldigung für England ausloten und das Kräfteverhältnis zwischen Heinrich und dem freien Richard einschätzen zu können, müssen wir einen Blick auf die Zukunft werfen. Sofort nach seiner Rückkehr aus Italien, wo er sich das Normannenreich erobert hatte, versuchte Heinrich – nach dem 24. Juni 1195, wie Howden uns mitteilt –, sich in laufende Friedensverhandlungen zwischen Richard und Philipp einzuschalten. Wir haben von der Übersendung der Krone an Richard und den Befehl an ihn, in Frankreich einzufallen, schon gehört. Das Mandat war nach Howden mit der Lehenstreue begründet, verwies auf die Sicherheit von Richards Geiseln und versprach Unterstützung. Es ist nun zur Beurteilung von Heinrichs Aktion und Richards Reaktion die Gesamtsituation zu berücksichtigen: Philipps Interesse an einer Festschreibung des Status quo und Richards brennender Wunsch nach Revision ebenso wie die Rücksichtnahme der Kriegführenden auf den immer unverzichtbaren Propagandaeffekt. Richard wollte den Krieg, aber er tat alles, um Philipp, der seinen Gewinn retten wollte, nicht allein den Nimbus des Friedliebenden zu überlassen. Schließlich pflegte die Kirche immer die Position dessen zu unterstützen, der fand, die militärischen Kräfte sollten auf neue Kreuzzüge und den Kampf gegen die Mauren in Spanien konzentriert werden. Also sparte auch Richard nicht mit Absichtserklärungen zum Frieden, wobei erkennbar ist, daß er bis zu seinem Tod nur noch Vereinbarungen mit Philipp traf, um sie zu brechen oder Philipp zum Bruch zu provozieren. Ihm also den Krieg gegen Frankreich zu befehlen, war so zweckmäßig wie ein Befehl an die Sonne, zu erscheinen, wenn sie eben im Aufgehen begriffen war.

Dabei konnte es bei einer prinzipiellen Willensübereinstimmung zum Krieg natürlich unterschiedliche Auffassungen über sein Ziel und die Art der Durchführung geben, und die Tatsache von Heinrichs Einmischung allein muß Richard gereizt haben. Da uns diese ganze Episode nur von Howden mitgeteilt wird, fehlt uns die Möglichkeit, seine Angaben im Detail zu überprüfen, und wir müssen uns vor einer Überinterpretation hüten. Es wäre allerdings auch denkbar, daß die Geiseln nicht nur für den ausständigen Geldbetrag, sondern für Richards politisches Wohlverhalten, seine „Treue“, zu bürgen gehabt hätten. Die nicht in allem klare Stelle macht so viel deutlich, daß Heinrich an einen Angriffskrieg dachte, „daß er (Richard) auf feindliche Weise ins Land des französischen Königs einfalle“, und der Chronist sah dies im Zusammenhang mit alten Zielsetzungen des Kaisers: „Es war dem englischen König nämlich bekannt, daß der Kaiser vor allem wünschte, das Königreich Frankreich dem Imperium Romanum zu unterwerfen.“[674] Die Fortsetzung scheint nicht mehr logisch, denn da fürchtet Richard ein Zusammengehen des Kaisers mit Philipp, was auf seine Niederlage hinauslaufen müsse. Sei es nun, daß Richard wirklich eine Falle gewittert hat oder daß er nur mit der üblichen Vorsicht agierte, die sich in mehreren Schritten äußernde Reaktion verrät jedenfalls politisches Geschick. Während die Entwicklung in Wahrheit ihrer Eigendynamik folgte, wies Richard die kaiserliche Einmischung weder zurück – das konnte er wegen der Geiseln nicht riskieren –, noch ignorierte er sie. Er entsandte vielmehr den Kanzler Longchamp nach Deutschland, um genauere Auskünfte über die Hilfszusage des Kaisers einzuholen: welche Hilfe der zu leisten gedenke, in welcher Größenordnung, wo und wann.

Währenddessen kam es zu Kriegshandlungen sowohl an der Seine als auch im Berry. In beiden Regionen überschritt Richard die Grenze zu Frankreich, im Berry eroberte er Issoudun und nahm einen der beiden Grafen der Auvergne gefangen. Auf diesem Schauplatz kämpfte er zwar auch später noch, als alle kaiserlichen Botschaften schon verstummt waren, einfach weil es seinen Interessen entsprach und unbekümmert darum, wie oft er dieses Gebiet inzwischen abgetreten hatte, im Sommer 1195 aber konnte das als eine Entsprechung zum kaiserlichen Befehl aufgefaßt werden. Was die laufenden Friedensverhandlungen anbelangte, so ruhten sie vorerst, weil die kaiserliche Zustimmung abgewartet werden mußte. Philipp war beunruhigt und sandte ein weiteres Mal seinen Onkel, den Erzbischof von Reims, zum Kaiser zu ebenso fruchtlosen Verhandlungen wie bisher. Im November 1195 hatte Longchamp zweimal die Reise nach Deutschland und zurück hinter sich gebracht, und das Ergebnis, das er mitbrachte, erklärt, warum Richard diesem als Justitiar gescheiterten Mann sein Vertrauen nie entzog: Der Kaiser verbot jeden Frieden, erließ Richard 17.000 Mark an ausständigem Lösegeld[675], wodurch sein Beitrag zur Kriegführung gegen Philipp wohl seine Definition fand, und – wichtigstes von allem – ließ alle englischen Geiseln frei. Damit hatte Richard seinen vollen politischen Handlungsspielraum wiedererlangt und eine weitere Rücksichtnahme auf Heinrichs Wünsche nicht mehr nötig.

Als Philipp im November 1195 in den Berry einfiel, um Issoudun wiederzugewinnen, bereitete ihm Richard eine Falle, so daß er sich um Waffenstillstandsgespräche bemühen mußte. Philipps Position der Schwäche erschien Richard als der geeignetste Augenblick, um den alten Rechtszustand wiederherzustellen. Am 5. Dezember 1195 huldigte er Philipp für seine französischen Besitzungen oder mußte Philipp, der ja Johann damit belehnt hatte, ihn wieder in aller Form als rechtmäßigen Besitzer anerkennen. Dann wurde der übliche Weihnachtswaffenstillstand vereinbart. Nach Newburgh fällt in diese Zeit die angeblich massenhafte Aussendung von Briefen des Alten vom Berg an die europäischen Fürstenhöfe, in denen Richard von allen ihm französischerseits vorgeworfenen Mordkomplotten reingewaschen wird – Niederschlag irgendeiner als Vorbereitung für den auszuhandelnden Frieden für notwendig befundenen gemeinsamen angevinisch-französischen Kampagne. Philipps auch von französischer Seite zugegebene Rücknahme aller Verdächtigungen gegenüber Richard könnte dessen angeblicher Friedensbereitschaft vorübergehende Glaubwürdigkeit verliehen haben. Im Anschluß an den Weihnachtswaffenstillstand kam es im Januar 1196 zum „Frieden“ von Louviers, das heißt zu dem von den rechtlichen und propagandistischen Kruditäten der Kreuzzugs- und Gefangenschaftsära Richards befreiten normalen Kriegszustand, den wir hier nicht weiter verfolgen. Was uns hier interessiert, ist die der neuen Situation absolut adäquate Verhaltensweise Richards. Durch seinen zeitlichen Aspekt kann dieser Friede nämlich auch als prompte, durch Freilassung der Geiseln möglich gewordene Zurückweisung der kaiserlichen Oberlehensherrschaft angesehen werden. Heinrich VI. aber „kümmerte sich um den unzuverlässigen Vasallen nicht weiter“, wie ein seine Staatskunst bewundernder Forscher es formuliert hat.[676]

Es war dafür gesorgt, daß er das Zwischenspiel seiner Lehenshoheit über England nicht vergessen konnte. Ob es nun stimmt oder nicht, was Howden zu 1197 behauptet – daß Heinrich Richard auf dem Totenbett von seiner Lehensabhängigkeit befreit habe –, spätestens dann muß ihm bewußt geworden sein, welche Konstellation er selbst geschaffen hatte. Anders als England und Frankreich war das Imperium kein Erbreich, und es kann seine Politik nicht rechtfertigen, daß er sich vor seinem Tod – vergeblich – bemühte, ein solches zu schaffen. Im Jahr 1194, als er Richard die Lehensabhängigkeit aufzwang, gab es nicht wie zu Barbarossas Zeiten schon einen gewählten und gekrönten Nachfolger, vielmehr noch überhaupt keinen Erben. In dieser Situation machte er Richard zum vornehmsten weltlichen Reichsfürsten, der künftig nicht nur das Recht, sondern sogar eine Verpflichtung haben würde, bei der Wahl eines deutschen Königs mitzuwirken, er konnte sogar selbst gewählt werden. In der Alptraumsituation des sich abzeichnenden Zusammenbruchs kann es Heinrich vor seinem Tod nur ein schwacher Trost gewesen sein, daß der jetzt noch nicht dreijährige Friedrich (II.) im Vorjahr zum deutschen König gekrönt worden war. Die Entwicklung ging vorerst über diesen Sohn hinweg. Richard, entweder immer noch berechtigt oder nicht, mischte sich in die Königswahl jedenfalls ein, und es ist dies als Reaktion auf Heinrichs Politik verständlich. Einer bisher nur als Schreckensvision aufgetauchten Allianz zwischen dem staufischen Imperium und Frankreich konnte durch einen eigenen Kandidaten wirkungsvoll entgegengesteuert werden. Aber schon zu seinen Lebzeiten war das Ergebnis von Heinrichs auf Dominanz abzielender Westpolitik bemerkenswert genug. Die beiden verfeindeten Könige einigten sich, wenn nicht im positiven, so doch im negativen Sinn: zum Ausschluß Heinrichs aus ihren politischen Erwägungen. Keiner von ihnen machte im weiteren einen Versuch, sich durch Anlehnung an ihn einen Vorteil über den Gegner zu verschaffen. Mit seiner schrankenlosen Zielsetzung und wirklichkeitsfernen Konzeption, einer Politik der Inkonsequenz – so demütigte er einen mächtigen Gegner, ohne ihn zu entmachten, erhob Ansprüche, ohne sie realisieren zu können – ist Heinrich in der politischen Typologie der eigentliche Antipode Richards.

Wir haben uns noch zu fragen, ob Richard die im Wormser Vertrag vereinbarten 100.000 Mark termingemäß bei seiner Freilassung bezahlt hat und darüber hinaus, was von der Gesamtsumme von 150.000 Mark Silber nun wirklich beglichen worden sein mag. Die Behauptungen der Quellen sind, sofern sie den tatsächlich bezahlten Totalbetrag betreffen, fast zur Gänze unbrauchbar, hingegen erlauben uns Detailbelege, gewisse Berechnungen anzustellen. Sämtliche englische Quellen stimmen darin überein, daß bei Richards Freilassung noch keine 100.000 Mark beisammen waren, daß aber der größte Teil davon schon nach Deutschland transportiert war. Diese Aussagen erfahren eine Bestätigung durch die Mitteilung von Diceto, daß Walter von Rouen mit anderen Geiseln für 10.000 Mark bürgte, „quae rex tenebatur ad praesens persolvere".[677] Es handelte sich um eine kurze Haftung, da Walter am 19. Mai 1194 schon in London nachweisbar ist.[678] Aus der Stelle kann nun streng genommen nicht gefolgert werden, daß Anfang 1194 nur noch die genannten 10.000 Mark auf die fälligen 100.000 fehlten und daß die übrigen Geiseln – unter ihnen die welfischen Neffen Otto und Wilhelm und ein navarresischer Prinz – ausschließlich für jene 50.000 Mark, die als Ablösesumme für die Sizilienhilfe gedacht waren, gebürgt hätten.

Wenn wir schließlich den am Ende aufgelaufenen Gesamtbetrag ermitteln wollen, so haben wir von den geforderten 150.000 Mark abzuziehen, was Richard nach Ausweis der Quellen nicht bezahlte: jene 21.000 Mark, die bei Leopolds Tod an ihn ausständig waren, und 17.000 Mark, die Heinrich VI. Richard nach Howden im Jahr 1195 erlassen hat. Sehen wir aber in den für Leopold bestimmten 21.000 Mark 1000 Mark als hinzukommenden fünfprozentigen Zinssatz für den dem Würzburger Vertrag folgenden Zahlungsaufschub an, so folgt daraus, daß Richards Schuld exakt der Forderung aus dem Wormser Vertrag entsprach; danach wäre Leopolds Anteil in der vollen Höhe von 30.000 Mark als von Richard schon bezahlt anzusehen, und dieser hätte also im ganzen 113.000 Mark nach Deutschland übersandt. Von dieser Summe soll als Richtschnur ausgegangen werden. Zieht man von ihr den genannten Anteil Leopolds ab, den dieser vom Kaiser zu bekommen hatte, so entfallen auf Heinrich selbst 83.000 Mark. Auf diesen Betrag kommen wir natürlich auch, wenn wir allein Heinrichs Anteile aus dem Würzburger und Wormser Vertrag in Rechnung stellen. Sie betrugen jeweils 50.000 Mark und sind im zweiten Fall als Ablöse für die Sizilienhilfe ausgewiesen. Wenn der Kaiser also gegenüber Richard auf 17.000 Mark verzichtete, kann er von den ihm zustehenden 100.000 nur 83.000 Mark erhalten haben.

Da wir nicht wissen, wie pünktlich Heinrich mit seinen Zahlungen Leopold gegenüber war, wäre es denkbar, daß der Richard Ende 1195 gewährte Nachlaß zu Lasten der Babenberger ging, die einen eventuell ausständigen Betrag wegen der päpstlichen Intervention nicht mehr hätten einfordern können, so daß also Heinrich seine 100.000 Mark zur Gänze bekommen haben kann.

Versuchen wir nun aus sicheren Quellenangaben eine Annäherung an die zu Anfang 1194 gegebene finanzielle Realität. Bei Richards Freilassung kann also der Heinrich allein zustehende Anteil 83.000 Mark nicht überschritten haben. Ziehen wir von dieser Summe jene 10.000 Mark ab, für die Walter von Rouen bürgte, und weiters einen Lösegeldbeitrag in Höhe von 6000 Mark, den das normannische Schatzamt für das Jahr 1195 ausweist, so kommen wir auf einen Betrag von 67.000 Mark. Heinrich muß mehr eingenommen und einen nicht zu kleinen Teil davon wohl sofort an Leopold weitergeleitet haben, weil der bei seinem Tod zu Jahresende schon Investitionen gemacht hatte. Würden wir aber zu den 67.000 Mark Leopolds vollen Anteil von 30.000 dazuzählen, kämen wir ja fast auf die fälligen 100.000 Mark, und wo wäre da Raum für die von Walter von Rouen verbürgten 10.000 Mark? Man muß auch davon ausgehen, daß Richard für die zahlreichen vornehmen Geiseln 1194 und 1195 höhere Beträge gezahlt hat als sich nachweisen lassen, was uns zwingt, den bei seiner Freilassung bereits entrichteten Betrag weiter zu reduzieren. Über eine Endsumme von 113.000 Mark dürfen wir ja bei unserer Kalkulation nicht hinausgehen. Wir haben nun einen Quellenbeleg, der diese Endsumme stützt. Das schon mehrfach herangezogene „Additamentum" zu den Salzburger Annalen stellt die Ausnahme unter den diesbezüglichen Berichten dar, und obwohl es den Sachverhalt so wiedergibt, als hätte Richard gleich bei seiner Freilassung 110.000 Mark gezahlt, läßt die unrunde Summe aufhorchen: einerseits, weil sie von den in den Verträgen geforderten Beträgen abweicht, andererseits, weil der Erzbischof von Salzburg, ein Verwandter des Kaisers und bei Leopolds testamentarischen Verfügungen und seinem Tod anwesend, eine genaue Vorstellung von den wirklich überwiesenen Geldern haben konnte. Die Annahme aber, daß Richard am 4. Februar 1194 sein Plansoll übererfüllt gehabt hätte, ist nicht nur quellenmäßig zu widerlegen, sondern unsinnig, weil wir nicht berechtigt sind, Heinrichs und Leopolds Gesamtforderung höher als 150.000 Mark anzusetzen und durch Hinzufügung aller später erfolgten Zahlungen und Zahlungsnachlässe diese Summe überschritten würde. Die letztlich vorgenommene Aufteilung des Geldes zwischen Heinrich und Leopold bleibt die Unbekannte in unseren Berechnungen, sie ist aber in bezug auf Richard nicht relevant. Wesentlich ist, daß das kultivierte Klima der „Freundschaft" und die Tatsache, daß Heinrich nach Sizilien aufbrechen und die laufende Angelegenheit wohl beendet wissen wollte, es Richard erlaubten, die Zahlungen unter der angesetzten Höhe zu halten. Er hat damit die Erlassung der Militärhilfe in Sizilien statt für 50.000 für 13.000 Mark erkauft. Über die laut Howden vereinbarten jährlichen Tributzahlungen ist nichts bekannt.

Eine Vorstellung vom realen Wert des Lösegelds bekommen wir, wenn wir aus den Pipe Rolls erfahren, daß in der zweiten Hälfte von Richards Regierungszeit die jährlichen königlichen Einkünfte aus England und der Normandie jeweils etwa 20.000 Pfund, das sind im ganzen 60.000 Mark, ausmachten. Es ist aber zu berücksichtigen, daß hierin die restlichen angevinischen Länder nicht inbegriffen sind und daß überhaupt die königlichen Einkünfte nicht lediglich auf Exchequereinnahmen beruhten.[679] Eine weitere Feststellung ist wichtig: Durch Richards Lösegeld wurde nicht der Staatsschatz geplündert, sondern wurden mit dem Privateigentum der Vasallen und den Kirchenschätzen Finanzquellen angezapft, die in diesem Ausmaß für andere Erfordernisse überhaupt nicht verfügbar waren. Finanzielle Forderungen des Kaisers mußten deshalb auch jene sein, die Richard am ehesten akzeptieren konnte. Im übrigen nahm er sofort nach seiner Heimkehr den Krieg gegen Philipp auf, und das heißt, daß er die ihm zur Verfügung stehenden Mittel nicht bis zum letzten ausgeschöpft hatte, um sein Lösegeld bezahlen zu können. Diese Überlegung muß uns davor bewahren, mit dem außerordentlichen Geldabfluß die Vorstellung einer substantiell geschwächten Verteidigungskraft des Anjoureichs zu verbinden.

Kehren wir nach Mainz zu Richards Freilassung zurück. Heinrich VI. hatte offenbar vorgehabt, durch die Krönung Richards zum König von Burgund einen Akzent zu setzen, der den Nötigungscharakter seiner Beziehung zum englischen König verwischen und statt dessen die kaiserliche Gnade in hellem Glanz erstrahlen lassen sollte. Wir haben indessen gehört, daß die Abschlußverhandlungen nicht harmonisch verliefen. Es blieb Heinrich nichts anderes übrig, als die Maske des Wohlwollens fallenzulassen und die Rolle des Erpressers zu Ende zu spielen. Und während Heinrich durch Richards Manöver Gefahr lief, in das Odium des Vertragsbrüchigen zu geraten, der von seinen Fürsten daran gehindert werden mußte, aus Geldgier die französischen Vorschläge annehmen zu wollen, konnte Richard seine finanzielle Großzügigkeit und sein gutes Einvernehmen mit eben diesen Fürsten unter Beweis stellen. Obwohl er gleichzeitig Geiseln für den Rest seines Lösegelds stellte, hinderte ihn das nicht daran, nun Rentenlehen, das heißt Pensionen, auszuteilen, wie um zu dokumentieren, daß er noch immer reich genug sei, sich Reichsfürsten zu kaufen. Man wüßte nun gern, ob diese „homagia" noch in Mainz geleistet wurden, wie es Howden nahelegt und aus seiner Liste der Betroffenen hervorzugehen scheint, oder während Richards Heimreise beim Passieren der Territorien der Genannten, wie ein anderer kompetenter Chronist, Giselbert von Mons[680], behauptet. In jedem Fall geschah dieses Knüpfen von Bündnissen praktisch unter den Augen des Kaisers. Auch wenn es sich um Vereinbarungen „salva fidelitate imperatoris" handelte und die Stoßrichtung auf Frankreich zielte, so ist nicht zu übersehen, daß die von Richard selbst mit Heinrich im Vorjahr ausgesöhnte Opposition nun in ihm ein potentielles Oberhaupt bekommen hatte und diese Bündnispolitik auf Grund der realen Situation janusköpfig sein mußte.

Nach Giselbert, dem Hennegauer Chronisten, umfaßt die Liste der Pensionsempfänger den Erzbischof von Köln, die Herzöge von Brabant und Limburg und den erwählten Bischof von Lüttich, den sechzehnjährigen Sohn des letzteren. Seine Wahl hatte Heinrich im Spätherbst 1193 akzeptieren müssen, um den Frieden in den niederrheinischen Gebieten, durch die Richards Geldtransport ging, nicht zu gefährden. Howden erweitert den Kreis der Belehnten beträchtlich, indem er noch den Erzbischof von Mainz, den Sohn des Grafen von Flandern-Hennegau, den Grafen von Holland, den Herzog von Österreich, Bonifaz von Montferrat, den Bruder des ermordeten Konrad, und mit dem Herzog von Schwaben und dem Pfalzgrafen bei Rhein sogar staufische Familienangehörige miteinbezieht. Wie dem auch sei, es ist klar, daß der Kern der Allianz am Niederrhein angesiedelt war, also vorzüglich zur Keilbildung zwischen Frankreich und dem Imperium dienen konnte. Giselberts Liste ist auf jeden Fall zu knapp, weil der Markgraf von Montferrat nach Ausweis des normannischen Schatzamts im Jahr 1198 800 angevinische Pfund „de feodo suo" erhielt.[681] Seinem späteren Verbündeten, dem Grafen Balduin IX. von Flandern, zahlte Richard im Jahr 1197 die Pension von drei Jahren nach[682], und das scheint Howdens Beleg zu stützen, daß 1194 tatsächlich der Sohn des damals mit Philipp verbündeten regierenden Grafen zu den sich Richard verpflichtenden Fürsten gehört hatte.

Außer der politischen Schwäche, die Heinrich VI. der jüngst noch oppositionellen niederrheinischen Fürstengruppe hatte signalisieren müssen, kam als bedenkliches Element deren enge wirtschaftliche Verflochtenheit mit England und der Normandie hinzu.

An einer Gegnerschaft zu Frankreich hatte das weltliche Haupt der Gruppe, Herzog Heinrich I. von Brabant, das stärkste Eigeninteresse. Er war im Erbschaftsstreit um Flandern dem Hennegauer Balduin V., Philipps Schwiegervater, unterlegen. Richards Ziel war zweifellos schon damals, Flandern, das sich an Philipps Invasion der Normandie beteiligt hatte, aus der Bindung an Frankreich zu lösen. Er erreichte dies später durch stärksten wirtschaftlichen Druck. Im Jahr 1194 aber eröffnete er die politische Beziehung zu dem Erben Flanderns, während er die Nachbarn des alten Grafen als Verbündete gewann. Wenn Giselbert hinzufügt, die Vereinbarungen seien nicht eingehalten worden, weil beide Seiten – Richard und seine Verbündeten – überhaupt nie Verträge eingehalten hätten, so ist das tendenziös und falsch: Heinrich von Brabant erhielt ein beträchtliches Lehen in England.[683] Der Krieg zwischen Flandern und Brabant wurde bereits im Sommer 1194 zugunsten Flanderns entschieden, aber im Jahr des Friedensschlusses, 1195, war der alte Hennegauer tot und sein Sohn, als Balduin IX. Graf von Flandern, als Balduin VI. Graf von Hennegau, von Richard schon mit anderen als kriegerischen Mitteln aufs Korn genommen. Ab 1197 gehörte Flandern an der Seite Brabants der antifranzösischen Koalition an. Die ungetrübten Beziehungen Brabants zu Richard äußerten sich auch darin, daß 1198 die Krönung Ottos zum deutschen König von einer Verlobung mit Maria, der noch im Kindesalter stehenden Tochter Herzog Heinrichs, begleitet war; nach einer kurzlebigen staufischen Eheverbindung Ottos fand 1214 die Hochzeit statt. Am deutlichsten wird der Doppelcharakter der eingegangenen Allianzen durch den Erzbischof von Köln enthüllt. Adolf von Altena, der bei Richards Freilassung bereits in sein Amt gewählt war und den englischen König bei seiner Heimreise demonstrativ mit Ehrenbezeugungen überhäufte, sollte als Höhepunkt eines antistaufischen Kurses später Ottos Krönung vornehmen. Der Kölner Erzbischof ist für die Zwischenzeit als Empfänger eines englischen Geldlehens ebenso belegt wie Herzog Heinrich III. von Limburg.[684]

Der Wert der 1193 von Richard initiierten, 1194 in Form gebrachten politischen Bündnisse erweist sich durch ihre Dauerhaftigkeit. Sie blieben bis zur Schlacht von Bouvines im Jahr 1214 eine Konstante der europäischen Politik. Es handelte sich um eine ebenso einfache wie solide, von natürlichen Interessen getragene Koalition. Erstaunlich daran ist nur, daß Richard sie als Gefangener schmieden konnte, während er sich gleichzeitig in „genialen“ Kombinationen künftiger Zusammenarbeit mit dem

Kaiser erging. Letztere aber waren der Deckmantel, hinter dem die realitätsverhafteten Beziehungen gedeihen konnten. Von Mainz trat Richard die Heimreise an. Sie glich einem Triumphzug. Langsam rheinabwärts ziehend, war die nächste große Station Köln, wo ihn der Erzbischof zu einem dreitägigen Aufenthalt in der Stadt veranlassen konnte und für die Kölner Bürgerschaft ein Handelsprivileg abfiel. Über Brabant, Brüssel und Antwerpen, immer durch befreundetes Land reitend, schiffte er sich schließlich von einem kleinen flandrischen Hafen zur Überfahrt nach England ein. Als er am 13. März 1194 in Sandwich landete, gab es nur noch vereinzelt Widerstand von Johanns Anhängern. Sie waren in den Burgen Nottingham und Tickhill konzentriert und ergaben sich innerhalb weniger Tage. London hatte seinen wider alles Erwarten glücklich heimgekehrten und in jedem Sinne teuren König mit Freudenfeiern empfangen. An der Wende vom März zum April hielt er in Nottingham ein mehrtägiges großes Konzil ab, dem auch der schottische König beiwohnte und in dessen Verlauf er einen Urteilsspruch über Johann forderte. Dieser wurde vor Gericht geladen. Damals unternahm Richard auch seinen in die Legende eingegangenen Jagdausflug in den Sherwood Forest, wo es ihm sehr gefiel, aber Robin Hood ihm gewiß nicht begegnete, weil der nur die Inkarnation eines Wunsches der Armen nach ausgleichender Gerechtigkeit war.[685]

Am 17. April unterzog sich Richard in Winchester einer sogenannten zweiten Krönung, die natürlich nur ein feierlicher Gang unter der Krone war und alle Zweifel an einer geminderten Souveränität beseitigen sollte. Dann machte er sich auf den Weg nach Portsmouth, wo er, von Ungeduld verzehrt, bei Schlechtwetter auf die Überfahrt wartete. Am 12. Mai endlich konnte er in Richtung Barfleur in See stechen, England in den kompetenten Händen des mit vollem königlichen Vertrauen und konzentrierter Macht ausgestatteten Hubert Walter zurücklassend. England sah Richard nicht wieder. In der Normandie wiederholte sich der Freudentaumel bei seiner Ankunft. Über Caen führte ihn sein Weg nach Lisieux, wo ihn Johann als reumütiger Sünder aufsuchte. Der Biograph Wilhelm Marschalls schildert uns die Szene: Da fiel Johann seinem Bruder zu Füßen, der den Weinenden aufhob, als irregeleitetes Kind bezeichnete – er war damals ungefähr 27 Jahre alt –, ihm vergab und ihn zum Essen einlud. Seine Güter bekam er vorläufig nicht zurück, während seine Ratgeber und Anhänger vorwiegend in der Weise bestraft wurden, daß sie Geldbußen zahlen mußten. In Lisieux erreichte Richard die beunruhigende Nachricht von der Bedrohung der wichtigen Grenzfestung Verneuil. Er eilte seinen Truppen voraus, während Philipp sich zurückzog, und hielt am 30. Mai in Verneuil einen ebenfalls triumphalen Einzug. Es scheint, als hätte er nach allen Irr- und Umwegen seine eigentliche Aufgabe gefunden: die Normandie in ihrer alten Ausdehnung wiederzugewinnen und zu erhalten, denn alle künftigen militärischen und politischen Anstrengungen konzentrierten sich darauf. Er verließ den Norden nur noch zu gelegentlichen militärischen Abstechern in die Nachbarterritorien. Der Herzog von Aquitanien war, dem Anschein nach, zum Herzog der Normandie geworden.

Gleichzeitig schien ein Bann gebrochen. Statt wie bisher immer zwischen zwei Gegner gestellt und also in einer scheinbar ausweglosen Situation gefangen, gab es, spätestens ab 1195, plötzlich nur noch einen Gegner, nämlich Philipp. In dieser vereinfachten Lage zeichnet sich nun eine geradlinige Entwicklung ab. Richards Erfolge sind aus diesem Grund auch ohne große Analyse leicht zu erkennen, und sie werden für gewöhnlich auch erkannt. Nur: Er war nicht mit einem Mal ein anderer geworden, lediglich die Situation hatte sich verändert, der Kreuzzug, der die Wirrnisse unterhalten hatte, war mit seinem Vor-, Haupt- und Nachspiel endgültig vorbei. Wir folgen deshalb der geradlinigen Entwicklung der letzten fünf Jahre – und länger, möchte man sagen, hielt er diese Situation nicht aus, aber das ist natürlich eine unzulässige Bemerkung – ohne zurechtrückende Absicht auf geradlinigem Weg in schwerpunktmäßiger Konzentration.

# Auf dem Weg zum Sieg: Die Einkreisung Philipps

Es ist nun keineswegs so, daß in Richards letztem Lebensabschnitt das ganze Anjoureich vom Krieg geschüttelt worden wäre. Natürlich berichten die Quellen[686] von permanenten Kämpfen, wobei Waffenstillstände und Ansätze zu Friedensschlüssen nur taktische Manöver waren, um Atempausen zu gewinnen, und es ist nachvollziehbar, wie sich auf beiden Seiten der Haß intensivierte. So hören wir von wechselseitiger Blendung und Tötung von Gefangenen, von Vergeltung und Wiedervergeltung, der Mißachtung der Fastenzeit und – in einer französischen Quelle – von Kriegsgreueln am Karfreitag, begangen von Richard.[687] Darüber darf nicht übersehen werden, daß in England Frieden herrschte und die kriegerische Auseinandersetzung auf die Grenzregionen der französischen Anjoubesitzungen beschränkt war. In den seit jeher unruhigen Gebieten wie in Zentralaquitanien oder in der Bretagne wurden Erhebungen so rasch niedergeschlagen, daß Richard sehr bald wieder frei war für den Hauptkriegsschauplatz in der Normandie. Es hängt auch mit dieser Schwerpunktsetzung zusammen, daß er solche Nebenaktionen in den „heiligen Zeiten" durchführte und wann immer der Krieg mit Philipp für einen Moment ruhte.

Seinem Hauptziel, der Wiedergewinnung des normannischen Vexin, näherte er sich dabei gleichsam in konzentrischen Kreisen, statt – was ja auch möglich gewesen wäre – den Feldzug gegen Philipp mit einem Angriff auf Gisors zu eröffnen und sich womöglich als Belagerer hier festzubeißen. Er sah es hingegen als seine vordringlichste Aufgabe an, zunächst die Front in ihrer ganzen Breite zu stabilisieren. Johanns Gebietsabtretungen vom Januar 1194 hatten die gesamte Ostfront aufgerissen, und Philipp war vorgedrungen, wo er nur konnte. Nach der Sicherung Verneuils wandte sich Richard nun sofort nach Süden in die Touraine, wo die Truppen seines Schwagers, Sanchos von Navarra, das an die Franzosen verlorengegangene Loches, eine Hauptfestung der Region, belagerten. In Kürze konnte er auch hier seinen Einzug halten, und Philipp sah seine Hoffnung, über die wenig befestigte Grenze ins Loiretal vorzudringen, schwinden. Da er sich hier aber präsent zeigen wollte, zog er mit einem Heer an der Grenze von Maine südwärts. Richard lagerte auf dem freien Feld bei Vendôme und brannte auf eine persönliche Begegnung, ein Risiko, das Philipp zu hoch war. Er kehrte daher um. Richard setzte ihm nach und holte am 4. Juli 1194 bei Fréteval das französische Heer ein, das in voller Flucht begriffen war. Allen voran floh Philipp. Dabei fiel dessen Troß in Richards Hände, und da sich darunter wertvolle Dokumente befanden, die die angevinischen Überläufer überführten, sah sich Richard in der Lage, seine Kriegskasse wieder einmal durch Bußgelder aufzubessern.[688] Wie schon vor Verneuil hatte die bloße Nachricht von seinem Herannahen das Feld geklärt und Beute eingebracht. Philipp hatte die Schlacht verweigert und Richard sich vergebens bemüht, in Parforceritten seinen Feind zu stellen. Dieser war entschlüpft. Die militärische Alternative zum Entscheidungstreffen war aber die aufwendige Kleinarbeit der Burgenbelagerungen.

Ehe Richard sich voll der Normandie zuwenden konnte, waren im Süden der Graf von Angoulême und sein Verbündeter, Gottfried von Rancon, alte Rebellen aus Richards aquitanischer Zeit, zu unterwerfen. Das geschah in einem Blitzkrieg im Sommer 1194, und Richard berichtete an Hubert Walter nach England, wie er an einem einzigen Tag die Stadt und die Festung Angoulême eingenommen habe. Bertrand de Born, der etablierten Macht längst ergeben, hatte den König schon bei seiner Rückkehr im Lied gefeiert und den Aufständischen keine Chance gegen ihn eingeräumt.[689]

Im nächsten Jahr begab sich Richard in eine andere Grenzregion, diesmal den Berry, wo er, unbeschadet früherer Abtretungen, Terrain gewinnen konnte und durch die Gefangennahme eines der beiden Grafen der Auvergne die zwischen Anjous und Kapetingern umstrittene Grenze wieder in dessen Gebiet vorschieben konnte. Das bedeutete für die Touraine eine weitere Entlastung von Philipps militärischer Pression. Wir haben die Ereignisse des Jahres 1195 vorwegnehmend schon wiederholt berührt. Wir erinnern uns, daß das Ende dieses Jahres markiert war durch die Rückkehr der letzten Geiseln aus Deutschland, was bedeutet, daß Richard mit diesem Datum seine politische Handlungsfreiheit im alten Umfang zurückgewann, sowie durch ein Dingfestmachen Philipps im Berry, wodurch dieser veranlaßt wurde, im Januar 1196 im kurzlebigen Frieden von Louviers[690] seine Ansprüche zurückzunehmen. Die damals getroffenen Abmachungen erlauben gegenüber einem eineinhalb Jahre zuvor geschlossenen Waffenstillstand (dem von Tillières)[691] eine Bestandsaufnahme von Richards Rückeroberungen. Philipp hatte von der östlichen Normandie 1193/Anfang 1194 einen sichelförmigen Sektor an sich gebracht, von dem er zu Beginn des Jahres 1196 noch den normannischen Vexin sowie Burgen an der Seine hielt. Das bedeutende Vaudreuil am Iton in der Nähe der Seinebrückenfestung Pont-de-l'Arche, das die Verbindung mit Rouen sicherzustellen hatte, war Richard im vergangenen Jahr wieder zugefallen, und man sieht, wie er damals in der Normandie das Schwergewicht auf die Wiedergewinnung der Flußunterläufe von Iton, Eure und Avre südlich der Seine gelegt hat. Aus der Südostecke der Normandie war Philipp zurückgedrängt worden, während er an der Seine mit Gaillon und Vernon noch wichtige Burgen besaß, und diesem Kerngebiet sollte Richards nächste militärische Hauptsorge gelten.

Beim Kampf um zentrale Festungen hat man zwei bevorzugte Methoden Richards ausgemacht:[692] Er durchbrach entweder die Reihen der Belagerer und zog in die Burg ein, um die Verteidigung selbst in die Hand zu nehmen, während er in der Zwischenzeit ein Heer aufmarschieren ließ, das die Angreifer einschloß, oder er trachtete Hauptfestungen, die von einem Kranz von Vorburgen umgeben waren, zu isolieren, indem er die kleinen Burgen nahm, wodurch die Hauptburg allmählich ihrer Funktion beraubt wurde. Auf die erste Art hatte er 1194 bei Verneuil Philipp in die Falle zu locken gedacht, der dieser aber durch Flucht gerade noch entkommen war, während er Ende 1195 vor Issoudun im Berry sich ihr nicht mehr entziehen konnte. Auf die zweite Weise verfuhr Richard mit Gisors. Neben militärischen Aufgaben hatte die Garnison einer Festung auch administrative wahrzunehmen und die Abgaben des Umlandes einzuziehen. Konnte sie aber die Mauern ihrer Burg nicht verlassen, weil die Gegend vom Feind beherrscht war, der an ihrer Stelle die genannten Agenden betrieb, so mußte in ihrem Besitzer die Überlegung reifen, daß er unter solchen Umständen auf den Stützpunkt verzichten und das Geld für den Unterhalt der Garnison anders verwenden könne. In dieser Situation muß sich Philipp 1198 im Hinblick auf Gisors befunden haben. Er versuchte durch einen Friedensschluß und über eine Mitgift die Festung noch zu retten, wie wir gehört haben, während er auf den gesamten übrigen normannischen Vexin schon verzichtet hatte. Die Wiedergewinnung von Gisors war von Richard systematisch betrieben und von langer Hand anvisiert worden, nun sah er sich dem Ziel nahe: Die Burg mußte ihm früher oder später auch ohne Belagerung zufallen. Als er 1198 Philipp wieder einmal vor sich herjagte, wobei der gerade noch Zuflucht in Gisors finden konnte, schien der Krieg in seine Endphase getreten zu sein. Richard hatte einem Grenzkrieg, der planlos ewig mit Eroberung und Verlust hätte weitergehen können, scharfe Konturen verliehen und Philipp in die Defensive gebracht. Er hatte am Ende seines Lebens die ihm vorgegebene Aufgabe fast erfüllt. Es scheint selbstverständlich, daß sein Ziel in der Rückeroberung der verlorengegangenen Gebiete bestehen mußte, obwohl dem nicht so ist. Wen hätte es schließlich gewundert, wenn er einen Rachefeldzug eröffnet und Philipp in seinem eigenen Land heimgesucht hätte? Er stieß zwar gelegentlich auf französisches Gebiet vor, aber er zeigte keine Tendenz, das französische Königtum existenziell zu bedrohen. Das ist ein wesentlicher Unterschied zu dem hochaggressiven offensiven Kriegsziel, das Philipp in Richards Abwesenheit angestrebt hat.

In Verfolgung seines restaurativen Kriegsziels hat Richard sich nun keineswegs nur militärischer Mittel bedient. Kriegführen war teuer, und obwohl er auf vielerlei Weise Geld auftrieb und über Hubert Walter die englischen Barone zur Zahlung einer Kriegssteuer gewinnen konnte[693], wäre ein Sieg mit reiner Kriegsstrategie wahrscheinlich nicht zu finanzieren gewesen – und darüber hinaus politisch kaum zu halten. Seine Besitzungen waren um so vieles ausgedehnter als die Philipps, und dieser wartete nur auf die Gelegenheit, daß sein Gegner in der einen Ecke seines Reichs festgehalten wäre, um an der anderen anzugreifen. Militärische Taktik allein drohte sich totzulaufen: Burgen wurden eingenommen, konnten aber jederzeit wieder verlorengehen, wie das Beispiel von Aumale im Jahr 1196 beweist. Überblickt man das halbe Jahrzehnt, das Richard zur Konsolidierung seines Reichs blieb, so erkennt man, daß die entscheidenden Weichenstellungen gar nicht auf dem militärischen, sondern auf dem politischen Feld stattfanden.

Mit dem Jahr 1196 begab er sich auf einen Erfolgskurs, der mit zunehmend wirkungsvolleren diplomatischen Mitteln Philipp in die Enge trieb. Im Oktober dieses Jahres fand durch die Heirat Johannas mit dem neuen Grafen von Toulouse, Raimund VI., der alte Streit mit dem Erbfeind im Süden sein Ende. Richard gab einen unrealistisch gewordenen Anspruch auf, verzichtete auf den Quercy und belehnte den Grafen mit dem Agenais, das er Johanna als Mitgift aussetzte. Diese Entscheidung beraubte Philipp, der schon früh Richards Konflikt mit Toulose als Interventionsinstrument entdeckt hatte, eines stets vorrätigen potentiellen Verbündeten. Es ist bezeichnend für Richards Fähigkeit zur Prioritätensetzung und Beibehaltung der Initiative, daß er freiwillig tat, wozu ihn die Umstände früher oder später gezwungen hätten: da er nicht gleichzeitig im Norden und im Süden militärisch präsent sein konnte, hätte er das Touloseproblem ruhen lassen müssen und für einen nicht durchsetzbaren Anspruch – die Herzöge von Aquitanien hatten einmal nicht nur die Lehenshoheit, sondern sogar die Abtretung der Grafschaft kraft Erbrechts gefordert – massive Nachteile durch eine mögliche Koalition Philipps mit diesem Gegner befürchten müssen. Nun stand Toulose für einen vertretbaren Preis, den Quercy, als sicherer Verbündeter im eigenen Lager. Wie allgemein üblich, äußerte sich dabei die Dominanz des einen Vertragspartners durch die Stiftung eines Lehensbandes.

Im Sommer 1197 besiegelte Richard dann ein Bündnis mit dem Grafen von Flandern-Hennegau[694], jenem Balduin IX. (VI.), dem künftigen lateinischen Kaiser von Byzanz, der ihm im Jahr 1194 für ein Geldlehen gehuldigt hatte, dann aber, der Politik seines Vaters folgend, zu Philipp abgefallen war. Durch ein Wirtschaftsembargo, das durch Strafmaßnahmen gegen Blockadebrecher durchgesetzt wurde und sich zu einem empfindlichen Hemmnis für die von englischen Importen abhängige Region entwickelte, sowie durch reichlich fließende Bestechungsgelder begann der Graf einzusehen, daß der Vorteil seines Landes nicht an der Seite Frankreichs liegen könne. Die Methoden eines Wirtschaftskriegs muten uns modern an, aber selbstverständlich war man sich auch im Mittelalter der wirtschaftlichen Grundlagen von Herrschaft und Reichtum bewußt. Bei einer allgemeinen Würdigung von Richards Eigenschaften gedenkt das Itinerarium wie andere Quellen auch[695] einiger wirtschaftlicher Maßnahmen, die er als englischer König gesetzt hat, wobei die Vereinheitlichung von Maßen und Gewichten eine gewisse Einsicht in die Erfordernisse eines größeren Wirtschaftsraums verrät. Eine Reihe von Urkunden beweist die Förderung städtischer Freiheiten durch Richard.[696] Das beste Mittel, wirtschaftliche Prosperität zu sichern und vermehrte Einnahmen aus ihr zu ziehen, war natürlich der Friede: eine erfreuliche Aussicht, die die Liquidierung des Kriegs zwischen Aquitanien und Toulouse beiden Garonneanrainern bot. Seit man die ökonomischen Gegebenheiten der reichen französischen Plantagenetbesitzungen berücksichtigt[697], ist man besser in der Lage, die finanzielle Situation des Gesamtreichs abzuschätzen, als dies durch Einsicht in die Aufzeichnungen des englischen und normannischen Schatzamts möglich ist. Was sämtliche Quellen behaupten, erfährt dadurch eine Stütze: daß nämlich Richard reicher gewesen sei als Philipp. Dem rückhaltlosen Einsatz dieser größeren Finanzkraft und wirtschaftlicher Druckmittel hatte dieser nichts Gleichwertiges entgegenzusetzen. Sie bewirkten zunächst den Abfall des Grafen von Flandern, und dies bedeutete für Frankreich nicht nur den Verlust eines Verbündeten, sondern die Verwicklung in einen Zweifrontenkrieg, denn Graf Balduin fiel alsbald in den Artois ein, Philipps Erwerbung aus dem Erbe Philipps von Flandern, das ihm in der Akkonzeit zugefallen war. Das englisch-flandrische Bündnis erwies sich im folgenden als stabil, und indem Richard Johann veranlaßte, es im eigenen Namen zu beschwören[698], traf er Vorsorge über seinen Tod hinaus und erkannte den Bruder gleichzeitig stillschweigend als seinen Erben an.

Johann war ihm übrigens in den letzten Jahren loyal und machte sich vereinzelt im Krieg nützlich. Daß er 1194 glaubte, sich bei seinem Bruder in Gnade setzen zu können, wenn er in der Stadt Evreux, die er kurz zuvor selbst Philipp übergeben hatte, nach seinem Frontwechsel ein Blutbad unter der französischen Garnison anrichten zu müssen, ist nur ein weiterer Beweis für seine menschliche Unzulänglichkeit und trug ihm Tadel von beiden Seiten ein. Als der französische König am Ende erneut versuchte, Zwietracht unter den Brüdern zu säen, indem er Johann als treubrüchig denunzierte, hatte er damit nur einen kurzzeitigen Erfolg, denn Richard ließ sich bald davon überzeugen, daß dies nur ein Kompensationsversuch Philipps für das Ausscheren Arturs von der Bretagne aus seinem Machtbereich war. Im Jahr 1196 hatte Richard die Vormundschaft über seinen Neffen beansprucht und ihn zu sich befohlen. Dieser war jedoch unterwegs von den eigenen Leuten entführt und in Philipps Obhut überstellt worden, was der Bretagne Richards Rachefeldzug eingetragen hatte. 1198 war Artur nun, wie so viele andere, zu Richard übergegangen, und damit befanden sich, was selten genug der Fall war, sämtliche Familienmitglieder der Anjous im Einvernehmen mit dem Familienoberhaupt. Philipp schien an diesem Zustand nichts ändern zu können. Er fand sich durch die angevinische Allianz mit Flandern und den niederrheinischen Fürsten, die Richard seit den Tagen seiner Gefangenschaft verbunden waren – dem Erzbischof von Köln, den Herzögen von Brabant und Limburg und dem Grafen von Holland – in der Flanke bedrängt, und zu allem Überfluß erwirkte Richard über diese Verbindung nun, daß sein Neffe Otto von Braunschweig am 12. Juli 1198 in Aachen zum deutschen König gekrönt wurde.

Dieser wohl in der zweiten Hälfte der siebziger Jahre von Richards Schwester Mathilde geborene Sohn Heinrichs des Löwen wird in den deutschen Quellen stets als „Graf von Poitou" geführt[699] und trug damit einen Titel, den Richard selbst vor seiner Thronbesteigung innegehabt hatte und der seinen Träger zugleich als nominellen Herzog von Aquitanien ausweist. Wir erinnern uns der außerordentlichen Turbulenzen, die die Versuche Heinrichs II. ausgelöst hatten, Richards Stellung in Aquitanien anzutasten, und können in der 1196 stattgefundenen Belehnung Ottos mit Aquitanien besonderen Gunst- und Vertrauensbeweis Richards für diesen Neffen sehen. Otto war nach Ende des väterlichen Exils nicht nach Deutschland zurückgekehrt, sondern ist wie sein jüngerer Bruder Wilhelm seit den achtziger Jahren durch die englischen Schatzamtsaufzeichnungen in England nachweisbar.[700] Richard hatte ihm zunächst hier eine Stellung zu schaffen gesucht – vor dem Kreuzzug (1190) durch Verleihung der Grafschaft York, was mißlang, nach Rückkehr von dessen kurzer Geiselhaft aus Deutschland durch eine Eheverbindung mit Schottland (1195), womit die Anwartschaft auf die schottische Krone angepeilt war, was sich aber wegen einer Schwangerschaft der schottischen Königin gleichfalls zerschlagen hatte. Nun war er frei für eine noch viel größere Aufgabe. Otto mag in seinem äußeren Habitus Richard ähnlich gewesen sein. Wie dieser wird er als groß, schön, ritterlich und von kriegerischer Verwegenheit beschrieben, wobei ihm aber dessen politisches Talent versagt blieb: Er konnte die Gunst der Stunde, als der staufische Gegenkönig (1208) ermordet wurde, nicht bleibend nutzen, erlangte zwar die Kaiserwürde (1209), erwies sich aber nicht zuletzt der Politik des ihn bekämpfenden französischen Königs nicht gewachsen; in der Entscheidungsschlacht von Bouvines (1214) erlag er ihm dann auch militärisch, womit im Reich der 1198 übergangene Friedrich II. zum Zug kam.

Als Otto 1218 etwa im Alter seines Onkels kinderlos auf der Harzburg starb, befand er sich im vollen politischen Niedergang. Johann war ihm am Anfang so wenig eine Stütze wie er diesem eine am Ende sein konnte. Richard hatte das Bündnissystem vorgegeben, um den Sieg daraus zu ziehen, hätte er aber am Leben bleiben müssen.

Für Richard ist bezeichnend, daß er trotz aller Sympathie, die er für Otto wohl empfunden hat, zunächst die Königswahl von dessen älterem Bruder betrieb. Heinrich, der Pfalzgraf bei Rhein, hätte durch seine Heirat mit einer Staufin und sein Reichsfürstentum zweifellos eine bessere Ausgangsposition gehabt, war aber zur Zeit nicht verfügbar, weil, wie ein Großteil der deutschen Fürsten, noch auf Kreuzzug. Der Promotor der antistaufischen Partei, der Erzbischof von Köln, mußte aber trachten, dem bereits gewählten jüngsten Bruder Heinrichs VI., Philipp von Schwaben, rasch eine Alternative entgegenzustellen.[701] So einigte man sich auf Otto. Erzbischof Adolf von Altena hatte nach Howden zu Weihnachten 1197 Richard offiziell eingeladen, sich als „praecipuum membrum imperii“ an der Königswahl zu beteiligen, wozu Heinrich VI. ja die Rechtsvoraussetzung geschaffen hatte. Wie ausschlaggebend aber die persönliche und politische Beziehung war, die Richard zum Kölner Erzbischof und zur Stadt Köln während seiner Gefangenschaft geknüpft hatte, wird durch nichts schärfer beleuchtet als durch die Tatsache, daß der Erzbischof traditionell ein Feind der Welfen war und somit an ihrer Königserhebung selbst kein Interesse haben konnte, weshalb er auch schon andere Kandidaten lanciert hatte, ehe er Richard mit der Sache befaßte und natürlich wissen mußte, wen dieser protegieren würde. Wenn so die Initiative zu der welfischen Wahl auch nicht von Richard ausging, so hat er doch sein ganzes politisches und finanzielles Gewicht in die Waagschale geworfen, um Ottos Kandidatur zu ermöglichen. Die Quellen sind sich einig über die außerordentlichen Geldmittel, die der englische König in die Wahl seines Neffen investierte. Finanziellen Interessen der Stadt Köln, deren wirtschaftliche Richard schon während seiner Heimreise aus der Gefangenschaft gefördert hatte, kam möglicherweise eine auslösende Funktion bei der Königswahl Ottos zu.[702]

Die Wiener Schatzkammer verwahrt in dem Reichsschwert (Mauritiusschwert) ein Besitzstück Ottos, das dieser den Reichsinsignien hinzufügte. Sein Knauf trägt auf der einen Seite Ottos Wappen, bestehend aus drei Löwen und einem halben Adler.[703] Die drei Löwen sind nun seit 1198 als Richards Wappen nachweisbar[704], was wie das Symbol für eine gelungen Rache wirkt, denn Ottos Wahl bedeutete für das Reich einen zehnjährigen Bürgerkrieg, in dem die Königsmacht empfindlich geschwächt wurde. Für Richard war sie natürlich die Krönung seines antikapetingischen Bündnissystems. Philipp konterte, indem er sich mit Philipp von Schwaben verband, aber schon aus rein geostrategischen Gründen bedeutete das für ihn vorerst keine Entlastung, und von dem neuen Papst, Innozenz III., stand zu befürchten, daß er sich für den Welfen entscheiden werde.[705]

Etwa zur selben Zeit beendete Richard eine weitere im wahren Wortsinn konstruktive Leistung. In nur zweijähriger Bauzeit war am Scheitelpunkt einer Seineschlinge 35 Kilometer östlich von Rouen in Les Andelys ein Festungskomplex entstanden, ebenso geeignet als Stützpunkt für die Rückgewinnung Gisors und zur Absicherung des normannischen Vexin wie – und das sollte seine tatsächliche Funktion unter Johann sein – zur Verteidigung der normannischen Hauptstadt und der Normandie überhaupt. Sieht man, wie eben damals Johann als voraussichtlicher Erbe in das politische Bündnissystem einbezogen wird, möchte man meinen, Richard hätte unter Zeitdruck die enormen Ausgaben – deren Einzelheiten in den normannischen Schatzamtsaufzeichnungen von 1198 nachzulesen sind[706] – gemacht, um für den Ernstfall dem inkompetenten Nachfolger ein Instrument in die Hand zu geben, mit dem ihm seine Aufgabe doch noch gelingen könne.

Die Vorgeschichte des Baus ist ebenso gut dokumentiert wie ein aus seiner Entstehung erwachsender Konflikt mit der Kirche in Gestalt des Erzbischofs von Rouen, Richards Oberstem Justitiar für England aus der Kreuzzugszeit. Der in einer aufgeregten Brieffolge des ehemaligen königlichen Vertrauten an Radulph von Diceto niedergelegte Streitfall[707] ist weniger wegen seiner kirchenrechtlichen Dimension interessant – es ging um Enteignung von Kirchenbesitz und die darauf folgenden üblichen Rechtsschritte – als wegen des Ausmaßes an Künstelei und Mentalreservationen in einem sich als Komplizenschaft maskierenden Übervorteilungswettkampf der beiden Könige, der den Dunstkreis des „Friedens“ von Louviers ausmachte, in den er hineingehört und den er so als Fazetie mitentlarven hilft. In dem Anfang 1196 ausgehandelten Dokument ist eine Klausel enthalten, daß Les Andelys von keiner Seite befestigt werden dürfe:[708] Ein sicheres Indiz dafür, daß eben dies geplant war, so daß sich nur noch die Frage stellte, welcher der Könige sich des natürlichen Stützpunkts, der 100 Meter hohen Kreideklippe an der Seine, bemächtigen würde. Philipp hatte bei seinem Einfall in die Normandie auch Besitzungen des Erzbischofs von Rouen an sich gebracht, der unter anderem auf der Insel von Andely ein profitables Zollhaus besaß. Nun wurde durch eine Geheimklausel, die der Erzbischof nicht kannte, aber beschwören sollte, der Versuch unternommen, sein Recht auf die Interdiktsverhängung durch eine von beiden Königen zu beschickende Klerikerkommission beschneiden zu lassen, aber der mißtrauisch Gewordene lehnte Eid und Bürgschaft für Richard ab und entzog sich den möglichen Konsequenzen durch Flucht. Im aktuellen politischen Kontext schien die Klausel dazu angetan, Philipp durch eine Hintertür einen weiteren Vorstoß im Seinetal zu ermöglichen – in Wahrheit aber muß Richard schon entschlossen gewesen sein, selbst hier zu bauen, und als der empörte Walter von Rouen sich seinem Wunsch nach Tausch unzugänglich erwies, begann er im Herbst 1196 die Insel von Andely zu befestigen. Es folgten das Interdikt über die Normandie, die Appellation an Rom und der Disput der königlichen und erzbischöflichen Delegationen vor dem Papst. Der greise Cölestin III., der den Schutz des heimkehrenden Kreuzfahrerkönigs nicht hatte gewährleisten können, ließ sich nun leicht davon überzeugen, daß man diesen nicht auch noch an der wirkungsvollen Verteidigung seines Landes hindern dürfe. So setzte er dem streitbaren normannischen Erzbischof auseinander, daß es ja nicht solche Felsen seien, die die Kirche unbedingt brauche, und bestimmte ihn zur Annahme einer Kompensation[709], die von Richard großzügig genug bemessen war, um die Aussöhnung zu erleichtern.

Innerhalb des nächsten Jahres waren auf der Insel neben Militäranlagen ein kleiner Palast erbaut, am Fuß des Felsens eine neue Stadt – das heutige Petit Andely – angelegt, waren Brücken von ihr zur Insel und von der Insel zum gegenüberliegenden Seineufer geschlagen und eine Palisade durch den Fluß gelegt worden, die alle Schiffahrt hier enden ließ und die Seine gegen das französische Kronland zu abriegelte. Aus den Urkunden ist ersichtlich, wie häufig Richard sich während des Baus auf der Insel, dann auf der Burg, die er inoffiziell mit dem Namen Château Gaillard – die kecke Burg – bedachte, aufhielt.[710] Es ist, als hätte er hier nach dem Reiseleben eines mittelalterlichen Königs einen Ruhepunkt gefunden, der das Notwendige, die militärische Präsenz, mit dem Angenehmen verband, denn die Landschaft an der Seineschleife ist ein schöner Fleck Erde. Die Residenz sah den Abschluß des Bündnisses mit Flandern und den Besuch des vom Kreuzzug heimkehrenden Neffen, des Pfalzgrafen Heinrich. Heute zeugen nur noch die Ruinen auf dem Burgberg von der Anlage, damals aber war die ganze Landschaft in den Dienst der Fortifikation gestellt.[711] Einbezogen in das Befestigungswerk waren der Felsen, der Fluß, die Insel, die vom Seinemäander gebildete gegenüberliegende Halbinsel, zwei seineaufwärts vorgelagerte Forts, die alte Stadt Andely – Grand Andely – am Fluß Gambon in einem Seitental der Seine, die neu angelegte Stadt – weshalb der Ort, der Zweizahl der Städte entsprechend Les Andelys heißt –, ein weiterer parallel zum Gambon verlaufender Fluß, der mit diesem die Neustadt wie zwischen den Scheren eines Krebses eingespannt hielt, und ein Teich, der sie im Rücken deckte und zugleich mit der Altstadt verband. Die Festung selbst, Richards Stolz, bestand aus einer Vorburg, die den einzigen Zugang zu ihr vom Plateau in ihrem Rücken zu decken hatte, und einer Hauptburg mit zwei Ringmauern, von denen die innere, die noch gut erhaltene elliptische „gewellte“ Mauer aus einem Kranz von Halbzylindern besteht, welche Konstruktion eine verbesserte Verteidigungsmöglichkeit bot. Im Innenhof erhebt sich noch heute der Donjon, ebenfalls ein gerühmtes, raffiniert angelegtes Bauwerk mit doppelter Ummantelung, das ballistischen Erfordernissen Rechnung trug, und dessen Basis an jeder Stelle vor Sappeuren durch Beschuß gesichert werden konnte. Alle Mauern, auch der mächtige Rundturm der Vorburg, verloren sich im Felsgestein, aus dem man die Gräben oft senkrecht ausgehauen hatte. Was zum Leben nötig war, befand sich innerhalb der Anlage: Es gab einen Brunnen, Höhlenkeller im ersten Burghof, einen geschützten Zugang zur Seine und darüber hinaus jederzeit den Nachschub aus den beiden in den Festungskomplex inkorporierten Städten. Die Voraussetzungen für ein langes Ausharren bei einer Belagerung waren damit geschaffen. Obwohl von der Funktion her ein Stück Militärarchitektur, sind die Außenmauern der Burg mit schön behauenen Steinen belegt und werden die großen Doppelfenster im unzugänglichen Teil des Donjons und am Wohngebäude über der Seine außen von eleganten Spitzbögen überwölbt. Das Wenige an Wohnmöglichkeit verteilt sich auf vier Räume in zwei Stockwerken, wo die Kamintrassen noch sichtbar und steinerne Bänke in den Fensternischen mit ihrem weiten Ausblick noch vorhanden sind.

Château Gaillard steht heute vor uns wie ein großartiges Sinnbild für die Zwecklosigkeit aller Vorsorge angesichts eines unabwendbaren Endes. Die gigantische Anlage mit ihrer fortschrittlichen Technik funktionierte nicht automatisch, sie brauchte zu ihrer Bedienung den adäquaten Menschen. Dieser fehlte gleich zweifach: in der Person Johanns und in der des Kommandanten. Ohne den Verteidigungswillen des Herzogs der Normandie und die Fähigkeit, sich der Fülle der Hilfsmittel zu bedienen, wirkten sich Größe und Art der Anlage fast negativ aus, und so ist das ganze Befestigungswerk auch ein Beispiel für die Unaufwägbarkeit menschlichen Versagens durch technische Mittel. Richard hat zweifellos nicht damit gerechnet, daß beim Herannahen des Feindes nicht das allerstärkste Heer präsent und den Kampf schon im Vorfeld aufnehmen würde. Das System war ja für eine aktive und intelligente Verteidigung gemacht, nicht bloß für ein sich hinter Mauern Einschließen und Abwarten. Als im Frühling 1204 nach monatelanger Belagerung Château Gaillard fiel, mit ihm die Normandie verlorenging und die alte Königinmutter Eleonore auch diesen Schmerz noch ins Grab mitnehmen mußte – sie starb fast unmittelbar darauf –, war das der Höhepunkt in einer Kette von katastrophalen Versäumnissen und Fehlern. Wenn wir hier einen Blick voraus auf die Belagerung werfen, so mag das gerechtfertigt sein, weil diese Episode am besten zeigt, auf welch verlorenem Posten Richard am Ende seines Lebens trotz aller Erfolge stand.

Und das waren die Phasen, in denen sich der Verlust dieser Schlüsselfestung der Normandie vollzog:[712] Im Sommer 1203 mißglückte das koordinierte Vorgehen einer aus Landstreitkräften und Flotte bestehenden angevinischen Armee unter Wilhelm Marschall, wodurch die französischen Belagerer, die sich an beiden Seineufern festgesetzt hatten, hätten vertrieben werden sollen. Dann erschien kein Heer mehr zur Entlastung, wodurch die Angreifer eine Hürde nach der anderen ungehindert nehmen konnten. Die Unterstützung, die Johann dem Kommandanten zukommen ließ, bestand nur noch aus einem Brief, bevor er sich nach England absetzte. Der Kommandant wird uns zwar als tapfer und treu beschrieben, aber nachvollziehbar wird nur seine Kopflosigkeit in entscheidenden Situationen. So legte er vorzeitig Feuer und trieb die hinter die Mauern geflüchteten Bewohner der Neustadt als überflüssige Esser aus, so daß sie in den Spätherbstwochen an den Abhängen des Burgbergs ihre eigene Tragödie erlebten, verhungerten und erfroren, weil sich auch die Belagerer ihrer nicht erbarmten – obwohl man feststellen kann, daß letztlich zuwenig Wachmannschaft in der Burg vorhanden war. Auf geradezu groteske Weise vollzog sich der Einfall des Feindes in den äußeren Burghof: Johann hatte im Vorjahr als einzigen Beitrag zum Wunderwerk seines Bruders an der Innenseite der Außenmauer einen Zubau anbringen lassen, ein Gebäude, das eine Kapelle und Latrinen enthielt. In diesem die Mauer beträchtlich überragenden Haus befand sich auch ein viel zu niedrig angelegtes Latrinenfenster, was von der Anlage her schon problematisch genug war, und – ein unentschuldbares Versehen des Kommandanten – es war unbewacht und offen. Ein namentlich in die Geschichte eingegangenes Quintett französischer Desperados brauchte hier nur einzusteigen und im Schutz der vom Kommandanten erzeugten Rauchschwaden den Belagerern das Haupttor zu öffnen. Die Angreifer kamen nun an die gewellte Mauer heran, deren Tor ohne Zuhilfenahme der von Richard möglicherweise vorgegebenen Abwehrmaßnahmen nur unzulänglich verteidigt wurde.[713] Den Belagerern gelang hier der Durchbruch, der uneinnehmbare Donjon blieb funktionslos, um ihn wurde nicht mehr gekämpft. Auf dem engen Raum des zweiten Hofs ergab sich die zu Tod erschöpfte, mit den Geheimnissen der Anlage und ihrer Benützung nicht vertraute, viel zu kleine Garnison.

Kehren wir in die Endzeit von Richards Leben zurück. Im Januar 1199 gelang es Philipp über Vermittlung der Kirche, ihn zur Annahme eines fünfjährigen Waffenstillstands zu bewegen, den er abermals mit einer Eheverbindung zwischen seinem Sohn Ludwig und einer Plantagenetnichte verknüpfen wollte. Zu dieser Klausel stand Richards Zustimmung zur Zeit seines Todes allerdings aus, und aus der Realisierung der Ehe unter Johann kann nicht geschlossen werden, daß auch er sie gebilligt hätte, denn für eine Eheallianz fehlte ja die grundsätzliche Voraussetzung, und zwar auf beiden Seiten: der Wille zur Aussöhnung. Philipps Friedensbereitschaft erklärt sich lediglich aus dem Bestreben, seine momentane Lage zu stabilisieren. Schon 1197 waren jene normannischen Grenzbarone zu Richard zurückgekehrt, die ihn zur Zeit seiner Gefangenschaft aus Opportunitätsgründen verlassen hatten: die Herren von Gournay, Meulan und Caieux. Alarmierend war, daß 1198 von Philipps eigenen Vasallen die Grafen von Boulogne, St. Pol, Perche und Blois zu Richard abgefallen waren.

In dieser Situation war es naheliegend, daß Philipp, um zum Gegenschlag auszuholen, seinerseits nach Verbündeten in Richards Ländern Ausschau hielt, und er fand einen Alliierten in Vicomte Aymar von Limoges. Da dessen Rebellion gegen das Haus Anjou auf die siebziger Jahre zurückgeht, als Heinrich II. ihn durch Enterbung seiner Gattin geschädigt hatte, können wir zu den Komponenten Aquitanien und Philipp auch noch eine Konfliktsituation hinzuzählen, die Richards Vater geschaffen hatte. Es handelte sich übrigens im Unterschied zu früher um einen isolierten Aufstand, nicht um eine allgemeine Abfallsbewegung, und Aymars Halbbruder, den Grafen von Angoulême, finden wir auch erst nach Richards Tod in sicherer Koalition mit Philipp.

Eine Reihe von Quellen[714] behauptet nun, der König sei deswegen zur Burg Châlus Chabrol im Limousin gezogen, weil der Vicomte hier einen Schatz verwahrt und seinem Lehensherrn trotz dessen Reklamation vorenthalten hätte. Nun sind aber die Dokumente, die uns für seine Allianz mit Philipp vorliegen[715], ein ausreichender Grund für Richards militärische Präsenz hier, so daß man der lang kolportierten Schatzgeschichte, selbst wenn sie auf einen Nebenumstand zurückgehen sollte, keine entscheidende Bedeutung beizumessen hat. Richard war entschlossen, alle Burgen und Städte Aymars zu nehmen, und gleichzeitig mit der Belagerung des etwa 30 Kilometer südlich von Limoges gelegenen Châlus war die weiterer Burgen und Städte im Gang. Das ganze Umland war Kriegsgebiet. Da mit Philipp zur Zeit Waffenruhe herrschte, konnte sich Richard voll auf die Auseinandersetzung mit dem Vicomte konzentrieren. Es stand zu erwarten, daß er ihm in Kürze demonstriert haben würde, was ein Bündnis mit dem französischen König im Ernstfall wert war. Keinesfalls wollte er dulden, daß dieser ihm mit aquitanischen Aufständischen eine neue Front im Süden eröffnen würde.

Richards Tod wird von vielen Quellen beschrieben[716], und unter ihnen sind einige, die uns ein minutiösen Erfassen der maßgeblichen Umstände, die zu ihm führten, erlauben. Ist es schon relativ selten, daß man von einem mittelalterlichen Herrscher die genaue Todesursache kennt, so dürfte es nahezu singulär sein, daß man dabei einzelne Faktoren isolieren kann. Guillaume le Breton versucht im Philippidos der Bedeutung dieses Todes dadurch gerecht zu werden, daß er die Parzen selbst auftreten und beschließen läßt, Richards Lebensfaden abzuschneiden. Aber man meint deutlich genug zu sehen, wie dieses Schicksal kein von Parzen verhängtes, sondern ein selbst veranstaltetes war. Was wie ein Zufall anmutet, entwickelte sich mit Folgerichtigkeit aus dem Charakter heraus, wobei nur der Zeitpunkt als die Unbekannte figuriert, denn das alles hätte schon viel früher so ablaufen können – freilich auch später. Angemessen aber war dieser Tod, kann man finden, dem vorangegangenen Leben auf das vollkommenste. Unter den einschlägigen Quellen sind zwei von zentraler Bedeutung: die eine, ein kurzer Bericht Bernard Itiers, eines gebildeten und um Genauigkeit bemühten benediktinischen Autors aus St. Martial in Limoges[717], wegen dessen räumlicher Nähe zum Ort des Geschehens; die andere, eine ausführliche Darstellung bei dem Zisterzienser Radulph von Coggeshall[718], weil man annehmen darf, daß der Informant Richards ständiger Almosenier Milo, der Zisterzienserabt von Le Pin bei Poitiers, war, der den Feldzug mitmachte und ein Augenzeuge aller Ereignisse war.

Nach Bernard Itier waren bei der Belagerung von Châlus[719] etwa 40 Männer und Frauen in der Burg anwesend, darunter zwei namentlich genannte Ritter. Coggeshall erwähnt, daß die geringe Garnison vergeblich auf die Hilfe ihres Herrn wartete und nicht glauben konnte, daß der König selbst anwesend sei. Es wäre nicht verwunderlich, wenn die Besatzung nicht verstanden hätte, wieso ihre bescheidene Burg den König selbst herbeigeführt hatte. In dreitägigen unausgesetzten Attacken wurde der Turm der Burg durch Sappeure und mit Steinschleudern in einen hoffnungslosen Zustand gebracht, während die Belagerten keine Gelegenheit zur Verteidigung fanden, weil die königlichen Armbrustschützen jeden von den Zinnen fernhielten – oder fast jeden, wie man einschränkend feststellen muß. Hier ist nun eines Details zu gedenken, das uns zwar nicht von den Hauptquellen, nur von Howden – der für diesen Abschnitt keine ist –, Gervasius und Eracles-„Ernoul“[720] geboten wird, aber trotzdem glaubwürdig erscheint: Gemeint ist die angebotene Übergabe, die zurückgewiesen worden sei, woraus Gervasius den richtigen Schluß zieht, der König hätte vergessen, wie gefährlich jemand sei, der in Verzweiflung getrieben werde. Nach Howden hätten die Belagerten eine Übergabe „salvis vita et membris et armis“, also unter Zusicherung des Lebens, der körperlichen Unversehrtheit und ihrer Waffen angeboten, die Richard mit dem Schwur beantwortet hätte, die Burg mit Gewalt nehmen zu wollen und die Besatzung hängen zu lassen, was dann auch mit Ausnahme des Attentäters geschehen sei. Eracles-„Ernoul“ berichten vom angedrohten Hängen für den Fall, daß die Belagerten die Burg nicht übergeben würden, Gervasius hält fest, diese hätten „misericordiam“ erbeten „et vita“. Obwohl die genannten Quellen teils durch faktische Einzelheiten wie die Schatzgeschichte (Howden, Eracles-„Ernoul“) oder einen offenbar falschen Namen für den Attentäter (Howden), teils durch Hervorhebung der Pietätlosigkeit Richards auf die französische Version von Richards Tod verweisen, ist aus dem Schweigen der anderen Quellen über diesen Umstand nicht auf eine tendenziöse Erfindung der Franzosen zu schließen, aber auch nicht auf bewußte Unterdrückung eines Makels durch wohlwollende Chronisten. Dazu war Richards Vorgehen den unvoreingenommenen Zeitgenossen wohl zu selbstverständlich. Wir verdanken es aber der moralisierenden, literarisch akzentuierenden Tendenz, die im Gleichklang mit dem Philippidos steht, daß uns ein entscheidender Faktor überhaupt ins Bewußtsein gerückt wird. Im Spiegel anderer vergleichbarer Ereignisse wird deutlich, daß auch nur das Leben sichern zu wollen, bereits eine Bedingung zu viel war.

Eine gute Vergleichssituation bieten die von Howden ausführlich geschilderten Vorgänge bei der Einnahme von Tickhill und Nottingham, den letzten Zentren von Johanns Widerstand, im Jahr 1194. Wir lesen beide Male von der Entsendung von Abgesandten, die sich erst einmal von der Anwesenheit des Königs überzeugt hätten und von der Präsenz zweier Kirchenfürsten, die vermittelnd eingriffen. Im Fall von Tickhill war es der Bischof von Durham, Hugo du Puiset, der die Garnison dazu bewegen konnte, sich bedingungslos zu ergeben, indem er den Kapitulanten gleichsam dafür bürgte, daß ihnen in diesem Fall „vita et membra" sicher seien. Er wird Richard einigermaßen gekannt haben. In Nottingham, wo es schon zu Kämpfen und zu Hinrichtungen am Galgen gekommen war, war es Hubert Walter, der die Besatzung vom Vorteil einer Ergebung „in misericordiam regis" überzeugen konnte. Der Autor der „Histoire de Guillaume le Maréchal", der in gleicher Weise von diesen Vorgängen berichtet, kommentiert die letztlich bedingungslos erfolgte Übergabe mit den Worten, die Belagerten hätten klug gehandelt, denn dadurch hätten sie ihren Schaden sehr vermindert.[721] Im weiteren lobt er dann Richard für seine Milde, und obwohl er ihn, was die Sanftmut angeht, aus zeitlichem Abstand vielleicht zu verklärt sieht, stimmt es, daß unter Johanns Anhängern kein Blutgericht abgehalten wurde und sie in der Regel mit einer Geldbuße davonkamen. Wir haben ein zweites einschlägiges Exempel, diesmal von Ambroise detailreich erzählt, das in der Quintessenz von Coggeshall, aber auch von arabischer Seite bestätigt wird.[722] Gemeint ist die Einnahme von ad-Dārūm im Mai 1192. Wir hören von Ambroise, wie Richard im Lauf der Belagerung ein bedingtes Übergabeangebot abgelehnt habe – wie er ja auch bei Akkon nicht dessen Befürworter war –, wobei es zum Sturm und zum Tod vieler Muslime kam. Einem Teil der Belagerten aber war der Rückzug in einen Turm gelungen, und als ihre Lage hoffnungslos wurde, ergaben sie sich bedingungslos. Es erfolgte kein Massaker, sie wurden gefangengenommen. Demnach war die Bedingung für Gnade eine bedingungslose Kapitulation „in misericordiam", jedenfalls in Situationen, wo der Fall einer Burg sicher war. Sicherer als der Fall der kleinen Burg Châlus konnte nichts sein. Außerdem handelte es sich um Rebellen. Ein größeres Fehlverhalten, als in dieser Situation verhandeln zu wollen, hätte die Besatzung gar nicht an den Tag legen können, und kaum ein König hätte sich seine Gnade durch Übergabe einer unhaltbaren Burg abkaufen lassen. Im übrigen soll Richard dann nach Coggeshall, Gervasius und Howden – zum Wesen der Gnade gehört eben ihre Unberechenbarkeit – gerade dem Todesschützen das Leben geschenkt haben.[723] Was uns also als besondere Härte dargeboten wird, reduziert sich bei näherem Zusehen auf die Norm. Eine spezielle Barriere für unser Verständnis stellt dabei die „Stellvertretungspraxis" der Zeit dar: Gestraft, wenigstens am Leben, wurden nicht die aufständischen Feudalherren, sondern deren Vasallen und Bauern. Für das hierarchisch denkende Mittelalter war es offenbar auch von der Theorie her gerechtfertigt, daß – noch dazu im Krieg – im Niederen der Hohe gestraft wurde, und sogar die Kirche befolgte, wie ihre Interdiktspraxis beweist, diese Maxime. Als grausam wurde ein Herrscher erst dann gebrandmarkt, wenn er in Bestrafung einer Rebellion das Leben des Adels antastete. Die paar Leute, die auf Befehl ihres Herrn die Burg Châlus Chabrol hielten, wußten jedenfalls, daß infolge des in ihrem Kulturkreis üblichen „Repräsentationssystems", sie bei Ungnade des Königs gehängt würden.

Es kann nun sein, daß die Darstellung Coggeshalls uns für das Anfangsgeschehen vor der Burg einen besseren Schlüssel in die Hand gibt als etwa die dezidierte Howdenaussage von der verweigerten Entgegennahme einer bedingten Kapitulation. Wir lesen da eben, daß die kleine Besatzung die Hilfe des Vicomte erwartet hätte und der Meinung gewesen sei, nicht Richard selbst, sondern einer aus seinem Gefolge leite die Belagerung. Die paar unbedeutenden Ritter mußten den König schließlich nicht persönlich kennen. Das würde eine Akzentverschiebung mit sich bringen: statt dem König einen unangemessenen Handel vorzuschlagen und damit die Widersetzlichkeit noch weiter zu treiben, hätte die Handvoll Verteidiger bloß die Situation falsch eingeschätzt. Hatten sie aber einmal Widerstand geleistet und Richard damit vor ihrer Burg festgehalten, war es für jede Gnade zu spät. Es ist gut möglich, daß dieser schon einen der damals üblichen blasphemischen Schwüre[724] geleistet hatte, sie hängen zu lassen. Jedenfalls muß es bei der ersten Kontaktnahme zwischen Belagerern und Verteidigern zunächst zu einem Fehlverhalten der Garnison gekommen sein, die entweder in völliger Unkenntnis des königlichen Gnadenmechanismus oder, folgt man Coggeshall, ihrer wirklichen Lage war. Es ist unwahrscheinlich, daß Richard, nur um Terror zu erzeugen, eine bedingungslose Kapitulation, die mit der moralischen Verpflichtung zur Begnadigung verbunden gewesen wäre, abgelehnt hätte. Ihm mußte daran liegen, in möglichst kurzer Zeit durchschlagenden Erfolg zu haben, und eben der Effektivität wäre es abträglich gewesen, wenn er darauf bestanden hätte, jede einzelne Burg bis zu deren Fall zu belagern. Wünschenswert war, daß sich möglichst alle Burgen ohne Belagerung sofort öffneten – aber wenn niemand Gnade zu erwarten hatte, mußte eine längere Feldzugsdauer einkalkuliert werden. Da er mit Söldnern unterwegs war, hätte das bedeutet, daß die Kampagne auch teurer geworden wäre. Anzunehmen ist andererseits, daß die Besatzung nicht in hoffnungsloser Lage ausgeharrt hätte, wenn ihr eine Alternative geboten worden wäre. Wenn sie sich nicht ergab, so wohl deswegen, weil ihr wirklich das Hängen angekündigt worden war. Den sicheren Tod vor Augen, ist das Verhalten des Schützen dann nur konsequent. Wir sehen, daß der fatale Faktor, Richards folgenreiche Erbarmungslosigkeit nicht darin liegt, daß er gewohnt gewesen wäre, Garnisonen von Rebellenburgen hinrichten zu lassen, oder beschlossen gehabt hätte, diese eine bei Einnahme der Burg hängen zu lassen, sondern daß er ihr das in Aussicht gestellt und damit eine mehrtägige Todesangst über die Insassen verhängt hatte, weshalb diese trotz eines Dauerbombardements und angesichts eines schon vom Einsturz bedrohten Turms noch hinter dessen Mauern verblieben. Die Ausweglosigkeit der einen Seite ergab dann in Verbindung mit der Sorglosigkeit der anderen – seiner eigenen, mit der er sich unter den Mauern der dem Untergang geweihten Burg bewegte – die für ihn tödliche Mischung.

Am 26. März 1199 begab sich Richard nach dem Abendessen in der Dämmerung noch zur Burg, ohne Harnisch, nur von seinem Helm geschützt und einem großen rechteckigen Schild, der gewohnheitsmäßig vor ihm hergetragen wurde. Die Details, die Coggeshall uns mitteilt, verführen zusammen mit den Aufschlüssen, die ein Lokalaugenschein vermittelt, zu der Annahme, daß das Geschehen bis in Bewegungsabläufe hinein rekonstruierbar sei. Und dies der Sachverhalt: Die Belagerung hatte bereits drei Tage gedauert, Außen- und Innenmauer waren genommen, was keine besondere Anstrengung erfordert haben kann. Nun stand der König unterhalb eines runden Wehrturms von bescheidenem Durchmesser, aber ansehnlicher Höhe. Unter diesem letzten Refugium der Belagerten durchwühlten die Sappeure die Erde, um es zum Einsturz zu bringen. Ein Gedenkstein bezeichnet heute die Stelle, wo Richard gestanden sein soll:[725] nur wenige Meter vom Turm entfernt. Wenn er hier war, um die Belagerungsarbeiten voranzutreiben, so bietet sich bei den beschränkten Raumverhältnissen die Stelle dem Turm gegenüber als Standort an; aber auch jeder andere Punkt nahe der Turmbasis mußte dem Schützen dieselben Bedingungen bieten: er befand sich auf jeden Fall am oberen Ende eines langen Schachts und sein Opfer zu nahe an dessen unterem, aber doch außerhalb des toten Winkels. Diese Position war entscheidend. Die Sichtverhältnisse mochten nicht mehr die besten sein, oder aber die Silhouette des Peter Basil[726] – dies der Name des Ritters, der nach Bernard Itier und Diceto den Schuß abgab – zeichnete sich deutlich genug vom Himmel ab – gleichviel, man mußte den Kopf beträchtlich in den Nacken legen, wenn man vom Fuß des Turms beobachten wollte, was bei den Zinnen geschah. Das gehörte aber zur Aufgabe der Angreifer, und es war auch nicht unbemerkt geblieben, daß sich dort den ganzen Tag schon ein Mann herumgetrieben hatte, dem es gelungen war, alle Geschoße von sich abzuwehren. Während dieser die Vorgänge unten aufmerksam verfolgte, wurde er selbst nicht ernst genug genommen. Nun trat dieser einsame Wächter wieder in den Vordergrund. Richard sah ihn und rief ihm etwas zu – da riß dieser plötzlich eine Armbrust hoch und zielte auf den König. Der fuhr herum, und das Geschoß traf ihn mit voller Wucht in die linke Schulter nahe der Halswirbelsäule. Der Schütze muß direkt auf das Herz gezielt haben. Coggeshall vermerkt, daß Richard sich zu wenig unter den Schild geduckt habe. Das ist nicht zu bezweifeln, berührt aber wohl nicht das Wesentliche. Denn wenn er auch, sich drehend, tiefer ins Knie gegangen wäre, so hätte ihn ein „vor ihm hergetragener" Schild nicht vor einem Geschoß schützen können, das fast von senkrecht oben kam. Die Position des Schildes war also ineffektiv, seine Handhabung mechanisch gedankenlos. Wäre der Schild schräg über den Kopf gehalten worden – eine schon wegen der Größe des zu Schützenden kaum praktikable Lösung –, hätte dieser den Attentäter nicht sehen können. Da er ihn aber sah, heißt das, daß er ihm auch ausgeliefert war. Für eine Kommunikation mit den Schildträgern war keine Zeit mehr. Denkbar ist natürlich, daß der König und seine Umgebung der Meinung waren, der Mann auf dem Turm besitze keine Armbrust, und der Coggeshalltext legt die Annahme nahe, daß der Schütze die List gebraucht hatte, sich so lange nur zu verteidigen, bis er das lohnende Ziel im Visier hatte. Richard hatte jedenfalls dem entschlossenen Täter gegenüber umso weniger eine Chance, als er sich keiner Gefahr bewußt war.

Es war kein lebenswichtiges Organ getroffen worden, Richard machte kein Aufhebens von der Sache und ritt in sein Quartier, nachdem er befohlen hatte, die Belagerung fortzusetzen. In der Unterkunft angekommen, versuchte er selbst, sich den Bolzen aus der Wunde zu reißen, erreichte in seiner Ungeduld aber nur, daß der Schaft abbrach und die handflächenlange Eisenspitze tief im Fleisch verborgen blieb. Ein Feldscher Mercadiers bemühte sich nachts beim ungewissen Schein einer Öllampe lange vergebens, sie in dem massigen Rücken zu finden. Als es ihm nach einer beträchtlichen Metzelei gelang und sie entfernt war, hatte er die Wunde zu einer tödlichen gemacht. Die Sepsis war nicht aufzuhalten. In vollem Bewußtsein um seinen Zustand traf Richard nun seine letzten Anordnungen: Er designierte Johann zu seinem Nachfolger, sandte nach seiner Mutter und verfaßte sein Testament, worin er auch den Neffen Otto bedachte. Entgegen dem Rat seiner Ärzte, hören wir, war er nicht enthaltsam und hätte so sein Ende beschleunigt. Die Volksmedizin war allerdings gegenteiliger Ansicht über den Effekt der körperlichen Liebe bei lebensgefährlichen Erkrankungen, und so kann es sein, daß, was uns als Zügellosigkeit überliefert wird, weniger der Lust als dem sich Aufbäumen gegen den Tod entsprang. Naive Gemüter waren der Meinung, daß fromme Fürsten und Kreuzfahrer lieber hätten sterben wollen als die Ehe zu brechen. Von deren Art war Richard nicht, er wollte zweifellos lieber leben. Allerdings: Er starb eine Art Unfalltod, und die Spekulation ist nicht abzuweisen, daß, wer uneingeschränkt leben will, auch am Leben bleibt.

Während seines elftägigen Krankenlagers muß ihn, da er Johann wohl gut genug kannte, ein Gefühl der Sinnlosigkeit seines Kampfes berührt haben. So wenig wie die Zeitgenossen wird er sich Illusionen über die Zukunft jenes Reiches gemacht haben, das sein Vater geschaffen und das er selbst gegen Philipp verteidigt hatte. Seine Grabfigur[727] scheint das Bewußtsein dieser Tragik eingefangen zu haben. Während die anderen Mitglieder der Königsfamilie wie Heinrich II. oder Eleonore in heiterer Totenruhe ohne besondere Individualität gestaltet sind, prägt sich in dem sehr würdevollen Gesicht der ihn darstellenden Skulptur – die vielleicht den Versuch eines realistischen Porträts unternahm – ein überaus resignativer Zug um den Mund aus.

Richard starb am 6. April 1199, dem Dienstag vor Palmsonntag, gegen Abend. Er stand in seinem 42. Lebensjahr. Den von ihm begnadigten Schützen soll Mercadier nach seinem Tod haben schinden lassen. Mit dem Urheber der Revolte, Aymar von Limoges, rechnete angeblich Richards illegitimer Sohn, Philipp von Cognac, noch vor Jahresende ab: Nach Howden tötete er ihn und rächte so seinen Vater. Dessen Leichnam waren der Sitte der Zeit gemäß die Eingeweide und das Hirn entnommen und separat bestattet worden, ehe er in Fontevraud[728] in der Touraine beigesetzt wurde. Das Herz, nach Gervasius von besonderer Größe, hatte der König zum Zeichen seiner Liebe der schon bald bedrängten Hauptstadt der Normandie vermacht. Es fand seinen Ruheplatz in der Kathedrale von Rouen.[729]

# Nachwort

Die wissenschaftliche Biographie ist heute häufig dadurch gekennzeichnet, daß sie Synthesen nicht mehr wagt. Im Gegensatz zu der Unreflektiertheit, mit der das 19. Jahrhundert farbige Persönlichkeitsbilder in die Welt setzte, zieht sie es vor, bei der Erörterung von Sachfragen haltzumachen. Das Ergebnis ist dann eine Materialsammlung, genau und umfangreich. Wo aber bleibt die Person? Sie bleibt, da sie sich auf rein additivem Weg nicht ergibt, aufgespart für den künftigen Biographen. In der Zwischenzeit ist der Historiker der Sachprobleme gezwungen, den personellen Faktor dort, wo er ins Spiel kommt, aus der Phantasie zu ergänzen oder auf Uralt-Klischees zurückzugreifen. So ist nichts gewonnen: Wo – vielfach aus Seriosität – die Synthese bewußt ausgespart wurde, stellt sie sich unbewußt ein. Unsere gewissenhaftesten historischen Darstellungen sind bevölkert von Romanfiguren. Richard Löwenherz ist eine solche.

Nicht, daß in seinem Fall die Aufarbeitung der Quellen längst geschehen und nur die Synthese unterblieben wäre. Er fällt so sehr aus jeder Spezialzuständigkeit heraus, daß die Stationen seines Lebens nur bruchstückhaft in anderem Zusammenhang beurteilt wurden. Verborgen in einer Fülle unbefragten Materials ist er als historische Gestalt ein völlig Unbekannter, wie auch die besten Spezialarbeiten beweisen, nur daß ihn jeder zu kennen meint: der Kreuzzugshistoriker, der Erforscher des Plantagenet-Reichs, der Historiker der Stauferzeit. Das besondere Merkmal der Phantasiegestalt, als die Richard durch die historische Fachliteratur zieht, stellt dabei die Absenz des Politischen dar. In dem Maß, in dem die Persönlichkeit nun Geschichte bewegt, muß deren krasse Fehldeutung eine Reihe falscher Urteile auf allen möglichen Gebieten nach sich ziehen. Das ist geschehen. Die Integration von Richards einzelnen Lebensabschnitten kann deshalb, indem sie verschiedene Bereiche verklammert, vor allem die west- und mitteleuropäischen Forschungswege zusammenführt, erhellend für verschiedene historische Bezirke sein. Es galt, von einem Leben, das die Welt zum Schauplatz hatte, möglichst viel möglichst gleichmäßig zu überschauen: die Aktivitäten im Mittelmeerraum ebenso wie den entsprechenden Abschnitt aus der englisch-französischen Geschichte und die deutsch-österreichischen Implikationen.

Wenn die Biographie nun mehr sein soll als die Wiedergabe des jeweils letzten Forschungsstands zu einer Reihe von Sachfragen, muß sie ein durchgängiges Persönlichkeitsbild anstreben. Jede Synthese aber ist subjektiv, und die allzu kompakte

Synthese gerät erneut in die Nähe der Belletristik. Wir haben heute die absolute Objektivität längst als Schimäre entlarvt, haben durchschaut, wie jede Fragestellung und Auswahl durchtränkt sind von Subjektivität. Die wissenschaftliche Biographie steht hier nicht schlechter da als jeder andere Forschungszweig, so bleibt als ihr spezielles Problem die besondere Irritation, die von der amorphen menschlichen Existenz offenbar ausgeht. Und während der Drang, die Formel zu finden für einen Charakter und ein Leben alles erweisbare transzendieren muß, liegt die Gefahr besonders nahe, aus der Alltagspraxis noch jene Manier ins Metier einzuschleppen, nach der wir unausgesetzt Menschen aufgrund unzureichender Informationen zu beurteilen gewohnt sind. Hat die Intuition einen Stellenwert in der wissenschaftlichen Biographie? Sie mag richtig sein – aber sie ist kein Argument, sie hat also keinen. Der Ausweg, der dem Biographen erlaubt, eine Gestalt sichtbar zu machen und trotzdem exakt zu bleiben, scheint vielmehr darin zu liegen, die Grenzlinien zwischen Erweisbarem und Hypothetischem nie zu verwischen, auf den Gesamtumriß nicht zu verzichten, aber neben Bereichen einer detaillierteren Zeichnung schattenhafte Bezirke zu dulden und dort, wo nicht einmal eine fundierte Theorie vorzubringen ist, der Person ihr Geheimnis zu lassen. Die Spekulation als Prämisse ist sicher in jedem Fall unstatthaft, als unverhüllt subjektiver Schlußpunkt mag sie hingegen dort passieren, wo sie nicht mit einem Forschungsergebnis verwechselt werden kann. Es geht um die Bewußtheit der Probleme, die die Gattung in sich birgt.

Was nun bezogen auf einen Menschen unseres Jahrhunderts höchst befremdlich wäre – nämlich mangelnde Informationen aus seiner Jugend durch politische Geschichte zu ersetzen –, kann im Fall des Richard Löwenherz nicht zulässiger sein. Er hatte mit seinem Bruder Johann Ohneland denselben Zeithintergrund, der also gar nichts erklärt. Die wenigen bekannten Fakten aus seiner Jugendbiographie sollten deshalb nicht in einem allgemeinen Zeitgemälde verfließen. Ein solches müßte Teil eines anderen Buches sein, in diesem ging es um eine Analyse der ausreichend dokumentierten Lebensabschnitte des Erwachsenen. Dabei war nicht davon abzusehen, daß Leben sich in Interaktion abspielt. Bei aller Konzentration auf die Hauptperson müssen relevante Bezugspersonen – hier der Vater, der französische König und Kaiser Heinrich VI. – mit jeweils eigener Einstellung gesehen werden. Das ist keineswegs selbstverständlich: Allzu oft wurden Situationen, in die der „Held" einer Geschichte geriet, fast ausschließlich von seiner Interessenlage her interpretiert, was zur Verzerrung der natürlichen Relationen führte. Nur als gleichwertige Hauptakteure werfen aber vermeintliche Nebenfiguren ein bezeichnendes Licht auf den Biographierten.

Ein weiteres Erfordernis biographischer Geschichtsschreibung ist heute die fächerübergreifende Behandlung. Die historische Gestalt kann nicht mehr ausschließlich als Gegenstand der Geschichtsforschung betrachtet werden, der Text als wesentliches Erkenntnismaterial nicht länger unter rein philologischem Aspekt. Das spezielle Objekt – der Mensch hinter dem Text – erfordert eine kompetente Betrachtungsweise. Es sollte am Ende des 20. Jahrhunderts nicht mehr möglich sein, einen wissenschaftlichen Zugang zu einer historischen Persönlichkeit zu suchen, ohne das Grundwissen unserer Zeit vom Menschen rezipiert zu haben. Nicht eine vulgärpsychologische, ahistorische und vorschnelle Kategorisierung – deren Opfer nicht zuletzt Richard wurde – ist gefragt, sondern die Distanz zu tradierten und individuellen Menschenbildern. Wir meinen heute ein fundierteres Wissen um seelische Mechanismen zu haben als frühere Zeiten – wir müssen nur bedenken, wie häufig bislang konstatierte „Rätselhaftigkeit“ an Personen, auch der Geschichte, schlagartig schwindet, wenn man die Erkenntnisse der Neurosenlehre auf sie anwendet –, und wenn der Historiker sich auch scheuen mag, eine Diagnose zu stellen, so wäre seine Ahnungslosigkeit angesichts wohlbelegter Phänomene ein Versagen vor dem Objekt.

Die Kompetenz des Biographen muß aber noch spezieller sein: Die Nichtbeachtung der besonderen Funktion des Biographierten ist eine Quelle tiefgreifenden Mißverständnisses. Die besondere Funktion des Richard Löwenherz war die Kunst des Überlebens in der Sphäre der Macht. Die Gelehrten, die sein Bild nach ihrem Geiste formten, hatten zu dieser Welt keinen Zugang. Wir haben es heute sehr viel leichter als sie, uns mit den Spielregeln der Macht empirisch vertraut zu machen. Wir dürfen davon ausgehen, daß es einen Kanon allgemein verbindlicher politischer Grundregeln gibt, deren Mißachtung „Richter“ und „Abenteurer“ zu allen Zeiten zur Niederlage verurteilt. Richard war auf dem politischen Feld kein Verlierer. Nicht nur, weil mit ritterlichen Taten, begangen vor 800 Jahren, mangels hinterlassener Spuren kein Buch zu füllen wäre, ist es der politische Gesichtspunkt, unter dem sein Agieren gesehen wird: Er erscheint der Person, die Macht hatte, behalten wollte und behielt, in der umfassendsten Weise adäquat. Zugleich wird dadurch eine Basis gewonnen, von der aus Verstehen möglich ist. Die eigentliche Aufgabe des Historikers ist das Aufzeigen der Unterschiede. Eine Sichtung der Quellen auf mentalitätsmäßige Auffälligkeiten würde aber lediglich die Zeit, nicht die Person charakterisieren – es ergäbe keine Biographie. Diese lebt vom Glauben an zeitübergreifende Gemeinsamkeiten. Im Spannungsverhältnis von Gleichheit und schockierender Fremdheit favorisiert sie das Element menschlicher Kontinuität. Sie meint damit die Ausrichtung aufs Wesentliche, aber meist hat sie gar keine Wahl, denn für das Aussondern differenzierten Verhaltens aus dem Zeitspezifischen fehlt in der Regel jede Quellenbasis.

# QUELLEN


Roger von Howden, Chronica, Hg. W. Stubbs, 4 Bde., Rolls Series 51, London 1868–1871.

Roger von Howden, Gesta regis Henrici secundi Benedicti abbatis, Hg. William Stubbs, 2 Bde., Rolls Series 49, London 1867.

Radulph von Diceto, Opera historica, Hg. W. Stubbs, 2 Bde., Rolls Series 68, London 1876.

Gervasius von Canterbury, The historical works of Gervase of Canterbury, Hg. W. Stubbs, 2 Bde., Rolls Series 73, London 1879, 1880.

Radulph von Coggeshall, Chronicon Anglicanum, Hg. J. Stevenson, Rolls Series 66, London 1875.

Richard von Devizes, Chronicon, hrsg. u. übers. von J. T. Appleby, London 1963.

Giraldus Cambrensis, De instructione principum, London 1846.

Giraldus Cambrensis, Opera, Hg. Brewer, Dimock, Warner, 8 Bde., Rolls Series 21, London 1861–1891.

Gervasius von Canterbury, Historical Works, Hg. W. Stubbs, 2 Bde., Rolls Series 73, London 1880 (1965).

Wilhelm von Newburgh, Historia rerum Anglicarum, in: Chronicles of the Reigns of Stephen, Henry II, and Richard I, Hg. R. Howlett, 2 Bde., London 1884/85.

Itinerarium peregrinorum et gesta regis Ricardi, in: Chronicles of the reign of Richard the First. I, Hg. W. Stubbs, Rolls Series 38, London 1864.

Histoire de Guillaume le Maréchal, Hg. Paul Meyer, 3 Bde., Paris 1891–1901 (Société de l'histoire de France).

Epistolae Cantuarienses (1187–1199), in: Chronicles and memorials Richard the First. II, Hg. William Stubbs, Rolls Series 38, London 1865.

Rigord, Gesta Philipp, in: Historiae Francorum Scriptores, Hg. F. Duchesne, Bd. 5, Paris 1649.

Guillaume le Breton, Philippidos, in: Œuvres de Rigord et Guillaume le Breton. II, Hg. H. François Delaborde, Paris 1885.

Guillaume le Breton, Historia de vita et gestis Philippi, in: Historiae Francorum Scriptores, Hg. F. Duchesne, Bd. 5, Paris 1649.

Bouquet (Hg.), Recueil des historiens des Gaules et de la France, Hg. später von der Académie de Inscriptions et Belles-Lettres, 24 Bde., Paris 1738–1904.

Labbe, P. (Hg.), Novae Bibliothecae Manuscriptorum, 2 Bde., Paris 1657.

Ambroise, L'Estoire de la Guerre Sainte, hrsg. und ins Neufrz. übers. v. G. Paris, Paris 1897.

L'Estoire de Eracles, in: Recueil des Historiens des Croisades (RHC), Historiens occidentaux, Bd. 2.

Chronique d'Ernoul et de Bernard le Trésorier, Hg. L. de Mas Latrie, Paris 1871.

Monumenta Germaniae Historica. Scriptores = MGH. SS.

„Ansbert“: Historia de expeditione Friderici imperatoris. MGH. SS. Nova Series, Bd. 5, Hg. A. Chroust, Berlin 1928.
Bahā' ad-Dīn ibn Saddat, Recueil des Historiens des Croisades (RHC), Historiens Orientaux III, Paris 1884 (arab. u. frz.).
'Imād ad-Dīn al-Isfahani, al-Fath . . ., ed. Landberg, Leiden 1888.
Massé, H. (Übers. dess.), Conguête de la Syrie et de la Palestine par Saladin, Paris 1972.
Abu Sama, Kitab ar-raudatain, ed. Kairo 1287/1870.
Abu Sama, Livre des deux Jardins (Kitab . . .) des Croisades (RHC), Historiens Orientaux IV, Paris 1898 (arab. u. frz.).
Ibn al Aṯīr, Chronicon quod perfectissimum inscribitur (Kamil at-tawarih), Bd. 12, hrsg. Tornberg C. J., Uppsala.
Gabrieli, F., Die Kreuzzüge aus arabischer Sicht (deutsche Übers. einer ital. Übers. aus dem Arab.), Zürich–München 1973.
Görgens, E. P. – Röhricht R. (Übers.), Arabische Quellenbeiträge zur Geschichte der Kreuzzüge, Berlin 1879.
Reinaud, M. (Übers.), Chroniques arabes, in: Bibliothèque des Croisades, hrsg. v. M. Michaud, IV, Paris 1829.
The Great Roll of the Pipe for the first year of the Reign of King Richard I, hrsg. J. Hunter, Record Commission 1833.
The Great Rolls of the Pipe for the 2nd–10th year of the Reign of King Richard I, 8 Bde., Publications of the Pipe Roll Society N. S. 1–3 und 5–9, 1925–1932.
Fagnen, C., Les actes normands de Richard Cœur-de-Lion. Edition critique (masch.), Archives Nationales, Paris, Série AB XIX.
Magni rotuli scaccarii Normanniae sub regibus Angliae, hrsg. Thomas Stapleton, 2 Bde., London 1840–1844.
Foedera, conventiones, litterae ... I, 1, 1061–1272, hrsg. Thomas Rymer, neubearb. v. A. Clarke, F. Holbrooke, J. Caley, London, Record Commission edition 1816.
Codice diplomatico della Repubblica di Genova = Cod. dipl. Gen. Fonti per la Storia d'Italia 77, 1936, 3 Bde.
Migne, J. P. (Hg.), Patrologiae cursus completus . . . Series Latina, 221 Bde., Paris 1844–1865.
Urkundenbuch zur Geschichte der Babenberger in Österreich, I (die Siegelurkunden der Babenberger bis 1215), IV, 1 (ergänzende Quellen 976–1194), bearb. v. H. Fichtenau und E. Zöllner, Wien 1950, 1968 (Publ. des Instituts für österr. Geschichtsforschung, R. 3).

# LITERATUR


Ahlers, J., Die Welfen und die englischen Könige 1165–1235. Quellen und Darstellungen zur Geschichte Niedersachsens, Bd. 102, Hildesheim 1987.

Appel, C., Bertran Born, Halle 1931.

Appel, C. (Hg.), Die Lieder Bertrans von Born, Halle 1932.

Appleby, J. T., Henry II. The Vanquished King, London 1962 (dtsche. Übers. Stuttgart 1966).

Appleby, J. T., England without Richard 1889–1199, London 1965.

Arbellot, La Vérité sur la Mort de Richard Cœur-de-Lion, Paris 1878.

Baldwin, J. W., The Government of Philip Augustus, Berkeley–Los Angeles–London 1986.

Barlow, F., Roger of Howden. English Historical Review 65 (1950), S. 352ff.

Bloch, H., Forschungen zur Politik Kaiser Heinrichs VI., Berlin 1892.

Böhmer, J. E. – Baaken, G., Regesta Imperii, IV/3. Die Regesten des Kaiserreichs unter Heinrich VI. 1165 (1190)–1197, 2 Bde., Köln–Wien 1972, 1979.

Boussard, Jacques, Le gouvernement d'Henri II Plantagenêt, Paris 1956.

Bullinger, Günther, König Richard Löwenherz und Kaiser Heinrich VI., Diss. (masch.), Tübingen 1947.

Broughton, B., The Legends of King Richard I Cœur de Lion, Paris 1966.

Brundage, J. A., Richard Lion Heart, New York 1974.

Cartellieri, A., Philipp II. August König von Frankreich, 4 Bde., Leipzig 1899–1921.

Csendes, P., Heinrich VI., Darmstadt 1993.

Deville, A., Histoire du Château Gaillard, Rouen 1829.

Duby G., Le chevalier, la femme et le prêtre. Le mariage dans la France féodale, Paris 1981 (dtsche. Übers. Frankf. a. M. 1988).

Edbury P. W., The Kingdom of Cyprus and the Croisades, 1191–1374. Cambrigde etc. 1991.

Erlande-Brandenburg, A., Le „Cimetière des Rois" à Fontevrault, in: Congrès archéologiques des France, 1964 Anjou, Paris 1964.

Fagnen, C., Essai sur quelques actes normands de Richard Cœur de Lion, Positions des Theses, soutenus par les eleves de la promotion de 1971 pour obtenir le diplome d'archiviste paleographe, Paris Ecole des Chartes 1971.

Fagnen, C., Le vocabulaire du pouvoir dans les actes de Richard Cœur de Lion, duc de Normandie (1189–1199), in: Actes du 105$^{e}$ Congrès national des sociétés savantes, Caen 1980, Section de philologie et histoire jusque à 1610, Bd. 1, Paris 1984.

Fichtenau, H., Akkon, Zypern und das Lösegeld für Richard Löwenherz, Arch. f. österr. Gesch. 125 (1966), S. 11ff.

La France de Philippe Auguste: Le tempos des mutations: actes du colloque internationale organisé par le C. N. R. S., hrsg. v. Robert-Henri Bautier, Paris 1982 (Colloques internationaux du Centre national de la recherche scientifique, 602).

Gillingham, J., The Angevin Empire, London 1984.
Gillingham, J., Richard I and Berengaria of Navarre. Bulletin of the Institute of Historical Research 53 (1980), S. 157–173.
Gillingham, J., Richard the Lionheart, London 1978 (1989) (dtsche. Übers. Düsseldorf 1981).
Gillingham, J., The unromantic death of Richard I, Speculum 54 (1979), S. 18–41.
Gransden, A., Historical writing in England c. 550 to c. 1307, London 1974.
Grousset, R., Histoire des croisades et du royaume franc des Jérusalem, 3 Bde., Paris 1934 bis 1936.
Hill, G., A History of Cyprus, 4 Bde., Cambridge 1940–1952.
Henderson, Ph., Richard Cœur de Lion: a biography, London 1958.
Hodgson, M., The Order of assassins. The struggle of the early Niz lârî Ismâ'îlîs against the Islamic World, Gravenhage 1955.
Holt, P. M. (Hg.), The Age of the Crusades. The Near East from the eleventh century to 1517, London–New York 1986.
Holt, P. M. (Hg.), The Eastern Mediterranean Lands in the Period of the Crusades, Warminster 1977.
Holzapfel, Th., Papst Innozenz II., Philipp II. August, König von Frankreich und die englisch-welfische Verbindung 1198–1216, Frankfurt a. Main, Bern, New York, Paris 1991.
Hucker, B. U., Kaiser Otto IV., Hannover 1990.
Jolliffe, J. E. A., Angevin Kingship, London 1955 (1963).
Jamison, E., Admiral Eugenius of Sicily. His Life and Work and the Authorship of the Epistola ad Petrum and the Historia Falcandi Siculi, London 1957.
Jamison, E., Alliance of England and Sicily in the second half of the 12th century. Journal of the Warburg and Courtauld Institutes 6 (1943), S. 20ff.
Kelly, A., Eleanor of Aquitaine and the four kings, 12. Aufl. Cambridge (Mass.) 1966.
Kibler, W. W. (Hg.), Eleanor of Aquitaine. Patron and Politician, Austin–London 1973.
Kienast, W., Deutschland und Frankreich in der Kaiserzeit (900–1270): Weltkaiser und Einzelkönige, 3 Bde., 2., neu bearb. Aufl., Stuttgart 1974 (Monographien zur Geschichte des Mittelalters, 9, I–III).
Kindt, Ae. R., Gründe der Gefangenschaft Richards I. von England, Diss. Halle 1892.
Kirfel, H. J., Weltherrschaftsidee und Bündnispolitik. Untersuchungen zur auswärtigen Politik der Staufer, Bonner Hist. Forschungen 12, Bonn 1959.
Kneller, Karl Alois, Des Richard Löwenherz' deutsche Gefangenschaft (1192–1194), Freiburg 1893 (Ergänzungshefte zu den „Stimmen aus Maria Laach“, 59).
Kölzer, Th., Sizilien und das Reich im ausgehenden 12. Jahrhundert, in: Hist. Jahrb. 110 (1990), S. 3ff.
Labande, E.-R., Pour une image véridique d'Aliénor d'Aquitaine, in: Bulletin de la Société des Antiquaires de l'Ovest, Poitiers 1952.
Landon, L., The itinerary of King Richard I with studies on certain matters of interest connected with his reign. Publications of the Pipe Roll Society, N. S. 13 (1935).
Le Patourel, J., The Plantagenet dominions, History 1 (1965), S. 289ff.
Lewis, B. – Holt, P. M. (Hg.), Histoirians of the Middle East, London 1962.
Lot. F. – Fawtier, R., Histoire des Institutions Françaises au moyen age, Bd. 1, Paris 1957.
Maleczek, W., Papst und Kardinalskolleg von 1191 bis 1216. Die Kardinäle unter Coelestin III. und Innocenz II. in: Publikationen des Historischen Institutes beim österreichischen Kulturinstitut in Rom, 1. Abt., Abhandlungen, Bd. 6, Wien 1984.

Mas-Latrie, L. de, Histoire de L'île de Chypre sous le régne des princes de la maison de Lusignan, 3 Bde., Paris 1852–1861.
Mayer, H. E., Geschichte der Kreuzzüge, Stuttgart 1965.
Mayer, H. E. (Hg.), Das Itinerarium peregrinorum. Eine zeitgenössische englische Chronik zum dritten Kreuzzug in ursprünglicher Gestalt, Stuttgart 1962.
Mayer, H. E., Kaiserrecht und Heiliges Land, in: Aus Reichsgeschichte und Nordischer Geschichte: Festschrift zum 65. Geburtstag von Karl Jordan, Stuttgart 1972, S. 193ff.
Mayer, H. E., Die Kanzlei Richards I. von England auf dem Dritten Kreuzzug, MIÖG 85 (1977), S. 22ff.
Mitteis, H., Lehnrecht und Staatsgewalt: Untersuchungen zur mittelalterlichen Verfassungsgeschichte, Weimar 1933 (1974).
Möhring, H., Saladin und der dritte Kreuzzug. Frankfurter Histor. Abhandlungen, Bd. 21, Wiesbaden 1980.
Morgan, M. R., The Chronicle of Ernoul and the continuations of William of Tyre, Oxford 1973.
Morgan, M. R., La Continuation de Guillaume de Tyr (1184–1197), Paris 1982.
Norgate, K., England under the Angevin kings, 2 Bde., London 1887.
Norgate, K., Richard the Lion-Heart, London 1924.
Oppl, F., Friedrich Barbarossa, Darmstadt 1990.
Pacaut, M., Louis VII et son royaume, Paris 1964.
Pernoud, R., Aliénor d'Aquitaine, Paris 1965.
Pernoud, R., Richard Cœur de Lion, Paris 1988 (dtsche. Übers. 1994).
Y a-Til une civilisation du monde Plantagenêt? Actes du Colloque d'Histoire Médiévale, cahiers de civilisation médiévale, Jg. 29/1. 2., Poitiers 1986.
Plöchl, W. M., Geschichte des Kirchenrechtes, II. Das Kirchenrecht der abendländischen Christenheit 1055–1517, Wien 1955.
Poole, A. L., England and Burgundy in the last decade of the twelfth century, in: Essays in history presented to Reginald Lane Poole, hrsg. v. H. W. C. Davis, Oxford 1927, S. 216ff.
Poole, A. L., Richard the First's alliances with the German princes in 1194, in: Studies in medieval history presented to Frederick Maurice Powicke, Oxford 1948, S. 90ff.
Poole, A. L., Die Welfen in der Verbannnung. Aus dem Englischen übersetzt von E. Schramm von Thadden, DA 2 (1938), S. 129ff.
Powicke, F. M., The loss of Normandy (1189–1204), 2. Aufl. Manchester 1961.
Prawer, J., The Latin Kingdom of Jerusalem. European Colonialism in the Middle Ages, London 1972.
Prawer, J., Histoire du royaume Latin de Jerusalem, 2. Bde., 1969/70.
Prawer, J., Crusader Institutions, Oxford 1980.
Quenedy, R., Le siège du Château-Gaillard en 1203–1204, in: Bulletin des Amis des Monuments Rouennais, 1913, S. 51ff.
Reisinger, Ch., Tankred von Lecce. Kölner historische Abhandlungen, Bd. 38, Köln–Weimar–Wien 1992.
Riccardo Cuor di Leone nella Storia e nella Leggenda, Colloquiio Italo-Britannico. Accademia Nazionale dei Lincei. Problemi attuali di scienza e di cultura 253, Rom 1981.
Richard, A., Historie des comtes de Poitou 778–1204, 2 Bde., Paris 1903.
Richardson, H. G., The letters and charters of Eleanor of Aquitaine. English Historical Review, Bd. 74 (1959), S. 193ff.

Riley-Smith, J., The Knights of St. John in Jerusalem and Cyprus. c. 1050–1310, London 1967.
Riley-Smith, J., The Feudal Nobility and the Kingdom of Jerusalem, 1174–1277, London 1973.
Röhricht, R., Geschichte des Königreichs Jerusalem, 1100–1291, Innsbruck 1898.
Round, J. H., Feudal England, London 1909.
Runciman, St., A History of the Crusades, 3 Bde., Cambridge 1951–1954, neue Ausgabe, Manf. NB Verlagdienst.
Setton, K. M., A History of the Crusades, 2 Bde., Philadelphia 1955, 1962.
Seltman, J., Heinrich IV. Herrschaftspraxis und Umgebung, in: Erlanger Studien 43, Erlangen 1983.
Schreiber, A., Drei Beiträge zur Geschichte der deutschen Gefangenschaft des Königs Richard Löwenherz, Hist. Vierteljahresschrift, 26 (1931), S. 268ff.
Smail, R. C., Crusading Warfare (1097–1193), Cambridge 1956.
Stehkämper, H., Der Kölner Erzbischof Adolf von Altena und die deutsche Königswahl (1195 bis 1205), HZ Beiheft 2 (N. F.) 1973, S. 5ff. (Beiträge zur Geschichte des mittelalterlichen Königtums, hrsg. v. Th. Schieder).
Stenton, D. M., Roger of Howden and Benedict, in: Englisch Historical Review, Bd. 68 (1953), S. 574ff.
Toeche, Th., Kaiser Heinrich VI., Leipzig 1867 (Jbb. der Deutschen Geschichte).
Trautz, F., Die Könige von England und das Reich 1272–1377: mit einem Rückblick auf ihr Verhältnis zu den Staufern, Heidelberg 1961.
Türk, E., Nuguae Cutrialum. Le règne d'Henri II Plantagenêt (1145–1189) et l'étique politique. Hautes études médiévales et modernes, Genf 1977.
Waas, A., Geschichte der Kreuzzüge, 2 Bde., Freiburg/Br. 1956.
Warren, W. L., Henry II, London 1973 (1977).
Wattenbach, W. – Schmale, F. J., Deutschlands Geschichtsquellen im Mittelalter vom Tode Kaiser Heinrichs V. bis zum Ende des Interregnums, I, Darmstadt 1976.
Winkelmann, E., Philipp von Schwaben und Otto IV. von Braunschweig, 2 Bde., Leipzig 1873, 1878 (Jbb. der Deutschen Geschichte).

# ANMERKUNGEN

Die Auflistung sämtlicher Quellenbelege zu den Einzelereignissen ist die bleibende Leistung der alten Standardliteratur (Cartellieri, Röhricht, Toeche), weshalb die Anführung der Quellen hier nur in speziellen Fällen und aus quellenkritischen Erfordernissen erfolgt. Wegen der übersichtlichen Anordnung der Ereignisse in den Standardausgaben der Quellen können die Belege auf Stellen außerhalb des chronologischen Zusammenhangs und wörtliche Zitate beschränkt werden.

1 Der persönliche Beiname Gottfrieds wurde erst im 15. Jh. vom Königshaus und im 18. Jh. von Historikern übernommen. Belege für die zeitgenössische Verwendung des Namens in: Archaeologia, or Miscellaneous Tracts relating to Antiquity. Society of Antiquaries of London, Bd. 29, London 1842, S. 42. Radulf Niger, The Chronicles, hrsg. R. Anstruther, London 1851, S. 165, 188.

2 Vgl. Gottfried von Vigeois, in: Labbe II, S. 318f. In Poitiers empfing Richard aus den Händen des Erzbischofs von Bordeaux und des Bischofs von Poitiers Lanze und Banner des Herzogtums in der Abteikirche von Saint Hilaire und wurde zum Abt dieses Klosters proklamiert. In Limoges bestand der sakrale Teil der Inthronisationsriten darin, daß Richard den Ring der Ortsheiligen, der hl. Valerie, an den Finger gesteckt bekam und so gleichsam eine symbolische Ehe mit dem Land einging.

3 Zum Verhältnis von Poitou und Aquitanien vgl. Y. Renouard, Les institutions du duché d'Aquitaine des origines à 1453, in: Lot-Fawtier, Paris 1957, S. 157ff. Im 10. Jh. ging die Herzogswürde auf Dauer auf das Grafenhaus von Poitou über, im 11. Jh. wurde die Gascogne dazuerworben. Die Dualität in der Titulatur – Graf von Poitou und Herzog von Aquitanien – verschwand erst unter Eleonore aus Dokumenten und Siegeln, indem der Grafentitel vom Herzogstitel absorbiert wurde, während in den zeitgenössischen Geschichtsquellen der Herzog von Aquitanien (Richard, Otto von Braunschweig) fast immer nur als Graf von Poitou genannt wird.

4 Vgl. Richardson, Letters and Charters, S. 197.

5 Vgl. Gillingham, Richard I and Berengaria, S. 161, sowie Gillingham, The Angevin Empire, S. 27 sowie Anm. 278.

6 Allerdings nur nach Howden, Gesta I, S. 36, und Chronica II, S. 45.

7 Diceto II, S. 18.

8 Richards Nachfrage berührt möglicherweise eine besondere Konsequenz des normannischen Erbrechts. Sein Paragesystem regelte für nachgeborene Söhne eine Mitbeteiligung am väterlichen Erbe nur familien-, nicht lehensrechtlich; Huldigung eines jüngeren Bruders an einen älteren war nicht ausgeschlossen, löste aber insofern das Familienband, als das Erbe des jüngeren nicht mehr an den älteren Bruder zurückfallen konnte. Vgl. Mitteis, S. 663. Was also wie eine Stärkung der Einheit aussieht, konnte sich auch als Mittel der Separation auswirken.

9 Vgl. Appleby, Henry II, S. 281.

10 Diese Absicht wird bezweifelt von Boussard, S. 457, Warren, S. 228ff., 561f., 627, und Gillingham, Angevin Empire, S. 29. Die Vorstellung einer Herrschaftskonzeption nur für eine Generation läuft allerdings auf die Absage an einen Reichsgedanken hinaus. Daß besser von einem Plantagenet-Raum („espace Plantagenêt") als von einem Plantagenet-Reich („empire") zu sprechen sei, behauptet Bautier im Resümee zu einem 1984 abgehaltenen Plantagenet-Colloquium: „Y a-t-il une civilisation Plantagenêt?", S. 139ff. Dieses Ergebnis erscheint als deutlich präjudiziert von dem 1980 abgehaltenen

Kongreß zum 800jährigen Regierungsjubiläum Philipp Augusts, publiziert in: La France; wegen der personell identischen Veranstaltungsregie und einer gewissen Inkompatibilität von Fragestellung (kultureller Aspekt) und Resümee (politischer Aspekt) bleiben aktuell: Powicke, Boussard, Gillingham, die starke Vereinheitlichungsbestrebungen in den Plantagenetdominien herausgearbeitet haben. Entscheidend für die Chancen eines näheren Zusammenwachsens der Reichsteile erscheint bei einer Vielzahl der Titel (König, Herzog, Graf) der Besitz der Regalien in allen Dominien durch die Plantagenets (Machtvorsprung gegenüber Kapetingern und Staufern).

11 Itinerarium, S. 144 (in weiterer Folge abgekürzt Itin.).

12 Topographia Hibernica, Opera, Bd. 5, S. 195ff., und De instr. princ., S. 104ff.

13 Vgl. auch das Zeugnis des Giraut de Bornelh bei A. Kolsen, Sämtl. Lieder d. G. d. B., Halle 1910, 1. Bd., Nr. 73 / VI / 1 sowie Matthew Paris, Chronica majora, hrsg. H. R. Luard, Bd. 3, London 1876, S. 213.

14 Bei Appel, Lied Nr. 24/19. In einem weiteren Werk: Bertran von Born, bringt Appel zu sämtlichen Liedern Übersetzungen.

15 Rigord, S. 29, und Howden, Chron. III, S. 37, 55; Gesta II, S. 121.

16 So bei Giraldus, Top. Hib. (wie Anm. 12), S. 196; De instr. princ. S. 105; Newburgh I, S. 325, 407; Coggeshall, S. 45; Burchard von Ursberg, MGH, Bd. 23, S. 361; Giselbert von Mons, MGH, Bd. 21, S. 513 („atrocissimus); sinngemäß oft in Verbindung mit dem Löwen, Coggeshall, S. 92; Devizes S. 20; Translatio S. Juliani sub Hamelino episcopo (Beleg bei Cartellieri, Bd. 4, S. 659f.); „Ansbert", S. 99.

17 Giraldus (wie Anm. 16); Appel Nr. 34 / 50; Ann. Colon. max., MGH., Bd. 17, S. 808.

18 Vgl. Giraldus (wie Anm. 16); Gervasius, II, S. 86; Coggeshall, S. 92; Newburgh II, S. 421.

19 Dessen Darstellung seiner Funktion bei Richard und Mitteilung über Belehnung mit Beynac / Dordogne 1194 abgedruckt in Bouquet, Rec., Bd. 18, S. 710f.

20 Vgl. Boussard, in: Lot-Fawtier, S. 162f., über die normannische Gerichtspraxis: Geldstrafen als übliche Bußen für den Adel; fiskalische Strafen bevorzugt aber auch Philipp, vgl. Bautier, in: La France, S. 162f. Das Phänomen ist also eher kulturkreisbedingt.

21 Gesta I, S. 292.

22 Zusammenstellung von Belegen über diesen bei Gillingham, Richard, S. 299 und Richard I and Berengaria, S. 171, Anm. 85.

23 Vgl. Anm. 214 und 389. Eine Zusammenstellung jener Troubadours, die Richard erwähnen, bringt: Bezzola, R.: Les origines et la formation de la littérature courtoise en Occident (5001200) III/1, Paris 1967, S. 220ff.

24 Coggeshall, S. 97.

25 Vgl. Giraldus, Opera, Bd. 7, S. 30.

26 Diceto II, S. 26. Obwohl moderne Autoren, anders als die Chronisten, Heinrichs Verhalten gegenüber Richard als verhängnisvollen Fehler bewerten (Stubbs, in: Einleitung zu Gesta II,; Norgate, Richard, S. 87; Boussard, Le Gouvernement, S. 87; Appleby, Henry II, S. 332; Warren, S. 622; Gillingham, Richard), wird an der Priorität von Heinrichs rational-politischer Motivation in seiner Auseinandersetzung mit Richard kaum irgendwo gezweifelt. Eine unterschiedliche Akzentuierung wird lediglich durch die Bedeutung einer Vorsorge für Johann gesetzt. Vgl. auch Anm. 29.

27 Siehe Rymer, Foedera I, S. 54.

28 Zur Unterscheidung von Patrimonium und Zugewinn, vgl. Mitteis, S. 658, und Gillingham, Angevin Empire, S. 32f.

29 Von Giraldus, De instr. princ., S. 148, und Vita Galfridi, Opera, Bd. 4, S. 368f.; Newburgh I, S. 277; Histoire de Guillaume le Mar., S. 327. Autoren wie Warren und Gillingham glauben allerdings nicht an eine ernsthafte Absicht Heinrichs, Richard zugunsten Johanns zu enterben. Eine quellenkritische Studie zu Johann bietet Holt, King John.

30 Er beschrieb den Irlandfeldzug in der Expugnatio Hibernica, Opera, Bd. 5, S. 207ff.

31 Gervasius I, S. 447; Radulf Niger (wie Anm. 1), S. 95; Eracles, S. 144, und „Ernoul", S. 260.

32 Vita Galfridi, Opera, Bd. 4, S. 368.

33 So etwa bei Appel, Nr. 20 / 52; Nr. 15 / 19; „Nostre reis" ist später auch Richard für ihn: vgl. Appel, Nr. 36/13.

[34] Quellenzusammenstellung zum Charakter Heinrichs bei Warren, S. 207f. Die wesentlichen Mitteilungen stammen von Giraldus, Peter von Blois, Walter Map, Newburgh, I, S. 280ff., und Radulf Niger (wie Anm. 1), S. 167ff., Coggeshall, S. 25.

[35] Giraldus, De instr. princ., S. 33, ähnlich auch S. 91.

[36] Walter Map, De nugis curialium, ed. M. R. James, Oxford 1983, S. 2.

[37] Migne, Bd. 207, ep. XIV.

[38] Daß die Rechtsreformen nicht auf England beschränkt waren, sondern es einheitliche Bestrebungen mit einem Vorrang für die Justiz im ganzen Anjoureich gegeben habe, betont Boussard, in: Lot-Fawtier, S. 63.

[39] Vgl. Andr. March., MGH, Bd. 26, S. 20; Howden, Chron. II, S. 273.

[40] Jolliffe: (1955), S. 50ff.

[41] Vgl. auch Landon, S. 228, Anm. 5.

[42] Howden, Chronica II, S. 363.

[43] Appel, Nr. 15/24; Nr. 10/62.

[44] Appel, Nr. 30/10.

[45] Howden, Gesta I, S. 306.

[46] Johann von Salisbury, ep. 285, in: Migne, Bd. 199, Spalte 325. Zu Alice vgl. Landon, App. H, S. 223ff.

[47] Abdruck bei Bouquet, Rec. Bd. 15, S. 954.

[48] Rigord, S. 27f.

[49] Zu den deutsch-angevinischen Beziehungen vgl. immer Ahlers, Die Welfen, S. 52ff.

[50] Vgl. Powicke, S. 167ff.

[51] Das Treffen von Verona wurde nachgewiesen von Engels, O., Zur Entmachtung Heinrichs des Löwen, in: Festschr. für Andreas Kraus, Kallmünz 1984, Münchner Historische Studien, Abt. Bayerische Geschichte, 10, S. 44ff.; vgl. auch Poole, Die Welfen in der Verbannung.

[52] Assmann, E., Friedrich Barbarossas Kinder. Deutsches Archiv für Erforschung des Mittelalters, 33 (1977), S. 435ff.

[53] Der Nachweis der Autorschaft Howdens für die Gesta „Benedikts von Peterborough" bei Stenton, Roger of Howden; vgl. auch Barlow, F.: Roger of Howden. English Historical Review 65 (1950), S. 352ff., sowie Gransden, S. 226ff.

[54] Abgedruckt bei Landon, App. H, S. 225f.

[55] Recueil des Actes de Philippe Auguste, hrsg. v. Delaborde, Paris, Bd. 2, 1943, Nr. 633.

[56] Rigord, S. 27; Guill. le Breton, Hist. S. 75, Philippidos, III, Vers 631f.; Howden, Chron. II, S. 143, 355, 363, Gesta I, S. 181; Diceto II, S. 51; Gerv. I., S. 447; Giraldus, De instr. princ., S. 91; vgl. auch Anm. 47.

[57] Appel Nr. 29/27f. im Lied „S'ieu fos aissi senher". Ambroise, Vers 1150f,. und Itin., S. 475, behaupten bei Berengarias Ankunft in Messina, Richard habe sie schon als Graf von Poitou begehrt.

[58] Guill. le Breton, Hist., S. 74.

[59] Vgl. Anm. 53.

[60] Andr. March., Hist. reg. Franc, MGH, Bd. 26, S. 211.

[61] Guill. le Breton, Philippidos III, Vers 636, IV, Verse 126f.

[62] Vgl. Plöchl, S. 322.

[63] Giraldus, De instr. princ., S. 91; Gervasius I, S. 256.

[64] Chronica de Melsa, hrsg. v. E. A. Bond, London 1866, Bd. 1, S. 207f.

[65] Howden, Gesta II, S. 71, Chron. II, S. 367; Giraldus, De instr. princ., S. 157; De Vita Galfr. Opera, Bd. 4, S. 372; Nibld. Broughton, Legends, S. 88f.

[66] Von Appel dem Lied „Puois als baros enoia" Nr. 27 zugeordnet. Zur geforderten Huldigung siehe Boussard, Philippe Auguste et les Plantagenêts, in: La France, S. 269.

[67] Giraldus, De instr. princ., S. 98; Newburgh II, S. 10. Andr. March. MGH, Bd. 26, S. 211; Cont. Aquicinct. MGH, Bd. 6, S. 425; Radulf Niger (wie Anm. 1), S. 95.

[68] Von den Quellen behauptet das nur Gervasius, Gesta regum (II, S. 83). Seit Stubbs, Einleitung zu Howden, Chronica III/XXXII, galt Richards „fickle policy" ganz allgemein als ausgemacht.

[69] Gervasius I, S. 435; vgl. auch Diceto II, S. 57.

70 Howden, Gesta II, S. 70f.; Chron. II, S. 365f.

71 Den Bestattungsplatz „zu Füßen seines Vaters" vermerken: Howden, Chron. IV, S. 84; Diceto II, S. 427; Histoire des Ducs de Normandie et des Rois d'Angleterre, hrsg. F. Michel, Paris 1840, S. 90. Zur Grablege der Plantagenets vgl. Anm. 729.

72 So Newburgh I, S. 277; Hist. Guill. le Mar., Verse 8071ff. Danach: Boussard, Le Gouvernement, S. 575; Appleby, Henry II, S. 317; Warren, S. 616f., 623; Brundage, S. 254f., Baldwin, S. 21; Bautier, in: La France, S. 44. Unerörtert bleibt generell Philipps Interessenlage. Außer einer populären Biographie von Jallut (1963) befaßte sich ausgiebig mit Philipps Person nur Cartellieri. Baldwin (strukturelle Untersuchungen der Regierung Philipps) und Bautier, in: La France, ganz von diesem abhängig. Die Auseinandersetzung mit Cartellieri bleibt für jede Richard-Biographie notwendig. Von den Biographen Richards nimmt lediglich Norgate, S. 85, diesen als nicht naiv in seiner Kronprinzenzeit gegenüber Philipp an. Zu Henderson und Brundage vgl. Anm. 100. Das Bizarre an der Konstellation Heinrich – Richard – Philipp hat in der Literatur keinen ernsthaften Erklärungsversuch veranlaßt.

73 Äußerlich beschrieben wird Philipp vom Chronisten von Tours, Bouquet, Rec. Bd. 18, S. 304. Ein Charakterbild bietet Cartellieri IV/2, S. 577ff., und, ihm folgend, Bautier, in: La France, S. 32ff.

74 Baldwin betont in seinem Philipp-Porträt, S. 356, Cartellieri folgend: Nervenschwäche, Krankheitsanfälligkeit (Akkon), zeitweise Impotenz (gegenüber Ingeborg); Mayer, Kreuzzüge, S. 137, meint in Philipp Züge des vegetativen Dystonikers zu erkennen. Vgl. auch Anm. 412.

75 Gervasius, I, S. 371.

76 Vgl. Boussard, in: La France, S. 25f.

77 Geburt Ludwigs nach Howden, Chronica II, S. 319, am 3. September 1187, nach Rigord, S. 24, am 4. September 1187.

78 Richards angebliche Homosexualität hat bereits Gillingham, Richard, S. 161, 298; Some Legends of Richard the Lionheart: Their development and their influence, in: Riccardo Cuor di Leone, S. 43ff.; Richard I and Berengaria, S. 169f., als Legendenbildung unseres Jahrhunderts bezeichnet und ihren Ursprung auf J. Harveys Buch „The Plantagenets" (1948) zurückgeführt. Es handelt sich dabei um einen unwissenschaftlichen, im speziellen tendenziösen Charaktersketch von 18 Seiten, der für das Richardbild der Folgezeit prägend war. Seitdem wurde die Ermittlung konkreter Eigenschaften durch eine Phänomenologie männlicher Homosexualität ersetzt (Henderson, Brundage). Der „Nachweis" der Homosexualität hängt allerdings an einem einzigen Satz Howdens, in dem noch dazu alles von der Interpretation nicht verifizierbarer Assoziationen des Chronisten abhängt.

Zum Tatbestand: Zu Anfang des Jahres 1195 wurde Richard von einem Eremiten aufgesucht, der ihm eine Moralpredigt hielt, die er ignorierte. Kurz darauf wurde er krank und tat Buße. Wie schon 1190 in Messina ließ er zum Zweck der Beichte und Züchtigung die verfügbaren Geistlichen erscheinen. Darüber hinaus tat er Werke der tätigen Reue und rief seine Gattin zu sich, die er lange vernachlässigt hatte, „und sie wurden ein Fleisch". Was vorangegangen war, präzisiert Howden nicht näher, als daß er sagt, der König habe jetzt unerlaubten Beischlaf aufgegeben („abiecto concubitu illicito"). Die Ermahnung des Eremiten gibt er mit den Worten wieder: „Gedenke der Zerstörung Sodoms und enthalte dich des Unerlaubten; tust du es nicht, möge Gottes gerechte Strafe über dich kommen." („Esto memor subversionis Sodomae, et ab illicitis te abstine; sin autem, veniet super te ultio digna Dei.") Gillingham führt nun aus, wie der damals vertraute Sprachgebrauch des Alten Testaments mit dem Untergang Sodoms in ganz unspezifischer Weise verfährt: Das Bild des Strafgerichts, die Wirkung, nicht die Ursache, habe die Phantasie beherrscht. Unbezweifelbar ist, daß Howden nicht behauptete, Richard sei „Sodomit" gewesen, und selbst in Anbetracht einer Vorliebe der Zeit für Anspielungen und Howdens vielleicht für nötig erachteter Diskretion ergibt sich durch das Fehlen des Wortes „Sodomie" ein bemerkenswerter Unterschied zu Wilhelm Rufus, dem von jeher Homosexualität zugeschrieben wurde (zur Relativierung vgl. F. Barlow, William Rufus. London 1983, S. 101ff., hier auch Quellenbelege). Wenn bei Eadmer von Canterbury Rufus von Erzbischof Anselm aufgefordert wird, gemeinsam mit der Kirche die an seinem Hof grassierende Sodomie zu bekämpfen, und allenthalben die „Effeminierten" geschildert werden, so ergibt sich ein gänzlich anderer Milieuhintergrund als in Richards Fall. Wache Aufmerksamkeit und die durch Situationsbeschreibungen erhellte Absicht der Chronisten auf der einen Seite stehen dem absoluten Fehlen einschlägiger Hinweise auf der anderen

Seite gegenüber (vermeintliche „Beweise“ widerlegte Gillingham, Richard, S. 107, 130). Das eine Wort Howdens hat somit kein entsprechendes Umfeld und die ganze übrige Überlieferung gegen sich. Es ist schwer vorstellbar, daß Richard unter den Bedingungen des Lagerlebens, einer halböffentlichen Beichte in Messina und seiner Gefangenschaft – immer von Feinden umgeben – eine derart perfekte Fassade hätte aufziehen können, daß einschlägige Fakten den gegnerischen Propagandisten entgangen wären. Durch die vom Herzog von Burgund zu Ende des Kreuzzugs lancierte Vulgärkampagne und öffentliche Moralpredigten hätten Gerüchte über Homosexualität die breiteste Streuung erfahren müssen. Wenn nichts dergleichen auf uns gekommen ist und Howdens „Sodom“ vor den Zeitgenossen folgenlos verklang, muß das bedeuten, daß es in dieser Richtung keinen Ansatzpunkt für Diffamierungen gab. Mehrfach belegt ist hingegen in zeitgenössischen Quellen Richards ausgeprägte Sinnlichkeit (Belege bei Gillingham, Richard, S. 162f.; ganz unspezifisch auch die Howdens Bericht zeitlich und räumlich korrespondierende Geschichte bei Newburgh II, S. 345 über einen Dämon, der bekennt, sich in Richards Schlafgemach und Schatzhaus eingenistet zu haben). Ein einziger Bericht – ausgerechnet bei Howden – in den Gesta zu 1183 bringt Details über Richard angelastete Ausschweifungen: Die „homines Pictaviae“ hätten sich im Aufstand auch deshalb seiner entledigen wollen, weil er die weiblichen Angehörigen seiner Freien mißbraucht und sie dann an seine Soldaten weitergegeben habe. Hier also haben wir einen Beleg für mehreres: exzeßhafte Unzucht (wenn es sich nicht um einen Kriegsbrauch handelt), den Versuch, politisches Kapital daraus zu schlagen, und deren heterosexuelle Natur. Das Fehlen andersgearteter Vorwürfe aus Richards Nachbarschaft wiegt schwer.

Aus der langen Karenz in seiner Ehe, aus deren Kinderlosigkeit, dem Fehlen tradierter Frauennamen aus außerehelichen Beziehungen läßt sich natürlich nicht auf Homosexualität schließen, aus dem einen illegitimen Sohn nicht darauf, daß er – neben ausgeprägter Homosexualität – nur hin und wieder weibliche Kontakte gehabt habe (Pernoud, Pirotte; Choffel; Meade, Eleanor) oder gar nur ein einziges Mal eine Liaison mit einer Frau (Brundage). Eine Vielzahl heterosexueller Kontakte kann die meisten dieser Umstände genauso erklären. Für das Ausbleiben eines Erben ist jedenfalls Richard selbst hauptverantwortlich, nicht Berengaria: Wenn er bei der späten Eheschließung die Frau vernachlässigte, ohne doch für eine baldige Trennung von ihr Sorge zu tragen, sind das hinreichende Gründe dafür. (Zu Vermutungen bezüglich einer von Richard angebahnten „Scheidung“ wegen einer möglichen Unfruchtbarkeit Berengarias vgl. Gillingham, Richard, S. 162f., 271.)

79 Howden, Gesta II, S. 7, Chron. II, 318.

80 Guill. le Breton, Hist., S. 73; Rigord, S. 20; Giraldus, Top. Hib., Opera, Bd. 5, S. 199f., De instr. princ., S. 34.

81 Zu Gottfrieds Charakter siehe Giraldus, Top. Hib. (wie Anm. 12), De instr. princ., S. 34f.

82 Howden, Gesta I, S. 298, Chron. II, S. 277.

83 Giraldus, De instr. princ., S. 92; Gervasius I, S. 370f.

84 Vgl. Heinrichs Verordnungen bei Howden, Gesta II., S. 31f., und Chron. II, S. 335ff; Rigord S. 25f.

85 Giraldus, De instr. princ., S. 103; Diceto II, S. 55.

86 Giselbert von Mons, Cont. Aquicinct., MGH, Bd. 21, S. 552; Guill. le Breton, Philippidos III, Verse 30ff.; Bertran de Born, Appel, Nr. 27.

87 Appel, Nr. 26.

88 Bei Appel, S. 65f., Nr. 26 vorangehend.

89 Es besagt wenig, daß bei Guill. le Breton III, Vers 445, der Löwe im Plural vorkommt. Ein einzelner aufrechtstehender Löwe ist das Wappentier der Herzöge von Aquitanien. Die Emailgrabplatte Gottfrieds von Anjou (heute im Musée des Beaux Arts in Le Mans) zeigt mehrere aufrechtstehende Löwen auf blauem Grund (später das Wappen Wilhelm Langschwerts, des illegitimen Sohnes Heinrichs II., wie es bei Matthew Paris, Chronica majora, abgebildet ist). Die drei übereinanderschreitenden Löwen (im heraldischen Sinne Panther), die in Richards zweitem Siegel auf seinem Schild erkennbar sind, und seitdem im englischen Wappen aufscheinen, übernahm Richard erst in seiner späteren Königszeit. Das erste Siegel zeigt noch einen oder mehrere aufrecht stehende Löwen. Abbildung der Siegel bei Deville, Château Gaillard, nach S. 20, und bei Landon, S. 181.

90 Guill. le Breton, Philippidos, Verse 444ff.

91 Vgl. Appel, Nr. 28 / 3; Nr. 26 / 50f.

[92] Appel, Nr. 26 / 52f.

[93] Appel, Nr. 28 / 12, 20.

[94] Gegensätzliche Beurteilung des Oc-e-No in Fachliteratur und populären Darstellungen; im Sinne der Prägnanz Appleby, Henry II, S. 282; Gillingham, Richard, S. 243; Harvey (siehe Anm. 78); Choffel (1985); Obermeier (1982); als Wankelmütigkeit: Pernoud (Richard, 1988); Pirotte (1981).

[95] Vgl. Richards Selbstdarstellung in seinem Sirventes, S. 183. Der Verräter ist Gilbert de Vascoeuil, der Philipp im Frühjahr 1193 Gisors übergab. Zu seiner Person siehe Tardif, E.-J.: Coutumiers de Normandie, Rouen 1881, Bd. 1, S. 108f.

[96] Howden, Gesta II, S. 70; Chron. II, S. 365.

[97] Rigord, S. 32; Guill. le Breton, Hist., S. 75; Eracles, S.145f., 203; Chronique d'Ernoul, S. 261, 298; Devizes, S. 26; Howden, Chron. III, S. 99; Hist. des Ducs de Normandie (wie Anm. 71), S. 85f.

[98] Eracles, S. 146, „Ernoul", S. 261. Vgl. Goez W., „... iuravit in anima regis": Hochmittelalterliche Beschränkungen königlicher Eidesleistung, Deutsches Archiv für Erforschung des Mittelalters 42 (1986), S. 517ff.

[99] Rigord, S. 32; vgl. Guill. le Breton, Hist., S. 75.

[100] Zur Erbeutung von Dokumenten durch Richard nach Philipps Flucht bei Fréteval, Juli 1194, vgl. vor allem Howden, Guill. le Breton, Hist. und Philippidos. Zur Qualifikation der Verlustmasse siehe Recueil des Actes (wie Anm. 55), S. VIff., und Baldwin, S. 408ff. Zur prinzipiellen Schriftlichkeit, die Philipp in den „reconnaissances", allerdings erst ab 1200, fordert, vgl. Bautier, in: La France, S. 18.

[101] Appel, Nr. 29.

[102] Guill. le Breton, Philippidos IV, Verse 128f.

[103] Devizes, S. 35.

[104] Vgl. Plöchl, S. 306f. Zum damaligen Wandel in der Eheauffassung siehe auch Duby, Ritter, Frau und Priester. Die Ehe im feudalen Frankreich, Frankfurt 1988.

[105] Gervasius I, S. 447 (und sinngemäß I, S. 346), II, S. 84; Rigord, S. 27; Guill. le Breton, Hist., S. 75. Vgl. auch Diceto, S. 382.

[106] Abgedruckt bei Migne, Patr. Lat., Bd. 214, Spalte 196ff.

[107] Die Annahme von Richards übergroßer Impulsivität (vgl. allerdings die Aussagen über Philipps Wutausbrüche bei Cartellieri, Bd. IV/2, S. 578, und Bautier, in: La France, S. 40, 42) leitet sich von Stubbs, Introduction zum Itinerarium, 1864, ab. Ein Hauptmangel seiner „Charakteranalyse" Richards besteht in der Deduktion sämtlicher Eigenschaften aus einer behaupteten Vorliebe für den Krieg, wobei einerseits der Grad der Notwendigkeit zum Kriegführen außer Betracht bleibt, andererseits die Funktionsspaltung von Militär und Politiker-Zivilist aus Stubbs' eigener Zeit richtungweisend ist. Dem „impetious soldier" werden klischeehaft typische Charaktermängel und -vorzüge zugeschrieben: Eine behauptete total unpolitische Verhaltensweise („utter want of polictical common sense, the veriest tyro in politics") wird beispielsweise mit einem zu hochherzigen Glauben an das Gute im Menschen entschuldigt („slow to suspect evil in the worst of men"). Ein weiterer Hauptmangel liegt in der offenen Widersprüchlichkeit der a priori konzipierten Eigenschaften Richards mit jenen, die der Quellenkenner Stubbs präsent hat – weshalb er Richard im Detail oft wiedergibt, was er ihm zuvor generell abgesprochen hat. Die Gespaltenheit seines Urteils blieb unentdeckt, obwohl seine Nachschreiber Legion sind, unter anderem Runciman III, S. 34f.; Appleby, England, S. 129; Brundage, S. 256. Bevorzugte Charakterisierung Richards in: La France, unter anderem von Bautier: „Le brouillon", S. 49.

[108] Vgl. Pipe Roll I, Richard I, S. 5. Ein Beitrag in ähnlicher Größenordnung (20.000 Mark) scheint 1193 als Philipps Forderung im Vertrag von Mantes auf, später als „rachatum", Lehensablöse, 1200 im Vertrag von Le Goulet mit Johann. Vgl. darüber Cartellieri, Bd. 3, S. 55, mit dem Zitat Norgates.

[109] Siehe Anm. 67

[110] Appel, Nr. 34 / 41ff.

[111] Rymer, Foedera I / 1, S. 54; vgl. zur Überlieferung Powicke, S. 83f., Anm. 17.

[112] Howden, Chron. III, S. 99f.

[113] Zu Philipps Paragegesetz von 1209 vgl. P. Ourliac, Législation, S. 473ff.

114 Siehe Anm. 106.
115 Cartellieri, Bd. 2, S. 259, Bd. 3, S. 14.
116 Appel, Nr. 32 / 8ff.
117 Vgl. Philipps Brief an Richard vom Oktober 1189 bei Diceto II, S. 71, und die Übereinkunft der Könige vom 30. Dezember 1189, ebd., S. 73.
118 Howden, Gesta II, S. 75f.; Chronica III, S. 5f.; Devizes, S. 76; Newburgh, I, S. 293; Cantiones „Redit aetas aurea" und „In occasu siceris", in: Analecta hymnica medii aevi, hrsg. v. G. M. Dreves, Bd. XXI, Leipzig 1895, S. 177f.
119 Stubbs in Howden III / Einleitung: Vernichtende Kritik an Richards administrativen Maßnahmen in England (die Einleitung zum Itinerarium bringt dagegen eine allg. Charakteristik Richards) danach: Appleby, England, und Einleitung zu Devizes; zu Richards Einflußnahme auf engl. Belange, selbst unter Hubert Walter vgl. dagegen Holt J. C., Ricardus Rex Anglorum et Dux Normannorum, in: Riccardo Cuor di Leone, S. 20, S. 32.
120 Von einer englandzentrierten Betrachtungsweise sind abgegangen: Boussard, Le Patourel; Warren; Gillingham; Holt, Ricardus (wie Anm. 119).
121 Howden, Gesta II, S. 143.
122 Devizes; S. 28.
123 Vgl. Heinrichs II. Geldbeschaffungsmethoden bei Warren, S. 382ff.
124 Devizes, S. 7.
125 Devizes, S. 6, und Newburgh, I, S. 305.
126 Einen Beleg für seine Tätigkeit bringt Léchaudé (HG), Grands Rôles des Èchiquiers de Normandie, Société des Antiquaires de Normandie, Paris 1845, Bd. 1, S. 199.
127 Pipe Roll II zu Richard I, S. 21.
128 Devizes, S. 5f.; Coggeshall, S. 92; Newburgh, I, S. 306; Diceto, I, S. 280; Gervasius I, S. 203.
129 Newburgh, I, S. 306.
130 Devizes, S. 9; Newburgh, I, S. 306.
131 Devizes, S. 11. Vgl. dazu Gillingham, Angevin Empire, S. 39, sowie Holt, Ricardus (wie Anm. 119), S. 32f.: das kgl. Wort ist wichtiger als ein kgl. „writ".
132 Devizes, S. 11f., 14.
133 Vgl. S. 272f.
134 So Appleby in: Einleitung zu Devizes, S. XIII.
135 Vgl. Deville, Château Gaillard, S. 20; Round, S. 539ff.; Landon, App. A, S. 173ff.
136 Howden, Chron. IV; Diceto II, S. 120, und App. VII, S. LXXXff.; Newburgh, II, S. 422f.
137 Siehe Anm. 693.
138 Howden, Chron. IV, S. 5f., berichtet mit positiver, Newburgh, II, S. 466ff., mit negativer Akzentuierung. Diceto II, App. VI, bringt einen Brief Richards an Hubert Walter vom 15. April 1196, in dem dieser sich u. a. für das energische Durchgreifen in der Sache Fitz Osbert bedankt. Howden, Chron. IV, S. 47f., schreibt die Abberufung Hubert Walters als Oberster Richter durch Richard, die dieser einer Forderung des Papstes Innozenz III. gemäß vornahm, einer Initiative der Mönche von Canterbury zu, mit der diese auf das Blutgericht ihres Erzbischofs reagiert hätten. Zu beachten ist, daß in einer Kommune die interne Lastenverteilung Angelegenheit der Bürger war, Wilhelms Besuch bei Richard in der Normandie wahrscheinlich schon deshalb ineffizient sein mußte. Bei unklaren Motiven Wilhelms beleuchtet die Episode jedenfalls die Realität hinter der Legende von Richard als dem Beschützer Robin Hoods und der Geächteten, das heißt der Armen überhaupt.
139 Coggeshall, S. 93.
140 Vgl. G. Duby, Guillaume le Maréchal oder Der beste aller Ritter, Frankfurt 1986.
141 Vgl. Anm. 186. Von der Konföderation der Bretonen mit Richard und Philipp in Heinrichs Endzeit auch Howden, Gesta II, S. 72; Chron. II, S. 362; Diceto II, S. 63, und Newburgh I, S. 277.
142 Hist. de Guill. le Mar., Verse 9376ff.
143 Vgl. Howden, Gesta II, S. 76, Chron. III, S. 6.
144 Itin., S. 447.
145 Vgl. Warren, S. 143.

[146] Howden, Gesta II, S. 85, Chron. III, S. 15f.; Devizes, S. 91; Coggeshall, S. 28, 91, 97; Diceto II, S. 69; Newburgh, I, S. 300; zu Richards Großzügigkeit gegenüber der Kirche vgl. Fagnen, Positions, S. 72; Förderung der Zisterzienser: Coggeshall, S. 97.
[147] Vgl. C. R. Cheney, Hubert Walter, London 1967.
[148] Vita Galfridi, Opera, Bd. 4, S. 374, 379f.
[149] Vgl. zu Gottfried Stubbs' Einleitung zu Howden, Chron. III, S. LXVff.
[150] Ausführlich dokumentiert bei Gervasius I, S. 461ff., und Ep. Cant., S. 8ff. (ab 1186).
[151] Gervasius I, S. 474; Ep. Cant., S. 322; Diceto II, S. 72.
[152] Gervasius I, S. 479.
[153] Der künftige Streit drehte sich um Lambeth, heute London, und wurde 1198 unter Innozenz III. abermals virulent, um nach Richards Tod im Sinn der Mönche entschieden zu werden. Vgl. die Korrespondenz dazu in: Ep. Cant., S. 399ff.
[154] Howden, Gesta II, S. 102f., Chron. III, S. 25f.
[155] Howden, Chron. III, S. 243f., 250.
[156] Newburgh, I, S. 332.
[157] Hist. de Guill. le Mar., Verse 8327f.
[158] Vgl. Howden, Gesta II, S. 143, Chron. III, S. 72; Giraldus, Vita Galfr., Opera, Bd. 4, S. 416, 420ff.
[159] Vgl. Anm. 384.
[160] Vgl. Appleby, Devizes-Ausgabe, Appendix F, S. 90ff.; Landon, Appendix E, Count John, S. 196ff.
[161] Mißhandlungen auch bei Diceto II, S. 101, und Gervasius I, S. 508; Newburgh I, S. 340.
[162] Nach Gesta u. Chron. v. Howden und Newburgh ging es Johann zunächst um seine Anerkennung als Erbe Richards, vgl. auch Diceto II, S. 106.
[163] Vgl. Devizes, S. 30, 32; Giraldus, Vita Galf., Opera, Bd. 4, S. 408; Newburgh I, S. 336.
[164] Stubbs, Einleitung zu Howden, Chron. III, S. LXXXIIIf., Appleby, Engl., S. 234; Brundage, S. 258.
[165] Diceto II, S. 90f.; Giraldus, Vita Galfr., Opera, Bd. 4, S. 400f.
[166] Zur Bedeutung der Formel vgl. Fagnen, Le vocabulaire, S. 89f., und Holt, Ricardus (wie Anm. 119), S. 29. Fagnen weist Richard (nicht Johann) als Schöpfer der angev. Kanzleireform nach (u. a. Titeländerung von rex Anglorum in rex Angliae; Plural majestatis; allg. Vereinfachung und Stereotypisierung).
[167] Diceto II, S. 91, Anm. 1.
[168] Diceto II, S. 90.
[169] Gervasius I, S. 497.
[170] Howden, Chron. III, S. 140.
[171] Howden, Gesta II, S. 158.
[172] Gervasius I, S. 493f.
[173] Ep. Cant., S. 329.
[174] Vgl. Jamison, Alliance, S. 27.
[175] Chronica III, S. 87; Gesta II, S. 147.
[176] Ep. Cant., S. 354.
[177] Devizes, S. 29; Gervasius I, S. 504.
[178] Ep. Cant., S. 351.
[179] Ep. Cant., S. 350f.
[180] Howden, vgl. Anm. 138.
[181] Appleby, Einleitung zu Devizes-Ausgabe, S. XII.
[182] Howden, Chron. III, S. 35: vgl. Richards Brief bei Diceto II, S. 83.
[183] Vgl. Gillingham, Richard, S. 138ff.; Richard I and Berengaria, S. 163.
[184] Howden, Gesta, II, S. 135, 137, Chron. III, S. 63, 65.
[185] Newburgh I, S, 301f.; J. T. Appleby, King John (dt. Übersetzung, Stuttgart 1958, S. 69).
[186] Vgl. Anm. 141.
[187] Diceto II, S. 91.
[188] Vgl. Holt, J. C., Alienor d'Aquitaine, Jean sans Terre et la succession de 1199, in: Y a-t-il ..., Cahiers, Jg. 29 (1986), S. 99ff.

[189] Vgl. Rymer, Foedera I / 1, S. 67 und Anm. 709.

[190] Bestimmend waren ihre Biographinnen: In der Nachfolge von A. Kelly und R. Pernoud: M. Meade (New York) und eine Fülle populärer Literatur: u. a. Chaban-Delmas (1987), P. Schoyer-Brooks (1983). Völlige Konformität der Darstellung und belletristisches Einfühlen in ihre Motive, Annahme einer Liebesheirat mit Heinrich II., Eifersucht als Motiv ihres Aufstandes gegen ihn, dominant in bezug auf den völlig unpolitisch gesehenen Richard: Sie lehnt Alice ab, sie wählt folglich Berengaria aus. Von hierher weitere Beeinflussung des Richard-Bildes auch in der Fachliteratur. Den soziologischen Aspekt und die Legendenbildung um Eleonore betont J. Markale (Paris 1979, deutsch: Tübingen 1980). Psychologisierend, die Politikerin und dominante Mutter betont E. Brown, in: Kibler. Am brauchbarsten die knappe, aber mit wissenschaftlichem Apparat versehene Darstellung bei Labande. Einer vulgärpsychologischen Betrachtungsweise unterlaufen im Fall von Eleonore und Richard leicht einige naive Identifikationen (die einer mittelalt. Fürstenfamilie mit der bürgerl. Kleinfamilie des 19. / 20. Jh.s; die Übertragung der klassischen Ödipuskonstellation von Richards Erwachsenenalter auf die prägende Kleinkindphase. Vermeintliche Mutterbindungsproblematik und Vaterdefizit nähren dann leicht die Illusion völligen Verstehens, u. a. der Ausbildung der angenommenen Homosexualität. Demgegenüber ist festzuhalten: Die erste Nachricht, die Richard im Verein mit Eleonore nennt, bezieht sich auf das Jahr 1165 (laut Torigny kam der damals Achtjährige zusammen mit der Mutter in die Normandie). Der Aufstand von 1173 beendet das gemeinsame Leben in Aquitanien, die Mutter verschwindet für die nächsten 17 Jahre fast völlig aus Richards Gesichtskreis. Einen Beleg über die großzügige Ausstattung seiner Amme Hodierna (einer für das Kleinkind Richard vielleicht wichtigeren weiblichen Bezugsperson als die Mutter) bringt Stubbs, Einleitung zu Howden, Chron. III, S. XVIII.

[191] Ihren Onkel, Raimund von Antiochia betreffend. Ehebruch nahegelegt u. a. von Wilhelm v. Tyrus RHC, Occ I, 2. Bd., S. 752f.; Ehebruch als frz. Königin mit Heinrichs II. Vater Gottfried von Walter Map (wie Anm. 36), S. 474, und Giraldus, De instr. princ., S. 153, behauptet. Quellenzusammenstellung bei Labande, S. 185ff.

[192] Newburgh I, S. 93.

[193] Ebd.

[194] Zu Gottfrieds Alter vgl. Giraldus, Vita Galfridi, Opera, Bd. 4, S. 384, und Walter Map (wie Anm. 36), S. 478. Ein weiterer illegitimer Sohn Heinrichs, Wilhelm Langschwert, der spätere Graf von Salisbury, wurde um 1160 geboren.

[195] Vgl. R. Lejeune, Rôle Littéraire d'Aliénor d'Aquitaine, in: Cultura neolatine, Bd. 14 (1954), S. 5ff.

[196] Devizes, S. 25; Newburgh I, S. 346; Diceto II, S. 68.

[197] Richard ist ihr sechstes Kind, den früh verstorbenen Wilhelm mitgerechnet, ihr dritter Sohn.

[198] Vgl. Böhmer-Baaken, Nr. 116 (20. Januar 1191).

[199] Im Jahr 1198 Howden, Chron. IV, S. 40f.

[200] Vgl. Möhring, S. 77ff.; über Richard als Gründer der Flotte und den Flottenstützpunkt Portsmouth vgl. Prestwich, J. O., Richard Coeur de Lion: rex bellicosus, in: Riccardo Cuor di Leone, S. 12.

[201] Während kleinere Truppenkontingente immer schon zur See gekommen waren.

[202] J. Richard, in: La France, S. 414ff., macht darauf aufmerksam, daß Teile des französischen Heeres ja bereits vor Philipp an der Belagerung Akkons teilnahmen; allgemein kann gelten: Richards und Philipps ritterliche Truppen zählten nach Hunderten, die Fußtruppen nach Tausenden. Vgl. Anm. 267.

[203] Giraldus, De instr. princ., S. 102f. Heinrich II. traf hingegen, wie seine Korrespondenz mit Barbarossa, Bela von Ungarn und Isaak Angelos von Byzanz beweist, Vorbereitungen wegen des Landwegs (Diceto II, S. 52ff.).

[204] Zu Kardinal Oktavian vgl. Maleczek, S. 80ff.

[205] Cont. Acquicinct, MHG, Bd. 6, S. 426, u. Hist. reg. Franc. des Andr. March. MGH, Bd. 26, S. 211; der Vertrag von Vézelay vom Juli 1190 legte fest, daß jener König, der zuerst in Messina ankam, den anderen dort erwarten solle (Itin., S. 150, Ambroise, Verse 365ff.).

[206] Der Besitz von Falken galt als ritterliches Standesprivileg, womit die Beschlagnahme des Falken durch Richard auch erklärt werden kann.

[207] Waas, S. 215.

208 Grousset, Bd. 3, S. 2.
209 Vgl. Anm. 107.
210 Runciman III, S. 35.
211 Vgl. Guill. le Breton, Hist., S. 75; Anonymus Laudun, MGH, Bd. 26, S. 451.
212 Das einem Mitglied der Familie Moac gehörte. Über diese und ihre Beziehungen zu Wilhelm II. vgl. Stubbs, Anm. zu Gesta II, S. 126, und Jamison, Eugenius, S. 54.
213 Vgl. Schmugge, L., Über „nationale" Vorurteile im Mittelalter, Deutsches Archiv für Erforschung des Mittelalters 38, Heft 2 (1982), S. 214.
214 In seinem Sirventes gegen den Dauphin der Auvergne, abgedruckt in: Recueil de Chants historiques français, Paris 1841, Bd. 1, S. 65ff.
215 Vgl. Toeche, S. 156, Anm. 2, und Cartellieri, Bd. 2, S. 129f.; zu Hugo Falcandus vgl. Jamison, Eugenius, S. 177ff.
216 Vgl. Anm. 213.
217 Zur normannischen Eroberung Siziliens vgl. R. A. Brown, The Normans, Suffolk 1984 (dtsch.: München–Zürich 1991); zur Endzeit des sizilischen Normannenreichs vgl. die Arbeiten von Jamison, auch: The Sicilian norman Kingdom in the Mind of anglo-norman Contemporaries, Annual Italian Lecture of the British Academy, Bd. 24, London 1938; zu Tankred vgl. dessen Biographie von Reisinger.
218 Einen Überblick über den Forschungsstand in der kontroversiellen Frage der Eheanbahnung bringt Reisinger, S. 43ff.; siehe vor allem G. Baaken, Unio regni ad imperium: Die Verhandlungen von Verona 1184 und die Eheabredung zwischen Heinrich VI. und Konstanze von Sizilien, in: Quellen und Forschungen aus italienischen Archiven und Bibliotheken, Bd. 52 (1972), S. 219ff. H. Wolter, Die Verlobung Heinrichs VI. mit Konstanze von Sizilien im Jahre 1184. Historisches Jahrbuch 105 (1985), S. 30ff.; Th. Kölzer – Bei der Gleichzeitigkeit einer vorgesehenen Verbindung Richards mit einer Barbarossatochter hat O. Engels (zur Entmachtung Heinrichs d. Löwen, in: Festschrift für Andreas Kraus zum 60. Geburtstag, Münchner Historische Studien, Abteilung Bayerische Geschichte 10, Kallmünz 1982, S. 45ff.) sogar an die Involviertheit Heinrichs II. bei der sizilischen Verlobung gedacht.
219 Einen nichtenglischen Beleg für die Beleidigung Richards durch die Bürger von Messina bringt: Anonymus Laudun., MGH, Bd. 26, S. 451.
220 Vgl. Jamison, Eugenius, S. 23, 81f.
221 Vgl. Möhring, S. 141.
222 Über Margaritus und Jordanus Lupinus vgl. Jamison, Eugenius, Register. Über Margaritus auch Möhring, S. 149ff. Der in den Annales Stadenses, MGH Bd. 16, S. 352f., zum Jahr 1196 genannte Anführer des Aufstands gegen Heinrich VI. „Jordanus de Sicilia", der zur Strafe eine glühende Krone aufs Haupt bekam, von ihr mit letzterem gleichgesetzt; ebd., S. 159.
223 Zu den Lusignans vgl. S. Painter: The Lords of Lusignan in the Eleventh and Twelfth Centuries, Speculum XXXII (1957), S. 27ff.
224 Vgl. den Brief von Innozenz III. von 1198 (wie Anm. 106); Howden, Gesta II, S. 129, Chron. III, S. 57; Gervasius II, S. 87; Newburgh I, S. 325; Giraldus, De instr. princ., S. 106.
225 Howden, Gesta II, S. 127, Chron. III, S. 56; Hist. des Ducs de Normandie (wie Anm. 71), S. 86.
226 Vgl. Heinrichs II. Rückzug vor Toulouse im Jahr 1159, da Ludwig VII. sich in der Stadt befand und Radulf Niger (wie Anm. 1), S. 99.
227 Ambroise, Verse 559ff. Vgl. H. Fichtenau, Lebensordnungen des 10. Jh.s, München 1992, S. 74ff.
228 Vgl. Anm. 205.
229 Howden, Gesta II, S. 133, Chron. III, S. 61; Diceto II, S. 85; Devizes, S. 17; Ambroise, Verse 986ff.; Itin., S. 169.
230 Howden, Gesta II, S. 133ff., 136ff.; Chron. III, S. 61ff., 65f.
231 40.000 Unzen Gold ergeben, da die Unze von Messina ein Gewicht von 26,49 Gramm hatte, unter Berücksichtigung der Gold-Silber-Relation von 1:10 über 10 Tonnen Silber (10.596 Kilogramm). Da die Kölner Mark allgemein mit 233,856 Gramm angesetzt wird, läßt sich als Äquivalent zu den Unzen ein Betrag von über 45.000 Mark ermitteln. Dem hinzuzufügen ist eine Summe, die Johanna nach

Howden und Devizes von Tankred erhielt, als er sie zu Richard auf die Reise schickte. Es handelte sich um eine Million Tari. Der Tari repräsentierte eine Dreißigstelunze, somit 0,883 Gramm Gold. Eine Million Tari haben also den Wert von 8830 Kilogramm Silber, und diese sind einem Betrag von etwa 38.000 Mark gleichzusetzen. Das ergibt in Summe 83.000 Mark. Bei der Annahme einer Gold-Silber-Relation von 1:12 ergäbe sich ein Endbetrag von 99.600 Mark. Vgl. Schrötter, Wörterbuch der Münzkunde. Prof. Hahn vom Institut für Numismatik, Wien, hält eine Gold-Silber-Relation von 1:12 für wahrscheinlicher. Stapleton, Magni rot., Bd. 2, S. XIX, gibt für 1198 eine 1:8 Relation an.

232 Nach Anonymus Laudunensis, MGH, Bd. 26, S. 452; Pietro da Ebuli, Liber ad honorem Augusti, Rom 1906, Verse 1059ff.

233 Vgl. S. 301ff.

234 Howden, Gesta II, S. 134, Chron. III, S. 62.

235 Ebd.

236 Zum Schicksal der Geiseln vgl. Toeche, S. 579ff.; Jamison, Eugenius, S. 155ff.

237 Vgl. Reisinger, S. 75f., 246ff.

238 Eleonores Besuch bei Heinrich VI. nachgewiesen in: Böhmer-Baaken, Zeugenliste zu Nummer 116.

239 Howden, Chron. III, S. 186; Coggeshall, S. 59. Vgl. auch den Brief Heinrichs VI. (wie Anm. 557), Sicard von Cremona, Chronicon, Rer. Italic. Script., Hrsg. Muratori, Bd. 7, Spalte 616f.; vgl. auch Petrus de Ebulo (wie Anm. 232), Vers 1082.

240 Vgl. S. 254.

241 Guill. le Breton, Philippidos Iv, Vers 160; vgl. Rigord, S. 32.

242 Zur angeblich geplanten Aufenthaltsverlängerung vgl. Rigord, S. 32; die kaiserliche Behauptung bei Philippidos IV, Verse 378ff.

243 Vgl. außer Reisinger auch Toeche.

244 Vgl. auch die von Otto IV. angeordnete Selbstzüchtigung auf dem Totenbett bei Hucker, S. 339.

245 Über Anzahl und Art der Schiffe berichten Devizes, S. 28, 35; Diceto II, S. 93, Howden, Gesta II, S. 162, und Chronica III, S. 105; Gervasius II, S. 88, Ambroise, Vers 1753; Itin., S. 196.

246 Zum Verhältnis von Ambroise und Itin. vgl. die Einleitung zu Ambroise von G. Paris und H. E. Mayer, Itin., S. 192.

247 Howden, Gesta II, S. 163, Chron. III, S. 105; Ambroise, Verse 134f.; Itin., S. 181; Devizes, S. 135; Diceto II, S. 91; Gervasius, S. 489; Newburgh I, S. 350; Guill. le Breton, Hist. S. 75; Rigord, S. 32; Eracles, S. 163; gegenteiliger Auffassung ist nur Coggeshall, S. 31.

248 Ep. Cant., S. 347.

249 Die Anwesenheit des Letzteren behauptet Eracles-d, RHC, S. 207.

250 Eine spontane Aktion nehmen an: Mas Latrie, S. 5f.; Röhricht, S. 551; Runciman III., S. 44; Grousset, Bd. 3, S. 47f.; N. Jorga, France de Chypre, Paris 1931, S. 7ff.; Prawer, Histoire, Bd. 2, S. 64f.; Edbury, S. 8. Eine geplante Aktion vermuten: Cartellieri, Bd. 2, S. 189, Anm. 3; Waas (der allerdings auch eine geplante Eroberung Siziliens annahm), S. 199f.; Brundage, S. 100, in seiner Richard-Biographie, während er in: Richard the Lionheart and Byzantium, Studies in Medieval Culture VI / VII (1976), sogar feindliche Absichten Richards gegen Byzanz für möglich hält, was völlig unbegründet ist. Als strategische Notwendigkeit betrachtet die Aktion Prestwich (wie Anm. 200), S. 8f. Eine Befragung des Quellenmaterials auf diesbezügliche Hinweise findet sich nirgends.

251 Howden, Chron. III, S. 105. Vgl. Itin., S. 187: Niemand von Richards Leuten in Zypern, auch Johanna nicht, habe etwas vom Verbleib der Flotte gewußt, woraus folgt, daß auch Richard nichts vom Schicksal der Schiffbrüchigen vor seiner Ankunft wissen konnte.

252 Quellenzusammenstellung bei Collenberg (wie Anm. 254), S. 125f. Ein Bündnis mit Saladin behaupten Ambroise, Vers 1389; Itin., S. 183, Newburg I, S. 350, Alberic de Trois Fontaines, MGH, Bd. 23, S. 866.

253 Das Brieffragment bei Abū Šāma, RHC Or. IV, S. 509f., ist allerdings verreiht (zu 1190) und in manchem dunkel, so daß die RHC-Herausgeber bei dem „al-atiq" (das heißt unter anderem „der Befreite") benannten Herrscher von Zypern an Guido von Lusignan zum Jahr 1192 gedacht haben. Zu behaupteten Spannungen zwischen Richard und Gudio 1192 vgl. Anm. 308. Auf Guido passen aber keinesfalls die sich auf Krieg beziehenden Mitteilungen. Erörterung der Stelle auch bei Möhring,

S. 186f. Zu Abū Šāma und dem Qāḍī al-Fāḍil vgl. Holt-Lewis (HG), Historians of the Middle East. Kurzbiographien der arabischen Autoren auch bei Gabrieli, Die Kreuzzüge. Zur Problematik der Übersetzungen (Übersetzung der Zypern-Stelle bei Görgens, S. 161f. (vgl. Anm. 308).

254 Zu Isaak vgl. W. H. Rudt de Collenberg: L'empereur Isaac de Chypre et sa fille in: Byzantion, Bd. 38 (1968), S. 123ff.

255 Neophytos, mit Übersetzung ins Englische abgedruckt bei Stubbs, Itin., S. CLXXXIVff.; Niketas Choniates, in: Abenteurer auf dem Kaiserthron, übersetzt von F. Grabler, Reihe: Byzantinische Geschichtsschreiber, Bd. VIII, Graz, Wien, Köln, 1958, S. 172f., 222 (Eroberung Zyperns); zum Charakter Isaaks siehe auch Anm. 252, 427.

256 Coggeshall, S. 59; „Ansbert", S. 102.

257 Vgl. im Rahmen des dritten Kreuzzugs die militärische Konfrontation zwischen Barbarossa und Byzanz im Winter 1189/90; vgl. Niketas Choniates (wie Anm. 255), S. 204ff.; Itin., S. 45ff.; „Ansbert", S. 40ff.

258 Nach Bahā' ad-Dīn, S. 213.

259 Mit „Ernoul" ist immer der von Mas-Latrie als Chronique d'Ernoul edierte Text gemeint.

260 Vgl. Howden, Gesta II, S. 140, Chron. III, S. 68. Bereits Privilegien Heinrichs I. und Heinrichs II. bei Diceto II, S. 86, und Newburgh, I, S. 282; vgl. auch eine diesbezügliche Constitutio Heinrichs VI. von 1196 in: MGH Leg. Sect. IV, 1, S. 521; über das alte englische Recht in bezug auf die Schiffbrüchigen berichtet Giraldus, De instr. princ., App. VII, S. 190. – Zur unterschiedlichen Rechtslage in Outremer vgl. etwa Prawer, Crusader Institutions, S. 36 (durch eine Assize König Amalrichs geht Mitte des 12. Jh.s das Recht am Gut der Schiffbrüchigen im Königreich Jerusalem von der Krone auf den Feudaladel über).

261 Beachte die seinerzeitige Verwendung der Templer für Isaak während dessen Gefangenschaft, die militärische Unterstützung durch Wilhelm II. von Sizilien (S. 130f.); Diceto II, S. 92, meldet ein häufiges Anlegen der Schiffe in Kyrenia; die Chron. Reinhardsbrunnensis berichtet von der Beisetzung der Eingeweide des Landgrafen Ludwigs III. von Thüringen im Oktober 1190 in Zypern. MGH, Bd. 30, 1, S. 546.

262 Cartellieri, Bd. 2, S. 194; Runciman III, S. 43.

263 Nach Abū Šāma, wie Anm. 253.

264 Vgl. Möhring, S. 174f.

265 Zur Datierung eines französischen Gesandtschaftsberichts bei Diceto vgl. Möhring, S. 82ff.

266 Nach Landon Nr. 54. Zu Garnier de Nablus vgl. Riley-Smith, The Knights of St. John, S. 107f.

267 Philipps Transportvertrag mit Genua vom 16. Februar 1190 in: Cod. dipl. 2. Bd., S. 364ff., darüber auch in Otoboni Annales, MGH Bd. 18, S. 103f. Über Philipps Aufenthalt in Genua berichten: Rigord, S. 29, Howden, Gesta II, S. 113, u. Chron. III, S. 39, Cont. Aquicinct., MGH, Bd. 6, S. 426; Andreas March., Hist. reg. Franc., MGH, Bd. 26, S. 211; über die Beziehung der Montferrats zu Genua vgl. Day, G. W., Genoese Involvement with Byzantium 1155–1204: A diplomatic and prosopographical study. University of Illinois at Urbana-Champaign, 1978.

268 Über einen möglichen Kontakt zwischen Margaritus und Konrad von Montferrat im Jahr 1187 vgl. Möhring, S. 58.

269 Vgl. dazu die Arbeiten Morgans mit den Stemmata (Chronicle of Ernoul, S. 96; La Continuation, S. 9f.).

270 „Ernoul", S. 149.

271 Die Variante d bei RHC und Morgan, Continuation, und, nur bei Morgan, das Manuskript von Florenz (Fl).

272 Ausführliche Erörterung der Unfundiertheit dieser Annahme und Literaturangaben bei Gillingham, Richard, S. 139ff., Richard I and Berengaria, S. 159; danach auch Ahlers, S. 152ff.

273 Mas-Latrie.

274 Hill, History of Cyprus.

275 Vgl. Anm. 271.

276 Vgl. R. A. Brown, S. 53.

277 Zur türkischen Kampfweise siehe Smail, Crusading Warfare.

[278] Die Urkunde über Berengarias Wittum (unter anderem die Gascogne) abgedruckt bei Martène-Durand, Veterum Scriptorum ... Collectio, Bd. 1, Coll. 995f. Vgl. dazu Anm. 5 sowie Gillingham, Richard I and Berengaria, S. 161; derselbe: Angevin Empire, S. 27 – Berengarias Witwensitz war Le Mans, in dessen unmittelbarer Umgebung sie am Ende ihres Lebens die Zisterzienserabtei L'Epau gründete, wo sich ihre Grabstätte befindet. Ihr Austauschvertrag mit Philipp 1204 in Martène-Durand, Coll. 1046.

[279] Itin., S. 197f.

[280] Vgl. auch die Himmelszeichen auf den Vorderseiten beider Siegel Richards sowie auf dem Siegel Ottos IV. und seinem Kaisermantel, abgebildet bei Hucker, Abb. 5 und 10f.

[281] E. H. Kantorowicz, The King's Two Bodies, Princeton 1957, 2. Aufl. 1966 (dt. 1990).

[282] Bahā' ad-Dīn, S. 220; Ibn al-Aṯīr, hg. v. Tornberg, Bd. 12, S. 64, deutsche Übersetzung von Görgens, S. 251.

[283] Vgl. Möhring, S. 173ff.

[284] Vgl. Fichtenau, S. 30; Collenberg (wie Anm. 254), S. 165ff.

[285] Chronik von Melsa (wie Anm. 64), S. 260; vgl. ebda., S. LXXVIII.

[286] Einleitung zu Itin., S. XXV; Eracles, S. 245.

[287] Eracles, S. 189f.; Eracl. Fl und d: Morgan, S. 134f.

[288] Als solcher erstmals am 13. Oktober 1191 in Erscheinung tretend (Landon Nr. 365).

[289] Eracles, S. 191, 208ff.; Eracl. Fl und d: Morgan, S. 136ff., 150, 158ff.

[290] Eracles, S. 245; Chroniques d'Ernoul, S. 338. Initiator des vierten Kreuzzugs war zudem Papst Innozenz III., der eine Beteiligung der Könige nicht vorsah.

[291] Itin., S. 121; Diceto II, S. 86; Rey, E. G. (Hg.), Les Familles d'Outre-Mer de Du Cange, Paris 1869, Ser. I. Hist. Politique Part. IX, S. 265f. Vgl. auch Anm. 299.

[292] Eracles, S. 154; Ambroise, Vers 4148; Itin., S. 122. Vgl. auch Sicard (wie Anm. 239), Spalte 612. Außerdem bestand das kanonische Ehehindernis der Schwägerschaft; vgl. S. 152, 154.

[293] Mayer, H. E., Itin. bringt Text und ausführliche Erörterung dazu.

[294] Vgl. Riley-Smith, Feudal Nobility, S. 113.

[295] Vgl. genealog. Tafel bei Collenberg (wie Anm. 254), S. 128.

[296] Einer Nichte Kaiser Manuels; zur Verwandtschaft Leopolds mit Isaak vgl. Collenberg (wie Anm. 254).

[297] Ambroise, Verse 1879ff.; Itin., S. 199f.; Gervasius II, S. 88, Alberic de Trois Fontaines, MGH, Bd. 23, S. 867.

[298] Guill. le Breton, Philippidos IV, Verse 210ff., Alberic de Trois Fontaines, MGH, Bd. 23, S. 866.

[299] G. L. Tafel – G. M. Thomas, Urkunden zur älteren Handels- u. Staatsgeschichte d. Republik Venedig 1 (Fontes rerum Austriacarum II. Abt., 12, 1856), S. 215, Nr. 76.

[300] Zu dem Spannungsverhältnis zwischen dem Geblütsrecht, Wahlrecht und dem Recht der Eroberung der westlichen Könige vgl. Prawer, Crusader Institutions, S. 44; Riley-Smith, Feudal Nobility, S. 116; Smail, The international status of the Latin Kingdom of Jerusalem 1150–1192, in Holt, The Eastern Mediterranean Lands, S. 35ff.

[301] Abgesehen vom gleichnamigen Herzog der Normandie, dem Sohn und Nachfolger Rollos, tragen diesen Namen noch ein Bruder Heinrichs II. (vgl. A. Deville, Tombeaux de la Cathédrale de Rouen, Rouen 1837, S. 170f.) und ein illegitimer Sohn Heinrichs (vgl. Anm. 89).

[302] Laut Bahā' ad-Dīn, S. 123 und siehe Annali Genovesi di Caffaro e de' suoi continuatori (ed. L. T. Belgrano), I, Rom, 1890, S. 145.

[303] Vgl. das Testament Heinrichs II. bei Gervasius I, S. 298ff., und Giraldus, De instr. princ., S. 47f. Eine Spende von 3000 Mark anläßlich des Patriarchenbesuchs vermerkt Bouquet, Rec. Bd. 18, Ex Anonym. Laudun., S. 705. Belege für die Verwendung englischen Geldes bei der Verteidigung von Tyrus bei Röhricht, S. 498, Anm. 3.

[304] So soll nach Eracles, S. 175, gerade Philipp nach der Eroberung Akkons die Rechte der ehemaligen Hausbesitzer hier durchgesetzt, also die alte Legalität befürwortet haben.

[305] Über die Anordnung der Quartiere vgl. Diceto II, S. 79f.

[306] Quellenbelege bei Möhring, S. 170, außerdem Abū Šāma, RHC.

[307] Ambroise, Vers 2340: „Le non pareil"; Vers 2310. Vgl. zur militärischen Überlegenheit Richards auch Magnus von Reichersberg, MGH, Bd. 17, S. 520.

[308] Bahā' ad-Dīn, S. 214, 220. Die Zitate Bahā' ad-Dīns aus dem RHC sowie die dem Nichtarabisten nur durch die Übersetzung Görgens zugänglichen Stellen wurden, sofern sie themenrelevant sind, im Original durch Herrn Beihammer überprüft; Herrn Dr. Procházka (beide vom Institut für Orientalistik der Universität Wien) verdanke ich die Festlegung der Transkription arabischer Namen ebenso wie die Übersetzung des schwierigen al-Fāḍil-Fragments, vgl. Anm. 253. Unverzichtbar zur Orientierung sind die Übersetzungen von jeweils einer Auswahl arabischer Texte bei Gabrieli und Michaud.

[309] Ibn al-Aṯīr, ed. Tornberg, Bd. 12, S. 65 (Görgens, S. 251). Vgl. zum Eindruck auf den Feind auch Eracles, S. 171; Eracl. Fl und d, Morgan, S. 122f., 150f.

[310] Ibn al-Aṯīr, ebd., S. 64 (Görgens, S. 250); Bahā' ad-Dīn, S. 212; 'Imād ad-Dīn, Fath, S. 327 (Gabrieli, S. 266).

[311] Cartellieri, Bd. 2, S. 198.

[312] Der Spielmann Ambroise, Vers 4585, hat offenbar keine Vorstellung vom realen Einkommen eines Ritters, denn 4 *bezants* entsprechen nicht einmal einer halben Mark (1 *bezant:* 2,16 Gramm Gold; 4 *bezants* ergeben bei der Annahme einer 1:10-Gold-Silber-Relation 86,4 Gramm Silber; 1 penny / denarius: 1,42 Gramm Silber; 1 Mark 160 Pfennig). Auskunft: Prof. Hahn, Institut für Numismatik, Universität Wien. Dieser, in Schillingwerten angegeben (1 Schilling = 12 Pfennig), erreicht demnach fast die Hälfte des von Ambroise als großzügig gerühmten Monatssolds.

[313] Devizes, S. 42, und Hist. des Ducs de Normandie (wie Anm. 71), S. 86, vgl. auch H. Bettin, Heinrich II. von Champagne. Seine Kreuzfahrt und Wirksamkeit im heiligen Lande (1190–1197), Berlin 1910.

[314] Vgl. Bouquet, Rec Bd. 18, Ex Anonym. Laudun., S. 708.

[315] Eracl. Fl und d: Morgan, S. 122f.; Guill. le Breton, Philippidos IV, Vers 209.; Bahā' ad-Dīn, Ibn al-Aṯīr nach Sicard (wie Anm. 239), Spalte 614; Görgens, S. 252.

[316] Bahā' ad-Dīn, S. 233.

[317] Rigord, S. 34; Guill. le Breton, Philippidos IV, Vers 209; Cont. Aquicint., MGH, Bd. 6, S. 427; Andr. March., MHG, Bd. 17, S. 212; Philippidos IV, Vers 209f.; Sicard, wie Anm. 315.

[318] Cartellieri, Bd. 2, S. 261.

[319] Janine Sourdel-Thomine, Les conseils de Sayh al-Harawi à un prince ayyubide, Bulletin d'études orientales 17 (1962), S. 205ff.; vgl. zum Autor: Grousset, Bd. 3, S. 106, Anm. 1.

[320] Vgl. Bahā' ad-Dīn, S. 341, ebd. 273, wonach Saladin 300 Räuber für Menschenraub und Diebstahl (Informationsbeschaffung!) im gegnerischen Lager besoldet hat.

[321] Eracles, S. 183; vgl. auch Morgan, Fl und d, S. 148f.

[322] Bahā' ad-Dīn, S. 227.

[323] Bahā' ad-Dīn, S. 237; Ibn al-Aṯīr nach Görgens, S. 252; Burch. v. Ursb., MGH, Bd. 23, S. 360, wie Bernardus Thesaurarius, Rer. Script. Italic., Bd. 7, Spalte 810; Haym. Monach., abgedruckt als App. I zu Howden, Chron. III, Vers 825; Sicard wie Anm. 315.

[324] Abū Šāma, Kitab, ed. Kairo, S. 187; Görgens, S. 174. Zur Datumsübertragung siehe Wüstenfeld-Mahler'sche Vergleichungs-Tabellen, neu bearbeitet von B. Spuler, Wiesbaden, 3. Auflage 1961.

[325] Bahā' ad-Dīn, S. 234.

[326] Ambroise, Vers 4953; Itin., Eracles, S. 172; Morgan Fl u. d, S. 122f.; Ambroise, Verse 4927ff.; Itin. 224ff.

[327] Bahā' ad-Dīn, S. 232.

[328] Sicard, Spalte 614. Zur Korrektur der Stelle vgl. Salimbene, MGH, Bd. 32, S. 15, Anm. l.

[329] Bahā' ad-Dīn, Ibn al-Aṯīr nach Görgens, S. 252.

[330] Vgl. S. 227; Bahā' ad-Dīn, S. 237.

[331] Bahā' ad-Dīn, S. 236f.; Abū Šāma, Kitab, ed. Kairo, S. 188; Görgens, S. 252.

[332] Die Hauptquellen sind Howden, Gesta u. Chronica; Ambroise, Itin. Haymarus Monachus; Sicard; Bahā' ad-Dīn; Ibn al-Aṯīr. Ausführlicher Quellennachweis bei Cartellieri, Bd. 2, S. 218f. Vgl. auch Gabrieli, S. 276f., Görgens, S. 252.

333 Zahlenmäßige Details zum Lösegeld der Einwohner Jerusalems 1187 bei Röhricht, S. 460. Die Einwohnerzahl Jerusalems gibt Holt, The Age of the Crusades, S. 33, mit 20.000 bis 30.000 an, die Akkons mit vielleicht 60.000. Nach 'Imād ad-Dīn, Ibn al-Aṯīr (Gabrieli, S. 204f., S. 189f.), aber auch Eracles benützte Balian von Ibelin bei der Aushandlung der Kapitulation mit Saladin das Druckmittel einer möglichen Zerstörung der heiligen Stätten des Islam durch die Christen: Eine Art der Drohung, die den Verhandlern von Akkon nicht zur Verfügung stand.

334 Vgl. Anm. 312.

335 Vgl. Görgens, S. 175 und 253.

336 Ebd., Bahā' ad-Dīn, S. 237, 242.

337 Howden, Chron. III, S. 121, und Gesta II, S. 179.

338 Eracles, S. 172f.

339 Sicard (wie Anm. 328), Spalte 615.

340 Nach Ibn al-Aṯīr, Görgens, S. 252; nach 'Imād ad-Dīn 10.000 für sich, 4000 für seine Freunde; nach Bahā' ad-Dīn, S. 237, 4000 Dinar.

341 Bahā' ad-Dīn, S. 241; von einer Stundung des halben Geldbetrags berichtet auch 'Imād ad-Dīn im Fath, S. 358f. Danach Ibn al-Aṯīr, ed. Tornberg, Bd. 12, S. 68, vgl. Görgens, S. 253, Richards Brief.

342 Die Ausnahme stellt S. Painter dar in: The Third Crusade: Richard the Lionheart and Philipp Augustus, in K. M. Setton, Bd. 2, S. 45 ff., 72.

343 Runciman III, S. 53, nach Bahā' ad-Dīn, S. 241. „Ehrenhaftigkeit" als Beweis für Saladins Leistungswillen explizit bei Röhricht, S. 576; Runciman III, S. 51; Verständnis für seine angeblich schwierige Lage zeigen Mayer, S. 139; Möhring, S. 210 (wegen der Höhe des Lösegelds, vgl. Anm. 330). Für ein realistischeres Saladinbild plädiert dessenungeachtet Möhring, S. 218f.

344 Grousset, Bd. 3, S. 60ff., Waas, S. 209.

345 Waas, ebd., S. 209. Im Rahmen des La-France-Bandes scheint Bautier, S. 47, u. J. Richard, S. 419, beim Herausstellen von Richards Brutalität die Tatsache unbewußt zu sein, daß das frz. Geiselkontingent das Massaker gleichfalls nicht überlebte. Vgl. auch Henderson, S. 127, Brundage, S. 135.

346 Bahā' ad-Dīn, S. 241f. Nach Ibn al-Aṯīr, ed. Tornberg, Bd. 12, S. 68 (Görgens, S. 253), sollten die Templer als Bürgen eingebunden werden.

347 'Imād ad-Dīn im Fath, S. 358f., 372ff.; Abū Šāma nach Görgens, S. 175; Ibn al-Aṯīr, ed. Tornberg, Bd. 12, S. 68 (Görgens, S. 253).

348 Bahā' ad-Dīn, S. 242. Mißtrauen als Motiv Saladins für die Zurückhaltung der Leistung auch bei Ibn al-Aṯīr (wie Anm. 347); Zweifel aus Saladins Beraterkreis an Richards Aufrichtigkeit auch bei 'Imād ad-Dīn, Fath, S. 358f.

349 Ibn al-Aṯīr nach Görgens, S. 251, 255.

350 Bahā' ad-Dīn, S. 241.

351 Ebd., S. 243.

352 Vgl. Riley-Smith, Knights of St. John, S. 118f.

353 Howden, Gesta II, S. 178, Chron. III, S. 120.

354 Eracles, S. 200; Eracles Fl und d: Morgan, S. 154f.; Guill. le Breton, Philippidos IV, Vers 331.

355 „Ansbert", S. 99.

356 „Ansbert", S. 97.

357 Zur Sage um die Entstehung des österreichischen Bindenschildes in den Farben rot-weiß-rot im Zusammenhang mit Akkon sowie für eine zeitgenössische Darstellung desselben bei Petrus de Ebulo (wie Anm. 597) vgl. E. Zöllner, Geschichte Österreichs, 3. Auflage, Wien 1966, S. 72f.

358 Ausführliche Zusammenstellung der einschlägigen Zitate bei Toeche, S. 558ff., von einem „vexillum" oder „signum" (was nicht zwangsläufig Fahne heißen muß) sprechen Gervasius, I, S. 514; Devizes, Coggeshall, S. 46f.; Rigord, S. 35; Ann. Colon. max., MGH, Bd. 17, S. 802; Otto v. St. Blasien, Script. Rer. Germ. in usum schol., Hannover 1912, S. 54. Ein Gebäude erwähnen: Gervasius I, S. 514; Radulf Niger (wie Anm. 31), S. 102, Eracles d, S. 201, und Fl, Morgan, S. 154ff.; ein „Turm" ist es nach der Kölner Chronik und Otto v. St. Blasien. Wohin das Feldzeichen befördert wurde, geben an: Otto von St. Blasien, Rigord, Devizes, Coggeshall (der das Geschehen nach Jaffa verlegt). Richards eigenen Anteil an der Beleidigung relativiert Devizes und spezifiziert Otto v. St. Blasien. Alle übrigen Quellen

geben nur undifferenziert eine Beleidigung wieder oder bringen offensichtlich falsche Details (wie Leopolds Zelt: Gervasius II, S. 88; Guill. le Breton, Philippidos IV, Vers 336; Annales Stadenses., MGH, Bd. 16, S. 352).

359 Gerv. II, S. 88.

360 Ann. Colon. max., MGH, Bd. 17, S. 802.

361 Guill. le Breton, Philippidos IV, Verse 387f.

362 „Ansbert", S. 98.

363 Coggeshall, S. 92.

364 Howden, Chronica III, S. 114; Bahā' ad-Dīn, S. 225; Ibn al-Aṯīr nach Görgens, S. 255.

365 Howden, Chronica III, S. 125.

366 Bahā' ad-Dīn, S. 241.

367 Grousset, Bd. 3, S. 60.

368 Bahā' ad-Dīn, S. 249.

369 Zu den Zahlenverhältnissen vgl. Anm. 333, außerdem Abū Šāma, Deux Jardins, RHC, S. 519 (Anfang 1191 20.000 Menschen in Akkon), Sicard (wie Anm. 328), Spalte 614 (50.000 Mann außer Frauen und Kindern), Ambroise, Vers 5030, und Itin., S. 229 (6000 Leute).

370 Ibn al-Aṯīr, ed. Tornberg, Bd. 12, S. 68, nach Görgens, S. 253.

371 Bahā' ad-Dīn, S. 243. Zusammenstellung weiterer Zahlenangaben bei Röhricht, S. 575, Anm. 3.

372 Howden, Chron. III, S. 131.

373 Newburgh I, S. 359; Rigord, S. 35; Guill. le Breton, Philippidos IV, Vers 220; „Ansbert", S. 99, danach auch häufig in der Literatur z. B. bei Waas, S. 209, Mayer, Kreuzzüge, S. 139, Brundage, S. 135.

374 Haymarus Monachus, wie Anm. 323.

375 Sicard (wie Anm. 328), II, S. 88.

376 Gervasius I, S. 512f.; Newburgh I, S. 357; Coggeshall, S. 34; Giselbert von Mons, MGH, Bd. 21, S. 573; Andr. March; MGH, Bd. 26, S. 212.

377 Vgl. Gillingham, Richard, S. 300, zur angeblichen Entsendung Mercadiers.

378 Coggeshall, S. 96.

379 Wie Anm. 106. Howden, Gesta II, S. 229, Chron. III, S. 166.

380 Vgl. J. Brundage, The Crusade of Richard I: Two Canonical Questions, Speculum 38 (1963), S. 443ff.

381 Der Zeitraum ist nur aus „Ansberts" Ortsangabe (S. 100) und Heinrichs Itinerar erschließbar, vgl. Böhmer-Baaken, Nr. 190ff.

382 Howden, Chron. III, S. 167.

383 Howden, Gesta II, S. 236, Chron. III, S. 187.

384 Vgl. Brief Cölestins vom 2. Dezember 1191 an den engl. Klerus: Howden, Chron. III, S. 151f.; Gesandtschaftsbericht an Walter aus Rom, Feb. 1192, ebd., S. 188ff.; Andreas v. Chauvigny als Richards Gesandter in Rom, ebd., S. 193.

385 Vgl. S. 107 und Anm. 204.

386 An den Abt von Clairvaux am 1. Oktober 1191, Howden, Chron. III, S. 131.

387 Zu Kampftaktik und Bewaffnung von Saladins Truppen vgl. Smail, S. 75ff.

388 Bahā' ad-Dīn, S. 251, beweist durch seine Beschreibung, daß die ausführliche Beschreibung des Fahnenwagens im Itinerarium, S. 249 („vexillum", „baneria"), authentisch ist (während Ambroise, Vers 6154, und Howden, Chron. III S. 129, nur von einem mitgetragenen Drachenzeichen sprechen). Vgl. dazu Ottos IV. auf einem Wagen mitgefahrenes Feldzeichen bei Bouvines, Hucker, S. 560ff., und zu dem drachenförmigen Windsack als Feldzeichen P. E. Schramm, Herrschaftszeichen und Staatssymbolik, MGH Schriften 13, Bd. 2 (1955), S. 659ff.

389 Richards Sirventes ist mit Melodie und Handschriftenlesarten abgedruckt bei F. Gennrich, Altfranzösische Lieder, S. 12ff.; vgl. auch Anm. 639. Eine verkürzte, gleichfalls Richard zugeschriebene Version in der Langue d'oc bei Arbellot, S. 99f.

390 Eracles Fl und d, Morgan, S. 150f.

391 Ambroise, Verse 9200ff., Itin., S. 317, 353.

392 Vgl. Lewis-Holt, S. 87.

393 Ibn al-Aṯīr nach Görgens, S. 257; Itin., S. 325.

394 Bahā' ad-Dīn, S. 14, S. 314.
395 Ebd., S. 313.
396 Vgl. Mayer, Kreuzzüge, S. 145.
397 Röhricht, S. 593; Grousset, Bd. 3, S. 73, Waas, S. 212; Prawer, Histoire, Bd. 2, S. 70, 77.
398 Runciman III, S. 61; Mayer, S. Painter in Setton (wie Anm. 342), S. 75ff.; Gillingham, S. 200.
399 Cod. dipl., Bd. III, S. 20f. Vgl. auch zu den 2 „writs" an Genua Mayer, Die Kanzlei Richards I.
400 Cod. dipl., Bd. III, S. 48f.
401 Cod. dipl., Bd. III, S. 39ff.; zur Terminisierung der Flottenhilfe ebd., S. 7 und 9.
402 Ambroise, Verse 7769f., 10.223f.
403 Bahā' ad-Dīn, S. 319, Sicard (wie Anm. 328), Spalte 616. Eracles Fl und d, Morgan, S. 150f.; „Ernoul"; S. 338. Von den Alternativen Jerusalem oder „Babylonia" oder Beirut weiß auch Coggeshall, S. 40. Vgl. auch Anm. 290.
404 Vgl. S. 152. Tributzahlung Ägyptens unter Balduin III. 1155, Invasionen unter Amalrich I. vgl. Holt, Age of the Crusades, S. 46f.
405 Cartellieri, Bd. 2, S. 259.
406 Ep. Cant., S. 347.
407 Howden, Chron. III, S. 132.
408 Ebd., S. 130.
409 Ebd., S. 132.
410 Devizes, S. 80f.
411 Nur nach Howden, Chron. IV, zu 1196 gemeldet; bei Newburgh II, S. 493; Diceto II, S. 152, Gervasius I, S. 544, und Cont. Aquicint., S. 434, 1197 angesetzt; vgl. Anm. 199; vergebliches Lösegeldangebot des Bischofs 1198: Howden, ebd., S. 78; vergebliche Intervention eines päpstlichen Legaten 1199 nach Hist de Guill. le Mar., Verse 11576ff.; erst 1199 unter Johann freigelassen, Howden, ebd., S. 94.
412 Rigord, S. 34; Guill. le Breton, Hist., S. 76, Philippidos IV, Verse 262ff. Bei Sourdel-Thomine (wie Anm. 319), S. 237, rangiert übrigens Arsen mit Symptomen, wie sie bei Philipp geschildert werden (von Guill. le Breton in der Chronik, S. 76, und im Philippidos IV, S. 106f.) unter den empfohlenen Kriegslisten. Vgl. auch Anm. 414 und 537. Zusammenstellung von Belegen über Philipps Krankheit und Diagnosemutmaßungen bei Cartellieri, Bd. 2, S. 240ff.
413 Newburgh I, S. 358f.; Giselbert von Mons, MGH, Bd. 21, S. 578.
414 Eracles, S. 179f., sowie Morgan, Eracles Fl und d, S. 128ff.; Chron. d'Ernoul, S. 277. (Übrigens wird auch das Ausstreuen von Gerüchten, die den Tod der Angehörigen betreffen, als den Feind demoralisierende „Kriegslist" bei Sourdel-Thomine, S. 238, angeführt.)
415 MGH, Bd. 26, S. 526f.
416 Rigord, S. 33.
417 Guill. le Breton, Chron., S. 76.
418 Devizes, S. 48. Zur Entstehungszeit vgl. Appleby, England, Einleitung, S. XVIII.
419 Ein Indiz dafür ist vielleicht das von Bahā' ad-Dīn, S. 271, unter dem Datum des 8. Oktober 1191 vermerkte Gerücht vom Tod des französischen Königs in Antiochia.
420 Ambroise, Verse 8890ff.
421 Eracles, S. 194; Eracles Fl und d: Morgan, S. 142f. Chronique d'Ernoul.
422 Rigord, S. 35; Guill. le Breton, Hist., S. 76.
423 Newburgh I, S. 366.
424 Siehe W. Fleischhauer, The Old Man of the Mountain: The Growth of a Legend, in: Symposium, Bd. 9 (1955), Nr. 1, S. 79ff. (Neudruck New York 1966).
425 Howden, Chron. III, S. 283; Stapleton, Bd. I, S. 221, Bd. II, S. 301, 303 („Turkeis"), 350.
426 Eracles Fl und d, Morgan, S. 148f.
427 Niketas Choniates, in: Die Kreuzfahrer erobern Konstantinopel, Byzantinische Geschichtsschreiber (wie Anm. 255), Bd. IX, S. 28.
428 „Ernoul", S. 296, Eracles, S. 200, und Eracles Fl, Morgan, S. 154.
429 Chronique d'Amadi et de Strambaldi (hg. von R. de Mas Latrie), Paris 1891, S. 83.
430 Zu Arnold von Lübeck vgl. Wattenbach-Schmale, S. 437ff.

431 Devizes, S. 53; Howden (Gesta u. Chron.), S. 175; Coggeshall, S. 437ff.
432 Coggeshall, ebd.; Eracles, S. 185f.; Chronique d'Ernoul, S. 185; Eracles Fl u. d: Morgan, S., 132ff.
433 Alberic de Trois Fontaines, MGH, Bd. 23, S. 869.
434 Bahā' ad-Dīn, S. 315; zu Konrad vgl. Reinaud, S. 338.
435 Grousset, Bd. 3, S. 73, 78, 82, 108f.
436 Bahā' ad-Dīn, S. 256f., 265f., S. 274-291.
437 Ebd., S. 275. Die auch mögliche Übersetzung „bis zum Jordan" würde einen Verzicht auf die alten Grenzen bedeuten, wofür aber nichts spricht.
438 Howden, Gesta II, S. 180, Chron. III, S. 115; Ambroise, Vers 7377. Vgl. Anm. 404.
439 Eracles Fl und d, Morgan, S. 150f.
440 Nach Holt, Age of the Crusades, S. 60.
441 Ambroise, Verse 7405ff.; Itin., S. 296.
442 Eracles Fl u. d, Morgan, S. 150f.
443 'Imād ad-Dīn nach Gabrieli, S. 296; Bahā' ad-Dīn, S. 290.
444 Ebd., S. 290.
445 Cod. dipl., Bd. III, S. 22f.
446 Vgl. Anm. 384.
447 Aus dem Französischen übersetzt nach Michaud, S. 337.
448 Bahā' ad-Dīn, S. 321.
449 Abgedruckt bei Görgens als Beilage IV, S. 283ff.
450 Vgl. Assmann (wie Anm. 52), S. 448f., Oppl, S. 297f., Möhring, S. 125ff.
451 Vgl. W. Snelleman: Das Haus Anjou und der Orient in Wolframs Parzival, Nijkerk 1941. Es ist vielleicht nicht ohne Bedeutung für Wolframs Richardbild, daß die als seine Förderer genannten fränkischen Grafen von Wertheim und Dürne (vgl. de Boor-Newald, Geschichte der deutschen Literatur, 2. Bd., 10. Aufl., 1979, S. 86), während Richards Gefangenschaft wiederholt bei Hof, auch an entscheidenden Reichstagen, nachweisbar sind (vgl. Böhmer-Baaken, Regesten), somit diesen persönlich kennengelernt haben müssen; vgl. auch Anm. 616.
452 Bar Hebraeus = „Aboulfarage", bei Reinaud, S. 334, Anm. 1.
453 Bahā' ad-Dīn, S. 180f., S. 225, 284; Ibn al-Aṯīr nach Gabrieli, S. 226.; Sicard (wie Anm. 239), Spalte 616; Bernardus Thesaurarius, Spalte 814, und Burchard von Ursberg, S. 361 (beide wie Anm. 323). Siehe zu Konrad auch Anm. 493.
454 'Imād ad-Dīn, Fath, S. 420; Gabrieli, S. 295; „Satan": Fath, S. 422; Ibn al-Aṯīr nach Gabrieli, S. 226f.
455 Bernardus Thesaurarius und Burchard von Ursberg (wie Anm. 453).
456 Ambroise, Vers 8665.
457 Vgl. seine Titulatur in der Urkunde vom 11. April 1190, in: Cod. dipl., Bd. II, S. 369, und Itin., S. 79.
458 Bahā' ad-Dīn, S. 295. Die RHC-Übersetzung ist hier insofern irreführend, als sie von „forces combinées" spricht, was eine Waffenbrüderschaft zwischen Saladin und Konrad bedeuten würde, die aber nicht vorgesehen war.
459 Bahā' ad-Dīn, S. 296f.
460 Ebd., S. 270.
461 Vgl. Anm. 365. Coggeshall, S. 33, meldet nach der Einnahme Akkons, daß Philipp dieses Konrad habe übergeben wollen.
462 „Ansbert", S. 89; Arnold von Lübeck, MGH, Bd. 221, S. 178, meldet, Richard hätte vor Philipps Abreise diesem die Teilung Akkons versprochen, das aber nicht gehalten.
463 Bahā' ad-Dīn, S. 276.
464 Ambroise, Vers 5355.
465 Bahā' ad-Dīn, S. 278.
466 Vgl. Rigord, S. 34; Guill. le Breton, Hist., S. 76, Philippidos IV, Verse 279ff.
467 Vgl. Anonymus Laudun. Rec., Bd. 18, S. 708.
468 Ambroise, Vers 5355.
469 Bahā' ad-Dīn, S. 356.
470 'Imād ad-Dīn, Görgens, S. 185.

471 Howden, Chron. III, S. 132; Devizes, Ambroise, Vers 8163f.

472 Vgl. S. 106; Rigord, S. 34; Guill. le Breton, Hist., S. 76; Philippidos IV, Verse 280f.; Howden, Gesta II, S. 185, Chron. III, S. 125; Ambroise, Vers 8359; Itin., S. 472.

473 Stapleton, Bd. 1, S. 233, 239; Howden, Chron. III, S. 125; Howden, Chron. IV., S. 40.

474 Vgl. auch Anm. 312.

475 Zur Lage der italienischen Viertel in Akkon vgl. Prawer, Crusader Institutions, S. 230f. mit Plan.

476 Gillingham, Richard, S. 202.

477 Ambroise, Vers 8998.

478 Das verfügbare Ritterkontingent vor Ḥiṭṭin wird auf 675 Mann geschätzt. Dazu kommen einige tausend Fußsoldaten; vgl. Smail, S. 89f.; Riley-Smith, Feudal Nobility, S. 110f.

479 Ambroise, Verse 8782ff.; Itin., S. 339f.

480 Vgl. außer Hogdson: B. Lewis, The Assassins, London 1967; Ch. E. Nowell, The Old Man of the Mountain, Speculum 1947, und Anm. 424 und 525.

481 Vgl. Hodgson, S. 112f.

482 Alberic de Trois Fontaines. MGH, Bd. 23, S. 869; Cont. Aquicinct., MGH, Bd. 6, S. 428, 430.

483 Sicard (wie Anm. 239), Spalte 617.

484 Bahā' ad-Dīn, S. 297; 'Imād ad-Dīn, Fath, S. 420–422; Gabrieli, S. 295.

485 Ibn al-Aṯīr, ed. Tornberg XII, S. 51; Gabrieli, S. 297f.

486 Eracles, S. 194; Eracles Fl und d, Morgan, S. 141ff.

487 „Ansbert", S. 105f.

488 Ann. Colon. max.; MGH, Bd. 17, S. 802.

489 Arnold von Lübeck, MGH, Bd. 21, S. 178.

490 Ambroise, Verse 8885ff.; Coggeshall, S. 35; Itin., S. 341; Howden, Chron. III, S. 181; Devizes, S. 80; Newburgh I, S. 365.

491 Ebd.

492 Coggeshall, S. 59; Guill. le Breton, Philippidos IV / Verse 388ff.

493 Eine Zusammenstellung der Meinungen aus der alten Literatur und eigene Argumentation bringt Ilgen, Th., Markgraf Conrad von Montferrat, 1880, vgl. auch Toeche, S. 253, seitdem keine Neubefassung mehr mit den Briefen. Nicht für gänzlich unmöglich hielt deren Authentizität hingegen Michaud, Bibliothéque des Croisades, Bd. 2, S. 750.

494 Newburgh II, S. 458.

495 Diceto II, S. 127f., und Itin., S. 444f.

496 Der Besuch wird ausführlich beschrieben in Eracles, S. 216, und Chronique d'Ernoul, S. 323f. Zu den Abtönungen des Angebots (an ihn, auch an seine Freunde jenseits des Meeres, Tötungen) vgl. Eracles d, g und c, in: RHC, S. 216, und Fl, d in: Morgan, S. 170f.

497 H. M. Schaller, König Manfred und die Assassinen, in: Deutsches Archiv für Erforschung des Mittelalters, 21. Jg. (1965), S. 173ff., Zitat S. 177.

498 Ep. Cant., S. 348f.

499 Vgl. Holt, Ricardus (wie Anm. 119), S. 18, 26.

500 Vgl. Williams (wie Anm. 525), S. 385; Cont. Aquicinct. MGH, Bd. 6, S. 431.

501 Übers.: Und wisset, daß wir jenen Brief in unserem Haus, bei unserer Burg „Messiac" verfertigt haben, Mitte September vor unseren Brüdern, und ihn mit unserem Siegel gesiegelt haben, im Jahr 1504 nach Alexander.

502 Die Jahresangabe folgt hier Diceto II, S. 128, weil das Itin. mit 1505 = 1194 ein unmögliches Datum angibt; vgl. Wüstenfeld, S. 68.

503 Eracles, S. 192f., Varianten d, c und g, S. 190ff.; Fl u. d: Morgan, S. 140f. Chronique d'Ernoul, S. 288f.

504 Vgl. im Newburgh-Brief die Stelle, wo der Verfasser Unrecht auch in bezug auf „amicis nostris" rächen läßt. Newburgh II, S. 458.

505 Tafel-Thomas (wie Anm. 299), S. 214, und Cod. dipl., 2. Bd., Nr. 194, S. 371. Vgl. auch Röhricht, S. 615, Anm. 5.

506 'Imād ad-Dīn, Fath (S. 420ff.), Gabrieli, S. 295; Ibn al-Aṯīr, ed. Tornberg XII, S. 51; Gabrieli, S. 297.

507 Vgl. Anm. 525.

508 Vgl. Anm. 550, aber nicht so in Eracles, S. 198, und Morgan, Fl und d, S. 152f.

509 Eracles d, Morgan, S. 141.

510 Teilweise Konfiskation ohne Tötung oder Verhaftung in Eracles c und g, RHC S. 191.

511 Vgl. Anm. 260.

512 Vgl. B. Lewis (wie Anm. 480), S. 116f.; Ambroise, Verse 8819ff; Itin., S. 339f.

513 Vgl. Hodgson, S. 197f.; Ambroise, Verse 8814, 8819, 8831; Itin., S. 513.

514 Gesta II, S. 175, 180; Chron. III, S. 119, S. 122.

515 Gesta II, S. 175, Anm. 3; vgl. aber Stubbs' „Sheih of Alamoot" – Identifikation des „Senior de Musse", in: Itin., S. 339. Bei Wilhelm v. Tyrus wird Mossul latinisiert mit „Musula" wiedergegeben, in der frz. Übersetzung seines Werks aus dem 13. Jh. scheint es hingegen als „Mousse" auf (RHC, wie Anm. 516, S. 1017f.).

516 Wilhelm von Tyrus, RHC, 1. Bd., Teil 2, S. 996ff.; Newburgh I, S. 364f.; vgl. Hodgson, S. 187.

517 Vgl. Hodgson, S. 188ff., und das Urteil Wilhelms v. Tyrus über seine Fähigkeiten (wie Anm. 516, S. 996).

518 Ibn al-Aṯīr, ed. Tornberg XII, S. 51; Gabrieli, S. 297.

519 Wie Anm. 496.

520 Bahā' ad-Dīn, S. 296f.

521 'Imād ad-Dīn, Fath, S. 422; Gabrieli, S. 296. Die philologisch mögliche Übersetzung von Görgens, S. 186, „Der Mord am Markîs hat uns keineswegs in Erstaunen gesetzt", bildet mit dem Folgesatz keine logische Einheit, sonst könnte man aus der Stelle eine Schuldzuweisung an Richard erblicken.

522 'Imād ad-Dīn, Fath, S. 420–422; Gabrieli, S. 297.

523 Eracles Fl und d, Morgan, S. 142f.

524 Vgl. Gabrieli, in: Lewis-Holt, S. 103, und Gabrieli, Kreuzzüge, S. 24.

525 Heinrich von der Champagne wird verdächtigt von P. A. Williams, The Assassination of Conrad of Montferrat: another suspect? in: Traditio, Bd. XXVI, S. 381ff., New York 1970. Verdacht gegen Guido: Eracles Fl und d, Morgan, S. 142f; Bernardus Thesaurarius und Burchard von Ursberg, S. 361 (wie Anm. 323), Spalte 813.

526 Vgl. Anm. 343.

527 Cartellieri, Richard Löwenherz im hl. Lande, in: Hist. Zeitschrift 101 (1908), S. 20; so auch Grousset, Bd. 3, S. 91f.

528 Vgl. Howden, Chron. III, S. 270; Quellenzusammenstellung bei Toeche, S. 581; Csendes, S. 156. Zur Ergebung Wilhelms vgl. Jamison, Eugenius, S. 121. Siehe auch Anm. 596.

529 Grousset, Bd. 3, S. 90; Runciman III, S. 63f.

530 Ambroise, Verse 8987ff.; Itin., S. 347.

531 Vgl. Anm. 300.

532 Ambroise, Verse 9042ff.

533 Nach Howden III, S. 180, u. Itin., S. 355. Nach Bahā' ad-Dīn: 23. Mai, S. 301.

534 Ambroise, Verse 9433ff.

535 Wie Anm. 394.

536 Ebd., S. 315.

537 Vgl. Sourdel-Thomine, S. 230; Bahā' ad-Dīn, S. 315.

538 Bahā' ad-Dīn, S. 316–323, S. 333–347.

539 Hugo de Neville, bei Coggeshall, S. 45, in dessen Jaffabericht, S. 41ff.; Ambroise, Vers 11.431; Quellenbelege bei Röhricht, S. 625f., danach Itin., S. 415.

540 Bahā' ad-Dīn, S. 332, dessen Jaffabericht, S. 323ff.

541 Howden, Chron. III, S. 183f., Diceto II, S. 104f.; Sicard (wie Anm. 239), Spalte 616; Eracles ab, RHC, S. 196f., Eracles Fl und d, Morgan, S. 142ff.; Chronique d'Ernoul, S. 280f.; Ann. Salisb. Addit., MGH, Bd. 13, S. 239.

542 Eracles ab, S. 196f., Eracles Fl und d, Morgan, S. 146f.; vgl. auch Morgan, Chronicle of Ernoul, S. 73ff., Ambroise, Verse 11.543ff., und Itin., S. 419.

543 Bahā' ad-Dīn, S. 334, Ambroise, Vers 11.128; Itin., S. 408. Auf den Nachteil schwerer Rüstung bei Verlust des Pferdes macht Eracles d, Morgan, S. 149, aufmerksam.

544 Zum Wert der Quelle vgl. Gabrieli, in: Holt-Lewis, S. 104, und Gabrieli, Kreuzzüge, S. 27f.
545 'Imād ad-Dīn, Fath, S. 434–436; Gabrieli, S. 291f.
546 Bahā' ad-Dīn, S. 348.
547 Bahā' ad-Dīn, S. 318.
548 Ibn al-Aṯīr, ed. Tornberg XII, S. 51; Gabrieli, S. 298.
549 Bahā' ad-Dīn, S. 350; Ambroise, Verse 11.850ff.
550 Rigord, S. 35; Guill. le Breton, Philippidos IV, Verse 382ff.; Cont. Aquicinct., MGH, Bd. 6, S. 429; Ann. Marbac., MGH, Bd. 17, S. 165; Arnold von Lübeck, MGH, Bd. 21, S. 179; „Ansbert", S. 99.
551 Howden, Chron. III, S. 213.
552 Quellenzusammenstellung bei Toeche, S. 560f.
553 Vita Alberti Episc. Leodin. MG, Bd. 25, S. 149.
554 Vgl. Böhmer-Baaken, Nr. 138, 155 und 220 sowie Anm. 401.
555 Vielleicht bewirkte auch der Mistral, nicht der Graf von Toulouse die Routenänderung, vgl. die eindrucksvollen Beispiele bei Braudel, Das Mittelmeer und die mediterrane Welt in der Epoche Philipps II., Bd. 1, S. 358, 360. Um auf dem Seeweg Toulouse zu vermeiden, hätte Richard den ganzen Golf du Lion und dann von Spanien aus die Pyrenäen überqueren müssen.
556 Vgl. Landon, S. 69f. Möglicherweise liegt nur die gängige lokalpatriotische Vereinnahmung vor.
557 Brief an König Philipp, Howden, Chron. III, S. 195. Vgl. Howden, ebd., S. 185; Coggeshall, S. 54; „Ansbert", S. 101, spricht von Pola, der kaiserliche Brief von einem Ort „inter Aquileiam et Venetias".
558 Cont. Aquicinct, MGH, Bd. 6, S. 430; Cont. Admuntensis, MGH, Bd. 9, S. 587. Sachsen als Ziel auch in der Hist. des Ducs de Normandie (wie Anm. 71), S. 87.
559 Obwohl Richard dort natürlich entsprechend später eingelangt wäre; vgl. Böhmer-Baaken, S. 109f.
560 Abgesehen von der ehemaligen Schwägerschaft zu Margarete, war diese durch ihre Mutter Konstanze eine Cousine von Richards kastilischem Schwager Alfons VIII. und eine Cousine von Berengaria.
561 Vgl. Cont. Zwetlensis altera, MGH, Bd. 9, S. 544; Annales Marbac., MGH, Bd. 17, S. 164; Schreiber, S. 273.
562 Vgl. H. Zimmermann; Geschichte der Stadt Wien, 8 Bde., 1. Bd., Wien 1897, S. 165.
563 Vgl. Kneller, S. 28, Cartellieri, Bd. 3, S. 29, Bullinger, S. 35. Über eine Absicht Richards, über Wien auf dem Donauweg Ungarn zu erreichen, spekuliert Schreiber, S. 282f. Sämtliche mögliche Fluchtwege Richards waren vom Steirischen aus wahrscheinlich aussichtsloser als er wußte. Auch bei einer Route über den Pyhrnpaß wäre er bis auf weiteres im babenbergischen Machtbereich geblieben: Der Traungau mit Spital am Pyhrn gehörte seit 1180 zur Steiermark, nun also den Babenbergern; seit damals gehörte auch das Mühlviertel nördlich der Donau zu Österreich. Vgl. Zöllner (wie Anm. 357), S. 71f.; K. Lechner, Die Babenberger, S. 163. Über die kürzlich erfolgte Gründung des Spitals am Pyhrn und über die baldige Übernahme der Vogtei dort durch Leopold V. vgl. O. Wonisch, Ein Rundschreiben des Passauer Bischofs Wolfker zugunsten des Hospitals am Pyhrn, in: Oberösterreichische Heimatblätter 4 (1950), S. 241ff., und Lechner, S. 183; siehe auch H. Appelt, Die Anfänge des Spitals am Semmering, in: Zeitschrift des Hist. Vereins für Steiermark, 43. Jg., Graz 1952, S. 3ff.
564 Im Winter mochte die Berg- und Hügelkette im Westen eine abschreckende Wirkung ausüben; unerläßlich für das Kennenlernen der Wegverhältnisse hier P. Csendes, Die Straßen Niederösterreichs im Früh- und Hochmittelalter. Diss. Wien 1969.
565 Diceto II, S. 107.
566 Sämtliche Elemente Coggeshalls (der Ring, Richards Reise mit Templern, der Verrat) finden sich in anderer Zusammensetzung in der anderen Hauptversion wieder, siehe Anm. 570.
567 Vgl. damit die elftägige Reise Ulrichs von Lichtenstein im „Frauendienst" auf derselben Strecke von Friesach bis Wien
568 Übers.: Der König von England wurde in Erdberg bei Wien durch Herzog Leopold gefangengenommen und Herrn Hadmar von Kuenring übergeben, um in Dürnstein verwahrt zu werden, MGH, Bd. 9, S. 679. Zu Dürnstein vgl. die beiden Kataloge der Ausstellung „König Richard I. Löwenherz von England" von F. Dworschak und W. Schwengler, daselbst im Jahr 1966.
569 Offenbar eine „Wandertafel", da sie bei Emil Hofmann, Wiener Wahrzeichen. Der schulmündigen Jugend als Erinnerungsgabe dargeboten (o. J., aus der Endzeit der Monarchie), S. 109, als im Haus

Dietrichgasse 2 angebracht, erwähnt wird. Dieses Haus besteht nicht mehr, ebensowenig wie das „Rüdenhaus", Aufenthaltsort der herzoglichen Jagdmeute, ehemals Dietrichgasse 16, an das bis zu seinem Abbruch in der zweiten Hälfte des 19. Jahrhunderts die gleiche Tradition geknüpft gewesen sein dürfte; vgl. K. E. Schimmer, Alt und Neu Wien, Wien–Leipzig 1904, Bd. 1, S. 141. Erdberg („Ertpurch") bezeugt auch von Cont. Praedicat. Vindobonens., MGH, Bd. 9, S. 726; über Erdberg und ein „Jagdschloß" unter dem Babenberger Friedrich II. hier vgl. Zimmermann (wie Anm. 562), S. 224.

570 Otto von St. Blasien (wie Anm. 358), S. 57; Magnus von Reichersberg, MGH, Bd. 17, S. 519; Sicard (wie Anm. 239), Spalte 617; Petrus de Ebulo (wie Anm. 232), Verse 1051ff.

571 Coggeshall, S. 56; Addid. ann. Salisb., MGH, Bd. 13, S. 240.

572 Dürnstein, als „Tyernstein juxta Danubiam" bzw. „Dirinstein" durch Annales Zwetlenses (wie Anm. 568) und „Ansbert", S. 102, und Ann. Marbac., MGH, Bd. 17, S. 165, gesichert. Richard in Regensburg nach Magnus von Reichersberg, MGH, Bd. 17, S. 519. Danach und nach „Ansbert" (Spannungen zwischen Leopold und dem Kaiser), S. 103, Rückführung nach Österreich. Aus Sicherheitsgründen mehrwöchiger Aufenthalt Richards in Ochsenfurt wohl unwahrscheinlich, vgl. S. Wenisch, Mainfränkisches Jahrbuch für Geschichte und Kunst, 41, Archiv des Hist. Vereins für Unterfranken und Aschaffenburg, Band 112, Würzburg 1989, S. 151, 153.

573 Vgl. Ménestrel de Reims, MGH, Bd. 26, S. 528f.: Richard ausschließlich und jahrelang in „osterriche" gefangen, Blondel verbringt einen ganzen Winter auf der Burg einer Witwe und freundet sich mit dem Kastellan an, bevor er von Richard im Burghof gesehen wird, der nun ein nur ihnen beiden bekanntes Lied zu singen beginnt. Darauf bewirkt Blondel die Entsendung zweier Ritter aus England zum Herzog, der den König nun gegen Lösegeld freigibt. Zur Entwicklung der Sage vgl. L. von Wiese, Lieder des Blondel de Nesle, Dresden 1904, Einleitung, und Broughton, Legends. Die Person des Trouvère Blondel de Nesle durch keinen historischen Beleg mit Richard verknüpfbar. Seine Person gänzlich unterschiedlich identifiziert: von L. v. Wieser als nichtadeliger Pikarde aus demselben Nesle wie die gleichnamigen Seigneurs; von Petersen-Dyggve (Beleg bei R. Bezzola, wie Anm. 23), II, Paris 1967, S. 444) als der hochadelige Jehan II. de Nesles. Hier auch Nachzeichnung seiner Lebensstationen: u. a. von Guill. le Breton in der Schlacht von Bouvines erwähnt. Einzig durch seine literarische Beziehung zu Conon de Béthune und die Verschwägerung mit dem Grafenhaus von Saint-Pol ist ein entfernter Bezug zu Richard gegeben: Baldwin de Béthune ist dessen Günstling, Graf Hugo von Saint-Pol – während des Kreuzzugs von Ambroise mehrfach rühmlich erwähnt – soll Richard in seiner deutschen Gefangenschaft besucht haben (Histoire des Ducs de Normandie, wie Anm. 71, S. 88).

574 Belege und Erörterung in: Urkundenbuch zur Geschichte der Babenberger, S. 218f.

575 Wie Anm. 557.

576 Veranlaßt durch Bemerkungen in Ann. Colon. max., MGH, Bd. 17, S. 796, und bei „Ansbert", S. 102. Vgl. Ahlers, S. 145f.

577 Cartellieri, Bd. 3, S. 30; Gebhardt, Handbuch der deutschen Geschichte, hg. von H. Grundmann, 8. Nachdruck, Stuttgart 1965, S. 332; Csendes, Heinrich VI., S. 124 und 140. So auch sinngemäß bei Kölzer, in: Lexikon des Mittelalters, 4. Bd., hrsg. v. R.-H. Bautier, München–Zürich 1989; ebenso bei A. Löwe, Die Staufer als Könige und Kaiser, in: Die Zeit der Staufer. Katalog zur Ausstellung, Stuttgart 1977, Bd. 3, Aufsätze, S. 27; D. Berg, „Bündnissysteme" (wie Anm. 612), S. 26.

578 Vgl. Anm. 232.

579 Zusammenstellung der Quellen bei Toeche, S. 497ff., und Csendes, S. 220ff.

580 Vgl. Anm. 222 und Toeche, S. 575ff.

581 Entschieden positiv bewertete seine Politik Toeche, S. 473ff., danach Bullinger, S. 176, Kienast, Teil 1, S. 238ff., u. a.; Winkelmann, Bd. 1, S. 1ff., sah in ihm einen Phantasten. Sehr negativ auch die Beurteilung durch W. Zöllner, Heinrich VI., in: E. Engel – E. Holtz (Hg.), Deutsche Könige und Kaiser des Mittelalters, Leipzig–Jena–Berlin 1990, 2. Auflage, S. 188ff. Die Ungesichertheit seiner Machtbasis sehen auch Kölzer, Lexikon des Mittelalters, und Löwe, Stauferkatalog (beide wie in Anm. 577).

582 „Ansbert", S. 103ff.

583 Fichtenau, S. 28.

584 Coggeshall, S. 59; Howden, Chron. III, S. 199.

585 „Ansbert“, S. 102; Eracles Fl u. d, Morgan, S. 154f.
586 Giselbert von Mons, MGH, Bd. 21, S. 583.
587 „Ansbert“, S. 105f.
588 Vgl. S. 290f.
589 Vgl. Recueil des Actes (wie Anm. 100).
590 Diceto II, S. 119.
591 Magnus von Reichenberg, MGH, Bd. 17, S. 522. Quellenzusammenstellung zu Leopolds Tod und der Freilassung der Geiseln, in: Urkundenbuch zur Geschichte der Babenberger, S. 232ff.
592 Früheste Nachrichten über bauliche Maßnahmen Leopolds an den genannten Plätzen fast ein Jahrhundert später in Jans Enikels Fürstenbuch und der Cont. Praedic. Vindob., Belege und Erörterung auch zu der gleichzeitigen Verlegung der Kremser Münzstätte nach Wien, in: Urkundenbuch zur Geschichte der Babenberger, S. 226ff.
593 Der päpstliche Antwortbrief bei Migne, wie Anm. 106.
594 Böhmer-Baaken, S. 115.
595 Ebd., Nr. 285 zum 28. März 1193, S. 116; zum Datum der Wahl Adolfs vgl. G. Scheibelreiter: Der deutsche Thronstreit 1198–1208 im Spiegel der Datierung von Privaturkunden, 1. Teil, Mitteilungen des Instituts für Österr. Geschichtsforschung, Bd. 84 (1976), S. 39, Anm. 13.
596 Vgl. aber Heinrichs Vorgehen gegen Königin Sibylle und Wilhelm III. von Sizilien zu Weihnachten 1194 bei Jamison, Eugenius, S. 122, zu 1197, S. 128ff.
597 Guill. le Breton, Philippidos IV, Verse 393ff.; Petrus de Ebulo (wie Anm. 232), Bildband, Rom 1905: Text zu Tafel XXXV.
598 Howden, Chron. III, S. 199.
599 Ep. Cant., S. 361f.
600 Cartellieri, Bd. 3, S. 33.
601 Coggeshall, S. 59; Guill. le Breton, Philippidos IV, Verse 488ff.
602 Howden, Chron. III, S. 208ff.
603 Ebd., S. 211.
604 Vgl. zu Hagenau., Arens, Die staufischen Königspfalzen, in: Staufer-Katalog (wie Anm. 577), S. 137.
605 Böhmer-Baaken, S. 123.
606 Belegt sind nur zwei Kanalpassagen Heinrichs auf Richards Kosten, zitiert und kommentiert bei Ahlers, S. 134, Anm. 628, vgl. auch Anm. 629.
607 Siehe Anm. 662.
608 Siehe Anm. 666.
609 Siehe Anm. 671.
610 Vgl. Mitteis, Lehnrecht, S. 485ff. („Sühnelehen“ etc., was besser zu einem vorangegangenen Schuldspruch als zur Freundschaftsstrategie passen würde), Erörterung bei Kienast, Teil 1, S. 242, Anm. 595 a. Siehe auch S. 285f., 297.
611 Siehe Anm. 669.
612 Brief an Eleonore u. d. Justitiare vom 19. April 1193, in: Howden, Chron. III, S. 208ff. An eine deutsch-englische Freundschaft, wenigstens Interessengemeinschaft, glauben vor allem Cartellieri, Kienast, 1. Teil, S. 243; Bullinger, S. 58, 141f., Kirfel, S. 192, Ahlers, S. 166. D. Berg. Imperium und Regna, Beiträge zur Entwicklung der deutsch-engl. Beziehungen im Rahmen der auswärtigen Politik der röm. Kaiser und dt. Könige im 12. u. 13. Jh., in: „Bündnissysteme“ und „Außenpolitik“ im späteren Mittelalter, Zeitschrift für histor. Forschung 1988, Beiheft 5, S. 26f. Dieser Punkt wird in der Literatur besonders realitätsfern abgehandelt, wobei politische Elemente der eigenen Zeit auf die Vergangenheit projiziert werden, mangelndes Wissen um die Machtverhältnisse im Westen das Urteil bestimmt oder in einem politikfernen, abstrakt-ideellen Raum argumentiert wird. Cartellieri, Bd. 3, S. 42, läßt Heinrich eine pädagogische Rolle gegenüber Richard spielen („die Gefangenschaft konnte Richard gezeigt haben, wohin ihn seine tollen Streiche führten. Sollte er unbelehrbar sein?“), die in Speyer zum gemeinsamen Besten zu einem „Zweibund“ geführt hätte, „aus dem durch Einbeziehung Frankreichs ein Dreibund zum Heile der gesamten Christenheit werden sollte“ (S. 44). Zur Abwendung eines angeblich drohenden französischen Übergewichts im Westen lassen auch Kindt, S. 28, und

Kienast, 1. Teil, S. 244, ihm folgend D. Berg, Heinrich initiativ werden. Kirfel, S. 139, 191, Bullinger, S. 133, folgend, nimmt das „mutuum foedus amoris" wörtlich und interpretiert es als paritätisch angelegtes Bündnis.

613 Howden, Chron. III, S. 209 (Übers.: Gegen alle Lebenden zur Durchsetzung und Erhaltung des jeweiligen Rechts).

614 Wie die drei Peter von Blois zugeschriebenen und in Eleonores Namen verfaßten Briefe an Papst Cölestin III. (teilweise anachronistisch und voll rhetorischen Überschwangs), in: Migne, Bd. 206, Spalte 1262ff., glauben machen wollen.

615 Vgl. Landon, S. 75ff.; I. Seltmann, Heinrich VI. Herrschaftspraxis und Umgebung, in: Erlanger Studien 43 (1983).

616 Nibld., Str. 2281 / 1 (K. Bartsch, 11. Aufl.).

617 Im Brief vom 19. April 1193, wie in Anm. 612.

618 Howden, Chron., Bd. III, S. 225. Über die Rückerstattung der Kelche durch Richard berichtet Itin., 449f.

619 Vgl. dessen Beurteilung durch Mayer, Die Kanzlei Richards I. Die vielen dienstfertigen Besucher aus der Heimat registriert auch Otto von St. Blasien (wie Anm. 358), S. 58.

620 Diceto II, S. 111.

621 Ep. Cant., S. 362f.

622 Ep. Cant., S. 364.

623 Gervasius I, S. 516.

624 Ep. Cant., S. 364.

625 Gervasius I, S. 517f., und Ep. Cant., S. 364f.

626 Howden, Chron. IV, S. 81f.

627 Vgl. dazu H. Bloch, Forschungen zur Politik Kaiser Heinrichs VI. in den Jahren 1191 bis 1194, Berlin 1892, S. 33ff., und Ahlers, S. 158f.

628 Bullinger, S. 79.

629 Itin., S. 143.

630 Anonym. Laudun., MGH, Bd. 26, S. 710.

631 Siehe Anm. 160.

632 Howden, Chron. III, S. 217ff.

633 Zu Gilbert de Vascoeuil vgl. Tardif, Coutumiers de Normandie, Bd. 1, S. 108f.

634 Wie Anm. 632.

635 Gervasius I, S. 516.

636 Von Innozenz III. im Brief an Philipp August vom 26. März 1202 in Reg. Innoc. III. sup. neg. imp., hrsg. v. Kempf, 1947, Nr. 64.

637 „Ansbert", S. 100.

638 Vgl. Toeche, S. 297. Ideologische Bedenklichkeiten mehr als sachliche Einwände scheinen vor allem nach 1945 zur Negierung dieses Anspruches beigetragen zu haben. Verneint wird er u. a. von Kienast, Teil I, S. 249 (Literaturzusammenstellung: Teil 3, Anhang Va, S. 67f.), S. 249; Kirfel, D. Berg (wie Anm. 612), bejaht hingegen von Csendes, S. 223f.; vgl. auch O. Hageneder, Weltherrschaft im Mittelalter, in: Mitteilungen des Instituts für Österreichische Geschichtsforschung, 93. Bd., 1985, S. 257ff.

639 Siehe Anm 389. Formale Erörterung von Gennrich, Die altfranzösische Rotruenge, Halle 1925, S. 20f. Die Wahl dieser alten, einfachen und volkstümlichen Form bedeutet vielleicht, daß Richard nicht ein elitäres Kunstlied schaffen wollte, sondern ein zur weiten Verbreitung – und Lösegeldsammlung – geeignetes Werk.

640 Vgl. L. Boehm, Geschichte Burgunds, 2. Aufl., Stuttgart 1979; F. Güterbock, Zur Geschichte Burgunds im Zeitalter Barbarossas, in: Zeitschrift für schweizerische Geschichte 17 (1937), S. 145ff.; H. Büttner, Friedrich Barbarossa und Burgund, Studien zur Politik der Staufer während des 12. Jh.s, in: Probleme des 12. Jh.s, Vorträge und Forschungen, Bd. 12 (1968), S. 79f.

641 Howden, Chron. III, S. 226f.

642 Ebd., S. 227.

643 Vgl. R. Busquet, La Provence, in: Lot-Fawtier, S. 249ff.

644 So in der einzigen urkundlichen Erwähnung des Königreichs unter Heinrich VI. (Stumpf-Brentano, Bd. 3, Nr. 5021, zum 28. Juli 1196 nach einer Vorurkunde Barbarossas von 1157). Vgl. auch: Die Urkunden Friedrichs I., bearbeitet von H. Appelt, MGH, Diplomata Bd. 10, 1–5. Hannover 1975 bis 1990. Teil 1, Nr. 185, 189, 190, 191, 193. Teil 2, Nr. 515. Teil 3, Nr. 750–752, 754 (diese vom Jahr 1178). – Bei Rahewin, MGH, Bd. 20, S. 423, und Otto v. St. Blasien, ebd. (?), S. 314.

645 So bei Gervasius von Tilbury, der im 2. Jahrzehnt des 13. Jh.s Otto IV. in den Otia imperialia (MGH, Bd. 27, S. 376) die Wichtigkeit dieses Raums für das Reich vor Augen zu führen sucht. Die staufische Politik hatte übrigens auch Richards Neffen in Beziehung zu Burgund zu bringen getrachtet: Es sollte Kompensationsobjekt für Ottos Verzicht auf die Königswürde zugunsten Philipps von Schwaben sein. Vgl. die Quellenzusammenstellung bei Winkelmann, Bd. 1, S. 424f.

646 Neben der Bezeichnung regnum „totius Burgundie" (wie Anm. 644, Teil 3, Nr. 752, 755ff.) findet sich mehrmals der Bezug auf zwei Landesteile, auch unter Voranstellung der Provence („Provincie ac Burgundie archicancellarii", Teil 3, Nr. 742, 744, 748), und in Teil 2, Nr. 316, zum Jahr 1160 eine Privilegerteilung „in toto regno nostro Provincie", allerdings für provencalische Empfänger – die Herren von Baux und nach einer Vorurkunde Konrads III.

647 Bullinger, S. 101.

648 Vgl. den Vertrag Barbarossas mit Herzog Berthold IV. von Zähringen, in: Urkunden Friedrichs I. (wie Anm. 644), Teil 1, Nr. 12; über einen älteren Stellvertretungsgedanken, die Rektoratsstellung der Zähringer in Burgund unter Lothar III. und Konrad III., vgl. Büttner (wie Anm. 640), S. 83ff.

649 Howden, Chron. III, S. 225.

650 Wenn man nicht eine unklare Stelle in den Annales Casinenses, MGH, Bd. 19, S. 316 („imperator recepta ab eo fidelitate coronat, et regnum eius auget"), in diesem Sinne deuten will.

651 Daß die Vergabe unterblieb, nehmen an: Toeche, S. 297, Bloch, S. 73, Cartellieri, Bd. 3, S. 73, Kienast, 1. Teil, S. 243; Bullinger, S. 100f. Belege für gegenteilige Auffassung bei Kienast, 1. Teil, S. 243, Anm. 596. Toeche, S. 297, spricht von unterbliebener Krönung.

652 Vgl. Bloch, S. 73; Bullinger, S. 113f.; Kienast, 1. Teil, S. 243.

653 Cartellieri, Bd. 3, S. 41; Kienast, 1. Teil, S. 243.

654 Kienast, 1. Teil, S. 243. Quellenzusammenstellung und Erörterung bei Ahlers, S. 75ff.

655 In dem Sinn: Toeche, S. 289, Cartellieri, S. 42, Poole, England and Burgundy, S. 263.

656 Toeche, S. 289.

657 Zu Frankreich siehe Anm. 674 und 636. Zu Aragon vgl. Otoboni Annales, MGH, Bd. 18, S. 112, und die Erörterung bei Kirfel, S. 142, aber auch Cod. dipl., Bd. III, Nr. 2, S. 4ff., zu den auf einer Vorurkunde Barbarossas basierenden Zugeständnissen an Genua bezüglich der ligurischen Küste, vgl. die Anm. in Böhmer-Baaken, Regesta, zu Nr. 155, S. 67, zur Hilfszusage Genuas in einem eventuellen kaiserlichen Maurenfeldzug gegen Mallorca und Minorca, der gleichfalls aragonesische Interessen berührt hätte; vgl. Cod. dipl. III, S. 11.

658 Vgl. Poole (wie Anm. 655), S. 264ff.

659 Vgl. Landon, Nr. 377, 386, 392 (zwischen Juli 1193 und Januar 1194), sowie Howden, Chron. III, S. 197, über die Entsendung Savarics durch Walter von Rouen gleich nach Bekanntwerden von Richards Gefangennahme nach Deutschland zwecks Verhandlungen mit dem Kaiser.

660 Vgl. Landon, Nr. 481, 482.

661 Vgl. Poole (wie Anm. 655), S. 272, Anm. 1.

662 Zusammenstellung verschiedener Deutungen der Klausel bei Kneller, S. 73ff., und Erörterung bei Ahlers, S. 163ff. Quellen zur Heirat bei Toeche, S. 566.

663 Ausführlich bei Newburgh I, S. 368ff.; vgl. auch Cartellieri, Bd. 3, S. 57ff., und Th. Riis, Autour du mariage de 1193 in La France, S. 341ff.

664 Diese naheliegende Folgerung zogen aus Howden, Chron. III, S. 229, und Newburgh I, S. 402, u. a. Cartellieri, S. 291, und Trautz, S. 87.

665 Diceto II, S. 112f.

666 Howden, Chron. III., S. 202, danach bei Cartellieri, Bd. 3, S. 139, Bullinger S. 133ff., Ahlers, S. 165.

667 Die Datierung (entgegen Rymer, Foedera I / 1, S. 57 von 1193) von Powicke mit Januar 1194 festgelegt; danach Landon, Gillingham, Richard, S. 237.

668 Mit dem Argument der Erschöpfung der finanziellen Ressourcen des Reichs befaßt sich Gillingham, Richard, S. 279ff., 303ff.

669 Auf den Reichstag von Speyer (März 1193) verlegten sie Toeche und Cartellieri; am Ende von Richards Gefangenschaft (Mainz) steht sie bei Bloch, Kindt, S. 34, Bullinger.

670 Ann. Salisb. Addit., MGH, Bd. 13, S. 240.

671 Annales Marbac., MGH, Bd. 17, S. 165.

672 Wie Anm. 670.

673 Gesta episc. Halberstad., MGH, Bd. 23, S. 110; Annales Marbac. wie Anm. 671. (Übers.: „Er wurde zum Lehensmann des Römischen Reiches gemacht, nachdem er ganz England und die anderen ihm gehörenden Länder dem Kaiser gegeben und als Lehen von ihm wieder empfangen hatte.") – Quellenzusammenstellung zur Belehnung bei Toeche, S. 565f.

674 Howden, Chron. III, S. 301.

675 Ebd., S. 304.

676 Kienast, 1. Teil, S. 246; ebd., S. 238, ist von der „universalen Staatskunst" Heinrichs VI. die Rede.

677 Howden, Chron. III, S. 225; Newburgh I, S. 400, 402; Coggeshall, S. 62; Diceto II, S. 113. Über die Möglichkeit einer Vorfinanzierung des Lösegelds durch ein Kölner Finanzkonsortium vgl. Hucker, S. 34, S. 27, Anm. 21.

678 Diceto II, S. 115.

679 Vgl. Gillingham, Angevin Empire, S. 41.

680 MGH, Bd. 21, S. 583.

681 Vgl. Stapleton, Bd. 2, S. 301. Das Senhal, „Herr Engländer" bei Raimbaut de Vaqueiras („Kalenda maia") soll sich auf Bonifaz von Montferrat beziehen. Vgl. auch J. Linskill; The Poems of the Troubadour Raimbaut de Vaqueiras, Den Haag 1964, S. 27f.

682 Der Nachweis von Pensionen zusammengestellt bei Poole, Alliances, S. 92ff. Zu Balduin IX.: S. 97.

683 Ebd., S. 94f.

684 Ebd., S. 92f., vgl. Hucker, S. 27, Anm. 1.

685 Siehe J. C. Holt, Robin Hood, London 1982 (dtsche. Übers.: 1991).

686 Neben Howden vor allem Diceto und Newburgh, Details auch in den französischen Quellen und der Hist. de Guill. le Mar.

687 Vgl. Guill. le Breton, Philippidos, V, Verse 147ff.

688 Vgl. Anm. 100.

689 Appel, Nr. 36.

690 Im Original erhalten: Rymer Foedera I / 1, S. 66; siehe auch Landon, S. 107ff.

691 Howden, Chron. III, S. 257ff.

692 Hist. de Guill. le Mar., Verse 10.464ff, 11.727ff.; danach Gillingham, Richard, S. 247, 259, 275.

693 Vgl. S. 110. Howden, Chron. III, S. 242, Chron. IV, S. 40, 46, 66. Arten der Steuern beschreibt Round.

694 Rymer, Foedera I / 1, S. 67; vgl. Landon, S. 118f.

695 Itin., S. 448f., Howden, Chron. IV, S. 62.

696 Vgl. Landon, Nr. 64, 84, 128, 142 A, 154, 202, 227, 314, 318, 414f., 426ff., und Rymer, Foedera I/1, S. 48, 50, 52, 63.

697 Vgl. Gillingham, Angevin Empire, S. 42ff., 92, und Richard, S. 304.

698 Am 8. September 1197, Quellennachweis und Inhalt bei Landon, S. 21.

699 Ein Register seiner Urkunden und urkundlichen Erwähnungen als Herzog von Aquitanien und/oder Graf von Poitou bei Winkelmann, Bd. 1, S. 507ff.

700 Zusammenstellung bei Poole, Welfen, S. 133, 137ff.

701 Quellenbelege bei Winkelmann, Bd. 1, Kapitel II. Wahlfraktionen für Richard und Philipp von Frankreich bei Gervasius I, S. 545, Coggeshall, S. 88, und in der Hist. des Ducs de Normandie (wie Anm. 71), S. 90. In der populären französischen Richardliteratur ein gängiges Element der Darstellung, das von deutschen Quellen nicht bestätigt wird.

702 Hucker, S. 25ff., H. Stehkämpfer, Der Kölner Erzbischof Adolf von Altena und die deutsche Königswahl (1195–1205), Hist. Zeitschr. Beiheft 2, N. F., München 1973, S. 81f.

703 Vgl. Hucker, S. 598, mit weiterer Literatur und Abb. 21.

704 Vgl. Anm. 89.

705 Vgl. Holzapfel. Über Richards Briefe an Innozenz III. zugunsten Ottos siehe W. M. Peitz: Die Entstehung des Registrum super negotio Romani imperii und der Anlaß zum Eingreifen Innozenz' III. in den deutschen Thronstreit. Historisches Jahrbuch, 46. Bd., München 1926, S. 354f., und H. Tillmann, Zum Regestum super negotio Romani imperii, in: Quellen und Forschungen aus italienischen Archiven und Bibliotheken, Bd. 23 (Rom 1931/32), S. 53ff.

706 Zusammengestellt von Powicke, S. 204ff.

707 Diceto II, S. 135ff.

708 Wie Anm. 690.

709 Urkunde vom 16. Oktober 1197, inseriert bei Diceto II, S. 154ff. (Landon, Nr. 482). Am selben Tag bestätigt Johann den Austausch in einer eigenen Charta (Landon, S. 124). Über das Original: Beschreibung und Abbildung des (ersten) Siegels – siehe dazu Anm. 89 – vgl. Deville, Château Gaillard, S. 19ff.

710 Nach Guill. le Breton, Hist., S. 81, von Richard selbst so genannt, danach ebd. und im Philippidos, S. 137 (V/5) und ab S. 176 (VII), mehrmals so bezeichnet. In den Urkunden ist hingegen vom „Felsen von Andely", von der „Burg auf dem Felsen" etc. die Rede; vgl. Deville, S. 40.

711 Einzige zeitgenössische Beschreibung von Guill. le Breton, Hist., S. 81ff., und im Philippidos, VII, S. 176ff., anläßlich der Belagerung von Château Gaillard. Die alten Pläne von Deville, Coutil und Quenedy erfahren derzeit durch archäologische Untersuchungen (seit 1991, D. Pitte) nicht unbeträchtliche Modifikationen. Siehe die Berichte von D. Pitte in: De Verneuil à Gisors au temps des Plantagenets, in: Connaissance de l'Eure, Nr. 89–90, Juli bis Oktober 1993, S. 47ff. – Bilan Scientifique de la Région Haute-Normandie 1993, Préfecture de la Region Haute-Normandie, Direction Régionale des Affaires Culturelles, Service Régional de l'Archéologie, Ministère de la Culture, 1994, S. 26f. – Archéologia, Nr. 303, Juli–August 1994, S. 60ff., mit einer Chronologie der archäologischen Forschungen und Literaturangaben. Siehe außerdem den Bericht in Archéologie médiévale, Bd. 23, 1993, Paris 1993, S. 406f. Die Entschlüsselung der Festung stellt bei der persönlichen Leitung, die Richard an ihrer Errichtung nahm, einen Charakterisierungsfaktor besonderer Art dar. Vgl. unter Anm. 713 die gänzlich unterschiedlichen Schlußfolgerungen aus einem Detail der Anlage. Die entscheidende Antwort ist hier nur von dem archäologischen Befund zu erwarten. In kompetenter Weise befaßte sich der Festungskommandant R. Quenedy (Le siège du Château Gaillard) mit den verschiedenen Funktionen der Anlage. Zur Frage der Einordnung: Nachbildung orientalischer Vorbilder (M. Dieulafoy, Le Château Gaillard et l'Architecture Militaire au XIII siècle, in: Mémoires de l'Académie des Inscriptions et Belles-Lettres, Band 36, 1. Teil, Paris 1898) oder in der Tradition westlicher Burgen stehend (Quenedy) vgl. P. Héliot, Le Château-Gaillard et les forteresses des XII$^{e}$ et XIII$^{e}$ siècles en Europe occidentale, in: Chateau Gaillard. Etudes de Castellologie européenne, Bd. 1, Centre de Recherches Archéologiques Médiévales, Université de Caen 1964, S. 55ff. (Elemente orientalischer Technik, wie die Gestaltung der Pechnasen, in einer der europäischen Tradition verhafteten Anlage).

712 Beleg bei Cartellieri, Bd. 3, S. 156ff.

713 Nach Philippidos, S. 207 (VII / Vers 795ff.), hat ein in der Mitte des Grabens stehengelassenes Felsmassiv im Zusammenhang mit der Brücke vor dem Tor das Unterminieren der Mauern erleichtert. Danach wertete Dieulafoy, S. 57, das Tor als entscheidende Schwachstelle, während Quenedy, S. 70f., seine Position zwischen zwei Türmen – unter der Voraussetzung ausreichenden Beschusses der Angreifer von hierher – für sicher genug ansah. (Dieses Terrain ist allerdings noch wenig erforscht, ein Turm bis dato nur erschlossen.) Vgl. auch M. L. Coutil, Le Château Gaillard, Recueil des Travaux de la Société libre d'Agriculture de l'Eure, VI, Bd. 3, Evreux 1906, S. 69.

714 Quellenzusammenstellung bei Arbellot, S. 58ff., und Gillingham, Richard, S. 11ff.; siehe auch Gillingham, The unromantic Death.

715 Recueil des Actes (wie Anm. 55), Bd. 2, Nr. 598ff., zur Datierung vgl. Gillingham, Richard, S. 19f.

716 Wie Anm. 714.

717 Labbe II, S. 342.

718 Coggeshall, S. 94ff.

719 Entgegen Arbellot (Anm. 714) handelt es sich um die obere Burg (haut-château): vgl. A. Perrier, De nouvelles précisions sur la mort de Richard Coeur de Lion, in Bulletin de la Société archéologique et historique du Limousin (im weiteren BSAHL genannt), Bd. 87, Limoges 1958–60, S. 47f. Grabungsergebnisse veröffentlicht von M.-A. und R. Boudrie in BSAHL 1979, 1981, 1983, 1987, 1988 sowie im lokalen Schloßführer 1989 (Donjon).

720 Howden, Chron. IV, S. 82; Gervasius I, S. 593; Eracles, S. 241; Chronique d'Ernoul, S. 335.

721 Howden, Chron. III, S. 238ff.; Hist. de Guillaume le Mar., Bd. 2, S. 5.

722 Ambroise, Vers 9355; Coggeshall, S. 37, Bahā' ad-Dīn, S. 301.

723 Coggeshall, S. 96; Gervasius I, S. 593; Howden, Chron. IV, S. 83; Devizes, S. 47.

724 „Bei der Gurgel Gottes" nach Gervasius I, S. 471; Giraldus, De Instr. princ.; vgl. auch ders.: Gemma Eccl. I / LIV Opera, Bd. 2, S. 161, sowie seinen Brief an Richard mit dem Vorhalt über das Schwören bei den Gliedern Gottes von 1189, in: Symb. Elect. Ep. XIV Opera, Bd. 1, S. 243. – „Bei den Beinen Gottes" nach Hist. de Guill. le Mar. (siehe „vocabulaire" unter „serments").

725 Auch das bas-Château (siehe Anm. 719) hat einen Gedenkstein, der Richards Standort markieren soll, vgl. Arbellot, S. 39f. Der doppelte Irrtum (falsche Burg, falsche Entfernung) machte ein Erfassen der Situation unmöglich. Zur oberen Burg vermerkt Arbellot, S. 41, den Einsturz des obersten Turmgeschoßes zu seinen Lebzeiten, was den Turm auf 25 m Höhe reduzierte. Statt der ehemals vier mit Kuppeln gewölbten Stockwerke demnach nur noch zwei vorhanden. Trotz weitgehender Zerstörung der ursprünglichen Bausubstanz (unter anderem durch Richard) ist der Turm im ursprünglichen Zustand also als beträchtlich höher anzunehmen als heute (vgl. Schloßführer, wie Anm. 719).

726 Über Peter Basil siehe M. Petit, in: BSAHL 72 / 1928, S. LXXVIIIf., und Arbellot, S. 35f.

727 Es gibt zwei berühmte Totenklagen um Richard, die der Besorgnis Ausdruck verleihen: Gottfried Vinsaufs „Neustria sub clypeo", abgedruckt bei Arbellot, S. 96f., und Broughton, S. 38ff., sowie Gaucelm Faidits „Fortz chausa es", in: J. Mouzat, Les Poèmes de Gaucelm Faidit, Paris 1965, Nr. 50.

728 Deren Entstehungszeit nach Erlande-Brandenburg, S. 491f., auf Anfang des 13. Jh.s datiert. Über die im Kircheninneren mehrmals transferierten Grabfiguren Heinrichs II., Richards, Eleonores und Isabellas von Angoulême, der zweiten Gattin Johanns, ebd. Außerdem wurden von den Plantagenets im Kirchenraum bestattet: Johanna (gestorben 1199), deren Sohn Raimund VII. von Toulouse und das Herz Heinrichs III. von England. Grabungsergebnisse (keine Auffindung der Gräber) aus den achtziger Jahren des 20. Jh.s hält fest F.-Ch. James im Sonderheft „Fontevraud" der Zeitschrift Notre Histoire, Hors Serie, Nr. 41, Juni 1991, S. 17ff.

729 Nach Matthew Paris Chron. maj. (wie Anm. 13), Bd. 2, S. 452, wurden die Eingeweide in Châlus bestattet (Vollzitat und Diskussion darüber bei Arbellot, S. 65f., S. 27f.). Das von M. Paris zitierte Epitaph befand sich mit umgekehrter Strophenfolge lt. Chronique de Normandie beim Grabmal in Rouen auf einer Tafel (siehe Anm. 730) aufgestellt (darüber und über ein Beispiel mittelalterlichen Sezierverfahrens in Deville [wie Anm. 301, S. 160f.]); nach Howden, Chron. IV, S. 84, hätte die Bestattung der Eingeweide in Charroux (zwischen Châlus und Fontevraud) stattgefunden. Vgl. auch C. Fagnen, Les trois tombeaux du Roi Richard, in: Fontevraud. Histoire – Archéologie. Nr. 1. Comité d'Histoire Fontevriste, o. J. (1991?).

730 Gervasius I, S. 593. Zur Auffindung des Bestattungsplatzes und der Bleikassette mit dem Herzen durch Deville im Jahr 1838 siehe Archaeologia (wie Anm. 1), S. 204ff. Abbild der Bleikassette ebd. und im kleinen Katalog der Dürnsteiner Ausstellung (wie Anm. 568).

# REGISTER